Lux

Schulung für die juristische Praxis

Band 5 · 6. Auflage

Lux
Schulung für die juristische Praxis

Band 1: Zivilprozeß

Bearbeitet von Klaus Kusch, Kammergerichtsrat in Berlin

Band 2: Zwangsvollstreckung und Konkurs

Bearbeitet von Paul Jansen, Senatspräsident a. D. in Berlin, und Klaus Kusch, Kammergerichtsrat in Berlin

Band 3: Freiwillige Gerichtsbarkeit und Notariat

Bearbeitet von Paul Jansen, Senatspräsident a. D. in Berlin

Band 4: Strafsachen einschließlich Bußgeldverfahren, Schutzaufsicht und Fürsorgeerziehung

Bearbeitet von Dr. Karl Schäfer, Senatspräsident a. D. in Frankfurt a. M.

Band 5: Beim Arbeitsgericht, Bei den Verwaltungsgerichten, Bei den Sozialgerichten, Bei den Finanzgerichten, Beim Rechtsanwalt, Beim Oberlandesgericht

Bearbeitet von Otto Deggau, Oberverwaltungsgerichtsrat in Kassel, Dr. Uwe Jessen, Finanzgerichtspräsident in Berlin, Klaus Kusch, Kammergerichtsrat in Berlin, Dr. Dirk Neumann, Bundesrichter in Kassel und Günther Schroeder-Printzen, Bundesrichter in Kassel

J. Schweitzer Verlag Berlin

Lux
Schulung für die juristische Praxis

Ein induktives Lehrbuch

Band 5

6., neubearbeitete und erweiterte Auflage

Beim Arbeitsgericht

Bearbeitet von Dr. Dirk Neumann, Bundesrichter in Kassel

Bei den Verwaltungsgerichten

Bearbeitet von Otto Deggau, Oberverwaltungsgerichtsrat in Kassel

Bei den Sozialgerichten

Bearbeitet von Günther Schroeder-Printzen, Bundesrichter in Kassel

Bei den Finanzgerichten

Bearbeitet von Dr. Uwe Jessen, Finanzgerichtspräsident in Berlin

Beim Rechtsanwalt

Bearbeitet von Klaus Kusch, Kammergerichtsrat in Berlin

Beim Oberlandesgericht

Bearbeitet von Klaus Kusch, Kammergerichtsrat in Berlin

1971

J. Schweitzer Verlag Berlin

Zitierweise: Lux-Deggau, Schulung für die juristische Praxis, Band 5, 6. Auflage

Lux-Jessen, Schulung für die juristische Praxis, Band 5, 6. Auflage

Lux-Kusch, Schulung für die juristische Praxis, Band 5, 6. Auflage

Lux-Neumann, Schulung für die juristische Praxis, Band 5, 6. Auflage

Lux-Schroeder-Printzen, Schulung für die juristische Praxis, Band 5, 6. Auflage

ISBN 3 8059 0123 2

Gesamtherstellung: Druckhaus Sellier OHG Freising vormals Dr. F. P. Datterer & Cie.

Vorwort

Das Anliegen der jetzt in 6. Auflage erscheinenden „Schulung für die juristische Praxis“ ist — wie es in diesem Titel zum Ausdruck kommt — den zu vermittelnden Stoff möglichst praxisnah darzustellen und die gesellschaftlichen Verknüpfungen des Rechts zu verdeutlichen. Der vorliegende 5. Band versucht, diese Anforderungen für sehr verschiedenartige Gebiete der Ausbildung zu erfüllen.

In seiner methodischen Anlage verwirklicht dieses Buch die Erkenntnis, daß die theoretische Erörterung „praktischer Fälle“ allein keinen hinreichenden Einblick in die Probleme der Praxis bietet, daß vielmehr die gesellschaftlichen Anforderungen, denen das Recht zu genügen hat, am besten bei dessen Anwendung im Alltag des Rechtslebens veranschaulicht werden. Es werden deshalb unmittelbare Einblicke einerseits in die von den Rechtsuchenden verfolgten Bestrebungen und Interessen, andererseits in die Tätigkeit der mit der Verwirklichung des Rechts befaßten Gerichte, Behörden, Rechtsanwälte und Notare vermittelt. Dieser lebendige Anschauungsunterricht wird, so ist zu hoffen, dazu beitragen, verstärktes Interesse zu wecken, das Verständnis zu fördern und zur Eigeninitiative anzuregen.

Im März 1971

Die Verfasser

Inhaltsverzeichnis

1. Kapitel

Beim Arbeitsgericht

Urteil über Tarifansprüche

Im Namen des Volkes!

Geschäftszeichen: 2 Ca 526/68

Verkündet am 12. 11. 1968
Urkund
als Urkundsbeamter der Geschäftsstelle

Urteil

In dem Rechtsstreit
des Kaufmannes *Paul Habermuth*, Düsseldorf, Duisburger Str. 25, Klägers
Prozeßbevollmächtigter:
RA. Dr. *Weißviel*, Düsseldorf
gegen
den unter der Firma *E. Kurtwig* handelnden Kaufmann *Emil Kurtwig*, Solingen, Auf dem Plan 12, Beklagten
Prozeßbevollmächtigter:
Syndicus Dr. *Hurtig*, Einzelhandelsverband Köln e. V.

Zur Vertretung in Arbeitssachen:

Nach dem ArbGG 1926 waren Rechtsanwälte von der Vertretung vor den Arbeitsgerichten in erster Instanz völlig ausgeschlossen. Dieser Rechtszustand galt auf Grund des Kontrollratsgesetzes Nr. 21 bis 1953. Erst durch das Arbeitsgerichtsgesetz vom 3. 9. 1953 (i. d. F. des Änderungsgesetzes vom 2. 12. 1955, BGBl. I 1953 S. 1267; 1955 S. 743, zuletzt geändert durch die Gesetze vom 14. 8. 1969, BGBl. I S. 1106, 1112) wurden Anwälte auch in erster Instanz beschränkt zugelassen. Nach § 11 ArbGG sind Rechtsanwälte nur zugelassen, wenn die Wahrung der Rechte der Parteien dies notwendig erscheinen läßt. Über die Zulassung entscheidet zunächst der Vorsitzende des Arbeitsgerichts allein. Bei Ablehnung durch den Vorsitzenden kann die Partei die Entscheidung der Kammer des Arbeitsgerichts (besetzt mit dem Vorsitzenden und je einem Beisitzer aus Arbeitgeber- und Arbeitnehmerkreisen) beantragen, die dann endgültig entscheidet. Erreicht der Streitwert mindestens 300 DM, sind Rechtsanwälte jedoch stets zugelassen. Die Zulassung der Anwälte bei einem Streitwert von mindestens 300 DM beruht darauf, daß in solchen Fällen die Urteile stets berufungsfähig sind und in 2. Instanz Vertretungszwang besteht. Ein Anwalt soll aber den Rechtsstreit auch schon in 1. Instanz führen können, wenn er ihn in 2. Instanz führen muß. Beträgt der Streitwert weniger als 300 DM, muß zunächst die Partei die Klage einreichen. Ein Anwalt ist bis zur Zulassung nicht postulationsfähig, so daß er eine Klage nicht wirksam erheben kann; auch der Einspruch gegen ein Versäumnisurteil durch einen Rechtsanwalt wäre vor der Zulassung unwirksam. Jedoch kann der Rechtsanwalt selbst den Antrag auf Zulassung stellen. Da der Streitwert erst im Urteil festzusetzen ist (§ 61 II ArbGG), muß das Gericht zu erkennen geben, ob es die Zulassung für erforderlich hält oder nicht, wenn die Höhe des Streitwertes nicht feststeht (z.B. in einem Zeugnisstreit oder für einen Feststellungsantrag). Es empfiehlt sich, in Zweifelsfüllen den Antrag auf Zulassung vorsorglich stellen zu lassen. Die Zulassung kann aber auch stillschweigend erfolgen, so schon durch Anberaumung eines Termins auf die von einem Anwalt eingereichte

Klage. Sind Anwälte zugelassen, bleibt die Vertretungsbefugnis auch dann bestehen, wenn die Voraussetzungen später entfallen, also beispielsweise der Streitwert durch teilweise Erledigung während des Prozesses oder Teilvergleich unter 300 DM sinkt (Ausnahme: Willkürliche Zuvielforderung, um die Zulassungsgrenze zu überschreiten). Zulassung des Anwalts einer Partei bewirkt, daß sich auch der Gegner durch Anwalt vertreten lassen kann. Nach § 11a ArbGG hat die Gegenpartei sogar einen Anspruch auf Beiordnung eines Rechtsanwalts im Armenrecht, wenn der Gegner durch Anwalt vertreten ist, sie selbst arm in Sinne dieser Vorschriften ist und nicht durch einen Sozialpartner vertreten werden kann. Die Beiordnung kann aber unterbleiben, wenn sie aus besonderen Gründen nicht erforderlich oder die Rechtsverfolgung offensichtlich mutwillig ist (also nicht nur keine hinreichende Aussicht auf Erfolg hat!).

Neben Anwälten können Vertreter von Gewerkschaften oder von Arbeitgeberverbänden und ihren Spitzenorganisationen vor den Arbeitsgerichten auftreten. Sie müssen kraft Satzung oder Vollmacht zur Vertretung befugt sein und dürfen nur für die Verbände, Spitzenorganisationen oder deren Mitglieder auftreten. Sind sie nebenher Rechtsanwalt, dürfen sie nur dann auftreten, wenn sie auch als Rechtsanwälte auftreten dürften. Die gleiche Befugnis haben Vertreter von selbständigen Vereinigungen von Arbeitnehmern mit sozial- oder berufspolitischer Zwecksetzung. Sie unterscheiden sich von den Gewerkschaften insbesondere dadurch, daß sie nicht tariffähig zu sein brauchen. (Dazu gehören aber z. B. nicht Kriegsopferverbände, weil sie nicht nur Arbeitnehmer umfassen). Nachdem sich die christlichen Arbeitnehmervereinigungen zum Christlichen Gewerkschaftsbund zusammengeschlossen haben, dürfte dieser Vorschrift nicht mehr die bisherige Bedeutung zukommen, weil es sich jetzt um echte Gewerkschaften handelt. Sonstige Personen, die die Besorgung fremder Rechtsangelegenheiten vor Gericht geschäftsmäßig betreiben, insbesondere also Prozeßagenten, sind von der Vertretung vor den Gerichten für Arbeitssachen völlig ausgeschlossen. Es ist auch nicht möglich, solchen Personen das mündliche Verhandeln vor Gericht zu gestatten oder eine dahingehende Anordnung zu treffen (§ 157 III ZPO ist in § 11 III ArbGG nicht aufgeführt).

In 2. Instanz müssen sich die Parteien vor den Landesarbeitsgerichten durch einen Rechtsanwalt vertreten lassen. An ihrer Stelle kann ein Vertreter einer Gewerkschaft, eines Arbeitgeberverbandes oder einer Spitzenorganisation (aber nicht einer sozial- oder berufspolitischen Vereinigung) auftreten. Vor dem Bundesarbeitsgericht gilt Anwaltszwang. Vor den Landesarbeitsgerichten und dem Bundesarbeitsgericht kann jeder bei einem deutschen Gericht zugelassene Anwalt auftreten.

wegen Gehaltsforderung

hat das Arbeitsgericht Köln auf die mündliche Verhandlung vom 12. 11. 1968 durch den Arbeitsgerichtsrat Dr. *Richter* als Vorsitzenden und die Arbeitsrichter *Hellwig* und *Pietsch* als Beisitzer für Recht erkannt:

Der Beklagte wird verurteilt, an den Kläger 197,20 DM (i.W.) nebst 4% Zinsen seit dem 25. 9. 1968 zu zahlen.

Im übrigen wird die Klage abgewiesen.

Die Kosten des Rechtsstreits werden zu $^2/_3$ dem Beklagten, zu $^1/_3$ dem Kläger auferlegt.

Der Wert des Streitgegenstandes wird auf 311 DM festgesetzt.

Der Betrag der Gerichtsgebühr wird mit 12 DM festgestellt.

Tatbestand

Durch schriftlichen Vertrag vom 28. 3. 1968 hat der Beklagte die Witwe des Grundstücksvermittlers *Fritz Laufer*, Frau *Selma Laufer* geb. *Mix* vom 1. 4. 1968 ab als Leiterin seiner neu errichteten Filiale in Solingen angestellt und ihr als Vergütung unter Ausschluß fester Bezüge 15% Umsatzprovision für verkaufte Plattenspieler und Tonbandgeräte und 10% der verkauften Schallplatten und Radioartikel zugesichert. Frau *Laufer* hat drei minderjährige Kinder, für deren Unterhalt sie aufkommt. Dem Kläger steht gegen die Eheleute *Laufer* eine rechtskräftig festgestellte Darlehensforderung von 1000 DM nebst Zinsen und Kosten zu. Gemäß Beschluß des Amtsgerichts Düsseldorf vom 26. 6. 1968, zugestellt am 29. 6. 1968, sind dem Kläger die angeblichen gegenwärtigen und zukünftigen Forderungen der Schuldnerin an den Beklagten auf Zahlung aller Bezüge an Arbeitseinkommen nach näherer Maßgabe des Beschlusses

Hier sind im Beschluß die Vorschriften der §§ 850a, 850c ZPO inhaltlich wiederholt, eine erneute Darstellung des Gesetzestextes erübrigt sich. Nach § 850c Abs. 2 ZPO i. d. F. des Gesetzes vom 9. 8. 1965 genügt auch im Beschluß die Bezugnahme auf die dem Gesetz beigefügte Pfändungstabelle.

gepfändet und dem Kläger zur Einziehung überwiesen. Wie nach Vorlage der Lohnkarten der Beklagten unter den Parteien unstreitig geworden ist, hatte nach Abzug der Lohnsteuer sowie der Beiträge zur Sozialversicherung die Schuldnerin Frau *Laufer* folgende Provisionsansprüche:

April	510,— DM
Mai	568,— DM
Juni	490,50 DM
Juli	420,10 DM
August	385,80 DM
September	480,50 DM

Ausgezahlt wurden an Frau *Laufer* folgende Nettobeträge:

April	580,— DM
Mai	580,— DM
Juni bis zur Pfändung	420,— DM
nach der Pfändung	230,— DM
Juli	350,— DM
August	350,— DM
September	350,— DM

Die Beträge von April bis Juni sind in ungleichmäßigen Raten ausgezahlt. Frau *Laufer* hat darüber jedesmal Erklärungen nach folgendem Muster unterschrieben:

„Schuldschein:

Hierdurch bekenne ich, von der Fa. *E. Kurtwig* den Betrag von ..... DM erhalten zu haben der bei der nächsten Provisionszahlung zu verrechnen ist."

Ferner hat Frau *Laufer* am Ende eines jeden Monats — auch nach der Pfändung — eine Ausgleichsquittung unterschrieben, wonach sie erklärt, daß sie die ihr zustehenden Beträge ordnungsgemäß empfangen und keine weiteren Ansprüche gegen die Fa. *E. Kurtwig* habe.

Das Arbeitsverhältnis wurde vom Beklagten am 12. 8. 1968 zum 30. 9. 1968 gekündigt. Seit dieser Zeit ist die Schuldnerin nicht mehr für den Beklagten tätig.

Der Kläger behauptet, daß der schriftliche Anstellungsvertrag unvollständig sei. Daneben wäre mündlich eine Mindestvergütung von 750,— DM brutto = 613,50 DM netto monatlich vereinbart worden. Deshalb seien bis zur Zustellung des Pfändungsbeschlusses Beträge ausgezahlt worden, die die Monatsprovision erheblich überschritten und nach Abzug der Steuern und Sozialversicherungsbeiträge etwa 600,— DM monatlich ausmachten. Es falle auf, daß nach Zustellung des Pfändungs- und Überweisungsbeschlusses erheblich geringere Beträge gezahlt worden seien, die die Pfändungsgrenze nicht überschritten hätten. Außerdem stünde Frau *Laufer* nach dem allgemeinverbindlichen Lohntarifvertrag für den Einzelhandel in Nordrhein-Westfalen vom 22. 3. 1968 in Ortsklasse I als Verkaufsstellenverwalterin ein Monatsgehalt von 655,— DM brutto = 550,30 DM netto zu, da es sich um eine Verkaufsstelle mit 5 bis 6 Arbeitnehmern gehandelt habe (Gehaltsgruppe der Verkaufsstellenverwalter).

Tarifrecht und Vertragsfreiheit:

Die Vertragsfreiheit beherrscht zwar auch das Arbeitsrecht (Vgl. § 105 GewO, Art. 2 GG). Nach wie vor muß der Arbeitsvertrag als Teil des Dienstvertragrechts und damit des Schuldrechts des BGB angesehen werden. Zahlreiche Sondervorschriften schränken zwar die Dispositionsfreiheit ein, im Kern bleibt aber der Arbeitsvertrag ein gegenseitiger schuldrechtlicher Vertrag. Neben den Sonderbestimmungen in HGB, GewO und der Handwerksordnung sind es vor allem die arbeitsrechtlichen Sondervorschriften, die ähnlich wie im Mietrecht Einschränkungen der Vertragsfreiheit mit sich bringen. Es hat sich herausgestellt, daß der Arbeitsnehmer als der wirtschaftlich schwächere Teil des Arbeitsverhältnisses eines besonderen Schutzes bedarf. Neben diesem staatlichen Schutz, der in unserem sozialen Rechtsstaat auch verfassungsmäßig garantiert ist (Art. 9 Abs. 3, 20, 28 GG), haben sich schon frühzeitig die Arbeitnehmer selbst zusammengeschlossen, um als Gesamtheit der wirtschaftlichen Machtstellung der Unternehmer entgegenzutreten. Sie schlossen (schon 1873, Buchdruckertarif) Kollektivvereinbarungen, in denen die Arbeitsbedingungen niedergelegt und der Arbeitslohn als Mindestlohn festgelegt wurden. Zunächst hatten diese zwischen Gewerkschaften und Arbeitgeber bzw. Arbeitsgeberverbänden abgeschlossenen Tarifverträge keine gesetzliche Grundlage. Die TarifvertragsVO vom 23. 12. 1918 legte jedoch bereits die automatische und zwingende Wirkung (Unmittelbarkeit und Unabdingbarkeit) fest. Außerdem sah sie die Möglichkeit vor, Tarifverträge für allgemeinverbindlich zu erklären, d. h. ihre Wirkung auch auf Außenseiter, die nicht Mitglieder der Tarifvertragsparteien waren, zu erstrecken. Diese vorläufige Regelung (Neufassung durch VO vom 28. 2. 1928) wurde von Rechtsprechung und Wissenschaft weiterentwickelt und zu einem System des Tarifvertragrechts ausgebaut.

1933 wurde diese Entwicklung jedoch durch Auflösung der Gewerkschaften und Arbeitgeberverbände unterbrochen. Eine Zeitlang wurden sie durch die Treuhänder der Arbeit sozusagen treuhänderisch ersetzt. Das Gesetz zur Ordnung der nationalen Arbeit vom 20. 1. 1934 beseitigte dann die Tarifverträge und setzte an ihre Stelle staatliche Rechtsverordnungen, die Normen objektiven Rechts setzten und als Tarifordnungen von den staatlichen Beamten der Treuhänder der Arbeit erlassen wurden. An die Stelle der kollektiven Selbstbestimmung trat die staatliche Regelung für alle Arbeitnehmer des betreffenden Geltungsbereiches. Zwar sollten ursprünglich die Betriebsordnungen im Vordergrund stehen, die vom Betriebsführer erlassen wurden und insbesondere auch den Lohn als Mindestbedingung regeln sollten. Nur wenn zum Schutze der Beschäftigten die Festsetzung von Mindestbedingungen zur Regelung der Arbeitsverhältnisse zwingend geboten war (§ 32 Abs. 2 AOG), konnte der Treuhänder nach Beratung mit einem Sachverständigenausschuß eine Tarifordnung erlassen, deren Bestimmungen als Mindestbedingungen rechtsverbindlich waren. Mit der immer weiter forschreitenden Regelung aller Wirtschaftsvorgänge durch den Staat wurden jedoch die Tarifordnungen in der Praxis ein Instrument staatlicher Lohnregelung, von denen der weitaus größte Teil der Arbeitnehmer erfaßt wurde. Schließlich wurde dem Treuhänder für Arbeit durch die VO über die Lohngestaltung vom 25. 6. 1938 mit DVO vom 23. 4. 1941 sogar die Befugnis gegeben, die Löhne in den Tarifordnungen als Höchstlöhne zu erklären, womit jede einzelvertragliche Lohnabrede ausgeschlossen wurde.

Nach 1945 bestanden die Tarifordnungen fort, auch nach der Aufhebung des AOG durch Kontrollratsgesetz Nr. 40 mit Wirkung vom 1. 1. 1947. Der Erlaß neuer Tarifordnungen war nicht mehr möglich, wohl aber der Abschluß von Tarifverträgen zwischen den sich neu bildenden Sozialpartnern der Arbeitgeber und Arbeitnehmer. Eine Rechtsgrundlage fehlte zunächst noch, man griff auf die von der Rechtslehre und Rechtsprechung vor 1933 entwickelten Grundsätze zurück. Zunächst behinderte auch noch der geltende Lohnstop den Abschluß frei vereinbarter Tarifverträge, bis das Gesetz über die Aufhebung des Lohnstops vom 3. 11. 1948 ab 10. 11. 1948 volle

Vertragsfreiheit herstellte. Mit dem Tarifvertragsgesetz vom 9. 4. 1949 (WiGBl S. 55), das jetzt in der Fassung vom 25. 8. 1969 (BGBl I S. 1323) gilt, wurde dann die neue Rechtsgrundlage für den Tarifvertrag geschaffen. Der Tarifvertrag regelt die Rechte und Pflichten der Tarifvertragsparteien und enthält Rechtsnormen, die den Inhalt, den Abschluß und die Beendigung von Arbeitsverhältnissen sowie betriebliche und betriebsverfassungsrechtliche Fragen regeln können (§ 1 TVG). Damit ist gesetzlich die normative Wirkung der Tarifbestimmungen festgelegt. Dies führt gleichzeitig dazu, daß Tarifnormen als Rechtsnormen revisibel sind (§ 73 ArbGG). Tarifgebunden sind aber nur Mitglieder der Tarifvertragsparteien und der Arbeitgeber, der selbst Tarifpartei ist (§ 3). Es besteht jedoch die Möglichkeit, unter bestimmten Voraussetzungen einen Tarifvertrag für allgemeinverbindlich zu erklären (§ 5 TVG) und damit auch Außenseiter in seinem Geltungsbereich zu erfassen. Die Allgemeinverbindlicherklärung ist nach Auffassung des Bundesverwaltungsgerichts eine im Verwaltungsrechtsweg nicht anfechtbare Rechtsverordnung (BVerwG vom 6. 6. 1958 — AP Nr. 6 zu § 5 TVG), a. M. die herrschende Lehre des Arbeitsrechts, die einen Verwaltungsakt annimmt, wobei allerdings im Verhältnis zu den unter den Tarifvertrag zu unterwerfenden Außenseitern auch das Bundesarbeitsgericht keinen Verwaltungs- sondern einen Normsetzungsakt annimmt (BAG vom 3. 2. 1965 — AP Nr. 12 zu § 5 TVG). Die Rechtsnormen des Tarifvertrages gelten unmittelbar und zwingend für die Tarifgebundenen als Mindestvorschriften. Ein Verzicht auf entstandene tarifliche Rechte ist nur in einem von den Tarifvertragsparteien gebilligten Vergleich zulässig. Die Verwirkung tariflicher Rechte ist ausgeschlossen. Ausschlußfristen für die Geltendmachung tariflicher Rechte müssen im Tarifvertrag vereinbart werden (§ 4 TVG). Die bestehenden Tarifordnungen werden durch Tarifverträge ersetzt (§ 10 TVG), so daß heute noch Tarifordnungen teilweise auf solchen Gebieten bestehen, die noch nicht durch Tarifvertrag geregelt sind. Diese fortgeltenden Tarifordnungen haben weiterhin die Wirkungen der Rechtsverordnung, gelten also insbesondere auch für Außenseiter. Erst mit dem 1. Januar 1971 treten die letzten Tarifordnungen außer Kraft, jedoch mit Ausnahme der TO für die Theater vom 27. 10. 1937 und den TO für die Kulturorchester vom 30. 3. 1938 (VO nach § 9, jetzt § 10 TVG vom 11. 4. 1968, BAnz. v. 24. 4. 1968 Nr. 78 = BArbBl. 1968 S. 321). Ein Tarifvertrag hebt eine Tarifordnung vollständig auf, soweit er eine neue Regelung setzt, also auch soweit er bestimmte Fragen nicht mehr regeln will. Die Tarifordnungen gelten dann auch nicht mehr für Außenseiter. Während die Tarifordnungen als staatliches Recht von Amts wegen zu berücksichtigen sind, prüfen die Gerichte für Arbeitssachen nicht von Amts wegen, ob ein Arbeitsverhältnis von tariflichen Normen beherrscht wird. Ergibt sich jedoch aus dem Parteivorbringen, daß tarifliche Normen erheblich sein können, ist der Inhalt dieser Normen nach § 293 ZPO zu ermitteln (BAG vom 29. 3. 1957 — AP Nr. 4 zu § 4 TVG Tarifkonkurrenz). Das Gericht muß auch von Amts wegen feststellen, ob ein Tarifvertrag allgemeinverbindlich ist.

Betriebsvereinbarung:

Neben dem Tarifvertrag spielt die Betriebsvereinbarung heute keine so ausschlaggebende Rolle mehr. Das Mitbestimmungsrecht des Betriebsrats bezieht sich zwar zwingend ebenfalls auf sonst arbeitsvertraglich geregelte Arbeitsbedingungen, z. B. Beginn und Ende der Arbeitszeit und der Pausen, Zeit und Ort der Lohnzahlung, Aufstellung des Urlaubsplans, Regelung von Akkord- und Stücklohnsätzen (§ 56 Betriebsverfassungsgesetz vom 11. 10. 1952, BGBl. I. S. 681, zuletzt geändert durch das 1. Arbeitsrechtsbereinigungsgesetz vom 14. 8. 1969, BGBl. I S. 1106). Eine Einschränkung besteht jedoch darin, daß ein Mitbestimmungsrecht nur gegeben ist, wenn eine gesetzliche oder tarifliche Regelung nicht besteht. Vor allem sind auch nur fakultative Betriebsvereinbarungen dann nicht zulässig, soweit Arbeitsentgelte und sonstige Arbeitsbedingungen üblicherweise durch Tarifvertrag geregelt werden, es sei denn, daß ein Tarifvertrag ergänzende Betriebsvereinbarungen ausdrücklich zuläßt (§ 59 BetrVG). Danach ist eine Lohnregelung durch Betriebsvereinbarung praktisch ausgeschlossen, weil nach überwiegender Meinung diese Einschränkung auch für Außenseiter und bei tariflosem Zustand gilt. Ein Mitbestimmungsrecht des Betriebsrates besteht weiter bei Einstellung und Versetzung und in wirtschaftlichen Angelegenheiten. Bei Kündigungen hat der Betriebsrat ein Anhörungsrecht.

Weitere Einschränkungen der Vertragsfreiheit im Arbeitsrecht: Obwohl grundsätzlich der Arbeitgeber einen freien Arbeitsplatz mit einem frei ausgewählten Arbeitnehmer besetzen kann, bestehen arbeitsrechtliche Beschränkungen negativ durch Abschlußverbote und positiv im Sinne eines Abschlußzwangs. Die Zulässigkeit solcher Beschränkungen der Vertragsfreiheit ergibt sich aus der Sozialstaatsklausel, weil die Grundrechte des Art. 2 GG nur im Rahmen der verfassungsmäßigen Ordnung bestehen.

Es gibt öffentlich-rechtliche Einstellungsverbote, z. B. für Beamte das Verbot von Nebentätigkeiten (§§ 64ff. BBG). Unzuverlässigen Personen kann eine leitende und beaufsichtigende Tätigkeit in Gaststätten verboten werden (§ 21 Abs. 1 Gaststättengesetz). Sehr zahlreich sind die Beschäftigungsverbote für Frauen (§ 16 AZO) in Bergwerken, Salinen, Kokereien, bei Bauarbeiten, vor und nach der Niederkunft (§§ 3, 4 MuSchG), als Führerinnen von Schienenfahrzeugen, Omnibussen und LKW. Beschäftigungsverbote bestehen weiter für Kinder (§ 7 JArbSchG), für Jugendliche bei gefährlichen Arbeiten (§ 37 JArbSchG). Ausländer bedürfen einer Arbeitserlaubnis; ohne diese Erlaubnis dürfen Ausländer nicht beschäftigt werden (§ 19 Arbeitsförderungsgesetz, AFG; Ausnahme: Arbeitnehmer aus den EWG-Staaten genießen volle Freizügigkeit).

Abschlußgebote gelten für Schwerbeschädigte nach dem Gesetz über die Beschäftigung Schwerbeschädigter vom 16. 6. 1953 (BGBl. I S. 389) i.d.F. des Gesetzes vom 14. 8. 1961 (BGBl. I S. 1233). Werden die danach vorgeschriebenen Pflichtquoten nicht erfüllt und nicht genügend Schwerbeschädigte beschäftigt, ist eine Ausgleichsabgabe zu zahlen. U.U. kann sogar eine Zwangseinstellung erfolgen (§ 10 SchwBeschG). Durch Zustellung des Einstellungsbeschlusses des Landesarbeitsamtes gilt ein Arbeitsvertrag als geschlossen, dessen Inhalt vom Landesarbeitsamt bestimmt wird oder sich nach kollektivem Recht richtet. Dieses durch staatlichen Verwaltungsakt begründete Arbeitsverhältnis ist jedoch ein privatrechtliches Verhältnis, der Arbeitsvertrag bleibt ein schuldrechtlicher Vertrag. Einen gleichartigen Einstellungszwang kennt das Gesetz über einen Bergmannsversorgungsschein in Nordrhein-Westfalen i.d.F. vom 9. 1. 1958 (GVBl. S. 14) im § 8; entsprechendes regelt das saarländische Bergmannsversorgungsscheingesetz v. 11. 6. 1962. In Niedersachsen wird auf die Schwerbeschädigtenregelung verwiesen (Gesetz über einen Bergmannsversorgungsschein im Lande Niedersachsen vom 6. 1. 1949, GVBl Sb I S. 741). Weiter haben Opfer der nationalsozialistischen Verfolgung einen Anspruch auf Einräumung des früheren oder eines gleichwertigen Arbeitsplatzes (Bundesentschädigungsgesetz i. d. F. vom 29. 6. 1956, BGBl. I, 562, § 89), im öffentlichen Dienst besteht Anspruch auf bevorzugte Einstellung (BWGöD v. 11. 5. 1951 i. d. F. v. 10. 10. 1957/BGBl. I, 1951, 291, 1957, 1703). Unter besonderen Umständen kann sich ein Anspruch auf Einstellung auch aus dem Gesetz zu Art. 131 GG ergeben (i. d. F. vom 11. 9. 1957, BGBl. I, 1296; vgl. OVG Münster DÖV 1955 S. 380).

Über Kündigungsbeschränkungen vgl. den folgenden Fall.

Danach aber seien zum Zeitpunkt der Pfändung noch 280,50 DM Gehalt offen gewesen, von denen ebenso wie in den folgenden Monaten bis September je 77,70 DM nach der Tabelle pfändbar waren. Mit der am 25. 9. 1968 zugestellten Klage beantragt der Kläger,

den Beklagten zur Zahlung von 310,80 DM nebst 4% Zinsen seit Klagezustellung zu verurteilen.

Der Beklagte beantragt

Klageabweisung, hilfsweise Ausschluß der vorläufigen Vollstreckbarkeit.

Er bestreitet die vom Kläger behauptete mündliche Abrede über eine Mindestlohngarantie. Da er mit *Fritz Laufer* befreundet gewesen sei, habe er die völlig mittellose Witwe in seiner Filiale versuchsweise beschäftigt, um ihr zu helfen. Sie sei noch nie als Verkäuferin tätig gewesen und könne nur als ungelernte Kraft, allenfalls als einfache Verkäuferin angesehen werden. Insbesondere habe sie keinerlei selbständige Dispositionen getroffen, wie dies zu den Voraussetzungen für eine Bezahlung als Verkaufsstellenverwalter gehöre, sondern streng nach seinen bzw. seines Prokuristen Weisungen gehandelt. Über das andere Personal des Zweiggeschäftes habe sie lediglich wegen ihres Alters und ihrer sozialen Stellung eine rein formale Aufsicht geführt. Der Tariflohn einer Verkäuferin im 1. Berufsjahr belaufe sich nur auf 400,— DM brutto, an Frau *Laufer* sei aber insgesamt in den Monaten April bis September erheblich mehr gezahlt worden. Darüber hinaus seien Garantiezusagen nicht gegeben worden, sein Geschäft könne auch eine so hoch bezahlte Angestellte gar nicht tragen. Deshalb habe er auch trotz der bestehenden frenudschaftlichen Bindungen das Arbeitsverhältnis gekündigt, nachdem der Kläger die Pfändung ausgebracht und Ansprüche auf höheren Tariflohn geltend gemacht habe.

Darüberhinaus habe Frau *Laufer* auf weitere Ansprüche durch Erteilung von Ausgleichsquittungen verzichtet. Soweit die gewährten Schuldscheindarlehen noch nicht mit Provisionen verrechnet sind, stelle er sie zur Aufrechnung.

Der Kläger erwidert, daß die Zahlungen, die in den Schuldscheinen quittiert worden sind, im Hinblick auf die für Frau *Laufer* entstehenden Vergütungsansprüche geleistet worden seien und daher keine Darlehen, sondern Vorschüsse darstellten. Der Beklagte hätte sie nach Zustellung des Pfändungsbeschlusses vom unpfändbaren Gehaltsteil abziehen müssen und könne jetzt nicht gegen Forderungen des Klägers aufrechnen.

Vorschuß und Darlehen:

Ein Darlehen begründet eine selbständige Gegenforderung, die gegenüber Lohnforderungen nur im Rahmen des § 394 BGB, also nur gegenüber dem pfändbaren Teil aufrechenbar ist. Dagegen ist ein Vorschuß die im Voraus bewirkte Gegenleistung aus dem gegenseitigen Schuldverhältnis des Arbeitsvertrages. Wird er von der Vergütung abgezogen, so handelt es sich nicht um Aufrechnung, vielmehr macht der Arbeitgeber geltend, daß er die ihm obliegende Leistungspflicht bereits ganz oder zum Teil erfüllt hat. Dieser Erfüllungseinwand greift gegenüber unpfändbaren Gehaltsforderungen durch. Nach heute herrschender Meinung ist ein Vorschuß zunächst auf den unpfändbaren Teil anzurechnen und nur der evtl. verbleibende Rest auf den pfändbaren Vergütungsteil zu verrechnen, so daß u. U. dem Arbeitnehmer nach Pfändung nichts mehr verbleibt, er vielmehr vom Vorschuß leben muß (RAG ArbRSamml. Bd. 26 S. 218; Bd. 39 S. 39; LAG Düsseldorf AP Nr. 1 zu § 614 BGB Gehaltsvorschuß). Die Unterscheidung spielt aber auch dann eine Rolle, wenn der Arbeitgeber dem Arbeitnehmer vor der Pfändung ein Darlehen gegeben hat, das erst nach der Zustellung des Pfändungsbeschlusses und der Lohnforderung fällig wird. Dann geht eine Pfändung nach § 392 BGB vor, die Aufrechnung mit Darlehensforderungen, die nach dem Vergütungsanspruch fällig werden, ist danach unzulässig. Hier hat der Arbeitgeber das Nachsehen. Zu beachten ist dabei jedoch, daß bei einer Vereinbarung, das Darlehen in Raten vom Lohn jeweils abzuhalten, § 392 BGB eine Aufrechnung nicht ausschließt, weil dann beide Forderungen gleichzeitig fällig werden (BAG AP Nr. 1 zu § 392 BGB; OLG Hamburg, NJW 1952, 388). Ist jedoch vor der Pfändung ein Vorschuß gewährt worden, gehen die Ansprüche des Arbeitgebers in jedem Falle der Pfändung vor.

Die Unterscheidung, ob ein Vorschuß oder ein Darlehen vorliegt, hat also für den Arbeitnehmer insoweit Bedeutung, als sich danach entscheidet, ob der Betrag auf den unpfändbaren oder auf den pfändbaren Teil der Vergütung anzurechnen ist. Für den Gläubiger ist sie wesentlich, weil die Aufrechnung des Arbeitgebers mit Darlehensforderungen, die vor dem Lohnanspruch fällig sind, seinem gepfändeten Anspruch vorgeht. Für den Arbeitgeber ist wichtig, daß er einen Vorschuß stets anrechnen kann, mit einem Darlehen auf den pfändbaren Teil verwiesen wird und er bei Fälligkeit nach dem Lohnanspruch auch noch hinter dem Pfändungsgläubiger zurücktreten muß.

Ob der Arbeitnehmer ein Darlehen oder einen Vorschuß erhalten hat, richtet sich nicht nach dem von den Parteien gewählten Wortlaut. Entscheidend ist vielmehr, ob der gewährte Betrag sich nach den Umständen als Darlehen oder Gehaltsvorschuß darstellt, dabei handelt es sich um eine Tatfrage (RAG ArbRSamml. Bd. 39 S. 42). Darlehen sind selbständig, d. h. unabhängig von dem Arbeitsvertrag, aus dem die Mittel zur Tilgung fließen sollen, während Vorschüsse auf den demnächst fälligen Wochen- oder Monatslohn oder auf die nächsten bald fälligen Vergütungsansprüche gegeben werden (RAG ArbRSamml. Bd. 38 S. 202; vgl. auch RGZ 133, 252). Eine Abgrenzung wurde vom LAG Düsseldorf (AP Nr. 1 zu § 614 BGB Gehaltsvorschuß) versucht. Danach soll ein Gehaltsvorschuß nur dann vorliegen, wenn demnächst fällige Vergütungszahlungen für kurze Zeit vorverlegt werden, um dem Schuldner die Bestreitung seines normalen Lebensunterhaltes bis dahin zu ermöglichen. Bei Hingabe größerer Beträge, die den Lohn erheblich übersteigen und zu Zwecken gegeben werden, die mit normalen Gehaltsbezügen nicht erreicht werden können, soll dagegen ein Darlehen anzunehmen sein. Mit Recht führt Larenz in seiner Kritik (Anm. aaO) diese Einschränkung zugunsten des Arbeitnehmers darauf zurück, daß u. U. die Anrechnung von Vorschüssen auf den unpfändbaren Teil unbillig ist (vgl. auch Bischoff, BB 1952, S. 434).

Auf Grund des Beweisbeschlusses vom 13. 10. 1968 sind über die streitige Nebenabrede, Art und Umfang der von Frau *Laufer* ausgeübten Tätigkeit und das Zustandekommen der Schuldscheinzahlungen die Zeugen Frau *Laufer*, *Herold* und *Kettwich* uneidlich vernommen worden. Auf die Niederschrift der Beweisaufnahme wird Bezug genommen.

Entscheidungsgründe:

Dem Kläger war lediglich ein Betrag in Höhe von 197,20 DM zuzusprechen.

Die vom Kläger behauptete mündliche Vereinbarung einer monatlichen Mindestvergütung in Höhe von 750,— DM monatlich ist von keinem der Zeugen bestätigt worden. Eine solche Abrede ergibt sich auch nicht aus der Höhe der Zahlungen bis zur Pfändung, weil insoweit nicht vertragliche Gehaltsansprüche gezahlt zu sein brauchen, sondern auch Vorschüsse gegeben sein können. Der vom Kläger gezogene Schluß ist nicht zwingend, zumal die Beträge nicht auf einmal wie Gehalt, sondern in Raten und verschiedener Höhe gewährt wurden. Ein Rückschluß aus der Senkung der Zahlungen nach der Zustellung des Pfändungs- und Überweisungsbeschlusses auf eine vorhergehende Vereinbarung eines höheren Gehaltes ist ebenfalls nicht möglich, weil das ebensogut auf Überzahlungen zurückgeführt werden kann. Gegen die Ansicht des Klägers spricht die Tatsache, daß der Schuldnerin bei einem Provisionsanspruch von insgesamt 2854,90 DM in den 6 Monaten des Arbeitsverhältnisses 2860,— DM gezahlt wurden.

Dagegen steht nach dem Ergebnis der Beweisaufnahme fest, daß Frau *Laufer* Anspruch auf Bezahlung des Tarifgehaltes einer Verkaufsstellenverwalterin nach dem Lohntarifvertrag für den Einzelhandel in Nordrhein-Westfalen vom 22. 3. 1968 in Höhe von 655,— DM brutto monatlich zustanden. Nach den übereinstimmenden Bekundungen der Zeugen hat Frau *Laufer* die Filiale in Solingen mit 5 Angestellten selbständig geleitet, dem Beklagten und seinem Vertreter Vorschläge über die zum Verkauf zu stellenden Waren gemacht und sogar eine eigene

Kundenwerbung eingerichtet und durchgeführt. Frau *Laufer* steht der Tarifanspruch allerdings erst ab 1. 6. 1968 zu, weil sie nicht Mitglied einer der Tarifparteien ist. Der Tarifvertrag vom 22. 3. 1968 ist nämlich erst von diesem Zeitpunkt an für allgemeinverbindlich erklärt worden (BundAnz. Nr. 124 S. 4 vom 24. 6. 1968) und gilt erst von da an für das Arbeitsverhältnis von Frau *Laufer*.

Demgegenüber konnte sich der Beklagte auch nicht auf die jeweils von Frau *Laufer* unterschriebenen Ausgleichsquittungen berufen. Tarifansprüche sind unabdingbar und unverzichtbar (§ 4 Abs. 3, 4 TVG). Frau *Laufer* kann auch nicht nachträglich auf entstandene tarifliche Rechte verzichten, selbst wenn sie einen Verzichtswillen gehabt hätte. Die Ausschlußfrist des § 13 Manteltarifvertrages von 3 Monaten seit Fälligkeit oder 2 Monaten nach Ausscheiden der Schuldnerin war noch nicht abgelaufen, als der Anspruch durch die Klage schriftlich geltend gemacht wurde.

Ausschlußfristen:

Ausschlußfristen oder auch Verwirkungsfristen genannt sind Fristen für die Geltendmachung von Rechten. Je nach dem Inhalt kann schriftliche oder nur mündliche Geltendmachung verlangt werden. Häufig wird daneben festgelegt, daß nach erfolgloser Geltendmachung binnen einer weiteren Frist Klage zu erheben ist. Mit ihrem Ablauf erlischt das Recht materiell. Der Anspruch wird in einer Ausschlußfrist zeitlich begrenzt und geht bei Ablauf der Frist unter. Es handelt sich also nicht um eine Einrede gegenüber dem Recht wie bei der Verjährung, sondern um die von Amts wegen zu berücksichtigende Rechtsvernichtung. Weil das Recht ipso jure untergeht, gibt es auch keine Hemmung, Wiedereinsetzung oder ähnliche Rechtsbehelfe gegen Fristablauf. Jedoch kann im Rahmen der allgemeinen Arglist eine Berufung auf die Ausschlußfrist verwehrt sein oder ein Schadensersatzanspruch entstehen. Der BGH wendet § 390 Satz 2 BGB (Rückwirkung auf den Zeitpunkt, zu dem sich die Forderungen aufrechenbar gegenüberstanden) auch auf Ausschlußfristen an und stellt sie insoweit Verjährungsfristen gleich (BGH vom 30. 1. 1958 — AP Nr. 1 zu § 390 BGB). Im Gegensatz dazu hat die BAG die entsprechende Anwendung von § 390 Satz 2 BGB auf ausgeschlossenen Forderungen abgelehnt, weil sie mit Ablauf der Ausschlußfrist materiell erloschen ist (BHG vom 15. 11. 1967 — AP Nr. 3 zu § 390 DGB). Ausschlußfristen können nur in Tarifverträgen vereinbart werden (§ 4 Abs. 4 TVG), sie brauchen sich aber nicht nur auf Tarifansprüche zu beziehen, sondern können auch alle anderen Ansprüche aus dem Arbeitsverhältnis betreffen. In welchem Umfang die Forderungen verfallen, richtet sich nach dem Inhalt der Klausel; vgl. zur unterschiedlichen Auffassung über die Einbeziehung deliktischer Ansprüche einerseits BAG vom 28. 6. 1967 und anderseits BAG vom 10. 8. 1967 — AP Nr. 36, 37 zu § 4 TVG Ausschlußfristen; lies auch dazu einerseits Leser, Betriebsberater 1968 S. 171; Erdmann, Betrieb 1968 S. 352; anderseits Etzel, Recht der Arbeit 1968 S. 179. Bei einer Pfändung geht der Anspruch mit allen Einwendungen über, die Ausschlußfristen müssen daher auch vom Drittgläubiger beachtet werden.

Ausgleichsquittung:

In der Praxis ist daneben die Ausgleichsquittung sehr häufig. Sie ist mehr als ein einfaches Empfangsbekenntnis über die Leistung (§ 368 BGB), das durch den Nachweis entkräftet werden kann, die geschuldeten Leistungen seien noch nicht vollständig erbracht. Vielmehr handelt es sich um die vertragliche Abrede, daß das Rechtsverhältnis völlig erfüllt ist (§ 397 Abs. 1 und 2 BGB). Es handelt sich in der Regel um ein negatives Schuldanerkenntnis, wobei eingeschlossen ist, daß etwa noch bestehende Ansprüche erlöschen (§ 392 Abs. 2 BGB). Die Ausgleichsquittung entspricht praktischen Bedürfnissen und verstößt weder gegen die guten Sitten noch gegen die Fürsorgepflicht des Arbeitgebers. Auf Tarifansprüche aber kann der Arbeitnehmer wirksam nicht verzichten, ihnen gegenüber ist also auch eine Ausgleichsquittung in jedem Falle unwirksam. Dasselbe gilt für die gesetzlichen Urlaubsansprüche gemäß § 13 Bundesurlaubsgesetz. Darüberhinaus kann eine Ausgleichsquittung wegen Irrtums, arglistiger Täuschung oder Drohung angefochten werden. U. U. kann sich auch ein Anspruch auf Rückgabe der Quittung aus ungerechtfertigter Bereicherung ergeben (§ 812 Abs. 2 BGB).

Die an Frau *Laufer* gezahlten „Schuldscheinbeträge“ sind Vorschüsse, die auf den unpfändbaren Teil angerechnet werden müssen und nicht vom pfändbaren Gehaltsteil abgezogen werden dürfen, das vielmehr dem Kläger in vollem Umfang zustand. Wie Frau *Laufer* und der Zeuge *Herold* übereinstimmend aussagen, sind die Gelder mit der Begründung erbeten worden, daß Frau *Laufer* Geld benötigt und die Provisionen noch nicht fällig seien. Man solle ihr inzwischen etwas „borgen“ und die Zahlungen später mit der Provision verrechnen.

Danach aber hätte der Beklagte an den Kläger folgende Beträge abführen müssen:

Zum Zeitpunkt der Pfändung stand Frau *Laufer* noch ein Betrag in Höhe von 48,30 DM netto zu, der von der Pfändung erfaßt wurde und durch Vorschüsse nicht gedeckt war. Da jedoch die im Juni bereits gezahlten 420,— DM auf den unpfändbaren Gehaltsteil anzurechnen sind, mußten für Juni der volle pfändbare Betrag abgehalten werden und von den weiter ausgezahlten 230,—DM einbehalten werden.

Die Pfändung von Lohn erfolgt vom Nettolohn (§ 850e ZPO). Werden die Nettobezüge nicht zwischen den Parteien unstreitig, lassen sie sich aus den überall erhältlichen Steuertabellen leicht ablesen und die pfändbaren Bezüge aus § 850c ZPO errechnen. Ab 1. 4. 1959 gilt das Gesetz zur Änderung der Pfändungsfreigrenzen zuletzt in der Fassung vom 9. 8. 1965 (BGBl. I S. 729), dem eine amtliche Tabelle für die pfändbaren Beträge bis zu einem Einkommen von 1000,— DM beigefügt ist.

Bei einem Lohn von 655,— DM brutto = 550,30 DM netto waren nach der Tabelle monatlich 49,30 DM bei drei Unterhaltsberechtigten pfändbar. Insgesamt hätten also von dem Beklagten für die Zeit von Juni bis September 49,30 DM × 4 = 197,20 DM einbehalten werden müssen. Eine Verrechnung der Vorschüsse konnte nicht erfolgen, auch nicht, soweit sie den pfändungsfreien Betrag überstiegen. Die Bezüge von Frau *Laufer* waren nicht überbezahlt.

Danach waren dem Kläger die vom Beklagten nicht abgeführten 197,20 DM nebst den geforderten 4% Zinsen seit Rechtshängigkeit als Prozeßzinsen (§§ 246, 291 BGB) zuzusprechen, die Mehrforderung aber abzuweisen. Die Kosten des Rechtsstreits sind zu $^1/_3$ dem Kläger, zu $^2/_3$ dem Beklagten nach § 92 ZPO aufzuerlegen, weil sie in diesem Verhältnis in der Hauptsache unterlegen sind. Die Gerichtsgebühr war nach §§ 12, 61 ArbGG festzustellen. Der Streitwert war gemäß § 3 ZPO festzusetzen. Der Ausschluß der vorläufigen Vollstreckbarkeit konnte nicht ausgesprochen werden, weil der Beklagte einen nicht zu ersetzenden Nachteil nicht glaubhaft gemacht hat (§ 62 ArbGG). *Dr. Richter.*“

Zum Verfahren in Arbeitssachen:

Das arbeitsgerichtliche Verfahren kennt einige Besonderheiten im Interesse der Beschleunigung des Verfahrens, einer Verbilligung für die Parteien und der Klarheit der Entscheidung. Für die Kostenentscheidung finden die Vorschriften der ZPO entsprechende Anwendung (§ 46 ArbGG i. V. mit §§ 3ff., 91ff. ZPO). Ausnahme: Wert von Klage und Widerklage sind im arbeitsgerichtlichen Verfahren entgegen der Vorschrift des § 5 ZPO bei der Bemessung des Streitwertes zusammenzurechnen, wie dies auch für die Kostenberechnung vorgeschrieben ist. Die Gerichtskostengebühren sind nach § 12 ArbGG wesentlich geringer als im ordentlichen Verfahren. Es wird auch nur eine Gebühr erhoben, gleichgültig, ob Beweis erhoben wurde und Urteil erging. Bei Beendigung des Verfahrens durch Vergleich entfällt auch diese Gebühr. In erster Instanz sind darüberhinaus Kosten für die Zuziehung eines Prozeßbevollmächtigten niemals erstattungsfähig. (Über die Berechnung und Erstattungsfähigkeit von Kosten bei Verweisung vom ordentlichen an ein Arbeitsgericht und umgekehrt vgl. AP Nr. 1 zu § 61 ArbGG mit ausführlicher Anmerkung).

Ebensowenig besteht ein Anspruch auf Entschädigung wegen Zeitversäumnis. Soweit der Betrag der Kosten sofort ermittelt werden kann, ist er im Urteil festzulegen. Das gilt vor allem für die Gerichtskosten. Kosten können trotzdem später noch festgesetzt werden, soweit dies nicht sofort erfolgen konnte. Das gilt auch, wenn Zeugengebühren erst später entstehen.

Die Vorschriften über Prozeßkostenvorschuß finden im arbeitsgerichtlichen Verfahren keine Anwendung. Ebenso brauchen auch für Zeugengebühren oder Sachverständigenkosten keine Vorschüsse gezahlt zu werden. Alle Gebühren werden erst mit Beendigung des Verfahrens fällig (§ 12 Abs. 4 ArbGG). Aus diesem Grunde besteht auch an der Bewilligung des Armenrechts wegen der Gebühren kein Rechtsschutzinteresse, da Armenrecht nur die vorläufige Befreiung von den Prozeßkosten bedeutet. Nur für die Beiordnung eines Rechtsanwalts kommt die Bewilligung des Armenrechts vor dem Arbeitsgericht in Betracht (über die erleichterten Voraussetzungen nach § 11a ArbGG oben S. 2).

Urteile der Arbeitsgerichte sind berufungsfähig, wenn der Streitwert 300,— DM erreicht oder die Berufung wegen grundsätzlicher Bedeutung der Rechtssache zugelassen ist. Der Streitwert ist im Urteil festzusetzen. Er ist bindend; selbst wenn er falsch berechnet wurde, kann er auch in zweiter Instanz nur geändert und neu festgesetzt werden, wenn sich der Streitgegenstand geändert hat (§ 69 Abs. 2 ArbGG). Auf den Beschwerdewert kommt es für die Berufungsfähigkeit nicht an. Da hier der Streitwert 311,— DM beträgt, kann der Beklagte Berufung einlegen, obwohl er nur mit einem Betrag beschwert ist, der unter 300 DM liegt. Aber auch der Kläger kann Berufung einlegen, weil auch er beschwert ist, eine Beschwerdegrenze nicht besteht, die Streitwertgrenze aber erreicht ist. Obwohl in § 61 Abs. 2 ArbGG vorgeschrieben ist, daß in bestimmten Fällen die Berufung zugelassen werden soll, gibt es gegen eine Nichtzulassung keine Rechtsbehelfe.

Etwas verschieden ist die Revisibilität zweitinstanzlicher Urteile geregelt (vgl. §§ 69, 72 ArbGG). In der Praxis besonders wichtig ist auch hier die Zulassung der Revision, die bei Abweichung sogar zwingend vorgeschrieben ist, ohne daß es bei einem Verstoß gegen die Mußvorschrift einen Rechtsbehelf gibt. Daneben gibt es eine sog. Divergenzrevision und eine Streitwertrevision, für die eine absolute Revisionsgrenze von 6000,— DM gilt. In diesem Fall genügt nicht Erreichen einer Streitwertgrenze, sondern muß ein Streitwert von mindestens 6000,01 DM bzw. bei Zahlungsansprüchen eine Beschwer in dieser Höhe vorliegen (§ 72 Abs 1 ArbGG: 6000,— DM „übersteigt“). Die unterschiedliche Regelung von Berufungs- und Revisionsfähigkeit ist darauf zurückzuführen, daß in 1. Instanz die Parteien sich selbst vertreten können und sofort erkennen sollen, ob das Urteil berufungsfähig ist. Die Revision aber muß stets durch einen Rechtsanwalt eingelegt werden.

Urteile der Gerichte in Arbeitssachen sind auch ohne dahingehenden Ausspruch im Urteil vorläufig vollstreckbar, es sei denn, die vorläufige Vollstreckbarkeit wird ausdrücklich ausgeschlossen (§ 62 ArbGG). Der Ausschluß kann (ebenso wie die vorläufige Einstellung der Zwangsvollstreckung) nur dann erfolgen, wenn ein nicht zu ersetzender Nachteil glaubhaft gemacht ist. Das Anerbieten einer Sicherheitsleistung genügt nicht. Ein nicht zu ersetzender Nachteil kann auch darin gesehen werden, daß die beigetriebenen Beträge nicht zurückerstattet werden können. Die Gerichte stellen dann aber strenge Anforderungen, vorübergehende Arbeitslosigkeit reicht nicht aus.

Ausnahme: Bei Zwangsvollstreckungsgegenklage richtet sich die Einstellung der Zwangsvollstreckung nach § 769 und den anderen Vorschriften der ZPO! § 769 ZPO ist in § 62 ArbGG nicht genannt und gilt daher im arbeitsgerichtlichen Verfahren ohne Einschränkung. In diesem Ausnahmefall kann also die Einstellung der

Zwangsvollstreckung gegen Sicherheitsleitung erfolgen und braucht ein nicht zu ersetzender Nachteil nicht vorzuliegen.

Erstinstanzliche Urteile werden vom Vorsitzenden allein unterschrieben. Nur wenn ein von der Kammer gefälltes Urteil in Abwesenheit der Beisitzer verkündet wird (§ 60 Abs. 1 und 3 ArbGG), ist die Urteilsformel vorher vom Vorsitzenden und den Beisitzern zu unterschreiben. Urteile 2. und 3. Instanz sind stets von allen Richtern, also auch von den Beisitzern zu unterschreiben (§§ 69, 75 ArbGG).

Die Zustellung erfolgt von Amts wegen (§ 50 ArbGG). Dabei ist auf dem Urteil die Rechtsmittelbelehrung zu vermerken (in der Praxis mit dem Urteil verbunden und gesiegelt). Fehlt die Belehrung oder ist sie falsch, beginnt die Rechtsmittelfrist nicht zu laufen. Das Rechtsmittel kann dann erst nach Ablauf eines Jahres nach Zustellung nicht mehr eingelegt werden (§ 9 Abs. 4, 5 ArbGG).

Referendar: Wie wäre die Rechtslage, wenn kein allgemeinverbindlicher Tarif vorgelegen hätte?

Richter: Leistet der Schuldner einem Dritten in einem ständigen Verhältnis Arbeiten oder Dienste, die nach Art und Umfang üblicherweise vergütet werden, unentgeltlich oder gegen eine unverhältnismäßig geringe Vergütung, so gilt nach § 850h ZPO im Verhältnis des Gläubigers zum Dienstberechtigten eine angemessene Vergütung als geschuldet. Daß die Umsatzprovisionen des Vertrags vom 28. 3. 1968 „unverhältnismäßig gering" seien, wird man nicht gerade sagen können. In dem von Ihnen unterstellten Fall hätte daher der Kläger nur nach Maßgabe des Vertrages und des § 850c ZPO pfänden können. Es kommt aber häufig vor, daß der Schuldner, um die Gläubiger nicht an seinen Arbeitsverdienst herankommen zu lassen, im Betriebe eines nahen Angehörigen: seines Ehegatten, seiner Eltern, Geschwister u. dgl., ganz ohne Vergütung oder bloß gegen Kost und Wohnung, allenfalls noch ein geringes Taschengeld, arbeitet. Besonders häufig geschieht das, wenn die geschiedene Ehefrau oder ein anderer Unterhaltsberechtigter, der mit dem Schuldner in Feindschaft lebt, Gläubiger ist. Das Problem hat Gerichte und Wissenschaft viel beschäftigt. In erster Reihe ist zu prüfen, ob überhaupt ein Arbeitsvertrag oder lediglich ein familienrechtliches Verhältnis besteht (das ja auch über den Rahmen der §§ 1356, 1617 BGB hinaus möglich ist). Im ersten Fall hat der Schuldner — unabhängig vom Willen der Vertragsparteien — bei Tarifgebundenheit den tariflichen Lohn zu beanspruchen (BAG vom 24. 5. 1965 — AP Nr. 10 zu § 850h ZPO). Dieser kann vom Gläubiger gepfändet werden, wobei gerade für Unterhaltungsgläubiger erweiterte Möglichkeiten bestehen. Andernfalls ist nach allen Umständen des Einzelfalles ein angemessener Lohn als geschuldet anzunehmen. Das ist nicht in jedem Fall der ortsübliche Lohn i. S. von § 612 Abs. 2 BGB. Vielmehr können davon je nach Verwandtschaftsgrad, Art der Dienstleistung und der wirtschaftlichen Leistungsfähigkeit größere Abschläge vorgenommen werden. In jedem Fall entscheiden auch über nur fingierte Lohnansprüche aus einem echten Familienverhältnis die Gerichte für Arbeitssachen (LAG Mannheim, AP 1953 Nr. 151; gegen die abweichende Entscheidung LAG Hannover, AP 1951 Nr. 194 vgl. die Anm. von Volkmar).

Kündigungsprozeß

„Klage

An das Arbeitsgericht in Düsseldorf — Neuß, den 9. September 1969

Hierdurch erhebe ich Klage gegen den Druckereibesitzer *Max Greilich* in Düsseldorf, Odenthalstraße 45, wegen ungerechtfertigter Kündigung. Ich bin über 5 Jahre bei dem Beklagten als Meister in seiner Druckerei tätig. In letzter Zeit sind häufig Satzstücke, die zum Einschmelzen bestimmt waren, weggekommen. Nach längeren Untersuchungen wurde ein Arbeiter *Heinz*

Dieblich dabei ertappt, als er Gußmaterial mitnehmen wollte. Er hat angeblich behauptet, in meinem Einverständnis gehandelt zu haben und mit mir den Erlös aus dem Verkauf zu teilen. Ich bin deshalb am 30. August fristlos entlassen worden. Diese Entlassung ist unberechtigt, ich habe mit der Sache nichts zu tun. Da ich keine Papiere erhalten habe, kann ich auch keine andere Stellung erhalten. Ich bitte, die Kündigung für unwirksam zu erklären und den Beklagten zu verurteilen, mir das Gehalt für September bei Fälligkeit am 30. 9. in voller Höhe zu zahlen.

Georg Ehrlich
Neuß, Obere Domstr. 9."

Der Kläger ist als Meister technischer Angestellter i.S. von § 133c Gewerbeordnung. In §§ 133b—d GewO waren (ähnlich wie in §§ 70—72 HGB, wenn auch nicht wörtlich übereinstimmend) Gründe für die fristlose Entlsasung genannt, während im übrigen die Mindestkündigungsfristen von § 133aa GewO (1 Monat zum Monatsende) galten. In § 133c Abs. 1 Ziff. 2 war die Untreue im Dienst ausdrücklich genannt. Diese Aufzählung war jedoch nur beispielhaft („insbesondere"). In jedem Fall ging § 133b GewO vor, d.h. es mußte immer ein wichtiger, nach den Umständen des Falles die Aufhebung rechtfertigender Grund vorliegen (ebenso nach § 70 HGB für Handlungsgehilfen). Ein wichtiger Grund liegt vor, wenn dem Kündigenden die Fortsetzung des Arbeitsverhältnisses und die Einhaltung der ordentlichen Kündigungsfrist nicht zugemutet werden kann (RAG ArbRSamml Bd. 17 S. 474; Bd. 23 S. 194; Bd. 40 S. 52; BAG AP Nr. 3—6 zu § 626 BGB);

Die Sondervorschriften über das Kündigungsrecht in GewO (§§ 122 bis 124a, 133a bis 133b, 133c Abs. 1) in dem HGB (§§ 66 bis 72) sowie in den Gesetzen über Binnenschiffahrt und Flößerei und den Berggesetzen haben nur noch für Kündigungen Geltung, die vor dem 1. 9. 1969 zugegangen sind (Art. 6 des 1. Arbeitsrechtsbereinigungsgesetzes vom 14. 8. 1969). Vom 1. 9. 1969 an gilt für die außerordentliche Kündigung nur noch § 626 BGB, der die Kündigung aus wichtigem Grund ohne Einhaltung einer Kündigungsfrist dann zuläßt, wenn Tatsachen vorliegen, die unter Berücksichtigung aller Umstände des Einzelfalles und unter Abwägung der Interessen beider Vertragsteile die Fortsetzung des Dienstverhältnisses bis zum Ablauf der Kündigungsfrist nicht zumutbar erscheinen lassen. Damit hat der Gesetzgeber den von der zitierten Rechtsprechung entwickelten Begriff des wichtigen Grundes zum Gesetz erhoben. Die Entscheidung im vorliegenden Falle kann aber nicht unterschiedlich ausfallen, je nachdem ob die Kündigung wie hier am 30. 8. 69 oder erst später zugegangen ist. Wenn auch mit Aufhebung der Sondervorschriften über die außerordentliche Kündigung die beispielhaft aufgeführten Kündigungsgründe entfallen sind, bleibt doch der wichtige Grund für die außerordentliche Kündigung derselbe. Die bisher schon in den gesetzlichen Vorschriften angeführten Beispiele der beharrlichen Arbeitsverweigerung, des Diebstahls oder der Beleidigung sind auch in Zukunft Fälle, in denen eine außerordentliche Kündigung aus wichtigem Grund zulässig sein kann.

Die ordentliche Kündigung eines Arbeitsverhältnisses ist nach dem 1. Arbeitsrechtsbereinigungsgesetz vom 14. 8. 1969 in § 622 BGB geregelt. Dabei wird unterschieden zwischen der Kündigung von Angestellten (Abs. 1) und der Kündigung eines Arbeiters (Abs. 2). Ob ein Arbeitnehmer Angestellter oder Arbeiter ist, bestimmt sich nach den besonderen Vorschriften in GewO, HGB und der Verkehrsanschauung. Die Kündigungsfristen für Angestellte (6 Wochen zum Quartalsschluß mit Möglichkeit der Verkürzung auf 1 Monat) haben sich gegenüber § 133a ff. GewO nicht geändert.

Auf den Kündigungsgrund einzugehen, hätte der Kläger nicht nötig gehabt. Er braucht nicht den vom Beklagten behaupteten wichtigen Grund zu widerlegen, sondern es genügt, wenn er in der Klage vorträgt, daß überhaupt fristlos gekündigt war.

Alsdann ist es Sache des Beklagten, seinen Kündigungsgrund zu behaupten und im Streitfall zu beweisen.

In Annahmeverzug brauchte der Kläger den Beklagten nicht besonders zu versetzen. Nach fristloser Entlassung ist gemäß der ständigen Rechtsprechung der Gerichte vielmehr davon auszugehen, daß der Arbeitgeber die Dienste in keinem Fall annehmen werde. Eines tatsächlichen Angebotes bedarf es daher nicht, um die Folgen des § 615 BGB (Fortzahlung des Gehaltes) eintreten zu lassen, ein wörtliches Angebot, das auch im Widerspruch gegen die Kündigung zu sehen ist, genügt vielmehr.

Die Klage geht am 10. September ein. Sie ist zwar nicht ganz vollständig. Insbesondere enthält sie keinen genauen Antrag. Hinsichtlich des Zahlungsanspruches ist nicht einmal klar, welchen Betrag der Kläger verlangt. Er hat die Höhe des Gehalts nicht angegeben. Die Klage läßt jedoch zur Genüge erkennen, daß der Kläger die fristlose Entlassung vom 5. September angreifen will und entsprechende Feststellungsklage nach den Kündigungsschutzgesetz (KSchG) erheben will. Das KSchG vom 10. 8. 1951 gilt jetzt in der Fassung vom 25. 8. 1969 (BGBl. I S. 1317). Da insoweit jedenfalls die Klage den zu stellenden Anforderungen genügt (BAG AP Nr. 8 zu § 3 KSchG), ist Termin anzuberaumen, um dann im Gütetermin die noch notwendigen Ergänzungen aufzunehmen.

Auf die Klage wird umgehend Termin zur Güteverhandlung vor dem Vorsitzenden (§ 54 ArbGG) angesetzt. Die Einlassungs- und Ladungsfrist beträgt nur einen Tag, weil der Beklagte am Sitz des Arbeitsgerichts wohnt. Die Klage muß am zweiten Tag vor dem Termin zugestellt sein (§ 47 ArbGG). Mit der Ladung wird eine Abschrift der Klage zugestellt. Eine Aufforderung, sich auf die Klage schriftlich zu äußern, erfolgt in der Regel nicht (§ 47 Abs. 2 ArbGG). Tag der Zustellung 16. 9. 1969.

„Öffentliche Sitzung des Arbeitsgerichts Düsseldorf — Düsseldorf, den 19. September 1969

Geschäftszeichen: 2 Ca 425/69

Gegenwärtig: Dr. *Richter*
als Vorsitzender

Urkund
als Urkundsbeamter

In dem Rechtsstreit
Ehrlich — Kläger
gegen
Greilich — Beklagten

erschien bei Aufruf

1. der Kläger persönlich
2. der Beklagte persönlich.

Es fand eine Güteverhandlung statt. Sie blieb erfolglos.

Der Kläger erklärt, daß der Beklagte mehr als 5 Arbeitnehmer beschäftigt und er Antrag auf Feststellung stellen werde, daß das Arbeitsverhältnis durch die fristlose Kündigung vom 30. 8. 1969 nicht aufgelöst ist.

v. u. g.“

Der Kläger hat damit seinen Antrag formuliert (§ 4 KSchG i. V. mit § 13 KSchG) und die Voraussetzungen für die Anwendung des KSchG nach § 23 KSchG dargetan.

In seiner Klageerwiderung legt der Beklagte dar, daß er den Kläger zu Recht fristlos entlassen habe.

„Ich kann durch den Zeugen *Dieblich* nachweisen, daß der Kläger am Verkauf der Bleistücke beteiligt gewesen ist. Darüber hinaus habe ich jetzt erfahren, daß der Kläger vor seiner Entlassung mich auch noch bei den anderen Arbeitern herabgesetzt und beleidigt hat, indem er von mir als „unfähigem, ausbeuterischem und arrogantem Pinsel“ gesprochen hat, der doch nichts vom Betrieb verstehe und dem er, der Kläger, alles erst sagen müsse (Beweis: Zeugnis der Arbeiter *Fleißig*, *Redlich* und *Tüchtig*). Selbst wenn dies zu einer fristlosen Entlassung nicht ausreichen sollte, muß auf Grund dieser Umstände das Arbeitsverhältnis des Klägers mit der ordentlichen Kündigungsfrist zum 30. 9. 1969 enden. Monatliche Kündigung ist vereinbart."

Die Kündigung kann auch nachträglich im Prozeß auf einen anderen Grund gestützt werden, es sei denn, daß aus dem Verhalten des Kündigenden der Schluß zu ziehen ist, daß er aus dem neu herangezogenen Kündigungsgrund früher ein Kündigungsrecht nicht ableiten wollte, er also diesen Grund verziehen hat. Außerdem können aber auch Kündigungsgründe nachgeschoben werden, die schon vor der Kündigung liegen, dem Kündigenden aber erst später bekannt werden. Auch solche Gründe rechtfertigen die ausgesprochene Kündigung (BAG AP Nr. 9 zu § 626 BGB). Ist aber eine Kündigung zu Unrecht ausgesprochen worden und tritt nachträglich ein Kündigungsgrund ein, der zur Entlassung berechtigt, kann zu diesem Zeitpunkt nunmehr die Kündigung ausgesprochen werden. Der neu hinzugetretene Kündigungsgrund läßt aber nicht die ausgesprochene Kündigung wirksam werden, es muß vielmehr neu gekündigt werden (BAG AP Nr. 9, 11 zu § 626 BGB). Das Arbeitsverhältnis endet dann nicht etwa von selbst oder auf Grund der früheren Kündigung zu diesem späteren Zeitpunkt. Möglich ist aber, daß ein zunächst nicht ausreichender Kündigungsgrund durch die nachgeschobenen, später entstandenen Tatsachen in einem neuen Licht erscheint und deshalb die frühere Kündigung wirksam wird (BAG AP Nr. 1 zu § 67 HGB). Hier liegen die nachgeschobenen Kündigungsgründe vor der Kündigunig. Daß sie erst nach der Kündigung dem Beklagten bekannt wurden, ist unbeachtlsch. Als wichtige Kündigungsgründe zur fristlosen Lösung des Arbeitsverhältnis es kommen Tatsachen aller Art in Betracht, sogar solche, an denen der Kündigungsgegner unschuldig ist (z. B. langanhaltende oder abschreckende Krankheit, früher § 72 Ziff. 3 HGB; §§ 123 Ziff. 8, 133c Ziff. 4 GewO; vgl. auch BAG AP Nr. 4, 20 zu § 626 BGB). Maßgeblich ist die Abwägung der Belange beider Teile. Für eine auf Beleidigung gestützte fristlose Entlassung kommt es nicht auf den strafrechtlichen Tatbestand der Beleidigungsvorschriften, sondern darauf an, ob dem Arbeitgeber nach dem gesamten Sachverhalt die Fortsetzung des Arbeitsverhält nisses noch zuzumuten ist (BAG AP Nr. 13 zu § 626 BGB). Zu den Umständen ge hört dabei insbesondere auch der Umgangston im Betrieb selbst. So ist sogar in Einzelfällen das bewußte Zitat aus Götz von Berlichingen im Baugewerbe nicht als grobe Beleidigung angesehen worden.

Der Beklagte beruft sich hilfsweise daraut, daß seine fristlose Entlassung jedenfalls als fristgemäße Kündigung wirksam werden müsse. Er macht damit eine Umdeutung der fristlosen in eine fristgemäße Kündigung geltend. Früher wurde diese Umwandlung regelmäßig zugelassen, wenn der Wille des Kündigenden nicht entgegenstand (RAG ArbRSamml. Bd. 18 S. 446; Bd. 30 S. 283; Bd. 31 S. 49; Bd. 36 S. 69; Bd. 37 S. 387; Bd. 47 S. 143). Dann bestimmte jedoch § 11 Abs. 2 KSchG in der Fassung vom 10. 8. 1951, saß eine unwirksame fristlose Kündigung im Zweifel nicht als Kündigung für den nächsten zulässigen Kündigungszeitpunkt gilt. Es handelte sich um eine Vermutung, die widerlegt werden konnte. Ihr Wert war gering. Mit Wirkung ab 1. 9. 1969 wurde diese Vorschrift durch das 1. Arbeitsrechtsbereinigungsgesetz deshalb auch aufgehoben. Es gilt daher für spätere Kündigungen wieder die alte Regel, daß eine außerordentliche Kündigung dann als Kündigung zum nächstzulässigen Zeitpunkt aufzufassen ist, wenn der Kündigende sich jedenfalls dann von dem Arbeitsnehmer trennen wollte.

„Da ein neuer Meister erst für den 15. 9. fest eingestellt werden konnte, mußte ich vorübergehend ab 1. 9. den Verlagsdirektor i. R. *Helfereich* mit den Aufgaben des Meisters betrauen, der hierfür Fahrtspesen in Höhe von 45,— DM und täglich 50,— DM erhält. Der Gesamtaufwand beträgt 645,— DM, während der Kläger in dieser Zeit nur 480,— DM erhalten hätte. Ich behalte mir vor, den Mehraufwand in Höhe von 165,— DM vom Kläger im Wege der Widerklage zu verlangen.

Greilich."

Die Rechtsfolgen einer — objektiv gerechtfertigten — fristlosen Kündigung ergeben sich aus § 628 BGB:

1. Hat der Arbeitnehmer gekündigt, so behält er den Anspruch auf die bis zum Kündigungstag verdiente Vergütung. Für die Folgezeit sind Erfüllungsansprüche nicht mehr denkbar, weil die Kündigung den Vertrag aufgelöst hat. Hatte aber der Arbeitgeber durch sein vertragswidriges Verhalten den Kündigungsgrund gegeben, so kann der Arbeitnehmer Ersatz des ihm durch die vorzeitige Vertragsauflösung erwachsenen Schadens verlangen, in erster Reihe also entgangenen Arbeitsverdienst bis zur Wiedererlangung einer neuen Stellung (als Schadensersatz!); ferner den Minderbetrag, wenn das Gehalt in der neuen Stellung gegen das der alten zurückbleibt.

2. Bei Kündigung des Arbeitgebers bleibt ebenfalls grundsätzlich dem Arbeitnehmer der Vergütungsanspruch bis zur Kündigung, außer wenn seine eigenen Vertragswidrigkeiten die Kündigung veranlaßt haben und wenn außerdem infolge der vorzeitigen Vertragsaufhebung die bisherige Leistung des Angestellten für den Arbeitgeber kein Interesse hat. Beispiel: ein Buchhalter wird mitten während der Arbeiten zum Jahresabschluß wegen Unregelmäßigkeiten entlassen, und der Nachfolger muß von vorn anfangen. Ferner haftet der Arbeitnehmer (unter der Voraussetzung eigenen vertragswidrigen Verhaltens) dem Arbeitgeber auf Ersatz des diesem durch die Aufhebung des Arbeitsverhältnisses entstehenden Schadens.

Die Befugnisse des Vorsitzenden und der Beisitzer im Arbeitsgerichtsverfahren bestimmen sich grundsätzlich nach dem Vorbild der Landgerichtskammer (§ 53 II ArbGG), doch ist die Stellung des Arbeitsgerichtsvorsitzenden eine stärkere und geht in manchen Punkten sogar über die des Einzelrichters hinaus. Die nicht auf Grund mündlicher Verhandlung ergehenden Beschlüsse und Verfügungen des Arbeitsgerichts erläßt er immer allein (§ 53 I); hierunter fallen z. B. Arreste und einstweilige Verfügungen (nicht nur in Eilfällen, wie nach § 944 ZPO), ferner Armenrechtsentscheidungen, Ergänzungen von Beweisbeschlüssen usw. In nicht kontradiktorischen Sachen kann er ohne weiteres allein erkennen, ebenso in streitigen Sachen, wenn die Parteien es übereinstimmend beantragen (§ 55 II ArbGG).

Hier ist ein Antrag auf Entscheidung durch den Vorsitzenden allein nicht gestellt worden. Die Entscheidung könnte auch nur dann ergehen, wenn sie sofort erfolgen kann, insbesondere also evtl. notwendige Zeugen zur Stelle sind. Deshalb wird im Protokoll festgestellt:

„b. u. v.
Kammertermin am 23. 9. 1969 10.30 Uhr
Dr. *Richter* *Urkund*"

Grundsätzlich ist die Kammerverhandlung vom Vorsitzenden so weit vorzubereiten, daß der Rechtsstreit in einem Termin zu Ende geführt werden kann. Zu diesem Zweck sollen Zeugen und Sachverständige geladen, amtliche Äußerungen herbeigeführt, Unterlagen beigezogen oder das persönliche Erscheinen angeordnet werden. Häufig wird dabei dem Arbeitgeber aufgegeben, die in seinem Betrieb beschäftigten Zeugen zum Termin zu stellen. Dies ist hier nicht möglich, der Zeuge Dieblich ist von Greilich ebenfalls entlassen worden und nach Freudenstadt verzogen. Da sich dort kein Arbeitsgericht befindet, leistet das Amtsgericht nach § 13 ArbGG Rechtshilfe und wird um Vernehmung des Zeugen ersucht. Die Beweisaufnahme ergibt, daß der Kläger mit den Diebstählen nichts zu tun hat, Dieblich im Gegenteil mehrfach verwarnt hat, weil er Verdacht schöpfte. Deshalb wird nach Durchführung der Beweisaufnahme neuer Kammertermin anberaumt. Zu diesem Termin werden die Zeugen für die beleidigenden Äußerungen vom Vorsitzenden geladen, damit sie nach § 58 Abs. 1 ArbGG vor der Kammer vernommen werden können. § 56 ArbGG über die Vorbereitung der mündlichen Verhandlung gilt auch hier. Vor Durchführung der Beweisaufnahme durch Vernehmung des Zeugen Dieblich stand noch nicht fest, ob die anderen Zeugen überhaupt benötigt werden. Eine Beweisaufnahme im Bezirk, aber außerhalb des Sitzes des Arbeitsgerichts kann daneben auch von der Kammer dem Vorsitzenden übertragen werden. Müßte also z. B. in Neuß der Kläger als Partei vernommen werden, könnte dies dem Vorsitzenden übertragen werden. Die Augenscheinseinnahme in Düsseldorf muß aber auch dann von der Kammer vorgenommen werden, wenn dazu eine eingehende und langwierige Betriebsbesichtigung am Rande der Stadt erforderlich ist. Wichtig ist diese Vorschrift für die Beweisaufnahme durch das Landesarbeitsgericht, wenn sie außerhalb des Gerichtssitzes in den manchmal sehr großen Gerichtsbezirken stattfinden muß (z. B. LAG Hannover für Emden; §§ 58 Abs. 1 mit § 64 Abs. 3 ArbGG).

Auch nach der Vernehmung der weiteren Zeugen bleibt zweifelhaft, ob eine fristlose Kündigung berechtigt war. Die von den Zeugen bekundeten Äußerungen liegen längere Zeit zurück, sie sind auch nicht sehr schwerwiegend und z. T. auf berechtigte Verärgerung des Klägers zurückzuführen. Die gütliche Einigung des Rechtsstreits soll während des ganzen Verfahrens angestrebt werden (§ 57 Abs. 2 ArbGG). Nochmalige Vergleichsverhandlungen führen aber zu keinem Ergebnis. Nunmehr wird wichtig, ob die Kündigung evtl. als fristgemäße Kündigung wirkt.

„Die Parteien erklären übereinstimmend, daß beim Beklagten 10 Arbeitnehmer, darunter 3 Angestellte beschäftigt sind. Der am 3. 12. 1925 geborene Kläger ist seit dem 1. 1. 1963 bei dem Beklagten beschäftigt. Ab 1. 10. 1961 war er bei dessen Vater im gleichen Druckereibetrieb tätig. Sein Gehalt betrug zuletzt 960,— DM brutto.

v. u. g."

Welche Kündigungsfrist hat nun Ehrlich zu beanspruchen? Durch § 2 Ges. über die Fristen für die Kündigung von Angestellten vom 9. Juli 1926 (RGBl. I 399) — sog. Angestelltenkündigungsschutzgesetz — werden zugunsten älterer Angestellter im Sinne des AngestVersG., welche der Gefahr der Arbeitslosigkeit erfahrungsgemäß in besonderem Maße ausgesetzt sind, die sonst geltenden gesetzlichen oder vertraglichen Fristen verlängert, und zwar abgestuft von 3 Monaten (bei 5 jähriger Dienstzeit) bis zu 6 Monaten (bei 12 jähriger Dienstzeit). Das Gesetz vom 9. Juli 1926 gilt auch unverändert neben der Vorschrift des § 622 Abs. 1 BGB in der Fassung ab 1. 9. 1969 weiter (Art. 6 Abs. 4 des 1. Arbeitsrechtsbereinigungsgesetzes vom 14. 8. 1969). Da die Kündigung nach dem AngKündSchG nur für den Schluß eines Kalendervierteljahres statthaft ist, verlängert sich die Frist praktisch oft noch um mehrere weitere Monate. Das Gesetz gilt für kaufmännische, technische, landwirtschaftliche und sonstige Angestellte, auch wenn ihre Bezüge die frühere Grenze der Versicherungspflicht übersteigen (§ 1), aber nur bei Kündigung des Arbeitgebers, während die Arbeitnehmer mit der gesetzlichen bzw. vertraglichen Frist unbeschränkt kündigen dürfen. Fristlose Kündigung bleibt beiderseits möglich. Arbeiter genießen eine verlängerte Kündigungsfrist nach diesem Gesetz nicht, sondern nur nach § 622 Abs. 2 BGB; wird ein Arbeiter später Angestellter beim gleichen Arbeitgeber, so findet eine Anrechnung der Beschäftigungsdauer als Arbeiter statt (RAG, ArbR-Samml. Bd. 1, S. 103; Bd. 2 S. 27). Vorausgesetzt wird ein Mindestpersonalstand des Betriebes von 3 Angestellten ausschließlich der Lehrlinge. Nur die nach Vollendung des 25. Lebensjahres liegenden Dienstjahre werden berücksichtigt (§ 2 I S. 3), deshalb die Feststellung des Lebensalters des Klägers.

§ 2 I S. 1 schreibt die Anrechnung der beim Rechtsvorgänger des Kündigenden verbrachten Dienstzeit vor. Der Begriff der „Rechtsnachfolge" ist nicht im strengen Sinne des Zivilrechts zu verstehen. Wird ein Betrieb übernommen und, gleichgültig in welcher Rechtsform, ohne wesentliche Änderung des Geschäftszweckes fortgeführt, so liegt Rechtsnachfolge vor, sofern nur die früheren Angestellten weiter beschäftigt werden, mag auch der Arbeitgeber neue Verträge mit ihnen schließen. Sogar Fortführung bloßer Betriebsteile oder auf Grund staatspolitischen Hoheitsaktes („Vorwärts"-Druckerei — Deutsche Arbeitsfront im Verhältnis zu einer früheren Gewerkschaft) kann genügen. Vgl. die interessanten RAG-Entscheidungen ArbRSamml. Bd. 1 S. 14; Bd. 5 S. 113, 347, 397; Bd. 13 S. 313; Bd. 15 S. 573; Bd. 16 S. 108, 112; Bd. 23 S. 127, 158; Bd. 24 S. 9; Bd. 30, S. 285; LAG Bremen AP 1950 Nr. 16; LAG Düsseldorf Betrieb 1952 S. 1091; LAG Mannheim BB 1954 S. 381; z.T. mit Anm. von Hueck). Danach sind hier die bei dem Vater des Beklagten verbrachten Dienstzeiten anzurechnen.

Maßgeblich ist der Zeitpunkt, an dem, nicht der Zeitpunkt, zu dem die Kündigung ausgesprochen wurde (RAG ArbRSamml. Bd. 1 S. 103; Bd. 2 S. 247; LAG Hannover AP 1950 Nr. 234; BGH RdA 1952 S. 37). Allerdings ist eine verfrüht ausgesprochene Kündigung zur Umgehung der längeren Frist entsprechend § 162 BGB zu behandeln. Sonst aber vereitelt auch das Fehlen weniger Tage den Kündigungsschutz (RAG ArbRSamml. Bd. 29 S. 14). Da Ehrlich bei seinem Eintritt in den Betrieb des Vaters des Beklagten über 25 Jahre alt war, sind die Dienstzeiten insgesamt anzurechnen. Der Kläger war im Zeitpunkt der Kündigung noch nicht ganz 8 Jahre beschäftigt, also beträgt die Kündigungsfrist 3 Monate und endet am 31. 12. 1969.

Den Zahlungsantrag stellt der Kläger vorerst nicht. Er müßte sich auf das Gehalt anrechnen lassen, was er anderweit verdient oder zu erwerben böswillig unterläßt (§ 615 BGB; § 11 KSchG). Eine Klage auf zukünftige Leistung kann aber auch auf Lohnzahlung gerichtet sein. Daß der Lohnanspruch von der Erbringung der Gegenleistung abhängt, hindert dies nicht. Notfalls kann nach § 767 ZPO im Wege der Zwangsvollstreckungsgegenklage vorgegangen werden (BAG AP Nr. 1 zu § 259 ZPO). Ebenso will auch der Beklagte auf Grund der Beweisaufnahme den angekündigten Widerklageantrag nicht stellen.

„Nach Hinweis erklärt der Kläger, daß er sich auf die Unwirksamkeit der Kündigung nach § 1 KSchG beruft. Der Kläger beantragt

> festzustellen, daß das Arbeitsverhältnis durch die Kündigung vom 30. 8. 1969 weder fristlos noch zum 31. 12. 1969 aufgelöst ist.

Der Beklagte beantragt

> Klageabweisung, hilfsweise Auflösung des Arbeitsverhältnisses gegen Festsetzung einer angemessenen Entschädigung."

v. u. g.

Damit geht der Rechtsstreit auch um die Frage, ob die Kündigung sozial gerechtfertigt i. S. von § 1 KSchG ist. Der allgemeine Kündigungsschutz wurde 1920 mit den Vorschriften der §§ 84ff. Betriebsrätegesetz eingeführt und dann in §§ 56ff. des Gesetzes zur Ordnung der nationalen Arbeit fortgeführt. Wesentlich war die Bestimmung, daß Einspruch gegen eine Kündigung möglich war bzw. die Kündigung widerrufen werden mußte, wenn sie unbillig hart und nicht durch Verhältnisse des Betriebes bedingt war. War die Kündigung unbillig, erkannte das Gericht jedoch gleichzeitig von Amts wegen auf Zahlung einer Entschädigung für den Fall, daß der Arbeitgeber die Weiterbeschäftigung des Arbeitnehmers ablehnte. Der Arbeitgeber hatte also bei ungerechtfertigter Kündigung die Wahl zwischen Weiterbeschäftigung und Zahlung der Entschädigung. Ähnliche Regelungen wurden nach 1945 in den Ländern eingeführt, teilweise wieder in den Betriebsrätegesetzen. Diese Verbindung war darauf zurückzuführen, daß der Betriebsrat vor Klageerhebung angerufen werden mußte. In der früheren britischen Zone fehlte nach Aufhebung des AOG seit dem 1. 1. 1947 ein Individualkündigungsschutz. Die Gerichte halfen durch Ausdehnung der Generalklauseln der §§ 138, 242 BGB. Eine ungerechtfertigte Kündigung wurde als treuwidrig und damit als unwirksam angesehen. Damit war jedoch eine Wahlmöglichkeit zwischen Weiterbeschäftigung oder Zahlung einer Abfindung ausgeschlossen.

Das Kündigungsschutzgesetz vom 10. 8. 1951 stellte die Rechtseinheit auf dem Gebiet des allgemeinen Kündigungsschutzes wieder her. Es gilt jetzt in der Fassung vom 25. 8. 1969 (BGBl. I S. 1317). Die Kündigung des Arbeitsverhältnisses gegenüber einem Arbeitnehmer, dessen Arbeitsverhältnis länger als 6 Monate ohne Unterbrechung in demselben Betrieb oder Unternehmen bestanden hat und der das 18. Lebensjahr vollendet hat, ist rechtsunwirksam, wenn sie sozial ungerechtfertigt ist (§ 1 Abs. 1 KSchG). Ein Kündigungseinspruch bei dem Betriebsrat binnen 1 Woche nach der Kündigung ist zwar noch vorgesehen (§ 3 KSchG), aber keine Voraussetzung für eine Klage beim Arbeitsgericht und praktisch völlig bedeutungslos. Der Arbeitnehmer, der sich auf die Unwirksamkeit der Kündigung beruft, muß binnen 3 Wochen nach Zugang der Kündigung Feststellungsklage erheben, daß das Arbeitsverhältnis durch die Kündigung nicht aufgelöst ist (§ 4 KSchG). Verspätete Klagen können in einem besonderen Beschlußverfahren nachträglich zugelassen werden, wenn der Arbeitnehmer nach erfolgter Kündigung trotz Anwendung aller ihm nach Lage der Umstände zumutbaren Sorgfalt verhindert war, die Klage rechtzeitig zu erheben (Näheres § 5 KSchG). Praktisch handelt es sich um eine Wiedereinsetzung in einem getrennten Verfahren, obgleich nach wohl überwiegender Ansicht die Klagefrist eine materielle Frist ist, weil nach § 7 KSchG die Kündigung von Anfang an als wirksam gilt, wenn ihre Unwirksamkeit nicht rechtzeitig geltend gemacht ist. Eine Klage ist bei Verspätung also als unbegründet und nicht als unzulässig abzuweisen. Die Anrufungsfrist ist bis zur letzten mündlichen Verhandlung 1. Instanz verlängert, wenn die Kündigung aus anderen Gründen binnen der Frist angegriffen wurde. Das war hier der Fall, indem Ehrlich die Kündigung als fristlose Entlassung angriff. Er war deshalb nach § 6 KSchG darauf hinzuweisen, daß er sich noch auf die soziale Unwirksamkeit der Kündigung berufen könne.

Auf die Klage muß der Arbeitgeber dartun und beweisen, daß die Kündigung durch Gründe, die in der Person oder in dem Verhalten des Arbeitnehmers liegen oder durch dringende betriebliche Erfordernisse, die einer Weiterbeschäftigung des Arbeitnehmers in diesem Betrieb entgegenstehen, bedingt ist (§ 1 Abs. 2 KSchG). An diese Gründe sind nicht so scharfe Anforderungen zu stellen wie an die Gründe zu einer fristlosen Entlassung. Insbesondere kann nicht verlangt werden, daß die Fortsetzung des Arbeitsverhältnisses dem Arbeitgeber geradezu unzumutbar ist. Vielmehr muß eine Interessenabwägung vorgenommen werden, bei der die Belange des Arbeitgebers und sein Interesse an der Lösung des Arbeitsverhältnisses mit den sozialen Belangen des Arbeitnehmers und seinem Interesse an dem Bestandsschutz der Erhaltung des Arbeitsplatzes gegeneinander abzuwägen sind. Danach muß die Kündigung unter Berücksichtigung aller Umstände billigenswert, angemessen und gerecht sein (BAG AP Nr. 5, 6, 21, 25 zu § 1 KSchG; Nr. 5, 14 zu § 1 KSchG Betriebsbedingte Kündigung).

Gründe in der Person des Arbeitnehmers sind vor allem Eignung, Fähigkeiten oder Krankheiten des Arbeitnehmers. Zum Verhalten des Arbeitnehmers gehören Streitigkeiten mit dem Arbeitgeber, aber auch von Arbeitnehmern untereinander.

Als dringende betriebliche Erfordernisse müssen besonders Absatzrückgang, Betriebseinschränkung und Betriebsrationalisierung angesehen werden.

Gegenüber einer Kündigung aus betrieblichen Gründen kann der Arbeitnehmer einwenden, daß bei der Auswahl soziale Gesichtspunkte nicht oder nicht ausreichend berücksichtigt wurden (§ 1 Abs. 3 KSchG). Zur sozialen Auswahl muß das Lebensalter des Arbeitnehmers, die Dauer seiner Betriebszugehörigkeit, sein Familienstand, sonstige besondere Belastungen wie Krankheit der Ehefrau, Versorgung von Eltern und die Möglichkeit, eine neue Stellung zu finden, berücksichtigt werden. Die falsche soziale Auswahl muß der Arbeitnehmer darlegen und notfalls beweisen. Das ist eine nicht immer glückliche Regelung, weil der Arbeitnehmer dadurch praktisch gezwungen wird, einen Arbeitskollegen an seiner Stelle als sozial besser gestellt zur Entlassung vorzuschlagen; zur Erleichterung der Stellung des Arbeitnehmers ist jedoch vorgeschrieben, daß der Arbeitgeber auf Verlangen die Gründe für die soziale Auswahl angeben muß.

Gegenüber der falschen sozialen Auswahl kann dann der Arbeitgeber geltend machen, daß betriebstechnische, wirtschaftliche oder sonstige berechtigte betriebliche Bedürfnisse einer anderen sozialen Auswahl entgegenstehen. Das bedeutet aber, daß der Arbeitgeber tüchtige Arbeitnehmer behalten darf, auch wenn sie sozial günstiger stehen als weniger geeignete Arbeitnehmer. Hierher zählen auch bessere Verwendungsmöglichkeiten eines Arbeiters, der etwa an anderen Arbeitsplätzen bei Krankheit oder Urlaub einspringen kann. Die Berufung auf betriebliche Belange kann aber nicht so weit gehen, daß ein älterer Arbeiter, der seine Arbeitskraft im Betrieb verbraucht hat, zugunsten einer jüngeren Kraft entlassen wird. Vielmehr sind im Ergebnis betriebliche und soziale Belange gegeneinander abzuwägen. Am besten wird hierzu der Betriebsrat herangezogen, von dessen Entscheidung auch die Gerichte nur in Ausnahmefällen abweichen werden.

Steht nach § 1 Abs. 2 und 3 KSchG fest, daß die Kündigung sozial unwirksam ist, kann das Arbeitsverhältnis auf Antrag des Arbeitnehmers oder des Arbeitgebers gegen Zahlung einer Abfindung an den Arbeitnehmer aufgelöst werden (§ 9 KSchG). Die Entscheidung, ob das Arbeitsverhältnis fortbesteht oder eine Abfindung zu zahlen ist, fällt also das Gericht und nicht mehr wie früher der Arbeitgeber. Auf Antrag des Arbeitnehmers ist aufzulösen, wenn ihm die Fortsetzung des Arbeitsverhältnisses nicht zuzumuten ist, er also z. B. zu Unrecht schwer verdächtigt wurde. Der Arbeitgeber kann ebenfalls die Auflösung des Arbeitsverhältnisses gegen Zahlung einer Abfindung beantragen; er muß dartun und notfalls beweisen, daß Gründe vorliegen, die eine den Betriebszwecken dienliche weitere Zusammenarbeit nicht erwarten lassen. Die Auflösungsanträge können bis zum Schluß der letzten mündlichen Verhandlung in der Berufungsinstanz gestellt werden. Die Auflösung ist zu dem Zeitpunkt auszusprechen, an dem das Arbeitsverhältnis bei sozial gerechtfertigter Kündigung geendet hätte. Hier wäre das der 31. 12. 1969. Es handelt sich um eine Rechtsgestaltungsklage, die vom Arbeitnehmer als Zusatzantrag, vom Arbeitgeber aber als echter Hilfsantrag zu dem Antrag auf Klageabweisung erhoben wird.

Die Abfindung ist vom Gericht bis zu 12 Monatsverdiensten festzusetzen (§ 10 Abs. 1 KSchG). Nach Vollendung des 50. Lebensjahres und 15 Dienstjahren erhöht sich die Grenze auf 15 Monatsverdienste, vom 55. Lebensjahr und nach 20 Dienstjahren auf 18 Monate (§ 10 Abs. 2 KSchG). Das Gericht entscheidet nach freiem Ermessen und muß den Betrag ziffernmäßig festlegen, wobei aber nicht ein bestimmtes Vielfaches des Monatsverdienstes festgesetzt zu werden braucht, sondern jede Summe innerhalb des Höchstbetrages bis zu 18 Monaten gewählt werden kann. Es empfiehlt sich nicht, einen Antrag auf Abfindung in bestimmter Höhe zu stellen, weil dann u. U. die Klage im übrigen abgewiesen werden muß und entsprechend ein

Teil der Kosten zu tragen ist, wenn das Gericht eine andere Höhe festsetzt. Am geeignetsten ist der Antrag auf „Auflösung gegen Zahlung einer angemessenen Abfindung". Mit der Begründung, daß der Betrag unangemessen sei, kann dann in jedem Fall Berufung eingelegt werden, weil insoweit eine Beschwer vorliegt und im übrigen die Berufungsfähigkeit nur von der Höhe des Streitwertes abhängt, der nach § 12 Abs. 7 ArbGG bis zu 3 Monatsgehältern beträgt. Vgl. dazu entsprechend den Antrag bei Schmerzensgeld, OLG Stuttgart, NJW 1957, 147; OLG Karlsruhe, NJW 1957, 593; und NJW 1957, 130, 1063, 1661.

Die Abfindung ist weder Lohn- noch Schadensersatzanspruch, sondern eine Entschädigung für den Verlust des Arbeitsplatzes trotz sozial ungerechtfertigter Kündigung. Sie unterliegt weder den Lohnpfändungsbeschränkungen noch der Lohnsteuer noch der Beitragspflicht zur Sozialversicherung. Im Konkurs genießt sie nicht das Vorrecht des § 61 Ziff. 1 KO.

Wird das Arbeitsverhältnis nicht aufgelöst und die Kündigung für unwirksam erklärt, muß sich der Arbeitnehmer den Zwischenverdienst und das, was er zu verdienen böswillig unterlassen hat, anrechnen lassen (§ 11 KSchG). Hat der Arbeitnehmer dann eine andere Arbeitsstelle gefunden, kann er binnen 1 Woche nach Rechtskraft des Urteils dem früheren Arbeitgeber erklären, daß er das Arbeitsverhältnis nicht fortsetzen will. Mit dem Zugang dieser Erklärung erlischt das ältere Arbeitsverhältnis (§ 12 KSchG). Eine Abfindung wird in diesem Falle nicht gezahlt.

Bei außerordentlicher Kündigung muß Feststellungsantrag nach § 4 KSchG binnen 3 Wochen gestellt werden, wenn die Voraussetzungen des Kündigungsschutzgesetzes vorliegen (BAG AP Nr. 4, 5, 7 zu § 11 KSchG). In diesem Fall kann nur der Arbeitnehmer den Antrag auf Auflösung stellen, die dann zum Zeitpunkt der fristlosen Entlassung auszusprechen wäre (BAG AP Nr. 11 zu § 13 KSchG).

Keine Anwendung finden diese Kündigungsvorschriften auf arbeitgeberähnliche Personen (§ 14 KSchG). Für sog. leitende Angestellte besteht eine für den Arbeitgeber sehr erleichterte Möglichkeit das Arbeitsverhältnis gegen Zahlung einer Abfindung aufzulösen (§ 14 Abs. 2 KSchG). Ausgenommen sind weiter Kleinbetriebe mit 5 und weniger Arbeitnehmern (§ 23 KSchG), außerdem Kündigungen aus Anlaß von Arbeitskämpfen (§ 25 KSchG).

Das Kündigungsschutzgesetz bietet also eine Fülle von Möglichkeiten, die hier zur Übersicht nochmals kurz zusammengefaßt werden:

1. Feststellungsklage des Arbeitnehmers.
2. Arbeitgeber: Beweislast für Kündigungsgründe.
3. Arbeitnehmer: Beweislast für falsche soziale Auswahl.
4. Arbeitgeber: Beweislast für entgegenstehende betriebliche Bedürfnisse.
5. Arbeitnehmer: Beweislast für seinen Auflösungsantrag (Klagehäufung).
6. Arbeitgeber: Hilfsweiser Auflösungsantrag (Eventualantrag).
7. Nach Rechtskraft: Erklärung des Arbeitnehmers, das Arbeitsverhältnis nicht fortzusetzen.

Weitere Kündigungsbeschränkungen:

Neben diesem 1. allgemeinen Kündigungsschutz des KSchG i.d.F. vom 25. 8. 1969 und dem 2. Kündigungsschutz für ältere Angestellte nach dem Gesetz vom 9. 7. 1926 bestehen noch folgende Schutzvorschriften:

3. Kündigungsschutz bei Massenentlassungen. Der Massenentlassungsschutz gilt in Betrieben mit mehr als 20 Arbeitnehmern. Werden innerhalb von 4 Wochen in Betrieben bis 50 Arbeitnehmern mehr als 5, bis 499 Arbeitnehmern 10% oder mehr als 25, in Betrieben von mindestens 500 Arbeitnehmern aber mehr als

50 Arbeitnehmer entlassen, ist darüber eine Anzeige an das Arbeitsamt zu erstatten. Die anzeigepflichtigen Entlassungen werden vor Ablauf eines Monats nach Eingang der Anzeige nur mit Zustimmung des Landesarbeitsamtes wirksam. Das Landesarbeitsamt kann bestimmen, daß sich diese Frist auf 2 Monate verlängert, und kann in der Zwischenzeit Kurzarbeit zulassen (§§ 17ff. KSchG). Fehlt es an der Anzeige, sind die Entlassungen unwirksam, und zwar auch solche Entlassungen, die zunächst wirksam waren, später aber unter den Massenentlassungsschutz fallen, weil innerhalb der 4 Wochen weitere Entlassungen nachfolgen. Die Unwirksamkeit dieser Kündigungen tritt aber nur ein, wenn sich der Arbeitnehmer darauf beruft (wichtig für den Übergang von Ansprüchen auf das Arbeitsamt; vgl. BAG AP Nr. 1, 2, 4 zu § 15 KSchG; vgl. die interessante Auseinandersetzung mit Molitor und Herschel AP Nr. 4 zu § 15 KSchG und dazu Nipperdey „Die Unwirksamkeit von Massenentlassungen und die Lehre von der Nichtigkeit“ in RdA 1960 S. 285). Ist die Anzeige erstattet, muß die Entlassung innerhalb eines Monats nach Ablauf der Monats- bzw. Zweimonatsfrist erfolgen. Spätere Entlassungen zählen wieder für die Berechnung zum Massenentlassungsschutz und werden u. U. erneut anzeigepflichtig. Das Recht zur fristlosen Entlassung bleibt unberührt. Ordentliche Kündigungen zählen aber in jedem Fall mit, auch dann, wenn an ihrer Stelle Neueinstellungen vorgenommen werden. Eine Kompensation ist nicht möglich. In Saison- und Kampagnebetrieben gelten die Vorschriften über den Massenentlassungsschutz nicht (§ 22 KSchG). Die Genehmigung einer Entlassung durch das Arbeitsamt hindert nicht, die Unwirksamkeit einer Kündigung nach § 1 KSchG geltend zu machen oder auf andere Gründe zu stützen.

4. Betriebsratsmitglieder genießen einen besonderen Kündigungsschutz nach § 15 KSchG. Ihnen gegenüber ist eine ordentliche Kündigung unzulässig. Bei einer Betriebsstillegung ist die Kündigung erst zum Zeitpunkt der Stillegung erlaubt. Bei Stillegung einer Betriebsabteilung ist zunächst die Unterbringung in einer anderen Betriebsabteilung zu versuchen; nur wenn dies nicht möglich ist, kann eine Kündigung zum Zeitpunkt der Stillegung der Abteilung erfolgen. Die außerordentliche Kündigung bleibt möglich, auch eine außerordentliche befristete Kündigung. Bei Verstoß gegen Pflichten des Betriebsrats ist aber zu beachten, daß nur ein Ausschluß aus dem Betriebsrat in Betracht kommt, wenn nicht gleichzeitig auch der Arbeitsvertrag verletzt wurde. Will ein Betriebsratsmitglied gegen eine außerordentliche Kündigung vorgehen, muß es ebenfalls binnen 3 Wochen Klage erheben und kann einen Auflösungsantrag nach § 9 KSchG stellen (BAG AP Nr. 11 zu § 13 KSchG; sehr umstritten).

5. Schwerbeschädigte dürfen nur mit Zustimmung der Hauptfürsorgestelle gekündigt werden (§ 15 Schwerbeschädigtengesetz i. d. F. vom 14. 8. 1961, BGBl. I S. 1233). Die Kündigungsfrist beträgt mindestens 4 Wochen (§ 15 SchwBeschG). Die Hauptfürsorgestelle berücksichtigt Gesichtspunkte zur Unterbringung Schwerbeschädigter (§§ 17, 18 SchwBeschG). Der allgemeine Kündigungsschutz bleibt unberührt. Da die Zustimmung der Hauptfürsorgestelle aber im Verwaltungsstreitverfahren angegriffen werden kann und dann noch vor dem Arbeitsgericht über die Sozialwirksamkeit der Kündigung gestritten werden kann, ist der Rechtsweg u. U. außerordentlich lang. Eine Entlassung bei einem Aushilfs- oder Probearbeitsverhältnis bis zu 3 Monaten und aus wichtigem Grund bleibt zustimmungsfrei (§ 19 SchwBeschG). Erfolgt aber die außerordentliche Kündigung aus einem Grund, der mit der Gesundheitsschädigung in unmittelbarem Zusammenhang steht, bedarf auch die fristlose Entlassung der Zustimmung der Hauptfürsorgestelle (§ 19 Abs. 3 SchwBeschG). Der Schwerbeschädigtenschutz ist unabhängig von der Erfüllung der Pflichtquote und der Kenntnis des Arbeitgebers von der Schwerbeschädigteneigenschaft (BAG AP Nr. 4, 9 zu § 14 SchwBeschG). U. U. kann aber das Arbeitsverhältnis

angefochten werden nach §§ 119, 123 BGB. Einen ähnlichen Schutz genießen die Inhaber von Bergmannsversorgungsscheinen in Nordrhein-Westfalen (§ 11 Gesetz i.d.F. v. 9. 1. 1958, GVBl. S. 14) und Niedersachsen (§ 1 Gesetz vom 6. 1. 1949, GVBl. S. 15) sowie im Saarland (§ 11 Gesetz Nr. 768 vom 11. 7. 1962).

6. Nach dem Mutterschutzgesetz vom 24. 1. 1952 i.d.F. vom 18. 4. 1968 (BGBl. I S. 315) ist die Kündigung während der Schwangerschaft bis zum Ablauf von 4 Monaten nach der Niederkunft unzulässig. Selbst eine außerordentliche Kündigung kann nur nach vorheriger Zulässigkeitserklärung der obersten Arbeitsschutzbehörde des Landes erfolgen (§ 9 MuSchG). Im Familienhaushalt Beschäftigte haben den besonderen Kündigungsschutz nur bis zum Ablauf des 5. Monats der Schwangerschaft. Die Kündigung ist unwirksam, wenn dem Arbeitgeber die Schwangerschaft bekannt ist oder binnen 2 Wochen nach der Kündigung mitgeteilt wird.

Wegen dieses besonders weitgehenden Mutterschutzes wird häufig versucht, diese scharfen Kündigungsbeschränkungen durch eine Anfechtung des Arbeitsverhältnisses auszuschalten. Grundsätzlich ist die Anfechtung als besonderes Rechtsinstitut neben der Kündigung anzuerkennen. Schwangerschaft (oder die Schwerbeschädigteneigenschaft) stellt in der Regel aber noch keine verkehrswesentliche Eigenschaft dar, so daß eine Irrtumsanfechtung nur unter besonderen Umständen möglich ist (z.B. bei Schwangerschaft eines Mannequins, einer Tänzerin o. ä). Wissentlich falsche Angabe auf Befragen können eine arglistigeTäuschung darstellen. Die Anfechtung bewirkt aber wegen des Dauerrechtscharakters des Arbeitsverhältnisses keine rückwirkende Unwirksamkeit des Arbeitsvertrages, sondern nur eine ex-nunc-Auflösung (BAG AP Nr. 2 zu § 123 BGB).

7. Politisch Verfolgte haben einen besonderen Kündigungsschutz in Baden (Gesetz v. 10. 1. 1950, GVBl. S. 139, Gleichstellung mit Schwerbeschädigten), in Württemberg-Baden (Gesetz v. 8. 10. 1947, ReglBl. S. 101, Zustimmung des Landesarbeitsamtes, vgl. auch BAG AP Nr. 1 zu § 73 ArbGG) und in Rheinland-Pfalz (Gesetz vom 17. 12. 1956, GVBl. S. 177, Zustimmung des Landesamtes für Wiedergutmachung).

8. Im Wehrdienst gilt der Kündigungsschutz des Eignungsübungsgesetzes (vom 20. 1. 1956, BGBl. I S. 13) und des Arbeitsplatzschutzgesetzes vom 20. 3. 1957 i.d.F. vom 21. 5. 1968 (BGBl. I S. 551). Während der Eignungsübung ist jede ordentliche Kündigung ausgeschlossen. Die Teilnahme an der Eignungsübung ist kein wichtiger Grund zur Lösung des Arbeitsverhältnisses. Vor und nach der Eignungsübung darf nicht aus Anlaß der Teilnahme an der Eignungsübung gekündigt werden. 6 Monate nach Meldung und 3 Monate lang nach der Eignungsübung wird vermutet, daß eine Kündigung aus Anlaß der Eignugsübung erfolgt.

Während des Grundwehrdienstes und einer Wehrübung besteht ein Verbot jeder ordentlichen Kündigung. Einberufung zum Wehrdienst ist kein wichtiger Grund zur außerordentlichen Kündigung. Das gilt aber nicht für unverheiratete Arbeitnehmer in Betrieben mit 5 oder weniger Arbeitnehmern bei Einberufung zum Grundwehrdienst. Diesen Arbeitnehmern kann aus Anlaß der Einberufung außerordentlich mit einer Frist von 2 Monaten zum Zeitpunkt der Entlassung aus dem Wehrdienst gekündigt werden. Vor und nach dem Wehrdienst darf nicht aus Anlaß des Wehrdienstes gekündigt werden. Bei der Auswahl im Falle von betriebsbedingten Kündigungen darf die Einberufung nicht zu Ungunsten des Arbeitnehmers berücksichtigt werden.

9. Für Abgeordnete ergibt sich ein Kündigungsschutz aus dem Benachteiligungsverbot des Art. 48 GG. Ähnliche Vorschriften kennen die Landesverfassungen von Baden-Württemberg (Art. 29), Niedersachsen (Art. 17), Nordrhein-Westfalen (Art. 46), Schleswig-Holstein (Art. 4).

10. Kündigungen können aber auch nach §§ 138, 242 BGB unwirksam sein (BAG AP Nr. 1 zu § 620 BGB Schuldrechtliche Kündigungsbeschränkung) oder gegen die Grundrechte verstoßen (BAG AP Nr. 26 zu § 1 KSchG, Verstoß gegen das Verbot der ungleichen Behandlung von Mann und Frau, Art. 3 GG).

Kündigungsschutzvorschriften gelten nur bei Auflösung des Arbeitsverhältnisses durch Kündigung, nicht aber bei Anfechtung oder Beendigung wegen Nichtigkeit (vgl. BAG AP Nr. 2 zu § 125 BGB) oder durch Zeitablauf. Ein befristetes Arbeitsverhältnis endet aber nur dann durch Zeitablauf, wenn die (insbesondere mehrfache) Befristung objektiv gerechtfertigt ist und kein unzulässiger Kettenvertrag vorliegt. Führt eine unberechtigte Befristung zum Verlust eines Kündigungsschutzes (Umgehungsabsicht wird nicht gefordert!), ist die Befristung unwirksam, der Arbeitsvertrag gilt als auf unbestimmte Zeit geschlossen und bedarf zu seiner Beendigung einer den Kündigungsschutzvorschriften unterliegenden Kündigung (BAG AP Nr. 1ff. zu § 620 BGB Befristeter Arbeitsvertrag, vor allem Großer Senat vom 12. 10. 1960 — AP Nr. 16 aaO).

Urteil auf Auflösung des Arbeitsverhältnisses. Die Kammer kommt zu der Überzeugung, daß weder eine fristlose noch eine fristgemäße Kündigung gerechtfertigt war. Die Vorfälle haben sich nach der Beweisaufnahme nicht als so schwerwiegend herausgestellt, daß sie die Kündigung nach so langer Beschäftigungsdauer gerechtfertigt hätten. Jedoch hält sie das Vertrauensverhältnis für so zerrüttet, daß eine weitere gedeihliche Zusammenarbeit nicht zu erwarten ist. Angesichts der Tatsache, daß nur der Arbeitgeber den Auflösungsantrag gegenüber der fristgemäßen Kündigung erklärt hat, die hilfsweise anzunehmen war, konnte die Auflösung erst zum 31. 12. 1969 ausgesprochen werden. Bis dahin hat der Kläger Anspruch auf Gehalt. Deshalb wurde die Abfindung auf 4 Monatsgehälter festgesetzt. Die Abfindung ist bei Auflösung am 31. 12. fällig. Sind die Parteien bei der Verkündung des Urteils anwesend, sind die wesentlichen Entscheidungsgründe mündlich zu eröffnen (§ 60 Abs. 2 ArbGG).

„Nach geheimer Beratung wurde folgende Urteilsformel unter Mitteilung der wesentlichen Entscheidungsgründe verkündet:

Es wird festgestellt, daß das Arbeitsverhältnis des Klägers durch die Kündigung vom 30. 8. 1969 nicht aufgelöst ist. Auf Antrag des Beklagten wird das Arbeitsverhältnis zwischen den Parteien zum 31. 12. 1969 aufgelöst und der Beklagte verurteilt, an den Kläger eine Abfindung in Höhe von 3840.— DM netto zu zahlen. Die Kosten des Rechtsstreits werden dem Beklagten auferlegt.

Der Streitwert wird auf 2880,— DM festgesetzt.“

Wenn auch der Beklagte zur Zahlung von 3840,—DM verurteilt wird, darf doch nach § 12 Abs. 7 ArbGG für Kündigungsstreitigkeiten der Streitwert höchstens 3 Monatsgehälter betragen. Diese Höchstgrenze gilt auch für Streitigkeiten, in denen höhere Abfindungen festgesetzt werden, weil auch insoweit der Rechtsstreit um das Bestehen des Arbeitsverhältnisses geht (BAG AP Nr. 7 zu § 12 ArbGG 1953). Entstehen durch den Auflösungsantrag besondere Kosten, etwa bei widersprechenden Anträgen und Beweisaufnahme zu § 9 KSchG, sind auch entsprechend die Kosten zu verteilen (BAG AP Nr. 2 zu § 7 KSchG). Hier hat sich der Kläger gegen den Auflösungsantrag nicht gewandt. Er war daher nach § 92 Abs. 2 ZPO auch nicht mit einem Teil der Kosten zu belasten, obwohl der Beklagte mit seinem Hilfsantrag auf Auflösung durchgedrungen war. Es hätte auch genügt, lediglich die Auflösung zum 31. 12. im Tenor auszusprechen, den Feststellungsantrag aber nur in den Gründen zu bescheiden. Der erste Satz des Tenors entfällt dann, er ist Voraussetzung für den Auflösungsantrag (vgl. BAG AP Nr. 2 zu § 7 KSchG). Weil hier aber die Kündigung vom 30. 8. 1969 sowohl als fristlose als auch als fristgemäße

Kündigung angegriffen wurde, empfiehlt sich eine Klarstellung über die Unwirksamkeit.

Urteil über Urlaubsanspruch

Im Namen des Volkes!

Geschäftszeichen 5 Ca 68/68	Urteil
	In dem Rechtsstreit
	des Elektriker *Karl Spannung*
	Frankfurt/M., Obere Scheldstr. 8, Klägers
Verkündet am 18. 10. 1968	Prozeßbevollmöchtigter:
Urkund	GewSekr *Hans Erbacht*, Frankfurt/M.
	gegen
als Urkundsbeamter der	den Handwerksmeister *Anton Hertz*,
Geschäftsstelle	Frankfurt/M., Königstr. 50, Beklagten
	Prozeßbevollmächtigter:
	Georg Ehrsam, Elektroinnung, Frankfurt/M.

wegen Urlaubsanspruch

hat das Arbeitsgericht Frankfurt/M. auf die mündliche Verhandlung vom 18. Oktober 1968 durch den Arbeitsgerichtsdirektor Dr. *Richter* als Vorsitzenden und die Arbeitsrichter Dr. *Dietrich* und *Peters* als Besitzer für Recht erkannt:

Der Beklagte wird unter Abweisung der Klage im übrigen verurteilt, an den Kläger 480,— DM brutto zu zahlen.

Die Kosten des Rechtsstreits werden zu $^1/_9$ dem Kläger, zu $^8/_9$ dem Beklagten auferlegt.

Der Wert des Streitgegenstandes wird auf 560,— DM festgesetzt.

Zur Vertretung der Parteien in Arbeitssachen siehe oben zum Urteil über Tarifansprüche. Innungen sind zwar keine Zwangsverbände mehr (vgl. § 58 HandwO), an ihrer Tariffähigkeit und an der Berechtigung ihrer Vertreter, vor den Gerichten für Arbeitssachen aufzutreten, bestanden jedoch erhebliche Zweifel, weil die Innungen staatlicher Aufsicht unterliegen und deshalb keine Koalitionen seien (vgl. LArbG Frankfurt vom 14. 9. 1965 — AP Nr. 23 zu § 2 TVG; Reuß, Arbeit und Recht 1963 S. 1). Das BVerfG hat im Urteil vom 19. 10. 1966 ausgesprochen, daß auch Innungen tariffähig sind (AP Nr. 24 zu § 2 TVG). Ihre Vertreter sind daher berechtigt, vor den Gerichten für Arbeitssachen nach § 11 ArbGG aufzutreten. Lediglich Vertretern der Handwerkskammer fehlt die Postulationsfähigkeit, weil Handwerkskammern nicht tariffähig sind (BAG vom 27. 1. 1961 — AP Nr. 26 zu § 11 ArbGG).

Der Betrag der Kosten, also der Gerichtsgebühr und der den Parteien zu erstattenden Auslagen, soll zwar im Urteil festgelegt werden (§ 61 Abs. 1 ArbGG). Das kann aber nur geschehen, wenn die Beträge sofort festliegen und ermittelt werden können. In den meisten Fällen unterbleibt deshalb diese Feststellung von Gebühren und Kosten im Urteil selbst; sie wird vielmehr dem gesonderten Kostenfestsetzungsverfahren vorbehalten, das vom Kostenbeamten durchgeführt wird. Gegen die Entscheidung des Kostenbeamten kann Erinnerung eingelegt werden, die vom Vorsitzenden des Arbeitsgerichts beschieden wird (Entscheidung ohne mündliche Verhandlung, also ohne Beisitzer). Gegen dessen Entscheidung kann sofortigeBeschwerde zum LAG eingelegt werden, wenn der Beschwerdewert 50,— DM übersteigt. Das Verfahren richtet sich also nach § 104 ZPO.

Tatbestand

Der 40 Jahre alte Kläger ist vom 2. 10. 1967 bis zum 30. 6. 1968 beim Beklagten beschäftigt gewesen. Sein Durchschnittsverdienst betrug 40,— DM täglich. Am 30. 6. 1968 stellte der Kläger seine Tätigkeit für den Beklagten ohne Aufkündigung ein. Am 1. 7. 1968 trat er eine andere, besser bezahlte Stellung bei einer Elektrofirma an. Urlaub ist dem Kläger während der Zeit der Beschäftigung beim Beklagten nicht gewährt worden. Für die Zeit bis zum 30. 9. 1967 hatte er von seinem früheren Arbeitgeber den anteiligen Urlaub für drei Viertel des Urlaubsjahres 1967 erhalten.

Der Urlaubsanspruch eines Arbeitnehmers richtet sich, sofern tariflich oder einzelvertraglich nichts anderes vorgesehen ist, nach dem Bundesurlaubsgesetz (BUrlG) vom 8. 1. 1963 (BGBl. I S. 2). Gegenüber diesem Gesetz kann einzelvertraglich nur eine günstigere, in Tarifverträgen aber auch eine gegenüber den §§ 3 Abs. 2 bis 11 BUrlG ungünstigere Regelung festgelegt werden (§ 13 BUrlG). Zweck dieses Vorrangprinzips des Tarifvertrages ist es, tariflichen Regelungen freie Hand zu lassen, solange der Mindesturlaubsanspruch nicht beeinträchtigt wird, da einzelne Nachteile in Tarifverträgen mit meist erheblichen anderen Vorteilen kompensiert werden. Richtet sich der Urlaubsanspruch wie im hier gegebenen Fall allein nach dem BUrlG, ist für die Höhe des Urlaubsanspruchs das Lebensalter maßgeblich (§ 3 BUrlG), deshalb dessen Feststellung im Tatbestand. Da auch für das Jahr 1967 noch kein Urlaub vom Beklagten gewährt wurde, ist weiter zu klären, ob der Jahresurlaub 1967 noch teilweise offen steht. Wäre er vom früheren Arbeitgeber bereits voll gewährt worden, hätte der Kläger keinen weiteren Anspruch mehr gegen den Beklagten (§ 6 BUrlG; zur Rückforderung zuviel gewährten Urlaubs BAG vom 9. 7. 1964 — AP Nr. 2 zu § 13 BUrlG).

Der Kläger verlangt Urlaubsabgeltung für die Zeit vom 1. 10. 1967 bis 30. 6. 1968. Da er nur bis zum 30. 9. bei seinem früheren Arbeitgeber beschäftigt gewesen sei, müsse er ab Oktober 1967 Urlaub erhalten. Der Teilurlaub 1967 könne auch 1968 geltend gemacht werden. Für 1968 stehte ihm sogar der volle Jahresurlaub zu, da er bis zum 30. 6. beschäftigt gewesen sei und erst ab 1. 7., d. h. in der zweiten Hälfte des Jahres die Stelle gewechselt habe. Er mache aber vorerst nur den anteiligen Urlaub für die erste Hälfte des Jahres geltend, da ihm sein neuer Arbeitgeber den Urlaub für die Zeit ab 1. 7. 1968 in Natur gewähren wolle. Er habe also Anspruch auf je $1^1/_2$ Tage Urlaub für 9 Monate, zusammen $13^1/_2$ Tage, aufgerundet 14 Tage. Da ihm dieser Urlaub nicht mehr als Freizeit gewährt werden könne, sei er abzugelten. Für jeden Urlaubstag seien 40,— DM, also zusammen 560,— DM zu zahlen.

Der Teilurlaubsanspruch richtet sich nach § 5 BUrlG. Zwar kann nach erfülletr Wartezeit von ½ Jahr, die ohne Rücksicht auf das Kalenderjahr mit dem Anfang der Beschäftigung beginnt, der volle Jahresurlaub gewährt werden. Beim Ausscheiden in der ersten Hälfte des Jahres wird aber auch dann, wenn die Wartezeit erfüllt war, nur Teilurlaub gewährt. Das Ausscheiden mit dem 30. 6. ist dabei als Ausscheiden in der ersten Jahreshälfte anzusehen (BAG vom 16. 6. 1966 — AP Nr. 4 zu § 5 BUrlG). Da der Kläger hier selbst nur Teilurlaub verlangt, könnte an sich seine Darlegung, er sei in der zweiten Hälfte des Jahres ausgeschieden, unerörtert bleiben und aus dem Tatbestand entfernt werden. Der Kläger will sich aber vorbehalten, doch noch weitere Ansprüche zu stellen, wenn ihm aus irgendwelchen Gründen vom neuen Arbeitgeber der Urlaub für die zweite Jahreshälfte nicht gewährt wird. Der Kläger könnte dann auf den früheren Arbeitgeber zurückgreifen (vgl. Dersch-Neumann, BUrlG 3. Aufl. § 6 Anm. 23), die gerichtliche Geltendmachung der Abgeltung ist an keine Frist gebunden. Der an sich vorgehende Anspruch auf Gewährung bezahlter Freizeit hätte sich dann nicht verwirklichen lassen. Deshalb kann es richtig sein, den Kläger auch insoweit zu bescheiden, um einen weiteren Prozeß zu vermeiden, und ihn über die Rechtslage in den Gründen aufzuklären. Das empfiehlt sich jedenfalls dann, wenn die Rechtslage wie hier durch die höchstrichterliche Rechtsprechung geklärt ist. Die Übertragung eines Teilurlaubsanspruchs aus dem vorangegangenen Urlaubsjahr richtet sich ebenfalls nach § 5 BUrlG. Der Abgeltungsanspruch ist in § 7 Abs. 4 BUrlG für den Fall vorgesehen, daß das Arbeitsverhältnis nicht mehr besteht und deshalb kein Urlaub int Naur gewährt werden kann.

Der Kläger beantragt, den Beklagten zur Zahlung von 560,— DM brutto zu verurteilen.

Der Beklagte beantragt Klageabweisung.

Nachdem der Kläger ohne Einhaltung einer Kündigungsfrist die Arbeitsstelle verlassen habe und zu einem Konkurrenzunternehmen übergegangen sei, nur weil er dort mehr Geld verdiene, sei sein Urlaubsanspruch entfallen. Das betreffe auch den Anspruch für den letzten Teil des Jahres 1967, den der Kläger darüberhinaus im betreffenden Urlaubsjahr nicht geltend gemacht habe, so daß er auch deshalb nicht mehr erhoben werden könne. Auch habe er gegenüber seinem früheren Arbeitgeber nach Ablauf der Wartezeit Anspruch auf den vollen Jahresurlaub gehabt. In keinem Fall könne der Kläger Anspruch auf Urlaubsabgeltung für Oktober 1967 haben, weil er erst am 2. 10. vorgesprochen habe und erst im Laufe dieses Tages der Arbeitsvertrag abgeschlossen worden sei; der Kläger sei also keinen vollen Kalendermonat beschäftigt gewesen.

Der Beklagte beruft sich auf § 7 Abs. 4 BUrlG, wonach der Urlaub entfällt, wenn der Arbeitnehmer fristlos entlassen wird oder die Stelle ohne Grund verläßt und gleichzeitig eine grobe Treupflichtverletzung vorliegt. Da es zweifelhaft ist, ob dieser Wegfall auch den Vorjahresurlaub ergreifen kann, hat der Beklagte hiergegen weitere rechtliche Einwände erhoben.

Der Kläger erwidert, sein Arbeitsvertrag sei bereits am 30. 9. 1967 abgeschlossen worden so daß er am 1. 10. schon im Arbeitsverhältnis gestanden habe; die Arbeit habe nur deshalb erst am 2. 10. aufgenommen werden können, weil der 1. 10. ein Sonntag war.

Nach BUrlG wird Teilurlaub nur für jeden vollen Urlaubsmonat gewährt. Fehlt allerdings nur ein Tag, an dem ohnehin nicht gearbeitet worden wäre, wird dieser Monat nach der Rechtsprechung des BAG trotzdem als voller Kalendermonat angesehen (BAG vom 22. 2. 1966 — AP Nr. 3 zu § 5 BUrlG). Es hätte also nichts geschadet, wenn die Parteien am 30. 9. den Arbeitsvertrag erst mit Wirkung vom 2. 10. abgeschlossen hätten. Wenn aber der Kläger erst im Lauf des 2. 10. vorgesprochen hat und erst an diesem Tage eingestellt wurde, kann man den 1. 10. nicht mehr in das Arbeitsverhältnis einbeziehen (vgl. Dersch-Neumann, § 5 BUrlG Anm. 15). Es kommt also nicht darauf an, ob der Arbeitsvertrag zum 1. 10. oder 2. 10. oder gar schon am 30. 9. mit sofortiger Wirkung abgeschlossen wurde. Wohl aber ist entscheidend, ob der Vertrag bereits am 30. 9. oder erst im Laufe des 2. 10. geschlossen worden ist.

Es ist Beweis darüber erhoben worden, ob der Vertrag mit dem Kläger am 30. 9. oder 2. 10. 1967 abgeschlossen worden ist, durch Vernehmung der Ehefrau des Beklagten Anna Ehrsam. Auf die Niederschrift der Beweisaufnahme wird Bezug genommen.

Die Aussage von Zeugen ist im arbeitsgerichtlichen Verfahren wie im Zivilprozeß zu Protokoll festzustellen (§ 160 ZPO gilt auch hier). Eine Wiedergabe im Tatbestand des Urteils würde nicht ausreichen, weil die Entscheidung dem Streitwert nach berufungsfähig ist und deshalb die Ausnahme des § 161 ZPO nicht durchgreift. Nur vor dem Landesarbeitsgericht und in nicht berufungsfähigen Urteilen (Streitwert unter 300,— DM, keine Zulassung der Berufung) kann die Zeugenaussage im Tatbestand (nicht in den Gründen) wiedergegeben werden. Dann genügt es, daß sich der Richter kurze Notizen macht, nach denen er den Tatbestand aufstellt. Dadurch wird der mit der Aufnahme und dem Vorlesen der Aussagen verbundene Zeitaufwand vermieden. Eine solche kurze Wiedergabe der Aussage der Zeugin, die sich hier nun aus dem Protokoll ergibt, könnte in einem nicht berufungsfähigen Urteil etwa lauten:

Die 45 Jahre alte Ehefrau des Beklagten hat bekundet, daß der Kläger am Montag, den 2. 10. 1967, in der Frühstückspause, also zwischen 9 und 9,30 Uhr bei ihr vorgesprochen und gefragt habe, ob er Arbeit aufnehmen könne. Sie erinnere sich deshalb so besonders genau an diesen Zeitpunkt, weil ihr die Arbeitskraft des Klägers sehr gut gelegen kam. Am Sonnabend vorher hätte man nämlich Überstunden verfahren müssen, worüber sich einige Gesellen beschwert hätten. Darüber habe sie noch am Sonntag ausführlich mit ihrem Mann gesprochen, der erklärt habe, er werde gleich

Anfang der Woche beim Arbeitsamt nachfragen, ob ihm nicht ein zusätzlicher Elektriker zugewiesen werden könne. Sie habe ihrem Mann gleich Bescheid gesagt, daß er sich nicht mit dem Arbeitsamt in Verbindung zu setzen brauche, und ihm den Kläger vorgestellt, der dann auch zu einem Tageslohn von 40,— DM eingestellt worden sei.

Entscheidungsgründe:

Die Klage hatte zum großen Teil Erfolg. Dem Kläger steht der Anspruch auf Urlaubsabgeltung für die Zeit vom 1. 11. 1967 bis zum 30. 6. 1968 in Höhe von 480,— DM brutto zu.

Dem Kläger steht der Urlaub für das Jahr 1967 für die beim Beklagten verbrachte Zeit zu, weil ihm unstreitig von dem früheren Arbeitgeber nur der Urlaub gewährt worden ist, der der dort verbrachten Zeit bis zum 30. 9. 1967 entspricht. Eine Anrechnung von Urlaub aus dem vorhergehenden Arbeitsverhältnis kommt deshalb nicht in Betracht (§ 6 BUrlG). Es kommt nicht mehr darauf an zu untersuchen, ob der Kläger gegenüber seinem früheren Arbeitgeber einen Anspruch auf den vollen Jahresurlaub hatte oder dieser Urlaub entsprechend der tatsächlichen im Urlaubsjahr geleisteten Arbeitszeit verhältnismäßig gekürzt werden konnte, wie dies etwa bei Vereinbarung des tariflichen Urlaubs nach § 13 BUrlG zulässig wäre (Dersch-Neumann 3. Aufl. § 5 BUrlG Anm. 27b mit Nachweisen). In keinem Fall kann sich nämlich der Beklagte darauf berufen, der Kläger habe denselben Urlaubsanspruch auch gegenüber einem anderen Arbeitgeber, weil eine Verweisung auf diesen Urlaubsanspruch nicht zulässig ist, sondern gegenüber jedem Arbeitgeber ein selbständiger Anspruch auf Urlaub nach dem Urlaubsgesetz entsteht (BAG vom 17. 2. 1966 — AP Nr. 2 zu § 5 BUrlG).

Dieser Teilurlaubsanspruch aus dem Jahre 1967 ist auch nicht etwa dadurch untergegangen, daß ihn der Kläger nicht mehr im Urlaubsjahr 1967 geltend gemacht hat, wie der Beklagte behauptet. Selbst wenn das zuträfe, konnte der Kläger trotzdem diesen Teilurlaub noch im Jahre 1968 geltend machen. Da die Urlaubsgewährung eine Verpflichtung des Arbeitgebers ist, geht der Urlaub nicht dadurch unter, daß der Anspruch im Urlaubsjahr nicht vom Arbeitnehmer erhoben wird. Vielmehr wäre es Sache des Arbeitgebers gewesen, den Urlaub festzulegen. Das gilt vor allem für Teilurlaub i. S. von § 5 Abs. 1 Buchst. a BUrlG, der deshalb entstanden ist, weil der Kläger 1967 die Wartezeit von 6 Monaten nicht mehr erfüllen konnte. Deshalb muß hier sogar davon ausgegangen werden, daß dieser Teilurlaub auf das Jahr 1968 übertragen wurde. Zwar ist eine solche Übertragung nach § 7 Abs. 3 BUrlG nur für den Fall vorgesehen, daß der Arbeitnehmer dies verlangt. Ein solches Verlangen ist aber bereits darin zu sehen, daß der Kläger den Urlaub im abgelaufenen Jahr nicht geltend gemacht hat. Denn das Verlangen kann auch stillschweigend gestellt werden (so gerade für diesen Fall Dersch-Neumann aaO § 7 Anm. 65, ebenso Boldt-Rößler § 5 BUrlG Anm. 22; BAG vom 10. 3. 1966 — AP Nr. 2 zu § 59 KO); es muß davon ausgegangen werden, daß ein Arbeitnehmer einen geringen Teilurlaubsanspruch zusammen mit eisem Jahresurlaub nehmen und nicht etwa auf ihn verzichten will.

Die Übertragung des Jahresurlaubs auf das nächste Urlaubsjahr richtet sich nach § 7 Abs. 3 BUrlG. Sie ist nur in Ausnahmefällen zulässig. Es müssen dringende betriebliche oder in der Person des Arbeitnehmers liegende Gründe vorliegen. Nach dem Wortlaut des Gesetzes ist zweifelhaft, ob sich „dringend" nur auf betriebliche oder auch auf die in der Person des Arbeitnehmers liegenden Gründe bezieht; ob also mit anderen Worten nur der betriebliche oder auch der persönliche Grund auf Arbeitnehmerseite ein dringender sein muß. Dieselbe Auslegungsschwierigkeit ergibt sich für die Frage, ob der Urlaub nicht zusammenhängend zu gewähren ist (§ 7 Abs. 2 BUrlG). Die überwiegende Meinung geht dahin, daß „dringend" sich nur auf betrieblich bezieht, der Arbeitnehmer also auch andere Gründe für die Teilung des Urlaubs oder seine Übertragung anführen kann, daß aber doch berechtigte Gründe vorliegen müssen. Da es ohnehin Sache des Arbeitgebers ist, ob er dem Wunsch des Arbeitnehmers Rechnung trägt oder betriebliche Belange entgegenstehen, wird dadurch eine Schranke gegen uferlose Stückelung des Urlaubs oder gegen ein „Urlaubssparen" errichtet. Sind sich die Parteien über eine Gewährung des Urlaubs in mehreren Raten oder die Übertragung auf das folgende Urlaubsjahr einig, müssen sie sich auch daran festhalten lassen. Unzulässig ist aber in jedem Fall eine Stückelung in kleinste Abschnitte (etwa tage- oder gar halbtageweise Urlaubsgewährung, BAG vom 29. 7. 1965 — AP Nr. 1 zu § 7 BUrlG); außerdem kann der Urlaub nur jeweils in das nächste Urlaubsjahr übertragen werden und ist dann bis zum 31. 3. des folgenden Jahres abzuwickeln. Nach richtiger, wenn auch umstrittener Ansicht ist diese Frist bis zum 31. 3. keine Ausschlußfrist; sie kann in Ausnahmefällen überschritten werden, so z. B. wenn der Arbeitnehmer im ersten Vierteljahr krank ist und deshalb den Urlaub nicht nehmen kann. Einer der Fälle, in denen schon von Gesetzes wegen die Frist bis zum 31. 3. nicht gilt und der Urlaub ins nächste Urlaubsjahr unbeschränkt übertragen wird, liegt hier vor. Diese Regelung gilt für jeden, unvermeidbar entstandenen Teilurlaub, der beispielsweisd auch dann entsteht, wenn ein Arbeitnehmer im Urlaub erkrankt und der Resturlaub nicht mehr im Urlaubsjahr abgewickelt werden kann (vgl. Boldt-Rößler § 7 Anm. 65; Dersch-Neumann § 7 Anm. 74).

Der Urlaubsanspruch aus dem Jahre 1967 wird auch nicht dadurch beeinträchtigt, daß der Kläger 1968 die Arbeitsstelle ohne Einhaltung einer Kündigungsfrist am 30. Juni 1968 verlassen hat. Die Vorschrift des § 7 Abs. 4 BUrlG, nach der ein Abgeltungsanspruch dann entfällt, wenn der Arbeitnehmer das Arbeitsverhältnis unberechtigt vorzeitig löst und gleichzeitig eine grobe Treupflichtverletzung vorliegt, betrifft nämlich immer nur den für das Jahr des Ausscheidens zu gewährenden Urlaub. Der Urlaub aus 1967 ist zwar in dieses Jahr übertragen worden, wird aber für die im Jahre 1967 ordnungsgemäß geleisteten Dienste gewährt und schon deshalb in keinem Fall von einem unberechtigten frühzeitigen Ausscheiden im folgenden Urlaubsjahr berührt (ebenso LAG Stuttgart vom 12. 4. 1967 — Betrieb 1967 S. 1000; vgl. jetzt so auch BAG v. 18. 9. 1969 — AP Nr. 6 zu § 7 BUrlG Abgeltung).

Aber auch der dem Kläger für 1968 zustehende Urlaubsabgeltungsanspruch ist durch das Ausscheiden des Klägers am 30. Juni 1968 ohne vorherige Kündigung nicht untergegangen. Der Kläger hat zwar damit das Arbeitsverhältnis unberechtigt vorzeitig gelöst. Im Übergang in ein anderes Arbeitsverhältnis mit einem höheren Lohn kann aber noch keine grobe Verletzung der Treuepflicht aus dem Arbeitsverhältnis gesehen werden. Eine solche könnte vielmehr nur angenommen werden, wenn zum Ausscheiden ohne Grund noch zusätzlich weitere Erschwernisse für den Arbeitgeber hinzutreten, etwa durch Übergang zur Konkurrenz oder dadurch, daß nunmehr dringende Arbeiten nicht fertiggestellt werden können und dem Arbeitnehmer das bekannt ist (ebenso LAG Hannover vom 10. 2. 1964, Betrieb 1964 S. 642; LAG Düsseldorf vom 10. 1. 1967, Betrieb 1967 S. 868). Der Beklagte hat dazu nichts vortragen können. Das Eingehen eines anderen Arbeitsverhältnisses mit höherem Lohn ist demgegenüber das Recht eines jeden Arbeitnehmers, seine Arbeitskraft so teuer wie möglich zu „verkaufen".

Nach dem Ausscheiden des Klägers ist der Urlaub für 1967 und 1968 abzugelten (§ 7 Abs. 4 BUrlG). Dabei hat der Kläger für jeden Monat des Arbeitsverhältnisses Anspruch auf $1^1/_2$ Tage Urlaub gehabt. Der Kläger hat zwar im April 1967 die Wartezeit erfüllt gehabt, so daß ihm grundsätzlich der volle Jahresurlaub auch für 1968 zugestanden hätte. Der Kläger ist aber am 30. Juni 1968 beim Beklagten durch Niederlegen der Arbeit ausgeschieden. Das ist ein Ausscheiden in der ersten Hälfte des Jahres, so daß dem Kläger auch für 1968 nur $^6/_{12}$ des Gesamtjahresurlaubs, also die Hälfte von 18 Tagen = 9 Tage Urlaub zugestanden haben (BAG vom 16. 6. 1966 — AP Nr. 4 zu § 5 BUrlG).

Für 1967 standen dem Kläger aber nur 3 Tage Urlaub zu, weil er nicht 3 volle Monate tätig gewesen ist. Ein Urlaubsanspruch für den Monat Oktober entfällt, weil der Kläger nicht den vollen Monat tätig war. Sein Arbeitsverhältnis begann nach dem Ergebnis der Beweisaufnahme aufgrund der glaubwürdigen Aussage der Zeugin Anna Ehrsam erst im Laufe des 2. 10. 1967. Denn erst im Laufe dieses Tages wurde der Kläger vom Beklagten eingestellt. Fehlen aber einzelne Tage am vollen Monat der Beschäftigung, können diese auch nicht durch Aufrundung ersetzt werden (BAG vom 22. 2. 1966 — AP Nr. 3 zu § 5 BUrlG).

Dem Kläger stehen damit für 1967 nur 3 Tage + 9 Tage für 1968 = 12 Tage Urlaub zu, die der Beklagte mit dem Tagesdurchschnittsverdienst von 40,— DM abzugelten hat. In Höhe von 12 mal 40,— DM = 480,— DM war daher der Klage stattzugeben; die darüberhinausgehende Klage bezüglich weiterer 80,— DM mußten dagegen zurückgewiesen werden. In diesem Verhältnis waren auch die Kosten nach § 92 ZPO zu verteilen.

Es folgt die Rechtsmittelbelehrung, wenn sie nicht mit dem Tenor bzw. Rubrum verbunden wird.

Streik, einstweilige Verfügung

An das Arbeitsgericht Hannover, den 24. 10. 1969
Hannover

Antrag auf Erlaß einer einstweiligen Verfügung
der Fa. Bekleidungswerk GmbH, Hannover, Am Stadtgraben 10
Prozeßbevollmächtigter Rechtsanwalt Dr. *Gast*, Arbeitgeberverband der Bekleidungsindustrie Niedersachsen, Hannover, Hauptstr. 11
gegen
die IG Textil, Bekleidung, Landesbezirk Niedersachsen,
vertreten durch ihren Vorstand, Hannover, Kurt-Schumacher-Str. 15

Ich beantrage im Wege der einstweiligen Verfügung, und zwar wegen der besonderen Dinglichkeit des Falles ohne mündliche Verhandlung, der Antragsgegnerin zu untersagen, ihre Mitglieder zu dem ab 27. 10. 1969 anberaumten Streik gegen die Antragstellerin aufzurufen und den Streik zu unterstützen.

Einstweilige Verfügung im Verfahren in Arbeitssachen:
Im arbeitsgerichtlichen Verfahren bestehen keine besonderen Vorschriften über Arrest und einstweilige Verfügung. Es gelten daher auch hier die Vorschriften der §§ 916—945 ZOP. Nur im Beschlußverfahren macht sich der Mangel besonderer Vorschriften bemerkbar, weil für dieses besondere Verfahren die ZPO-Vorschriften nicht unmittelbar gelten. Trotzdem wird auch im Beschlußverfahren die Zulässigkeit einstweiliger Anordnungen überwiegend angenommen. Hier wird jedoch ein Unterlassungsanspruch geltend gemacht, über den im Urteilsverfahren in der Hauptsache zu entscheiden ist. Deshalb können die Vorschriften der ZPO unmittelbar angewandt werden und gelten nach § 46 Abs. 2 ArbGG entsprechend. Das bedeutet: Arrest und einstweilige Verfügung sind nach den allgemeinen Regeln zulässig. Zuständig ist grundsätzlich das Prozeßgericht 1. Instanz, hier also das zuständige Arbeitsgericht. Nur in dringlichen Fällen könnte an Orten, an denen kein Arbeitsgericht besteht, das Amtsgericht nach § 942 ZPO auch in Arbeitssachen vorläufig tätig werden. In aller Regel wird aber der Antrag am zuständigen Arbeitsgericht anzubringen sein. Das Arbeitsgericht entscheidet im Regelfall nach mündlicher Verhandlung durch die Kammer durch Urteil. In dringenden Fällen kann nach § 937 Abs. 2 ZPO auch ohne mündliche Verhandlung durch Beschluß entschieden werden. Dann hat nach § 53 Abs. 1 ArbGG aber nicht die Kammer, sondern der Vorsitzende allein zu entscheiden; erst auf einen Widerspruch hin wird dann mündliche Verhandlung anberaumt und durch Urteil von der gesamten Kammer einschließlich der Beisitzer von Arbeitgeber- und Arbeitnehmerseite entschieden. Die Urteile in einstweiligen Verfügungen unterliegen der Berufung an das Landesarbeitsgericht nach den allgemeinen Regeln, also bei Zulassung durch das Gericht oder dann, wenn der festgesetzte Streitwert mindestens 300,— DM beträgt. Gegen zweitinstanzliche Urteile ist eine Revision aber ausdrücklich ausgeschlossen, d.h. auch einstweilige Verfügungen, deren Streitwert über 6000,— DM beträgt, sind nicht revisibel; dasselbe gilt hier für den Arrest und seine Aufhebung (§ 72 Abs. 2 ArbGG).

Es liegt ohne weiteres auf der Hand, daß mit dem Verbot eines Arbeitskampfes durch einstweilige Verfügung sehr stark in die Autonomie der Spzialpartner eingegriffen werden kann. Deshalb hat man eine Beschränkung der einweiligen Verfügung für den Fall von Arbeitskämpfen befürwortet (vgl. Hoffmann, Arbeit und Recht 1968 S. 33ff.). Solange aber keine dahingehende ausdrückliche gesetzliche Vorschrift geschaffen wird, muß es bei der allgemeinen Regelung bleiben, daß die Gerichte auch in Streikfällen einstweilige Verfügungen erlassen können. Auch sonst kann durch einstweilige Verfügung ziemlich stark in das Arbeitsleben eingegriffen und damit u.U.

sogar schon die Hauptsache bis zu einem gewissen Grade vorweg genommen werden. So wird es als zulässig angesehen, einstweilige Verfügungen über die Fortzahlung des Lohnes unter bestimmten Umständen zu erlassen (Staudinger-Nipperdey-Neumann § 611 BGB Anm. 152; LAG Kiel vom 26. 8. 1958 — AP Nr. 1 zu § 940 ZPO).

Begründung

Nachdem die Antragsgegnerin den zwischen ihr und dem Verband der Bekleidungsindustrie Niedersachsen abgeschlossenen Tarifvertrag am 26. 3. 1968 zum 30. 6. 1969 aufgekündigt hatte, wurde in den Verhandlungen über den Neubeschluß eines Tarifvertrages über die Lohn- und Gehaltserhöhungen ab 1. 7. 1969 praktisch Einigkeit erzielt. Die Tarifverhandlungen scheiterten aber vor allem an zwei Forderungen der Antragsgegnerin: Einmal sollte nach deren Forderungen tariflich vereinbart werden, daß der Gewerkschaftsbeitrag ihrer Mitglieder von den Mitgliedsfirmen vom Lohn abgehalten und unmittelbar an sie abgeführt wird. Zum anderen wird für Gewerkschaftsmitglieder ein zusätzliches Urlaubsgeld von 5,— DM pro Urlaubstag gefordert, das an Nichtorganisierte nicht gezahlt werden darf. Wegen dieser beiden Forderungen, die zu erfüllen weder die Antragstellerin noch der Verband der Bekleidungsindustrie gewillt sind, wurde durch die Antragsgegnerin zum 27. 10. 1969 nach Urabstimmung zum Streik gegen die Antragstellerin aufgerufen. Dieser Streik ist unzulässig und deshalb zu untersagen.

Arbeitskampf, Streik und Aussperrung:

Der Streik ist die planmäßige gemeinsame Arbeitseinstellung von Arbeitnehmern zu einem bestimmten Kampfziel mit dem Willen, nach Kampfbeendigung die Arbeit wieder aufzunehmen. Dem steht als Kampfmittel der Arbeitgeber die Aussperrung gegenüber: Die Ausschließung von Arbeitnehmern unter Lösung des Arbeitsverhältnisses zur Erreichung eines Kampfzieles mit dem Willen, nach Kampfende die Arbeitnehmer wieder einzustellen. Eine besondere Streikfreiheit ist nicht etwa durch Art. 9 GG garantiert, sie ergibt sich nur aus einigen Landesverfassungen im Rahmen der Gesetze. Wichtig ist die neuere Rechtsprechung des BAG zum Streik (Großer Senat vom 28. 1. 1955, AP Nr. 1 zu Art. 9 GG Arbeitskampf): Während bis dahin die Auffassung herrschte, daß eine Streikbeteiligung ohne Kündigung und Einhaltung der Kündigungsfrist eine Arbeitsvertragsverletzung darstelle, die den Arbeitgeber zur fristlosen Entlassung wegen beharrlicher Arbeitsverweigerung berechtigt, hat das BAG die Einheit des Streiks in kollektivrechtlicher und privatrechtlicher Hinsicht betont. Die Beteiligung am legitimen Streik ist danach nicht vertragswidrig und nicht rechtswidrig, eine fristlose Entlassung ist unzulässig. Die Arbeitsverhältnisse bleiben bestehen, Streik bedeutet keine Kündigung durch die Arbeitnehmer. Der Arbeitgeber kann aber gegenüber dem Streik im Wege der kollektiven Abwehraussperrung die Arbeitsverhältnisse der streikenden Arbeitnehmer fristlos lösen. Es handelt sich um einen von der Kündigung zu unterscheidenden Lösungstatbestand sui generis, der im kollektiven Recht wurzelt. Die Wiedereinstellung nach einer Aussperrung liegt im unternehmerischen Ermessen. Das Ermessen darf aber nicht mißbräuchlich ausgeübt werden. Das ist jedenfalls die Ansicht von BAG vom 28. 1. 1955 AP Nr. 1 zu Art. 9 GG Arbeitskampf. Inzwischen hat der erste Senat den Großen Senat erneut angerufen, um zu prüfen, ob diese Auffassung über die Wirkung der Aussperrung aufrecht erhalten wird (BAG vom 3. 9. 1968 — AP Nr. 39 zu Art. 9 GG Arbeitskampf). Außerdem werden häufig nach dem Streik Maßregelungsverbote zwischen den Tarifpartnern vereinbart, nach denen wegen der Streikbeteiligung keine Benachteiligung erfolgen darf, also in der Regel alle Arbeitnehmer wieder einzustellen sind.

Maßgeblich für den Fortbestand der Arbeitsverhältnisse der Streikenden wird damit die Frage, ob der Streik legitim ist. Sie ist weiter dafür von Bedeutung, ob der Bestreikte Schadensersatzansprüche hat. Ein Streik ist illegitim und unzulässig, wenn er obligatorische Pflichten aus dem Tarifvertrag verletzt (Friedenspflicht und Durchführungspflicht; vgl. zum Umfang der Friedenspflicht BAG v. 31. 10. 1958,

AP Nr. 2 zu § 1 TVG Friedenspflicht; Leitsätze auch NJW 1959, 356f.). Darüber hinaus kann ein Streik sich als rechtswidrige unerlaubte Handlung darstellen. Jetzt ist allgemein anerkannt, daß der eingerichtete und ausgeübte Gewerbebetrieb ein im Rahmen des § 823 Abs. 1 BGB geschütztes Rechtsgut ist. Die Verletzung dieses Rechtsgutes ist aber nur dann rechtswidrig, wenn der Arbeitskampf nicht sozialadäquat ist. Die Sozialadäquanz bildet einen in der rechtsstaatlichen Sozialordnung wurzelnden Rechtfertigungsgrund. Die Ordnung menschlichen Zusammenlebens bringt aus der historischen Entwicklung heraus gewisse Einschränkungen mit sich, die sich in der Sozialadäquanz niederschlagen. Das gleiche gilt für die Aussperrung, die grundsätzlich das Recht am Arbeitsplatz als geschütztes Rechtsgut verletzt, aber auch herkömmlicher Weise unter bestimmten Bedingungen nicht rechtswidrig ist. Unter folgenden Voraussetzungen ist der Arbeitskampf sozialadäquat:

1. Der Arbeitskampf muß vom Berufsverband geführt werden. Wilde Streiks und Aussperrungen sind sozialinadäquat.
2. Der Arbeitskampf muß um Arbeitsbedingungen (allerdings im weitesten Sinn) geführt werden. Politische Ziele (vgl. den sog. Zeitungsstreik um das Betriebsverfassungsgesetz) sind rechtswidrig.
3. Der Arbeitskampf muß die letzte Möglichkeit zur Durchsetzung der Ziele sein.
4. Er muß den Grundregeln des Arbeitsrechts entsprechen und mit zulässigen Mitteln geführt werden (vgl. BAG AP Nr. 2 zu Art. 9 GG Arbeitskampf, Streik des Senefelder Bundes um freie Lohnvereinbarung als Tarifklausel).

Hier geht es darum, ob die Antragsgegnerin ihre Forderungen auf Abführung der Gewerkschaftsbeiträge und ein zusätzliches Urlaubsgeld für Gewerkschaftsangehörige zulässigerweise in einen Tarifvertrag aufnehmen kann und es sich damit um zulässige Arbeitsbedingungen handelt. Denn nur berechtigte Tarifziele dürfen mit einem Arbeitskampf durchgesetzt werden.

Die erste Frage nach der Abführung von Gewerkschaftsbeiträgen durch den Arbeitgeber ist höchstrichterlich noch nicht entschieden. In der Literatur ist diese Frage streitig. Der Streit hat sich vor allem darauf zugespitzt, daß es um die Auslegung von § 117 Abs. 2 Gewerbeordnung geht. Danach sind Lohnverwendungsabreden unzulässig, es sei denn, sie werden zugunsten von Wohlfahrtseinrichtungen getroffen. Auf der einen Seite wird die Meinung vertreten, Gewerkschaftsbeiträge fielen nicht unter dieses Verbot (vor allem Farthmann, Arbeit und Recht 1963 S. 356). Jedenfalls seien die Gewerkschaften Einrichtungen zur Verbesserung der Lage der Arbeiter (so auch Stahlhacke bei Fuhr-Stahlhacke Anm. II 4 zu §§ 115a—119 GewO). Das wird von anderer Seite geleugnet und angenommen, daß § 117 Abs. 2 GewO Abreden zwischen Arbeitnehmer und Arbeitgeber über die Abführung von Beträgen an bestimmte Stellen und damit auch an Gewerkschaften untersagt; die Gewerkschaften seien gerade keine Wohlfahrtseinrichtungen (Landmann-Rohmer § 117 GewO Anm. 18; Neumann, Arbeit und Recht 1967 S. 70). Folgt man dieser Ansicht, kann eine Lohnverwendungsabrede auch tariflich nicht wirksam festgelegt werden. Ein Streik wäre illegitim und könnte gerichtlich untersagt werden.

Die Bevorzugung von Gewerkschaftsmitgliedern bei bestimmten Leistungen ist ebenfalls lebhaft umstritten. Die Gewerkschaften haben auf der einen Seite das Interesse, ihre Mitglieder, die durch ihren Beitrag erhebliche Opfer bringen, besonders zu unterstützen. Die Tarifverträge gelten zwar unmittelbar nur für die Gewerkschaftsangehörigen, soweit sie nicht allgemeinverbindlich sind (§ 3 TVG). Besonders in Zeiten der Vollbeschäftigung kommen aber die von den Gewerkschaften erkämpften Vorteile fast stets im gleichen Maße auch den Außenseitern zugute, denn der Arbeitgeber zahlt in aller Regel die Tariflöhne als Mindestlöhne an alle Betriebsangehörigen gleichmäßig, ohne überhaupt nach der Gewerkschaftszugehörigkeit zu fragen. Nun sind aber die Gewerkschaften, deren staatserhaltender demokratischer Kraft ganz besondere Bedeutung gerade in Deutschland zukommt, durch Art. 9 Abs. 3 GG besonders geschützt, denn der Schutz der Koalitionsfreiheit umfaßt auch den Schutz der Koalition selbst (BVerfGE Bd. 4 S. 96; Bd. 17 S. 319; Bd. 18 S. 18; Bd. 19 S. 303). Diesem Schutz der Koalition steht aber das Recht des einzelnen Arbeitnehmers gegenüber, nicht nur Koalitionen frei zu bilden, sondern auch vor jedem Zwang zu einem Beitritt zu bestimmten Koalitionen bewahrt zu werden. Diese sog. negative Koalitionsfreiheit wird nach ganz überwiegender Meinung ebenfalls durch Art. 9 Abs. 3 GG geschützt. Es muß also eine Abwägung dieser beiden Ziele vorgenommen werden. Auf der einen Seite kann eine Bevorzugung von Gewerkschaftsangehörigen dem Schutz und der freien Betätigungsmöglichkeit der Gewerkschaft dienen. Dürfen aber bestimmte Leistungen nur an Gewerkschaftsmitglieder erbracht werden, ist das auf der anderen Seite natürlich ein wirtschaftlicher Druck auf den Arbeitnehmer, dieser Gewerkschaft beizutreten. Das Bundesverfassungsgericht hat diese Frage noch nicht entschieden. Bisher liegt nur die Entscheidung des Großen Senats des Bundesarbeitsgerichts vom 29. 11. 1967 (AP Nr. 13 zu Art. 9 GG) vor, nach der solche Differenzierungen zugunsten von Gewerkschaftsangehörigen über ein nur an diese zu zahlendes Urlaubsentgelt unzulässig sind. Folgt man dieser Auffassung, ist auch dieses Tarifziel unzulässig, und die einstweilige Verfügung wäre in vollem Umfang zu erlassen.

Ob die einstweilige Verfügung durch den Vorsitzenden allein mit Beschluß oder durch Urteil nach mündlicher Verhandlung vor der Kammer erlassen wird, ist eine Frage der Zweckmäßigkeit, weil eine Eilbedürftigkeit angesichts der kurzen Frist von Freitag bis Montag ohne weiteres anzunehmen ist. Trotzdem könnte mit mündlicher Verhandlung entschieden werden, was sich in so schwerwiegenden Fällen stets empfiehlt, sofern nur irgendwie die Zeit dafür ausreicht. Da es zulässig ist, die Einlassungs- und Ladungsfristen abzukürzen oder darauf zu verzichten, könnte noch am Tage des Einganges des Antrages mündlich verhandelt werden, wenn die Parteien zu der Verhandlung erscheinen, was bei so wichtigen Fragen wie dem Verbot eines Streiks stets zu erwarten ist.

Betriebsrisiko

Kiel, den 30. 8. 1969

Klage der kaufmännischen Angestellten

1. *Paul Heinrich*
2. *Erwin Kalt*
3. *Friedrich Einig*
4. *Herbert Mäßig*
5. *August Born*, alle Kiel, Husumer Weg 75—77

Prozeßbevollmächtigter Rechtsschutzsekretär *Dieter Rieger*, DAG, Kiel

gegen

die Fa. *Heinrich August Ueppig* AG, Kiel, Uferstr. 9 wegen Lohnzahlung.

Ich werde beantragen, 1. die Beklagte zu verurteilen,

an den Kläger zu 1 650,— DM
„ „ „ „ 2 700,— DM
„ „ „ „ 3 500,— DM
„ „ „ „ 4 555,— DM
und „ „ „ „ 5 475,— DM zu zahlen.

2. Die Beklagte hat die Kosten des Rechtsstreits zu tragen.

Die Industrie-Gewerkschaft Metall im DGB hat in der Zeit vom 1. 6. bis 30. 6. 1969 nach Ablauf des Tarifvertrages für die Arbeiter in der Metallindustrie den Betrieb der Beklagten in

Kiel bestreikt. Die Arbeiter sind geschlossen dem Streikaufruf gefolgt. Hierdurch konnten die in der Betriebsaufsicht und der Lohnstelle tätigen Kläger nicht mehr beschäftigt werden, weil für sie keine Arbeit mehr anfiel. Sie wurden von der Beklagten ab 5. Juni ohne Bezüge beurlaubt und erst ab 1. 7. 1969 wieder beschäftigt. Die Kläger waren am Streik nicht beteiligt. Mit der Deutschen Angestelltengewerkschaft ist ein ab 1. 6. 1969 geltender neuer Angestelltentarif geschlossen worden, so daß sich die Angestellten gar nicht am Streik beteiligen konnten, weil Friedenspflicht bestand. Wenn die Beklagte einen Streik durch ihre unnachgiebige Haltung gegenüber den Arbeitern heraufbeschwört, muß sie die Folgen dafür tragen, daß sie die Kläger nicht weiterbeschäftigen kann. Die Kläger haben sämtlich ihre Arbeitskraft angeboten. Die Beklagte ist demzufolge in Annahmeverzug geraten und muß den Klägern den Lohnausfall in der Zeit der Beurlaubung ersetzen, der in der eingeklagten Höhe eingetreten ist.

Wenn der Arbeitgeber von den angebotenen Diensten des Arbeitnehmers keinen Gebrauch machen kann, gerät er nach § 615 BGB in Annahmeverzug und muß den Lohn fortzahlen, auch wenn die Verhinderung noch so lange dauert. Verschulden der Nichtannahme auf seiten des Arbeitgebers ist keine Voraussetzung für den Annahmeverzug. Jedoch schließt die Unmöglichkeit der Annahme den Annahmeverzug aus (BAG, Großen Senat vom 26. 4. 1956 — AP Nr. 5 zu § 9 MuSchG). Unmöglichkeit der Leistung und Annahmeverzug sind unvereinbar und können nicht nebeneinander bestehen. Im Einzelfall kann aber die Abgrenzung zwischen Unmöglichkeit und Annahmeverzug Schwierigkeiten bereiten. Das gilt vor allem für das sog. „Betriebsrisiko", auf dem Gebiet des Arbeitsrechts vorkommende Grenzfälle, in denen eine schematische Einordnung nach § 323 oder § 615 BGB zu groben Unbilligkeiten führen kann. Vom Betriebsrisiko spricht man immer dann, wenn ohne Verschulden des Arbeitgebers oder Arbeitnehmers eine gänzliche oder teilweise Stillegung, Einschränkung oder Störung des Betriebes eintritt und deshalb keine Arbeit geleistet werden kann. Diejenigen Fälle, in denen den Arbeitgeber oder den Arbeitnehmer ein Verschulden an dem Arbeitsausfall trifft, scheiden aus. Sie regeln sich nach §§ 324, 325 BGB. Früher nahmen die einen Annahmeverzug oder Schuldnerverzug, andere aber Unmöglichkeit an. Schließlich löste sich die arbeitsrechtliche Rechtsprechung und Lehre völlig von diesen Regeln des BGB für die Lösung des Betriebsrisikos. Grundlegend war die Entscheidung des Reichsgerichts vom 6. 2. 1923 (RGZ 106, 272ff.), das im Falle des Teilstreiks entschied, die Lösung müsse dem Gedanken der sozialen Arbeits- und Betriebsgemeinschaft zwischen Arbeitgeber und Arbeitnehmer entnommen werden. Das Reichsarbeitsgericht hat dann in der Entscheidung vom 20. 6. 1928 (ArbRSamml. Bd. 3 S. 116) die endgültige Trennung von den Bestimmungen des BGB vollzogen und anerkannt, daß diese Frage aus dem BGB nicht gelöst werden könne, sondern eine Lücke im Gesetz besteht. Aus allgemeinen Rechtsgedanken heraus müsse derjenige die Folgen des Betriebsrisikos tragen, der die Ereignisse zu vertreten hat. Diese „Sphärentheorie" ist im wesentlichen beibehalten worden. In der Zeit vor 1945 wurde zwar das Führerprinzip stärker betont, im Ergebnis aber behielt man die bisherigen Grundsätze bei. Nach 1945 waren die Anlässe zu Entscheidungen durch Strom- und Kohlenmangel besonders häufig. Durch die starke Gefährdung des Bestandes der Unternehmen wurden häufig die Arbeitnehmer am Betriebsrisiko stärker beteiligt. Das Bundesarbeitsgericht hat ausdrücklich an die Rechtsprechung des RG und RAG angeknüpft, sie bestätigt und weiterentwickelt (BAG, AP Nr. 2, 3, 4, 14, 15 zu § 615 BGB Betriebsrisiko). Daraus lassen sich folgende Grundsätze entwickeln:

1. Das Problem des Betriebsrisikos trifft nur Fälle, in denen weder den Arbeitgeber noch den Arbeitnehmer ein Verschulden trifft. Die Regeln des BGB sehen hierfür keine Bestimmungen vor, sondern enthalten eine Lücke.
2. Der Arbeitgeber trägt die Verantwortung für die Führung des Betriebes. Er bezieht die Erträge und muß grundsätzlich dafür eintreten, daß der Betriebs-

organismus in Funktion bleibt und die Arbeitsmittel zur Verfügung stehen, damit der Arbeitnehmer Lohn erzielen kann.

3. Dieses Grundprinzip findet keine Anwendung, wenn die Nichtbeschäftigung auf das Verhalten der Arbeitnehmer zurückzuführen ist.
4. Ausnahmen, die auch zu einer Verteilung des Betriebsrisikos führen können, gelten dann, wenn die Ereignisse nicht nur die Führung des Betriebes betreffen, sondern den Bestand des Betriebes beeinträchtigen.

Bei Stromausfall wurde dementsprechend in der Regel der Lohnanspruch der Arbeitnehmer bejaht (RAG ArbRSamml 4, 131; 5, 34; 7, 305; 8, 413; 10, 437; a. A. 5, 38 vgl. aber die Anm. von Hueck). Nach dem Krieg wurde dagegen das Betriebsrisiko auch geteilt (LAG Hamburg, BB 1947, 410). So wurde auch das Kriegsrisiko verteilt (LAG Hamburg, RdA 1948, 144; LAG Düsseldorf, BB 1948, 190).

Maschinenschäden und Kohlenmangel wurden der Sphäre des Arbeitgebers zugerechnet (RAG ArbRSamml. 4, 149; 5, 41, 366; 7, 415; 8, 260, 407; 10, 523; 15, 350), ebenso Naturereignisse (RAG ArbRSamml 3, 119; 5, 110; 10, 150). Der Lohnanspruch wurde weiter zuerkannt bei Verweigerung des Zutritts zur Arbeitsstätte durch Dritte (RAG ArbRSamml. 3, 178), bei kurzfristigem Rohstoffmangel (RAG ArbRSamml. 14, 363), bei Inventuraufnahme (RAG ArbRSamml 7, 137; BAG vom 7. 12. 1962 — AP Nr. 14 zu § 615 BGB Betriebsrisiko), bei Arbeitsverhinderung durch behördliche Anordnung (RAG ArbRSamml. 23, 219; BAG vom 30. 5. 1963 — AP Nr. 15 zu § 615 BGB Betriebsrisiko). Dagegen hat das BAG für die Dauer regelmäßiger Überholpausen Unmöglichkeit angenommen und den Lohnanspruch verneint (AP Nr. 2 zu § 611 BGB Lohnanspruch).

Der Hauptfall, in dem die Arbeitnehmer das Betriebsrisiko zu tragen haben, ist der Streik. Tritt infolge eines Streiks in einem anderen Betrieb eine Betriebsstörung ein oder kann ein Betrieb wegen eines Teilstreiks nicht arbeiten, fällt die Störung in die Sphäre der Arbeitnehmer. Das gilt nicht nur bei einem gewerkschaftlichen Streik, weil die Arbeitnehmer in einem Solidaritätsverhältnis stehen und in Gewerkschaften über den einzelnen Betrieb hinaus organisiert sind, sondern auch beim wilden Streik. Der Grundsatz der Kampfparität verlangt, den Kampfgegner nicht mit dem Risiko des Arbeitskampfes zu belasten. Sonst könnte gerade beim Teilstreik durch gezielte Maßnahmen praktisch das gesamte Risiko auf den Arbeitgeber abgewälzt werden. Würde man beim wilden Streik davon ausgehen, daß ein Solidaritätsgefühl und die Klammer des Berufsverbandes fehlen, würde dies zu wilden Streiks anreizen. Deshalb muß hier vor allem darauf abgestellt werden, daß die Ursachen der Betriebsstörung aus der Sphäre der Arbeitnehmer kommen. Das gilt auch im Verhältnis der Angestellten zu den Arbeitern. Selbst wenn die Angestellten den Forderungen der Arbeiter (etwa auf Gleichstellung mit den Angestellten) ablehnend gegenüber stehen, gehören doch die Angestellten der Arbeitnehmersphäre an und müssen das Risiko mittragen (BAG vom 24. 1. 1958 — AP Nr. 4 zu § 615 BGB Betriebsrisiko).

Voraussetzung muß immer sein, daß die Betriebsstörung infolge eines Kollektivaktes eintritt. Kommt es dadurch zum Arbeitsausfall, daß infolge der Unachtsamkeit eines Arbeitnehmers eine Maschine ausfällt oder durch den Unfall des Transport-LKW das Rohmaterial nicht rechtzeitig angeliefert wird, ist das ein Fall des unternehmerischen Risikos des Arbeitgebers. Für Ungeschicklichkeit oder schuldhaftes Handeln eines Kollegen brauchen die anderen Arbeitnehmer nicht einzustehen. Welchen Arbeitnehmer der Arbeitgeber einstellt, obliegt seiner Betriebsführung. Fehler fallen daher in seine Sphäre.

Der Arbeitgeber muß weiter das Risiko tragen, wenn die Betriebsstörung durch eine Aussperrung hervorgerufen wird. Sperrt der Arbeitgeber eines Zulieferbetriebes die Arbeitnehmer aus, muß in den betroffenen Lieferbetrieben der Arbeitgeber den Lohnausfall tragen. Das würde auch bei einer Sympathieaussperrung, nicht aber bei einer Abwehraussperrung gelten, weil diese durch Streik, also durch eine Arbeitnehmerhandlung hervorgerufen ist.

Der Arbeitgeber muß aber auch den Lohnausfall tragen, wenn der Streik durch sein eigenes rechtswidriges oder vertragswidriges Verhalten von ihm verschuldet worden ist. Das machen die Kläger auch hier geltend, wenn sie vortragen, die Beklagte habe den Streik heraufbeschworen. Eine bloß unnachgiebige Haltung reicht aber dazu nicht aus. Der Arbeitgeber kann ihm zu weit gehende Forderungen ablehnen (RGZ 106, 272; LAG Hannover AP 1954 Nr. 28).

Hier müssen die Angestellten für den Streik der Arbeitnehmer mit eintreten. Ihr Antrag ist zurückzuweisen.

Berufung, Gehaltsfortzahlung und Kündigung im Krankheitsfalle

Landesarbeitsgericht Bayern
— 6. Kammer —
6 Sa 110/70 N
1 Ca 242/70 C ArbG Bamberg

Verkündet am 27. Nov. 1970
Urkund
als Urkundsbeamter der Geschäftsstelle

Im Namen des Volkes!
Urteil
In dem Rechtsstreit
der Fa. Hammer und Co. Eisenwarengroßhandel, Bamberg, Unterstr. 3 Beklagte und Berufungsklägerin
Prozeßbevollmächtigter: Rechtsanwalt Dr. *Know*, Nürnberg, Oberer Markt 10
gegen
den kaufmännischen Angestellten *Johann Habermus*, Bamberg, Hintere Steige 10
Kläger und Berufungsbeklagter
Prozeßbevollmächtigter: Gewerkschaftssekretär *Lobesam*, Gewerkschaft Handel, Banken und Versicherungen, Bamberg, Kreisstr. 50

hat das Landesarbeitsgericht Bayern, Kammer Nürnberg, auf die mündliche Verhandlung vom 27. November 1970 durch den Landesarbeitsgerichtsdirektor Dr. Huber als Vorsitzenden und die Landesarbeitsrichter Küster und Frobel als Beisitzer für Recht erkannt:

Auf die Berufung der Beklagten wird das Urteil des Arbeitsgerichts Bamberg vom 26. Juni 1970 — 1 Ca 242/68 C — abgeändert. Die Beklagte wird verurteilt, an den Kläger 340,— DM brutto zu zahlen. Im übrigen werden die Klage und Berufung zurückgewiesen. Die Kosten des Rechtsstreits werden zu $^3/_4$ dem Kläger, zu $^1/_4$ der Beklagten auferlegt.

Streitwert: 680,— DM.

Berufungsverfahren in Arbeitssachen:

Das Verfahren vor dem Berufungsgericht zeichnet sich durch besondere Konzentration und Beschleunigung aus. Ein besonderes Güteverfahren gibt es in der Berufungsinstanz nicht. Nach Eingang von Berufung und Berufungsbegründung, die jeweils binnen einer Frist von 2 Wochen einzureichen sind, muß unverzüglich Termin zur mündlichen Verhandlung anberaumt werden. In diesem Termin wird in aller Regel sofort entschieden. Ausnahmen bestehen eigentlich nur in Fällen, in denen besondere Beweistermine erforderlich werden. Nach Möglichkeit werden aber eventuell notwendige Zeugen sofort zum Termin geladen. Dieser Konzentration dient die Vorschrift des § 67 ArbGG, nach der neue Tatsachen und Beweismittel vom Berufungskläger nur bis zum Ablauf der Berufungsbegründungsfrist und vom Berufungsbeklagten nur bis zum Schluß der ersten mündlichen Verhandlung vorgebracht werden können, soweit sie nach § 529 ZPO überhaupt noch zulässig sind. Auf Mängel des Verfahrens bei der Berufung der Arbeitsrichter kann die Berufung überhaupt nicht gestützt werden (§ 65 ArbGG), ebensowenig auf fehlende örtliche Zuständigkeit (§ 511a ZPO). Die fehlende sachliche Zuständigkeit kann die Berufung nur dann noch rügen, wenn sie in erster Instanz gerügt wurde (§ 528 ZPO). Eine Zurückverweisung wegen eines Verfahrensmangels ist unzulässig. Das Landesarbeitsgericht entscheidet also stets in der Sache selbst, auch wenn das Verfahren in erster Instanz fehlerhaft war. Ausnahme: In den Fällen der notwendigen Zurückverweisung des § 538 ZPO wird auch im arbeitsgerichtlichen Verfahren eine Zurückverweisung an die erste Instanz für zulässig angesehen, sie muß aber nicht erfolgen, sondern ist nur möglich, um den Parteien die Instanz nicht völlig zu nehmen. Deshalb wird auch in diesen Fällen regelmäßig in der Berufungsinstanz durcherkannt, wenn nur Rechtsfragen zur Erörterung stehen.

Vor dem Landesarbeitsgericht besteht Vertretungszwang (Ausnahme: Einspruch gegen ein Versäumnisurteil kann auch die Partei selbst schriftlich oder zu Protokoll der Geschäftsstelle einlegen: BAG Großer Senat vom 10. 7. 1957 — AP Nr. 5 zu § 64 ArbGG). Zur Vertretung sind alle bei einem deutschen Gericht zugelassenen Rechtsanwälte und Vertreter der Gewerkschaften und Arbeitgeberverbände für ihre Mitglieder berechtigt (§ 11 Abs. 2 ArbGG). Für die Förmlichkeiten von Berufung und Berufungsbegründung und für die Verlängerung der Fristen, vor allem der Berufungsbegründungsfrist, gelten die allgemeinen Regeln der ZPO.

Tatbestand

Der Kläger war vom 1. 4. 1966 bis zum 31. 3. 1970 bei der Beklagten als kaufmännischer Angestellter tätig und erhielt seit Mai 1969 ein Monatsgehalt von DM 680,— brutto. Der Kläger ist mehrfach krank gewesen und hat in folgenden Zeiten wegen Arbeitsunfähigkeit seine Tätigkeit nicht ausüben können:

vom 4. 1. bis 8. 2. 1969 wegen Lungenentzündung
vom 27. 4. bis 13. 5. 1969 wegen Nierenbeckenvereiterung
vom 6. 12. bis 15. 12. 1969 wegen Nierenkrankheit
vom 8. 1. 1968 bis 2. 2. 1970 wegen eines Unfalls beim Skilaufen
vom 28. 2. bis 30. 3. 1970 wegen Nieren- und Blasenkrankheit.

Am 28. Februar kündigte die Beklagte das Arbeitsverhältnis fristgerecht zum 31. März 1970. Die Beklagte zahlte dem Kläger das Gehalt nur bis zum 15. 3. 1970, indem für März 1970 nur die Hälfte der Vergütung in Höhe von 340,— DM brutto ausbezahlt wurde.

Mit seiner Klage vom 18. 3. 1970 hat der Kläger gegen die Kündigung vom 28. 2. 1970 Kündigungsschutzklage erhoben. Er hat die Auffassung vertreten, wegen seiner Krankheit könne er nicht entlassen werden, zudem treffe ihn die Kündigung besonders hart. Außerdem hat der Kläger Zahlung von 680,— DM brutto begehrt als Gehalt für die Zeit bis zum 15. April 1970. Ihm stehe für die Zeit seiner Erkrankung Gehaltsfortzahlung für die Dauer von 6 Wochen zu. Die Beklagte habe aber nur für 2 Wochen den Lohn fortgezahlt, so daß sie noch einen Monatslohn zu zahlen habe. Seine Krankheit habe bis zum 30. April 1970 fortgedauert.

Der Kläger hat beantragt,

1. festzustellen, daß das Arbeitsverhältnis durch die Kündigung vom 28. 2. zum 31. 3. 1970 nicht aufgelöst ist,
2. die Beklagte zur Zahlung von 680,— DM brutto zu verurteilen.

Die Beklagte hat Klageabweisung beantragt.

Sie hat die Auffassung vertreten, daß die Kündigung des Klägers durch seine häufige und lange Erkrankung gerechtfertigt sei. Der Kläger sei als Lohnbuchhalter beschäftigt; durch die häufigen Ausfälle habe sie immer wieder Ersatzkräfte einstellen müssen oder andere Arbeiten verschieben müssen, was auf die Dauer nicht möglich sei. Der Kläger sei offensichtlich chronisch nierenkrank, mit einer endgültigen Ausheilung könne nicht gerechnet werden. Da der Kläger im Jahre 1970 bereits für die Dauer von 6 Wochen das Gehalt für seine Erkrankungen im Januar und März erhalten habe, könne er weitere Ansprüche nicht geltend machen.

Das Arbeitsgericht hat unter Abweisung der Klage im übrigen die Beklagte verurteilt, an den Kläger 680,— DM brutto zu zahlen. Es hat die Kündigungsschutzklage als unbegründet angesehen. Dagegen habe der Kläger Anspruch auf Lohnfortzahlung von 6 Wochen ab 28. 2. 1970, da die Erkrankung im Januar als Skiunfall mit der Nierenkrankheit nichts zu tun habe und deshalb einen neuen Anspruch auf Gehaltsfortzahlung auslöse. Dieser Anspruch werde durch

die Beendigung des Arbeitsverhältnisses nicht verkürzt. Im übrigen wird auf Tatbestand und Entscheidungsgründe des angefochtenen Urteils Bezug genommen.

Kündigung bei Krankheit:

Die Auffassung, während einer Krankheit dürfe der Arbeitnehmer nicht entlassen werden, ist weit verbreitet. Sie ist aber nicht zutreffend. Wie die früheren Vorschriften von § 72 Abs. 1 Ziff. 3 HGB; § 123 Abs. 1 Ziff. 8 und § 133c Abs. 1 Ziff. 4 GewO; § 82 Abs. 1 Ziff. 8 und § 89 Ziff. 5 Allg. Preuß. Berggesetz zeigten, konnte Krankheit sogar in bestimmten Fällen einen Grund zu fristloser Entlassung bilden, das galt vor allem für die langanhaltende oder ansteckende Krankheit. Das kann heute auch nach § 626 BGB der Fall sein. Die Kündigung ist deshalb zulässig und nicht schon deshalb sozialwidrig, weil sie während oder wegen der Krankheit ausgesprochen wurde. Nach dem Kündigungsschutzgesetz kann eine Krankheit dann ein Kündigungsgrund in der Person des Arbeitnehmers sein, wenn bei Abwägung aller Umstände die Kündigung billigenswert erscheint. Dazu wären im vorliegenden Fall nicht nur die Schwierigkeiten zu erörtern, die dem Arbeitgeber durch den häufigen Ausfall des Klägers entstehen, sondern auch die sozialen Belange des Klägers zu berücksichtigen, auf sein Alter Rücksicht zu nehmen, die Dauer der Betriebszugehörigkeit abzuwägen usf. Für diese Abwägung ist auf den Zeitpunkt der Kündigung abzustellen, so daß eine Kündigung dann ungerechtfertigt ist, wenn zu diesem Zeitpunkt der Arbeitnehmer ausgeheilt ist, ein Ende der Krankheit nahe bevorsteht oder keine Wiederholungsgefahr mehr besteht, mag auch der Arbeitnehmer in der Vergangenheit noch so oft und lange krank gewesen sein. Der Arbeitgeber muß sich nach dem voraussichtlichen Verlauf der Krankheit erkundigen (BAG vom 12. 3. 1968 — AP Nr. 1 zu § 1 KSchG Krankheit). In der Regel wird aber aus häufigen früheren Erkrankungen auf eine Wiederholungsgefahr geschlossen werden können. Hier hat sich der Kläger mit der Abweisung seines Kündigungsschutzantrages abgefunden, denn er hat nicht Berufung eingelegt — etwa, weil er von der Gewerkschaft darüber aufgeklärt wurde, daß seine Auffassung, er könne wegen Krankheit nicht entlassen werden, unhaltbar ist. Deshalb kann auch die Wiedergabe dieses Teiles des Rechtsstreits im Berufungsurteil ganz kurz sein und auf das Wesentliche beschränkt werden; z.B. können Alter, Familienstand und soziale Verhältnisse des Klägers, die in erster Instanz noch eine große Rolle spielen mußten, aus dem Tatbestand ebenso weggelassen werden wie die Zulässigkeit einer Kündigung mit Monatsfrist; denn die Kündigung eines Angestellten mit dieser Frist ist nur zulässig, wenn das besonders vereinbart wurde (früher §§ 66, 67 HGO, jetzt § 622 Abs. 1 BGB). An sich sollten die Gründe des arbeitsgerichtlichen Urteils im Tatbestand des Berufungsurteils wiedergegeben werden, weil daraus die Berufungsangriffe deutlicher werden. Da jedoch hier in erster Instanz in der Hauptsache zunächst um die Kündigung gerungen wurde, könnte auch eine Bezugnahme auf das erstinstanzliche Urteil genügen, wenn die beiderseitige Auffassung aus dem Tatbestand sonst klar hervorgeht. Keinesfalls aber sollte man in einem Berufungsurteil nur den in 2. Instanz vorgetragenen Stoff behandeln und im übrigen ganz auf das erstinstanzliche Verfahren Bezug nehmen. Auch ein Berufungsurteil muß aus sich heraus verständlich sein.

Gegen das am 10. Juli 1970 zugestellte Urteil hat die Beklagte durch ihren prozeßbevollmächtigten Rechtsanwalt am 24. Juli Berufung eingelegt und diese nach Verlängerung der Berufungsbegründungsfrist bis zu diesem Tage am 4. September begründet.

Die Berufungsbegründungsfrist kann im Berufungsverfahren beliebig verlängert werden. Eine Begrenzung der Zeit, um die verlängert werden darf, ist im Gegensatz zur Verlängerung der Revisionsbegründungsfrist nicht vorgesehen (für diese siehe § 74 Abs. 1 ArbGG). Auch eine wiederholte Verlängerung ist in der Berufungsinstanz zulässig, sie darf aber nach § 225 Abs. 2 ZPO nur nach Anhörung des Gegners bewilligt werden. Allgemein üblich ist es nicht, die Begründungsfrist wie hier fast um einen ganzen Monat zu verlängern; vielmehr wird meist nur eine Verlängerung um weitere 2 Wochen bewilligt, um dem Beschleunigungsgrundsatz Rechnung zu tragen. Wenn jedoch besondere Gründe, hier vor allem die Ferienzeit im August etwa mit Urlaubsabwesenheit geltend gemacht werden, so ist es Pflicht des Gerichts, hierauf — u. U. nach Verständigung mit dem Gegner — Rücksicht zu nehmen. Gerichtsferien gibt es im arbeitsgerichtlichen Verfahren nicht!

Sie vertritt die Auffassung, dem Kläger könne nur einmal für 6 Wochen ein Anspruch auf Lohnfortzahlung zustehen, wenn er so kurz hintereinander mehrfach erkranke. Sie habe dem Kläger bereits im Januar für 26 Tage das Gehalt weiterbezahlt. Länger als bis zum 15. März habe sie in keinem Fall zu zahlen. Selbst wenn man mit der Auffassung des Arbeitsgerichts darauf abstellen wolle, ob eine neue und andere Erkrankung vorliege, habe sie doch auch dem Kläger für seine Nierenkrankheit schon 6 Wochen den Lohn bezahlt, weil dem Kläger im April, Mai und Dezember 1969 ebenfalls für 26 Tage das Gehalt fortgezahlt wurde. Keinesfalls habe der Kläger Anspruch auf Lohn über den 31. März 1970 hinaus, da er zu diesem Zeitpunkt wirksam entlassen worden sei.

Die Beklagte beantragt, unter Abänderung des angefochtenen Urteils die Klage in vollem Umfang abzuweisen.

Der Kläger beantragt, die Berufung der Beklagten zurückzuweisen.

Er ist der Auffassung, daß ihm jedenfalls bis zum 15. April das volle Gehalt zustehe. Die im Dezember und Januar liegenden Krankheiten könnten nicht auf seinen Anspruch angerechnet werden, ihm ab 29. Dezember für die Dauer von 6 Wochen das Gehalt weiterzuzahlen. Denn es handele sich um zurückliegende, andere Krankheiten, die mit der Nieren- und Blasenkrankheit vom Februar nicht in Zusammenhang stünden. Diesen Anspruch auf Gehaltsfortzahlung behalte er auch, wenn er wegen der Krankheit entlassen worden sei.

Wegen der weiteren Einzelheiten des Parteivortrages wird auf den vorgetragenen Inhalt der Schriftsätze Bezug genommen.

Lohnfortzahlung im Krankheitsfall:
Kaufmännische Angestellte (Handlungsgehilfen, § 59 HGB) haben einen unabdingbaren Anspruch auf Gehalt und Unterhalt für die Dauer von 6 Wochen, wenn sie durch unverschuldetes Unglück an der Leistung der Dienste verhindert sind (§ 63 HGB). Dasselbe gilt für den Krankheitsfall nach § 616 Abs. 2 BGB für die Angestellten im Sinne des Angestelltenversicherungsgesetzes, die den allgemeinen Vorschriften des Dienstvertrages unterliegen. Für gewerbliche Angestellte bestimmt § 133 c GewO in der Fassung des 1. Arbeitsrechtsbereinigungsgesetzes vom 14. 8. 1969, daß sie bei unverschuldetem Unglück für die Dauer von 6 Wochen den Anspruch auf die vertragsmäßigen Leistungen auch dann behalten, wenn sie aus Anlaß der Dienstverhinderung entlassen werden. Es entspricht allgemeiner Lehre und Rechtsprechung, daß dieser Anspruch auf Gehaltsfortzahlung nicht nur in dem Falle gilt, in dem der Angestellte wegen der Krankheit bzw. des sonstigen unverschuldeten Unglücks entlassen wird, sondern daß nach § 133 c GewO der gewerbliche Angestellte für jeden Fall der Dienstverhinderung wegen eines unverschuldeten Unglücks den Anspruch auf sein Gehalt für die Dauer von 6 Wochen behält, also auch dann, wenn er deswegen nicht entlassen wird (Landmann-Rohmer, 12. Aufl. § 133c GewO Anm. 6; BAG vom 12. 9. 1967 — AP Nr. 27 zu § 133c GewO).

Für Arbeiter gilt eine Sonderregelung. Ihr Anspruch auf Lohnfortzahlung bei Krankheit für die Dauer von 6 Wochen richtet sich bis zum 31. 12. 1969 nach dem Gesetz zur Verbesserung der wirtschaftlichen Sicherung der Arbeiter im Krankheitsfalle vom 26. 6. 1957 i. d. F. vom 12. 7. 1961 (BGBl. I Sl 913). Danach haben die Arbeiter neben dem Anspruch gegen die Krankenkasse einen Anspruch auf Krankengeldzuschuß gegen den Arbeitgeber. Das sog. Arbeiterkrankheitsgesetz führte dazu, daß bei unverschuldeter Krankheit auch dem Arbeiter bis zur Dauer von

6 Wochen der volle Nettolohn weitergezahlt wurde. Ab 1. 1. 1970 gilt das Lohnfortzahlungsgesetz vom 27. 7. 1969 (BGBl. I S. 946), das auch den Arbeitern einen unabdingbaren Anspruch auf Fortzahlung des Lohnes für die Dauer von 6 Wochen bei Arbeitsverhinderung wegen Krankheit gewährt.

Die Probleme sind bei allen diesen verschiedenen gesetzlichen Regelungen gleich: Es muß sich um ein Unglück oder eine Krankheit handeln, die unverschuldet sind. Es kommt nicht darauf an, daß der Arbeitnehmer sich zur Leistung der Arbeit verschuldet unfähig macht und im Sinn von § 276 BGB seine Arbeitspflicht verletzt. Vielmehr muß davon ausgegangen werden, daß der Arbeitnehmer in der Art eines Verschuldens gegen sich selbst gröblich gegen das von einem verständigen Arbeitnehmer im eigenen Interesse zu erwartenden Verhalten verstoßen haben muß, wenn ein Verschulden angenommen werden soll (z.B. Hueck-Nipperdey, Lehrbuch des Arbeitsrechts 7. Aufl. Bd. I S. 331f.; Nikisch, Lehrbuch des Arbeitsrechts 3. Aufl. Bd. I S. 614; Staudinger-Nipperdey-Mohnen § 616 BGB Anm. 13ff.; Landmann-Rohmer, 12. Aufl. S. 133c Anm. 19ff.). Ein Unfall ist daher verschuldet bei schwerem Verstoß gegen die Verkehrsregeln (BAG vom 5. 4. 1962, AP Nr. 28 zu § 63 HGB), bei verbotswidriger Benutzung einer Kreissäge (BAG vom 25. 6. 1964, AP Nr. 38 zu § 1 ArbKrankhG). Ein Sportunfall wird dann als verschuldet angesehen, wenn der Arbeitnehmer nicht nach den Regeln eines vernünftigen Sportbetriebes vorging (vgl. BAG vom 30. 5. 1958, AP Nr. 5 zu § 63 HGB für Oberligafußballspieler).

Der Anspruch beginnt mit dem Eintritt des Unglücks, auch wenn zu dieser Zeit das Arbeitsverhältnis noch nicht begonnen hatte. Erkrankt der Angestellte vor Dienstantritt, hat er den Lohnzahlungsanspruch noch für die Dauer, die in den Zeitraum von 6 Wochen nach Beginn des Unglücks fällt (sehr streitig!). Für eine Verhinderung der Arbeitsleistung aus anderen Gründen (z.B. Mutterschutz, Wehrdienst), soll die 6-Wochenfrist erst mit Wegfall der anderen Behinderung zu laufen beginnen (streitig, so aber BAG vom 26. 8. 1960, 3. 3. 1961 — AP Nr. 20, 27 zu § 63 HGB). Trifft den Arbeitnehmer während der 6-wöchentlichen Lohnfortzahlung ein neues Unglück (erste Krankheit: Grippe, nach 4 Wochen zusätzlich Beinbruch), dann beginnt mit dem neuen Unglück kein neuer Anspruch auf Lohnfortzahlung zu laufen, sondern wird das Gehalt nur für insgesamt 6 Wochen gezahlt (nicht also für 10 Wochen im genannten Beispiel, BAG vom 12. 9. 1967 — AP Nr. 27 zu § 133c GewO). Sonst löst aber jedes neue Unglück einen neuen Lohnfortzahlungsanspruch aus. Deshalb hat der Arbeitnehmer dann einen neuen Anspruch auf Lohnfortzahlung, wenn er an einer anderen Krankheit erkrankt, nachdem er vom Arzt gesundgeschrieben worden ist (BAG vom 11. 10. 1966 — AP Nr. 41 zu § 1 ArbKrankhG). Darauf, daß die Arbeit zwischenzeitlich — wenn auch nur für kurze Zeit — wieder aufgenommen werden müßte, kommt es nicht an.

Für den Fall der wiederholten Erkrankung am gleichen Leiden gilt folgendes: Da jede Krankheit nur einen Anspruch auf Lohnfortzahlung für die Dauer von 6 Wochen auslöst, kommt es darauf an, ob die wiederholte Krankheit als eine oder verschiedene Krankheiten angesehen wird. Das ist nicht rein medizinisch, sondern arbeitsrechtlich zu betrachten. Die Rechtsprechung hat dazu feste Grundsätze entwickelt und klargestellt, daß bei einer neuen Arbeitsunfähigkeit wegen desselben medizinisch nicht ausgeheilten Grundleidens dann ein neuer Anspruch auf Gehaltsfortzahlung entsteht, wenn der Arbeitnehmer in der Zwischenzeit wenigstens 6 Monate wieder voll gearbeitet hat. Dann war der Arbeitnehmer für den Arbeitsprozeß wieder als gesund anzusehen und für den Arbeitgeber über einen Zeitraum tätig, der zum Erwerb und Wiederwerb ähnlicher Ansprüche ausreicht (BAG vom 7. 5. 1956, 6. 5. 1965, 2. 6. 1966 — AP Nr. 2, 29, 30 zu § 63 HGB; vom 23. 6. 1960 — AP Nr. 23 zu § 1 ArbKrankhG). Eine entsprechende Regelung trifft heute § 1 Abs. 1 Lohnfortzahlungsgesetz vom 27. 7. 1969 für die Wiederholungskrankheit von Arbeitern ausdrücklich.

Der Anspruch auf Lohnfortzahlung für die Dauer von 6 Wochen wird durch eine Kündigung wegen der Krankheit nicht berührt. Trotz der Beendigung bleibt dann der Anspruch auch über das Ende des Arbeitsverhältnisses hinaus bestehen. § 6 LohnfortzahlungsG sagt das ausdrücklich. In § 133c GewO und § 63 HGB wird diese Rechtsfolge für den Fall einer Kündigung wegen der Krankheit ebenfalls festgelegt. Nur wenn die Kündigung aus anderen Gründen erfolgt (z.B. wegen Diebstahls, Untreue, Sachbeschädigung, Beleidigung), entfällt auch der Anspruch auf Lohnfortzahlung. Hier machte es also nichts aus, daß der Kläger zum 31. 3. 1970 entlassen wurde. Er hätte trotzdem den Anspruch für die Dauer von 6 Wochen bis in den April 1970 hinein, wenn er nicht schon an derselben Krankheit erkrankt wäre.

Nach diesen Grundsätzen braucht sich der Kläger hier nicht die Krankheit im Januar anrechnen zu lassen, weil der Skiunfall mit der Nierenkrankheit nichts zu tun hat. Auch die Erkrankung im April und Mai 1969 bleibt ohne Berücksichtigung, denn der Kläger hatte bis zum Dezember mehr als 6 Monate voll gearbeitet. Dagegen muß die Nierenkrankheit aus Dezember als dieselbe Krankheit angesehen werden, die trotz der zwischenzeitlichen anderen Erkrankung wegen des Skiunfalls nur einen einheitlichen Lohnfortzahlungsanspruch auslöst. Im Dezember war der Kläger 10 Tage krank. Also steht ihm noch Gehaltszahlung für 42 minus 10 = 32 Tage zu. Das ist aber die Zeit vom 28. Februar bis 31. März, so daß der Kläger noch das volle Märzgehalt, nehr aber auch micht zu bekommen hat.

Im Urteil könnte man das in den Entscheidungsgründen wie folgt darstellen:

Entscheidungsgründe

Der dem Streitwert nach statthaften, form- und fristgerecht eingelegten und begründeten Berufung war zum Teil stattzugeben.

Dem Kläger steht die in der Berufungsinstanz allein noch streitige Gehaltsfortzahlung bis zum 31. März 1970 zu. Als kaufmännischer Angestellter hat der Kläger Anspruch auf Weiterzahlung seiner Vergütung für die Dauer von 6 Wochen, wenn er durch unverschuldetes Unglück an der Dienstleistung verhindert war (§ 63 HGB). Dabei kann hier davon ausgegangen werden, daß die verschiedenen Krankheiten des Klägers als solche unverschuldeten Unglücksfälle angesehen werden können. Für die Nieren- oder Blasenerkrankungen bedarf das keiner näheren Begründung, denn eine Krankheit trifft den Arbeitnehmer jedenfalls dann unverschuldet, wenn sie nicht gerade mutwillig herbeigeführt wurde. Dafür ist nichts vorgetragen. Aber auch der Skiunfall ist nicht verschuldet. Denn es kommt insoweit nicht darauf an, ob der Kläger beim Skilaufen fahrlässig gehandelt und somit die im Verkehr beim Skifahren erforderliche Sorgfalt außer Acht gelassen hat. Denn maßgeblich ist allein die Frage, ob der Arbeitnehmer in unvernünftigem Maße in Art eines Verschuldens gegen sich selbst handelte, als er am Skilauf teilnahm und dabei verunglückte. Das ist nicht der Fall; das Skilaufen dient heute als anerkannte Art der Erholung im Winter und ist nicht etwa ein besonders gefährlicher Sport. Der Kläger hat auch nicht an Rennen teilgenommen, sondern sich verletzt bei normaler Ausübung nach allgemeinen sportlichen Regeln. Dann ist aber das Unglück unverschuldet (ebenso LAG Stuttgart — AP Nr. 1 zu § 63 HGB für Knöchelbruch beim Skilauf).

Zu Recht geht auch das Arbeitsgericht davon aus, daß dem Kläger der Anspruch auf Gehaltsfortzahlung für die Zeit vom 8. 1. bis 2. 2. 1970 selbständig neben anderen Lohnfortzahlungsansprüchen zusteht, denn der Anspruch aus § 63 HGB erwächst dem Arbeitnehmer für jedes unverschuldete Unglück neu. Entgegen der Auffassung der Beklagten ist die Weiterzahlung der Bezüge nicht an einen bestimmten Zeitabschnitt gebunden, sondern hängt allein davon ab, ob ein neues, anderes Unglück eintritt. Das ist aber im Verhältnis des Skiunfalls zu der Nierenerkrankung des Klägers ab 28. 2. 1970 gegeben. Für dieses neue Unglück muß dem Kläger erneut das Gehalt für die Höchstdauer von 6 Wochen weitergezahlt werden.

Der Kläger war aber bereits des öfteren an einem Nierenleiden krank und deshalb arbeitsunfähig. Es ist deshalb davon auszugehen, daß hier ein Grundleiden vorliegt, an dem der Kläger mehrfach akut erkrankt ist. Deshalb kann dem Kläger der Anspruch auf Gehalt nur für die Zeit bis zum 31. 3. 1970 zuerkannt werden. Der Kläger muß sich auf den Anspruch auf Gehaltsfortzahlung für die Dauer von 6 Wochen ab 28. 2. 1970 die Zeit anrechnen lassen, in der er für dieselbe Erkrankung in der Zeit vom 6. 12. bis 15. 12. 1969 sein Gehalt bezogen hat. Wenn auch ab 28. 2. 1970 eine Blasenkrankheit hinzutrat, ist doch das eigentliche Grundleiden die Nierenkrankheit, an der der Kläger schon längere Zeit litt. Wegen dieser Krankheit war der Kläger auch arbeitsunfähig ab 28. 2. 1970. Die beiden Erkrankungen im Dezember 1969 und ab Februar 1970 müssen deshalb als ein Unglück im Sinne des § 63 HGB angesehen werden, für das nur einmal der Anspruch auf Lohnfortzahlung für die Dauer von 6 Wochen erwächst. Das gilt auch mit Rücksicht darauf, daß der Kläger zwischenzeitlich wieder gearbeitet hat, sogar zum Skilaufen ging und dabei einen Unfall erlitt. Denn bei wiederholter Erkrankung am selben Grundleiden erwächst nur dann ein neuer Anspruch auf Lohnfortzahlung für die volle Dauer von 6 Wochen, wenn dazwischen wenigstens 6 Monate liegen, in denen der Arbeitnehmer voll arbeitete (Bezug auf BAG AP Nr. 2, 29, 30 zu § 63 HGB mit näherer Begründung wie oben). Da der Kläger zwischen dem 13. 5. und 6. 12. 1969 länger als 6 Monate arbeitsfähig war, konnte ihm die Nierenkrankheit bis zum Mai 1969 entgegen der Auffassung der Beklagten nicht auf seinen Anspruch auf Lohnfortzahlung ab Februar 1970 angerechnet werden, wohl aber war die Zeit der Arbeitsunfähigkeit im Dezember einzubeziehen. Damit reicht die Zeit von 6 Wochen aber nur bis zum 31. 3. 1970, so daß unter entsprechender Abänderung des angefochtenen Urteils dem Kläger das Gehalt bis zu diesem Zeitpunkt zuzusprechen, im übrigen aber die Klage wie die Berufung zurückzuweisen waren.

Die Kosten waren nach dem Verhältnis des Obsiegens und Unterliegens der Parteien in beiden Instanzen nach § 92 ZPO zu verteilen.

Beschlußverfahren

Essen, den 29. 11. 1969

An das
Arbeitsgericht Essen

Antrag

des Betriebsrates der Konsumgenossenschaft 1880 eGmbH — Prozeßbevollmächtigter: Gewerkschaftssekretär *Freilich*, DGB Essen

gegen

die Konsumgenossenschaft 1880 eGmbH, vertreten durch den Vorstand, Essen, Obere Mauer 20.

Ich werde beantragen

festzustellen, daß die Antragsgegnerin verpflichtet ist, einen Aufsichtsrat zu bilden, der zu einem Drittel aus Vertretern der Arbeitnehmer besteht.

Es handelt sich um einen Antrag im Beschlußverfahren nach § 82 BetrVG bzw. § 2 Ziff. 4 ArbGG. Das Beschlußverfahren ist ein selbständiges Verfahren neben dem Urteilsverfahren. Es hat eine etwas merkwürdige Stellung. Als besonderer Verfahrensteil ist es im Arbeitsgerichtsgesetz (§§ 80ff.) geregelt. Es weicht in wichtigen Teilen vom Urteilsverfahren erheblich ab, insbesondere ist es vom Offizialprinzip beherrscht. Aus diesem Grunde wurde das Beschlußverfahren teilweise als Verwaltungsstreitverfahren angesehen (Dietz-Nikisch, vor § 80 ArbGG Anm. 5ff.). Diese Auffassung könnte dadurch bestärkt werden, daß für Streitigkeiten aus dem Personalvertretungsrecht die Verwaltungsgerichte in einem besonderen Beschlußverfahren entscheiden (§§ 76, 77 PersVG). Die Verwaltungsgerichte verfahren aber im Beschlußverfahren nach den Vorschriften des Arbeitsgerichtsgesetzes. Diese Sonderregelung wird nur dann verständlich, wenn man davon ausgeht, daß das Beschlußverfahren der Arbeitsgerichte Zivilgerichtsbarkeit ist. Als solche muß es auch schon deshalb angesehen werden, weil im Beschlußverfahren ausschließlich über betriebsverfassungsrechtliche Streitigkeiten sowie über die Tariffähigkeit von Verbänden entschieden wird und beide Rechtsgebiete nach weitaus herrschender Meinung dem Privatrecht zuzurechnen sind. Selbst wenn man die Betriebsräte als öffentlich-rechtliche Einrichtungen ansehen wollte, bliebe der Charakter der Gerichte für Arbeitssachen der einer Zivilgerichtsbarkeit, welcher auch öffentlich-rechtliche Streitigkeiten in einem Zivilverfahren zugewiesen sind. Die Arbeitsgerichte sind schon ihrer ganzen Entwicklung nach, insbesondere aber im Hinblick auf die Verweisungsmöglichkeit nach § 276 ZPO (§ 48 ArbGG) Teile der Zivilgerichtsbarkeit. Man hat dementsprechend das Beschlußverfahren auch mit der freiwilligen Gerichtsbarkeit verglichen. Daran ist jedenfalls so viel richtig, als damit zum Ausdruck kommt, daß hier ein besonderer Verfahrensteil vorliegt. Er muß aber mehr der streitigen als der freiwilligen Gerichtsbarkeit zugerechnet werden, insbesondere finden die Vorschriften des FGG auch nicht subsidiär Anwendung.

Urteilsverfahren und Beschlußverfahren schließen einander aus (BAG AP Nr. 46 zu § 2 ArbGG; Nr. 1 zu § 2 ArbGG 1953 Betriebsverfassungsstreit). In allen Fällen, in denen das Beschlußverfahren zum Ziele führt und der Beschluß einer Vollstreckung fähig ist (§ 86 ArbGG), kann das Urteilsverfahren keine Anwendung finden. Das hindert aber nicht eine Vorentscheidung von Fragen des Beschlußverfahrens in einem Urteilsverfahren. Nach § 37 BetrVG haben z. B. die Betriebsratsmitglieder Anspruch auf die für die Ausführung ihres Amtes notwendige Freizeit. Der Arbeitgeber ist nicht berechtigt, wegen hierdurch eintretender Arbeitsversäumnis den Lohn zu kürzen. Geschieht dies trotzdem, muß das Betriebsratsmitglied seinen Lohn als Anspruch aus dem Arbeitsverhältnis im Urteilsverfahren einklagen. Dabei wird inzidenter die Vorfrage entschieden, ob die Zeitversäumnis zur Ausübung des Amtes notwendig war (vgl. BAG AP Nr. 1 ff. zu § 37 BetrVG). Geht der Streit aber nur um die Notwendigkeit von Freizeit, etwa über eine teilweise oder völlige Freistellung von der Arbeit, ist diese Entscheidung im Beschlußverfahren über die Geschäftsführung des Betriebsrates zu entscheiden (§ 2 ArbGG Ziff. 4 Buchst. i). Wird später der Lohnanspruch für die Freizeit streitig, muß das Betriebsratsmitglied den Lohn im Urteilsverfahren einklagen, in dem die Entscheidung über die Notwendigkeit der Freizeit präjudiziell ist.

Das Beschlußverfahren ist für kollektivrechtliche Streitigkeiten aus dem Betriebsverfassungsgesetz vorgesehen. Der ursprünglich unvollständige Katalog in § 82 BetrVG ist mit Einführung des ArbGG 1953 erweitert worden. Er ist aber immer noch nicht ganz erschöpfend; auch wenn er vom Gesetzgeber so aufgefaßt wurde, bleibt er doch lückenhaft. Grundsätzlich sind alle betriebsverfassungsrechtlichen Streitigkeiten im Beschlußverfahren auszutragen. Ist eine Frage in dem Katalog in § 2 Ziff. 4 ArbGG nicht ausdrücklich erfaßt, muß sie trotzdem im Beschlußverfahren entschieden werden, weil die Besonderheiten dieses Verfahrens eine spezielle, schnelle, bessere und billigere Entscheidung gewährleisten (BAG AP Nr. 46 zu § 2 ArbGG für den Fall der Herausgabe von Betriebsratsakten); anders aber beim Streit über eine Betriebsratskasse, für den das Beschlußverfahren nicht zulässig ist (vgl. AP Nr. 2 zu § 82 BetrVG und BAG AP Nr. 1 zu § 2 ArbGG 1953 Betriebsverfassungsstreit). Das besondere Beschlußverfahren über die Tariffähigkeit von Vereinigungen ist in § 97 ArbGG geregelt. Damit sind aber nicht alle Kollektivstreitigkeiten im Beschlußverfahren auszutragen. Vielmehr gilt für Streitigkeiten zwischen Tarifparteien aus Tarifverträgen und über Arbeitskämpfe und Koalitionsrecht das Urteilsverfahren nach § 2 Abs. 1 Ziff. 1 ArbGG. Zu beachten ist, daß bei einem Teil von Kollektivstreitigkeiten das Arbeitsgericht mit je 2 Beisitzern der Arbeitgeber- und Arbeitnehmerseite zu besetzen ist, also in einer Besetzung von 5 Richtern entscheidet (§ 16 Abs. 2 ArbGG, für die 2. Instanz gilt diese Vorschrift entsprechend, § 35 ArbGG).

Eingeleitet wird das Beschlußverfahren auf Antrag (§ 81 ArbGG). Die Zuständigkeit richtet sich nach dem Betriebssitz (§ 82 ArbGG). Bei Streitigkeiten, die das Unternehmen betreffen, ist der Sitz des Unternehmens maßgeblich. Die Verweisung an das zuständige Gericht richtet sich auch hier nach § 276 ZPO.

Im Beschlußverfahren gibt es keine eigentlichen Parteien, sondern nur Beteiligte. In bestimmten Fällen, z.B. bei der Einsetzung eines Wahlvorstandes nach § 16 BetrVG, richtet sich der Antrag auch gar nicht gegen einen Streitgegner. Wenn hier ein Antragsgegner genannt ist, wird damit der Streitpartner gemeint. Das enthebt aber das Gericht nicht der Prüfung, welche Organe noch beteiligt sind. Im Streit um die Aufsichtsratsbildung sind zunächst Betriebsrat und Unternehmen Beteiligte. Geht der Streit um die Beteiligung der Arbeitnehmer an einem bestehenden Aufsichtsrat, ist auch dieser beteiligt. Schließlich müssen alle sonstigen Betriebsräte von unternehmenszugehörigen Betrieben als Beteiligte angesehen werden (BAG AP Nr. 7 zu § 92 ArbGG). Aus dieser Interessenstellung heraus ist auch § 10 ArbGG zu verstehen, nach dem alle nach dem Betriebsverfassungsgesetz beteiligten Stellen und Personen parteifähig sind. Sowohl der Betriebsrat als auch der Wahlvorstand, der Gesamtbetriebsrat, die Jugendvertretung oder tarifliche Sondervertretungen können danach am Beschlußverfahren Beteiligte sein. Schwierigkeiten bereitet dabei die Vertretung solcher „Stellen". Nach § 11 ArbGG können die Gewerkschaften nur ihre Mitglieder vertreten. Der Betriebsrat oder der Wahlvorstand können aber nicht Mitglied der Gewerkschaft sein. Man hält die Vertretungsbefugnis dann für gegeben, wenn wenigstens ein Mitglied des Betriebsrates usw. der Gewerkschaft angehört (BAG AP Nr. 7 zu § 11 ArbGG).

Der Antragsteller ist Betriebsrat der Antragsgegnerin. Die Antragsgegnerin ist eine große Konsumgenossenschaft, die nicht nur in Essen, sondern auch in der Umgebung zahlreiche Filialen, Einkaufszentren sowie Großlager betreibt und selbst den Einkauf besorgt. Nach der Aufstellung zum 1. 11. 1969 sind in den Betrieben in Essen 350 Arbeitnehmer tätig. In den Filialen einschließlich der Lagerstätten in Gelsenkirchen arbeiten weitere 103 Arbeitnehmer, in Mülheim/Ruhr 34 und in Kettwig 28 Arbeitnehmer. Damit sind insgesamt 515, also mehr als 500 Arbeitnehmer bei der Antragsgegnerin beschäftigt. Der Aufsichtsrat der Antragsgegnerin muß demnach zu einem Drittel aus Vertretern der Arbeitnehmer bestehen (§§ 77 Abs. 3 mit 76 BetrVG). Da die Antragsgegnerin sich dem trotz wiederholter Vorstellungen widersetzt, ist eine entsprechende Feststellung durch das Gericht erforderlich.

Der Antrag entspricht § 2 Abs. 1 Ziff. 4 Buchst. o ArbGG bzw. § 82 Abs. 1 Buchst. o BetrVG, wonach das Arbeitsgericht im Beschlußverfahren darüber entscheidet, ob Vertreter der Arbeitnehmer in den Aufsichtsrat von Erwerbs- und Wirtschaftsgenossenschaften zu wählen sind. Nach Änderung dieser Vorschriften durch das Einführungsgesetz zum Aktiengesetz vom 6. 9. 1965 (BGBl. I S. 1089) sind die Arbeitsgerichte nur noch für diese Feststellung zuständig. Soweit streitig ist, ob Aktiengesellschaften oder andere Gesellschaften (GmbH, Versicherungsverein) nach §§ 76, 77 BetrVG den Aufsichtsrat mit Vertretern von Arbeitnehmern zu besetzen haben, entscheidet hierüber nicht mehr das Arbeitsgericht, sondern allein das zuständige Landgericht (§ 98 AktG). Damit sind die Kompetenzen über den Aufsichtsrat von Kapitalgesellschaften eindeutig abgegrenzt: Über die Art der Zusammensetzung entscheiden jetzt generell die ordentlichen Gerichte, mit Ausnahme für die Erwerbs- und Wirtschaftsgenossenschaften. Über die Streitigkeiten bei der Wahl der Arbeitnehmervertreter zum Aufsichtsrat und bei der Abstimmung über einen Widerruf ihrer Bestellung entscheiden jedoch stets die Gerichte für Arbeitssachen (§ 2 Abs. 1 Ziff. 4 Buchst. p, q ArbGG, § 82 Abs. 1 Buchst. p, q BetrVG).

Ob Arbeitnehmer am Aufsichtsrat von Genossenschaften zu beteiligen sind, bestimmt sich nach § 77 Abs. 3 BetrVG danach, ob mehr als 500 Arbeitnehmer bei ihnen beschäftigt sind. Das Gesetz sagt (ebenso wie in § 76 Abs. 6 BetrVG) nichts darüber, ob diese maßgebliche Beschäftigungszahl nach einem bestimmten Stichtag oder nach anderen Grundsätzen zu berechnen ist.

Der Betriebsrat stellt seinen Antrag in der Begründung lediglich darauf ab, daß zu einem bestimmten Zeitpunkt mehr als 500 Arbeitnehmer beschäftigt gewesen sind. Wenn auch richtig die Beschäftigten aller Betriebe des Unternehmens zusammengerechnet werden, muß doch nach allgemeiner Aussicht eine regelmäßige Beschäftigung von mehr als 500 Arbeitnehmern vorliegen. Nur vorübergehendes Ansteigen der Belegschaftszahlen verpflichtet noch nicht zur Errichtung eines Aufsichtsrates.

Hierauf stellt auch die Antragsgegnerin ab, nachdem das Arbeitsgericht die Antragsschrift den Beteiligten zugestellt hat:

Die Darstellung des Betriebsrates entspricht nicht ganz den Tatsachen. Zwar stimmen die in der Antragsschrift genannten Zahlen. Es ist aber darauf hinzuweisen, daß im Herbst Hochbetrieb herrscht und deshalb mehr Arbeitnehmer beschäftigt werden als in anderen Jahreszeiten. So beliefen sich die Beschäftigungszahlen am 1. 7. 1969

nur auf	325	Arbeitnehmer in Essen
	91	„ „ Gelsenkirchen
	29	„ „ Mülheim/Ruhr
und	25	„ „ Kettwig
zusammen also nur	470	Arbeitnehmer.

Zur Zeit beträgt die Zahl der Beschäftigten noch 505 Arbeitnehmer, sie wird aber bald wieder unter 500 sinken.

Unter den 515 am 1. 11. 1969 beschäftigten Arbeitnehmern sind fast 100 Frauen, die nur halbe Tage oder weniger beschäftigt sind. 12 Frauen arbeiten regelmäßig nur halbe Tage, indem sie abwechselnd vor- und nachmittags tätig sind und damit nur 6 Arbeitsplätze ausfüllen. An ihrer Stelle könnten ebensogut 6 Arbeitnehmerinnen beschäftigt werden, die voll arbeiten. 82 Arbeiter und Frauen sind überhaupt nur stundenweise beschäftigt, und zwar 23 Arbeitnehmer während der Marktzeit von 4 bis 7 Uhr morgens zum Transport der Waren an den Großmärkten, und 59 Frauen, die als Putzfrauen morgens oder abends 3 oder 4 Stunden tätig sind. Auch diese nur geringfügig beschäftigten Kräfte dürfen nicht als Arbeitnehmer voll, sondern höchstens zur Hälfte gezählt werden, so daß bei richtiger Berechnung selbst am 1. 11. 1969 nur 421 volle und 94 halbe = 47 volle, also zusammen nur 468 Arbeitnehmer beschäftigt waren.

Diese 468 Personen sind aber noch nicht einmal alle für die Berechnung nach § 77 BetrVG maßgeblich. Bei dieser Zusammenstellung sind nämlich alle Vertreter mit berücksichtigt worden, die nicht zu den Arbeitnehmern im Sinne des Betriebsverfassungsgesetzes zählen. Es handelt sich um selbständige Kaufleute, die für uns den Einkauf besorgen. Sie erhalten eine Provision und sind eigene Gewerbetreibende. Insgesamt geschäftigen wir 22 solche Vertreter, die nur deshalb in der Aufstellung der Belegschaft mit berücksichtigt wurden, weil sie allein für uns als Einfirmenvertreter tätig sind. Auch diese müssen noch abgesetzt werden, so daß die Zahl der ständig beschäftigten Arbeitnehmer stets weit unter 500 liegt und deshalb unser Aufsichtsrat nicht mit Vertretern der Arbeitnehmer zu besetzen ist.

Die Genossenschaft macht damit 3 Einwendungen geltend. 1. Es seien nicht ständig über 500 Arbeitnehmer beschäftigt. Hier kommt es darauf an, ob regelmäßig über 500 Arbeitnehmer beschäftigt werden, ob also den größeren Teil des Jahres über diese Voraussetzungen erfüllt sind. 2. wird darauf hingewiesen, daß die Arbeitnehmer nicht alle vollbeschäftigt sind und 3. sollen einige keine echten Arbeitnehmer, sondern Vertreter sein. Zum 2. Punkt ist zu sagen:

Teilbeschäftigte:

Das Betriebsverfassungsgesetz stellt für die Besetzung des Aufsichtsrates mit Arbeitnehmervertretern auf die Größe und Bedeutung des Unternehmens ab. Das gilt sowohl für § 76 Abs. 6 als auch für § 77 BetrVG, wo jedesmal die Zahl 500 genannt wird. Maßgeblich ist dafür die Zahl der ständig besetzten Arbeitsplätze (BAG vom 1. 12. 1961 — AP Nr. 1 zu § 77 BetrVG). Ein ständig besetzter Arbeitsplatz ist dann anzunehmen, wenn er regelmäßig besetzt ist. Deshalb zählen auch solche Arbeitsplätze mit, die nur vorübergehend nicht besetzt sind (z.B. wegen Krankheit, Urlaub, Ausscheiden eines Arbeitsnehmers bis zum Neueintritt eines anderen.)

Aber auch solche Arbeitsplätze, die ihrer Natur nach nur zeitweise besetzt sind wie die von Putzfrauen oder hier der Marktarbeiter, werden voll gezählt (BAG aaO). Nur wenn sich zwei Arbeitnehmer einen Arbeitsplatz teilen, wie das bei Halbtagskräften der Fall ist, wird dieser Arbeitsplatz bei der Berechnung nur einfach gezählt. Das ergibt sich aus der genannten Entscheidung des Bundesarbeitsgerichts, die damals noch zur Besetzung des Aufsichtsrates eines Versicherungsvereins a.G. erging; für diese Entscheidung wäre heute das ordentliche Gericht zuständig. Dieselben Grundsätze gelten aber für die Besetzung eines Aufsichtsrates einer Genossenschaft, worüber auch heute noch die Arbeitsgerichte entscheiden. Das genannte Urteil des Bundesarbeitsgerichts ist aus einem weiteren Grunde interessant: Dieser Rechtsstreit wurde nämlich insgesamt 3 mal vor dem Bundesarbeitsgericht verhandelt. Alle 3 Entscheidungen sind veröffentlicht (BAG AP Nr. 6 zu § 81 ArbGG, AP Nr. 4 zu § 96 ArbGG, AP Nr. 1 zu § 77 BetrVG). Das Bundesarbeitsgericht hatte die Sache entgegen dem früheren ausdrücklichen Zurückverweisungsverbot in § 96 ArbGG zweimal an das Beschwerdegericht zurückverwiesen, weil die Rechtsbeschwerdeinstanz einfach nicht entscheiden konnte, da noch Tatsachen aufzuklären waren. Das kann aber nur in der Tatsacheninstanz geschehen. Eine nicht konsequente Gesetzesvorschrift mußte deshalb vom Gericht bewußt beseitigt werden. § 96 ArbGG ist demgemäß durch das 1. Arbeitsrechtsbereinigungsgesetz vom 14. 8. 1969 geändert worden und läßt heute eine Zurückverweisung auch im Beschlußverfahren zu. Im vorliegenden Fall läßt sich aus diesen Erörterungen entnehmen: Die 12 Halbtagskräfte werden nur mit 6 Arbeitsplätzen berechnet. Die Zahl der am 1. 11. 1969 beschäftigten Arbeitnehmer sinkt damit auf 509. Dagegen sind die Arbeitsplätze der Putzfrauen und Markthelfer voll anzurechnen, so daß es deretwegen nicht zu einer Minderung der Beschäftigtenzahl kommt. Zu der dritten Einwendung ist auszuführen:

Arbeitnehmerähnliche Personen:

Arbeitnehmer sind Dienstverpflichtete i. S. des § 611 BGB, die in einem persönlichen Abhängigkeitsverhältnis zum Arbeitgeber stehen, das Rechtsverhältnis wird als Arbeitsverhältnis bezeichnet. Davon ist das unabhängige Dienstverhältnis zu unterscheiden. Auch im unabhängigen Dienstvertrag sind Dienste gegen Vergütung zu leisten; es fehlt aber die persönliche Abhängigkeit (Beispiel: Industrieberater, Vorstandsmitglied einer AG). Dazwischen steht eine Gruppe, die ihre Dienste nicht in persönlicher Abhängigkeit leisten, wohl aber wirtschaftlich weitgehend vom Dienstberechtigten abhängen. Sie sind bei der Bestimmung der Arbeitszeit, der Arbeitseinteilung, manchmal auch in der Heranziehung von Hilfskräften im wesentlichen frei. Dadurch, daß sie aber auf den Verdienst aus dem Dienstvertrag angewiesen sind, stehen sie in einer wirtschaftlichen Abhängigkeit. Als Beispiele haben besonders die Heimarbeiter und die Handelsvertreter zu gelten. Man bezeichnet sie als arbeitnehmerähnliche Personen. Damit ist schon ausgedrückt, daß sie keine Arbeitnehmer sind. Weil sie aber wegen ihrer wirtschaftlichen Abhängigkeit häufig besonders schutzbedürftig sind, werden arbeitsrechtliche Schutzvorschriften für anwendbar erklärt. Das muß aber stets durch besondere gesetzliche Bestimmungen erfolgen und ergibt sich noch nicht aus dem nur wirtschaftlichen Abhängigkeitsverhältnis. So haben Heimarbeiter nach dem Bundesurlaubsgesetz vom 8. 1. 1963 (§ 12) einen besonderen Urlaubsanspruch. Sie werden nach dem Betriebsverfassungsgesetz den Arbeitnehmern gleichgestellt, soweit sie in der Hauptsache für den gleichen Betrieb arbeiten (§ 5 Abs. 1 BetrVG). Dagegen haben Heimarbeiter keinen Kündigungsschutz nach dem KSchG i. d. F. vom 25. 8. 1969, sondern nur Anspruch auf Einhaltung einer Kündigungsfrist von 14 Tagen nach ausschließlicher oder überwiegender Beschäftigung von 1 Jahr (§ 29 Heimarbeitsgesetz vom 14. 3. 1951, BGBl. I S. 191). Auf der anderen Seite fallen Heimarbeiterinnen unter das Mutterschutzgesetz (§ 1 Nr. 2 MuSchG).

Streitigkeiten von arbeitnehmerähnlichen Personen mit ihren Auftraggebern gehören zur Zuständigkeit der Gerichte für Arbeitssachen (§ 5 ArbGG). Für Handelsvertreter ist hinsichtlich der Zuständigkeit eine Abgrenzung gesetzlich in Art. 3 des Gesetzes über das Recht der Handelsvertreter vom 6. 8. 1953 (BGBl. I S. 771) festgelegt: Für Handelsvertreter ist die Zuständigkeit der Gerichte für Arbeitssachen nur dann gegeben, wenn es sich

a) um sogenannte Einfirmenvertreter handelt (entweder dürfen sie vertraglich nicht für weitere Unternehmer tätig werden, oder es darf ihnen eine andere Tätigkeit nach Art und Umfang der verlangten Dienste nicht möglich sein, § 92a HGB) und sie

b) während der letzten 6 Monate (oder bei kürzerer Vertragsdauer während dieser) nicht mehr als 1000,— DM an Vergütung einschließlich Provision und Ersatz für im regelmäßigen Geschäftsbetrieb entstandene Aufwendungen bezogen haben (Art. 3 Abs. 1 Handelsvertretergesetz in der Fassung der VO vom 20. 10. 1967, BGBl. I S. 998).

Wenn diese Voraussetzungen vorliegen, ist damit aber nur die Zuständigkeit der Arbeitsgerichte gegeben. Trotzdem bleiben die Handelsvertreter selbständig, sie werden keine Arbeitnehmer. Arbeitsschutzvorschriften wie das Schwerbeschädigtengesetz, das Kündigungsschutzgesetz und andere Schutzbestimmungen gelten für sie nicht, wenn nicht wie z. B. im Eignungsübungsgesetz und im Arbeitsplatzschutzgesetz besondere Vorschriften erlassen sind (§ 5 Eignungsübungsgesetz, Kündigungsverbot aus Anlaß der Eignungsübung; § 8 Arbeitsplatzschutzgesetz, Kündigungsverbot aus Anlaß des Grundwehrdienstes oder einer Wehrübung). Für die Anwendung von arbeitsrechtlichen Vorschriften auf einen sog. Vertreter kommt es nicht auf die Abgrenzung des Art. 3 Handelsvertretergesetz, sondern auf die Definition für Handelsvertreter und Angestellte in § 84 HGB an. Das gilt ebenfalls für die Anwendung des Betriebsverfassungsgesetzes. Geschäfte können auch im Angestelltenverhältnis gegen Provision vermittelt werden. Nach § 84 Abs. 1 HGB kommt es darauf an, ob der Dienstverpflichtete seine Tätigkeit im wesentlichen frei gestalten und seine Arbeitszeit bestimmen kann.

Ein Güteverfahren gibt es im Beschlußverfahren nicht. Der Vorsitzende lädt deshalb alle Beteiligten zum Anhörungstermin vor der Kammer (§ 83 ArbGG). Beteiligte sind hier vor allem auch die Betriebsräte der Filialen und der bisherige Aufsichtsrat der Genossenschaft. Der Pflicht zur Anhörung ist genügt, wenn ein Beteiligter auf die Ladung hin unentschuldigt ausbleibt. Eine schriftliche Äußerung kann gestattet werden. Das Verfahren ist unter dem Prinzip der Amtsermittlung verhältnismäßig frei. Es können Zeugen und Sachverständige vernommen werden, Urkunden und Auskünfte eingeholt sowie der Augenschein eingenommen werden. Die Beweisaufnahme erfolgt in aller Regel vor der Kammer (§ 58 ArbGG gilt entsprechend). Die Kammer entscheidet auf Grund des Verfahrens „nach freier Überzeugung" durch Beschluß (§ 84 ArbGG). Der Beschluß ist ohne Einschränkung binnen der Berufungsfrist von 14 Tagen durch Beschwerde beim LAG anfechtbar. Die Beschwerde muß gleichzeitig begründet werden, eine besondere Begründungsfrist ist im Gegensatz zum Urteilsverfahren nicht vorgesehen. Diese kurze Frist gilt auch für die Rechtsbeschwerde gegen den zweitinstanzlichen Beschluß an das BAG mit der Möglichkeit, die Rechtsbeschwerde binnen zweier weiterer Wochen zu begründen (§ 94 ArbGG). Die Rechtsbeschwerde ist zulässig, wenn das LAG sie zugelassen hat oder der Beschluß von einer Entscheidung des BAG abweicht und auf dieser Abweichung beruht. Beschlußverfahren über die Tariffähigkeit sind stets rechtsbeschwerdefähig (§ 97 Abs. 2 ArbGG). Eine Kostenentscheidung gibt es im Beschlußverfahren nicht. Das Verfahren ist gebühren- und auslagenfrei (§ 12 Abs. 5 ArbGG). Es fehlt auch an eigentlichen Streitparteien. Der Betriebsrat und sonstige Beteiligte sind nicht vermögensfähig und wechseln in ihrer Zusammensetzung. Eine Kostenentscheidung kann daher auch nicht für außergerichtliche Kosten ergehen (BAG AP Nr. 1 zu § 13 BetrVG, Nr. 2 zu § 81 ArbGG). Jedoch kann auf Antrag der Verfahrenswert festgesetzt werden.

Hier ergibt die Erörterung des Sachverhalts folgendes: Die Genossenschaft legt die Lohn- und Gehaltslisten vor. Danach waren in der Zeit von September bis April eines jeden Jahres insgesamt mehr als 500 Arbeitnehmer beschäftigt. In der Zeit von Mai bis August sank die Zahl z. T. erheblich unter 500. Dadurch ergäbe sich tatsächlich ein arithmetisches Mittel von weniger als 500 Arbeitnehmern. Bei der Frage nach der regelmäßigen Beschäftigung kann aber nicht auf ein arithmetisches Mittel abgestellt werden, vielmehr muß danach gefragt werden, ob längere Zeit hindurch mehr als 500 Arbeitnehmer beschäftigt sind. Vorübergehendes Ansteigen, besonders in Saison- und Kampagnebetrieben zählt nicht, selbst wenn so viel Arbeitnehmer mehr beschäftigt werden, daß ein arithmetisches Mittel einen höheren Durchschnitt als 500 Arbeitnehmer ergäbe. Hier ist lediglich in der kurzen Sommerzeit ein geringerer Personenbestand zu verzeichnen, der für die Berechnung der regelmäßigen Beschäftigtenzahl außer Betracht zu bleiben hat.

Dagegen ergibt die weitere Aufklärung, daß 22 Beschäftigte nicht als Arbeitnehmer, sondern als echte Handelsvertreter anzusehen sind, da sie ihre Arbeitszeit und Tätigkeit jedenfalls im wesentlichen selbst bestimmen. Damit sind weniger als 500 Arbeitnehmer, auf die das Gesetz allein abstellt, beschäftigt.

Nach Feststellung dieses Sachverhaltes erklärt der Antragsteller:

Der Antrag wird zurückgenommen.

b. u. v.

Das Verfahren wird eingestellt.

Dr. *Richter* *Urkund*

Der Antrag kann im Beschlußverfahren jederzeit zurückgenommen werden. Dies hat schriftlich oder zu Protokoll der Geschäftsstelle zu geschehen. Auch nach Verhandlung bedarf die Antragsrücknahme keiner Zustimmung anderer Beteiligter. Vielmehr hat der Vorsitzende das Verfahren einzustellen und allen Beteiligten davon Mitteilung zu machen, denen der Antrag bekanntgegeben war (§ 81 Abs. 2 ArbGG). Da eine Kostenentscheidung nicht möglich ist, gibt es auch keine Erledigung der Hauptsache. Wird sie seitens des Antragstellers erklärt, ist sie in eine Antragsrücknahme umzudeuten.

Die Rücknahme des Antrages ist aber nur in der ersten Instanz möglich (§ 81 Abs. 2 ArbGG). In der Beschwerde- und Rechtsbeschwerdeinstanz ist nur die Zurücknahme des Rechtsmittels vorgesehen (§ 89 Abs. 4, § 94 Abs. 3 ArbGG). Dadurch wird der vorinstanzliche Beschluß rechtskräftig. Es gibt aber im Beschlußverfahren auch keine Erledigung der Hauptsache, denn diese setzt eine Parteimaxime voraus, die im Beschlußverfahren nicht besteht (BAG vom 21. 6. 1957 — AP Nr. 2 zu § 81 ArbGG). Trotzdem gibt es Fälle, in denen ein Streit nicht mehr besteht, insbesondere weil er durch Zeitablauf beendet ist (z. B.: Das Betriebsratsmitglied, das ausgeschlossen werden sollte, ist ausgeschieden). Bei dem dann fehlenden Rechtsschutzinteresse ist nach der Rechtsprechung des Bundesarbeitsgerichts wie folgt vorzugehen: Die Entscheidungen der Vorinstanzen sind aufzuheben und es ist auszusprechen, daß das Verfahren erledigt ist (BAG vom 8. 12. 1961 — AP Nr. 7 zu § 23 BetrVG). Im Ergebnis kommt das einer Einstellung des Verfahrens gleich.

Weitere Mitbestimmungsrechte:

1. Das soziale Mitbestimmungsrecht des Betriebsrates §§ 56—59 BetrVG (siehe dazu auch S. 5), des Personalrates §§ 66—69 PersVG und die entsprechenden Vorschriften der Personalvertretungsgesetze der Länder.

2. Das personelle Mitbestimmungsrecht des Betriebsrates §§ 60—66 BetrVG (vgl. dazu auch S. 19), des Personalrates §§ 70—73 PersVG und die entsprechenden Ländervorschriften. Zur Anhörung des Betriebsrates vor der Kündigung vgl. BAG AP Nr. 1 ff. zu § 66 BetrVG.

3. Das wirtschaftliche Mitbestimmungsrecht in Unternehmen mit mehr als hundert Arbeitnehmern §§ 67—71 BetrVG. Danach hat der von Betriebsrat und Unternehmer je zur Hälfte zu besetzende Wirtschaftssausschuß das Recht, in wichtigen Fragen unterrichtet zu werden.

4. Das Mitbestimmungsrecht des Betriebsrates bei Betriebsstillegungen und -änderungen in Betrieben mit mehr als 20 Arbeitnehmern (§§ 72—75 BetrVG). Kommt zwischen dem Betriebsrat und dem Arbeitgeber eine Einigung nicht zustande, kann eine Vermittlungsstelle angerufen werden, deren unparteiischen Vorsitzenden der Oberlandesgerichtspräsident bestellt, wenn sich die Beisitzer nicht einigen. Weicht der Unternehmer von einer Einigung oder dem Einigungsvorschlag der Vermittlungsstelle ab, könnnen die Arbeitnehmer eine Abfindung verlangen, wenn sie infolge der Abweichung entlassen werden. Damit wird nur ein indirekter Druck auf den Unternehmer ausgeübt, er bleibt in seiner unternehmerischen Entscheidung selbst frei.

5. Beteiligung am Aufsichtsrat. Nach § 76 BetrVG ist ein Drittel des Aufsichtsrats von Aktiengesellschaften und Kommanditgesellschaften auf Aktien mit Arbeitnehmern zu besetzen. Eine Ausnahme gilt für Familiengesellschaften mit weniger als 500 Arbeitnehmern (vgl. dazu BAG AP Nr. 3 zu § 76 BetrVG).

6. Neben den behandelten Erwerbs- und Wirtschaftsgenossenschaften sind die Arbeitnehmer in Gesellschaften mit beschränkter Haftung mit mehr als 500 Arbeitnehmern zu einem Drittel am Aufsichtsrat zu beteiligen. Bei Versicherungsvereinen auf Gegenseitigkeit mit mehr als 500 Arbeitnehmern findet eine Beteiligung nur statt, wenn ein Aufsichtsrat besteht. Ein Zwang zur Bildung eines Aufsichtsrates besteht im Gegensatz zur Regelung für die GmbH nicht.

7. Am weitesten geht das Mitbestimmungsrecht im Bergbau und der Stahl und Eisen erzeugenden Industrie. Im Anschluß an die nach 1945 bei der Entflechtung durch die Alliierten geschaffenen Regelung wurde das Mitbestimmungsgesetz vom 21. 5. 1951 (BGBl. I S. 377) geschaffen, das durch die sog. Holdingnovelle vom 7. 8. 1956 (BGBl I S. 707) ergänzt wurde. Danach setzen sich in diesen Industrien die Aufsichtsräte zur Hälfte aus Vertretern der Anteilseigner, zur Hälfte aus Vertretern der Arbeitnehmer und den „weiteren Mitgliedern" zusammen, die unabhängig sein müssen. Zu den weiteren Mitgliedern gehört vor allem der sogenannte „elfte Mann", der auch 15. oder 21. Mann sein kann und den Ausschlag geben kann. Dessen Bestellung obliegt zunächst dem Aufsichtsrat; kommt eine Einigung nicht zustande, ist ein Vermittlungsausschuß zu bilden, der 3 Vorschläge macht. Werden diese Vorschläge abgelehnt, entscheidet das Oberlandesgericht über die Berechtigung der Ablehnung (§ 8 MitBestG). Ebenso ist der Aufsichtsrat von Konzernunternehmen zur Hälfte aus Arbeitnehmern und zur Hälfte aus Arbeitgebern und einem elften (15., 21.) Mann zu bilden. Ob der Konzern zum Bergbau oder zur Stahl und Eisen erzeugenden Industrie zu rechnen ist, bestimmt sich nach dem Umsatz (§ 3 MitBestErgG),

der vom Abschlußprüfer zu berechnen ist. Für die Anfechtung der Wahl zum Aufsichtsrat der Konzernunternehmen ist die Zuständigkeit der Arbeitsgerichte im Beschlußverfahren festgelegt (§ 8 Abs. 2 MitBestErgG).

Der Vorstand dieser Unternehmen ist mit einem gleichberechtigten Arbeitsdirektor zu besetzen, der nicht gegen die Stimmen der Arbeitnehmervertreter im Aufsichtsrat bestellt werden darf (§ 13 MitBestG und § 3 MitbestErgG).

2. Kapitel

Bei den Verwaltungsgerichten

I.

Vorbemerkung

1. Die Verwaltungsgerichtsbarkeit im heutigen Sinne (aber nicht im heutigem Umfang) geht zurück auf das vergangene Jahrhundert, in dem in einzelnen deutschen Ländern Verwaltungsgerichte eingerichtet wurden. Eine Zentralinstanz gab es auch nach der Gründung des Deutschen Reiches zunächst nicht. Das Reichsverwaltungsgericht wurde erst im Jahre 1941 errichtet und bestand nur bis zum Jahre 1945. Dagegen waren schon frühzeitig Spezialverwaltungsgerichte für einzelne Sachgebiete wie das Reichsversicherungsamt und das Bundesamt für Heimatwesen, das für Fürsorgestreitigkeiten zuständig war, vorhanden. Später kamen u.a. der Reichsfinanzhof, das Reichswirtschaftsgericht und das Reichsversorgungsgericht hinzu.

2. Nach dem Kriege gab es zunächst keine einheitliche Regelung. Alle Länder richteten jedoch Verwaltungsgerichte mit einem zweistufigen Instanzenzug ein. Durch das Bundesgesetz vom 23. 9. 1952 (BGBl. I S. 625) wurde sodann das Bundesverwaltungsgericht als Revisionsinstanz geschaffen. Eine bundeseinheitliche Regelung des Aufbaues und Verfahrens der Verwaltungsgerichte brachte schließlich die Verwaltungsgerichtsordnung — VwGO — vom 21. 1. 1960 (BGBl. I S. 17), die seit dem 1. 4. 1960 in Kraft ist.

Es bestehen nunmehr im Bundesgebiet als untere Instanz die Verwaltungsgerichte, als Mittelinstanz die Oberverwaltungsgerichte (Verwaltungsgerichtshöfe) und als Revisionsinstanz das Bundesverwaltungsgericht. Von der Möglichkeit, Ausführunggesetze zur Verwaltungsgerichtsordnung zu erlassen, haben alle Länder Gebrauch gemacht.

3. Neben den Gerichten der sogenannten allgemeinen Verwaltungsgerichtsbarkeit bestehen als weitere — besondere Verwaltungsgerichte — die Gerichte der Sozialgerichtsbarkeit (vgl. Sozialgerichtsgesetz vom 3. 9. 1953 (BGBl. I S. 1239) i.d.F. vom 23. 8. 1958 (BGBl. I S. 614) und die Finanzgerichte (vgl. Finanzgerichtsordnung vom 6. 10. 1965, BGBl. I S. 1477).

4. Was den Verwaltungsrechtsweg anlangt, so ist er in allen öffentlich-rechtlichen Streitigkeiten nicht verfassungsrechtlicher Art gegeben, soweit die Streitigkeiten nicht durch Bundesgesetz einem anderen Gericht ausdrücklich zugewiesen sind oder soweit öffentlich-rechtliche Streitigkeiten auf dem Gebiete des Landesrechts nicht einem anderen Gericht durch Landesgesetz zugewiesen sind. Diese in § 40 VwGO statuierte Generalklausel ist allerdings im Bundesverfassungsrecht nicht gesichert; denn es gibt kein im GG verfassungsrechtlich gesichertes Entscheidungsmonopol der Verwaltungsgerichte für alle öffentlich-rechtlichen Fragen schlechthin. Beispiele für die Zuweisung an andere Gerichtszweige als an die Verwaltungsgerichte enthält schon das GG in Art. 14 Abs. 3 Satz 3 (Streit über die Höhe der Entschädigung bei Enteignung) und Art. 34 Satz 3 (Ansprüche auf Schadensersatz wegen Amtspflichtverletzung — s.a. § 40 Abs. 2 VwGO); ferner ist — abgesehen von den besonderen Vorschriften des Beamtenrechts — nach § 40 Abs. 2 VwGO bei vermögensrechtlichen Ansprüchen aus Aufopferung und öffentlich-rechtlicher Verwahrung der ordentliche Rechtsweg gegeben. Weitere Beispiele für Zuweisung öffentlich-rechtlicher Streitigkeiten an die ordentlichen Gerichte sind § 179 VwGO mit den dort neugefaßten §§ 23ff. EGGVG (Anfechtung von Justizverwaltungsakten) und das Bundesbaugesetz vom 23. Juni 1960 (BGBl. I S. 341) —, nach dem z.B. Verwaltungsakte wegen Enteignung in Baulandsachen nur durch Antrag auf gerichtliche Entscheidung vor den bei den Landgerichten eingerichteten Kammern für Baulandsachen angefochten werden können (vgl. § 157ff. Bundesbaugesetz).

In diesem Zusammenhang ist zu betonen, daß ein umfassender Rechtsschutz durch Art. 19 Abs. 4 GG gewährt wird: wenn jemand durch die öffentliche Gewalt in seinen Rechten verletzt wird, dann steht ihm der Rechtsweg offen; soweit eine andere Zuständigkeit — wie etwa heute im wesentlichen mit Rücksicht auf die Generalklausel die der Verwaltungsgerichte — nicht begründet ist, ist der ordentliche Rechtsweg gegeben.

Ist der zu dem Gericht der einzelnen Gerichtsbarkeit eingeschlagene Rechtsweg unzulässig, so kann grundsätzlich zu dem zuständigen Gericht des anderen Gerichtszweigs verwiesen werden (s. § 41 VwGO). Für die Verweisung innerhalb des Verwaltungsrechtswegs gilt § 83 VwGO.

5. Die Grundsätze des verwaltungsgerichtlichen Verfahrens sind: der Grundsatz des Amtsbetriebs (Offizialmaxime), d. h. das Gericht betreibt das gerichtliche Verfahren von Amts wegen; die Untersuchungsmaxime, d. h. das Gericht erforscht den Sachverhalt von Amts wegen und ist nicht an das Vorbringen und die Beweisanträge der Beteiligten gebunden; in Abweichung hiervon gilt der Verfügungsgrundsatz (Dispositionsmaxime) in gewissem Umfang hinsichtlich der Klageerhebung, der Einlegung von Rechtsmitteln und der Beendigung des Verfahrens;
der Grundsatz der freien Beweiswürdigung;
der Grundsatz der Mündlichkeit;
der Grundsatz der Unmittelbarkeit;
der Grundsatz der Öffentlichkeit;
der Grundsatz des rechtlichen Gehörs.

Diese Grundsätze sind nicht immer rein durchgeführt, sondern in mancher Hinsicht eingeschränkt.

Was insbesondere den Grundsatz der Untersuchungsmaxime anlangt, so ergibt sich aus ihm, daß eine Beweislast im Sinne einer Beweisführungspflicht nicht besteht. Doch ist in Literatur und Rechtsprechung anerkannt, daß die Partei, die sich, um ihre Sache zum Erfolg zu führen, auf eine bestimmte rechtserhebliche Tatsache beruft, aus der sie ihr günstige Rechtsfolgen herleitet, unterliegt, wenn die Ermittlungen des Gerichts die bestehende Ungewißheit nicht auszuräumen vermögen (vgl. BVerwGE 18, 168). Die Nichtaufklärbarkeit (materielle Beweislast) eines anspruchsbegründenden Tatbestandes geht daher zu Lasten desjenigen, der das Bestehen des Anspruchs behauptet (vgl. BVerwGE 21, 208).

6. Abgesehen von noch aufrecht erhaltenem früherem Recht sind die neueren Gesetze über die Rechtsgebiete des materiellen Verwaltungsrechts seit dem in Inkrafttreten des Grundgesetzes für die Bundesrepublik Deutschland vom 23. Mai 1949 (BGBl. I S. 1) und zwar seit dem 7. September 1949 (vgl. hierzu Art. 122 und ferner Art. 123, 124 und 125 GG) teils von der Bundesrepublik und teils von den Ländern erlassen. Auf dem zur Verfügung stehenden beschränkten Raum werden die als Beispiele gebrachten Urteile wegen der möglichst umfassenden Verwendungsmöglichkeit sich im wesentlichen mit materiellem Bundesrecht befassen.

II.

Erstinstanzliches Urteil in einer bodenrechtlichen Streitigkeit; allgemeine Verfahrensgrundsätze

Verwaltungsgericht M. — Verkündet am 11. 3. 1968
Az.: IV/302/67 — gez. *Müller*, ROI
als Urkundsbeamter
der Geschäftsstelle

Im Namen des Volkes!

In dem Verwaltungsstreitverfahren

der Geschwister *Johann*, *Lukas* und *Jakob Winter*, Neustadt, Mühlenstrasse 1,
Bevollmächtigter: Rechtsanwalt Dr. *Ernst Sommer*, Neustadt, Marktplatz 13,
Kläger,

gegen

den Landkreis G.,
vertreten durch den Kreisausschuss,

Beklagten,

Beigeladen: die Stadtgemeinde Neustadt, vertreten durch den Magistrat,
wegen Teilungsgenehmigung für das Grundstück Neustadt, Flur 11, Flurstück 309/4,

hat das Verwaltungsgericht in M. aufgrund der mündlichen Verhandlung vom 11. 3. 1968, an der teilgenommen haben:

1. Verwaltungsgerichtsdirektor Dr. L.	als Vorsitzender,
2. Verwaltungsgerichtsrat *F.*	als Richter,
3. Verwaltungsgerichtsrat *N.*	als Richter,
4. Schlosser *Ernst D.*	als ehrenamtliche
5. Werkmeister *Hans S.*	Verwaltungsrichter

für Recht erkannt:

Die Klage wird abgewiesen.

Die Kläger haben die Kosten des Verfahrens einschließlich der außergerichtlichen Kosten der Beigeladenen zu tragen.

Das Urteil wird hinsichtlich der außergerichtlichen Kosten des Beklagten sowie der Beigeladenen für vorläufig vollstreckbar erklärt.

Über die Klage wird, soweit nichts anderes bestimmt ist, stets durch Urteil entschieden (§ 107 VwGO). Eine Sonderregelung für das verwaltungsgerichtliche Verfahren findet sich in § 84 VwGO. Danach kann bei Unzulässigkeit der Klage oder offenbarer Unbegründetheit die Klage auch durch einen Vorbescheid abgewiesen werden. Die Beteiligten haben die Möglichkeit, binnen eines Monats nach Zustellung des Vorbescheides mündliche Verhandlung zu beantragen; wird der Antrag rechtzeitig gestellt, so gilt der Vorbescheid als nicht ergangen, sonst wirkt er als rechtskräftiges Urteil. Ein Vorbescheid kann nur erlassen werden, bevor Termin zur mündlichen Verhandlung anberaumt wird.

Der äußere Aufbau des verwaltungsgerichtlichen Urteils entspricht dem Urteil im Zivilprozeß (vgl. §§ 117 Abs. 2 VwGO, 313 ZPO). Das Rubrum enthält zunächst die Bezeichnung der Beteiligten, ihrer gesetzlichen Vertreter und der Bevollmächtigten nach Namen, Beruf, Wohnort und ihrer Stellung im Verfahren. Beteiligte des Verfahrens sind nach § 63 VwGO

1. der Kläger
2. der Beklagte
3. der Beigeladene
4. der Oberbundesanwalt oder der Vertreter des öffentlichen Interesses, falls von der Beteiligtenbefugnis Gebrauch gemacht wird.

Kläger und Beklagter werden Beteiligte durch die Klageerhebung. Sowohl die Klägerseite wie die Beklagtenseite können aus mehreren Personen bestehen (s. besonders wegen Streitgenossenschaft § 64 VwGO mit § 59ff. ZPO). Die Klage ist zu richten bei Anfechtungs- und Verpflichtungsklagen — wie im vorliegenden Fall — gegen den Bund, das Land oder die Körperschaft, deren Behörde den angefochtenen Verwaltungsakt erlassen oder den beantragten Verwaltungsakt unterlassen hat (§ 78 Abs. 1 Nr. 1 VwGO); diese sind hiernach Beklagte; doch genügt zur Bezeichnung der Beklagten die Angabe der Behörde. Allerdings kann das Landesrecht bestimmen, daß die Klage gegen die Behörde selbst, die den angefochtenen Verwaltungsakt erlassen oder unterlassen hat, zu richten ist. Besonderes gilt, wenn ein Widerspruchsbescheid erlassen ist und durch ihn ein Dritter erstmalig beschwert wird; dann ist Behörde, gegen die oder gegen deren Körperschaft die Klage zu richten ist, die Widerspruchsbehörde. Dementsprechend kann Gegenstand der Anfechtungsklage sein der urspründliche Verwaltungsakt, gegebenenfalls in der Gestalt, die er durch den Widerspruchsbescheid erhalten hat, oder auch der Widerspruchsbescheid bei einer neuen selbständigen Beschwer (s. dazu § 79 VwGO).

Umstritten ist die Frage, ob Verwaltungsstreitverfahren zwischen Dienststellen derselben Person des öffentlichen Rechts möglich sind (sog. Insich-Prozeß).

Zu dem Verfahren können — abgesehen von der Revisionsinstanz (s. § 142 VwGO) — andere Personen beigeladen werden, deren rechtliche Interessen durch die Entscheidung berührt werden; solche andere Personen müssen beigeladen werden (Fall der notwendigen Beiladung), wenn sie derart beteiligt sind, daß die Entscheidung auch ihnen gegenüber nur einheitlich ergehen kann (vgl. im einzelnen § 65 VwGO).

Der Oberbundesanwalt ist Beteiligter, wenn er sich ausdrücklich als beteiligt erklärt, also in das Verfahren „einsteigt". Das gleiche gilt für den Vertreter des öffentlichen Interesses, wenn ein solcher gemäß § 36 VwGO auf Grund Rechtsverordnung der Landesregierung beim Verwaltungsgericht und Oberverwaltungsgericht bestimmt ist; einem solchen Vertreter des öffentlichen Interesses kann allgemein oder für bestimmte Fälle die Vertretung des Landes oder von Landesbehörden übertragen werden.

Über den Kreis dieser Personen hinaus können aber kraft besonderer gesetzlicher Regelung noch weitere Beteiligte am Verfahren vorhanden sein.

Die Parteifähigkeit ist in § 61 VwGO geregelt und zwar etwas großzügiger als in der ZPO. Die Prozeßfähigkeit entspricht im Grunde ebenfalls der der ZPO mit einigen Ausweitungen (s. § 62 VwGO und die dortige besondere Regelung, z.B. für Behörden).

Die Prozeßvertretung der beklagten Körperschaft bzw. der Behörde obliegt den jeweiligen gesetzlichen Vertretern.

Ein Anwaltszwang besteht vor den erstinstanzlichen Verwaltungsgerichten sowie den Oberverwaltungsgerichten (Verwaltungsgerichtshöfen) nicht (§ 67 Abs. 2 VwGO). Es kann sich aber jeder Beteiligte in jeder Lage des Verfahrens eines Prozeßbevollmächtigten und in der mündlichen Verhandlung eines Beistands bedienen (vgl. § 90 ZPO). Die Zuziehung eines Prozeßbevollmächtigten oder eines Beistandes kann auch durch Beschluß angeordnet werden. Als Bevollmächtigter kann jede Person auftreten, die zum sachgemäßen Vortrag fähig ist. Zur wirksamen Bevollmächtigung — nicht nur zum Nachweis der Bevollmächtigung — ist die schriftliche Vorlage der Vollmacht erforderlich. Ohne Schriftform gelangt die Vollmacht nicht zur Entstehung.

Grundlage des Urteils ist auch in verwaltungsgerichtlichen Verfahren die mündliche Verhandlung. Ein Verzicht ist allerdings ebenso wie im Zivilprozeß möglich (§ 101 Abs. 2 VwGO). Ob als Beginn der mündlichen Verhandlung der Vortrag des wesentlichen Inhalts der Akten durch den Berichterstatter anzusehen ist, oder der Aufruf der Sache, ist umstritten. Das Nichterscheinen einer Partei in der mündlichen Verhandlung hat jedenfalls insoweit keine nachteiligen Folgen, als es ein Versäumnisurteil im verwaltungsgerichtlichen Verfahren nicht gibt. Das Gericht hat vielmehr auch beim Ausbleiben eines Beteiligten zu verhandeln und zu entscheiden, wenn die Sache spruchreif ist.

Tatbestand

Die Kläger sind Eigentümer eines in Neustadt, Mühlenstraße 1 gelegenen Grundstücks. Sie beantragten mit einem an den Beklagten gerichteten Schreiben vom 23. 9. 1966 die Genehmigung zur Teilung dieses Grundstücks. Nach ihren Vorstellungen sollte ein an die Straße angrenzender als Straßengelände ausgewiesener Geländestreifen von etwa 21 qm abgetrennt werden. Nach der Abtrennung wollen die Kläger an der neuen Grenze eine Stützmauer aufführen. Zur Begründung ihres Antrags wiesen sie auf einen vor dem Oberlandesgericht H. am 21. 10. 1959 abgeschlossenen Vergleich mit der Stadt Neustadt hin, wonach letztere sich bereit erklärt hatte, „den in den Straßenraum fallenden Teil des Grundstücks der Kläger (etwa 21 qm) zum Preise von 3,50 DM je qm käuflich zu erwerben".

Der Beklagte lehnte den Antrag mit Bescheid vom 6. 10. 1966 ab. Zur Begründung wies er darauf hin, daß die vorgeschlagene Grenzziehung mit den durch den Fluchtlinienplan festgelegten Straßenfluchtlinien nicht übereinstimme. Die Verfügung wurde am 11. Oktober 1966 zugestellt.

Die Kläger legten mit einem am 4. 11. 1966 bei dem Beklagten eingegangenen Schreiben Widerspruch ein und wiesen insbesondere auf den abgeschlossenen Vergleich hin, nach dem sie nur 21 qm abzugeben hätten. Der Regierungspräsident in H. hat den Rechtsbehelf mit Bescheid vom 23. 1. 1967 zurückgewiesen, weil die Auffassung des Beklagten, die Grundstücksteilung könne nur so vorgenommen werden, daß die neue straßenseitige Grenze mit der Straßenfluchtlinie zusammenfalle, zutreffend sei. Die Verfügung wurde mit Einschreiben am 26. 1. 1967 zur Post gegeben.

Mit einem am 27. 2. 1967 eingegangenen Schriftsatz erhoben die Kläger Klage bei dem Verwaltungsgericht und trugen zur Begründung vor: Es sei von dem vor dem Oberlandesgericht abgeschlossenen Vergleich auszugehen. Die Grundsätze der §§ 157 und 242 BGB hätten auch im öffentlichen Recht Geltung. In dem Vergleich sei eine abzutretende Fläche von etwa 21 qm festgelegt worden. Dieser Vereinbarung hätten die städtischen Körperschaften zugestimmt. Es verstoße gegen die Verpflichtungen des Beklagten, wenn er bei seiner Entscheidung den Vergleich nicht berücksichtige. Zudem bestehe kein wirksamer Fluchtlinienplan. Er sei zumindestens erst nach Vergleichsabschluß aufgestellt worden. Schließlich sei die Mühlenstraße jetzt eine Einbahnstraße und eine Verbreiterung daher nicht mehr erforderlich. Auf dem Nachbargrundstück sei inzwischen eine Mauer an der Straße errichtet worden, ohne daß der Fluchtlinienplan berücksichtigt worden sei.

Die Kläger beantragen,

1. unter Aufhebung der angefochtenen Bescheide des Kreisbauamts G. vom 6. 10. 1966 und des Regierungspräsidenten in H. vom 23. 1. 1967 den Beklagten zu verpflichten, dem Antrag der Kläger auf Genehmigung der beantragten Teilung des Grundstücks Neustadt, Flur 6, Flurstück 394/1 stattzugeben,
2. die Kosten des Verfahrens dem Beklagten aufzuerlegen.

Der Beklagte stellt den Antrag,

die Klage abzuweisen,

und trägt vor: Die Gemeinde Neustadt habe den maßgeblichen Fluchtlinienplan bereits am 3. 7. 1954 beschlossen. Er sei auch ordnungsgemäß verkündet bzw. offengelegt worden. Die in ihm enthaltene Straßenfluchtlinie lege den Straßenraum fest. Die von den Klägern beantragte Teilung werde gegen diese Regelung verstoßen und könne daher nicht genehmigt werden, da die von den Klägern geplante Mauer im ausgewiesenen Straßengelände liegen werde. Der Vergleich vom 21. 10. 1959 sei als zivilrechtlicher Vergleich nur zwischen den Klägern und der Stadt Neustadt, nicht aber auch für ihn rechtsverbindlich. Im übrigen entspreche die angefochtene Entscheidung dem Vergleich, weil nach seiner Auffassung danach der gesamte in den Straßenraum fallende Grundstücksteil habe abgetreten werden sollen. In dem Fluchtlinienplan sei eine geringe Straßenverbreiterung vorgesehen, da diese zur Zeit sehr eng sei und nicht einmal einen Bürgersteig aufweise. Auch solle eine neue Schule in diesem Stadtteil errichtet werden. Die Stadtverordnetenversammlung der Stadt Neustadt habe beschlossen, daß es bei dem gerichtlichen Vergleich bleiben solle und eine Änderung des Fluchtlinienplanes abgelehnt werde.

Mit Beschluß vom 24. 4. 1967 wurde die Stadt Neustadt zu dem Verfahren beigeladen. Sie hat darauf hingewiesen, daß neben dem Fluchtlinienplan für das betreffende Gebiet auch ein Teilbebauungsplan bestehe. Die Verkehrsflächen seien in beiden Plänen ausgewiesen. Einen Antrag hat die Beigeladene nicht gestellt.

Es lagen vor und waren Gegenstand der mündlichen Verhandlung: Die Behördenakten des Beklagten, die Widerspruchsakten des Regierungspräsidenten in H. sowie der Teilfluchtlinien- und der Teilbebauungsplan für das betreffende Gebiet vom 3. 7. 1954.

Im Tatbestand des erstinstanzlichen Urteils wird in der Regel der Sachverhalt kurz dargelegt, aus dem sich der Streit entwickelt hat. Es folgt die Schilderung des Vorverfahrens, falls ein solches durchgeführt wurde. In diesem Zusammenhang werden die Einzelheiten über die Zustellung des angefochtenen Verwaltungsaktes, des Eingangs des Widerspruchs sowie die Zustellung des Widerspruchsbescheides mitgeteilt. Dies deswegen, weil diese Angaben für die Zulässigkeit der Klage von Bedeutung sein können. Der Schilderung des Parteivorbringens schließen sich die gestellten Anträge an, die wörtlich wiederzugeben sind, weil sich aus ihnen der Umfang des Klagebegehrens (§ 88 VwGO) sowie die Notwendigkeit einer etwaigen Urteilsergänzung ergeben (§ 120 VwGO).

Im vorliegenden Falle fordern die Kläger die Aufhebung eines ablehnenden Bescheides sowie die Verpflichtung des Beklagten, die Genehmigung zu erteilen. Die Verwaltungsgerichtsordnung enthält in den §§ 42 und 43 Bestimmungen über die Klageart des verwaltungsgerichtlichen Verfahrens. Mit heranznziehen ist dazu auch § 113 VwGO über die Arten und Aussprüche der Urteile. Eine abschließende Aufzählung der Klagearten enthält die VwGO nicht; der Gesetzgeber hat von einer solchen ausdrücklich abgesehen, um die Rechtsentwicklung nicht einzuengen. Die VwGO enthält ausdrücklich nur

die Anfechtungsklage, d.i. die Klage auf Aufhebung eines Verwaltungsakts (§ 42), die Verpflichtungsklage, d.i. die Klage auf Erlaß eines abgelehnten oder unterlassenen Verwaltungsaktes (§ 42), die Feststellungsklage, d.i. die Klage auf Feststellung des Bestehens oder Nichtbestehens eines Rechtsverhältnisses oder der Nichtigkeit eines Verwaltungsaktes (§ 43).

Davon gehört die Anfechtungsklage zur Gattung der Gestaltungsklagen, die Verpflichtungsklage zur Gattung der Leistungsklagen, die Gattung Feststellungsklage ist in § 43 Abs. 1 enthalten.

Darüber hinaus hat aber die Leistungsklage überhaupt im Verwaltungsstreitverfahren ihren Platz und ihre Bedeutung und zwar besonders in den sogenannten anderen Streitigkeiten des öffentlichen Rechts, also solchen, die nicht zu den Anfechtungsklagen und Verpflichtungsklagen nach § 42 VwGO gehören. Denn die Verwaltungsgerichte entscheiden nicht nur über Anfechtungs- und Verpflichtungsklagen hinsichtlich von Verwaltungsakten im Sinne von § 42, sondern auch über andere Streitigkeiten des öffentlichen Rechts nichtverfassungsrechtlicher Art (vgl. § 40).

Daß solche Leistungsklagen anderer Art als die Verpflichtungsklagen des § 42 möglich sind, ergibt sich aus der ausdrücklichen Erwähnung in § 43 Abs. 2. Unterstützend für diese Auffassung kann auch die Überschrift des 8. Abschnitts des Teils II der VwGO herangezogen werden, die ausdrücklich „Besondere Vorschriften für Anfechtungs- und Verpflichtungsklagen" vorsieht.

Aus den gleichen Gründen sind rechtstheoretisch auch andere Gestaltungsklagen außer der (kassatorischen) Anfechtungsklage möglich.

Zu den einzelnen Klagearten ist u.a. noch besonders zu bemerken:

a) Die Anfechtungsklage

Mit der Anfechtungsklage kann die Aufhebung eines Verwaltungsakts begehrt werden. Diese Klageart ist also ausdrücklich auf Verwaltungsakte beschränkt. Sie ist wie erwähnt, eine Gestaltungsklage; sie bezieht sich auf den Bereich der Hoheitsverwaltung. Die besonderen Vorschriften über die Anfechtungsklage, insbesondere über das Vorverfahren (Widerspruchsverfahren), sind in § 68ff. enthalten. Für Urteile bei Anfechtungsklagen sind § 113 Abs. 1 und 2 und § 114 VwGO von Bedeutung. Mit der Anfechtungsklage kann auch ein Verwaltungsakt zu einem Teil angefochten werden, soweit er seiner Natur nach teilbar ist; so etwa, wenn der Abbruch mehrerer selbständiger Gebäude angeordnet wurde.

Die Anfechtungsklage ist, soweit gesetzlich nicht etwas anderes bestimmt ist, nur zulässig, wenn der Kläger geltend macht, durch den Verwaltungsakt in seinen Rechten verletzt zu sein. Ein Verwaltungsakt ist nach einhelliger Meinung in Literatur und Rechtsprechung immer dann gegeben, wenn eine verbindliche Regelung eines Einzelfalls durch Hoheitsakt erfolgt ist.

Daß der Kläger grundsätzlich eine Verletzung in seinen Rechten geltend machen muß, schließt die Popularklage, die Klage jedes Staatsbürgers bzw. Menschen, der keine Beziehung zur Streitsache hat, aus.

b) Die Verpflichtungsklage

Mit ihr wird die Verurteilung zum Erlaß eines abgelehnten oder unterlassenen Verwaltungsakts begehrt. Sie ist ihrem Wesen nach eine Leistungsklage und nicht Gestaltungsklage wie die Anfechtungsklage. Doch ist sie mit dieser in vielfacher Hinsicht verbunden, insbesondere dadurch, daß es in beiden Fällen um Verwaltungsakte, also um Hoheitsakte geht, und dadurch, daß die Klagen beider Klagearten auf Rechtsverletzung und Ermessensfehlgebrauch überprüft werden (§§ 42, 113 Abs. 1, 113 Abs. 4 und 114 VwGO). Die Verpflichtungsklage richtet sich gegen einen Hoheitsträger und erstrebt den Erlaß eines Verwaltungsaktes, nicht einer sonstigen Verwaltungsmaßnahme.

Die Verpflichtungsklage wird Vornahmeklage genannt, wenn ein Antrag auf Vornahme eines Verwaltungsakts abgelehnt worden ist, z.B. ein Antrag an die Verwaltungsbehörde auf Erteilung einer Genehmigung — etwa einer Erlaubnis zum Betrieb einer Gastwirtschaft, eines Linienverkehrs nach dem Personenbeförderungsgesetz u. dgl. Sie heißt Untätigkeitsklage, wenn auf den Antrag auf Vornahme eines Verwaltungsaktes die angegangene Stelle überhaupt keinen Bescheid erteilt, also untätig bleibt.

c) Die Feststellungsklage

aa) Maßgebende Bestimmung ist § 43 VwGO. Eine besondere Art der Feststellungsklage ist in § 48 und § 51 VwGO geregelt, nämlich die Klage der Bundes- oder Landesregierung auf Feststellung, daß eine Vereinigung nach Art 9 Abs. 2 GG verboten ist. Eine Feststellung erstrebt auch das Normenkontrollverfahren, das gemäß § 47 VwGO durch die Landesgesetzgebung eingeführt werden kann und in dem über die Gültigkeit einer landesrechtlichen Verordnung oder einer anderen unter dem Landesgesetz stehenden Rechtsvorschrift entschieden wird. Eine weitere Feststellung durch die Verwaltungsgerichte ist in § 113 Abs. 1 Satz 4 VwGO vorgesehen; danach spricht das Gericht durch Urteil aus, daß ein Verwaltungsakt rechtswidrig gewesen ist, wenn sich dieser vor der Entscheidung des Verwaltungsgerichts durch Zurücknahme oder anders erledigt hat und der Kläger ein berechtigtes Interesse an dieser Feststellung hat (sog. unechtes Feststellungsurteil). In diesem Zusammenhang ist auch § 113 Abs. 2 zu erwähnen: Betrifft ein mit der Anfechtungsklage angefochtener Verwaltungsakt eine Feststellung, so kann das Verwaltungsgericht diese Feststellung durch eine andere ersetzen.

bb) Durch die besonders geregelte Feststellungsklage nach § 43 kann begehrt werden:

α) Die Feststellung des Bestehens oder Nichtbestehens eines Rechtsverhältnisses und

β) die Feststellung der Nichtigkeit eines Verwaltungsaktes.

Zu *α*) Die Feststellungsklage des § 43 kann sich zunächst nur auf das Bestehen oder Nichtbestehen eines Rechtsverhältnisses richten und zwar eines Rechtsverhältnisses öffentlich-rechtlicher Art, das nach § 40 VwGO oder kraft besonderer gesetzlicher Bestimmung zur Zuständigkeit der allgemeinen Verwaltungsgerichtsbarkeit gehört. In Übereinstimmung mit der Rechtsprechung der Zivilgerichte ist unter einem Rechtsverhältnis eine aus einem greifbaren Tatbestand entstandene Rechtsbeziehung von Personen zu Personen oder Sachen zu verstehen (so BVerwGE 14, 235).

Nicht mit der Klage des § 43 können Tatsachen oder abstrakte Rechtsfragen festgestellt werden.

Die Feststellungsklage auf das Bestehen oder Nichtbestehen eines Rechtsverhältnisses ist aber nur subsidiär gegeben. Eine solche Feststellung kann nicht begehrt werden, wenn der Kläger sein Recht durch Gestaltungsklage, insbesondere Anfechtungsklage oder Leistungsklage verfolgen kann oder hätte verfolgen können.

Zu β) Die Nichtigkeit eines Verwaltungsakts kann in jedem Verfahren — auch in einem zivilgerichtlichen — und in jedem Stadium eines Verfahrens geltend gemacht werden; ein nichtiger Verwaltungsakt muß immer als unbeachtlich angesehen werden, so daß an sich keine besondere Klage hinsichtlich der Nichtigkeit erforderlich ist. Die VwGO läßt die Feststellungsklage hinsichtlich eines nichtigen Verwaltungsaktes in § 43 VerwGO ausdrücklich zu. Voraussetzung für eine solche Feststellungsklage ist ein berechtigtes Interesse an der baldigen Feststellung. Doch ist die Feststellung auch dann möglich, wenn der Kläger seine Rechte durch Gestaltungs- oder Leistungsklage verfolgen könnte (§ 43 Abs. 2 S. 2). Fristen für eine solche Klage auf Feststellung der Nichtigkeit eines Verwaltungsaktes laufen nicht. Ebensowenig besteht eine zeitliche Grenze für die Geltendmachung einer solchen Nichtigkeit.

Doch kann auch gegen einen nichtigen Verwaltungsakt die Anfechtungsklage erhoben werden, wie sie im allgemeinen bei Verwaltungsakten gegeben ist, und zwar auch unter Beachtung der dafür vorgeschriebenen Voraussetzungen, also unter Wahrung der Fristen und unter Einhaltung des vorgeschriebenen Vorverfahrens.

d) Sonstige Klagen

In der VwGO sind nur Anfechtungs-, Verpflichtungs- und Feststellungsklagen ausdrücklich geregelt. Nach ihrem System sind aber, wie bereits erwähnt, andere Klagen nicht ausgeschlossen. Daher sind neben der Anfechtungsklage als Gestaltungsklage und der Verpflichtungsklage als Leistungsklage auch darüber hinaus Gestaltungs- und Leistungsklagen gegeben. Dies gilt besonders für die Verwaltungsstreitsachen, die bisher als Parteistreitigkeiten bezeichnet wurden, also Streitigkeiten, bei denen sich die Rechtsträger nicht im Verhältnis von Überordnung und Unterordnung, sondern gleichgeordnet gegenüberstehen; dazu gehören je nach der Regelung, insbesondere des Landesrechts, beispielsweise Ansprüche auf Nutzungen des Gemeindevermögens oder auf Genuß oder Mitgenuß von Stiftungen. Doch sind solche sonstigen Klagen auch über den Begriff der Parteistreitigkeiten hinaus — je nach der materiellen Regelung — denkbar. Auf Grund solchen besonders gesetzten materiellen Rechts ist auch eine Unterlassungsklage als Leistungsklage möglich.

Grundsätzlich werden von dem Verwaltungsgericht die in der Sache entstandenen Behördenakten beigezogen. Die Behörden sind zur Vorlage ihrer Akten verpflichtet (wegen Einschränkung der Vorlagepflicht vgl. § 99 Abs. 1 Satz 2 und Abs. 2 VwGO). Die Verwertung derartiger Akten ist keine Beweisaufnahme im Sinne des Kostenrechts. Die Beteiligten haben das Recht, die vorgelegten Akten einzusehen.

Entscheidungsgründe

Die Klage ist zulässig. Die Frist zur Erhebung der Klage ist gewahrt. Sie beträgt einen Monat nach Zustellung des Widerspruchsbescheids (§ 74 VwGO). Dieser ist nicht mit Zustellungsurkunde, sondern mittels Einschreiben den Klägern zugestellt worden. Nach § 4 VwZG gilt ein durch die Post mittels Einschreiben zugestellter Brief mit dem dritten Tag nach der Aufgabe zur Post als zugestellt. Die Aufgabe zur Post erfolgte am 26. 1. 1967. Die am 27. 2. 1967 eingegangene Klage ist daher rechtzeitig. Das Vorverfahren ist ordnungsgemäß durchgeführt, die Kläger machen dem Sinne nach auch geltend, durch die angefochtenen Entscheidungen in ihren Rechten verletzt zu sein.

Die sog. Prozeßvoraussetzungen (Sachurteilsvoraussetzungen) sind auch im verwaltungsgerichtlichen Urteil zu prüfen, bevor eine Entscheidung in der Sache selbst erlassen werden kann. Solche Prozeßvoraussetzungen sind: Ordnungsmäßigkeit der Klageerhebung, insbesondere Wahrung von Frist und Form, Parteifähigkeit, Prozeßfähigkeit, gesetzliche Vertretung, Vollmacht des gewillkürten Vertreters, Klagebefugnis, Zulassung des Verwaltungsrechtsweges, örtliche und sachliche Zuständigkeit, Rechtsschutzbedürfnis, anderweitige Rechtshängigkeit, deutsche Gerichtsbarkeit. Ob und welche Reihenfolge bei der Prüfung durch das Gericht einzuhalten ist, ist umstritten. Die Prozeßvoraussetzungen sind von Amts wegen und in jeder Lage des verwaltungsgerichtlichen Verfahrens zu prüfen. Fehlt eine dieser Voraussetzungen oder fällt sie vor Schluß der letzten mündlichen Verhandlung oder vor der Entscheidung weg, so ist die Klage ohne sachliche Würdigung als unzulässig abzuweisen (Prozeßurteil).

Neben der äußeren Form der Klageerhebung (Schriftform oder zur Niederschrift des Urkundsbeamten, Bezeichnung des Klägers, Beklagten und des Streitgegenstandes vgl. §§ 81, 82 VwGO) und deren Fristwahrung ist bei Anfechtungsklagen stets und bei Verpflichtungsklagen dann, wenn der Antrag auf Vornahme eines Verwaltungsaktes abgelehnt worden ist (§ 68 Abs. 2 VwGO), der ordnungsgemäße Ablauf des Vorverfahrens zu prüfen (§ 68ff. VwGO). Das für den vorliegenden Fall nach § 68ff. vorgeschriebene Vorverfahren ist das Widerspruchsverfahren. Fälle, in denen ein Widerspruchsverfahren auch bei Anfechtungs- und Verpflichtungsklagen nicht stattfindet, sind in § 68 Abs. 1 enthalten; ebenso entfällt das Widerspruchsverfahren bei Verpflichtungsklagen, wenn die Behörde überhaupt untätig geblieben ist (vgl. §§ 68 Abs. 2, 75, 76 VwGO).

Das im vorliegenden Fall erforderliche Widerspruchsverfahren begann mit der Erhebung des Widerspruches (§ 69 VwGO). Die Form des Widerspruchs ist schriftlich oder zur Niederschrift, die Frist ein Monat. Gegen die Versäumung der Frist ist Wiedereinsetzung möglich. Der Widerspruch ist bei der Behörde einzulegen, die den Verwaltungsakt erlassen hat. Die Frist kann aber auch durch Einlegung bei der Widerspruchsbehörde gewahrt werden. Widerspruchsbehörde ist grundsätzlich die nächsthöhere Behörde, es sei denn, daß diese eine oberste Bundes- oder Landesbehörde ist. Besonderes gilt in Selbstverwaltungsangelegenheiten und bei Vorschriften, nach denen im Vorverfahren Ausschüsse oder Beiräte an die Stelle der Behörde treten (s. § 73 Abs. 1 Nr. 3 und § 73 Abs. 2 VwGO). Für den Widerspruchsbescheid besteht eine Begründungspflicht. Aus dem geschilderten Sachverhalt folgt, daß der Widerspruch in rechter Form und Frist eingelegt worden ist. Das vorgeschriebene Vorverfahren ist somit durchgeführt. Nach § 74 VwGO muß die Anfechtungsklage innerhalb eines Monats nach Zustellung des Widerspruchsbescheids erhoben werden. Für ihn ist die Zustellung ausdrücklich im Gesetz vorgeschrieben (§ 73 Abs. 3 VwGO). Nach den hier anzuwendenden Vorschriften kann die Zustellung auch mittels eingeschriebenen Briefes erfolgen (für Zustellungen im Verwaltungsstreitverfahren gelten die Vorschriften des Verwaltungszustellungsgesetzes vom 3. 7. 1952 (BGBl. I S. 379 vgl. § 56 VwGO), für Zustellungen im Rahmen des Vorverfahrens die landesrechtlichen Bestimmungen. Bei der Zustellung mittels eingeschriebenen Briefes gilt dieser mit dem dritten Tage nach der Aufgabe zur Post als zugestelllt. Die Monatsfrist ist daher hier eingehalten und die Klage rechtzeitig erhoben.

Ein bestimmter Antrag ist zur Bejahung der Zulässigkeit der Klage nicht vorgeschrieben. Die Klage „soll" nur einen solchen enthalten (§ 82 Abs. 1 VwGO). Dieser bestimmte Antrag braucht kein ausdrücklich formulierter zu sein. Dem auch sonst öfter vorgeschriebenen Erfordernis eines „bestimmten Antrags" ist genügt, wenn das Ziel der Klage (Berufung, Revision) aus der Tatsache der Erhebung der Klage (Einlegung der Berufung, Revision) allein oder in Verbindung mit den während der Frist der Klage (Berufung, Revision) abgegebenen Erklärungen erkennbar ist (vgl. BVerwGE 1, 222; 5, 37).

Die sonstigen Sachurteilsvoraussetzungen sind hier nicht zweifelhaft. Dies bedarf im Urteil keiner weiteren Erwähnung.

Darüber hinaus ist die Anfechtungs- und Verpflichtungsklage nur zulässig, wenn der Kläger geltend macht, durch den Verwaltungsakt oder durch seine Ablehnung oder Unterlassung in seinen Rechten verletzt zu sein (§ 42 Abs. 2 VwGO). Es genügt, wenn die Möglichkeit einer solchen Rechtsverletzung sich aus dem tatsächlichen Vorbringen des Klägers ergibt (BVerwG, DVBl. 1968, S. 35). Die Zulässigkeit der Klage ist stets zu prüfen und über sie zu entscheiden, auch wenn bereits feststeht, daß die Klage unbegründet ist.

Die Kläger fordern die Verurteilung des Beklagten, ihnen die beantragte Genehmigung zu erteilen. Sie haben daher eine Verpflichtungsklage erhoben (§ 42 Abs. 1, 2. Alternative, § 113 Abs. 4 VwGO). Soweit sie auch die Aufhebung des ablehnenden Bescheids des Beklagten und des Widerspruchsbescheids beantragt haben, liegt keine mit der Verpflichtungsklage verbundene Anfechtungsklage (§ 42 Abs. 1, 1. Alternative, § 113 Abs. 1 VwGO) vor. Die Kläger verfolgen eindeutig allein das Ziel, die Teilungsgenehmigung zu erhalten. An der Aufhebung der behördlichen Bescheide als solcher ist ihnen nichts gelegen. Ihrem Aufhebungsbegehren kommt daher keine selbständige prozessuale Bedeutung zu (vgl. BVerwGE 25 S. 357). Mit ihm erstreben die Kläger eine lediglich deklaratorisch zu verstehende Nebenfolge der Verurteilung des Beklagten. Denn die Verpflichtung der Behörde, den begehrten Verwaltungsakt zu erlassen, schließt die Verpflichtung, die ergangenen ablehnenden Bescheide aufzuheben, zwangsläufig in sich. Unter diesen Umständen kann dahinstehen, ob es überhaupt zulässig ist, im Sinne einer kombinierten Anfechtungs- und Verpflichtungsklage einen Antrag auf Aufhebung eines behördlichen Ablehnungsbescheids mit dem Begehren, die Behörde zum Erlaß des beantragten Verwaltungsaktes zu verurteilen, zu verbinden (verneinend offenbar BVerwG, a.a.O.).

Es ist von § 19 BBauG auszugehen. Hier ist die Genehmigungspflicht für Grundstücksteilungen geregelt. Es wird unterschieden zwischen Grundstücken, die innerhalb des räumlichen Geltungsbereichs eines sogenannten qualifizierten Bebauungsplanes (§ 30 BBauG) oder innerhalb eines im Zusammenhang bebauten Ortsteils gelegen sind und solchen, die im Außenbereich liegen. Es kann kein Zweifel sein, daß das Grundstück der Kläger zumindest innerhalb eines im Zusammenhang bebauten Ortsteils liegt, so daß in diesem Zusammenhang die Frage, ob ein wirksamer Bebauungsplan im Sinne des § 30 gegeben ist, offen bleiben kann. Für die Entscheidung ist daher allein § 19 Abs. 1 BBauG heranzuziehen. Danach bedurfte die beantragte Teilung zu ihrer Wirksamkeit der Genehmigung. Unter einer Teilung im Sinne des Gesetzes ist die dem Grundbuchamt gegenüber abgegebene oder sonstwie erkennbar gemachte Erklärung des Eigentümers zu verstehen, daß ein Grundstücksteil grundbuchmäßig abgeschrieben und als selbständiges Grundstück oder als ein Grundstück mit anderen Grundstücken oder mit Teilen anderer Grundstücke eingetragen werden soll (§ 19 Abs. 3). Diese Voraussetzungen sind hier gegeben. Die Kläger haben bei dem zuständigen Katasteramt unter Hinweis auf den Vergleich vom 21. 10. 1959 einen Antrag auf Abmessung des nach ihrer Auffassung an die Stadt Neustadt abzugebenden Grundstücksteils gestellt, also erkennbar gemacht, daß der abzutretende Grundstücksteil als Straßenfläche im Grundbuch eingetragen werden solle. Dies reicht aus (siehe OVG Lüneburg, BBauBl. 63, 604). Die Zuständigkeit des Beklagten ergibt sich aus § 19 Abs. 4 BBauG, da er zur Erteilung der Baugenehmigung befugt ist.

Nach § 20 BBauG darf die Genehmigung nur versagt werden, wenn der Rechtsvorgang oder die mit ihm bezweckte Nutzung in den Fällen des § 19 Abs. 1 BBauG mit den Festsetzungen des Bebauungsplans oder der vorhandenen Bebauung nicht vereinbar wäre. Die „vorhandene Bebauung“ kann hier für die Rechtmäßigkeit der Versagung nicht maßgeblich sein, da ein qualifizierter Bebauungsplan vorhanden ist (siehe hierzu BVerwG, B. v. 22. 7. 1965, BBauBl. 66, 27). Der von dem Beklagten gemachte Hinweis auf die Vereinbarkeit mit einer geordneten städtebaulichen Entwicklung kann ebenfalls nicht durchgreifen, da diese nur in den Fällen des § 19 Abs. 2 BBauG von Bedeutung ist.

Für den fraglichen Ortsteil besteht sowohl ein Teilfluchtlinienplan wie auch ein Teilbebauungsplans. Geht man davon aus, daß unter dem Begriff des Bebauungsplans nach § 20 ein sogenannter qualifizierter Bebauungsplan im Sinne des § 30 BBauG zu verstehen ist, wie sich dies eindeutig aus § 19 und dem engen Zusammenhang mit dieser Bestimmung ergibt, dann ist zu erörtern, ob einer der genannten Pläne allein oder gemeinsam mit dem anderen die Voraussetzungen des § 30 BBauG erfüllt. Dies ist zu bejahen.

Zunächst kann es keinem Zweifel unterliegen, daß die beiden vorhandenen Pläne nach Inkrafttreten des Bundesbaugesetzes als Bebauungspläne weiter gelten. Dies folgt aus § 173 Abs. 3 BBauG, denn es handelt sich um festgestelllte städtebauliche Pläne, die Regelungen der in § 9 BBauG bezeichneten Art enthalten. Sie sind auch verbindlich, da beide Pläne nach förmlicher Feststellung offengelegt worden sind und daher Bedenken gegen ihre Rechtswirksamkeit wegen mangelnder Veröffentlichung nicht bestehen.

Ein sogenannter qualifizierter Bebauungsplan nach § 30 BBauG liegt dann vor, wenn ein Bebauungsplan allein oder zusammen mit anderen baurechtlichen Vorschriften mindestens Festsetzungen über Art und Maß der baulichen Nutzung, über die überbaubaren Grundstücksflächen und über die örtlichen Verkehrsflächen enthält. Die beiden oben genannten Bebauungspläne enthalten die hier geforderten Festsetzungen. Die Art der baulichen Nutzung zeigt sich in der vorgesehenen Nutzung der einzelnen Gebiete (z. B. Wohn- oder gewerbliche Bauflächen). Hier steht nach dem Teilbebauungsplan eine Nutzung zu Wohnzwecken fest. Auch das Maß der baulichen Nutzung (siehe § 16 Abs. 2 BNVO) ergibt sich aus diesem Plan, denn das betreffende Gebiet darf nur eingeschoßig bebaut werden. Die überbaubaren Grundstücksflächen sind ebenfalls in dem Teilbebauungsplan ausgewiesen, da dort die Teile eines Bauplatzes, auf denen ein Bauwerk erstellt werden darf, genau festgelegt sind. Schließlich zeigen sowohl der Teilbebauungsplan wie auch der Fluchtlinienplan die örtlichen Verkehrsflächen.

Die von den Klägern beantragte Grundstücksteilung steht mit den Festsetzungen der genannten Pläne in Widerspruch. Denn unstreitig soll die Teilung im Ergebnis einen Teil des dort als Straßenfläche ausgewiesenen Geländes bei den Klägern belassen, die auf ihm ein Bauwerk errichten wollen. Diese mit der Teilung bezweckte Nutzung würde den Ausbau der Mühlenstraße entsprechend den festgelegten Fluchtlinien unmöglich machen oder doch erheblich erschweren. Dabei kann es für die Entscheidung nicht darauf ankommen, ob die Ausweisung der öffentlichen Verkehrsflächen noch den tatsächlichen Gegebenheiten entspricht oder nicht. Solange die genannten Pläne nicht abgeändert worden sind, sind sie mit dem gegebenen Inhalt verbindliches Ortsrecht. Sie mußten daher von dem Beklagten beachtet werden. Im übrigen ist das Vorbringen der Kläger, die genannten Pläne seien hinsichtlich der Verkehrsflächen überholt, nicht überzeugend.

Die Kläger stützen sich weiter auf den mit der Stadt Neustadt abgeschlossenen Vergleich vom 21. 10. 1959. Ihre Auffassung ist jedoch rechtsirrig. Ganz abgesehen davon, daß die hier beklagte Körperschaft in jenem Rechtsstreit nicht Partei oder beteiligt war, so daß die Wirkung des Vergleichs sie gar nicht trifft, könnte dieser Vergleich auch an der Gültigkeit der vorhandenen Bebauungspläne nichts ändern, zumal die Stadt Neustadt im Zeitpunkt des Vergleichsabschlußes für eine Änderung der Bauleitpläne nicht zuständig war. Für die Genehmigung ist daher allein das gültige Ortsrecht maßgeblich, ohne daß der Vergleich berücksichtigt werden kann.

Zudem ist mit Recht darauf hingewiesen worden, daß sich aus der Formulierung des Vergleichs nichts Eindeutiges zu Gunsten der von den Klägern vertretenen Auffassung ergibt. Der entsprechende Abschnitt des Vergleichs ist unklar und widerspruchsvoll. Es ist hier von dem in den Straßenraum fallenden Teil des Grundstücks der Kläger ganz allgemein die Rede. Dieser Teil ist aber nach den vorhandenen Plänen wesentlich größer als die in dem Vergleich genannte Quadratmeterzahl („etwa 21 qm"). Selbst wenn dem Vergleich eine rechtliche Bedeutung zukäme, könnten sich die Kläger im Hinblick auf diese Unklarheit kaum auf ihn stützen. Er ist aber, wie oben ausgeführt, für die angefochtene Entscheidung unerheblich gewesen.

Anhaltspunkte, die eine Befreiung nach § 31 BBauG rechtfertigen könnten, sind nicht ersichtlich.

Die Klage ist daher abzuweisen. Die Kostenentscheidung beruht auf § 154 Abs. 1 VwGO, die Vollstreckbarkeitserklärung ergibt sich aus § 167 VwGO i. V. m. § 709 Nr. 4 ZPO.

Rechtsmittelbelehrung

Gegen dieses Urteil steht den Beteiligten die Berufung zu. Sie ist binnen eines Monats nach Zustellung des Urteils bei dem Verwaltungsgericht in M., Höhenstraße 20, schriftlich oder zu Protokoll des Urkundsbeamten der Geschäftsstelle einzulegen. Die Berufungsschrift muß das angefochtene Urteil bezeichnen und einen bestimmten Antrag enthalten.

gez. *Dr. L.* gez. *F.* gez. *N.*

Zum materiell-rechtlichen Teil der Urteilsgründe ist zu bemerken:

Die Kläger begehren eine sogenannte Bodenverkehrsgenehmigung. Die Genehmigungspflicht für bestimmte Vorgänge des Bodenrechts ist in § 19 BBauG normiert. Von dieser Rechtsgrundlage mußte das Verwaltungsgericht daher ausgehen. Die Vorschrift gibt den zuständigen Behörden die Möglichkeit, für die Bauleitplanung und ihre Durchsetzung wesentliche bodenrechtliche Vorgänge zu überwachen und zu leiten. Das ergibt sich deutlich aus den in § 20 BBauG enthaltenen Versagungsgründen. Wird die Genehmigung nach § 19 erteilt, so darf auf einen Antrag, der innerhalb von drei Jahren seit Erteilung der Genehmigung gestellt wird, aus den in § 20 BBauG genannten Gründen eine Baugenehmigung für die mit dem Rechtsvorgang bezweckte Nutzung nicht versagt werden (Bindungswirkung).

Jeder Verwaltungsakt muß von der zuständigen Behörde erlassen werden. Dies ist hier nach der ausdrücklichen Regelung des Gesetzes die Behörde, die für die Erteilung einer Baugenehmigung zuständig ist. Baugenehmigungsbehörde ist im allgemeinen die untere Verwaltungsbehörde. Insoweit bestanden hier keine Bedenken. Die Folgen, die sich aus der Unzuständigkeit einer Behörde ergeben, können verschieden sein. So tritt bei absoluter Unzuständigkeit Nichtigkeit des Verwaltungsaktes ein, bei örtlicher oder funktioneller Unzuständigkeit nur Anfechtbarkeit. Nach § 19 Abs. 4 BBauG hat die Baugenehmigungsbehörde — wenn die Gemeinde nicht zugleich Baugenehmigungsbehörde ist — im Einvernehmen mit der Gemeinde zu handeln. Ob diese Voraussetzung gegeben ist, muß das Verwaltungsgericht prüfen. Es handelt sich in einem solchen Falle um einen mitwirkungsbedürftigen Verwaltungsakt. Beabsichtigt die Baugenehmigungsbehörde nicht, die Bodenverkehrsgenehmigung zu erteilen, so braucht sie das Einvernehmen der Gemeinde vorher nicht herbeizuführen. Dies ist nur notwendig, wenn sie die Genehmigung erteilen will. Geschieht dies ohne daß das Einvernehmen der Gemeinde gegeben wurde, so ist der Verwaltungsakt anfechtbar.

Der Gegenstand der Genehmigungspflicht nach § 19 ist verschieden, je nachdem, ob das Grundstück innerhalb des räumlichen Geltungsbereichs eines Bebauungsplans im Sinne des § 30 BBauG und innerhalb der im Zusammenhang bebauten Ortsteile oder aber im Außenbereich gelegen ist. Das Verwaltungsgericht hatte daher zunächst festzustellen, welcher der beiden Fälle hier gegeben war. Zweifel können sich insoweit insbesondere dann ergeben, wenn unklar ist, ob ein Grundstück noch zu einem im Zusammenhang bebauten Ortsteil oder aber schon zum Außenbereich gehört. Im gegebenen Falle waren in diesem Zusammenhang keine Schwierigkeiten vorhanden, weil das Grundstück offenbar mitten in der Stadt lag. Der Begriff der Teilung ist ebenfalls im Gesetz normiert.

Der Antragsteller hat Anspruch auf Erteilung der Bodenverkehrsgenehmigung, wenn kein Versagungsgrund im Sinne des § 20 BBauG vorliegt. Die bezweckte Nutzung muß daher mit den Festsetzungen des Bebauungsplans (bzw. der vorhandenen Bebauung) vereinbar sein. Sie ist unvereinbar, wenn durch sie verhindert würde, daß die Festsetzungen in die Wirklichkeit umgesetzt werden können. Im gegebenen Fall würde der Ausbau der Straße bei Genehmigung der Teilung beschränkt oder sogar verhindert. Ein Versagungsgrund lag daher vor.

Das Urteil muß im Tenor auch einen Ausspruch enthalten, wem die Kosten auferlegt werden. Grundsätzlich hat der im Verwaltungsstreitverfahren Unterliegende die Kosten zu tragen. Im einzelnen wird auf § 154ff. VwGO verwiesen. Bemerkt wird, daß die Gebühren und Auslagen eines Rechtsanwalts für das verwaltungsgerichtliche Verfahren stets erstattungsfähig sind; für das Vorverfahren (Widerspruchsverfahren) sind solche Gebühren und Auslagen, wenn sich ein verwaltungsgerichtliches Verfahren anschließt, nur erstattungsfähig, wenn das Gericht die Zuziehung des Bevollmächtigten für das Vorverfahren für notwendig erklärt (vgl. § 162 VwGO). Was die außergerichtlichen Kosten des Beigeladenen anlangt, so ist auch hier ein Ausspruch des Gerichts Voraussetzung für ihre Erstattungsfähigkeit (vgl. § 162 VwGO).

Eine Rechtsmittelbelehrung wird jedem Urteil angefügt. Die Frist für ein Rechts, mittel beginnt nur zu laufen, wenn der Beteiligte über den Rechtsbehelf, das Gericht- bei dem der Rechtsbehelf anzubringen ist, den Sitz des Gerichtes und die einzuhaltende Frist schriftlich belehrt worden ist (§ 58 Abs. 1 VwGO). Ist die Belehrung unterblieben oder unrichtig erteilt, so ist die Einlegung des Rechtsbehelfs (Rechtsmittels) nur innerhalb eines Jahres seit Zustellung, Eröffnung oder Verkündung zulässig außer bei höherer Gewalt oder bei schriftlicher Belehrung, daß ein Rechtsbehelf nicht gegeben sei (im einzelnen s. § 58 VwGO und wegen der Wiedereinsetzung in den vorigen Stand § 60 VwGO).

Das Rechtsmittel gegen Urteile der Verwaltungsgerichte erster Instanz ist in der Regel die Berufung (s. dazu § 124ff. VwGO).

Diese kann durch Bundesgesetz von einer besonderen Zulassung abhängig gemacht werden (§ 131 VwGO), wie das z.B. in § 41 des Wohngeldgesetzes (früher Gesetz über Wohngeldbeihilfe) i.d.F. vom 1. 4. 1965 (BGBl. I S. 177) geschehen ist. Bemerkt wird, daß die Berufung auch durch Landesgesetz für einzelne Rechtsgebiete des Landesrechts beschränkt werden kann. Weitere Einschränkungen der Berufung finden sich in Sondergesetzen des Bundes (s. z.B. § 339 des Lastenausgleichsgesetzes und § 23 des Kriegsgefangenenentschädigungsgesetzes i.d.F. vom 1. 9. 1964, BGBl. I S. 695; wegen der Weitergeltung dieser Bestimmungen s. § 190 VwGO).

Bemerkt wird besonders, daß anstelle einer an sich zulässigen Berufung unter den Voraussetzungen des § 134 VwGO Revision zum BVerwG eingelegt werden kann (sogen. Sprungrevision).

Die Anfechtung der Entscheidung im Kostenpunkt allein ist grundsätzlich nicht möglich (s. dazu § 158 VwGO).

III.

Urteil der Berufungsinstanz in einer wasserrechtlichen Anfechtungssache

Hessischer Verwaltungsgerichtshof IV. Senat Az.: OS IV 200/67 VG III/2 — 545/64	Verkündet am 12. 6. 1967 gez. *Bäcker*, ROI als Urkundsbeamter der Geschäftsstelle

Im Namen des Volkes!

In dem Verwaltungsstreitverfahren

der Mitglieder des Wasserskiclubs W. in G., und zwar

1. des *Ernst Sch.*, G., Lange Gasse 70,
2. des *Berthold M.*, G. Schulstraße 5,
3. — 50. (die Namen dieser Mitglieder sind im Urteil einzeln aufgeführt),

vertreten durch die geschäftsführenden Vorstandsmitglieder *Ernst Sch.* und *Berthold M.* in G., Bevollmächtigter: Rechtsanwalt *K.*, Frankfurt/Main, M. Straße 10,

Kläger und Berufskläger,

gegen

das Land Hessen,
vertreten durch den Regierungspräsidenten in W.,
Bevollmächtigter: Oberregierungsrat Dr. *G.*, Wiesbaden,

Beklagten und Berufungsbeklagten,

wegen Anordnung zur Regelung des Gemeingebrauchs an der Lahn im Landkreis W., hat der IV. Senat des Hessischen Verwaltungsgerichtshofes aufgrund der mündlichen Verhandlung vom 12. Juni 1967, an der teilgenommen haben:

1. Senatspräsident Dr. *R.*	als Vorsitzender,
2. Oberverwaltungsgerichtsrat *O.*	als Richter,
3. Oberverwaltungsgerichtsrat *M.*	als Richter,
4. Maurermeister *S.*	als ehrenamtliche
5. Hausfrau *Maria U.*	Verwaltungs-richter,

für Recht erkannt:

Die Berufung der Kläger zu 1. und 2. wird zurückgewiesen.

Soweit die Kläger zu 3. bis 50. die Klage zurückgenommen haben, wird das Verfahren eingestellt.

Die Kosten des Berufungsverfahrens werden den Klägern auferlegt.

Das Urteil wird hinsichtlich der zu erstattenden außergerichtlichen Kosten des Beklagten für vorläufig vollstreckbar erklärt.

Die Revision gegen dieses Urteil wird zugelassen.

Im Gegensatz zur Regelung der Besetzung der Verwaltungsgerichte erster Instanz und des Bundesverwaltungsgerichts hat die VwGO die Besetzung der Oberverwaltungsgerichte (VGH) nicht einheitlich gestaltet. Nach § 9 Abs. 3 VwGO entscheiden die Senate der Oberverwaltungsgerichte (VGH) in der Besetzung von drei Richtern; doch kann die Landesgesetzgebung vorsehen, daß die Senate in der Besetzung von fünf Richtern entscheiden, von denen zwei auch ehrenamtliche Verwaltungsrichter sein können. Die Landesgesetzgebung hat von dieser Möglichkeit auch Gebrauch gemacht. So verhandelt und entscheidet in Bayern der VGH in Senaten in der Besetzung mit fünf Richtern (Berufsrichtern); Beschlüsse außerhalb der mündlichen Verhandlung fassen die Senate in der Besetzung mit drei Richtern (Berufsrichtern); in den Fällen des § 47 VwGO (Normenkontrollverfahren) ergeht die Endentscheidung in der Besetzung mit fünf Richtern (Berufsrichtern). Ehrenamtliche Verwaltungsrichter wirken beim VGH nicht mit (Art. 5 AGVwGO). In Nordrhein-Westfalen besteht der Senat bei Urteilen auf Grund mündlicher Verhandlung aus drei Berufsrichtern und zwei ehrenamtlichen Verwaltungsrichtern. Ebenso in Hessen.

Tatbestand

Die Kläger zu 1. und 2. sind ebenso wie die ursprünglichen Kläger zu 3. bis 50. Mitglieder des Wasserskiclubs W. Der Club ist nicht in das Vereinsregister eingetragen.

Im Jahre 1960 erließ der Bundesminister für Verkehr aufgrund des § 3 Abs. 1 Nr. 1 des Gesetzes über die Aufgaben des Bundes auf dem Gebiet der Binnenschiffahrt vom 15. 2. 1956 die Verordnung über das Wasserskifahren auf den Bundeswasserstraßen vom 20. Juli 1960. Nach dieser Verordnung ist das Wasserskifahren grundsätzlich verboten. Die Wasser- und Schiffahrtsdirektionen können jedoch für ihren Bereich das Wasserskifahren auf besonders freigegebenen Strecken und Wasserflächen gestatten.

Durch die Bekanntmachung Nr. 16 für die Lahnschiffahrt betreffend Wasserskifahren auf der Lahn vom 5. 6. 1963 gab die Wasser- und Schiffahrtsdirektion Mainz gemäß § 2 der vorgenannten Verordnung über das Wasserskifahren auf den Bundeswasserstraßen u. a. die Wasserfläche der Lahn zwischen Lahnkilometer 13.60 und Lahnkilometer 15.00 im Landkreis W. für das Wasserskifahren frei. In der Bekanntmachung wird diese Freigabe an fünf Auflagen geknüpft. Weiter heißt es noch, daß die Wasserskifahrer und ihre Boote auf den vorstehend freigegebenen Strecken die auf der Lahn vorgeschriebene Höchstfahrgeschwindigkeit während des Wasserskifahrens überschreiten dürfen, solange sie die fünf festgelegten Auflagen einhalten.

Aufgrund dieser Freigabe übten die Kläger seit Sommer 1963 auf dem vorgenannten Streckenabschnitt der Lahn Wasserskisport aus.

Am 3. Juli 1964 erließ der Regierungspräsident in Wiesbaden aufgrund des § 23 des Gesetzes zur Ordnung des Wasserhaushaltes vom 27. 7. 1957 und des § 27 Abs. 3 des Hess. Wassergesetzes vom 6. Juli 1960 für den gleichen Streckenabschnitt der Lahn eine Anordnung zur Regelung des Gemeingebrauchs an der Lahn im Landkreis W. Diese Anordnung enthält folgende Bestimmungen:

1. Das Befahren der Lahn mit Motorbooten ist widerruflich gestattet.
2. Die Höchstgeschwindigkeit beträgt 10 km in der Stunde.
3. Die Benutzung von Motorbooten zum Wasserskifahren wird untersagt.

Im übrigen wird darauf hingewiesen, daß Zuwiderhandlungen gegen diese Anordnung mit einer Geldbuße geahndet werden können. Die Anordnung ist im Staatsanzeiger für das Land Hessen 1964, Nr. 30, S. 933 abgedruckt worden.

Am 21. August 1964 legte der Wasserskiclub W., vertreten durch seine geschäftsführenden Vorstandsmitglieder, hiergegen Widerspruch ein. In dem Schriftsatz wird u.a. darauf hingewiesen, daß sich die Verfügung insbesondere gegen die Mitglieder des Clubs richte. Dem Widerspruch wurde eine Vollmachtsurkunde des Wasserskiclubs W. beigefügt, die von dem Vorstandsmitglied S. unterschrieben ist.

Durch Bescheid vom 11. September 1964 wies der Regierungspräsident in Wiesbaden den Widerspruch als unzulässig zurück, weil seine Anordnung vom 3. Juli 1964 kein Verwaltungsakt, sondern eine rechtssatzmäßige allgemeine Regelung zur Ergänzung des Gesetzes sei. Der Bescheid wurde am 16. September 1964 zugestellt.

Wegen der Anordnung des Regierungspräsidenten vom 3. Juli 1964 erhoben am 16. Oktober 1964 insgesamt 50 Mitglieder des Wasserskiclubs W. beim Verwaltungsgericht Anfechtungsklage.

In dem Termin am 25. Mai 1965 erklärte der Prozeßbevollmächtigte der Kläger — laut Protokoll: „Vor Eintritt in die mündliche Verhandlung" —, er ändere das Rubrum seiner Klage dahin, daß als Kläger nur Ernst S. und Berthold M. angesehen werden sollen.

Zur Begründung ihrer Klage machten die Kläger geltend, daß es sich bei der angefochtenen Anordnung um einen Verwaltungsakt in der Form einer Allgemeinverfügung handele. Denn es werde ein konkreter Einzelfall mit Richtung auf einen zumindest bestimmbaren Personenkreis geregelt. Nicht zuletzt sei auch der in der Anordnung enthaltene Widerrufsvorbehalt ein typisches Merkmal für einen Verwaltungsakt. In materieller Hinsicht sei die angefochtene Verfügung rechtswidrig, weil sie eine Materie regele, die nach Art. 74 Ziff. 21 GG zur konkurrierenden Gesetzgebung des Bundes gehöre. Nach § 1 a der Binnenschiffahrtstraßenordnung vom 19. Dezember 1954 sowie § 3 des Gesetzes über die Aufgaben des Bundes auf dem Gebiet der Binnenschiffahrt vom 15. Februar 1956 sei der Verkehr mit kleinen Fahrzeugen, Sportbooten und Motorbooten, zu dem auch das Wasserskifahren gehöre, der Binnenschiffahrt zuzuordnen. Das gleiche ergebe sich auch aus der Tatsache, daß der Bund sogar eine besondere Verordnung über das Wasserskifahren auf Bundeswasserstraßen vom 20. Juli 1960 erlassen habe.

Die Kläger stellten den Antrag,

die Anordnung des Beklagten vom 3. Juli 1964 und seinen Widerspruchsbescheid vom 11. September 1964 aufzuheben.

Der Beklagte beantragte,

die Klage — als unzulässig — abzuweisen.

Er vertrat die Auffassung, daß seine Anordnung vom 3. Juli 1964 kein Verwaltungsakt, sondern ein Rechtssatz sei, der also nicht mit einer Anfechtungsklage, sondern nur durch eine Normenkontrollklage angefochten werden könne. In der Sache selbst wies der Beklagte noch darauf hin, daß er nach § 23 des Wasserhaushaltsgesetzes und nach § 27 HWG zuständig und auch berechtigt sei, den Gemeingebrauch an der Lahn zu regeln. Nach § 27 HWG gehöre lediglich das Befahren eines Gewässers mit kleineren Fahrzeugen ohne eigene Triebkraft zum gewöhnlichen Gemeingebrauch. Darüber hinaus könne das Befahren mit kleineren Motorfahrzeugen ausnahmsweise als Gemeingebrauch gestattet werden.

Durch Urteil vom 25. Mai 1965 wies das Verwaltungsgericht die Klage der Kläger zu 1. und 2. als unzulässig ab. Das Gericht war der Auffassung, daß die angefochtene Anordnung des Regierungspräsidenten in Wiesbaden vom 3. Juli 1964 eine Rechtsverordnung darstelle. Infolgedessen sei die Anfechtungsklage nicht statthaft. Bezüglich der ursprünglichen Klage der Kläger zu 3. bis 50. wurde keine Entscheidung getroffen. Das Urteil wurde den Klägern am 6. Juli 1965 zugestellt.

Am 6. August 1965 haben die Kläger zu 1. und 2. hiergegen Berufung eingelegt. In ihrer Berufungsbegründung machen sie vor allem geltend, daß die Anordnung des Beklagten vom 3. Juli 1964 einen Verwaltungsakt darstelle. Dies führen sie im einzelnen näher aus.

Die Kläger zu 1. und 2. stellen den Antrag,

unter Abänderung des Urteils des Verwaltungsgerichts Wiesbaden vom 25. Mai 1965 die Ziffern 2. und 3. der Anordnung des Regierungspräsidenten in Wiesbaden vom 3. Juli 1964 und dessen Widerspruchsbescheid vom 11. September 1964 aufzuheben, soweit sie die Wasserfläche der Lahn zwischen Lahnkilometer 13,60 und 15,00 betreffen.

Im übrigen haben die Kläger ihre Klage zurückgenommen.

Der Beklagte beantragt,

die Berufung zurückzuweisen.

Zur Begründung seines Antrags bezieht er sich auf seinen Bescheid vom 11. September 1964 und sein erstinstanzliches Vorbringen sowie auf die Gründe des erstinstanzlichen Urteils vom 25. Mai 1965.

Dem Senat liegt die den Rechtsstreit betreffende Akte des Beklagten vor, die zum Gegenstand der mündlichen Verhandlung gemacht worden ist.

Entscheidungsgründe

I.

Die Berufung der Kläger zu 1. und 2. ist zulässig. Sie ist statthaft sowie frist- und formgerecht eingelegt. Die Berufungsschrift bezeichnet das Urteil, das angefochten wird, und enthält einen bestimmten Antrag. Eine ausführliche Berufungsbegründung ist vorgelegt worden.

II.

Die Berufung vermag allerdings keinen Erfolg zu haben. Aufgrund des Ergebnisses der mündlichen Verhandlung ist der Senat zu der Auffassung gelangt, daß die Klage unzulässig ist. Denn die von den Klägern angefochtene Anordnung des Beklagten vom 3. Juli 1964 kann nicht als ein Verwaltungsakt qualifiziert werden. Vielmehr handelt es sich um eine Maßnahme, die wegen ihres generellen Charakters einen Rechtssatz zum Inhalt hat.

In formeller Hinsicht muß vorweg noch darauf hingewiesen werden, daß das Verwaltungsgericht zu Unrecht nur die Kläger zu 1. und 2. im Rubrum seines Urteils als Kläger aufgeführt hat. Die Klage ist ursprünglich von den Klägern zu 1. bis 50. erhoben worden. Die Kläger haben zwar im Laufe des erstinstanzlichen Verfahrens erklärt, sie wollten „das Rubrum ihrer Klage" dahin „ändern", daß als Kläger nur noch die Kläger zu 1. und 2. angesehen werden sollen. Dazu ist jedoch festzustellen, daß eine Klage kein Rubrum hat, das von den Klägern beliebig geändert werden könnte. Nur die Klage als solche kann von den Klägern geändert werden. Infolgedessen hätte das Verwaltungsgericht prüfen müssen, ob die Kläger nicht in Wirklichkeit eine Änderung ihrer Klage vornehmen wollten. Und zwar sollten die Kläger zu 3. bis 50. als Kläger aus dem Verfahren ausscheiden. Eine solche Änderung muß rechtlich als eine teilweise Rücknahme der Klage aufgefaßt werden. Zum Zwecke der Klarstellung haben die Kläger zu 1. und 2. in Vollmacht der restlichen Kläger diese Erklärung im Verhandlungstermin am 22. April 1966 ausdrücklich abgegeben.

Weiterhin haben die verbleibenden Kläger zu 1. und 2. die Klage noch insoweit zurückgenommen, als sie anfangs auch gegen die Ziffer 1. der Anordnung des Beklagten vom 3. Juli 1964 gerichtet war und soweit die Ziffern 2. und 3. der Anordnung noch andere Wasserflächen der Lahn als zwischen Lahnkilometer 13,60 und Lahnkilometer 15,00 betreffen. Denn durch diese Teile der Anordnung werden die Kläger nicht beeinträchtigt. In dem Umfang, in dem eine Rücknahme der Klage vorliegt, ist das Verfahren gemäß § 92 VwGO einzustellen. Dieser Ausspruch braucht allerdings nicht in einem besonderen Beschluß, sondern kann noch in dem Schlußurteil erfolgen. Die Kostenfolge der teilweisen Rücknahme kann in jedem Falle erst in der Schlußentscheidung zum Ausdruck gebracht werden, weil die Entscheidung über die gesamten Kosten des Verfahrens einheitlich zu ergehen hat (vgl. BVerwG, V C 88.63, Urt. v. 2. Juni 1965).

III.

Nach der vom Senat vertretenen Auffassung ist die Klage der Kläger zu 1. und 2. gegen die Anordnung des Beklagten vom 3. Juli 1964 nicht zulässig. Es handelt sich um eine als Anfechtungsklage bezeichnete Klage gegen eine Maßnahme des Beklagten, mit der er den Gemeingebrauch an einem öffentlichen Gewässer geregelt hat oder jedenfalls regeln wollte. Diese Maßnahme ist an eine unbestimmte Vielzahl von Personen gerichtet. Aus diesem Grunde muß sie als ein Akt der Rechtssetzung aufgefaßt werden.

Was zuerst die rechtliche Eingruppierung der Lahn angeht, so ist sie teilweise als Bundeswasserstraße ein Gewässer 1. Ordnung und teilweise ein Gewässer 2. Ordnung. Der Art. 89 Abs. 1 GG bestimmt, daß der Bund Eigentümer der bisherigen Reichswasserstraßen ist. Das bedeutet, daß die früheren Reichswasserstraßen heute Bundeswasserstraßen sind. Die Frage, ob ein Gewässer vor dem Inkrafttreten des Grundgesetzes eine Reichswasserstraße gewesen ist, beantwortet sich nach dem Gesetz über den Staatsvertrag betreffend den Übergang der Wasserstraßen von den Ländern aud das Reich vom 29. Juli 1921 (RGBl. 1921, S. 961). Der § 1 des dem Gesetz beigefügten Staatsvertrages bestimmt, daß am 1. April 1921 die in einem anliegenden Verzeichnis — Anlage A — aufgeführten Binnenwasserstraßen auf das Reich übergehen. In dem anliegenden Verzeichnis ist in Abschnitt I — Preußen — unter der lfd. Nr. 30 die Lahn von dem Rhein bis zur Landesgrenze und in Abschnitt VI — Hessen — unter der lfd. Nr. 128 die Lahn von der Landesgrenze bis Gießen aufgeführt. Dieser Rechtslage wird auch in Art. 1 der Verordnung zur Einführung der Binnenschiffahrtstraßenordnung vom 19. Dezember 1954 Rechnung getragen. Dort heißt es, daß die als Anlage beigefügte Binnenschiffahrtstraßenordnung auf den Bundeswasserstraßen gelte, die in den Sonderbestimmungen des zweiten Teils aufgeführt sind. Die als Anlage beigefügte Binnenschiffahrtstraßenordnung bestimmt in ihrem II. Teil in Abschnitt III — Lahn — in dem § 1 — La —, daß die Bestimmungen dieses Abschnitts auf der Lahn von der Mündung bis zum Unterwasser des Badenburger Wehrs oberhalb Gießen gelten. Daraus folgt, daß der Streckenabschnitt der Lahn von der Mündung in den Rhein bis nach Gießen eine Bundeswasserstraße ist.

Andererseits bestimmt der § 3 des Hessischen Wassergesetzes vom 6. Juli 1960, daß die Gewässer nach ihrer Bedeutung in Gewässer 1. Ordnung, 2. Ordnung und 3. Ordnung eingeteilt werden. Zu den Gewässern 1. Ordnung gehören die Bundeswasserstraßen und die in der Anlage 1 genannten Gewässer. Die Gewässer 2. Ordnung sind die in der Anlage 2 genannten Gewässer. In der beigefügten Anlage 2 ist unter der Nr. 50 die Lahn von der Landesgrenze westlich Wallau bis zum Wehr Badenburg oberhalb Gießen aufgeführt. Dieser Streckenabschnitt der Lahn ist also nicht mehr Bundeswasserstraße, sondern ein Gewässer 2. Ordnung, das im Eigentum der angrenzenden Gemeinden steht. Danach ergibt sich, daß die hier infrage stehende Wasserfläche der Lahn zwischen Lahnkilometer 13,60 und Lahnkilometer 15,00 im Landkreis W. zu dem Teil der Lahn gehört, der als Bundeswasserstraße ein Gewässer 1. Ordnung ist.

IV.

Die Rechte der Allgemeinheit zur Benutzung der Lahn sind in § 27 des Hess. Wassergesetzes geregelt. Als natürlich fliessendes Gewässer darf sie nach § 27 Abs. 1 HWG grundsätzlich von jedermann zum Baden, Waschen, Tränken, Schwemmen, Schöpfen mit Handgefässen, Eissport und Befahren mit kleinen Fahrzeugen ohne eigene Triebkraft benutzt werden. Diese Arten der Benutzung sind als Gemeingebrauch gestattet. Nach § 27 Abs. 3 Satz 1 HWG kann die Wasserbehörde den Gemeingebrauch im einzelnen näher regeln. Darüber hinaus bestimmt der § 27 Abs. 3 Satz 2 HWG, daß die Wasserbehörde auch das Befahren der Gewässer mit kleinen Motorfahrzeugen als Gemeingebrauch gestatten könne. Von dieser gesetzlich vorgesehenen Möglichkeit hat der Beklagte hier Gebrauch gemacht. Dabei hat er gleichzeitig für das Fahren der Motorfahrzeuge eine bestimmte Höchstgeschwindigkeit vorgeschrieben und die Benutzung der Motorfahrzeuge zum Wasserskifahren untersagt. Es kommt also darauf an, ob diese Maßnahmen als Rechtssatz oder als Verwaltungsakt anzusehen sind.

Zu dieser Problematik ist zunächst ganz allgemein zu bemerken, daß die Abgrenzung zwischen einem Rechtssetzungsakt, d.h. dem Erlaß einer Rechtsnorm, und einem Verwaltungsakt, insbesondere in der Form der Allgemeinverfügung, sowohl in der Rechtstheorie wie auch in der gerichtlichen Praxis erhebliche Schwierigkeiten bereitet. Dabei stehen sich im wesentlichen zwei Rechtsanschauungen gegenüber.

Nach der heute noch als vorherrschend zu bezeichnenden Ansicht soll der Rechtssetzungsakt eine generelle abstrakte Regelung zum Gegenstand haben, während eine Allgemeinverfügung eine generelle konkrete Regelung trifft.

Die Allgemeinverfügung soll einen konkreten Sachverhalt für einen größeren, allerdings noch bestimmbaren Personenkreis regeln. Dabei wird die Bestimmbarkeit des Personenkreises als gegeben angesehen, wenn jede Person, die es angeht, erkennen kann, daß sich die Maßnahme auch an sie richtet. Darüber hinaus wird teilweise sogar bezweifelt, ob eine zahlenmäßige Unbestimmtheit des Adressatenkreises die Annahme einer Allgemeinverfügung begrifflich ausschließen würde. So hat zum Beispiel auch das Bundesverwaltungsgericht die Auffassung vertreten, daß sich der Begriff des Verwaltungsaktes — und damit auch der Allgemeinverfügung — nur nach seinem Inhalt — als Regelung eines Einzelfalles — und nicht nach seinem Empfängerkreis richte, zumal es Verwaltungsakte gebe, die an überhaupt keinen bestimmten Empfänger gerichtet sind.

Im Gegensatz hierzu wird zur Unterscheidung zwischen Gesetzgebungsakt und Verwaltungsakt insbesondere im Schrifttum noch eine andere Meinung vertreten. Sie geht im wesentlichen dahin, daß eine Rechtsnorm vorliege, wenn sich eine Maßnahme an eine im Zeitpunkt des Ergehens der Maßnahme unbestimmte Vielzahl von Personen wendet und eine allgemeingültige Regelung trifft, während eine Allgemeinverfügung gegeben sei, wenn sich die Maßnahme an einen zur Zeit ihres Ergehens feststehenden oder zumindest feststellbaren Personenkreis richtet und eine nur diese Person angehende Regelung trifft. Das bedeutet im Ergebnis, daß sich der Begriff des Verwaltungsakts nicht nach dem Inhalt der getroffenen Maßnahme als einer konkreten oder einer abstrakten Regelung, sondern allein nach der zahlenmäßigen Bestimmtheit des Empfängerkreises richten soll. Infolgedessen wäre eine generelle Regelung als Rechtsnorm und nur eine spezielle Regelung als Verwaltungsakt anzusehen.

V.

Was das Gebiet des Wasserrechts und im besonderen den Gemeingebrauch an öffentlichen Gewässern angeht, so besteht jedenfalls für das Land Hessen keine ausdrückliche Vorschrift, in welcher Rechtsform Regelungen des Gemeingebrauchs vorgenommen werden sollen. In § 27 Abs. 3 HWG heißt es lediglich, daß die Wasserbehörde den Gemeingebrauch regeln könne. In der Literatur wird hierzu die Auffassung vertreten, daß die Regelung sowohl in der Form der — speziell konkreten oder speziell abstrakten — Einzelverfügung wie auch der — generell konkreten — Allgemeinverfügung erfolgen dürfe. Die Möglichkeit einer — generell abstrakten — Rechtsnorm wird dort ausgeschlossen. Ähnliche Bdstimmungen wie im HWG sind auch in § 25 Abs. 3 des Berliner Wassergesetzes vom 28. Februar 1960 und in § 32 des Wassergesetzes für das Land Nordrhein-Westfalen vom 22. Mai 1962 enthalten. Beide Gesetze lassen es offen, in welcher Form der Gemeingebrauch geregelt werden soll.

Demgegenüber bestehen in den meisten anderen Ländern Vorschriften, die eine genauere Festlegung enthalten. So bestimmen der § 11 des Hamburgischen Wassergesetzes vom 20. Juni 1960 und der § 27 des Landeswassergesetzes Rheinland-Pfalz vom 1. August 1960, daß die zuständigen Behörden ermächtigt werden, „durch Rechtsverordnung" die Ausübung des Gemeingebrauchs zu regeln. Auch in Art. 22 des Bayerischen Wassergesetzes vom 26. Juli 1962 heißt es, daß die zuständige Behörde „durch Verordnung" die Ausübung des Gemeingebrauchs regeln kann. Nach § 57 des Niedersächsischen Wassergesetzes vom 7. Juli 1960 und nach § 63 des Bremischen Wassergesetzes vom 13. März 1962 kann die Wasserbehörde den Gemeingebrauch „durch Verordnung oder Verfügung" regeln. Dabei wird offengelassen, in welchen Fällen eine Verordnung und in welchen Fällen eine Verfügung ergehen soll. Deutlichere Regelungen treffen das Saarländische Wassergesetz vom 28. Juni 1960 und das Wassergesetz des Landes Schleswig-Holstein vom 25. Februar 1960. Nach § 25 des Saarländischen Wassergesetzes kann eine „allgemeine Regelung des Gemeingebrauchs" durch Rechtsverordnung erfolgen, während nach § 26 die Wasserbehörde, soweit Rechtsverordnungen nicht erlassen sind, „Anordnungen im Einzelfall", also Verwaltungsakte über die Ausübung des Gemeingebrauchs erlassen kann. Entsprechend ist in § 19 des Schleswig-Holsteinischen Wassergesetzes bestimmt, daß der zuständige Minister ermächtigt wird, durch Rechtsverordnung den Gemeingebrauch zu regeln, während nach § 20 die Wasserbehörde, soweit keine Rechtsverordnungen vorliegen, den Gemeingebrauch im Einzelfall durch Verwaltungsakt regeln kann.

Diese Unterscheidung zwischen allgemeinen Regelungen und Regelungen im Einzelfall will jetzt offenbar auch der Bundesgesetzgeber übernehmen. Jedenfalls ist sie in § 6 des Entwurfs eines neuen Bundeswasserstraßengesetzes (BT-Drucks. V/352) vorgesehen. In § 6 Abs. 2 Satz 1 heißt es, daß der Bundesminister für Verkehr „durch Rechtsverordnung" den Gemeingebrauch regeln kann, soweit es zur Erhaltung der Bundeswasserstraßen in einem für die Schiffahrt erforderlichen Zustand notwendig ist. Nach Satz 2 können unter den gleichen Voraussetzungen die Behörden der Wasser- und Schiffahrtsverwaltung des Bundes „durch Verfügung" den Gemeingebrauch regeln. Danach sollen also der Bundesminister für Verkehr überörtliche Regelungen des Gemeingebrauchs durch Rechtsverordnung und die Wasser- und Schiffahrtsbehörden örtliche Regelungen durch Verwaltungsakt treffen. Diese Trennung könnte bedeuten, daß der Bundesgesetzgeber von der Unterscheidung zwischen generell abstrakten Rechtsverordnungen und generell konkreten Allgemeinverfügungen ausgeht.

In diesem Zusammenhang sei rechtsvergleichend auf das öffentliche Wegerecht hingewiesen. Auch auf diesem Gebiet werden Sachen einem öffentlichen Zweck mit der Folge gewidmet, daß sich der Allgemeinheit das Recht zum Gebrauch der Sache eröffnet. Dieses Recht wird auch hier als Gemeingebrauch bezeichnet. Der Akt der Widmung und die Regelung des Gemeingebrauchs haben nach der herrschenden Rechtsauffassung eine generell konkrete Regelung eines Einzelfalles zum Inhalt. Denn sie richten sich zwar an einen allenfalls bestimmbaren Personenkreis, sie regeln jedoch ein konkretes Rechtsverhältnis an einem bestimmten Weg. Aus diesem Grunde wird die Regelung des Gemeingebrauchs an einem Weg überwiegend als Verwaltungsakt angesehen.

Weiterhin ist das Problem der Abgrenzung von Gesetzgebungsakt und Verwaltungsakt auf dem Sachgebiet des Straßenverkehrsrechts von besonderer Bedeutung. Dabei geht es vor allem um den Charakter von amtlichen Verkehrszeichen. Hierzu gehören auch eine Erlaubnis oder ein Verbot zum Fahren mit bestimmten Fahrzeugarten auf einer bestimmten Straße sowie eine Geschwindigkeitsbegrenzung auf einer bestimmten Straße. Zu dieser Frage haben der BGH (4 STB 307/64; Urt. v. 4. Dezember 1964, DVBl. 1965/198) und der II. Senat des Hess. Verwaltungsgerichtshofs (OS II 81/62, Urt. v. 24. April 1963, NJW 1964 S. 564) die Auffassung vertreten, daß sich die von einem amtlichen Verkehrszeichen ausgehenden Gebote und Verbote stets auf einen konkreten Sachverhalt beziehen. Sie richten sich an einen bestimmten Personenkreis, welcher die Straße benutzt. Die Zahl dieser Verkehrsteilnehmer sei zwar unbegrenzt, jedoch nicht unbestimmt. Derjenige, an den sich die von einem Verkehrszeichen ausgehende Weisung richte, sei hinreichend bestimmt. Es lägen also alle Voraussetzungen eines — generell konkreten — Verwaltungsaktes vor. Auf dem gegenteiligen Standpunkt stehen insbesondere das Bay. OBLG (Bay. ObLGSt, Bd. 52 S. 102) und der Bay. VGH (Nr. 32 IV 54, Urt. v. 24. Juni 1955, VGH n.F. Bd. 8 S. 132—135 —). Sie sehen amtliche Verkehrszeichen als Rechtsnorm an, weil sie einen generell abstrakten Inhalt hätten.

VI.

Der Senat schließt sich der oben genannten Rechtsauffassung an, daß eine generelle Regelung als Rechtsnorm zu qualifizieren ist. Unter Würdigung aller rechtlichen Gesichtspunkte ist er der Meinung, daß eine behördliche Maßnahme, die sich an eine zur Zeit des Erlasses der Maßnahme nicht feststehende unbestimmte Vielzahl von Personen, also an einen zahlenmäßig noch unbestimmten Empfängerkreis richtet, nicht mehr als ein Verwaltungsakt gelten kann. Dabei geht der Senat in erster Linie von dem Gesichtspunkt aus, daß sich keine klare Abgrenzung zwischen einerseits einer generell konkreten Regelung und andererseits einer generell abstrakten Regelung finden läßt. Insbesondere kann der Umfang des räumlichen Bereichs, für den sich eine bestimmte Maßnahme Geltung beilegt, nicht als ein brauchbares Unterscheidungsmerkmal angesehen werden. Denn es kann keinen wesentlichen Unterschied ausmachen, ob eine Regelung z.B. nur für ein einzelnes Haus, für eine bestimmte Straße, eine Gemeinde, einen Kreis oder ein ganzes Land gelten soll (vgl. dazu eingehend Volkmar, Allgemeiner Rechtssatz und Einzelakt, a.a.O., S. 108ff). Ebenso ist es für die rechtliche Qualifizierung einer Regelung ohne Bedeutung, ob sie nur für eine kurze Strecke eines bestimmten Gewässers, das gesamte Gewässer oder auch alle Gewässer in einem Land gelten soll. Dem gegenüber läßt sich jedoch eine spezielle Regelung eindeutig von einer generellen Regelung abgrenzen. Eine spezielle Regelung richtet sich an einen im Zeitpunkt des Ergehens der Regelung feststehenden oder zumindest feststellbaren Personenkreis, der sich nachträglich nicht mehr ändern kann. Demgegenüber wird von einer generellen Regelung eine im Zeitpunkt des Ergehens der Regelung nicht feststehende unbestimmbare Vielzahl von Personen erfaßt. Aus diesem Grunde scheint es geboten, nur solche Maßnahmen als Verwaltungsakte zu bezeichnen, die eine spezielle Regelung zum Inhalt haben.

Es kann keinem Zweifel unterliegen, daß die hier angefochtene Anordnung des Beklagten vom 3. Juli 1964 keine spezielle Regelung, sondern eine generelle Regelung zum Inhalt hat. Denn die Maßnahme richtet sich an einen zahlenmäßig unbestimmten Empfängerkreis. Von der in der Anordnung enthaltenen Regelung wird jede Person betroffen, die während der Geltung der Anordnung auf der bezeichneten Strecke der Lahn Wasserski fahren will. Der Senat steht auf dem Standpunkt, daß diese generelle Regelung als eine Rechtsnorm angesehen werden muß.

An diesem Ergebnis vermag auch der Umstand nichts zu ändern, daß der Beklagte seine Anordnung als „widerruflich" bezeichnet hat. Sicherlich ist diese von ihm gebrauchte Formulierung nicht zutreffend. Denn eine Rechtsnorm kann nicht „widerrufen" werden. Es ist nicht ganz eindeutig zu erklären, von welchen Vorstellungen der Beklagte ausgegangen ist, als er seine Maßnahme als widerruflich bezeichnet hat. Es wäre allerdings bedeutungslos, wenn er sie selbst damals irrtümlich als eine Allgemeinverfügung angesehen hätte. Möglicherweise hat er jedoch nur darauf hinweisen wollen, daß die Maßnahme jederzeit geändert oder wieder aufgehoben werden kann. An dem Charakter der Maßnahme als Rechtsnorm wird dadurch nicht geändert.

Schließlich ist die Anordnung auch im Staatsanzeiger für das Land Hessen 1964, S. 933, veröffentlicht worden. Damit erfüllt sie die an jeden Rechtssatz gestellte Forderung, daß er in gehöriger Form der Öffentlichkeit durch Verkündung des Wortlautes bekanntgegeben werden muß (vgl. BVerwG, Urt. v. 28. November 1963, BVerwGE 17, S. 192).

Zusammenfassend ist hiernach festzustellen, daß das Verwaltungsgericht die Anfechtungsklage der Kläger zu 1. und 2. gegen die Anordnung des Beklagten vom 3. Juli 1964 zu Recht als unzulässig abgewiesen hat, weil die Maßnahme, die angefochten wird, kein Verwaltungsakt, sondern eine Rechtsnorm ist. Aus dem gleichen Grunde muß die Berufung der Kläger zu 1. und 2. erfolglos bleiben. Soweit die Kläger zu 1. bis 50. die zunächst weitergehende Klage zurückgenommen haben, wird das Verfahren gemäß § 92 VwGO eingestellt. Die Nebenentscheidungen hinsichtlich der Kosten des Berufungsverfahrens, der vorläufigen Vollstreckbarkeit und der Zulassung der Revision beruhen auf den §§ 132 Abs. 2 Nr. 1, 154 Abs. 2 und 167 VwGO i. V. m. § 709 Ziff. 4 ZPO. Die Revision hat der Senat zugelassen, weil der Frage der Abgrenzung zwischen Rechtssetzungsakt und Verwaltungsakt eine grundsätzliche Bedeutung nicht abgesprochen werden kann.

Rechtsmittelbelehrung

Gegen dieses Urteil steht den Beteiligten die Revision an das Bundesverwaltungsgericht zu. Die Revision ist innerhalb eines Monats nach Zustellung dieses Urteils durch einen Rechtsanwalt oder einen Rechtslehrer an einer deutschen Hochschule schriftlich beim Hessischen Verwaltungsgerichtshof in Kassel, Brüder-Grimm-Platz 1, einzulegen und spätestens innerhalb eines weiteren Monats zu begründen. Die Revision muß das angefochtene Urteil bezeichnen. Die Revisionsbegründung oder die Revision muß einen bestimmten Antrag enthalten, die verletzte Rechtsnorm und, soweit Verfahrensmängel gerügt werden, die Tatsachen bezeichnen, die den Mangel ergeben.

gez. Dr. *R.* gez. *O.* gez. *M.*

Ist die Entscheidung des Erstgerichts (hier Abweisung der Klage) an sich richtig, nicht aber seine Begründung, dann ist gleichwohl die Berufung als unbegründet zurückzuweisen, ohne daß im Urteilstenor hierwegen ein Ausspruch erfolgt. Etwas anderes gilt jedoch, wenn die Klage zum Verwaltungsgericht unzulässig war; dann lautet der Tenor des Berufungsurteils: „Die Berufung wird zurückgewiesen mit der Maßgabe, daß die Klage als unzulässig abgewiesen wird".

Ist wie im vorliegenden Falle die Berufung unbegründet, dann wird die Berufung zurückgewiesen. Wäre aber die Berufung selbst, etwa wegen Fristversäumnis, unzulässig, dann lautet der Tenor des Berufungsurteils: „Die Berufung wird verworfen".

Die Zulässigkeit einer Anfechtungsklage setzt voraus, daß die Kläger die Aufhebung eines Verwaltungsaktes begehren bzw. geltend machen, durch einen Verwaltungsakt in ihren Rechten verletzt zu sein (§ 42 VwGO). Das Gericht mußte daher zunächst untersuchen, ob die Anordnung vom 3. 7. 1964 ein Verwaltungsakt war oder nicht. In diesem Zusammenhang war nicht entscheidend, was die Behörde gewollt hat und auch nicht, ob die Anordnung als Verwaltungsakt oder als Rechtsnorm hätte ergehen müssen. Daß der Regierungspräsident hier eine Rechtsnorm und keinen Verwaltungsakt erlassen hat, war schon daraus zu entnehmen, daß ein mit Namen genannter Empfänger fehlte, daß die Anordnung keine Rechtsmittelbelehrung enthielt und daß sie in einem Amtsblatt veröffentlicht worden war.

Umgekehrt ist dagegen eine Klage gegen einen behördliche Anordnung, die ihrem wesentlichen Inhalt nach als Rechtsnorm hätte ergehen müssen, aber in Form eines Verwaltungsaktes erlassen wurde, zulässig und führt zu dessen Aufhebung (vgl. BVerwGE, 18 S. 1). Hier war ein Wasserschutzgebiet festgesetzt worden und zwar in Form eines Bescheides, der den betroffenen Grundstückseigentümern zugestellt und mit einer Rechtsmittelbelehrung versehen worden war. Das Bundesverwaltungsgericht vertrat die Auffassung, daß die Anordnung über die Einrichtung eines Wasserschutzgebietes ihrem Wesen nach als Rechtsnorm zu betrachten sei. Sie sei aber im gegebenen Falle zweifellos in Form eines Verwaltungsaktes erlassen. Die Umdeutung einer nach dem erkennbar gewordenen Willen der Behörde als Verwaltungsakt ausgestalteten und in dieser Form bekanntgemachten Anordnung in eine Rechtsnorm sei jedoch nicht möglich. Dies insbesondere deshalb, weil Rechtsnormen der ordnungsgemäßen Verkündung durch ein Publikationsorgan bedürften und diese allgemeine Bekanntmachung nicht durch Zustellung an einzelne Personen ersetzt werden könne. Eine von einer Behörde als Verwaltungsakt gewollte und in der Form wie auch der Veröffentlichungsart als solche ausgestaltete Anordnung bleibe grundsätzlich auch dann ein Verwaltungsakt, wenn sie ihrem wesentlichen Inhalt nach etwas regele, was nur durch eine Rechtsnorm wirksam geschehen könne.

Die Kläger hatten hier den falschen Weg gewählt. Sie hatten — soweit durch die Landesgesetzgebung ein Normenkontrollverfahren gemäß § 47 VwGO zugelassen war —, die Möglichkeit, einen Antrag auf Normenkontrolle zu stellen. Sie hätten auch eine Feststellungsklage nach § 43 VwGO dahin erheben können, daß ihnen das Recht zum Wasserskifahren auf der strittigen Strecke zustehe. Möglicherweise wäre auch an eine vorbeugende Unterlassungsklage zu denken gewesen. Zu fragen wäre in diesem Zusammenhang, ob das Berufungsgericht nicht auf die zuletzt genannten Möglichkeiten im Rahmen des § 86 Abs. 3 VwGO hätte hinweisen und auf die Stellung sachdienlicher Anträge hätte hinwirken müssen.

Zum Normenkontrollverfahren ist kurz zu bemerken: Nach § 47 VwGO kann die Landesgesetzgebung bestimmen, daß das Oberverwaltungsgericht im Rahmen seiner Gerichtsbarkeit auf Antrag über die Gültigkeit einer landesrechtlichen Verordnung oder einer anderen im Range unter dem Landesgesetz stehenden Rechtsvorschrift entscheidet, soweit gesetzlich nicht vorgesehen ist, daß die Rechtsvorschrift durch ein Verfassungsgericht nachprüfbar ist. Den Antrag kann jede natürliche oder juristische Person, die durch die Anwendung der Vorschrift einen Nachteil erlitten oder in absehbarer Zeit zu erwarten hat, sowie jede Behörde stellen. Die Entscheidung ergeht durch Beschluß. Wenn die Gültigkeit der Vorschrift verneint wird, ist die Entscheidung allgemein verbindlich und ebenso zu veröffentlichen wie die ungültige Vorschrift bekanntgemacht wurde. Von der Möglichkeit der Einführung eines Normenkontrollverfahrens haben eine Reihe von Ländern Gebrauch gemacht.

In den Rahmen der Gerichtsbarkeit der Oberverwaltungsgerichte gehört nach allgemeiner Ansicht eine Entscheidung dann, wenn aufgrund der zu überprüfenden Norm Verwaltungsakte erlassen werden können, die zu Verwaltungsstreitverfahren führen. Daher scheiden z.B. Rechtsvorschriften mit ausschließlich strafrechtlichem Inhalt als Gegenstand eines Normenkontrollverfahrens aus. Sehr erhebliche Schwierigkeiten hat die Beantwortung der Frage aufgeworfen, welchen Inhalt die Vorbehaltsklausel zugunsten der Verfassungsgerichtsbarkeit hat. Insbesondere ist zweifelhaft, inwieweit die angegriffene Norm am Maßstab des Bundesrechts gemessen werden kann. In der Rechtsprechung wird heute überwiegend die sogenannte konkrete Betrachtungsweise vertreten, die besagt, daß das Normenkontrollgericht solche verfassungsrechtlichen Bestimmungen nicht zugrundelegen darf, die in einem von dem Antragsteller selbst einzuleitenden verfassungsgerichtlichen Verfahren überprüft werden können.

Im vorliegenden Fall wäre auch die Möglichkeit zu prüfen, ob die Kläger die Feststellung hätten begehren können, daß der Beklagte nicht berechtigt sei, ihnen das Wasserskifahren auf einer bestimmten Strecke zu verbieten. Ein solcher vorbeugender Rechtsschutz gegen erst zu erwartende Verwaltungsakte wird von dem Bundesverwaltungsgericht für zulässig gehalten (vgl. BVerwGE 26 S. 23). Diese Auffassung hat allerdings Widerspruch gefunden. Voraussetzung für die Zulässigkeit einer solchen Klage ist jedenfalls das Vorliegen eines Rechtsverhältnisses sowie das Bestehen eines berechtigten Interesses im Sinne des § 43 VwGO. Grundsätzlich ist es nach Ansicht des Bundesverwaltungsgerichts dem Betroffenen zuzumuten, das in der Verwaltungsgerichtsordnung geregelte normale Verfahren, das nach dem Vorverfahren in eine Anfechtungs- bzw. Verpflichtungsklage einmündet, durchzuführen. Für den vorbeugenden Rechtsschutz sollen daher besondere Gründe erforderlich sein, die es rechtfertigen, den nachteiligen Verwaltungsakt nicht abwarten zu müssen. Dies wäre etwa dann der Fall, wenn ein Rechtsmittel gegen die zu erwartende Entscheidung keinen Suspensiveffekt hätte (§ 80 Abs. 2 VwGO).

IV.

Verfahren vor dem Bundesverwaltungsgericht. Revisionsverfahren. Beamtenrecht

BVerwG II C 37.67 — Verkündet am 28. September 1967
OVG VI A 1279/62 — gez. *S.*, Regierungsamtmann
als Urkundsbeamter der Geschäftsstelle

Im Namen des Volkes!

In der Verwaltungsstreitsache

des Sekretärs Wilhelm *D.* in Düsseldorf, Kölner Straße 20,
Klägers, Berufungsklägers und Revisionsklägers,
— Prozeßbevollmächtigter: Rechtsanwalt *Rolf K.*, Düsseldorf, K.straße 10 —

gegen

das Land N., vertreten durch den Regierungspräsidenten in D.,
Beklagten, Berufungsbeklagten und Revisionsbeklagten,
— Prozeßbevollmächtigter: Rechtsanwalt *Hans L.*, Berlin, G.straße 3 —

hat der II. Senat des Bundesverwaltungsgerichts auf die mündliche Verhandlung vom 28. September 1967 durch den Senatspräsidenten *A.* und die Bundesrichter *B.*, *C.*, *D.* und *E.*
für Recht erkannt:

Die Revision des Klägers gegen das Urteil des Oberverwaltungsgerichts für das Land N. vom 22. März 1963 wird zurückgewiesen.
Der Kläger trägt die Kosten des Revisionsverfahrens.

Das Bundesverwaltungsgericht verhandelt und entscheidet in Senaten, die mit fünf Richtern einschließlich des Vorsitzenden, bei Beschlüssen außerhalb der mündlichen Verhandlung mit drei Richtern einschließlich des Vorsitzenden besetzt sind (§ 10 VwGO). Es entscheidet im ersten und letzten Rechtszuge über einige Verwaltungsstreitsachen von besonderer Bedeutung oder auf besonderen Rechtsgebieten, die ihm in Einzelaufzählung (Enumeration) durch § 50 VwGO oder sonst durch Bundesgesetz zugewiesen sind (z.B. Anfechtungsklagen gegen Entscheidungen des Bundesaufsichtsamts für das Versicherungs- und Bausparwesen gemäß § 10a des Gesetzes über die Errichtung eines Bundesaufsichtsamts für das Versicherungs- und Bausparwesen vom 31. Juli 1951 — BGBl. I S. 480 — i.d.F. vom 22. Dezember 1954 — BGBl. I S. 501 — vgl. § 190 Abs. 1 VwGO).

In der Hauptsache aber ist das BVerwG Revisionsgericht; das BVerwG entscheidet über das Rechtsmittel der Revision gegen Urteile der Oberverwaltungsgerichte (VGH) nach §§ 132—133 VwGO (s.a. § 49 Abs. 1) und über Revisionen gegen Urteile der Verwaltungsgerichte nach §§ 134—135 — Sprungrevisionen und Revisionen, wenn durch Bundesgesetz die Berufung ausgeschlossen ist — (§ 49 Nr. 2 VwGO) sowie gegen Urteile der Verwaltungsgerichte nach bisher bereits bestehender bundesrechtlicher Sonderregelung, wie § 339 des Lastenausgleichsgesetzes vom 14. August 1952 (BGBl. I S. 446) i.d.F. der Bekanntmachung vom 1. 12. 1965 (BGBl. I S. 1945), § 23 des Kriegsgefangenenentschädigungsgesetzes i.d.F. der Bekanntmachung vom 1. 9. 1964 (BGBl. I S. 695), § 34 des Wehrstrafgesetzes vom 21. 7. 1956 (BGBl. I S. 651) i.d.F. des § 192 VwGO. Bemerkt wird, daß ausnahmsweise auch das OVG (VGH) nach besonderer landesgesetzlicher Regelung Revisionsgericht sein kann (s. §§ 145 mit 131 VwGO).

Weiter ist das BVerwG Rechtsmittelgericht für Entscheidungen über — einige wenige — Beschwerden und zwar über die Beschwerden nach § 99 Abs. 2 VwGO — gegen Beschlüsse des OVG hinsichtlich der Verweigerung der Vorlage von Akten und Urkunden und von Auskünften durch die oberste Aufsichtsbehörde —, nach § 125 Abs. 2 VwGO — Verwerfung der Berufung als unzulässig — und nach § 132 Abs. 3 VwGO — Nichtzulassungsbeschwerde, d.h. Beschwerde gegen Nichtzulassung der Revision (s.a. § 49 Nr. 3 VwGO).

Was die im vorliegenden Fall zu behandelnde Revision anlangt, so ist sie das Rechtsmittel, das die Überprüfung von Entscheidungen lediglich in rechtlicher Hinsicht bezweckt und zwar sowohl hinsichtlich des Verfahrensrechts als auch des materiellen Rechts. Das BVerwG als Revisionsgericht ist an die im angefochtenen Urteil getroffenen tatsächlichen Feststellungen gebunden, außer wenn in bezug auf diese Feststellungen zulässige und begründete Revisionsgründe geltend gemacht werden (§ 137 Abs. 2 VwGO). Die Revision ist im wesentlichen in den §§ 132ff. VwGO geregelt, doch kann auch eine besondere Regelung in Bundesgesetzen, evtl. auch durch den Landesgesetzgeber erfolgen.

Nicht zulässig ist die Revision kraft der ausdrücklichen Bestimmung des § 136 VwGO gegen Urteile nach § 123 Abs. 4 über einstweilige Anordnungen nach mündlicher Verhandlung. Für das Normalverfahren der Revision zum Bundesverwaltungsgericht gelten die Voraussetzungen der §§ 132, 133 VwGO.

Die Revision ist hiernach grundsätzlich von einer Zulassung durch das Oberverwaltungsgericht im Urteil abhängig. Sie ist als Sachrevision zuzulassen, wenn die Rechtssache grundsätzliche Bedeutung hat — Grundsatzrevision — oder wenn das Urteil von einer Entscheidung des BVerwG abweicht und auf dieser Abweichung beruht — Divergenzrevision —, oder als Verfahrensrevision, wenn bei einem geltend gemachten Verfahrensmangel die angefochtene Entscheidung auf dem Verfahrensmangel beruht, ausgenommen den Fall des § 133 VwGO. Rechtsgrundsätzliche Bedeutung kann eine Rechtsfrage nur dann haben, wenn ihre revisionsgerichtliche Erörterung der Erhaltung der Rechtseinheit oder der Weiterentwicklung des Rechts dient. Dieser Zweck wird nur erreicht, wenn die gerichtliche Klärung für die Zukunft richtungsweisend ist, d.h. wenn es um Fragen des geltenden Rechts geht.

Früheres oder auslaufendes Recht kann somit einer rechtsgrundsätzlichen Klärung durch das Bundesverwaltungsgericht nicht zugeführt werden (BVerwG, Beschl. v. 19. 2. 1969 IV B 42.68). Keiner Zulassung der Revision bedarf die Verfahrensrevision nach § 133, wenn besonders aufgeführte Verfahrensmängel gerügt werden, wie vorschriftswidrige Besetzung des Gerichts, Mitwirkung eines ausgeschlossenen oder mit Erfolg abgelehnten Richters, mangelnde Vertretung eines Beteiligten, Verletzung der Vorschriften über die Öffentlichkeit des Verfahrens, Fehlen von Gründen für die Entscheidung.

Die Nichtzulassung der Revision kann mit der Nichtzulassungsbeschwerde angefochten werden (vgl. § 132 Abs. 3—5 VwGO). Wird der Nichtzulassungsbeschwerde stattgegeben, so beginnt mit der Zustellung des Beschwerdebescheides des BVerwG der Lauf der Revisionsfrist.

Eine Sprungrevision ist nach den gesetzlichen Vorschriften, u.a. nach § 134 VwGO möglich. Diese Sprungrevision nach § 134 gegen das Urteil eines Verwaltungsgerichts unter Übergehung der Berufungsinstanz steht den Beteiligten nur zu, wenn sie vom Verwaltungsgericht durch Beschluß zugelassen wird und wenn der Rechtsmittelgegner zustimmt. Die Sprungrevision kann nicht auf Verfahrensmängel gestützt werden.

Die Revision kann nur darauf gestützt werden, daß das angefochtene Urteil auf der Verletzung von Bundesrecht beruht. Dabei gehören die allgemeinen Grundsätze des Verwaltungsrechts, wenn sie der Ergänzung von Bundesrecht dienen, dem Bundesrecht und wenn sie der Ergänzung von Landesrecht dienen, dem Landesrecht an.

Als verletzt gerügtes Bundesrecht kann Verfahrensrecht in Frage kommen, also insbesondere die Vorschriften der VwGO, oder materielles Recht. Bei der Rüge der Verletzung materiellen Bundesrechts genügt die Rüge unter Angabe der verletzten Rechtsnormen. Bei der Rüge von Verfahrensmängeln müssen auch die Tatsachen angegeben werden, die den Mangel ergeben (vgl. § 139 Abs. 2 VwGO). Wird die Revision auf Verfahrensmängel gestützt und liegt nicht zugleich eine der Voraussetzungen des § 132 Abs. 2 Nr. 1 u. 2 vor, so ist nur über die geltend gemachten Verfahrensmängel zu entscheiden. Im übrigen ist das BVerwG an die geltend gemachten Revisionsgründe nicht gebunden; es hat bei der Rüge der Verletzung materiellen Bundesrechts ohne Rücksicht auf die vorgetragenen Rügen das Urteil in vollem Umfang daraufhin nachzuprüfen, ob überhaupt das Recht verletzt ist.

Was die Verfahrensmängel anlangt, so werden unterschieden die absoluten und die relativen Revisionsgründe.

Liegen absolute Revisionsgründe vor, so ist das Urteil stets als auf der Verletzung von Bundesrecht beruhend anzusehen. Solche absoluten Gründe sind in § 138 aufgezählt und entsprechen den oben erwähnten in § 133 angeführten einzelnen Mängeln; die Aufzählung des § 138 stellt aber insofern eine Erweiterung dar, als darin auch die Versagung des rechtlichen Gehörs als absoluter Revisionsgrund angeführt ist.

Bei den relativen Revisionsgründen ist stets zu prüfen, ob eine Verletzung von Bundesrecht gegeben ist und ob das Urteil auf dieser Verletzung beruht. Die Sprungrevision kann nicht auf Verfahrensmängel gestützt werden.

Das Verfahren vor dem BVerwG entspricht in seinen Grundsätzen im wesentlichen dem Verfahren vor den Verwaltungsgerichten. Eine Abweichung besteht u.a. hinsichtlich des Vertretungszwanges durch einen Rechtsanwalt oder Rechtslehrer an einer deutschen Hochschule als Bevollmächtigten (s. § 67 Abs. 1 VwGO). Schon die Einlegung der Revision und der Nichtzulassungsbeschwerde sowie der Beschwerde in den Fällen des § 99 Abs. 2 und § 125 Abs. 2 muß durch einen solchen Bevollmächtigten erfolgen. Für das Armenrechtsverfahren vor dem BVerwG besteht dagegen kein Anwaltszwang (BVerwG Beschluß vom 2. September 1960 in DVBl. S. 935) und ebenso nicht für die Anfechtung des Kostenansatzes des Urkundsbeamten (s. BVerwG in NJW 1962, S. 2028), ferner nicht für den Verzicht auf mündliche Verhandlung und für die Erledigterklärung, zumindest nicht seitens des Revisionsbeklagten. Behörden als solche unterliegen dem Anwaltszwang. Umstritten ist die Frage, ob der Vertreter des öffentlichen Interesses eines Landes nach § 36 VwGO dem Anwaltszwang unterliegt, während für den Oberbundesanwalt unbestritten Freiheit vom Anwaltszwang angenommen wird. Was den Vertreter des öffentlichen Interesses nach § 36 anlangt, so wird er wohl übereinstimmend als vom Anwaltszwang befreit erachtet, wenn er lediglich als Vertreter des öffentlichen Interesses und nicht auch als Vertreter des Landes oder von Landesbehörden auftritt (s. BVerwG, Beschluß vom 4. 11. 1968 in DVBl. 69 S. 251). Dagegen hat das Bundesverwaltungsgericht die Frage, ob der Vertreter des öffentlichen Interesses als Vertreter des Landes oder von Landesbehörden dem Anwaltszwang vor dem BVerwG unterworfen wird, bejaht (BVerwGE 13, S. 245).

Gründe

I.

Der Kläger war Beamter auf Lebenszeit im Dienste des beklagten Landes. Er lebte seit dem Jahre 1951 von seiner Ehefrau getrennt. Diese war zunächst bei einer Bundesdienststelle und seit 1958 bei der Gemeindeverwaltung in S. beschäftigt. Da dies den Besoldungsstellen des Klägers nicht bekannt war, wendeten diese nicht die besoldungsrechtlichen Vorschriften an, die bei Beschäftigung des Ehegatten im öffentlichen Dienst eine Minderung des Wohnungsgeldzuschusses (Ortszuschlags) vorsehen (§ 8 Abs. 2 Satz 1 des Besoldungsgesetzes für das Land Nordrhein-Westfalen vom 9. Juni 1954 [GV. NW S. 162] — LBesG — und § 16 Abs. 1 Satz 1 des Besoldungsanpassungsgesetzes für das Land Nordrhein-Westfalen vom 13. Mai 1958 [GV. NW S. 149] — BesAG —). Deshalb erhielt der Kläger überhöhten Wohnungsgeldzuschuß bzw. Ortszuschlag. Aufgrund einer im Jahre 1959 von dem Kläger abgegebenen „Erklärung (K und O)“ stellte sich der Fehler heraus; er wurde berichtigt. Durch Bescheid vom 5. Juli 1960 forderte die Beschäftigungsbehörde den Kläger auf, den überhobenen Betrag von 1336,50 DM zurückzuzahlen; sie kündigte zugleich die Einbehaltung des Betrages von den Dienstbezügen in monatlichen Teilbeträgen von 100,— DM an. Den Widerspruch des Klägers wies der Regierungspräsident in D. durch Bescheid vom 9. Dezember 1960 zurück.

Das Verwaltungsgericht D. hat die auf Aufhebung der Bescheide vom 5. Juli 1960 und vom 9. Dezember 1960 gerichtete Klage durch Urteil vom 3. Oktober 1962 abgewiesen. Auf die Berufung des Klägers hat das Oberverwaltungsgericht für das Land N. durch Urteil vom 22. März 1963 unter teilweiser Änderung des im ersten Rechtszuge ergangenen Urteils die Bescheide vom 5. Juli 1960 und vom 9. Dezember 1960 insoweit aufgehoben, als sie die Rückzahlung der für die Zeit bis März 1959 überhobenen Bezüge anordneten, und im übrigen die Berufung des Klägers zurückgewiesen. Die Begründung des Urteils lautet im wesentlichen wie folgt:

Der Rückforderungsbescheid vom 5. Juli 1960 sei nicht schon deshalb aufzuheben, weil er — wie die Berufung meine — ohne gesetzliche Ermächtigung ergangen sei. In der Rechtsprechung werde vielmehr nahezu einhellig angenommen, daß die einem Beamten zuviel gezahlten Bezüge durch einen Leistungsbescheid, d.h. durch einen anfechtbaren Verwaltungsakt, zurückgefordert werden könnten. Das Berufungsgericht habe dies in seinem Urteil vom 13. Januar 1961 (DÖD 1962 S. 210) eingehend begründet und sehe keinen Anlaß, hiervon abzugehen. In der einschlägigen Rechtsprechung sei ferner dargelegt, daß Besoldungsmitteilungen keine Verwaltungsakte seien und daß die in § 98 Abs. 2 des Landesbeamtengesetzes in den Fassungen vom 15. Juni 1954 (GV. NW S. 237) und vom 1. Juni 1962 (GV. NW S. 272) — LBG — vorgesehene Billigkeitsentscheidung schon in der Gewährung der Möglichkeit von Teilzahlungen zu erblicken sei.

Unzweifelhaft habe der Kläger für die Zeit vom 1. April 1956 bis zum 31. Oktober 1959 einen zu hohen Wohnungsgeldzuschuß bzw. Ortszuschlag erhalten. Daß die darin liegende ungerechtfertigte Bereicherung weggefallen sei, sei ohne weiteres anzunehmen, weil die zuviel gezahlten Beträge weniger als 10 v.H. des Betrages ausmachten, der sich bei richtiger Berechnung ergebe, und weil ein so geringes Mehreinkommen erfahrungsgemäß für den täglichen Lebensbedarf mitverbraucht werde, ohne daß dabei die Grenzen eines angemessenen Lebenszuschnittes überschritten würden oder Ersparnisse oder andere Vermögensvorteile zurückblieben. Trotz Wegfalls der Bereicherung sei jedoch der Empfänger zur Rückzahlung verpflichtet, wenn er bei dem Empfang der Überzahlung den Mangel des Rechtsgrundes kannte oder wenn dieser Mangel so offensichtlich war, daß er ihn hätte erkennen müssen (§ 98 Abs. 2 Satz 1 und Satz 2 LBG in Verbindung mit §§ 819 Abs. 1 und 818 Abs. 4 BGB).

Daß der Kläger den Mangel des Rechtsgrundes gekannt habe, könne für die Zeit bis Oktober 1959 nicht festgestellt werden. Ebensowenig sei für die Zeit bis Ende März 1959 festzustellen, daß er die Überhöhung der ihm gezahlten Ortszuschläge wegen Offensichtlichkeit hätte erkennen müssen (wird näher dargelegt). Deshalb sei die Rückforderung der für die Zeit bis März 1959 geleisteten Überzahlungen ungerechtfertigt.

Berechtigt sei jedoch die Rückforderung der für die Zeit von April bis Oktober 1959 geleisteten Überzahlungen. Die Unrichtigkeit des Ortzuschlages sei mindestens am 3. März 1959 für den Kläger offensichtlich geworden. Er sei wie alle anderen Beamten seiner Dienststelle aufgrund einer allgemeinen Bekanntmachung vom 2. März 1959 auf die Notwendigkeit hingewiesen worden, eine Tätigkeit der Ehefrau im öffentlichen Dienst anzuzeigen. Ferner sei er im März 1959 durch die Aushändigung des auszufüllenden Vordrucks der „Erklärung (K und O)" — zu vgl. Abschnitt D — darauf aufmerksam gemacht worden, daß eine Beschäftigung der Ehefrau im öffentlichen Dienst besoldungsrechtliche Bedeutung haben konnte und deshalb anzugeben war. Der allgemeinen Bekanntmachung und dem am 3. März 1959 von ihm unterschriebenen Vordruck habe er unschwer entnehmen können, daß die Berechnung der Besoldung von einem Beschäftigungsverhältnis der Ehefrau im öffentlichen Dienst abhängig war; die Art dieser Abhängigkeit habe sich aus § 16 BesAG ergeben, auf den im Vordruck und in der Bekanntmachung ausdrücklich Bezug genommen worden sei. Wenn er sich nicht zutraute, die angegebenen gesetzlichen Vorschriften mit richtigem Verständnis zu lesen, so hätte er sich bei seinem Dienstvorgesetzten oder bei einer anderen geeigneten Stelle erkundigen müssen, was leicht möglich gewesen sei. Aufgrund einer Belehrung würde er die Notwendigkeit erkannt haben, den Verbleib und die Beschäftigung seiner Ehefrau zu ermitteln. Er habe dies im März 1959 unterlassen und die „Erklärung (K und O)" ohne Ausfüllung des betreffenden Abschnitts D abgegeben. Deshalb habe ihm die Besoldungsstelle den Vordruck im Oktober 1959 erneut zugesandt. Darauf habe er den Verbleib seiner Ehefrau und ihre Beschäftigung im öffentlichen Dienst so bald festgestellt, daß der Ortszuschlag noch im selben Monat berichtigt worden sei. Diese Feststellungen hätte er bereits bis Ende März 1959 treffen können. Hiernach hätte er den Mangel des Rechtsgrundes der Überzahlungen spätestens Ende März erkennen müssen. Für die Zeit nach Ende März 1959 könne er sich mithin auf den Wegfall der Bereicherung nicht berufen, so daß insoweit seine Klage mit Recht abgewiesen worden sei.

Gegen die teilweise Zurückweisung seiner Berufung hat der Kläger die gemäß § 127 des Beamtenrechtsrahmengesetzes vom 1. Juli 1957 (BGBl. I S. 667) — BRRG — zugelassene Revision eingelegt mit dem Antrag,

> unter Abänderung des angefochtenen Urteils und des Urteils erster Instanz den Rückforderungsbescheid vom 5. Juli 1960 in der Fassung des Widerspruchsbescheides vom 9. Dezember 1960 in voller Höhe aufzuheben.

Die Revision greift das angefochtene Urteil ausschließlich mit der Darlegung ihrer Ansicht an, daß die Verwaltung in Fällen der vorliegenden Art ihren Rückzahlungsanspruch nicht durch Verwaltungsbescheid, sondern nur im Wege der Klage geltend machen dürfe.

Der Beklagte hat kein Rechtsmittel eingelegt. Er beantragt, die Revision zurückzuweisen.

Die Praxis des BVerwG verwendet im allgemeinen in der Gliederung der Begründung des Urteils nicht die Worte Tatbestand und Entscheidungsgründe (vgl. § 117 Abs. 2 VwGO), sondern läßt hinter dem Entscheidungssatz (Tenor) des Urteils die Ausführungen unter der Überschrift „Gründe" folgen. Doch werden in der Bezifferung I eine kurze Übersicht über den Verlauf des etwaigen Verwaltungs- und des bisherigen verwaltungsgerichtlichen Verfahrens gegebenenfalls nebst Angabe der Verwaltungsakte und der weiteren Bescheide und Urteile und ihre Begründung aufgeführt und in der Bezifferung II die Entscheidungsgründe dargelegt. Zu der Frage des Tatbestands in Revisionsurteilen ist allgemein zu sagen, daß er in der Regel gekürzt ist und an sich keine selbständige Bedeutung hat; denn maßgebend ist nach dem gemäß § 173 VwGO anwendbaren § 561 ZPO der Tatbestand des Berufungsurteils (bzw. des mit der Revision angefochtenen Urteils) und das Sitzungsprotokoll. Der im Revisionsurteil enthaltene gekürzte Sachverhalt dient nur dazu, das Verständnis der nachfolgenden Gründe zu erleichtern, die sich in diesem Umfang allein auf die von dem Berufungsgericht (bzw. dem vorher entscheidenden Gericht) in dem angefochtenen Urteil festgestellten und sich aus dem Sitzungsprotokoll ergebenden Tatsachen stützen (so BGH, Beschluß vom 27. Juni 1956 in NJW S. 1480).

II.

Die Revision hat keinen Erfolg.

Unzutreffend ist die Ansicht der Revision, der Dienstherr dürfe seinen Beamten (Ruhestandsbeamten) zur Rückerstattung gesetzwidrig zuviel gezahlter Dienstbezüge (Versorgungsbezüge) nicht durch Verwaltungsakt (Leistungsbescheid), sondern — nach erfolgloser Zahlungsaufforderung — nur im Wege der Klageerhebung heranziehen. Nach der im Einklang mit der Verwaltungspraxis und mit der Verwaltungsrechtsprechung der Gerichte erster und zweiter Instanz stehenden ständigen Rechtsprechung des Bundesverwaltungsgerichts darf der Dienstherr die seinen Beamten geleisteten Überzahlungen durch — im Verwaltungsrechtswege anfechtbaren — Verwaltungsakt zurückfordern (vgl. BVerwGE, 8, 261 [262] mit weiteren Hinweisen; BVerwGE 11, 283; 13, 248 [249]). Statt dessen ist allerdings bei Rechtsschutzinteresse auch die Leistungsklage des Dienstherrn zulässig (vgl. Urteile des Senats vom 30. März 1960 — BVerwG II C 193.57 — [Buchholz BVerwG 232, § 172 BBG Nr. 3] und vom 24. November 1966 — BVerwG II C 27.64 — [DÖV 1967 S. 422; ZBR 1967 S. 158]). Diese Rechtsprechung hat — anders als die gleichgerichtete Rechtsprechung zur Zulässigkeit der Heranziehung des Beamten durch Verwaltungsakt zum Ersatz eines durch Dienstpflichtverletzung entstandenen Schadens — im Schrifttum bisher keinen Widerspruch gefunden, jedenfalls „kein Aufsehen erregt“ (Bachof in JZ 1966 S. 60). Das mag daran liegen, daß die Rückforderung von Überzahlungen häufig eng mit einer das einzelne Beamten- oder Versorgungsverhältnis in einer bestimmten Rechtsbeziehung konkretisierenden Regelung verbunden ist, die durch Verwaltungsakt getroffen wird, wie z. B. mit der Anordnung des Ruhens von Dienst- oder Versorgungsbezügen, der Festsetzung des Besoldungsdienstalters oder der Neufestsetzung des Ruhegehalts u. dgl. mehr; das mag auch darauf beruhen, daß die Rückforderung von Überzahlungen häufig unmittelbar mit der Rücknahme rechtswidriger begünstigender Verwaltungsakte verknüpft wird. Das besondere rechtliche Gewicht liegt nämlich in solchen Fällen zumeist in den bezeichneten Regelungen oder in der Rücknahme des begünstigenden Verwaltungsaktes, nicht also in der Rückforderung der Überzahlung, wodurch nahegelegt sein mag, die Rückforderung als bloßen „Annex“ anzusehen, sie in den über die Regelung oder Rücknahme ergehenden Bescheid einzubeziehen und gegenüber dem Betroffenen durch Verwaltungsakt geltend zu machen. Angesichts der wohl allgemeinen Zustimmung zu dieser Praxis und Rechtsprechung hat das Bundesverwaltungsgericht seine Auffassung bisher nicht eingehend begründet. Das Vorbringen der Revision gibt Anlaß zu einer näheren Begründung, ist aber nicht geeignet, die Richtigkeit der bisherigen Rechtsprechung in Frage zu stellen.

Nach einem allgemeinen Rechtsgrundsatz des deutschen Verwaltungsrechts sind die Organe der vollziehenden öffentlichen Gewalt befugt, zur hoheitlichen Erfüllung ihrer Verwaltungsaufgaben Verwaltungsakte — mit dem Merkmal der befristeten Anfechtbarkeit und dem Anspruch auf Rechtsverbindlichkeit nach Eintritt der Unanfechtbarkeit bei Fehlen von Rechtsfehlern, die zur Nichtigkeit führen — zu erlassen, sofern nicht ausnahmsweise etwas anderes vorgeschrieben ist (ebenso schon BVerwGE 18, 283 [285]; 19, 243 [245 f.]; 21, 270 [271]). Die von der Revision und auch zuweilen im Schrifttum vertretene Ansicht, die öffentliche Verwaltung bedürfe, um zum Handeln durch Verwaltungsakt befugt zu sein, jeweils einer besonderen gesetzlichen oder gewohnheitsrechtlichen Ermächtigung, steht mit dem geltenden Recht nicht im Einklang. Den Rechtsbegriff des „Verwaltungsakts“ als des typischen Mittels der hoheitlichen Verwaltung zur verbindlichen Regelung von Einzelfällen haben die Rechtswissenschaft und die Rechtsprechung ohne das Erfordernis jeweiliger rechtssatzmäßiger Ermächtigung zum Vorgehen durch Verwaltungsakt entwickelt. Die Befugnis der hoheitlichen Verwaltung zum Erlaß von Verwaltungsakten wird nicht aus besonderen Rechtssätzen, sondern aus der Überordnung der hoheitlichen

Verwaltung, aus der „rechtlich überwiegenden Kraft des namens des Gemeinwesens geäußerten Willens“, hergeleitet (so Wittmayer in Anschütz-Thoma, Handbuch des deutschen Staatsrechts, 1932, Band 2 S. 336f.; vgl. auch Jellinek, Verwaltungsrecht, 3. Auflage, S. 21 und 246; Peters, Lehrbuch der Verwaltung, 1949, S. 156ff.; Forsthoff, Lehrbuch des Verwaltungsrechts, 1. Band, Allgemeiner Teil, 9. Auflage, § 11 S. 188ff.; Hans J. Wolff, Verwaltungsrecht I, 6. Auflage, § 46 I und III; Bachof in JZ 1966 S. 60). In der Verwaltungsrechtslehre wird deshalb bei der Erörterung der zur Nichtigkeit oder zur Anfechtbarkeit eines Verwaltungsakts führenden Rechtsfehler nicht — was bei Richtigkeit der Ansicht der Revision zu erwarten wäre — als Fehler angeführt, daß die rechtssatzmäßige Ermächtigung zum Handeln durch Verwaltungsakt fehle. Übereinstimmend hiermit wurde bei der Einführung der verwaltungsgerichtlichen Generalklausel — nämlich des Grundsatzes, daß der Verwaltungsrechtsweg für alle nicht verfassungsrechtlichen öffentlich-rechtlichen Streitigkeiten eröffnet ist — in den Jahren seit 1946 der Begriff der anfechtbaren „Verfügungen und sonstigen Verwaltungsakte“ durch § 22 der süddeutschen Verwaltungsgerichtsgesetze aufgegriffen und in § 25 Abs. 1 der Verordnung Nr. 165 der Britischen Militärregierung, die unter Beteiligung deutscher Juristen erlassen wurde, der „Verwaltungsakt“ gekennzeichnet als „jede Verfügung, Anordnung, Entscheidung oder sonstige Maßnahme, die von einer Verwaltungsbehörde zur Regelung eines Einzelfalles auf dem Gebiete des öffentlichen Rechts getroffen wird“. Das Erfordernis jeweiliger rechtssatzmäßiger Ermächtigung zum Handeln durch Verwaltungsakt wurde weder in den genannten Verfahrensgesetzen noch von ihren Kommentatoren aufgestellt. Die Verwaltungsrechtsprechung, hierin unterstützt durch das Schrifttum, sah sich deshalb nicht durch das Erfordernis einer solchen jeweiligen Ermächtigung daran gehindert, im Interesse möglichst umfassenden Rechtsschutzes den Begriff des anfechtbaren Verwaltungsakts weit auszulegen. Diese weite Auslegung wäre nicht möglich gewesen, wenn das Vorliegen eines — anfechtbaren und potentiell rechtsverbindlichen — Verwaltungsakts nur bei Vorliegen einer rechtssatzmäßigen Ermächtigung zum Handeln durch Verwaltungsakt anzuerkennen wäre. Durch die Rechtsprechung des Bundesverwaltungsgerichts ist die weite Auslegung des Begriffs „Verwaltungsakt“ als richtig bestätigt und die Voraussetzung einer rechtssatzmäßigen Ermächtigung nicht gefordert worden (vgl. BVerwGE 1, 263 zur Verweisung eines Schülers von der Schule; BVerwGE 3, 258 [262] zum Bebauungsplan; BVerwGE 8, 272 zum Konferenzbeschluß über die Versetzung eines Schülers; BVerwGE 14, 84 zur Entbindung eines Beamten von dienstlichen Aufgaben; BVerwGE 16, 312 zur Ablehnung der Genehmigung einer Wahlordnung der Industrie- und Handelskammer; BVerwGE 18, 154 zur Eingemeindung; BVerwGE 19, 19 [21] zur Festsetzung des allgemeinen Dienstalters). Auch im Entwurf eines Verwaltungsverfahrensgesetzes (vgl. Gegenüberstellung des Bundesministers des Innern — I B 4 — 130 210/5 —, Stand Dezember 1965) ist nicht vorgesehen, die Befugnis zum Erlaß von Verwaltungsakten von einer gesetzlichen Ermächtigung abhängig zu machen.

Das Beamtenverhältnis ist ein öffentlich-rechtliches Dienstverhältnis, in dem der öffentlich-rechtliche Dienstherr dem Beamten in hoheitlicher Überordnung gegenübersteht. Nach dem schon dargelegten allgemeinen Rechtsgrundsatz ist deshalb der Dienstherr grundsätzlich befugt, die Einzelheiten dieses Rechtsverhältnisses durch Verwaltungsakt zu regeln. Nun ist allerdings geltend gemacht worden, daß nicht notwendigerweise alle Beziehungen des Dienstherrn zum Beamten an dem das Beamtenverhältnis kennzeichnenden Über- und Unterordnungsverhältnis teilnehmen und daß z.B. die Zuordnung des Schadensersatzanspruchs des Dienstherrn wegen Dienstpflichtverletzung des Beamten zu diesem Verhältnis noch näherer Begründung bedürfe (Bachof in JZ 1966 S. 60; BVerwGE 24, 225 [228]). Dieses Vorbringen mag Anlaß geben, nicht nur das Beamtenverhältnis schlechthin, sondern die einzelne dem Rechtsstreit zugrunde liegende Rechtsbeziehung darauf zu prüfen, ob auch insoweit ein hoheitliches Überordnungsverhältnis besteht. Daß auch aus dieser Sicht der Schadensersatzanspruch des Dienstherrn gegen den Soldaten, der seine Dienstpflicht verletzt hat, an dem Über- und Unterordnungsverhältnis des Soldatenverhältnisses teilnimmt, hat inzwischen der VIII. Senat des Bundesverwaltungsgerichts in den Gründen seiner Urteile vom 28. Juni 1967 — BVerwG VIII C 74.66 — und — BVerwG VIII C 68.66 — dargelegt. Entsprechendes gilt für den Anspruch des Dienstherrn auf Rückzahlung zu Unrecht gezahlter Dienst- oder Versorgungsbezüge. Das Besoldungs- und Versorgungsrecht der Beamten einschließlich des Rechts der Reise- und Umzugskosten, der Beihilfe in Krankheits- und Todesfällen usw. ist hoheitsrechtlich dergestalt geregelt, daß die Bezüge nicht zwischen dem Dienstherrn und dem Beamten ausgehandelt, sondern einseitig entweder unmittelbar durch das Gesetz oder aufgrund gesetzlicher Ermächtigung durch gebundenen oder auf Ermessensausübung beruhenden Verwaltungsakt des Dienstherrn bestimmt werden. Kennzeichnend hierfür sind die zahlreichen gesetzlichen Vorschriften, nach denen die Versorgungsbezüge, bestimmte Elemente der Dienstbezüge im engeren Sinne (z.B. das Besoldungsdienstalter) sowie Reisekosten, Umzugskosten, Beihilfen usw. durch Verwaltungsakte festgesetzt oder bewilligt werden. Auch der Sache nach ist die Gewährung der Dienst- und Versorgungsbezüge — und ebenso auch der actus contrarius: die Rückforderung zuviel gezahlter Bezüge dieser Art — eng mit dem durch die Überordnung des Dienstherrn gekennzeichneten Wesen des Beamtenverhältnisses verbunden. Denn diese Bezüge sind nicht lediglich ein Arbeitsentgelt, sondern haben den Sinn, den Beamten zur möglichst wirksamen Ausübung seines Amtes, u.a. durch Sicherung der amtgemäßen Lebenshaltung und Repräsentation, zu befähigen. Die Festsetzung ihrer Höhe dient also demselben Verwaltungszweck wie die Einrichtung des Beamtenverhältnisses überhaupt. Die einseitige hoheitliche Bestimmung der Dienstbezüge unter gleichmäßiger Beachtung der maßgebenden Vorschriften — anstelle einer unterschiedlichen Regelung durch Einzelvereinbarung — hat zudem den Sinn, alle Beamten je nach ihrem Amt gleichmäßig, gerecht und damit in einer Weise zu alimentieren, die Störungen der Verwaltungsarbeit durch Unzufriedenheit fernhält. Diesem — und nicht nur einem rein fiskalischen — Zweck dient auch die Rückforderung zu Unrecht geleisteter Zahlungen. Denn es würde die Dienstmoral der Beamten und den betrieblichen Frieden stören, wenn einzelne Beamte, die infolge eigenen Fehlverhaltens oder aufgrund von Fehlern der Verwaltung Zahlungen erhalten haben, die ihnen rechtlich nicht zustehen, diese Zahlungen behalten und damit einen ungerechtfertigten Vorteil gegenüber den ordnungsgemäß handelnden und behandelten Beamten gewinnen könnten. Der hoheitsrechtliche Charakter der Rückforderung von Überzahlungen, der sich aus den dargelegten Erwägungen ergibt, wirkt sich übrigens für den Beamten nicht nur ungünstig, sondern auch günstig aus. Die Regelung seiner Bezüge durch Verwaltungsakte verschafft ihm nämlich eine Rechtsposition, die sein Vertrauen auf die Rechtmäßigkeit und Rechtsbeständigkeit der ergangenen Verwaltungsakte, auch wenn diese ihn gesetzwidrig begünstigen, in gewissem — vom Bundesverwaltungsgericht in zahlreichen Entscheidungen umrissenen — Umfange schützt; diese Art des Vertrauensschutzes entfiele, wenn sich der öffentlich-rechtliche Dienstherr und der Beamte bei der Zahlung und Rückforderung von Dienstbezügen auf der Ebene der Gleichordnung befänden.

Die demgegenüber geäußerte Ansicht der Revision, die Rückforderung zuviel gezahlter Dienst- oder Versorgungsbezüge sei ein privatrechtlicher Anspruch, weil sie gemäß § 98 Abs. 2 Satz 1 LBG auf der Herausgabepflicht des Betroffenen „nach den Vorschriften des Bürgerlichen Gesetzbuchs über die Herausgabe einer ungerechtfertigten Bereicherung" beruht, ist unrichtig. Durch die wiedergegebene gesetzliche Wortfolge (ebenso § 87 Abs. 2 des Bundesbeamtengesetzes und § 53 Abs. 2 BRRG) wurde zugunsten der Beamten das frühere Recht geändert; nach dem früheren Recht mußte der Beamte Überzahlungen stets, ohne Rücksicht auf den Wegfall der Bereicherung, zurückzahlen (§ 39 des Reichsbesoldungsgesetzes vom 16. Dezember 1927 in der Fassung des § 50 des Beamtenrechtsänderungsgesetzes vom 30. Juni 1933 [RGBl. I S. 433] und Nr. 116a der Besoldungsvorschriften [RBB 1935 S. 21]). Die wiedergegebene Wortfolge soll also nur die Rückzahlungspflicht der Beamten einschränken; sie soll aber nicht zum Ausdruck bringen, daß die Rückforderung zuviel gezahlter Dienst- und Versorgungsbezüge ein Anspruch des bürgerlichen Rechts sei. Für eine Absicht des Gesetzgebers, das bisherige Recht in dieser rechtssystematischen Frage zu ändern, besteht kein Anhaltspunkt. Die öffentlich-rechtliche Natur des Anspruchs des Dienstherrn auf Rückerstattung zuviel gezahlter Dienstbezüge ist seit dem Urteil des Reichsgerichts vom 12. Juni 1923 — III 641/22 — (RGZ 107, 189 [190]) nicht mehr zweifelhaft (vgl. a. die rechtsgeschichtlichen Ausführungen im Bescheid des Oberverwaltungsgerichts Nordrhein-Westfalen vom 30. April 1959 — VI A 684/57 — [OVGE 15, 32]).

Die öffentlich-rechtliche, und zwar hoheitsrechtliche Natur des Rückforderungsanspruchs rechtfertigt die Folgerung, daß der Dienstherr diesen Anspruch durch Verwaltungsakt regeln, d.h. vorbehaltlich der Prüfung im Anfechtungsverfahren mit dem Anspruch auf Rechtsverbindlichkeit zumindest festsetzen darf. Das geltende Beamtenrecht enthält keine Ausnahmeregelung, welche diese Art des Verwaltungshandelns ausschließt. Auch im früheren Beamtenrecht, zuletzt geregelt im Deutschen Beamtengesetz vom 26. Januar 1937 (RGBl. I S. 39) — DBG —, fehlte übrigens eine Vorschrift des Inhalts, daß der Dienstherr zuviel gezahlte Dienstbezüge nicht im Wege des Verwaltungsakts, sondern nur durch Aufrechnung oder durch Klageerhebung zurückfordern dürfe. Aus der allgemeinen Regelung für die Geltendmachung vermögensrechtlicher Ansprüche des Beamten und des Dienstherrn im Rahmen des Beamtenverhältnisses ergab sich allerdings als mittelbare Folge die Unzulässigkeit der Rückforderung zuviel gezahlter Dienst- oder Versorgungsbezüge durch Verwaltungsakt. Solche Ansprüche waren — ungeachtet ihrer öffentlich-rechtlichen Natur — vor den Zivilgerichten geltend zu machen (Art. 129 Abs. 1 Satz 4 der Weimarer Reichsverfassung vom 11. August 1919 [RGBl. S. 1383], § 142 in Verbindung mit § 182 DBG). Aus dieser Regelung wurde die Folgerung hergeleitet, daß der Dienstherr seinen Rückforderungsanspruch nicht — zur Umgehung des Zivilrechtsweges — durch Verwaltungsakt geltend machen und daß er sich zum Zweck der Erlangung eines vollstreckbaren Titels gegen den Beamten nur des Zivilrechtsweges bedienen dürfe. Diese Besonderheit des früheren Beamtenrechts ist im geltenden Beamtenrecht weggefallen. Es gibt nicht mehr eine verfassungsrechtliche Vorschrift des Inhalts, daß für die vermögensrechtlichen Streitigkeiten zwischen dem Beamten und dem Dienstherrn aus dem Beamtenverhältnis der Zivilrechtsweg nicht ausgeschlossen werden dürfe.

Auch die neuen Beamtengesetze schreiben keine besondere Behandlung der vermögensrechtlichen Ansprüche aus dem Beamtenverhältnis vor; nunmehr ist für alle Klagen der Beamten und des Dienstherrn aus dem Beamtenverhältnis der Verwaltungsrechtsweg eröffnet (§ 172 BBG, § 126 BRRG, § 180 LBG NW). Dieser reinen Rechtswegregelung ist nichts darüber zu entnehmen, daß der Dienstherr von seiner grundsätzlichen Befugnis, den Rückforderungsanspruch durch Verwaltungsakt geltend zu machen, ausnahmsweise keinen Gebrauch machen dürfe.

Nun umfaßt allerdings die grundsätzliche Befugnis der Verwaltung, im Rahmen der Hoheitsverwaltung Regelungen des Einzelfalls durch Verwaltungsakt zu treffen, nicht notwendigerweise stets auch die Befugnis, sich durch Verwaltungsakt einen vollstreckbaren Zahlungstitel gegen den einzelnen zu verschaffen. Zur Durchsetzung ihrer gegen den einzelnen gerichteten öffentlich-rechtlichen Geldforderungen bedurfte die öffentliche Verwaltung vielmehr herkömmlicherweise — jedenfalls nach dem hier in Betracht kommenden früheren Reichsrecht und preußischen Recht — der verfahrensrechtlichen Ermächtigung durch Gesetz oder Rechtsverordnung. Solche gesetzlichen Zwangsvollstreckungsermächtigungen galten in Preußen — anders als in einigen anderen deutschen Ländern — nur enumerativ (vgl. Verordnung betreffend das Verwaltungszwangsverfahren wegen Beitreibung von Geldbeträgen vom 15. November 1899 [GS S. 545]; Gesetz über die Zulässigkeit des Verwaltungszwangsverfahrens und über sonstige finanzielle Zwangsbefugnisse vom 12. Juli 1933 [GS S. 252]). Sie bestanden im Beamtenrecht Preußens und des Deutschen Reiches für bestimmte Bereiche, so insbesondere für das „Defektenverfahren", seit 1937 im Rahmen des Erstattungsgesetzes vom 18. April 1937 (RGBl. I S. 461), jedoch nicht allgemein und nicht für die Rückforderung zuviel gezahlter Dienst- oder Versorgungsbezüge. Auch deshalb konnte der Dienstherr nach dem seit 1937 geltenden Beamtenrecht solche Rückforderungsansprüche nicht durch Leistungsbescheid, sondern nur durch Aufrechnung oder mittels eines gerichtlichen Zwangsvollstreckungstitels durchsetzen.

Diese Beschränkung ist jedoch — worauf das Berufungsgericht zutreffend abgestellt hat — durch die nach 1945 ergangenen Verwaltungsvollstreckungsgesetze beseitigt worden, die den öffentlich-rechtlichen Körperschaften allgemein gestatten, ihre öffentlich-rechtlichen Geldforderungen im Verwaltungswege, d.h. mittels eines Verwaltungsakts (Leistungsbescheides), zu vollstrecken (vgl. §§ 1 Abs. 1 und 3 des Verwaltungs-Vollstreckungsgesetzes vom 27. April 1953 [BGBl. I S. 157] — VwVG —; §§ 1 und 6 des Verwaltungsvollstreckungsgesetzes für das Land N. vom 23. Juli 1957 [GV. NW S. 216] — VwVG. NW —). Ob diese allgemeine Zwangsvollstreckungsermächtigung nur im Bereiche des hoheitlichen Überordnungsverhältnisses gilt, was für das Bundesrecht aus § 1 Abs. 2 VwVG abzuleiten wäre und von der Revision auch in die Vorschrift des § 1 VwVG. NW, obgleich sie keine dem § 1 Abs. 2 VwVG entsprechende Einschränkung enthält, als selbstverständlich hineingelesen wird, kann hier unentschieden bleiben. Denn schon oben ist dargelegt worden, daß der Anspruch des Dienstherrn auf Rückzahlung zuviel gezahlter Dienst- oder Versorgungsbezüge hoheitlicher Rechtsnatur ist. Dieser Rückzahlungsanspruch gehört also zu den öffentlich-rechtlichen Geldforderungen, die der Dienstherr nicht nur nach dem oben erörterten allgemeinen Rechtsgrundsatz durch Verwaltungsakt geltend machen, sondern auch nach den Vorschriften des neuen Verwaltungsvollstreckungsrechts durch Zwangsvollstreckung dieses Verwaltungsakts durchsetzen darf. Eine besondere, die beamtenrechtlichen Geldforderungen der vorliegenden Art aus dem Anwendungsbereich der §§ 1 und 6 VwVG. NW ausschließende gesetzliche Regelung besteht nicht.

Gegen die dargestellte Rechtslage bestehen keine verfassungsrechtlichen Bedenken:

Es kann nicht mit Erfolg geltend gemacht werden, Art. 20 Abs. 3 des Grundgesetzes vom 23. Mai 1949 (BGBl. S. 1) — GG — sei dadurch verletzt, daß die Verwaltung im vorliegenden Fall einen Verwaltungsakt ohne hinreichende gesetzliche Ermächtigung erlassen habe. Freilich bedürfen Eingriffsakte der öffentlichen Verwaltung — so auch der streitige Rückforderungsbescheid — in materiellrechtlicher Hinsicht der gesetzlichen Grundlage; das steht außer Streit. Die Grundsätze der Gewaltenteilung und der Gesetzmäßigkeit der Verwaltung gebieten aber herkömmlicherweise nicht, daß die Verwaltung auch für die Art und Weise ihres Vorgehens, insbesondere für das Handeln durch Verwaltungsakt, stets einer gesetzlichen Ermächtigung bedarf. Bezüglich der Zwangsvollstreckung öffentlich-rechtlicher Geldforderungen durch Leistungsbescheid enthalten, soweit dies überhaupt verfassungsrechtlich erforderlich sein sollte, jedenfalls die neueren Verwaltungs-Vollstreckungsgesetze die gesetzliche Ermächtigung.

Eine Verletzung des Art. 20 Abs. 3 GG wird auch nicht mit dem Vorbringen dargetan, daß die Verwaltung durch den Leistungsbescheid gleichsam als „Richter in eigener Sache" in den Zuständigkeitsbereich der Rechtsprechung übergreife. In den Fällen, in denen die Verwaltung zur Wahrung der Interessen der öffentlichen Hand bezüglich einer öffentlich-rechtlichen Geldforderung einen Verwaltungsakt erläßt, wird sie nicht in Anmaßung rechtsprechender Gewalt tätig; sie nimmt nur Verwaltungsaufgaben unter dem Vorbehalt der richterlichen Prüfung im Anfechtungsverfahren wahr. Der Hinweis der Revision auf den Aufsatz von Schüle „Der streitentscheidende Verwaltungsakt" (Staats- und verwaltungs-wissenschaftliche Beiträge, 1957 S. 277) geht fehl. Es handelt sich bei Leistungsbescheiden der vorliegenden Art nicht um „streitentscheidende Verwaltungsakte" in dem von Schüle dargelegten Sinne. Zudem bezeichnet Schüle (a.a.O. S. 294) selbst den echten „streitentscheidenden Verwaltungsakt", der der Rechtsprechung sogar näher als der vorliegende Leistungsbescheid steht, gerade mit der Begründung als verfassungsgerecht, daß er Akt der Verwaltung bleibe und der gerichtlichen Prüfung unterliege. Auch in anderen Fällen, in denen der Staat oder die Gemeinde Geldforderungen (Steuern, Beiträge, Gebühren) ungeachtet der Streitigkeit dieser Forderungen durch Leistungsbescheid geltend macht und dabei eigene wirtschaftliche Interessen vertritt, spricht man mit Recht nicht von einer unzulässigen Tätigkeit als „Richter in eigener Sache". Die von Bachof (JZ 1966 S. 60) betonte „Nähe" des beamtenrechtlichen Schadensersatzanspruchs oder Erstattungsanspruchs zu den vergleichbaren zivilrechtlichen Ansprüchen nimmt der Geltendmachung der in Rede stehenden beamtenrechtlichen Ansprüche nicht den Charakter einer hoheitsrechtlichen Verwaltungsmaßnahme. Sie darf zudem nicht darüber hinwegtäuschen, daß der Sache nach ein wesentlicher Unterschied besteht zwischen dem Rechtsstreit zweier subjektiv interessierter und nicht zur Objektivität verpflichteter Privatleute und der Geltendmachung eines öffentlich-rechtlichen Geldanspruchs durch persönlich uninteressierte und zu objektivem und gesetzmäßigem Vorgehen dienstlich verpflichtete Bedienstete der öffentlichen Verwaltung im Interesse rechtmäßiger und wirtschaftlicher Verwendung der von der Allgemeinheit aufgebrachten öffentlichen Mittel.

Der in Art. 20 Abs. 3 GG niedergelegte Grundsatz der Rechtsstaatlichkeit verlangt nicht, wie die Revision meint, daß unter mehreren Möglichkeiten — d.h. hier dem Erlaß eines Leistungsbescheides und der Klageerhebung — diejenige gewählt wird, die den größeren Rechtsschutz gewährt. Das Gebot der Verhältnismäßigkeit des Mittels und das Verbot des Übermaßes haben eine andere, materiellrechtliche Bedeutung und verbieten der Verwaltung nicht, unter mehreren gesetzlichen Verfahrensmöglichkeiten die ihr geeignete auszuwählen. Zudem bietet die Möglichkeit, einen Verwaltungsakt vor dem Verwaltungsgericht anzufechten, keinen schwächeren Rechtsschutz als die Möglichkeit, sich gegenüber einer Leistungsklage des Dienstherrn zur Wehr zu setzen. Gewisse Unterschiede der beiden Verfahrensarten sind verfassungsrechtlich belanglos.

Auch Art. 33 Abs. 5 GG ist nicht verletzt. Nach dieser Vorschrift ist das „Recht des öffentlichen Dienstes unter Berücksichtigung der hergebrachten Grundsätze des Berufsbeamtentums zu regeln", d.h. unter Berücksichtigung — nicht schlechthin unter Beachtung — eines während längerer Zeit als verbindlich anerkannten „Kernbestandes von Strukturprinzipien" (vgl. BVerfGE 8, 332 [343]; 15, 167 [195]; BVerwGE 24, 235 [239]. Zu diesen Strukturprinzipien des Berufsbeamtentums gehört zwar der Grundsatz, daß für vermögensrechtliche Ansprüche der Beamten der Rechtsweg offenstehen muß. Diesem Grundsatz wird das geltende Recht aber mehr als gerecht; denn es eröffnet dem Beamten in Erweiterung seines früheren Rechtsschutzes für jeden Anspruch und gegen jede Rechtsbeeinträchtigung seitens des Dienstherrn den Rechtsweg (Art. 19 Abs. 4 GG; § 126 BRRG). Nicht zu den zu berücksichtigenden hergebrachten Grundsätzen gehört dagegen der Anspruch auf den „ordentlichen" (Zivil-)Rechtsweg (vgl. von Mangoldt-Klein, Das Bonner Grundgesetz, Band II, 2. Auflage 1964, Art. 33 Anm. VII 3 e mit Hinweisen) oder auf eine bestimmte Verfahrensart für die gerichtliche Auseinandersetzung zwischen dem Beamten und dem Dienstherrn. Die aus der Rechtswegregelung sich ergebenden Fragen betreffen nicht den für das Berufsbeamtentum wesentlichen Kernbestand von Strukturprinzipien. Der Gesetzgeber ist verfassungsrechtlich nicht gehindert, die für alle Bürger geltenden Regelungen des Verwaltungsgerichtsverfahrens und der Verwaltungsvollstreckung auch auf Ansprüche und Streitigkeiten aus dem Beamtenverhältnis zu erstrecken, zumal er die hergebrachten Grundsätze des Berufsbeamtentums nur zu berücksichtigen braucht und weiterentwickeln darf. Insgesamt hat sich zudem die verfahrensrechtliche Rechtslage der Beamten aufgrund des neuen Rechts nicht verschlechtert, sondern durch den neu geschaffenen umfassenden Rechtsschutz — der es dem Beamten ermöglicht, bei jeder seinen Rechtsstand betreffenden Streitigkeit die Gerichte anzurufen — erheblich verbessert. In diesem generell verbesserten Rahmen ist es kein wesentlicher Nachteil, daß der Beamte sich gegen vermögensrechtliche Ansprüche des Dienstherrn im Anfechtungsverfahren statt als Beklagter gegenüber einer Klage des Dienstherrn zur Wehr setzen muß.

Das weitere Vorbringen der Revision in diesem Zusammenhang geht fehl.

Unverständlich ist das Revisionsvorbringen, daß bei Erlaß eines Leistungsbescheides die Verjährungsfrist, die der Dienstherr zu beachten hat, deshalb „praktisch auf einen Monat abgekürzt" würde, weil der betroffene Beamte die Widerspruchsfrist von einem Monat zu beachten hat. Auf den Ablauf der gegen den Dienstherrn laufenden Verjährungsfrist hat der Beamte in keinem Falle entscheidenden Einfluß, gleichviel ob der Dienstherr diese Frist durch Klageerhebung oder ob er sie durch Erlaß eines Leistungsbescheides unterbricht. Für die Zeitspanne, innerhalb derer der Beamte sich darüber schlüssig werden muß, ob er sich gegen den Anspruch des Dienstherrn zur Wehr setzen und einem entsprechenden Prozeßkostenrisiko aussetzen will, ist ohne wesentliche Bedeutung, ob er einen Leistungsbescheid oder — vor Erhebung der Zahlungsklage seitens des Dienstherrn — eine befristete Zahlungsaufforderung erhält.

Unrichtig ist ferner das Vorbringen, das verwaltungsgerichtliche Anfechtungsverfahren sei kostspieliger als die Leistungsklage des Dienstherrn und erhöhte das Kostenrisiko des Klägers. Dieses Revisionsvorbringen berücksichtigt nicht hinreichend die Vorteile des dem Anfechtungsverfahren vorgeschalteten Widerspruchsverfahrens; dieses ermöglicht dem Beamten die Geltendmachung seiner Gegengründe und gewährleistet eine nochmalige gründliche Sach- und Rechtsprüfung seitens der Dienstbehörde, ohne daß hierfür schon Kosten enstehen müssen. Zur Hinzuziehung eines Rechtsanwalts in diesem Verwaltungsverfahren ist der Beamte nicht genötigt. Jedenfalls kostensparend wirkt sich für den Beamten aus, daß der Dienstherr sich für eine Forderung, die der Beamte nicht bestreitet, zum Zwecke einer besseren Sicherung der Forderung oder der Unterbrechung der Verjährung einen vollstreckbaren Titel durch kostenfreien Erlaß eines Leistungsbescheides verschaffen kann, statt ein gerichtliches Leistungsurteil erwirken zu müssen. Leugnet der Beamte die Forderung des Dienstherrn, so wird das Kostenrisiko nicht dadurch geringer, daß er sich gegen eine Leistungsklage des Dienstherrn zur Wehr setzen und nicht selbst Anfechtungsklage erheben muß. Kann er den Gerichtskostenvorschuß nicht aufbringen, den er bei Erhebung der Anfechtungsklage möglicherweise schon in der ersten Gerichtsinstanz, gegenüber einer Klage des Dienstherrn aber erst dann leisten muß, wenn er gegen ein ihm ungünstiges Urteil in der zweiten oder dritten Instanz ein Rechtsmittel einlegt, so stehen ihm die Vorschriften über die Bewilligung des Armenrechts zur Seite. Daß der Dienstherr eher und leichtfertiger bereit sei, einen Leistungsbescheid zu erlassen und sich der Anfechtungsklage auszusetzen, als selbst Klage zu erheben und hierfür einen Gerichtskostenvorschuß zu zahlen, ist eine bloße Behauptung der Revision, der zudem die Tatsache entgegensteht, daß die öffentlich-rechtlichen Dienstherren aus Gründen der gebotenen sparsamen Verwaltung öffentlicher Mittel zur Beitreibung zuviel gezahlter Bezüge verpflichtet sind und von den Rechnungshöfen hierzu angehalten werden. Ob der Dienstherr sich im Einzelfall zunächst mit der Aufrechnung von Teilbeträgen begnügt und so dem Beamten Gelegenheit gibt, durch Zahlungsklage wegen des aufgerechneten Teilbetrages mit geringen Kosten eine gerichtliche Klärung des gesamten Anspruchs zu erwirken, hängt von den Umständen — z.B. drohender Verjährung oder Zahlungsunfähigkeit des Beamten — oder von einer entsprechenden Vereinbarung zwischen dem Beamten und dem Dienstherrn ab. Das gleiche Ergebnis läßt sich unter vergleichbaren Umständen durch eine Vereinbarung dahin erreichen, daß der Dienstherr den Leistungsbescheid zunächst nur wegen eines Teilbetrages erläßt.

Soweit schließlich die Revision auf Unterschiede zwischen dem Zivilprozess und dem verwaltungsgerichtlichen Verfahren hinweist, liegt ihr Vorbringen neben der Sache. Denn nach den geltenden Vorschriften (§ 126 BRRG) ist sowohl für die Anfechtungsklage des Beamten als auch für die Leistungsklage des Dienstherrn der Verwaltungsrechtsweg vorgeschrieben. Auf dieses Vorbringen braucht deshalb nicht eingegangen zu werden.

Abschließend ist nach alledem festzustellen, daß sich der gerichtliche Rechtsschutz der Beamten gegenüber der bis 1945 bestehenden Rechtslage nicht verschlechtert, sondern auch bei Berücksichtigung der Möglichkeit von Leistungsbescheiden erheblich verbessert hat, so daß weder verfassungsrechtliche noch auch nur rechtspolitische Bedenken anzuerkennen sind.

Die hiernach zulässigerweise ergangenen angefochtenen Verwaltungsbescheide sind auch in materiellrechtlicher Hinsicht nicht zu beanstanden. Dies ist aufgrund der Sachrüge der Revision von Amts wegen zu prüfen, bedarf aber deshalb keiner eingehenderen Begründung, weil die Revision insoweit nichts geltend gemacht hat. Daß der Kläger die allein noch streitigen Überzahlungen für den Zeitraum von April bis Oktober 1959 gesetzwidrig erhalten hat, ist zutreffend und unstreitig. Bei der Entscheidung, daß der Kläger den Mangel des Rechtsgrundes dieser Überzahlungen seit März 1959 hätte erkennen müssen, hat das Berufungsgericht — wie der Zusammenhang seiner Urteilsbegründung zeigt — den Rechtsbegriff „Erkennenmüssen" nicht zu Ungunsten des Klägers verkannt, nämlich nicht zu streng ausgelegt. Die hierzu getroffenen tatsächlichen Feststellungen samt der ihnen zugrunde liegenden Tatsachenwürdigung sind gemäß § 137 Abs. 2 VwGO für das Revisionsgericht verbindlich. Die Billigkeitsentscheidung (§ 98 Abs. 2 Satz 3 LBG) hat das Berufungsgericht rechtsfehlerfrei in der Bewilligung ratenweiser Tilgung des Erstattungsbetrages erblickt.

Hiernach ist die Revision mit der Kostenfolge aus § 154 Abs. 2 VwGO zurückzuweisen.

gez. *A.* gez. *B.* gez. *C.* gez. *D.* gez. *E.*

Zu den formellen Voraussetzungen der Revisionseinlegung:

Die Revision ist schriftlich einzulegen und zwar bei dem iudex a quo, d.h. bei dem Gericht, dessen Urteil angefochten wird (vgl. § 139 VwGO). Auch die Revisionsbegründung bedarf der Schriftform. Die Revision muß das angefochtene Urteil angeben. Besonders strenge Anforderungen werden hieran nicht gestellt; nach Rechtsprechung und Rechtslehre ist es genügend, wenn etwa aus Aktenzeichen und Datum der Verkündung das angefochtene Urteil hinreichend bestimmt ist. Die Revisionsschrift oder die Revisionsbegründungsschrift muß einen bestimmten Antrag enthalten (s. § 139 Abs. 2 VwGO); dieser Antrag braucht also nicht schon in der Revisionsschrift enthalten zu sein. Auch der Begriff „bestimmter Antrag" wird nicht besonders streng ausgelegt; es wird nach der Rechtprechung des BVerwG (s. insbesondere BVerwGE 1, 22) als ausreichend angesehen, wenn das Ziel der Revision aus der Tatsache der Revisionseinlegung allein oder in Verbindung mit den während der Revisionsfrist — nun auch während der Revisionsbegründungsfrist — abgegebenen Erklärungen erkennbar ist.

Die Frist zur Einlegung der Revision beträgt einen Monat, die Revisionsbegründungsfrist einen weiteren Monat. Die Zweimonatsfrist der Revisionsbegründung läuft ab Zustellung des angefochtenen Urteils der Vorinstanz (vgl. hierzu BVerwGE 7, 293). Die Revisionsbegründungsfrist kann auf einen vor ihrem Ablauf gestellten Antrag verlängert werden und zwar nach herrschender Meinung durch den Vorsitzenden des Senats des BVerwG, nicht durch den Vorsitzenden des Senats des OVG (VGH). Die Entscheidung über die Verlängerung der Revisionsbegründungsfrist kann — vorausgesetzt daß der Antrag auf diese Verlängerung vorher gestellt ist —, noch nach ihrem Ablauf ergehen.

Es handelt sich hier um eine Klage des Dienstherrn gegen einen Beamten. Für Klagen aus dem Beamtenverhältnis und für Klagen des Dienstherrn ist der Verwaltungsrechtsweg gegeben; das gilt auch für die vermögensrechtlichen Ansprüche aus dem Beamtenverhältnis, die früher vielfach, insbesondere kraft Landesverfassungsrechts, den ordentlichen Gerichten zugewiesen waren (s. § 126 BRRG und § 172 BBG). Für das Recht der Richter gilt ab 1. Juli 1962 (von 2 Ausnahmen abgesehen) das Deutsche Richtergesetz vom 8. September 1961 — BGBl. I S. 1665 —. Für Ansprüche auf Schadensersatz aus Amtspflichtsverletzungen und auf Rückgriffe sind allerdings die ordentlichen Gerichte zuständig (vgl. Art. 34 GG und § 40 VwGO).

§ 126 Abs. 3 BRRG i.d.F. des § 191 Abs. 1 VwGO (vgl. auch § 172 BBG) sieht für alle Verfahren aus dem Beamtenrechtsverhältnis ein Vorverfahren vor, also insbesondere auch dann, wenn der Verwaltungsakt von einer obersten Bundes- oder Landesbehörde erlassen worden ist und wenn es sich nicht um Anfechtungsklagen und Verpflichtungsklagen, sondern auch um andere Leistungsklagen sowie um Feststellungsklagen handelt. Weiterhin ist hiernach der Widerspruchsbescheid grundsätzlich von der obersten Dienstbehörde zu erlassen, die aber die Entscheidung in den Fällen, in denen sie den Verwaltungsakt nicht selbst erlassen hat, auf andere Behörden übertragen kann (§ 126 Abs. 3 Nr. 2 BRRG).

Die Revision ist in Beamtensachen zuzulassen, wenn das Berufungsurteil von der Entscheidung des Bundesverwaltungsgerichts oder eines anderen Oberverwaltungsgerichts abweicht und auf dieser Abweichung beruht, solange eine Entscheidung des BVerwG in den Rechtsfragen nicht ergangen ist. Die Revision kann außer auf Verletzung von Bundesrecht darauf gestützt werden, daß das angefochtene Urteil auf Verletzung von Landesrecht beruht (vgl. Art. XI, § 1 Nr. 17 des 3. Änderungsgesetzes vom 31. August 1965, GVBl. I S. 1007).

Das Beamtenrecht ist ein Teil des öffentlichen Dienstes und zwar der überwiegende Teil. Im Dienst des Staates und der sonstigen Dienstherrn stehen nicht nur Beamte, sondern auch Angestellte und Arbeiter. Beamte im staatsrechtlichen Sinne (zu unterscheiden von Beamten im Sinne der Haftungsbestimmungen und Beamten im Sinne des Strafrechts) sind Personen, die in einem öffentlich-rechtlichen Dienst- und Treueverhältnis mit einem Subjekt des öffentlichen Rechts stehen. Verfassungsrechtliche Grundlage ist Art. 33 GG; er enthält eine institutionelle Garantie des Berufsbeamtentums; er gebietet nicht die hergebrachten Grundsätze des Berufsbeamtentums unter allen Umständen zu beachten, sondern sie nur bei Regelung des Rechts des öffentlichen Dienstes zu berücksichtigen (BVerfGE 3, 288 u. 7, 155). Art. 33 Abs. 5 GG hat aber eine über die bloße institutionelle Garantie hinausgehende Bedeutung. In BVerfGE 8, 1 ist anerkannt, daß diese Bestimmung dem Beamten grundrechtsähnliche Individualrechte in gewisser Hinsicht gibt, deren Verletzung nach § 90 Abs. 1 BVerfGG mit der Verfassungsbeschwerde gerügt werden kann.

Das Recht der Beamten ist verschieden geregelt, je nachdem wer Dienstherr des Beamten ist. Für die im Dienst des Bundes stehenden Beamten, sowie für die Beamten der bundesunmittelbaren Körperschaften, Anstalten und Stiftungen des öffentlichen Rechts gilt das Bundesbeamtengesetz vom 14. Juli 1953 (BGBl. I S. 551) i.d.F. vom 22. 10. 1965 (BGBl. I S. 1776) — BBG — mit späteren Änderungen. Die Vereinheitlichung des Beamtenrechts enthält das Beamtenrechtsrahmengesetz vom 1. Juli 1957 (BGBl. I S. 667) i.d.F. vom 22. 10. 1965 (BGBl. I S. 1754) mit späteren Änderungen — BRRG —. Dieses Gesetz bringt insbesondere in seinem Kapitel II Vorschriften, die einheitlich und unmittelbar für alle Beamten gelten, also vor allem für Bundes- und Landesbeamte usw. Es handelt sich hier um Vorschriften über den Rechtsweg — Verwaltungsrechtsweg, insbesondere auch für vermögensrechtliche Ansprüche des Beamten aus dem Beamtenverhältnis und des Dienstherrn gegen den Beamten —, über

Dienstherrneigenschaft, über die Rechtsstellung bei Umbildung von Körperschaften und Wechsel des Dienstherrn u. dgl. Schließlich enthält das BRRG auf Grund des Art. 75 Abs. 1 GG noch Rahmenvorschriften für die Gesetzgebung der Länder mit der Verpflichtung der Länder, ihr Beamtenrecht dem BRRG anzugleichen. Die Länderbeamtengesetze gelten nicht nur für die Beamten der Länder als solche, sondern im allgemeinen auch für Beamten anderer Körperschaften, Anstalten und Stiftungen des öffentlichen Rechts, insbesondere für die Beamten der Gemeinden, Kreise und Bezirke.

Neben den allgemeinen Beamtengesetzen des Bundes und der Länder bestehen noch weitere besondere beamtenrechtliche Gesetze. Erwähnt seien u. a. Laufbahnvorschriften sowie die Regelungen für besondere Beamtenarten, wie Polizeibeamte, Hochschullehrer, ferner Gesetz zur Regelung der Rechtsverhältnisse der unter Art. 131 GG fallenden Personen und zur Regelung der Wiedergutmachung nationalsozialistischen Unrechts im öffentlichen Dienst und schließlich für die Personalvertretung der Beamten und das Dienststrafrecht. Bestimmungen über Dienstbezüge und Versorgungsbezüge der Beamten und Richter des Bundes sind im BBG (s. bes. §§ 82ff. und §§ 105ff.) sowie im Bundesbesoldungsgesetz vom 27. Juli 1957 (BGBl. I S. 993) enthalten. Wegen der Dienstbezüge und der Versorgungsbezüge der Beamten (Richter) der Länder, Gemeinden, Gemeindeverbände u. a. bringt das Bundesbesoldungsgesetz Rahmenvorschriften; die Länderbesoldungsgesetze enthalten neben dem BRRG und den Landesbeamtengesetzen weitere Regelungen über die Dienst- und Versorgungsbezüge dieser Beamten.

Nach der Dauer des Dienstverhältnisses unterscheidet man Beamte auf Lebenszeit Beamte auf Probe, Beamte auf Widerruf (insbesondere solche im Vorbereitungsdienst), Beamte auf Zeit und Ehrenbeamte (vgl. § 5 BBG). Das Beamtenverhältnis wird grundsätzlich durch die Ernennung begründet, d. i. ein Staatshoheitsakt und zwar ein rechtsgestaltender empfangsbedürftiger einseitiger Verwaltungsakt, der der Zustimmung des zu Ernennenden bedarf (§ 6 BBG). Für die Ernennung gilt das Urkundsprinzip, d. h. soweit nicht Sonderbestimmungen bestehen, wird das Beamtenverhältnis durch die Aushändigung der Ernennungsurkunde begründet, umgewandelt, das Amt erstmalig verliehen oder ein anderes Amt mit anderem Endgrundgehalt und anderer Amtsbezeichnung verliehen (§ 6 BBG). Das Beamtenverhältnis endet durch Ausscheiden kraft Gesetzes — z. B. Verlust der Staatsangehörigkeit, durch strafgerichtliche Verurteilung zu Zuchthaus u. a. —, durch Entlassung durch Verwaltungsentscheidung — z. B. auf eigenen Antrag, Entlassung eines Widerrufsbeamten durch Widerruf u. dgl. —, durch Versetzung in den Ruhestand oder bei sogen. politischen Beamten durch Versetzung in den einstweiligen Ruhestand, durch Tod, durch Entlassung im Dienststrafverfahren (s. §§ 28ff. BBG). Unter gewissen Voraussetzungen kann eine Ernennung nichtig sein (s. § 11 BBG) oder zurückgenommen werden (s. § 12 BBG). Die Laufbahn der Beamten ist besonders geregelt, insbesondere hinsichtlich des Aufstiegs und der Beförderungen, der Prüfungen und des Vorbereitungsdienstes u. a. (s. §§ 15ff. BBG und Bundeslaufbahnverordnung i. d. F. vom 14. 4. 1965 (BGBl. I S. 323) —; unterschieden werden vier Laufbahnen und zwar der höhere Dienst (z. B. Regierungsrat), der gehobene Dienst (z. B. Inspektor), der mittlere Dienst (z. B. Sekretär) und der einfache Dienst (z. B. Amtsgehilfe). Das Beamtenverhältnis gehört zu den sogen. besonderen Gewaltverhältnissen. Es hat seine besondere Regelung erfahren, die vor allem die Rechte (s. besonders §§ 79ff. BBG) Anspruch auf Fürsorge, auf Dienst- und Versorgungsbezüge, auf Urlaub usw.) und die Pflichten (s. §§ 52ff. BBG Pflicht zum Eintreten für die freiheitliche demokratische Grundordnung, zu achtungsvollem Verhalten, zur Beratung des Vorgesetzten und zum Gehorsam usw.) festlegt. Eine besondere, noch nicht völlig abschließend entschiedene

Frage ist die, inwieweit im Rahmen des besonderen Gewaltverhältnisses des Beamten einzelne Maßnahmen der vorgesetzten Stellen Verwaltungsakte oder Dienstbefehle sind und inwieweit der Verwaltungsrechtsweg hierwegen gegeben ist (vgl. hierzu Wolff, Verwaltungsrecht II, § 17 Anm. III c 2).

Für die Richter gilt ab 1. Juli 1962 das Deutsche Richtergesetz vom 8. September 1961 — BGBl. I S. 1665 —. Es bringt in seinem Ersten Teil (§§ 1—45) unmittelbar und allgemein geltende Vorschriften für das Richteramt in Bund und Ländern, insbesondere über die Befähigung zum Richteramt, über das Richterverhältnis (Ernennung, Entlassung), über die richterliche Unabhängigkeit und die besonderen Pflichten. Im Zweiten Teil (§§ 46 bis 70) behandelt es die Richter im Bundesdienst, für die grundsätzlich das Recht der Bundesbeamten entsprechend anwendbar ist; dieser Teil befaßt sich vor allem mit der Regelung der Richtervertretung und der Dienstgerichte. Der Dritte Teil enthält Rahmenvorschriften für die Regelung des Rechtes der Richter im Landesdienst; er schreibt insbesondere bindend die Bildung von Richterräten und Dienstgerichten vor. Der Vierte Teil bringt Übergangs- und Schlußvorschriften, z. B. Änderungen und Aufhebung von Gesetzen.

Mit Rücksicht auf den vom BVerwG entschiedenen besonderen Tatbestand ist noch zu bemerken: Der Beamte erhält Dienstbezüge, die sich darauf gründen, daß der Dienstherr für den angemessenen Lebensunterhalt (Alimentation) aufzukommen hat. Dies wird in Art. 33 Abs. 5 GG gewährleistet. Der Anspruch ergibt sich im einzelnen aus den anzuwendenden Besoldungsgesetzen des Bundes und der Länder. Hiernach setzen sich die Dienstbezüge zusammen aus dem Grundgehalt, dem Wohnungsgeldzuschuß (Ortszuschlag), der in der Entscheidung des BVerwG Gegenstand des Rechtsstreits war, und aus den Kinderzuschlägen.

Ohne Rechtsgrund gezahlte Dienstbezüge oder Teile von Dienstbezügen können nach den Vorschriften über die Herausgabe einer ungerechtfertigten Bereicherung zurückverlangt werden (§ 87 Abs. 2 S. 1 BBG, § 53 Abs. 2 Satz 1 BRRG). Trotz Wegfalls der Bereicherung ist der Beamte zur Rückzahlung verpflichtet, wenn er bei Empfang der Überzahlung den Mangel des Rechtsgrundes kannte oder wenn dieser Mangel so offensichtlich war, daß ihn der Beamte hätte erkennen müssen (§§ 819 Abs. 1 und 818 Abs. 4 BGB).

V.

Vorläufiger Rechtsschutz durch die Verwaltungsgerichte

Verwaltungsgericht B.
Az. III H 50/68

Beschluß

In dem Verwaltungsstreitverfahren

der Frau *Erna B.* in Allendorf, Hauptstraße 1, Antragstellerin,

gegen

den Landkreis M.,
vertreten durch den Kreisausschuß, M., Oberweg 1, Antragsgegner,
Beigeladener: Hotelier *Erich C.*, Allendorf, Hauptstr. 3,

wegen Wiederherstellung der aufschiebenden Wirkung des Widerspruchs gegen eine Beseitigungsverfügung der Bauaufsichtsbehörde

hat das Verwaltungsgericht B. in seiner Sitzung am 30. August 1968 durch den Verwaltungsgerichtsdirektor A. und die Verwaltungsgerichtsräte *B.* und *C.* beschlossen:

Der Antrag der Antragstellerin, die aufschiebende Wirkung des Widerspruchs vom 2. Juli 1968 gegen die Verfügung des Antragsgegners vom 18. Juni 1968 wiederherzustellen, wird zurückgewiesen.

Die Antragstellerin hat die Kosten des Verfahrens einschließlich der außergerichtlichen Kosten des Beigeladenen zu tragen.

Der Wert des Streitgegenstandes wird auf 500,— DM festgesetzt.

Gründe

I.

Die Antragstellerin ist Eigentümerin eines Grundstücks in Allendorf, Hauptstraße 1. Sie betreibt auf diesem Grundstück eine Fremdenpension. Unmittelbar an der Grenze zum Nachbargrundstück Hauptstraße 3 hat die Antragstellerin vor Jahren eine Terrasse errichten lassen, die nach dem Grundstück Hauptstraße 3 durch eine Betonmauer abgeschlossen wird. Dieses Grundstück gehört dem Beigeladenen C. der dort ein Hotel betreibt.

Im April 1968 beschwerte sich der Nachbar C. bei der Bauaufsichtsbehörde des Antragsgegners über den Zustand der an der Grenze zu seinem Grundstück stehenden Betonmauer. Die Behörde nahm Ermittlungen auf und stellte fest, daß die Mauer Risse aufwies.

Durch Verfügung vom 18. Juni 1968 gab der Antragsgegner der Antragstellerin auf, die einsturzgefährdete Stützmauer unter Beachtung der erforderlichen Sicherungsmaßnahmen bis zum 10. Juli 1968 abzubrechen. Für den Fall, daß die Antragstellerin dieser Anordnung nicht nachkomme, wurde ihr unter Veranschlagung eines vorläufigen Kostenbetrages von 1.000,— DM, der im Wege des Verwaltungszwanges beigetrieben werden könne, die Ersatzvornahme angedroht. Zur Begründung heißt es in der Verfügung des Antragsgegners, daß die Mauer keine ausreichende Gründung habe. Sie sei auf dem Grundstück der Antragstellerin nicht verankert. Auch liege das Nachbargrundstück wesentlich tiefer und beginne die Böschung unmittelbar am Fuße der Mauer, weshalb diese abstürzen könne. Eine andere als die angeordnete Maßnahme sei nicht durchführbar und nicht erfolgversprechend. Insbesondere könne die Mauer nicht abgestützt werden, weil hierzu das Nachbargrundstück benutzt werden müsse und die Abstützung wegen der Nähe des Kurparks stören würde.

Der Antragsgegner ordnete die sofortige Vollziehung der Verfügung an. Dies begründete er damit, daß eine akute Gefahr des Einsturzes der Mauer bestehe. Hierdurch seien die Bewohner des Hauses der Antragstellerin und des Nachbarhauses gefährdet. Eine solche Gefahr bestehe insbesondere, weil sich hinter der Mauer eine Terrasse befinde und am Fuße der Böschung auf dem Nachbargrundstück PKW-Einstellplätze seien.

Gegen die am 20. Juni 1968 als Einschreiben zur Post gegebene Verfügung des Antragsgegners legte die Antragstellerin am 3. Juli 1968 Widerspruch ein. Sie trug vor: Sie werde zu Unrecht zur Beseitigung des als baurechtswidrig angesehenen Zustandes in Anspruch genommen. Eine bauaufsichtliche Verfügung hätte gegen ihren Nachbarn ergehen müssen. Dieser habe im Jahre 1960 auf seinem Grundstück an der Grenze zu ihrem Anwesen Abgrabungen vorgenommen. Nur dadurch sei die Mauer in den beanstandeten Zustand geraten. Die Behörde habe die Abgrabungen zumindest geduldet. Es widerspreche Treu und Glauben, wenn nunmehr von ihr, der Antragstellerin, die Beseitigung des angenommenen baurechtswidrigen Zustandes verlangt werde. Zur Behebung eines solchen Zustandes sei der Nachbar nach bürgerlichem Recht ihr gegenüber verpflichtet. Er sei zu veranlassen, das abgegrabene Gelände wieder aufzuschütten und die Mauer abzustützen. Die Mauer gefährde auch nicht die öffentliche Sicherheit und Ordnung. Allenfalls seien auf dem Nachbargrundstück befindliche Personen, also ein bestimmter Personenkreis, in Gefahr.

Über den Widerspruch ist noch nicht entschieden.

Mit Schriftsatz vom 11. Juli 1968 beantragte die Antragstellerin bei dem Verwaltungsgericht,

> die aufschiebende Wirkung des Widerspruchs vom 2. Juli 1968 gegen die Verfügung des Antragsgegners vom 18. Juni 1968 herzustellen.

Sie bezog sich auf ihre Widerspruchsbegründung und führte zusätzlich aus: Der Antragsgegner habe die sofortige Vollziehung nicht anordnen dürfen. Es bestehe kein den Abbruch der Mauer rechtfertigender Gefahrenzustand. Der Nachbar habe auf seinem Grundstück bereits im Jahre 1960 das Erdreich an der Grundstücksgrenze abgegraben, ohne daß es inzwischen zu einem Unfall gekommen sei.

Der Antragsgegner beantragte,

> den Antrag zurückzuweisen.

Er bezog sich auf die Begründung seiner Verfügung und erwiderte außerdem: An beiden Enden der einsturzgefährdeten Mauer sei die Verankerung mit dem Erdboden gerissen; damit sei ein akuter Gefahrenzustand gegeben. Durch Witterungseinflüsse und Erschütterungen könne die Mauer jederzeit auf das Nachbargrundstück stürzen, wodurch auf der Terrasse befindliche Personen und Bewohner des Hotels C. lebensgefährlich verletzt werden könnten.

Mit Beschluß vom 18. Juli 1968 ist der Nachbar C. beigeladen worden. Über die Verhältnisse auf dem Grundstück der Antragstellerin ist durch Augenscheinseinnahme Beweis erhoben worden. Das Ergebnis der vom Berichterstatter als beauftragten Richter durchgeführten Beweisaufnahme ist in der Niederschrift über den Beweis- und Erörterungstermin vom 23. Juli 1968 festgehalten.

Die einschlägige Bauaufsichtsakte des Antragsgegners liegt vor.

II.

Der Antrag ist zulässig, aber nicht begründet.

Die Anordnung der sofortigen Vollziehung der Abbruchsverfügung vom 18. Juni 1968 ist nicht zu beanstanden. Sie ist im öffentlichen Interesse geboten (§ 80 Abs. 2 Nr. 4 VwGO); auch ist sie ordnungsgemäß schriftlich begründet (§ 80 Abs. 3 Satz 1 VwGO). Der gemäß § 80 Abs. 5 Satz 2 VwGO schon vor Klageerhebung zulässige Antrag, die aufschiebende Wirkung des Widerspruchs gegen die Verfügung des Antragsgegners durch Gerichtsbeschluß herzustellen, ist daher unbegründet.

Bei der Entscheidung ist davon auszugehen, daß bei der Beurteilung des öffentlichen Interesses an der sofortigen Vollziehung eines Verwaltungsaktes die materielle Rechtslage nicht außer Acht gelassen werden kann. Es ist in Schrifttum und Rechtsprechung allgemein anerkannt, daß kein öffentliches Interesse besteht, die aufschiebende Wirkung von Rechtsbehelfen gegen Verwaltungsakte auszuschließen, die offensichtlich unrechtmäßig sind. Andererseits geht die herrschende Meinung dahin, daß das öffentliche Interesse an der sofortigen Vollziehung von Verwaltungsakten, die offenbar rechtmäßig sind, stets zu bejahen sei (s. u.a. Eyermann-Fröhler, VwGO, 4. Aufl., Rdn. 47 zu § 80; Schunck- de Clerck, VwGO, 2. Aufl., Anm. 5b zu § 80, und die dortigen Hinweise auf die einschlägige Rechtsprechung). Wenn die summarische Prüfung der materiellen Rechtslage in diesem Sinne für die Beurteilung der Vollziehungsanordnung nichts ergibt, soll es auf eine Interessenabwägung zwischen den Beteiligten, insbesondere auf die Eilbedürftigkeit der angeordneten Vollziehung ankommen. Darüber hinaus wird in der Rechtsprechung gefordert, daß die aufschiebende Wirkung auch eines offenbar unbegründeten Widerspruchs wiederherzustellen sei, wenn es an der Eilbedürftigkeit der Vollziehung des Verwaltungsaktes fehle. Die Kammer hat sich dieser Auffassung angeschlossen.

Nach den vorstehend dargelegten Grundsätzen müßte der vorliegende Antrag schon dann Erfolg haben, wenn die Vollziehung der Verfügung des Antragsgegners vom 18. Juni 1968 nicht eilbedürftig wäre. Die Eilbedürftigkeit ist jedoch hier zu bejahen. Es steht aufgrund der durchgeführten Augenscheinseinnahme fest, daß die Betonmauer an der Grenze des Grundstücks der Antragstellerin auf das Grundstück des Beigeladenen zu stürzen droht. Die Handskizze in der Bauaufsichtsakte zeigt, daß die Betonmauer an dem einen Ende gerissen ist und sich am anderen Ende von der senkrecht zu ihr stehenden dortigen Terrassenmauer gelöst hat, so daß an dieser Stelle eine mehrere Zentimeter breite Spalte klafft. Ferner lassen die Skizzen der Bauaufsichtsbehörde und das Lichtbild in der Behördenakte erkennen, daß die Mauer lediglich auf dem Erdboden aufsitzt. Die Mauer ist also weder mit dem restlichen Teil der Terrasse noch mit dem Erdboden fest verbunden. Das durch Protokoll festgehaltene Ergebnis der Augenscheinseinnahme durch den beauftragten Richter hat die aktenkundig gemachten Feststellungen der Behörde bestätigt, wobei sich insbesondere herausgestellt hat, daß das Mauerwerk durchgehende Risse hat. Bei dieser Sachlage ist nicht auszuschließen, daß ein erheblicher, das Erdreich aufweichender Regenguß oder eine starke Erschütterung durch den Straßenverkehr jederzeit dazu führen können, daß die schwere, fast 6 m lange Mauer über die anschließende 2 bis 2,50 m hohe Böschung auf das Grundstück des Beigeladenen abstürzt. Das bedeutet eine unmittelbare Gefahr für Leib und Leben von Personen, die sich auf der Terrasse der Antragstellerin aufhalten, und für Personen auf dem Grundstück des Beigeladenen. Letzterer ist von dem Gefahrenzustand besonders deswegen betroffen, weil unterhalb der Mauer und der Böschung auf dem Anwesen des Beigeladenen PKW-Einstellplätze angelegt sind. Mit Recht ist der Antragsgegner bei der Vollziehungsanordnung davon ausgegangen, daß ein Gefahrenzustand besteht, der unverzüglich zu beseitigen ist.

Demgegenüber versagt der Hinweis der Antragstellerin, daß sich die Mauer schon seit dem Jahre 1960 in dem jetzigen Zustand befinde. Die Tatsache, daß ein gefahrdrohender Zustand lange Zeit besteht, ohne daß Schäden eintreten, gibt keine Gewähr dafür, daß solche Ereignisse auch künftig ausbleiben. Im übrigen ist sehr zweifelhaft, daß die Abgrabungen, die der Beigeladene nach dem Vortrag der Antragstellerin im Jahre 1960 an der Grundstücksgrenze vorgenommen hat, sogleich Risse in der Terrassenmauer verursachten.

Gegenüber der Eilbedürftigkeit der Vollziehung kann sich die Antragstellerin nicht auf ein überwiegendes Eigeninteresse an der aufschiebenden Wirkung des Widerspruchs gegen die Beseitigungsverfügung berufen. Insbesondere geht ihre Auffassung fehl, die sofortige Vollziehung sei unzulässig, weil sie durch die Beseitigung der Mauer einen nicht mehr behebbaren Nachteil erleide. Selbst wenn das zutreffen sollte, muß das natürliche Interesse der Antragstellerin an der aufschiebenden Wirkung ihres Rechtsbehelfs hinter dem Erfordernis zurücktreten, eine akute Gefahr für die körperliche Unversehrtheit oder sogar das Leben von Menschen zu beenden.

Bei dieser Sachlage könnte der Antrag auf Aussetzung der Vollziehung nur Erfolg haben, wenn die Verfügung der Antragsgegnerin offensichtlich rechtswidrig wäre und deswegen das öffentliche Interesse an der Vollziehungsanordnung verneint werden müßte. Eine summarische Prüfung der Rechtslage ergibt jedoch keine ohne weiteres erkennbaren Mängel der Beseitigungsverfügung.

Es gehört zu den Aufgaben des Antragsgegners, von der Allgemeinheit und dem einzelnen durch Bauwerke und -teile hervorgerufene Gefahren abzuwenden, welche die öffentliche Sicherheit und Ordnung bedrohen (§ 59 Abs. 2 HBO). Die Ansicht des Antragsgegners, daß hier keine Bedrohung der öffentlichen Sicherheit vorliege, weil allenfalls ein bestimmter Personenkreis, nämlich die Personen auf dem Grundstück des Beigeladenen, gefährdet sei, geht offenbar fehl. Öffentliche Sicherheit i.S. der allgemeinen polizeilichen Generalklausel, auf die zum Verständnis der Befugnisse der Bauaufsichtsbehörde zurückgegriffen werden muß, ist auch die Gesamtheit der Rechtsgüter einzelner, deren Schutz im öffentlichen Interesse liegt. Hierzu gehören insbesondere das Leben und die Gesundheit (s. Ule-Rasch, Allg. Polizei- und Ordnungsrecht, Rdnr. 3 und 9 zu § 14 PVG). Außerdem hat die Bauaufsichtsbehörde für die Einhaltung der baurechtlichen Vorschriften zu sorgen (§ 59 Abs. 1 HBO); diese sind hier offensichtlich dadurch verletzt, daß die in Streit befindliche Mauer nicht mehr standsicher ist (§ 30 HBO). Weiter erscheint die Ansicht der Antragstellerin, ihr Nachbar habe zur Behebung des behaupteten Gefahrenzustandes herangezogen werden müssen, weil er diesen verschuldet habe, nicht stichhaltig. Die Antragstellerin ist als Eigentümerin für den Zustand der Betonmauer verantwortlich (§ 60 HBO i.V.m. § 14 HSOG). Schwerlich dürfte ein Ermessensfehler darin liegen, daß sich die Behörde an sie und nicht gemäß § 60 HBO i.V.m. § 12 HSOG an den Beigeladenen als den angeblichen Verursacher des Gefahrenzustandes gehalten hat. Selbst wenn man davon ausgeht, daß in erster Linie der Handlungsstörer als polizeipflichtig herangezogen werden muß (so Bernet-Groß, HSOG, Anm. 5 zu § 11), ist hier doch völlig offen, ob die Schäden an der Mauer tatsächlich auf die behaupteten Abgrabungen durch den Beigeladenen zurückgehen. Es dürfte kaum zu beanstanden sein, daß sich die Behörde in dieser Situation an die Antragstellerin als Eigentümerin, die für den baulichen Zustand ihres Grundstücks zweifelsfrei verantwortlich ist, gehalten hat. Eher stellt sich die Frage, ob die Beseitigungsverfügung nicht gegen den Grundsatz der Verhältnismäßigkeit des Mittels verstößt. Möglicherweise könnte die von der Betonmauer ausgehende Gefahr, wenn schon nicht durch eine Abstützung, so doch dadurch behoben werden, daß die Mauer in geeigneter Weise mit dem restlichen Teil der Terrasse wieder verbunden wird. Auf keinen Fall ist die Verfügung der Antragsgegnerin wegen dieses Gesichtspunktes jedoch offensichtlich fehlerhaft.

Auch die Androhung der Ersatzvornahme in der Beseitigungsverfügung, die Veranschlagung eines vorläufigen Kostenbetrages und die Ankündigung, diesen Betrag durch Verwaltungszwang beizuziehen, sind nicht offenbar fehlerhaft. Sie finden in den §§ 69, 74 Hess. VwVG ihre rechtliche Grundlage.

Der Antrag ist daher mit der Kostenfolge aus §§ 154 Abs. 1, 162 Abs. 3 VwGO zurückzuweisen. Die Streitwertfestsetzung beruht auf den §§ 3, 6 VGKO. In Verfahren nach § 80 Abs. 5 VwGO legt die Kammer den Streitwert auf ein Drittel des Wertes der Hauptsache fest.

gez. *A.* gez. *B.* gez. *C.*

Die Verwaltungsgerichtsordnung unterscheidet zwei Möglichkeiten des vorläufigen Rechtsschutzes: Die Anordnung oder Wiederherstellung der aufschiebenden Wirkung von Widerspruch und Anfechtungsklage (§ 80 Abs. 5) sowie der Erlaß einer einstweiligen Anordnung nach § 123 VwGO.

Jeder Verwaltungsakt äußert nach seinem Erlaß unmittelbare Wirkung und muß ggfs. von dem Betroffenen, soweit eine Handlung gefordert wird, sofort befolgt werden. Hieran ändert nichts, daß dieser die Möglichkeit hat, einen Rechtsbehelf einzulegen. Will der Betroffene die hoheitliche gegen ihn ergangene Entscheidung nicht anerkennen und Rechtsschutz erlangen, dann muß er Widerspruch bzw. nach Ergehen der Widerspruchsentscheidung Anfechtungsklage erheben. Um ihn aber bis zur Entscheidung über diese Rechtsbehelfe nicht den für ihn ungünstigen Wirkungen eines ergangenen Verwaltungsakts auszusetzen, hat das Gesetz den genannten Rechtsbehelfen aufschiebende Wirkung (Suspensiveffekt) beigelegt. Erhebt der Betroffene daher Widerspruch gegen eine Abbruchsverfügung, so hat dieser aufschiebende Wirkung und der Verwaltungsakt kann nicht durchgesetzt werden. Dies gilt allerdings dann nicht, wenn einer der in § 80 Abs. 2 VwGO genannten Ausnahmefälle vorliegt. Dies war hier der Fall, weil die Behörde die sofortige Vollziehung angeordnet hatte (§ 80 Abs. 2 Nr. 4). Eine solche Möglichkeit besteht, wenn die sofortige Vollziehung einer Maßnahme im öffentlichen Interesse oder im überwiegenden Interesse eines Beteiligten liegt. Ist einer der in § 80 Abs. 2 Nr. 1 bis 3 VwGO genannten Fälle gegeben, so entfällt zwar die aufschiebende Wirkung kraft Gesetzes, sie kann aber durch Entscheidung der Behörde oder des Gerichts angeordnet bzw. im Falle des § 80 Abs. 2 Nr. 4 VwGO wieder hergestellt werden. Hierauf richtete sich der Antrag in dem vorstehenden Beschluß des Verwaltungsgerichts. Ein solcher Antrag an das Gericht setzt nicht voraus, daß ein Aussetzungsantrag bei der Behörde keinen Erfolg hatte oder daß schon Klage erhoben worden ist.

Kann ein Antrag nach § 80 Abs. 5 VwGO nicht zum Ziele führen, so besteht die Möglichkeit, vorläufigen Rechtsschutz durch Antrag auf Erlaß einer einstweiligen Anordnung zu erlangen (§ 123 VwGO). Sie ist einmal gegeben, wenn die Gefahr besteht, daß durch eine Veränderung des bestehenden Zustandes die Verwirklichung eines Rechts des Antragstellers vereitelt oder wesentlich erschwert werden könnte. Zum anderen ist sie dann zu erlassen, wenn ein vorläufiger Zustand in bezug auf ein streitiges Rechtsverhältnis geregelt werden muß. Die Voraussetzungen der einstweiligen Anordnung sind denen der einstweiligen Verfügung der ZPO (§§ 920, 936 ZPO) nachgebildet, d. h. daß der Antragsteller glaubhaft machen muß, daß ihm das streitige Recht zusteht oder daß er Beteiligter des streitigen Rechtsverhältnisses ist und daß ein Grund besteht, eine vorläufige Regelung zu treffen.

3. Kapitel

Bei den Sozialgerichten

I.

Vorbemerkung

Es werden nur die wesentlichen Unterschiede zum verwaltungsgerichtlichen Verfahren dargestellt.

1. Die Sozialgerichtsbarkeit ist nicht so neu, wie gemeinhin angenommen wird. Sie hat ihren Ursprung im Krankenversicherungsgesetz vom 15. Juni 1883 (RGBl. S. 73). Mit dem Unfallversicherungsgesetz vom 6. Juli 1884 (RGBl. S. 69) wurde als oberste Verwaltungs- und Rechtsprechungsbehörde mit verwaltungsgerichtlichem Gepräge das Reichsversicherungsamt (RVA) mit Sitz in Berlin geschaffen. Das Gesetz über die Invaliditäts- und Altersversicherung vom 22. Juni 1889 (RGBl. S. 97) begründete auch für die Invalidenversicherung (heute: Rentenversicherung der Arbeiter) die Zuständigkeit des RVA. Eine Vereinheitlichung für die Sozialversicherung (Kranken-, Unfall- und Invalidenversicherung) brachte die Reichsversicherungsordnung — RVO — vom 19. Juli 1911 (RGBl. S. 509). Durch dieses Gesetz wurden auch die Verfahrensvorschriften zusammengefaßt. Zuständig für Streitsachen aus den genannten Gebieten waren das Versicherungsamt (Spruchausschuß), Oberversicherungsamt (Spruchkammer) und als Revisions- bzw. Rekursinstanz das RVA, in einigen Ländern war auch noch — als Mittelinstanz — ein Landesversicherungsamt dazwischengeschaltet. Das Angestelltenversicherungsgesetz vom 28. Dezember 1911 (RGBl. S. 989) schuf zunächst einen eigenen Rechtsweg. Durch die Novelle vom 10. November 1922 (RGBl. I S. 849, 855) erfolgte eine Angleichung an das System der RVO. Ähnliches gilt für die Knappschaftsversicherung und die Arbeitslosenversicherung. Seit 1922 gab es für die Kriegsopferversorgung Versorgungsgerichte bei den Oberversicherungsämtern und beim RVA das Reichsversorgungsgericht.
2. Nach dem Kriege setzten nur die Versicherungs-, Oberversicherungs- und Landesversicherungsämter ihre Tätigkeit fort. Durch das Sozialgerichtsgesetz (SGG) vom 3. September 1953 (BGBl. I S. 1239), in Kraft getreten am 1. Januar 1954 (§ 224 Abs. 1 SGG) und zuletzt 1969 geändert (vgl. BGBl. I S. 946, 953), wurde die Sozialgerichtsbarkeit geschaffen.
   Es bestehen nunmehr im Bundesgebiet als untere Instanz die Sozialgerichte — SG — (§ 7 SGG), als Mittelinstanz die Landessozialgerichte — LSG — (§ 28 SGG) als Landesgerichte und als Revisionsinstanz das Bundessozialgericht — BSG — (§ 38 SGG) mit Sitz in Kassel. Von der Möglichkeit, Ausführungsgesetze zum SGG zu erlassen, haben die Länder Gebrauch gemacht.
3. Die Gerichte der Sozialgerichtsbarkeit entscheiden nach § 51 SGG über öffentlich-rechtliche Streitigkeiten in Angelegenheiten der Sozialversicherung (Krankenversicherung[1]), Unfallversicherung[2]), Rentenversicherung der Arbeiter und der Angestellten[3]), auch der Handwerker[4]), Knappschaftsversicherung[5]) sowie über die Angelegenheiten, die auf Grund der Beziehungen zwischen Ärzten, Zahnärzten und Krankenkassen (Kassenarztrecht)[6]) zu entscheiden sind; der Arbeitslosenversicherung und der übrigen Aufgaben der Bundesanstalt für Arbeit[7]), der Kriegsopferversorgung außer den Maßnahmen auf dem Gebiet der sozialen Fürsorge nach §§ 25 bis 27 Bundesversorgungsgesetz[8]) sowie über sonstige öffentlich-rechtliche Streitigkeiten, für die durch Gesetz der Rechtsweg vor diesen Gerichten eröffnet worden ist. Das sind Streitigkeiten aus dem Kindergeldgesetz (§ 27 BKGG)[9]), Häftlingshilfegesetz (§ 10 HHG)[10]), die Beschädigtenversorgung nach dem Soldatenversorgungsgesetz (§ 88 SVG)[11]), Gesetz über die Altershilfe für Landwirte (§ 30 GAL)[12]), Gesetz über das Zivilschutzkorps[13]), soweit es sich um die Versorgung der Angehörigen dieses Korps und ihrer Hinterbliebenen

[1])—[13]) Erklärung der Fußnoten s. S. 101 u. 102.

handelt. Ferner entscheiden die Gerichte auch über öffentlich-rechtliche Streitigkeiten, die auf Grund des Lohnfortzahlungsgesetzes vom 27. Juli 1969 (BGBl. I S. 946) entstehen.

4. Die Grundsätze des sozialgerichtlichen Verfahrens entsprechen denen des verwaltungsgerichtlichen Verfahrens (s. S. 51ff). Auch in Angelegenheiten der Sozialgerichtsbarkeit gilt das Prinzip der objektiven Beweislast, insbesondere der Feststellungslast. Hiernach sind die Folgen der objektiven Beweislosigkeit oder des Nichtfestgestelltseins einer Tatsache von dem Beteiligten zu tragen, der aus dieser Tatsache ein Recht herleiten will (vgl. BSGE 6, 70). Streitigkeiten vor den Gerichten der Sozialgerichtsbarkeit betreffen häufig Fragen, bei denen die Feststellung und Beurteilung von gesundheitlichen Beeinträchtigungen eine wesentliche Rolle spielt: Arbeitsunfähigkeit in der Krankenversicherung, Berufs- und Erwerbsunfähigkeit in der Rentenversicherung und Minderung der Erwerbsfähigkeit in der Unfallversicherung, der Kriegsopfer- und Soldatenversorgung. Hier bedarf der Richter häufig der Hilfe des Sachverständigen. Nach § 109 SGG muß auf Antrag eines Versicherten, Versorgungsberechtigten oder Hinterbliebenen ein bestimmter Arzt gehört werden.

II.
Urteil in einer Unfallversicherungssache

Bundessozialgericht
Az.: 2 RU 234/66

Verkündet am 31. Januar 1969
Reg.-Hauptsekretär als
Urkundsbeamter der Geschäftsstelle

Im Namen des Volkes

Urteil

in dem Rechtsstreit

der *Karin A.* geb. *R.*, Bulldorf, Kreis Unterwesterwald, Hauptstraße 2,

Klägerin und Revisionsklägerin,

— Prozeßbevollmächtigte: *H. Buhl* und *E. Stöbe* vom Reichsbund der Kriegs- und Zivilbeschädigten, Sozialrentner und Hinterbliebenen, Rechtsschutzsekretariat, Kassel, Kölnische Straße 63 —

gegen

die B.-Berufsgenossenschaft, Kassel, Murhardstraße 18, vertreten durch ihren Geschäftsführer,
— Prozeßbevollmächtigter: Verwaltungsdirektor *Z.* —

Beklagte und Revisionsbeklagte,

wegen Waisenrente.

Der 2. Senat des Bundessozialgerichts hat auf die mündliche Verhandlung vom 31. Januar 1969 durch

Senatspräsident	*B.* — Vorsitzender —,	
Bundesrichter	*H.*	und
Bundesrichter	Dr. *K.*,	
Bundessozialrichter	*L.*	und
Bundessozialrichter	M.	

für Recht erkannt:

Das Urteil des Landessozialgerichts Rheinland-Pfalz vom 27. Mai 1966 wird aufgehoben.
Die Sache wird zur erneuten Verhandlung und Entscheidung an das Landessozialgericht zurückverwiesen.

Gründe

Die Mutter der im Februar 1942 geborenen Klägerin erlitt bei der Arbeit in einem landwirtschaftlichen Betrieb am 27. April 1951 einen tödlichen Unfall. Bei der Beklagten, die das Sterbegeld gezahlt hatte, fragte der Vater der Klägerin im September 1951 schriftlich an, ob und wann sie die Rentenzahlung an die Klägerin aufzunehmen gedenke. Durch Schreiben vom 4. 10. 1951 teilte die Beklagte dem Vater der Klägerin mit: „Hinterbliebenenrente für das

Kind kann nach den zwingenden gesetzlichen Bestimmungen nicht gewährt werden, da nicht Ihre verstorbene Ehefrau den Unterhalt des Kindes überwiegend bestritten hat, das Kind vielmehr von Ihnen unterhalten wurde".

Für die Klägerin, die mit dem 31. Dezember 1960 ihre Berufsausbildung beendet hatte, machte ihr Vater mit Schreiben vom 5. März 1964 erneut den Waisenrentenanspruch geltend und wies auf das Urteil des Bundesverfassungsgerichts (BVerfG) vom 24. Juli 1963 (BVerfGE 17 S. 1) hin. Die Beklagte erwiderte zunächst, dieses Urteil sei auf den 13 Jahren zurückliegenden Unfall nicht anwendbar; schließlich erteilte sie jedoch den Bescheid vom 1. Juni 1964 über Gewährung einer Waisenrente gemäß § 595 der Reichsversicherungsordnung (in der seit 1. Juli 1963 geltenden Fassung — RVO —), worin der Klägerin folgendes eröffnet wurde: „Der Unfall, der Ihrer Mutter bei einer dem landwirtschaftlichen Betrieb *H.* zuzurechnenden Tätigkeit am 27. April 1951 zugestoßen ist und der am gleichen Tage den Tod zur Folge gehabt hat, wird als landwirtschaftlicher Arbeitsunfall anerkannt. Nach § 595 RVO wird Ihnen nachträglich Waisenrente für die Zeit vom 1. März 1960 bis 31. Dezember 1960, dem Ende Ihrer Berufsausbildung gewährt. Für die Zeit vor dem 1. März 1960 kann eine Zahlung gemäß § 29 Abs. 3 RVO leider nicht erfolgen (Verjährung)".

Das Sozialgericht hat am 10. März 1965 die Beklagte unter Änderung ihres Bescheides verurteilt, der Klägerin auch für die Zeit vom 1. Mai 1951 bis zum 29. Februar 1960 Waisenrente zu zahlen.

Ihre vom SG nach § 150 Nr. 1 SGG zugelassene Berufung hat die Beklagte damit begründet, ihr Schreiben vom 4. Oktober 1951 sei als „Entscheidung" im Sinne von § 79 Abs. 2 des Gesetzes über das Bundesverfassungsgericht (BVerfGG) vom 12. März 1951 (BGBl. I S. 243) anzusehen. Diese Entscheidung sei gemäß § 66 Abs. 2 SGG spätestens mit Ablauf des 31. Dezember 1954 unanfechtbar geworden; sie werde also gemäß § 79 Abs. 2 BVerfGG von der am 24. Juli 1963 erfolgten Nichtigerklärung des § 592 RVO a.F. (= § 595 Abs. 2 Satz 3 RVO n.F.) nicht berührt. Die Verjährungseinrede sei gerechtfertigt, weil die Berufsgenossenschaft die erforderlichen Mittel alljährlich durch Umlage aufzubringen habe, was einer rückwirkenden Leistungspflicht für unübersehbare Zeiten entgegenstehe.

Durch Urteil vom 27. Mai 1966 (Breithaupt-Sammlung 1967, S. 165) hat das Landessozialgericht — LSG — Rh.-Pf. unter Aufhebung der erstinstanzlichen Entscheidung die Klage abgewiesen. Die Revision hat es zugelassen.

Gegen das am 1. August 1966 zugestellte Urteil hat die Klägerin am 29. August 1966 Revision eingelegt und sie am 7. September 1966 folgendermaßen begründet: Das LSG habe verkannt, daß die Verjährung des Waisenrentenanspruchs gehemmt gewesen sei. Die Hemmung beruhe einmal auf § 202 Abs. 1 des Bürgerlichen Gesetzbuches (BGB), weil der Beklagten ein Leistungsverweigerungsrecht zugestanden habe, solange § 592 RVO a.F. dem Gleichberechtigungsgrundsatz nicht angepaßt war. Zum anderen folge sie aus § 203 Abs. 2 BGB; höhere Gewalt im Sinne dieser Vorschrift sei auch eine ständige, dem geltend gemachten Anspruch entgegenstehende Rechtsprechung (OLG Düsseldorf, NJW 1957 S. 912); der Klägerin sei nicht zuzumuten gewesen, angesichts der Gesetzeslage eine völlig aussichtslose Klage zu erheben. Schließlich verstoße die Geltendmachung der Verjährungseinrede gegen Treu und Glauben; auf Grund der Dauerwirkung, die dem Belehrungsschreiben der Beklagten vom 4. Oktober 1951 solange anhaftete, wie § 592 RVO a.F. nicht förmlich aufgehoben wurde, sei dadurch, daß die Beklagte einen Hinweis auf die veränderte Rechtslage unterließ, am 1. April 1953 ein falscher Bescheid „erteilt" worden. Durch ihre Untätigkeit habe die Beklagte also schuldhaft die Klägerin veranlaßt, ihren Anspruch nicht rechtzeitig geltend zu machen, so daß der Beklagten die Erhebung der Verjährungseinrede nach Treu und Glauben versagt sei.

Die Klägerin beantragt,

unter Aufhebung des angefochtenen Urteils den Bescheid der Beklagten dahin zu ändern, daß diese auch für die Zeit vom 1. April 1953 bis zum 29. Februar 1960 zur Waisenrentenzahlung verpflichtet ist.

Die Beklagte beantragt

Zurückweisung der Revision.

Sie pflichtet dem angefochtenen Urteil im Ergebnis, nicht jedoch in der Begründung bei. Insoweit trägt sie vor: Auf die Verjährung komme es nicht an, da der Klägerin überhaupt kein Anspruch zustehe. Das Schreiben vom 4. Oktober 1951 stelle einen den Rentenantrag der

Klägerin ablehnenden Verwaltungsakt dar (SG Lüneburg, Zeitschrift für Sozialversicherung und Versorgung 1955 S. 256), für dessen Zustellung seinerzeit noch die Absendung als einfacher Brief genügt habe (BSGE 4 S. 200); die Form des eingeschriebenen Briefes sei durch § 135 RVO nicht zwingend vorgeschrieben. Wegen des — unbestritten — im Oktober 1951 erfolgten Zugangs des genannten Schreibens sei die Entscheidung der Beklagten spätestens mit Ablauf des 31. Dezember 1954 unanfechtbar geworden (Peters/Sautter/Wolff, Komm. zur Sozialgerichtsbarkeit, Anm. 2 zu § 66 SGG). Auf Grund des hiernach anwendbaren § 79 Abs. 2 BVerfGG werde der unanfechtbare Verwaltungsakt der Beklagten durch das BVerfG-Urteil vom 24. Juli 1963 nicht berührt (BVerfGE 20 S. 230; Salzwedel, Die Berufsgenossenschaft 1965 S. 63, 68). Davon abgesehen, sei auf den mit dem Tod der Mutter der Klägerin am 27. April 1951 abgeschlossenen Tatbestand die am 1. April 1953 eingetretene Rechtsänderung — Wirksamwerden des Gleichberechtigungsgrundsatzes (Art. 3 Abs. 2, Art. 117 Abs. 1 GG) — von vornherein nicht anzuwenden (BSGE 23 S. 139). Die Richtigkeit dieser Auffassung werde im vorliegenden Fall dadurch bestätigt, daß § 595 Abs. 2 Satz 3 RVO n.F. durch das Rentenversicherungs-Änderungsgesetz vom 9. Juni 1965 (RVÄndG, BGBl. I S. 476) nicht rückwirkend, sondern erst mit Wirkung vom 1. Juli 1965 an gestrichen worden sei (Art. 5 § 3, § 6 Satz 3, § 10 Abs. 1 Buchst. e RVÄndG), so daß für den hier zu entscheidenden Fall „ein für allemal" nur § 592 RVO a.F. gelte. Hieraus ergebe sich zugleich, daß — soweit Verjährung überhaupt in Betracht zu ziehen sei — der von der Klägerin erhobene Vorwurf unzulässiger Rechtsausübung nicht durchgreifen könne. Im übrigen lägen die Voraussetzungen für die von der Revision geltend gemachte Hemmung der Verjährung nicht vor (BAGE 12 S. 97). Es wäre Sache der Klägerin gewesen, die Ungültigkeit des § 592 RVO a.F. gerichtlich klären zu lassen.

Die Klägerin hält diesem Vorbringen entgegen: Falls das Schreiben vom 4. Oktober 1951 einen Verwaltungsakt darstellen sollte, wäre dessen Bestandskraft auf die Zeit bis zum 31. März 1953 begrenzt; denn zu der seither geänderten Rechtslage habe die Beklagte damit nicht Stellung genommen; die Klägerin könne vom 1. April 1953 an Waisenrente verlangen, ohne daß es einer Aufhebung der Entscheidung vom 4. Oktober 1951 bedurft hätte.

Auch in der Sozialgerichtsbarkeit wird über eine Klage, soweit nichts anderes bestimmt ist, nach mündlicher Verhandlung (§ 124 Abs. 1 SGG) durch Urteil entschieden (§ 125 SGG). Mit Einverständnis der Beteiligten kann das Gericht ohne mündliche Verhandlung entscheiden (§ 124 Abs. 2 SGG). Ist im Termin keiner der Beteiligten erschienen, so kann das Gericht, sofern in der Ladung auf diese Möglichkeit hingewiesen worden ist, nach Lage der Akten entschieden werden. Dies auch dann, wenn Beteiligte ausbleiben, die erschienenen Beteiligten aber eine Entscheidung nach Lage der Akten beantragen (§ 126 SGG). Ebenso wie in der Verwaltungsgerichtsbarkeit kann eine Klage durch Vorbescheid abgewiesen werden (§ 105 SGG).

Der äußere Aufbau eines sozialgerichtlichen Urteils entspricht dem Urteil des verwaltungsgerichtlichen bzw. des Zivilprozesses (vgl. §§ 134, 136, 137, 153 SGG; § 313 ZPO). Die Vorschriften der §§ 59 bis 65 ZPO über die Streitgenossenschaft und die Hauptintervention gelten entsprechend. Die Klage richtet sich gegen die Behörde, Körperschaft oder Anstalt des öffentlichen Rechts, die den angefochtenen Verwaltungsakt — VwA — (Bescheid) erlassen hat.

Die Voraussetzungen für eine Beiladung (§§ 75, 168 SGG) gleichen dem verwaltungsgerichtlichen Verfahren.

Eine Beteiligung des Oberbundesanwalts ist nicht vorgesehen.

Die Parteifähigkeit entspricht — bis auf Besonderheiten, die sich aus dem Kassenarztrecht ergeben — dem verwaltungsgerichtlichen Prozeß (§ 70 SGG).

Die Beteiligten können sich in jeder Lage des Verfahrens durch *prozeßfähige Bevollmächtigte* vertreten lassen. Personen, die als ärztliche Gutachter für Beteiligte tätig gewesen sind, dürfen in diesem Verfahren nicht als Bevollmächtigte auftreten. Beistände können in der mündlichen Verhandlung erscheinen (§ 73 SGG).

Vertretungszwang besteht nur vor dem Bundessozialgericht. Neben Anwälten sind als Prozeßbevollmächtigte auch die Mitglieder und Angestellten von Gewerkschaften, von selbständigen Vereinigungen von Arbeitnehmern mit sozial- oder berufspolitischer Zwecksetzung, von Vereinigungen von Arbeitgebern und von Vereinigungen der Kriegsopfer zugelassen, soweit sie kraft Satzung oder Vollmacht zur Prozeßvertretung befugt sind (§ 166 SGG).

Einem Beteiligten, der nicht entsprechend vertreten ist, kann — allerdings nur für das Verfahren vor dem Bundessozialgericht — das Armenrecht bewilligt und ein Rechtsanwalt als Prozeßbevollmächtigter beigeordner werden (§ 167 SGG, § 114ff. ZPO).

Die Kammern der Sozialgerichte werden in der Besetzung mit einem Berufsrichter als Vorsitzenden und zwei ehrenamtlichen Richtern (Sozialrichter) als Beisitzer tätig (§ 12 SGG). Sozialrichter werden von den oben genannten Verbänden vorgeschlagen und von dem Arbeitsminister des Landes bzw. des Bundes für vier Jahre berufen (§ 13 SGG). Die Besetzung der Spruchkörper der Gerichte mit ehrenamtlichen Richtern erfolgt „paritätisch", z.B. in Streitsachen, die die Sozialversicherung betreffen, mit Versicherten und Arbeitgebern (§ 12 SGG).

Die Senate der Landessozialgerichte und des Bundessozialgerichts entscheiden durch Urteil in der Besetzung mit drei Berufsrichtern (Senatspräsident und zwei weitere Berufsrichter: Landessozialgerichtsräte, Bundesrichter) sowie zwei ehrenamtlichen Richtern (Landessozialrichter, Bundessozialrichter — §§ 33, 40 SGG). Bei den Gerichten werden Fachkammern bzw. Fachsenate gebildet, z.B. für die Knappschaftsversicherung und das Kassenarztrecht (§ 10, 31, 40 SGG).

Inwieweit der Klage ein Vorverfahren vorauszugehen hat, wird weiter unten im Zusammenhang mit den Urteilsgründen erörtert werden.

In den Tatsacheninstanzen wird unterschieden zwischen Tatbestand und Gründen. Im Revisionsverfahren fällt die Unterteilung weg; denn das Bundessozialgericht ist an die in dem angefochtenen Urteil getroffenen tatsächlichen Feststellungen gebunden, außer wenn in bezug auf diese Feststellung zulässige und begründete Revisionsgründe vorgebracht sind (§ 163 SGG).

Die Klagearten in verwaltungsgerichtlichen und sozialgerichtlichen Verfahren entsprechen in vielen Punkten einander. Hervorzuheben bleibt: in § 54 SGG wird nicht ausdrücklich erklärt, daß noch die Abänderung eines VwAes begehrt werden kann. Dies spielt gerade bei den kombinierten Anfechtungs- und Leistungsklagen, die in § 54 SGG ebenfalls besonders erwähnt sind (Aufhebung eines Bescheides und Gewährung einer Rente, evtl. auch von einem späteren als dem beantragten Zeitpunkt an), eine große Rolle. Schließlich kann die Verurteilung zu einer Leistung, auf die ein Rechtsanspruch besteht, auch dann begehrt werden, wenn ein VwA nicht zu ergehen hatte (z.B. Ansprüche aus Erstattungsstreitigkeiten der Versicherungsträger untereinander). Weiter wird ausdrücklich normiert, daß dann, wenn die Verwaltung ermächtigt war, nach ihrem Ermessen zu handeln, Rechtswidrigkeit des VwAes auch dann gegeben ist, wenn die gesetzlichen Grenzen dieses Ermessens überschritten oder von dem Ermessen in einer dem Zweck der Ermächtigung nicht entsprechenden Weise Gebrauch gemacht ist.

Neben den Feststellungsklagen, die auch nach der Verwaltungsgerichtsordnung (VwGO) zulässig sind, kennt das sozialgerichtliche Verfahren wegen der Besonderheit der Materie noch die Klage auf Feststellung, welcher Versicherungsträger der Sozialversicherung zuständig ist und ob eine Gesundheitsstörung oder der Tod die Folge eines Arbeitsunfalls, einer Berufskrankheit oder einer Schädigung im Sinne des Bundesversorgungsgesetzes ist (§ 55 SGG).

Ein abstraktes Normenkontrollverfahren ist dem sozialgerichtlichen Verfahren fremd.

Örtlich zuständig für die Erhebung der Klage ist das Sozialgericht, in dessen Bereich der Kläger zur Zeit der Klageerhebung seinen Sitz oder Wohnsitz oder in Ermangelung dessen seinen Aufenthaltsort hat; steht er in einem Beschäftigungsverhältnis, so kann er auch vor dem für den Beschäftigungsort zuständigen Sozialgericht klagen (§ 57 SGG).

Die Frist für die Erhebung der Klage — binnen eines Monats nach Zustellung oder Bekanntgabe des VwAes (§ 87 SGG)[1]) — gilt auch dann als gewahrt, wenn die Klageschrift innerhalb der Frist statt bei dem zuständigen Gericht bei einer anderen inländischen Behörde oder bei einem Versicherungsträger eingegangen ist (§ 91 SGG). Die Klage kann auch zur Niederschrift des Urkundsbeamten der Geschäftsstelle erhoben werden (§ 90 SGG). Eine nähere Belehrung über die Voraussetzungen des Rechtsbehelfs muß der VwA enthalten (§ 66 Abs. 1 SGG). Ist diese Belehrung unterblieben oder unrichtig erteilt, ist die Einlegung des Rechtsbehelfs nur innerhalb eines Jahres seit Zustellung, Eröffnung oder Verkündung zulässig (§ 66 Abs. 2 SGG).

Die Klage hat insbesondere bei Rückforderungen von Leistungen und wenn die Feststellung der Nichtigkeit eines VwAes schlüssig vorgetragen (vgl. LSG Bremen, NJW 1965, S. 934) und begehrt wird aufschiebende Wirkung (§ 97 Abs. 1 SGG). Wird ein VwA angefochten, der eine laufende Leistung herabsetzt (z.B. die Kriegsopferrente nach einer Minderung der Erwerbsfähigkeit — MdE — von 80 auf 70 v.H.) oder entzieht (z.B. die Zahlung der Berufsunfähigkeitsrente wird eingestellt), so kann das Gericht auf Antrag des Klägers nach Anhörung des Beklagten anordnen, daß der Vollzug des VwAes einstweilen ganz oder teilweise, evtl. nach Sicherheitsleistung, ausgesetzt wird (§ 97 Abs. 2 SGG). Auch die Berufung hat in den Fällen des § 97 Abs. 1 SGG aufschiebende Wirkung (§ 154 Abs. 1 SGG). Die Berufung eines Versicherungsträgers oder in der Kriegsopferversorgung eines Landes bewirkt Aufschub, soweit es sich um Beträge handelt, die für die Zeit vor Erlaß des angefochtenen Urteils nachgezahlt werden sollen (§ 154 Abs. 2 SGG). Der Vorsitzende des Gerichts, das über das Rechtsmittel zu entscheiden hat, kann die Vollstreckung durch einstweilige Anordnung aussetzen (§ 199 Abs. 2 Satz 1 SGG).

Gegen die Urteile der Sozialgerichte findet grundsätzlich die Berufung an das Landessozialgericht statt (§ 143 SGG); in den sogenannten „Bagatellfällen" ist sie jedoch nicht statthaft. So ist die Berufung nicht zulässig bei Ansprüchen auf einmalige Leistungen oder auf wiederkehrende Leistungen bis zu dreizehn Wochen (drei Monaten) (§ 144 Abs. 1 SGG) oder bei öffentlich-rechtlichen Streitigkeiten auf Grund des Lohnfortzahlungsgesetzes (§ 144 Abs. 2 SGG) bzw. bei Ersatz oder Erstattungsstreitigkeiten, wenn der Wert des Beschwerdegegenstandes fünfhundert (bei Rückerstattung von Beiträgen fünfzig) Deutsche Mark nicht übersteigt (§ 149 SGG). Die Berufung ist ferner nicht zulässig, wenn es sich um die Kosten des Verfahrens handelt (§ 144 Abs. 3 SGG). In der Unfallversicherung ist die Berufung weiter nicht zulässig, wenn sie nur Rente für bereits abgelaufene Zeiträume oder auch Beginn oder Ende der Rente betrifft. Das gilt auch für Streitigkeiten in Angelegenheiten der Rentenversicherungen (§ 146 SGG) und der Kriegsopferversorgung (§ 148 Nr. 2 SGG) — sowie für vorläufige Renten (§ 1585 Abs. 1 RVO in Verbindung mit § 145 Nr. 3 SGG). Schließlich ist die Berufung nicht zulässig, wenn sie den Grad der MdE oder die Neufeststellung von Dauerrenten (§ 1585 Abs. 2 RVO) wegen Änderung

[1]) Besonders in der Krankenversicherung werden VwAe häufig mündlich am „Schalter" bekanntgegeben, z.B. Ablehnung der Ausgabe eines weiteren Krankenscheins oder der Zahlung von Krankengeld (sogen. „Schalterakte"). Zur rechtlichen Qualifizierung siehe Schroeder-Printzen in Sozialenquête und Sozialrecht, Festschrift für Walter Bogs, Juni 1967, S. 185; „Die Rechtsprechung des Bundessozialgerichts zum Verwaltungsakt im Krankenversicherungs- und Kassenarztrecht".

der Verhältnisse betrifft, es sei denn, daß die Schwerbeschädigteneigenschaft (MdE mindestens 50 v.H.) oder die Gewährung der Rente davon abhängt (§ 145 Nr. 4 SGG) — das gilt auch für die Kriegsopferversorgung (§ 148 Nr. 3 SGG) — oder durch ein neu hinzutretendes Leiden verursacht worden ist (§ 145 Nr. 4 SGG).

In der Kriegsopferversorgung ist die Berufung außerdem nicht zulässig, wenn sie die Höhe der Ausgleichsrente betrifft (§ 148 Nr. 4 SGG).

Bei Nichtzulässigkeit der Berufung hat das Sozialgericht sie zuzulassen, wenn die Rechtssache grundsätzliche Bedeutung hat oder wenn es in der Auslegung einer Rechtsvorschrift von einem Urteil des im Rechtszug übergeordneten Landessozialgerichts abweicht. Auch ohne Zulassung ist die Berufung in den genannten „Bagatellfällen" dennoch zulässig, wenn die Voraussetzungen des § 150 Nrn. 2 und 3 SGG vorliegen. Sie entsprechen den Zulässigkeitsgründen der Revision und werden im Zusammenhang mit dieser abgehandelt werden (vgl. S. 100).

Wird nach Klageerhebung der VwA durch einen neuen abgeändert oder ersetzt, so wird auch der neue VwA Gegenstand des Verfahrens (§ 96 SGG).

Beispiel: Einem Unfallverletzten wird zunächst eine Dauerrente (§ 1585 Abs. 2 RVO) nach einer MdE von 30 v.H. gewährt. Der Verletzte meint, die MdE müsse mindestens 50 v.H. betragen und klagt. Während dieses Verfahrens — der Verletzte hat bereits Berufung gegen das klageabweisende Urteil des Sozialgerichts eingelegt —, aber nicht vor Ablauf eines Jahres (Schutzjahr — § 623 RVO) erhält er einen neuen Bescheid. In diesem wird die Rente wegen wesentlicher Änderung der Verhältnisse (§ 622 RVO) im Sinne der Besserung auf 20 v.H. festgesetzt. Eine Abschrift davon ist dem Gericht mitzuteilen, bei dem das Verfahren anhängig ist. Ohne daß es einer Klageerhebung bedarf, wird dieser Bescheid zugleich Gegenstand des Berufungsverfahrens vor dem Landessozialgericht.

Den Hinweis darüber, welches Rechtsmittel zulässig ist, enthält die Rechtsmittelbelehrung, die jedem Urteil beigefügt sein muß (§ 136 Abs. 1 Nr. 7 SGG).

II.

Die Revision ist zulässig (§ 162 Abs. 1 Nr. 1, §§ 164, 166 SGG). Sie führt zur Zurückverweisung des Rechtsstreits an die Vorinstanz.

Als die Mutter der Klägerin am 27. April 1951 durch Arbeitsunfall ums Lenben kam, hing der Waisenrentenanspruch gemäß § 592 RVO damaliger Fassung von der — hier nicht erfüllten — Voraussetzung ab, daß die Verstorbene den Unterhalt der Klägerin überwiegend bestritten hatte. § 592 RVO damaliger Fassung wurde durch § 9 des 2. Gesetzes zur vorläufigen Neuregelung von Geldleistungen in der gesetzlichen Unfallversicherung vom 29. Dezember 1960 (BGBl. I S. 1085) aufgehoben, jedoch blieb die Sonderregelung für den Waisenrentenanspruch des Kindes einer durch Arbeitsunfall getöteten Ehefrau auch in der Folgezeit erhalten (vgl. § 591 Abs. 2 i.V.m. § 559b Abs. 6 Satz 2 RVO in der seit 1. Januar 1961 geltenden Fassung); zu einer verfassungsrechtlichen Prüfung der hiermit gegebenen Rechtslage kam es nicht, das Bundesverfassungsgericht erachtete einen auf diese Prüfung abzielenden Vorlagebeschluß des Bayerischen Landessozialgerichts als unzulässig, da es sich um vorkonstitutionelles Recht handele (BVerfG, Beschluß vom 24. Juli 1963 — 1 BvL 6/63 —). Das Unfallversicherungs-Neuregelungsgesetz vom 30. März 1963 (BGBl. I S. 241) brachte keine Änderung mit sich; auch nach § 595 Abs. 2 Satz 3 RVO in der seit 1. Juli 1963 geltenden Fassung wurde den Kindern einer verstorbenen Ehefrau Waisenrente nur gewährt, wenn die Verstorbene den Unterhalt der Kinder im Zeitpunkt des Arbeitsunfalles oder des Todes überwiegend bestritten hatte. Nachdem jedoch das Bundesverfassungsgericht mit Urteil vom 24. Juli 1963 (BVerfGE 17 S. 1) hinsichtlich der entsprechenden Vorschriften in der gesetzlichen Rentenversicherung entschieden hatte, die Erschwerung der Waisenrente nach dem Tode einer versicherten Ehefrau sei mit Art. 3 Abs. 2 und 3 und mit Art. 6 Abs. 1 des Grundgesetzes unvereinbar, wurde schließlich durch das Rentenversicherungsänderungsgesetz vom 9. Juni 1965 die diskriminierende Vorschrift des § 559 Abs. 2 Satz 3 RVO gestrichen.

Zu diesem Abschluß war die Rechtsentwicklung noch nicht gelangt, als die Klägerin im März 1964 ihren Waisenrentenanspruch unter Bezugnahme auf das Bundesverfassungsgerichtsurteil vom 24. Juli 1963 geltend machte. Die von der Beklagten vorgenommene Prüfung der Rechtslage führte zur Erteilung des eingangs zitierten Bescheides vom 1. Juni 1964, dem der Rentenausschuß (§ 1569b RVO) seine Zustimmung gab. Diesem Bescheid ist nach Meinung des Senats zweifelsfrei zu entnehmen, daß die Beklagte den Rentenanspruch der Klägerin vorbehaltlos anerkannt hat; für die Zeit vom 1. März bis zum 31. Dezember 1960 hat die Klägerin die Waisenrente erhalten, für die vorangehende Zeit ist eine Rentennachzahlung allein wegen Verjährung des Anspruchs (§ 29 Abs. 3 RVO) abgelehnt worden. Unter diesen Umständen hätte es vor Klageerhebung der Nachprüfung des Bescheides vom 1. Juni 1964 im Vorverfahren (§§ 78, 79 Nr. 1 SGG) bedurft.

Übereinstimmend mit dem 4. Senat des Bundessozialgerichts (vgl. SozR Nr. 14 zu § 79 SGG; siehe auch Tannen, Deutsche Rentenversicherung 1967 S. 305 mit Hinweis auf das Urteil des 11. Senats vom 25. April 1967 — 11 RA 50/65) hält der erkennende Senat die Vorschrift des § 79 Nr. 1 SGG in dem Fall für anwendbar, in dem ein Versicherungsträger eine Rentenleistung nach Ablauf der Verjährungsfrist ausschließlich wegen der Anspruchsverjährung abgelehnt hat. Prüft der Versicherungsträger, ob er die Verjährungseinrede gegenüber einem Leistungsanspruch geltend machen oder aber hiervon absehen soll, so handelt es sich dabei nicht allein um die Beurteilung rechtlicher Fragen — etwa, ob unzulässige Rechtsausübung vorliegen könnte—, sondern in der Regel auch um die Ausübung eines dem Versicherungsträger eingeräumten Ermessens, bei der u.a. Gesichtspunkte der Zweckmäßigkeit, der Billigkeit (Soziale Rechtsanwendung, vgl. Rundschreiben des Reichsversicherungsamts vom 30. Juni 1941, Amtliche Nachrichten für Reichsversicherung 1941 S. 311), der Koordinierung mit der Verwaltungspraxis anderer Versicherungsträger und ähnliche Umstände zu berücksichtigen sein können, welche vor Klageerhebung die Einschaltung der Widerspruchsstelle angezeigt erscheinen lassen.

Das Urteil behandelt zunächst ein Problem des Vorverfahrens. Vor Erhebung der Klage sind VwAe nur in den gesetzlich vorgesehenen Fällen in einem Vorverfahren nachzuprüfen (§ 78 SGG). Ein Vorverfahren findet statt, wenn mit der Klage die Aufhebung eines VwAes begehrt wird, der nicht eine Leistung betrifft, auf die ein Rechtsanspruch besteht. An sich besteht auf die Waisenrente ein Rechtsanspruch. Hier war aber weiter zu prüfen, ob die Berufsgenossenschaft sich auf die Verjährung berufen konnte.

Es ist allgemein anerkannt, daß die Versicherungsträger auf diese Einrede dann verzichten können, wenn es wegen der besonderen Umstände des Einzelfalles als untunlich oder unzweckmäßig angesehen wird oder für den Betroffenen unbillig sei oder eine besondere Härte darstelle (vgl. BSG v. 13. 2. 1969 — 12 RJ 268/66 — SozR Nr. 16 zu § 79 SGG).

Ferner findet ein Vorverfahren statt, wenn die Verurteilung zum Erlaß eines abgelehnten VwAes begehrt wird (§ 79 Nr. 2 SGG), in allen übrigen Angelegenheiten der Kranken- und Knappschaftsversicherung, der Bundesanstalt für Arbeit sowie der Kriegsopferversorgung, auch bei Beitragsstreitigkeiten in der Unfallversicherung und in der Rentenversicherung der Arbeiter und der Angestelltenversicherung (§ 80 SGG), es sei denn, der VwA ist von obersten Behörden erlassen oder ein Land oder Versicherungsträger will klagen (§ 81 SGG).

Im Verlauf des Rechtsstreits, zumal mit ihrem Vorbringen in der Berufungs- und in der Revisionsinstanz, hat die Beklagte freilich außer der Verjährung auch noch andere Rechtsgründe angeführt, welche nach ihrer Auffassung dem Klagebegehren entgegenstehen. Sie hat sich unter Hinweis auf ihr Schreiben vom 4. Oktober 1951 darauf berufen, die damalige — inzwischen unanfechtbar gewordene — Anspruchsablehnung bleibe gemäß § 79 Abs. 2 Bundesverfassungsgerichtsgesetz (BVerfGG) von der Verfassungswidrigkeit des § 592 RVO aF unberührt, auch sonst — insbesondere unter Heranziehung des Rentenversicherungsänderungsgesetzes (RVÄndG) — sei eine Rückwirkung der verfassungskonformen Rechtslage auf den in der Vergangenheit abgeschlossenen Tatbestand zu verneinen. Es kann dahingestellt bleiben, ob dieses Vorbringen, zu dem der Rentenausschuß bei seiner Beschlußfassung am 1. Juni 1964 nicht Stellung genommen hat, schon deshalb außer Betracht bleiben muß, weil nicht sicher ist, ob der Rentenausschuß sich seinerzeit diese Argumentation zu eigen gemacht hätte (vgl. BVerwGE 8 S. 234, 238; OVG Hamburg, Urteil vom 28 März 1961, DVBl 1961 S. 828; Böhme, Die Berufsgenossenschaft 1960 S. 193, 194, 196). Eine Berücksichtigung des angeführten Vorbringens würde nämlich der ständigen Rechtsprechung zum sog. „Nachschieben von Gründen" zuwiderlaufen.

Im Verfahren vor den Gerichten der Sozialgerichtsbarkeit wird das Nachschieben von Gründen zur Rechtfertigung eines Verwaltungsakts nur mit der Einschränkung als zulässig erachtet, daß das neue Vorbringen weder den angefochtenen Bescheid in seinem Wesensgehalt und Anspruch verändern noch den Bescheidempfänger in seiner Rechtsverteidigung beeinträchtigen darf (vgl. u.a. BSGE 3 S. 209, 216; 11 S. 236, 239; 14 S. 44, 47; 17 S. 79, 83; Haueisen, Bundesarbeitsblatt 1966 S. 511, 513). Diesen Voraussetzungen genügt die von der Beklagten im Laufe dieses Rechtsstreits nachgeschobene Argumentation nicht. Sie ist vielmehr geeignet, den Bescheid vom 1. Juni 1964 in seinem Wesensgehalt anzutasten; denn der Rentenanspruch, der in jenem Bescheid als gegeben anerkannt und nur als teilweise verjährt bezeichnet worden war, wird durch das neue Vorbringen dem Grunde nach schlechthin negiert. Bei Zugrundelegung dieses Vorbringens würde sich also die für die Zeit vom 1. März bis zum 31. Dezember 1960 ausgezahlte Waisenrente als ohne Rechtsgrund gewährt darstellen, die Rente für die vorangehende Zeit würde der Klägerin von vornherein streitig gemacht, auf die Erhebung der Verjährungseinrede, über die im Vorverfahren nach den oben dargelegten Gesichtspunkten zunächst nochmals vom Versicherungsträger zu befinden wäre, käme es nicht an. Im Ergebnis liefe somit die von der Beklagten nachgeschobene Begründung etwa auf das gleiche hinaus, als wenn sie den Bescheid vom 1. Juni 1964 zurücknehmen oder als nichtig behandeln würde; hierfür sind jedoch die Voraussetzungen nicht gegeben (vgl. BSGE 18 S. 84; 24 S. 162).

Der angefochtene Bescheid unterliegt hiernach einer Nachprüfung allein im Hinblick auf die von der Beklagten geltend gemachte Verjährung des Anspruchs für die Zeit vor dem 1. März 1960. Der Senat sieht deshalb keinen Anlaß, auf die sonstigen von den Beteiligten angeschnittenen Rechtsfragen einzugehen.

Weil das erforderliche Vorverfahren bisher nicht durchgeführt wurde, fehlt es zur Zeit an einer Prozeßvoraussetzung. Das Vorverfahren kann jedoch noch während des gerichtlichen Verfahrens nachgeholt werden, deshalb braucht die Klage nicht als unzulässig abgewiesen zu werden. Das LSG wird den Beteiligten vielmehr Gehegenheit geben müssen, das Vorverfahren zu Ende zu führen (vgl. BSG 20 S. 199; 25 S. 66). Dabei erscheint dem Senat ein Hinweis an die Beklagte angebracht, ihrer Widerspruchsstelle die Praxis der Rentenversicherungsträger (Auskunft der LVA Rheinland-Pfalz vom 21. März 1967) vor Augen zu führen und sie zu veranlassen, auch noch Ermittlungen über die Praxis anderer Unfallversicherungsträger bei der Behandlung gleichliegender Fälle anzustellen.

Hiernach muß die Sache unter Aufhebung des angefochtenen Urteils an das Landessozialgericht zurückverwiesen werden (§ 170 Abs. 2 Satz 2 SGG), dem auch die Entscheidung über die außergerichtlichen Kosten des Revisionsverfahrens obliegt.

B. Bundesrichter Dr. *K.* ist durch Krankheit verhindert, das Urteil zu unterschreiben. B.

B.

Das Bundessozialgericht ist nur Revisionsgericht. Es entscheidet grundsätzlich über das Rechtsmittel der Revision gegen Urteile der Landessozialgerichte. Ist im Urteil des Sozialgerichts — wie hier — wegen der Grundsätzlichkeit der Rechtsfrage die Berufung zugelassen worden (§ 150 Nr. 1 SGG), so kann unter Übergehung des Berufungsverfahrens die Revision unmittelbar beim Bundessozialgericht eingelegt werden, wenn der Rechtsmittelgegner einwilligt (§ 161 Abs. 1 Satz 1 SGG — Sprungrevision —). Ist die Berufung irrtümlich und nicht offensichtlich zur Ermöglichung der Sprungrevision (BSGE 8 S. 84) zugelassen worden, obgleich die Sache an sich nach § 143 SGG berufungsfähig war, so ist aus dem Grundsatz des Verfahrensschutzes die Revision zulässig (BSGE 2 S. 135). Die schriftliche Erklärung der Einwilligung ist der Revisionsschrift beizufügen — § 161 Abs. 1 Satz 2 SGG — (beglaubigte Abschrift des Protokolls, das die Einverständniserklärung enthält, genügt — BSG in Sozialrecht Nr. 14 zu § 161 SGG — nicht aber Fotokopie — BSG a.a.O. Nr. 17 zu § 161 SGG).

Die Einlegung der Revision und die Erklärung der Einwilligung gelten als Verzicht auf das Rechtsmittel der Berufung.

Für das Normalverfahren gelten die Voraussetzungen des § 162 SGG. Danach findet die Revision nur statt, wenn sie — wie hier — das Landessozialgericht zuläßt. Ebenso wie die Berufung (§ 150 Nr. 1 SGG) ist die Revision zuzulassen, wenn über Rechtsfragen von grundsätzlicher Bedeutung zu entscheiden ist oder wenn das Landessozialgericht von einer Entscheidung des Bundessozialgerichts abweicht — Divergenzrevision —. Die Zulassung bzw. Nichtzulassung der Revision bindet das Bundessozialgericht, es sei denn, es liegt Willkür vor (BSG in Sozialrecht Nr. 112, 149 zu § 162 SGG). Eine Nichtzulassungsbeschwerde (vgl. § 132 Abs. 3—5 VwGO) ist dem sozialgerichtlichen Verfahren fremd. Keiner Zulassung bedarf die Verfahrensrevision. Zu den Verfahrensmängeln gehören aber nicht nur die in § 133 VwGO besonders aufgeführten, sondern u.a. auch die Mängel hinsichtlich der Aktiv- und Passivlegitimation, der Prozeßfähigkeit, des Prozeßführungsrechts, der Beiladung sowie bei den Ladungen, Zustellungen und Fristen; mangelnde Sachaufklärung (§ 103 SGG), Verstöße gegen § 109 SGG (Einholung eines Gutachtens von einem bestimmten Arzt); Mängel bei der Beweiserhebung oder Beweiswürdigung (§ 128 SGG); mangelndes rechtliches Gehör; Mangel bei der Prozeßführung einschließlich der Beratung, Beschlußfassung und Begründung des Urteils sowie bei der Ausfertigung des Urteils; Verkennung der Rechtskraftwirkung eines früheren Urteils; Prozeßentscheid statt Sachurteil (und umgekehrt).

Wegen der Besonderheiten der sozialgerichtlichen Verfahren, in denen in der Unfallversicherung, in der Versorgung der Kriegsopfer und der Soldaten der Bundeswehr häufig die Frage streitig ist, ob eine gesundheitliche Beeinträchtigung die Folge einer Schädigung im Sinne des § 1 Bundesversorgungsgesetz ist oder auf einem Arbeitsunfall (§§ 548—550 RVO) beruht, ist die Revision zulässig, wenn bei der Beurteilung des ursächlichen Zusammenhangs — aber nur wegen der haftungsausfüllenden Kausalität (vgl. S. 101, BSGE 6 S. 120 — Großer Senat —, BSGE 7 S. 288) — das Gesetz verletzt ist. Das gilt auch für die Frage, ob der Tod ursächlich auf die genannten Ereignisse zurückzuführen ist oder ob eine Gesetzesverletzung bei der Beurteilung des ursächlichen Zusammenhangs einer Berufskrankheit (§ 551 RVO in Verbindung mit der 7. Berufskrankheiten-VO v. 20. Juni 1968 — BGBl. I S. 721) vorliegt.

Hinsichtlich der Revisionseinlegung ist hervorzuheben, daß im Gegensatz zu § 139 Abs. 1 VwGO die Revision beim Bundessozialgericht eingelegt werden und die Revisionsschrift einen bestimmten Antrag enthalten muß (§ 164 Abs. 2 Satz 1, anders § 139 Abs. 2 VwGO). Die Frist für die Revisionsbegründung kann auf entsprechenden fristgerechten Antrag durch den Vorsitzenden einmal bis zu einem weiteren Monat verlängert werden (§ 164 Abs. 1 Satz 2 SGG). Die Revisionsbegründungsfrist beträgt längstens 3 Monate nach Zustellung des angefochtenen Urteils.

Ist die Revision nicht statthaft, nicht in der gesetzlichen Form und Frist eingelegt und begründet worden, kann sie — ohne Zuziehung der ehrenamtlichen Bundessozialrichter — durch Beschluß als unzulässig verworfen werden (§ 169 SGG).

Das Verfahren ist grundsätzlich kostenfrei (§ 183 SGG). Die Körperschaften oder Anstalten des öffentlichen Rechts haben jedoch für jede Streitsache, an der sie beteiligt sind — ganz gleich, ob sie den Prozeß gewinnen oder verlieren —, eine Gebühr zu entrichten, die von der Bundesregierung durch RechtsVO festgesetzt wird (§ 184 SGG).

Im Zusammenhang mit dem hier wiedergegebenen Urteil soll noch auf den sog. „Zugunstenbescheid" hingewiesen werden Nach § 77 SGG wird dann, wenn der gegen einen VwA gegebene Rechtsbehelf nicht oder erfolglos eingelegt worden ist, der VwA für die Beteiligten bindend, soweit durch Gesetz nichts anderes bestimmt ist. Solche Regelungen enthalten die §§ 627, 1300 RVO; § 97 Angestelltenversicherungsgesetz, § 93 Reichsknappschaftsgesetz. Danach hat der Versicherungsträger Leistungen zugunsten des Versicherten neu festzustellen, wenn er sich bei erneuter Prüfung davon überzeugt, daß die Leistung zu Unrecht ganz oder teilweise abgelehnt, entzogen oder eingestellt worden ist (für die Kriegsopferversorgung ähnlich § 40 Abs. 1 des Gesetzes über das Verwaltungsverfahren der Kriegsopferversorgung v. 2. 5. 1955 — BGBl. I S. 202 — in der Fassung vom 28. 12. 1966 — BGBl. I S. 750). Das gilt auch bei einem Wandel der Rechtsprechung[1]).

Erklärung der Fußnoten von S. 91 u. 92

[1]) In der Krankenversicherung sind versichert alle Arbeiter, alle Angestellten mit einem regelmäßigen Jahresarbeitsverdienst über eine bestimmte Grenze (ab 1. Januar 1971 75 v. H. der für Jahresbezüge in der Rentenversicherung der Arbeiter geltenden Beitragsbemessungsgrenze — § 1385 Abs. 2 RVO — siehe § 165 Abs. 1 Nr. 2 RVO (1971: 17100 DM jährlich = 1425 DM monatlich). Wegen des Ausscheidens bei Überschreitung der Jahresarbeitsverdienstgrenze siehe § 165 Abs. 5 RVO, alle Lehrlinge, wenige Selbständige, alle Rentner ab Rentenantrag, Arbeitslose (§ 165 RVO). Möglichkeit der freiwilligen Weiter- (§ 313 RVO) oder Selbstversicherung (§ 176 RVO), Leistungen bei folgenden Versicherungsfällen: Krankheit (§ 182 RVO), Mutterschaftshilfe (§ 195 ff. RVO) und Tod — hinsichtlich der Bestattung — (§ 201 RVO).

[2]) In der Unfallversicherung sind versichert Arbeitnehmer, Arbeitslose; Personen, die im öffentlichen Interesse tätig werden, z. B. Blutspender, Lernende und Lehrende, Personen, die wie ein Versicherter tätig werden (§ 539 RVO), Strafgefangene (§ 540 RVO); Unternehmer (§ 543 ff. RVO). Voraussetzung für Leistungen ist, daß die unfallbringende Tätigkeit versichert war — dazu gehören auch Wegeunfälle — (haftungsbegründende Kausalität) und als Folge dieses Unfalls ein Körperschaden vorliegt (haftungsausfüllende Kausalität). Die Leistungen umfassen: Heilbehandlung (§ 557 RVO), Verletztengeld (§ 560 RVO), besonders Unterstützung (§ 563 RVO); Berufshilfe (§ 567 ff. RVO); Verletztenrente (§ 580 ff. RVO); Sterbegeld, Überführungskosten (§ 589 ff. RVO), Hinterbliebenenrenten — Witwen-, Witwer- und Waisenrenten — (§ 590 RVO ff.), Abfindung von Renten (§ 603 ff. RVO).

[3]) In der Rentenversicherung der Arbeiter und der Angestellten sind versichert alle Arbeiter (§ 1227 RVO) und alle Angestellten (§ 2 Angestelltenversicherungsgesetz — AVG —). Unter Umständen Nachversicherung der Personen, die aus einer versicherungsfreien Beschäftigung ohne Versorgung oder Abfindung ausscheiden (§ 1232 RVO, § 9 AVG). Freiwillige Weiterversicherung zulässig für diejenigen, die innerhalb eines beliebigen Zeitraums von 10 Jahren mindestens 60 Kalendermonate mit Pflichtbeiträgen belegt haben (§ 1233 RVO, § 10 AVG). Eine freiwillige Selbstversicherung war nur bis zum 31. 12. 1955 unter bestimmten Voraussetzungen möglich. An Leistungen werden gewährt: Gesundheitsmaßnahmen (§ 1236 ff. RVO, § 13 ff. AVG); Renten an Versicherte wegen Berufsunfähigkeit (§ 1246 RVO, § 23 AVG), Erwerbsunfähigkeit (§ 1247 RVO, § 24 AVG) und das Altersruhegeld (§ 1248 RVO, § 25 AVG); Renten an Hinterbliebene, nämlich Witwen (§ 1264 RVO, § 41 AVG) und Witwer (§ 1266 RVO, § 43 AVG) sowie Waisenrente (§ 1267 RVO, § 44 AVG); Beiträge für die Krankenversicherung der Rentner (§ 381 Abs. 4 RVO).

[4]) Die Rentenversicherung der Handwerker erfüllt für den Personenkreis der selbständigen Handwerker die Aufgabe der Arbeiterrentenversicherung.

[1]) Vgl. „Zu den Auswirkungen eines Wandels der Rechtsprechung des Bundessozialgerichts für Leistungsfälle in der Krankenversicherung" Schroeder-Printzen, Die Ortskrankenkasse 1969 S. 245 ff. Allerdings ist dazu ein Antrag des Betroffenen erforderlich.

[5]) Die Aufgaben decken sich im wesentlichen mit denen der gesetzlichen Kranken- und Rentenversicherung. Wegen der besonderen Arbeitsbedingungen und ihrer Auswirkungen auf den Gesundheitszustand sieht das Reichsknappschaftsgesetz (RKG) einige Sonderregelungen vor.

[6]) Das Kassenarztrecht (§ 368ff. RVO) behandelt das Verhältnis zwischen Ärzten und Krankenkassen.

[7]) Nach dem Arbeitsförderungsgesetz (AFG) vom 25. Juni 1969 (BGBl. I S. 582) obliegt der Bundesanstalt für Arbeit — BA — (§ 189 AFG): die Arbeitsvermittlung (§ 13ff. AFG); die Berufsberatung (§ 25 AFG); die Förderung der beruflichen Bildung, soweit sie ihr in diesem Gesetz übertragen ist (§ 35 AFG); die Arbeits- und Berufsförderung Behinderter — berufliche Rehabilitation — (§ 56 AFG); die Gewährung von Leistungen zur Erhaltung und Schaffung von Arbeitsplätzen (§ 63 AFG); die Gewährung von Arbeitslosengeld (§ 100 AFG).

[8]) Versorgung der Opfer des Krieges nach dem Bundesversorgungsgesetz (BVG) in der Form von Heilbehandlung, Versehrtenleibesübungen und Krankenbehandlung (§ 10 BVG), Beschädigtenrente (§ 30 BVG), Bestattungsgeld (§ 36 BVG) und Sterbegeld (§ 37 BVG), Hinterbliebenenrente (§ 38 BVG), Bestattungsgeld beim Tode von Hinterbliebenen (§ 53 BVG).

[9]) Gewährung von Kindergeld. Es soll dazu dienen, den Familien die finanziellen Lasten tragen zu helfen, die durch die Erziehung mehrerer Kinder entstehen und wird an Personen gezahlt, die zwei oder mehr Kinder haben (§ 1 BKGG).

[10]) Dieses Gesetz gewährt Leistungen an diejenigen Personen, die aus politischen Gründen in Gebieten außerhalb der Bundesrepublik und Berlin (West) in Gewahrsam genommen worden sind.

[11]) Das Soldatenversorgungsgesetz (SVG) gilt für die ehemaligen Soldaten der Bundeswehr und ihrer Hinterbliebenen. Es gewährt Leistungen wegen der Folgen einer Wehrdienstbeschädigung während der Dienstzeit (§ 85 Abs. 1 SVG).

[12]) Das Gesetz über eine Altershilfe für Landwirte (GAL) soll durch Gewährung von Altersgeld den Bedarf der ehemaligen hauptberuflichen Landwirte und ihrer Ehegatten an Bargeld gewährleisten (§ 1 GAL) und vorzeitige Erwerbsunfähigkeit nach Möglichkeit verhindern (§ 6 GAL). Ferner soll die Hofübergabe mit 65 Jahren oder bei Erwerbsunfähigkeit gefördert werden (§ 2 GAL).

[13]) Versorgung der Angehörigen und Hinterbliebenen des Zivilschutzkorps.

4. Kapitel

Bei den Finanzgerichten

Einleitung

Jedes Jahr erhalten Millionen Staatsbürger Verwaltungsakte der Finanzbehörden: Die Festsetzung von Einkommensteuer, Körperschaftsteuer, Gewerbesteuer, Vermögen- und Grundsteuer, Erbschaftsteuer, Kapitalverkehrsteuer, Grunderwerbsteuer, Umsatzsteuer, um nur einige der vielen Steuerarten zu nennen. Und für Waren, die über die Zollgrenze eingeführt werden, werden Zölle. Umsatzsteuerausgleichsabgaben und Abschöpfungsabgaben festgesetzt. Selbst für den Arbeitnehmer, dem die Einkommensteuer in der Form der Lohnsteuer schon vor der Lohn- oder Gehaltszahlung abgezogen wird und dessen Einkommensteuerschuld nicht nachträglich noch durch Veranlagung besonders festgestellt wird, ergehen immer häufiger Verwaltungsakte der Finanzbehörden: Über die Eintragung von steuerfreien Beträgen auf der Lohnsteuerkarte, wie z.B. Kosten der Fahrt zur Arbeitsstätte, regelmäßige Kosten für Arbeitsmittel, Versicherungsbeiträge u.a., und über die nachträgliche Berücksichtigung solcher Ausgaben durch den Lohnsteuerjahresausgleich.

Alle diese Verwaltungsakte sind nicht bei den allgemeinen Verwaltungsgerichten, sondern bei den Finanzgerichten anzufechten.

Die Finanzgerichtsbarkeit ist der einzige zweistufige Gerichtszweig: Gegen die Verwaltungsakte der Finanzbehörden ist die Klage an die Finanzgerichte gegeben und gegen deren Entscheidungen die Revision oder Beschwerde an den Bundesgerichtshof.

Die Finanzgerichtsbarkeit ist eine junge Gerichtsbarkeit. Weisungsfreie Instanzen in bestimmten Steuersachen gab es zwar schon längere Zeit. In Preußen z.B. wurden im Jahre 1851 für die Steuer auf die höheren Einkommen Bezirkskommissionen eingesetzt, die sich aus Beamten und Laien zusammensetzten. Sie wurden später in Berufungskommissionen umbenannt, und die Berufung wurde allen Einkommensteuerpflichtigen eröffnet. Die Zuständigkeit der Kommission erweiterte sich im Laufe der Zeit auf andere Steuerarten. Als im Jahre 1919 in der Reichsabgabenordnung der Aufbau und das Verfahren der Steuerbehörden, das allgemeine Steuerrechtsverhältnis und das Steuerstrafrecht zusammenfassend gesetzlich geregelt wurden, setzten sich die Berufskommissionen als „Finanzgerichte“ fort, die den Landesfinanzämtern angeliedert waren und in der Besetzung mit zwei Beamten und drei Laien entschieden. Auch diese Beamten waren nicht an Weisungen gebunden, sie konnten aber ebenso wie die beamteten Mitglieder der früheren Bezirks- und Berufskommissionen jederzeit ausgewechselt werden, so daß ein Gericht tatsächlich nicht geschaffen war. Auch war die Zuständigkeit dieser Finanzgerichte nicht umfassend. Z.B. waren Bewertungssachen längere Zeit auf besondere Abteilungen, die sogenannten Oberbewertungsausschüsse, übertragen, die dieselbe Rechtsstellung wie die Finanzgerichte hatten. Für Zölle und Verbrauchsteuern (z.B. Tabak-, Kaffee-, Tee-, Mineralölsteuer) galt ein, allerdings geregeltes Anfechtungsverfahren an das Landesfinanzamt.

Als echte Gerichte waren zur Entscheidung in Steuersachen berufen vor Inkrafttreten der Reichsabgabenordnung das Oberverwaltungsgericht in Preußen und nach Inkrafttreten der Reichsfinanzhof. Beide Gerichte waren jedoch nur zur Prüfung des anzuwendenden Rechts, nicht zur Feststellung des Sachverhalts befugt. Daneben bestanden noch Sonderzuständigkeiten der ordentlichen Gerichte, so für die Stempelsteuer, mit Nachprüfung sowohl der tatsächlichen als auch der rechtlichen Voraussetzungen einer Steuerschuld. Das starke Interesse des Staates an der Erhebung der Steuern veranlaßte darüber hinaus immer wieder Beschränkungen des Rechtsschutzes in Steuersachen, z.B. dadurch. daß die Finanzgerichte kurz nach Beginn des zweiten Weltkrieges aufgehoben und die Anrufung des Reichsfinanzhofes von einer Zulassung durch die Oberfinanzdirektion abhängig gemacht wurde. Vom Jahre 1947 an sind die Finanzgerichte in den einzelnen Ländern der Bundesrepublik wieder eingeführt worden, nach und nach als echte Gerichte mit sachlicher und persönlicher Unabhängigkeit; in Berlin wurde die Zuständigkeit der Verwaltungsgerichte auf Steuersachen erstreckt.

Am 1. Januar 1966 ist als Bundesgesetz die Finanzgerichtsordnung in Kraft getreten, mit der ein einheitlicher Aufbau der Finanzgerichtsbarkeit erreicht wurde und die Finanzgerichte schließlich die umfassende gerichtliche Instanz für Abgabenangelegenheiten wurden, mit Ausnahme allerdings der Steuerstrafsachen, die die ordentlichen Gerichte verhandeln und entscheiden.

Voraussetzungen der Klage

Wer sich durch die Tätigkeit oder Untätigkeit einer Finanzbehörde, sei es nun ein Finanzamt, ein Hauptzollamt, eine Oberfinanzdirektion oder ein Finanzministerium, beschwert fühlt, wendet sich an das Finanzgericht, in dessen Bezirk der Zuständigkeitsbezirk der Behörde liegt. Nur wenn es um die Tätigkeit einer obersten Finanzbehörde, also eines Ministeriums, geht, ist zur Vermeidung einer Belastung immer desselben Finanzgerichts das Gericht örtlich zuständig, in dessen Bezirk der Kläger wohnt. Bei Zöllen, Verbrauchsteuern und Monopolabgaben (z.B. auf Alkohol und Zündwaren) hängt die Zuständigkeit davon ab, an welchem Ort der Steuertatbestand erfüllt wird. Das Finanzgericht hat eine allumfassende Zuständigkeit als erste gerichtliche Instanz. Hiervon ausgenommen und dem Bundesfinanzhof in erster (und letzter) Instanz zugewiesen sind nur bestimmte Verwaltungsakte auf dem Gebiete der Zölle und Eingangsabgaben. Für diese soll möglichst rasch eine für das ganze Bundesgebiet geltende Entscheidung erreicht werden.

Wie im allgemeinen Verwaltungsgerichtsverfahren muß der Kläger in der Regel darauf achten, daß der Klage ein Vorverfahren vorausgegangen ist. Das Vorverfahren in Steuersachen ist entweder ein Einspruchs- oder ein Beschwerdeverfahren. Über den Einspruch entscheidet die Behörde selbst, die den angefochtenen Verwaltungsakt erlassen hat, über die Beschwerde die nächsthöhere Finanzbehörde, also bei Verwaltungsakten der Finanzämter und der Hauptzollämter die Oberfinanzdirektion und bei Verwaltungsakten der Oberfinanzdirektion das Finanzministerium. Das Gesetz trennt Einspruch und Beschwerde durch Aufzählung der Einspruchsfälle und eine Auffangvorschrift zu Gunsten der Beschwerde. Die Beschwerde ist außerdem im Falle der Untätigkeit der Behörde gegeben. Bestimmte Verfügungen, insbesondere die Verfügungen der obersten Finanzbehörden, sind ohne Vorverfahren unmittelbar durch Klage anzufechten. Die Festsetzung von Steuern und Besteuerungsgrundlagen unterliegt grundsätzlich dem Einspruch.

Mit Zustimmung der beklagten Behörde kann der Kläger unmittelbar gegen den Verwaltungsakt Sprungklage erheben, allerdings nur die Anfechtungsklage, nicht die Verpflichtungs-, Leistungs- oder Untätigkeitsklage. Ihre Zustimmung kann die Behörde schon vor der Zustellung der Klage erklären, aber nur bis zum Ablauf eines Monats nach Zustellung der Klage an sie. Die Beteiligten werden sich für eine Sprungklage z.B. dann entscheiden, wenn es sich um eine Rechtsfrage handelt, die sie bereits vor Erlaß des Verwaltungsaktes erörtert haben, so daß im Vorverfahren nur die beiderseits bereits bekannten Standpunkte und ihre Begründung wiederholt würden. Durch die unmittelbare Anrufung des Gerichts wird jedenfalls die Zeit des Vorverfahrens gespart. Als prozessuale Willenserklärung kann die Ablehnung der Zustimmung nicht mit einem Rechtsbehelf oder einem Rechtsmittel angegriffen werden. Streiten sich die Beteiligten, ob die Zustimmung erteilt worden ist, so muß das Gericht entscheiden, und zwar nach Auffassung des BFH durch Beschluß. Da es jedoch um eine Prozeßvoraussetzung — Vorverfahren oder Zustimmung zur Sprungklage — geht, dürfte das Gericht wie auch sonst durch Urteil über die Zulässigkeit der Klage zu entscheiden haben.

Hat der Bürger eine abschlägige Einspruchsentscheidung in der Hand, so muß er binnen eines Monats, gerechnet von der Zustellung der Einspruchsentscheidung an, bei dem Finanzgericht oder der Finanzbehörde, die die Entscheidung erlassen hat, eine Klageschrift einreichen. Bei dem Gericht kann er die Klage auch zur Niederschrift der Geschäftsstelle erklären. Die Berechnung der Frist ist in Steuersachen für den Betroffenen zuweilen schwierig. Einspruchsentscheidungen werden zwar häufig durch Postzustellungsurkunde zugestellt, so daß die Frist in der Regel von dem Tag der Übergabe an läuft. In Steuersachen darf stattdessen aber auch durch einfachen Brief zugestellt werden. Das Schriftstück gilt dann am dritten Tag nach der Aufgabe zur

Post als zugestellt, und den Tag der Aufgabe erfährt der Empfänger nicht. Er müßte die Steuerakten einsehen. Im Streit um die Rechtzeitigkeit der Klage kann er sich gegen die Vermutung wenden, daß ihm das Schreiben vom dritten Tag zugegangen ist, und die Behörde müßte den Zugang beweisen. Aber zu einer erfolgreichen Einwendung gehört die Angabe einiger Umstände, die gegen einen Zugang in drei Tagen sprechen, und solche Umstände lassen sich nur in außergewöhnlichen Verhältnissen bei dem Empfänger oder bei der Post finden. Der Empfänger wird daher gut daran tun, nicht bis zum tatsächlich letzten oder angenommenen letzten Tag der Frist zu warten.

Wenn er die Frist doch versäumt, kann das Gericht ihm — wie nach den anderen Verfahrensordnungen — Wiedereinsetzung in den vorigen Stand gewähren. Die Wiedereinsetzung hängt davon ab, daß er ohne Verschulden gehindert war, die Frist einzuhalten. Ebenso wie in der Verwaltungsgerichtsordnung und anders als er der Zivilprozeßordnung braucht er nicht durch höhere Gewalt, also durch Umstände verhindert worden sein, die er auch durch die äußerste Sorgfalt nicht hätte abwenden können. Aber auch die Forderung nach einer vernünftigerweise zu erwartenden Sorgfalt bedeutet z.B., daß in sich gegebenenfalls beraten läßt, daß er genügend Zeit für eine Beförderung durch die Post einberechnet, daß er die Berechnung der Frist nur erprobten Angestellten überläßt, daß in einem Unternehmen oder in dem Büro eines Rechtsanwalts oder Steuerberaters Vorkehrungen getroffen werden müssen, damit Fristen nicht übersehen oder vergessen werden, daß bei Krankheit oder Reise für Empfang und Kontrolle oder Nachsendung der Post gesorgt wird usw.

Binnen zwei Wochen nach Wegfall des Hindernisses, z.B. eines unverschuldeten Rechtsirrtums, der Verhinderung durch einen Unfall oder nach der Entdeckung eines Büroversehens muß die Klage in jedem Fall erhoben und ein Antrag auf Wiedereinsetzung gestellt werden. Doch kann die Wiedereinsetzung auch ohne Antrag ausgesprochen werden. Später als ein Jahr nach Ablauf der Klagefrist ist eine Wiedereinsetzung nur noch möglich, wenn der Kläger durch höhere Gewalt verhindert war. Der Hinderungsgrund ist glaubhaft zu machen: Der Kläger muß durch Unterlagen, eidesstattliche Versicherungen, gegebenenfalls auch Zeugen die überwiegende Wahrscheinlichkeit seiner schuldlosen Verhinderung dartun. Ein voller Beweis wird nicht verlangt. Die Wiedereinsetzung ist unanfechtbar. Das Rechtsmittel gegen ihre Ablehnung richtet sich nach der Form der Entscheidung. Gegen einen Beschluß ist die Beschwerde, gegen ein Urteil die Revision gegeben.

Für die Klage stellt das Gesetz gewisse Erfordernisse auf. Die Klage eines Feinkosthändlers gegen einen Einkommensteuerbescheid kann folgendermaßen aussehen:

Franz Waldgärtner Berlin 20, den 2. September 1969

In Sachen
des Kaufmanns *Franz Waldgärtner*,
1 Berlin 20, Semnonenstraße 1,

Klägers[1]),

— Prozeßbevollmächtigter[2]):
Steuerberater *Wilhelm Buchkenner*,
1 Berlin 19, Finkenstraße 5, —

gegen

das Finanzamt Spandau,
1 Berlin 20, Galenstraße 14—24,

Beklagten[3]),

erhebe ich Klage[4]) und beantrage[5]),

den Einkommensteuerbescheid des Finanzamts Spandau vom 10. April 1969 für das Jahr 1967 in der Gestalt der Einspruchsentscheidung vom 10. August 1969 aufzuheben (und die Einkommensteuer neu festzusetzen).

Begründung[6])

Der Beklagte hat die Einkommensteuerschuld falsch festgesetzt. Der Gewinn aus dem Feinkostgeschäft des Klägers betrug im Jahre 1967 nicht, wie vom Beklagten zugrunde gelegt,

[1])—[6]) Erklärung der Fußnoten s. S. 106—108.

60000 DM, sondern nur 55000 DM. Der Erlös von 2000 DM aus einem Autoverkauf darf nicht zu den gewerblichen Einnahmen des Klägers gerechnet werden, weil der verkaufte Wagen zu seinem Privatvermögen gehörte. Ferner sind die Kosten einer Reise zum Studium der Verkaufsmethoden im Einzelhandel in der Levante in Höhe von 3000 DM Betriebsausgaben, weil die Reise die Verkaufsmethoden des Klägers gefördert hat. Angesichts des zunehmenden Wettbewerbsdruckes, dem die Einzelhandelsgeschäfte durch Warenhäuser, Filialgeschäfte und Discountgeschäfte ausgesetzt sind, sind solche Studienreisen zur Erhaltung der Wettbewerbsfähigkeit dringend erforderlich. Die Erhaltung des Mittelstandes ist auch eine allgemein volkswirtschaftlich und staatspolitisch wichtige Aufgabe. Der Beklagte hat ferner übersehen, daß das dritte Kind des Klägers am 31. August und nicht erst am 1. September 1967 geboren ist, so daß ihm ein Freibetrag auch für dieses Kind für das ganze Jahr zusteht. In seinem Haus im Tessin verbringt der Kläger nur seinen Urlaub. Er hatte seinen Wohnsitz ausschließlich in Berlin, so daß ihm auch die Berlin-Präferenz gebührt.

Eine Abschrift für den Beklagten und die Prozeßvollmacht sind beigefügt.

Erklärung der Fußnoten von S. 105

Zu [1]) Klagebefugt ist, wer schlüssig geltend machen kann, daß er durch den angefochtenen Verwaltungsakt oder die Ablehnung oder Unterlassung eines Verwaltungsaktes oder einer Leistung in seinen Rechten verletzt ist. Die Rechtsverletzung ist im Steuerverfahren im Regelfall eindeutig: Wer eine Steuer schulden soll oder wer zahlen soll, also für die Steuerschuld eines anderen in Anspruch genommen wird, ist offensichtlich im Falle eines rechtswidrigen Verwaltungsaktes in seinen Rechten verletzt. Fraglich kann es z.B. in den, freilich nicht häufigen, Fällen sein, in denen der Steuerpflichtige die Begründung einer Steuerfestsetzung mit dem Ergebnis beanstandet, daß die Steuerschuld höher festgesetzt werden müßte. Grundsätzlich ist ähnlich wie in einem gerichtlichen Urteil nur der Ausspruch des Verwaltungsaktes verbindlich und wird bestandskräftig, z.B. die Feststellung einer Einkommensteuerschuld von 5000 DM. Einen Steuerbescheid mit diesem Inhalt kann der Betroffene daher nicht deshalb anfechten, weil sich die Finanzbehörde bei der Berechnung geirrt hat, sofern dieser Irrtum die Höhe der Steuerschuld nicht beeinflußt. Es gibt jedoch Ausnahmen. Ermittelt ein Steuerpflichtiger wie der Kläger in unserem Beispiel seine Einkünfte dadurch, daß er sein Vermögen am Anfang mit dem Vermögen am Ende des Steuerjahres vergleicht — er bilanziert —, so ist der Endbestand zugleich der Anfangsbestand des kommenden Jahres und auch für die Besteuerung im nächsten Jahr maßgebend. Da ein Vermögen sich aus einzelnen Werten zusammensetzt, etwa Grundstücke, Maschinen, Einrichtungsgegenstände, Waren, Bankguthaben, Bargeld, Forderungen einerseits, Schulden verschiedener Art und Rückstellungen für noch ungewisse Schulden andererseits, sind auch die einzelnen Schlußwerte am Ende eines Jahres die einzelnen Anfangswerte zu Beginn des darauffolgenden Jahres. Wenn der Steuerpflichtige einzelne Werte für den Anfangsbestand gegenüber dem Schlußbestand ändert — soweit der Wert nicht durch die Natur des Vermögensgegenstandes festliegt wie z.B. für Bargeld —, so kann er die Höhe seiner Einkünfte und damit die Steuerschuld beeinflussen. Die Rechtsprechung untersagt dies und verlangt „Bilanz-Kontinuität". Dies besagt, daß der Steuerpflichtige nicht beliebig die Vermögenswerte anders beziffern darf. Die Bilanz-Kontinuität bedeutet umgekehrt, daß der Steuerpflichtige gegen eine von seiner Bewertung abweichende Bewertung der Finanzbehörde bei der Besteuerung vorgehen kann, selbst wenn die Abweichung keinen Einfluß auf die gerade in diesem Bescheid festgesetzte Steuerschuld hat oder sogar zu einer niedrigeren Steuer führt. In seinen Rechten verletzt ist er durch die Auswirkung in den kommenden Jahren, weil der niedrigere Wert eines Vermögensgegenstandes zu höheren Einkünften und damit zu höheren Steuerschulden in der Zukunft führen kann. Das ist z. B. möglich, wenn eine erst später zu erwartende Wertminderung schon jetzt berücksichtigt wird.

Zu [2]) Der Kläger kann sich durch einen Bevollmächtigten vertreten lassen oder auch einen Beistand hinzuziehen. Die geschäftsmäßige Hilfe in Steuersachen, wozu auch die geschäftsmäßige Vertretung vor den Finanzgerichten gehört, ist nur bestimmten Personen und Personenvereinigungen gestattet, vor allem den Rechtsanwälten und Notaren, Wirtschaftsprüfern, Steuerberatern und Steuerbevollmächtigten, Vermögensverwaltern und Vermögensverwahrern für das anvertraute Vermögen, sowie Vereinigungen mit der Satzungsaufgabe, ihren Mitgliedern in Steuersachen Hilfe zu leisten. Die Vertretungsmacht muß durch eine schriftliche Vollmacht nachgewiesen werden. Wird die Vollmacht nicht vorgelegt, so ist die Klage als unzulässig abzuweisen und die Kosten sind dem Vertreter aufzuerlegen. Der Nachweis, daß wirksame Vollmacht erteilt ist, kann also nur durch eine Vollmachtsurkunde geführt werden. Als Prozeßvoraussetzung braucht die Vollmacht allerdings erst am Schluß der letzten mündlichen Verhandlung oder im schriftlichen Verfahren bis zum Ablauf der Erklärungsfrist vorzuliegen.

Zu [3]) Beklagte ist die Behörde, die den angefochtenen Verwaltungsakt erlassen, nicht die Behörde, die über den Einspruch oder die Beschwerde befunden hat. Ein Wechsel der örtlichen Zuständigkeit nach Erlaß des Verwaltungsaktes verändert nicht die Prozeßbeteiligten.

Zu [4]) Der Antrag wird nicht wie im Zivilprozeß in der Klageschrift oder einem späteren Schriftsatz nur angekündigt, sondern er kann sofort gestellt werden. Die Stellung des Antrages in der mündlichen Verhandlung ist nicht Voraussetzung einer Entscheidung, die den Antrag und seine Begründung berücksichtigt.

Die Finanzgerichtsordnung kennt die Anfechtungsklage, die Verpflichtungsklage, die Leistungsklage und die Feststellungsklage. Begehrt der Kläger die Aufhebung einer falschen Steuerfestsetzung, so ist die Anfechtungsklage der richtige Weg. Sie genügt auch, wenn er die Steuerschuld schon bezahlt hat. Denn die Finanzbehörde ist, falls die Steuerfestsetzung später geändert wird, zur Erstattung des zuviel gezahlten Betrages verpflichtet, und zwar ohne daß dieser Betrag durch einen besonderen Verwaltungsakt festgestellt zu werden braucht. Daher wäre eine ergänzende Klage auf Feststellung der Verpflichtung, einen Erstattungsbescheid zu erlassen, falsch. Der Kläger kann mit der Anfechtungsklage die Zahlungsklage, eine Form der Leistungsklage, verbinden, mithin beantragen, die Beklagte zur Zahlung des überzahlten Betrages zu verurteilen. Das ist jedoch in der Regel nicht notwendig, weil die Finanzbehörde dem gerichtlichen Urteil folgen wird.

Darum genügt auch die Aufhebung des Steuerbescheides und die Feststellung der richtigen Besteuerungsgrundlagen in den Urteilsgründen. Diese binden die Behörde ebenso wie im allgemeinen Verwaltungsgerichtsprozeß.

Zu [5]) Der Kläger kann allerdings den Antrag stellen und das Gericht kann nach seinem pflichtgemäßen Ermessen die Steuerschuld selbst festsetzen, statt die Festsetzung durch einen neuen Steuerbescheid nach Aufhebung des angefochtenen Bescheides durch das Urteil der Finanzbehörde zu überlassen. Der Bundesfinanzhof hält die Festsetzung durch das Gericht im Regelfall für geboten, damit das Steuerverfahren abgeschlossen ist. Das Gericht wird aber bei der Entscheidung, ob es die Steuerschuld festsetzt, die Interessen der Beteiligten abwägen und insbesondere nicht über eine ausdrückliche Beschränkung des Klägers auf den Aufhebungsantrag hinweggehen. Denn bei schwierigen Berechnungen, etwa wenn eine Änderung eine Reihe anderer Bilanzpostenänderungen nach sich zieht, wird der Kläger die Berechnung in Zusammenarbeit mit der Finanzbehörde und die Neufestsetzung durch einen Verwaltungsakt vorziehen, weil Fehler in einem Verwaltungsakt leichter berichtigt werden können als in einem Urteil. Wenn es hingegen um eine unmittelbare Minderung des Einkommens geht, aus der sich die Minderung der Steuerschuld ohne weiteres ergibt, werden Prozeßökonomie und Beschleunigung die Festsetzung im Urteil gebieten.

Eine Feststellungsklage läßt das Gesetz bei berechtigtem Interesse zu, nämlich für die Feststellung eines Rechtsverhältnisses, wenn das Ziel durch eine andere Klageart nicht erreicht werden kann, für die Feststellung der Nichtigkeit eines Verwaltungsaktes sowie für die Feststellung der Rechtswidrigkeit eines Verwaltungsaktes, der sich durch Rücknahme oder auf andere Weise erledigt hat.

Die Klageschrift muß neben Kläger und Beklagter im Falle der Anfechtungsklage auch den angefochtenen Verwaltungsakt angeben. Daß schon ein Antrag gestellt wird, ist dagegen nicht Voraussetzung einer zulässigen Klage.

Zu [6]) Die Begründung der Klage ist keine Zulässigkeitsvoraussetzung. Die zur Begründung dienenden Tatsachen und Beweismittel sollen nur angegeben werden. Andererseits bleibt die Klage unzulässig, solange nicht der Streitgegenstand bezeichnet ist. Streitgegenstand ist nicht der angefochtene Verwaltungsakt, sondern die Beeinträchtigung der Rechte des Klägers durch den Verwaltungsakt. Eine Angabe, daß die Steuerschuld um 1 000 DM zu hoch berechnet sei, würde noch nicht genügen. Der Kläger muß außerdem sagen, in welchen Punkten ihn die Steuerfestsetzung beschwert, also wie in unserem Beispiel etwa die Besteuerung von Einkünften, die der Kläger nicht gehabt hat oder die steuerfrei sind, die Zurechnung von Betriebsausgaben zur privaten Sphäre usf. Da das Vorverfahren vorausgeht, kommt es praktisch nicht vor, daß der Steuerpflichtige über die Gründe einer von seiner Erklärung abweichenden Steuerfestsetzung im Unklaren gelassen wird.

Die Vorlegung der Vollmacht und die notwendige Ergänzung der Klageschrift kann der Vorsitzende oder das Gericht mit Bestimmung einer Frist verlangen. Einzelne Finanzgerichte haben die Frist zur Ergänzung der Klage als Ausschlußfrist behandelt und trotz späterer Ergänzung die Klage als unzulässig abgewiesen. Das ist bedenklich, weil das Gesetz an die Versäumung der richterlichen Frist nicht die Rechtsfolgen knüpft, die eine Versäumung der gesetzlichen Frist für die Klageerhebung und z.B. auch für die Revision und Revisionsbegründung nach sich zieht. Das Gericht hat es in der Hand, durch Anberaumung eines frühen Verhandlungstermins entweder die Ergänzung der Klage zu erreichen oder die Voraussetzung für eine Abweisung der Klage als unzulässig zu schaffen.

Beschränkungen des Klageantrages

Wenn der angefochtene Steuerbescheid nicht der erste Bescheid über die Steuerschuld ist, sondern ein neuer abweichender Bescheid, dann kann der zweite Bescheid unter Umständen nicht mehr unbeschränkt angefochten werden. Hat der Kläger den ersten Bescheid bestandskräftig werden lassen, so kann er einen zweiten ungünstigeren Bescheid nur im Umfange der Änderung angreifen. Ist der erste Bescheid dagegen zu seinen Gunsten geändert worden, so kann er ohne Einschränkung geltend machen, daß der Bescheid in noch weiterem Umfange zu seinen Gunsten hätte geändert werden müssen.

Eine andere Einschränkung der Klage ergibt sich, wenn der Kläger eine Steuerfestsetzung angreift, die ihrerseits auf einem anderen Verwaltungsakt der Finanzbehörde beruht. Bestimmte, für die Steuerschuld wichtige Merkmale setzt die Finanzbehörde in einem sogenannten Grundlagenbescheid fest: z.B. die Einkünfte aus einer Einkunftsquelle, an der mehrere beteiligt sind, etwa das Unternehmen einer OHG oder ein Mietgrundstück, ferner der Wert einer selbständigen wirtschaftlichen Einheit wie etwa das Vermögen eines gewerblichen Betriebes, eines land- oder forstwirtschaftlichen Betriebes oder eines Grundvermögens. Über die Höhe solcher „einheitlich und gesondert", d. h. insgesamt und anteilig für die Berechtigten festzustellenden Einkünfte und Einheitswerte ergeht ein besonderer Bescheid. Sein Ergebnis, z. B. daß eine OHG im Jahre 1968 100000 DM erzielt hat, von dem 20000 DM, 20000 DM und 60000 DM auf die drei Gesellschafter a), b) und c) entfallen, ist der Einkommenbesteuerung der einzelnen Gesellschafter zugrunde zu legen. Ebenso ist der Bescheid, daß ein Betriebsvermögen 500000 DM betrage, für die Vermögensbesteuerung und die Gewerbebesteuerung des Betriebsinhabers maßgebend. Ist der Betroffene nicht mit der Feststellung einverstanden, so darf er nicht auf die Bekanntgabe der danach errechneten Steuerschuld warten, sondern muß den Feststellungsbescheid anfechten. Im Verfahren um die abhängige Steuer, also etwa die Einkommen-, Gewerbe- oder Vermögensteuer, wird er mit Einwendungen gegen den Feststellungsbescheid, z. B. daß der Gewinn der OHG oder sein Anteil niedriger gewesen, der Wert des Grundstücks geringer oder bei dem Betriebsvermögen Schulden nicht beachtet worden seien, nicht mehr gehört. Auch eine Klage gegen den Steuerbescheid kann daher nicht auf solche Einwendungen gestützt werden. Andererseits braucht er wegen solcher Einwendungen nicht beide Bescheide, den Feststellungs- und den Steuerbescheid, — den sogenannten Folgebescheid — anzugreifen. Wenn der Grundlagenbescheid geändert wird, muß der Folgebescheid von Amts wegen der Änderung angepaßt werden, auch wenn er bestandskräftig ist.

Bei der Anfechtung eines Grundlagenbescheides ist besonders auf die Klagebefugnis zu achten. Die Feststellung der Einkünfte aus Gewerbebetrieb oder des Einheitswertes eines Gewerbebetriebes kann bei mehreren Berechtigten nur der geschäftsführende Gesellschafter oder Gemeinschafter anfechten, und zwar namens der Gesellschaft oder Gemeinschaft. Ein anderer Beteiligter kann gegen den Bescheid allein dann von sich aus vorgehen, wenn streitig ist, wer beteiligt ist, in welchem Umfang der einzelne beteiligt ist oder wenn die Streitfrage gerade diesen Beteiligten persönlich berührt. Im Innenverhältnis können die Beteiligten freilich den Geschäftsführer durch einen Beschluß zur Erhebung der Klage verpflichten. Dies richtet sich nach den Bestimmungen des bürgerlichen oder Handelsrechts.

Beiladung

Geht es bei der Klagebefugnis darum, daß niemand ein gerichtliches Verfahren wegen eines Verwaltungsaktes in Gang setzen soll, der ihn als einzelnen nicht trifft, so muß das Gericht andererseits darauf achten, daß ein Verfahren nicht durchgeführt wird, ohne daß jeder davon betroffene Gelegenheit hat, seine Interessen wahrzunehmen. Diesem Ziel dient die Beiladung. Wenn in unserem Beispiel der Kläger zur Einkommensteuer zusammen mit seiner Ehefrau veranlagt worden ist, kommt eine Beiladung der Ehefrau in Betracht. Das Gesetz unterscheidet zwischen der notwendigen Beiladung, wenn über ein Rechtsverhältnis, an dem ein Dritter beteiligt ist, auch ihm gegenüber nur einheitlich entschieden werden kann, und der sogenannten einfachen Beiladung, wenn die Entscheidung die Interessen eines Dritten nach den Steuergesetzen berührt. Zu letzteren gehört, wer für die Steuerschuld des Klägers haften würde. Die Finanzbehörde muß gegen den Haftenden zwar einen selbständig anfechtbaren Haftungsbescheid erlassen, bevor sie ihn in Anspruch nehmen kann. Da sich die Haftung aber nach der Steuerschuld richtet, werden die Interessen des Haftenden durch die Entscheidung über die Höhe der Steuerschuld berührt. Zu ersteren — die also notwendig beizuladen sind — gehört der Mitgesellschafter, wenn eine Gesellschaft wegen der Höhe der Anteile klagt. Denn ein Gewinnanteil kann nicht geändert werden, ohne daß zugleich die Anteile eines oder aller Gesellschafter verändert werden.

Zusammenveranlagung bedeutet, daß die Einkünfte beider Eheleute zusammengerechnet und als ein Einkommen behandelt werden. Für die Errechnung der Steuer wird das gemeinsame Einkommen in zwei Hälften geteilt, die Steuer für jede Hälfte berechnet und alsdann addiert, so daß infolge der progressiven Zunahme des Steuersatzes die Steuer niedriger ist als bei der Besteuerung des Einzelnen. Jeder Ehegatte haftet jedoch für die ganze Steuerschuld als Gesamtschuldner ohne Rücksicht darauf, ob er Einkünfte hatte und in welcher Höhe. Er ist deshalb an der Höhe der Steuerschuld unmittelbar interessiert. Andererseits braucht eine Steuerschuld nicht gegenüber jedem Gesamtschuldner immer gleich zu bleiben. Ihr rechtliches Schicksal kann sich unterschiedlich entwickeln, insbesondere kann auch jeder Gesamtschuldner gegenüber der Vollstreckung durch die Finanzbehörde eine Aufteilung nach der Höhe seiner Einkünfte verlangen. Ob gleichwohl die Beiladung notwendig ist, wenn der andere Ehegatte eigene Einkünfte hatte oder die Interessen der Eheleute nicht übereinstimmen, ist umstritten. Unter dieser Voraussetzung wird aber jedenfalls eine einfache Beiladung geboten sein.

Im Grundsatz steht die einfache Beiladung im Ermessen des Gerichts. Es wird von einer Beiladung z.B. abgesehen, wenn die Interessenberührung nur ganz entfernt ist oder wenn die Klage unzulässig ist, so daß über die materielle Rechtslage nicht entscheiden wird. Die Unterlassung einer notwendigen oder nach der Sachlage gebotenen einfachen Beiladung ist ein Verfahrensmangel, der zur Aufhebung des Urteils in der Revision führt.

Die Beiladung beeinflußt häufig in starkem Maße die Verfahrensstellung und die Interessen der gewissermaßen geborenen Verfahrensbeteiligten, des Klägers und des Beklagten. Sie müssen deshalb vor der Beiladung gehört werden, und ihre etwa entgegenstehenden Interessen sind bei einer Ermessensentscheidung über die Beiladung zu berücksichtigen, z.B. das Interesse des Klägers an der Wahrung des Steuergeheimnisses gegenüber einem Dritten, dessen privatrechtliche und wirtschaftliche Interessen möglicherweise den Interessen des Klägers zuwiderlaufen.

Wenn das Gericht die Ehefrau des Klägers beilädt, wird sie innerhalb der Anträge ihres Ehemannes selbständige Verfahrensbeteiligte. Sie kann Rechtsausführungen machen, neue Tatsachen vortragen und Beweismittel beibringen. Ein notwendig Beigeladener ist gänzlich unabhängig von den anderen Beteiligten.

Zu den geborenen und den beigeladenen Verfahrensbeteiligten kann in Sachen, in denen der Klage ein Beschwerdeverfahren vorausgegangen ist, noch als gewissermaßen gewillkürter Beteiligter die Behörde treten, die über die Beschwerde entschieden hat. Ihre Beteiligung ist ihrem eigenen Entschluß überlassen. Sie kann beitreten ohne Zustimmung der anderen Beteiligten oder Zulassung durch das Gericht.

In unserem Beispiel muß das Gericht die Erwiderung des Beklagten und die Vorlegung der Steuerakten abwarten, weil sich erst aus ihnen das Interesse der Ehefrau des Klägers an einer Beteiligung an dem Verfahren ersehen läßt.

Der Beklagte erwidert auf die Klage:

„In dem Rechtsstreit

des Kaufmanns *Franz Waldgärtner*,
1 Berlin 20, Semnonenstraße 1,

Klägers,

— Prozeßbevollmächtigter:
Steuerberater *Wilhelm Buchkenner*,
1 Berlin 19, Finkenstraße 5, —

gegen

das Finanzamt Spandau,
1 Berlin 20, Galenstraße 14—24,

Beklagten,

wegen

Einkommensteuer 1967

beantrage ich,

die Klage abzuweisen.

Der Verkaufserlös für den Kraftwagen ist dem Gewinn des Klägers aus Gewerbebetrieb zugerechnet worden, weil der Kläger den Kraftwagen überwiegend, und zwar zu 70% für sein Geschäft benutzt hat. 70% der Unterhaltskosten hat er in den drei vorangegangenen Jahren als Betriebsausgabe angesetzt, und die Ausgabe ist anerkannt worden. Zwar hat der Kläger den Wagen nicht als Betriebsvermögen ausgewiesen, so daß er den Verkauf auch nicht als Abgang aus dem Geschäftsinventar verbucht hat. Wegen der überwiegend betrieblichen Nutzung war diese Behandlung aber falsch. Der Kläger kann sich nicht darauf berufen, daß das Finanzamt die Unterlassung eines Bilanzansatzes hingenommen hat. Denn der Gewinn ist für jeden Veranlagungszeitraum neu zu ermitteln und ein Fehler bei der Ermittlung für einen früheren Veranlagungszeitraum darf nicht wiederholt werden. Die Reise, die der Kläger — übrigens mit seiner Ehefrau — unternommen hat, ging nach Griechenland, die Türkei und die arabischen Staaten des Nahen Ostens. Es ist richtig, daß der Verband der Feinkosthändler die Reise veranstaltet hat und daß sich die Teilnehmer durch Besichtigungen und Vorträge mit Verkauf und Werbung des branchenverwandten Einzelhandels vertraut machen konnten. Die Veranstaltungen ließen jedoch Zeit für Ausflüge und Besichtigungen historisch interessanter und landschaftlich reizvoller Orte und Gegenden. Die Reise führte z.B. durch die griechische Inselwelt, über Istanbul und die Ruinen von Troja, Pergamon und Bogazköi. Es waren wiederholt Ruhetage vorgesehen. Ferner besichtigte der Kläger die Pyramiden, die Museen in Athen und Kairo und die Moscheen in Istanbul. Das private Interesse an der Reise und das berufliche hängen daher eng zusammen, und privater und beruflicher Anlaß lassen sich nicht leicht voneinander trennen.

Den Zeitpunkt der Geburt seines dritten Kindes mag der Kläger durch eine Geburtsurkunde nachweisen, wozu er schon im Einspruchsverfahren vergeblich aufgefordert worden ist. In dem Haus im Tessin schließlich haben sich der Kläger und seine Familie im Streitjahr vom 15. März bis zum 10. April und vom 1. September bis zum 15. Oktober aufgehalten. Es handelt sich also um einen weiteren Wohnsitz.

Anbei werden die Einkommen- und Gewerbesteuerakten des Klägers überreicht. Sie enthalten keine nach § 22 AO geschützten Angaben über die Verhältnisse Dritter."[1])

Zu [1]) § 22 AO verpflichtet alle, die bei der Behörde oder dem Gericht mit Steuersachen zu tun haben, über den Inhalt Stillschweigen zu bewahren. Die unbefugte Offenbarung ist mit Strafe bedroht. Dieses sogenannte Steuergeheimnis gilt im Interesse des Staates an der rückhaltlosen Erklärung der Besteuerungsgrundlagen durch den Steuerpflichtigen und zu dessen Schutz, auch wenn er für Steuervorteile private, rein persönliche Angaben machen muß. Die Beachtung des Steuergeheimnisses ist problemlos, wenn es nur um den Kläger und die über ihn von der Finanzbehörde geführten Steuerakten geht. Schwierig wird es, wenn mehrere Kläger oder Beigeladene an dem Verfahren beteiligt sind oder wenn die Klärung einzelner Fragen von den steuerlichen Angelegenheiten eines Dritten abhängt, z.B. wenn jemand für die Steuerschuld eines anderen haftet oder in dem Besteuerungsverfahren eines Dritten Tatsachen festgestellt worden sind, die für die anhängige Klage erheblich sind. Für eine Mitteilung der steuerlichen Vorgänge muß grundsätzlich die Zustimmung des Dritten eingeholt werden. Gegebenenfalls muß der Kläger ihn auf Zustimmung verklagen oder er muß als Zeuge in das Verfahren eingeführt werden. Ermittlungen müssen gegebenenfalls wiederholt werden. Finanzbehörde und Gericht müssen prüfen, ob ein steuerlicher Vorgang anderen Verfahrensbeteiligten offengelegt werden kann. Steht das Steuergeheimnis dem entgegen, so kann das Gericht den Vorgang nicht verwerten, da eine Entscheidung nur auf Tatsachen und Beweismittel gegründet werden kann, zu denen sich die Verfahrensbeteiligten äußern konnten.

Anhand der Akten stellt das Gericht fest, daß die Ehefrau des Klägers in seinem Geschäft mitgearbeitet hat und im Streitjahr 6000 DM Arbeitslohn von dem Kläger zu erhalten hatte, die der Beklagte als Betriebsausgaben anerkannt hat. Der Beklagte hat bei diesen Einkünften der Ehefrau aus nichtselbständiger Arbeit 500 DM Ausgaben im Zusammenhang mit der Reise in den Vorderen Orient als Werbungskosten anerkannt. Dieser Betrag ist in den vom Kläger geltend gemachten 3000 DM Reisekosten enthalten und müßte daher bei einer Anerkennung der Reisekosten als Betriebsausgabe des Klägers von den Werbungskosten der Ehefrau abgesetzt werden. Somit ist die Ehefrau beizuladen. Die Beteiligten und die Ehefrau des Klägers erhalten Gelegenheit zur Stellungnahme zu der beabsichtigten Beiladung. Die Ehefrau wird bei dieser Gelegenheit kurz über den Sach- und Streitstand unterrichtet.

Hierauf beschließt das Gericht die Beiladung der Ehefrau:

Beschluß

In dem Rechtsstreit

des Kaufmanns *Franz Waldgärtner*,
1 Berlin 20, Semnonenstraße 1,

Klägers,

— Prozeßbevollmächtigter:
Steuerberater *Wilhelm Buchkenner*,
1 Berlin 19, Finkenstraße 5, —

gegen

das Finanzamt Spandau,
1 Berlin 20, Galenstraße 14—24,

Beklagten,

wegen

Einkommensteuer 1967

wird die Ehefrau des Klägers

Frau *Maria Waldgärtner* geborene *Rotmüller* nach § 60 Abs. 1 FGO beigeladen, weil sie mit dem Kläger zusammen zur Einkommensteuer veranlagt worden ist, eigene Einkünfte aus nichtselbständiger Arbeit hatte und eine vom Kläger geltend gemachte Betriebsausgabe sich mit Werbungskosten deckt, die der Beklagte bei ihren Einkünften anerkannt hat.

Der Beschluß schließt wie jede anfechtbare Entscheidung des Finanzgerichts mit einer Rechtsmittelbelehrung. Gegen Urteile ist die Revision, gegen andere Entscheidungen die Beschwerde gegeben. In der Belehrung muß auf Stellung, Form und Adressat des Rechtsmittels hingewiesen werden. Für den Beiladungsbeschluß muß die Rechtsmittelbelehrung lauten:

Gegen diesen Beschluß steht den Beteiligten gemäß § 128 Abs. 1 FGO die Beschwerde an den Bundesfinanzhof zu.

Die Beschwerde ist bei dem Finanzgericht Berlin (Adresse) schriftlich oder zur Niederschrift des Urkundsbeamten der Geschäftsstelle innerhalb von zwei Wochen nach Bekanntgabe der Entscheidung einzulegen. Die Beschwerdefrist ist auch gewahrt, wenn die Beschwerde innerhalb der Frist bei dem Bundesfinanzhof in München eingeht (§ 129 FGO).

Unterbleibt die Rechtsmittelbelehrung oder ist sie mangelhaft, so verlängert sich die Beschwerdefrist auf ein Jahr und wenn eine Entscheidung fälschlich als unanfechtbar bezeichnet wird, sogar unbegrenzt, so daß einem sehr spät eingelegten Rechtsmittel nur mit dem Einwand der Verwirkung begegnet werden könnte.

Besetzung des Finanzgerichts

Den Beschluß faßt ein Senat des Finanzgerichts. Die Richterkollegien der Finanzgerichte heißen wie bei den Oberlandesgerichten und den Oberverwaltungsgerichten Senate und sind außerhalb der mündlichen Verhandlung mit drei Berufsrichtern und in der mündlichen Verhandlung sowie bei der Urteilsfindung außerdem noch mit zwei ehrenamtlichen Finanzrichtern besetzt.

Die ehrenamtlichen Finanzrichter werden auf vier Jahre durch einen Ausschluß gewählt, dem der Präsident des Finanzgerichts als Vorsitzender, ein Vertreter der Finanzverwaltung und sieben Vertrauensleute angehören, die durch den Landtag oder nach Maßgabe eines Landesgesetzes auf vier Jahre gewählt werden.

Der Präsident des Finanzgerichts legt dem Ausschluß eine Liste vor, die dreimal soviel Namen enthalten soll wie ehrenamtliche Richter zu wählen sind. Es sollen soviele Richter gewählt werden, daß jeder Richter nicht mehr als zwölfmal im Jahr zu einer Sitzung herangezogen wird. Für die Zusammenstellung der Liste hört der Präsident des Finanzgerichts die Berufsvertretungen, also z.B. die Industrie- und Handelskammer, die Handwerkskammer, Gewerkschaften u.ä. Das Gesetz schreibt eine irgendwie geartete berufliche Vorbildung oder Erfahrung nicht vor. Die wirtschaftliche orientierte Zuständigkeit des Finanzgerichts legt es nahe, bei der Auswahl der Laienrichter auf wirtschaftliche Kenntnisse und Erfahrungen Wert zu legen. Hierauf weist auch die Vorschrift hin, daß vor der Zusammenstellung der Wahlliste die Berufsvertretungen Gelegenheit für Vorschläge haben sollen. Durch die Beteiligung der Laienrichter soll außerdem der Steuerpflichtige in abstracto mit seinen Belangen bei der Rechtsfindung zu Worte kommen. Das ist von besonderer Bedeutung, solange die Berufsrichter weithin aus der Finanzverwaltung kommen. Es behält seine Berechtigung aber auch gegenüber Berufsrichtern mit anderer Vorerfahrung, denen durch längere Tätigkeit bei dem Finanzgericht das unmittelbare Verständnis für die Lage der Steuerpflichtigen erschwert werden kann.

Die beigeladene Ehefrau kann sich über den Rechtsstreit durch Einsicht in die Akten unterrichten. Sie kann sich ferner Abschriften aus den Akten erteilen lassen. Nach der Beiladung müssen die anderen Beteiligten ihren Schriftsätzen eine Abschrift für die Beigeladene beifügen. Das Gericht räumt ihr zunächst eine First für eine etwaige eigene Stellungnahme ein.

Die Klageerwiderung des Beklagten übersendet das Gericht dem Kläger und der Beigeladenen. Zugleich gibt es dem Kläger auf, eine Geburtsurkunde für sein drittes Kind vorzulegen. Mit weiteren Auflagen oder einem Beweisbeschluß wartet das Gericht bis zur Antwort des Klägers auf in der Klageerwiderung neu mitgeteilte Umstände. Erst nach der Äußerung des Klägers steht fest, welche Vorgänge aufgeklärt werden müssen, Hierin unterscheidet sich das finanzgerichtliche Verfahren ebensowenig wie der Verwaltungsgerichtsprozeß von dem Zivilprozeß. Was zwischen den Beteiligten nicht streitig ist, wird das Gericht trotz seiner Pflicht, den Sachverhalt von Amts wegen zu ermitteln, in der Regel nicht aufklären oder darüber Beweise erheben. Ermittlung von Amts wegen bedeutet nicht, daß sich das Gericht von jeder einzelnen Tatsache durch eigene Tätigkeit überzeugt. Sie bedeutet nur, daß sich das Gericht ohne Bindung an das Vorbringen und Verhalten der Beteiligten von einem bestimmten Sachverhalt überzeugen muß. Für seine Überzeugung können der Akteninhalt und die Übereinstimmung der Beteiligten ausreichen. Sie reichen nicht aus, wenn dem Gericht Zweifel bleiben, obwohl die Beteiligten die Tatsache nicht in Zweifel ziehen. Dann ist das Gericht zur Klärung verpflichtet. Die Pflicht zur Ermittlung von Amts wegen bedeutet ferner, daß das Gericht er nicht den Beteiligten überlassen darf, Beweismittel anzubieten, sondern daß es nach möglichen Beweismitteln auch selbst forschen muß. Die Übereinstimmung von Kläger und Finanzbehörde über tatsächliche Vorgänge im Bereich des Klägers ergibt sich vielfach dadurch, daß die Finanzbehörde von solchen Umständen nur durch den Kläger und dessen Unterlagen erfährt und seiner Darstellung meist folgt, solange es nicht

Anhaltspunkte für Zweifel oder Nachweise für einen anderen Hergang hat. Diese Unterlagen werden zu den Steuerakten genommen und auf diese Weise erhält das Gericht von ihnen Kenntnis. Die Darstellung des Klägers gegenüber dem Finanzamt und seine Unterlagen können dem Gericht bei eigenen Zweifel Anlaß zu Nachforschungen geben, durch Anforderungen von Akten anderer Behörden oder Gerichte, durch Einholung von Auskünften von Dritten oder durch eine Auflage an die Beteiligten, ihre Darstellung zu ergänzen, weitere Unterlagen einzureichen oder Zeugen zu benennen.

In unserem Beispiel stellt das Gericht aus den Steuerakten fest, daß der Beklagte den Arbeitslohn von 6000 DM für die Ehefrau des Klägers als Betriebsausgabe ohne Prüfung übernommen hat. Die Nachprüfung eines Arbeitsverhältnisses, für das der Steuerpflichtige Lohn- oder Gehaltszahlungen ausweist, ist in der Regel auch nicht nötig. Die Unterlagen hierüber werden wie die sonstigen Unterlagen bei einer Betriebsprüfung geprüft, die die Finanzbehörde nach Möglichkeit in gewissen Abständen bei Unternehmen durchführt. Wenn jedoch ein Arbeitsverhältnis mit dem Ehegatten des Steuerpflichtigen besteht, kann es lediglich geschlossen worden sein, um die steuerpflichtigen Einkünfte zu verringern, und nicht, um einen Lohn- oder Gehaltsanspruch zu begründen. Die Finanzgerichte verlangen daher den Nachweis, daß das Arbeitsverhältnis so durchgeführt worden ist wie zwischen Fremden, vor allem also, daß der Lohn ausgezahlt oder auf andere Weise in die Verfügungsgewalt des Ehegatten gelangt ist.

Die steuerliche Anerkennung des Arbeitsverhältnisses zwischen dem Kläger und seine Ehefrau ist bisher kein Streitpunkt zwischen dem Kläger und der Finanzbehörde gewesen. Das Finanzgericht darf auch nicht einen höheren Steueranspruch feststellen als in dem angefochtenen Verwaltungsakt. Es darf, wie man sagt, nicht verbösern. Unter der Geltung der Abgabenordnung für das Verfahren der Finanzgerichte war das anders. Als Abteilungen der Landesfinanzämter waren die Finanzgerichte gewissermaßen der verlängerte Arm der Finanzämter. Das Steuerermittlungsverfahren ging vollkommen aus der Hand des Finanzamts in die Hand des Finanzgerichts über. Das Finanzgericht der Abgabenordnung konnte daher anders als die Verwaltungsgerichte und heute auch die Finanzgerichte Ermessensentscheidungen selbst treffen, und seine Aufgabe war nicht die Entscheidung über einen Klageantrag, sondern über die richtige Steuerschuld, die das Gericht deshalb gegebenenfalls auch höher festsetzen mußte. Dem Kläger, — damals Berufungsführer genannt — schon der Ausdruck weist auf ein anderes Verhältnis zwischen Finanzamt und Finanzgericht hin —, blieb nur durch die Möglichkeit der Rücknahme seines Rechtsmittels eine gewisse Verfügungsmacht über den Gegenstand des Verfahrens. Andererseits konnte auch das Finanzamt den angefochtenen Verwaltungsakt nicht mehr aufheben oder ändern. Nach der Finanzgerichtsordnung sind die Finanzgerichte ebenso wie die Verwaltungsgerichte auf die Nachprüfung von Ermessensentscheidungen beschränkt, und die Finanzbehörde kann wie eine andere Verwaltungsbehörde während des finanzgerichtlichen Verfahrens den Verwaltungsakt nach den allgemeinen Vorschriften ändern oder aufheben. Damit allerdings die Finanzbehörde dem Kläger nicht den Klagegegenstand sozusagen unter den Füßen wegzieht, indem sie den angefochtenen Verwaltungsakt durch einen anderen Verwaltungsakt ersetzt, gibt das Gesetz dem Kläger die Möglichkeit, den an die Stelle des alten Verwaltungsakts getretenen Verwaltungsakt zum Gegenstand der Klage zu machen. Der Kläger soll nicht genötigt werden, neu zu klagen, Jedoch ist es ihm nicht verwehrt, gegen den neuen Verwaltungsakt ein neues Verfahren zu beginnen und Einspruch oder Beschwerde einzulegen und alsdann zu klagen.

Im letzteren Fall müssen die Beteiligten das alte Klageverfahren in der Hauptsache für erledigt erklären, weil der angefochtene Verwaltungsakt nicht mehr besteht. Nur wenn der alte Verwaltungsakt nach einer, von dem Kläger in dem zweiten Verfahren angestrebten Aufhebung des neuen Verwaltungsaktes wiederaufleben würde, kann das erste Verfahren nicht für erledigt erklärt werden; das Gericht muß aussetzen. Denn durch eine Erledigungserklärung verliert der Kläger die Möglichkeit, den alten Verwaltungsakt nach erfolgreicher Beendigung des Verfahrens gegen den neuen Verwaltungsakt im gerichtlichen Verfahren überprüfen zu lassen. Die Alternative von neuem Verfahren oder Fortsetzung des bisherigen Verfahrens mit neuem Gegenstand führt zu der Frage, ob die Erklärung, den neuen Verwaltungsakt in dem schwebenden Verfahren anfechten zu wollen, ebenso fristgebunden ist wie der Einspruch oder die Beschwerde. Das Gesetz bestimmt keine Frist. Der Kläger müßte demnach die Erklärung bis zum Schluß der mündlichen Verhandlung abgeben können. Andererseits wird aber ein Verwaltungsakt nach Ablauf der Rechtsbehelfsfrist bestandskräftig. Daher liegt es nahe, die Rechtsbehelfsfrist auf die prozessuale Erklärung zu übertragen. Es ist jedoch mißlich, eine im Gesetz nicht vorgesehene Frist durch Richterspruch einzuführen. Die einzige bisher ergangene Entscheidung des Bundesfinanzhofs lehnt die Befristung ab. Die Frage ist umstritten, auch innerhalb des Bundesfinanzhofs.

Die Finanzbehörde ändert den Ausspruch des Verwaltungsaktes, nicht seine Begründung. Die Abgabenordnung sagt noch ausdrücklich, daß die Besteuerungsgrundlagen nicht selbständig angefochten werden können, sofern sie nicht wie in einem Feststellungsbescheid den Gegenstand des Verwaltungsaktes bilden. Bei dem Einkommensteuerbescheid, der die Höhe einer Steuerschuld festsetzt, sind daher die Besteuerungsgrundlagen auch nach Eintritt der Bestandskraft nicht verbindlich. Hieraus folgert der BFH, daß Gegenstand des gerichtlichen Verfahrens auch nur der Ausspruch des Steuerbescheides sei, also der Betrag der Einkommensteuerschuld. Ob dieser Betrag mit Recht gefordert wird, kann das Gericht erst durch Prüfung der gesamten Besteuerungsgrundlagen entscheiden. Wenn sich dabei ergibt, daß der Kläger zwar mit seiner Beanstandung Recht hat, die Finanzbehörde sich aber in einem anderen Punkt zu Gunsten des Klägers geirrt hat, müssen die Auswirkungen beider Irrtümer berücksichtigt, rechnerisch ausgedrückt, saldiert werden. Der Kläger kann verlieren, obwohl die Klagebegründung zutrifft. Diese Streitgegenstandsauffassung des BFH ist bestritten. Ihr wird die Begrenzung des gerichtlichen Verfahrens auf die streitigen Punkte entgegengesetzt. Die schwache Stelle der sogenannten Saldierungstheorie ist die Anerkennung einer Beschwer durch die Feststellung bestimmter Besteuerungsgrundlagen im Falle ihrer Auswirkung in späteren Jahren auf Grund der Bilanzkontinuität. In der Praxis wirkt sich die Forderung nach „Saldierung" selten aus. Eine vollständige Nachprüfung unabhängig von dem Streit der Beteiligten würde die Gerichte bis zum Rechtsstillstand belasten. Dem Vorbild des BFH selbst folgend beschränken die Finanzgerichte ihre Urteilsgründe regelmäßig von vornherein auf die Streitpunkte. Andere Punkte werden erst berücksichtigt, wenn sie sich aufdrängen. Dann muß das Gericht allerdings in der Feststellung der Besteuerungsgrundlagen von dem angefochtenen Verwaltungsakt auch zu Ungunsten des Klägers abweichen, begrenzt nur durch das Verbot, im Ergebnis zu Ungunsten des Klägers von dem Verwaltungsakt abzuweichen.

Ein Arbeitsverhältnis zwischen dem Steuerpflichtigen und seiner Ehefrau ist auf Grund der geschilderten Interessenlage ein Punkt, den das Gericht von Amts wegen aufklärt, wenn sich die Unbedenklichkeit seiner Anerkennung nicht aus den Akten ergibt. Darum wird das Gericht dem Kläger aufgeben, mitzuteilen, ob und auf welche Weise der Kläger den Lohnanspruch seiner Ehefrau erfüllt hat.

Der Kläger beantwortet die Klageerwiderung und die Auflage des Gerichts:

In dem Rechtsstreit

Franz Waldgärtner ./. Finanzamt Spandau

wegen

Einkommensteuer 1967

lege ich die Geburtsurkunde meines dritten Kindes Eduardo vor. Der Lohn ist regelmäßig bis zum 5. jeden Monats nachträglich der Ehefrau des Klägers gutgeschrieben worden. Sie konnte darüber im Einvernehmen mit dem Kläger verfügen. Soweit sie nicht verfügte, wurde der Betrag mit 5% verzinst.

Die Darstellung der tatsächlichen Umstände durch den Beklagten trifft zu. Der Beklagte muß sich jedoch nach Treu und Glauben auch für die späteren Veranlagungen daran festhalten lassen, daß er den verkauften Kraftwagen in den vorhergehenden Jahren nicht als Betriebsvermögen behandelt hat. Der Kläger hat sich auf die steuerliche Behandlung durch den Beklagten verlassen. Hätte er mit einer Besteuerung des Veräußerungserlöses gerechnet, so hätte er den Wagen nach der Anschaffung in die Bilanz aufgenommen. Dann hätte der Kaufpreis seinerzeit nicht als Entnahme der Einkommensteuer unterworfen werden dürfen. Selbst wenn aber der Veräußerungserlös jetzt besteuert wird, muß von dem Erlös der Betrag abgezogen werden, mit dem der Kraftwagen im Betriebsvermögen vor der Veräußerung hätte bewertet werden müssen. Denn nur der bei der Veräußerung erzielte Gewinn unterliegt der Einkommensteuer.

Der Beklagte nimmt hierzu nicht Stellung.

Das Gericht, regelmäßig der Vorsitzende und der Berichterstatter und in schwierigen Fällen alle drei Berufsrichter, prüfen nun, ob der Rechtsstreit entscheidungsreif ist oder ob noch einzelne Umstände durch Auflagen an die Beteiligten oder durch eine Beweisaufnahme erklärt werden müssen. Die Geburtsurkunde des dritten Kindes liegt vor. Sie besagt, daß die Ehefrau des Klägers am 31. August 1967, 23,55 Uhr ein Kind geboren hat, das den Namen Eduardo Karl Rudolf erhalten hat. Zur Handhabung der Lohnzahlung an die Ehefrau hat sich der Beklagte nicht äußern können, weil ihm die Unterlagen unbekannt sind. Das Gericht kann den Vortrag des Klägers zugrunde legen, weil er für den Beklagten günstig ist. Die Pflicht zur Ermittlung gegebenenfalls auch zu Gunsten eines Beteiligten gegen dessen eigenen Vortrag veranlaßt das Gericht jedoch, die beigeladene Ehefrau zu hören oder zu vernehmen und die Buchungsunterlagen über das Lohn- und Darlehenskonto der Ehefrau einzusehen. Beides kann in der mündlichen Verhandlung geschehen. Ein besonderer Beweistermin ist nicht nötig.

Das Gericht kann ohne vorhergehende mündliche Verhandlung die Erhebung von Beweisen beschließen und die Beweise erheben, also Urkunden vorlegen lassen, Akten herbeiziehen, Auskünfte von Behörden einholen, eine Augenscheinseinnahme ausführen, ein Gutachten erstatten lassen sowie Zeugen und Beteiligte vernehmen. Nur die beiden letzten Beweisformen pflegen förmlich mit Angabe der Beweisfrage beschlossen zu werden. Die anderen Beweismittel beschafft der Vorsitzende oder der Berichterstatter in Vorbereitung der mündlichen Verhandlung durch richterliche Verfügung, von der die Beteiligten regelmäßig Kenntnis erhalten. Auf diesem Wege kann auch ein Sachverständiger gehört werden. Mit Rücksicht auf die Kosten eines Gutachtens pflegt hierüber jedoch ein Beschluß des Senats zu ergehen. Der Eingang der Beweismittel bei dem Gericht sollte den Beteiligten mitgeteilt werden, damit sie sie vor der mündlichen Verhandlung prüfen und Stellung nehmen können. Es ist jedoch zweifelhaft, ob das rechtliche Gehör nicht beachtet worden ist, wenn die Unterrichtung unterbleibt. Sofern die Beteiligten von der Beweisverfügung Kenntnis haben, müssen sie mit dem Eingang der Beweismittel rechnen und können bei der Geschäftsstelle nachfragen. Einfache Unterlagen, insbesondere wenn sie den Beteiligten von früher bekannt sein müssen, können auch in der mündlichen Verhandlung verlesen werden. Jedoch erleichtert die vorherige Unterrichtung oder der Hinweis auf die Möglichkeit der Einsicht den Beteiligten die Wahrung ihrer Interessen. Die Ermittlung des Sachverhalts spielt bei den Finanzgerichten eine besondere Rolle, weil nur eine gerichtliche Tatsacheninstanz vorhanden ist und das Revisionsgericht an die tatsächlichen Feststellungen des Finanzgerichts gebunden ist, sofern und soweit nicht mit Erfolg das Verfahren des Finanzgerichts beanstandet wird. Die tatsächlichen Grundlagen der Entscheidung müssen deswegen mit besonderer Sorgfalt vorbereitet werden.

Die Vernehmung von Zeugen und Beteiligten erfordert in jedem Falle einen Beschluß des Gerichts, förmlich, wenn die Vernehmung in einem besonderen Verfahren ausgeführt wird, sonst auch stillschweigend, etwa durch unmittelbare Vernehmung in der mündlichen Verhandlung. Aber auch dann ist die Mitteilung des Beschlusses ratsam, um Mißverständnisse oder Unklarheit über den Gang und das Ziel des Verfahrens zu vermeiden. Im übrigen unterscheidet sich ein Beweisbeschluß nicht von dem Beweisbeschluß im Zivilprozeß, dessen Vorschriften entsprechend gelten. Ein Beschluß ist auch für die anderen Beweismittel dann notwendig, wenn die Beweiserhebung das Ergebnis einer mündlichen Verhandlung des Senats ist.

Mit der Erhebung der Beweise kann das Gericht eines seiner Mitglieder, in der Regel den Berichterstatter, beauftragen. Angesichts des Grundsatzes der Mündlichkeit und Unmittelbarkeit der Beweisaufnahme ist diese Delegation als Ausnahme ausgestaltet. Das Gesetz sagt „in geeigneten Fällen“, bindet den Auftrag aber nicht wie die Zivilprozeßordnung an bestimmt bezeichnete Voraussetzungen. Es kommt darauf an, ob der Senat durch eine langwierige und umständliche Beweisaufnahme unnötig belastet wird oder ob die Bedeutung des Beweismaterials und die Art und Weise der Beweiserhebung eine Beweisaufnahme durch das Gericht als Ganzes entbehrlich macht. Z.B. sollte ein Zeuge, dessen Aussage und dessen Glaubwürdigkeit gleichermaßen für die Entscheidung wichtig sind, vor dem Senat in der mündlichen Verhandlung vernommen werden, damit jeder Richter Fragen stellen und sich ein Bild von dem Zeugen machen lann. In der Praxis werden weithin die Vernehmungen von Zeugen und oft auch von Beteiligten einem Mitglied des Gerichts übertragen, um die mündliche Verhandlung vor dem Senat nicht damit zu belasten. Dieser Gesichtspunkt allein dürfte allerdings nicht der Vorstellung des Gesetzgebers entsprechen. Für die Beteiligten hat dieses Verfahren den Vorteil, daß sie genügend Zeit haben, zu dem Ergebnis der Vernehmungen Stellung zu nehmen.

Für das ausgesprochene Ziel des Gesetzgebers, die Erledigung des Rechtsstreits in einer mündlichen Verhandlung, steht zur Vorbereitung noch die Erörterung vor einem Mitglied des Gerichts zur Verfügung. Sie empfiehlt sich, wenn das Vorbringen eines Beteiligten, meistens eines Klägers ohne Prozeßbevollmächtigten, unklar ist und schriftliche Hinweise und Auflagen voraussichtlich nicht verstanden werden, zu umfangreich sein müßten oder von zu vielen Unbekannten abhängen. Die Erörterung kann auch ein Mittel sein, um den Rechtsstreit ohne gerichtliche Entscheidung durch eine Änderung des Steuerbescheides seitens der Finanzbehörde ganz oder zum Teil der Klage entsprechend oder durch Rücknahme der Klage zu beenden. In der mehr privaten und lockeren Atmosphäre eines Gesprächs des Vorsitzenden oder eines anderen Mitglieds des Gerichts mit den Beteiligten läßt sich ein Rechtsstreit manchmal eher sachgerecht beilegen als in der förmlichen Verhandlung vor fünf Richtern, in der die Beteiligten schon wegen dieser Art Publikum an ihren Standpunkten stärker festhalten.

Statt den Rechtsstreit mündlich zu verhandeln und auf Grund der Verhandlung zu entscheiden, kann das Gericht ein Urteil durch Vorbescheid erlassen, also von der mündlichen Verhandlung absehen, ohne daß die Beteiligten einwilligen müßten. Die Beteiligten können innerhalb eines Monats mündliche Verhandlung beantragen. Mit dem Antrag entfällt der Vorbescheid. In der Finanzgerichtsordnung fehlt die Einschränkung der Verwaltungsgerichtsordnung für den Vorbescheid, der dort nur auf unzulässige oder offensichtlich unbegründete Klagen ergehen soll. Jedoch bezeichnet diese Bestimmung der Verwaltungsgerichtsordnung recht gut eine Bedingung des Vorbescheides, daß nämlich von einer mündlichen Verhandlung keine Klärung oder Förderung zu erwarten ist. Das kann allerdings auch aus anderen Gründen der Fall sein, etwa wenn ein Beteiligter nicht kommen wird und mit dem anderen Beteiligten nichts zu erörtern ist.

Der Vorbescheid hat Nachteile: Oft gibt erst die mündliche Verhandlung dem Kläger das Gefühl, wirklich gehört worden zu sein, und erfahrungsgemäß verschiebt die Verhandlung manchmal die Gewichte. Durch den persönlichen Vortrag und das Gespräch können Fragen und Gesichtspunkte eine Bedeutung gewinnen oder überhaupt erst hervortreten, die bislang vernachlässigt oder übersehen worden sind, weil sie in die Richtung nicht passen, die der schriftliche Vortrag durch die Erörterung im Vorverfahren und in der Einspruchsentscheidung genommen hat. Nach Erlaß des Vorbescheides tritt das Gericht nicht so unbefangen in die Verhandlung ein, wie es das Hören auf solche, manchmal den Beteiligten unbewußten oder jedenfalls nicht in ihrer Bedeutung bewußten Gesichtspunkte erfordert. Ob dieser Nachteil aufgewogen wird durch die Möglichkeit, sich mit der Auffassung des Gerichts auseinanderzusetzen, ist zweifelhaft. Damit soll nicht gesagt sein, daß ein Urteil nach einem Vorbescheid stets mit diesem übereinstimmt. Jedoch sollte der Weg des Vorbescheides mit Überlegung und Zurückhaltung beschritten werden.

Die Beteiligten können ebenso wie im Zivilprozeß und im allgemeinen Verwaltungsprozeß auf die mündliche Verhandlung verzichten. Auf ein dann ergehendes Urteil können sie nicht mehr mündliche Verhandlung beantragen, sondern nur Revision einlegen. Der Verzicht auf die mündliche Verhandlung ist vom Interesse der Beteiligten her zu sehen. Hängt die Entscheidung allein von der Antwort auf eine Rechtsfrage ab, zu der die Beteiligten sich ausführlich geäußert haben, oder glauben sie, in einer Verhandlung nichts Neues mehr sagen zu können, so ersparen sie sich zuweilen gern den Zeitaufwand der Verhandlung. Die Entscheidung des einzelnen Beteiligten wird daneben von Erfahrungen mit der Verhandlung und bei dem Kläger und seinem Vertreter wohl auch von Temperament und Neigung zu mündlichem Vortrag beeinflußt. Das Gericht muß dem Verzicht nicht entsprechen. Es kann die Verhandlung für nützlich oder für notwendig halten, etwa für das rechtliche Gehör, zur Klärung oder um das Verfahren in „das richtige Gleis" zu leiten. Dann ist es verpflichtet, mündlich zu verhandeln. Ob ein Verzicht für das Verfahren bis zum Abschluß reicht oder bis zur nächsten gerichtlichen Entscheidung, sei sie ein Urteil oder eine Verfahrensentscheidung wie ein Beweisbeschluß, ist nicht ganz unstreitig. Überwiegend wird eine Wirkung nur bis zur nächsten Entscheidung angenommen. Umstrittener ist die Möglichkeit des Widerrufs, wenn sich die Prozeßlage geändert hat. Da das Verfahren auf Mündlichkeit und Unmittelbarkeit aufgebaut ist und die Erfahrung immer wieder die Wichtigkeit des Gesprächs bestätigt, sollte das Gericht im Zweifel das schriftliche Verfahren fallen lassen und zur mündlichen Verhandlung zurückkehren.

In unserem Beispiel beraumt der Vorsitzende einen Termin für die Verhandlung an. Um den Beteiligten die Möglichkeit zu geben, sich auf die Verhandlung vorzubebereiten, muß eine Ladungsfrist von zwei Wochen eingehalten werden. Der Vorsitzende kann die Frist in dringenden Fällen abkürzen, wobei zunächst an die Fälle der Aussetzung, einstweiligen Anordnung, der Vollstreckung und des Arrestes zu denken ist. Jedoch kann die Verhandlung auch in Steueranspruchssachen dringend sein, etwa wenn ein wichtiger Zeuge, ein Sachverständiger oder ein Beteiligter nur bis zu diesem Zeitpunkt zur Verfügung steht. Die Abkürzung ist wie andere prozeßleitende Entscheidungen — mit Ausnahme der Aussetzung des Verfahrens — unanfechtbar. Sie kann unter Umständen das rechtliche Gehör verkürzen. Mit dieser Begründung kann die Verfügung des Vorsitzenden im Revisionsverfahren gerügt werden und zu einer Aufhebung des Urteils führen. Der Beteiligte wird allerdings den Verfahrensmangel in der Verhandlung vor dem Finanzgericht beanstanden und Vertagung beantragen müssen, weil das rechtliche Gehör vornehmlich in seinem Interesse gewährt wird. Unmittelbarer Gegenstand der Revisionsrüge wäre dann die Ablehnung der Vertagung.

Zur Wahrung der Rechte der Beteiligten gehört ferner die Vorschrift, daß die Beteiligten in der Ladung auf die Möglichkeit hingewiesen werden müssen zu verhandeln und zu entscheiden, auch wenn sie nicht an der Verhandlung teilnehmen. Dieser Hinweis ist in die Ladungsformulare der Gerichte aufgenommen, so daß er nicht vergessen werden kann. Es handelt sich um eine Möglichkeit des Gerichts. Das Gericht kann an der Verhandlung und Entscheidung ohne den ausgebliebenen Beteiligten gehindert sein, weil der Sachverhalt nicht geklärt ist. Das Gebot des rechtlichen Gehörs stünde einer Entscheidung nicht entgegen, weil es genügt, wenn der Beteiligte Gelegenheit zur Stellungnahme hatte.

Mündliche Verhandlung

Der Vorsitzende eröffnet die Verhandlung, nachdem die Sache vor dem Sitzungssaal aufgerufen worden ist, und stellt fest, welche Beteiligten, Prozeßbevollmächtigten und Beistände erschienen sind. Sodann trägt der Berichterstatter oder auch der Vorsitzende den Sachverhalt vor und stellt die Meinungen der Beteiligten dar. Hierdurch sollen die ehrenamtlichen Finanzrichter unterrichtet werden und die Beteiligten Gelegenheit zur Prüfung erhalten, ob das Gericht die Vorgeschichte, den Gang des Verfahrens vor der Finanzbehörde und ihr Vorbringen vollständig und richtig aufgefaßt hat. Da die Beteiligten zugleich die zutreffende Unterrichtung der Laienrichter kontrollieren sollen, können sie in der Revision die Unterlassung des Vortrags als Verfahrensfehler rügen. Daher muß auch das Ergebnis einer Beweisaufnahme wiedergegeben werden, doch wird davon häufig mit Einverständnis der Beteiligten abgesehen. Denn die Darstellung erfordert oft viel Zeit und ist für die Beteiligten ermüdend, denen das Ergebnis bekannt ist. Über die Unterrichtung und Bestandsaufnahme hinaus bietet der Vortrag eine Grundlage für die Erörterung der Tat- und Rechtsfragen durch den Vorsitzenden mit den Beteiligten. Der Vortrag hat freilich öfter den Nachteil, daß die Beteiligten auf eine Begründung ihrer Anträge verzichten, obwohl gerade die mündlichen Begründungen häufig plastischer sind und mehr zum Verständnis des Streites und zur Erkenntnis der Hauptfragen beitragen.

Nach dem Vortrag sollen die Beteiligten die Anträge stellen. Folgerichtig bauen die Anträge auf der Darstellung des Sach- und Streitstandes auf. Jedoch wird eine strenge Reihenfolge nicht immer eingehalten, weil nicht selten schon Form und Inhalt der Anträge besprochen werden müssen. Darum schließt sich auch nicht immer, wie im Gesetz vorgestellt, an die Anträge eine Begründung durch die Beteiligten an. Vielmehr entwickelt sich die Verhandlung oft abschnittsweise, indem zunächst über die Verfahrensfragen und dann über die einzelnen Sachfragen gesprochen wird und jeweils die Hinweise des Vorsitzenden mit den Ausführungen der Beteiligten abwechseln. Durch die Erörterung zusammen mit den zwischendurch gestellten Fragen der anderen Richter des Senats soll ein möglichst vollständiges Bild des Sachverhalts und der Ansichten der Beteiligten entstehen. Wesentliche Aufgabe des Vorsitzenden ist es, die Stellungnahmen, Hinweise, Fragen und Antworten sich in einem sinnvollen Zusammenhang entwickeln zu lassen und für die Beachtung der Förmlichkeiten der Verhandlung zu sorgen. Die gesetzliche Reihenfolge der Verhandlungsabschnitte ist nicht so zwingend, daß auf eine andere Reihenfolge die Revision gestützt werden könnte. Sichergestellt sein muß nur die erschöpfende Erörterung der maßgebenden Punkte und die Möglichkeit jedes Beteiligten, sich in dem richtigen Zusammenhang vollständig zu äußern. Die mündliche Verhandlung ruht auf zwei Pfeilern: Dem Gebot des rechtlichen Gehörs und der Pflicht des Gerichts, auf sachgemäße Anträge und auf Erklärung zu allen notwendigen Fragen hinzuwirken. Auf die Verletzung einer dieser beiden Pflichten kann die Revision gestützt werden. Die, wenn man so will, Fürsorgepflicht des Gerichts ist in der Verhandlung Aufgabe des Vorsitzenden. Er legt den Beteiligten die möglichen rechtlichen Gesichtspunkte und die mögliche tatsächliche Würdigung der getroffenen Feststellungen und ihres Vorbringens dar und zeigt die Folgerungen für das Verhalten der Beteiligten in dem Verfahren und für ihr weiteres Vorbringen auf. Dabei weist er auf Lücken und Zweifel hin, die die Beteiligten voraussichtlich noch ausräumen müßten. Die Gefahr eines Zweifels an seiner Unparteilichkeit vermeidet er, indem er in der Form der Frage, der Anregung und des Hinweises bleibt, die den Beteiligten die Überlegung und Entscheidung überläßt. Er wird sich auch deshalb nicht verbindlich äußern, weil der Senat in der vollen Besetzung in den meisten Fällen noch nicht beraten hat. Kritisch wird die Aufgabe des Vorsitzenden, wenn der Klageantrag hinter dem zurückbleibt, was der Kläger nach der Rechtslage fordern kann. Wird der Kläger fachkundig vertreten, ist die Pflicht des Vorsitzenden hier am Ende. Wird der Kläger aber weder vertreten noch ist er selbst sachkundig, so sollte der Vorsitzende eine solche Divergenz in vorsichtiger Form, etwa durch eine Frage an die beklagte Finanzbehörde, ins Gespräch bringen. Denn die Finanzbehörde ist nach dem Gesetz verpflichtet, die Angaben des Steuerpflichtigen auch zu seinen Gunsten zu prüfen. Die Behörde muß unter Umständen auch einen Antrag anregen, der „in der Luft liegt". Hiermit ist die Grenze zwischen der Beratung, die eine Sache der steuerberatenden Berufe ist, und dem Hinweis mit dem Ziel eines sachgerechten Verhaltens im gerichtlichen Verfahren gezogen.

Über die mündliche Verhandlung nimmt das Gericht eine Niederschrift auf. Für ihren Inhalt sind ein Urkundsbeamter oder ein Richter als Schriftführer und der Vorsitzende verantwortlich. Dieser bestimmt, was aufgenommen werden soll, und jener schreibt. Beide müssen unterschreiben. Bei Meinungsverschiedenheiten werden beide Darstellungen aufgenommen. In der Gerichtspraxis wird die Niederschrift Sitzungsprotokoll genannt, eine ungenaue Bezeichnung, weil sich die einzelne Niederschrift nicht auf die Sitzung des Gerichts, sondern auf die Verhandlung der einzelnen Sache bezieht. Aufgabe der Niederschrift ist einmal die Beurkundung der Förmlichkeiten der Verhandlung. Gegen diesen Inhalt der Niederschrift läßt das Gesetz nur den Nachweis der Fälschung, nicht des Irrtums zu. Zum anderen sollen in der Niederschrift die wesentlichen Vorgänge der Verhandlung, vor allem die Anträge und prozessualen Erklärungen, wie z. B. Klagerücknahme und Erledigungserklärungen, festgehalten werden. Ihre Unrichtigkeit kann mit jedem geeigneten Beweismittel dargetan werden. In unserem Beispiel sieht die Niederschrift folgendermaßen aus.

Gegenwärtig: Senatspräsident *Hecht* als Vorsitzender, Finanzgerichtsräte *Lachs* und *Stör* als richterliche Beisitzer, Prokurist *Beutel* und Bäckermeister *Schneider* als ehrenamtliche Finanzrichter, Stenotypistin *Ehrentreu* als Protokollführerin.	Aktenzeichen: FG Öffentlich verhandelt vor dem Finanzgericht Berlin, II. Senat, 1 Berlin 12, den 1. April 1970 In der Streitsache des Kaufmanns *Franz Waldgärtner*, 1 Berlin 20, Semnonenstraße 1, Klägers, — Prozeßbevollmächtigter: Steuerberater *Wilhelm Buchkenner*, 1 Berlin 19, Finkenstraße 5, — gegen das Finanzamt Spandau, 1 Berlin 20, Galenstraße 14—24, Beklagten, Beigeladene: Frau *Maria Waldgärtner* geb. *Rotmüller* 1 Berlin 20, Semnonenstraße 1,

erschienen in dem heutigen Termin zur mündlichen Verhandlung nach Aufruf der Sache:
Der Kläger
und sein Prozeßbevollmächtigter.
Für den Beklagten:
Oberregierungsrat *Genau*
mit Terminsvollmacht.
Die beigeladene Ehefrau des Klägers.

Der Berichterstatter trägt den Sachverhalt vor.

Der Kläger beantragt,
den Einkommensteuerbescheid des Finanzamts Spandau vom 10. April 1969 für das Jahr 1967 in der Gestalt der Einspruchsentscheidung vom 10. August 1969 aufzuheben und die Einkommensteuer neu festzusetzen.

Der Beklagte beantragt,
die Klage abzuweisen.

Die Beigeladene stellt keinen Antrag.

Die Beteiligten begründen die Anträge. Der Sachverhalt wird mit den Beteiligten erörtert.

Der Vorsitzende verliest die beglaubigte Fotokopie der Geburtsurkunde des Standesamts Berlin-Spandau vom 2. September 1967.

Der Beklagte nimmt Einsicht und erklärt, er schränke seinen Antrag dahin ein, daß die Klage abgewiesen werden solle, soweit der Kläger eine Änderung des Bescheides über die Gewährung des Freibetrages für das dritte Kind hinaus begehrt.

Der Kläger legt ein Lohnbuch, ein Kassenbuch und ein amerikanisches Journal für das Jahr 1967 vor[1]). Der Vorsitzende stellt fest, daß in dem Lohnbuch ein Lohnkonto für die Ehefrau des Klägers geführt wird, das für den 5. jeden Monats eine Zahlung von 500 DM ausweist, und daß das Journal eine Spalte Darlehensverbindlichkeit gegenüber der Ehefrau des Klägers enthält. In dieser Spalte sind am 5. jeden Monats 500 DM als Verbindlichkeit verbucht und in unregelmäßigen Abständen Beträge zwischen 100 DM und 1000 DM abgebucht worden. Die abgebuchten Beträge sind als Auszahlung im Kassenbuch verbucht. Am letzten Tage des Jahres

[1]) Erklärung der Fußnote s. S. 122.

sind dem Konto Darlehensverbindlichkeiten 150 DM Zinsen zugeschrieben. Das Darlehenskonto beginnt mit einer Verbindlichkeit von 3500 DM und schließt mit einer Verbindlichkeit von 2500 DM. Der Beklagte nimmt Einsicht in die Bücher.

Über die Lohnzahlung wird die beigeladene Ehefrau gehört und erklärt[2]):

Die Buchungen sind richtig. Mein Ehemann und ich haben seinerzeit vereinbart, daß sich die Auszahlung meines Lohnes danach richten soll, wieviel Bargeld für den Betrieb verbraucht wird. Fast immer haben wir auch die Verwendung des Geldes besprochen, bevor wir Geld aus der Kasse genommen haben. Wenn wir eine größere Anschaffung vorhaben, wie z.B. jetzt einen Pelzmantel, lassen wir das Geld stehen, bis wir die benötigte Summe im Betrieb entbehren können.

vorgelesen und genehmigt

Die Beteiligten erhalten das Wort.
Der Vorsitzende schließt die Verhandlung.

beschlossen und verkündet

Eine Entscheidung wird den Beteiligten zugestellt[3]).

Erklärung der Fußnoten von S. 121 u. 122

Zu [1]) Die aus den vorgelegten Urkunden getroffenen Feststellungen und die Erklärung der Beigeladenen brauchen in die Niederschrift nur aufgenommen zu werden, wenn gegen das Urteil die Berufung gegeben ist. Sonst genügt die Aufnahme in den Tatbestand des Urteils. Grund für die Unterscheidung ist die Möglichkeit der Verwertung eines Vernehmungsprotokolls in einer zweiten gerichtlichen Tatsacheninstanz. Für das Revisionsgericht hingegen kommt eine Beweisaufnahme nicht in Betracht, sondern die tatsächlichen Feststellungen in dem angefochtenen Urteil sind maßgebend. Das Finanzgericht braucht daher die aus den vorgelegten Büchern gewonnenen Kenntnisse und die Vernehmung nicht zu protokollieren. Die Protokollierung hat aber den Vorteil, daß der Inhalt der Aussagen und die Feststellung aus den Urkunden oder bei einer Augenscheinseinnahme in Übereinstimmung mit dem Erklärenden und den Beteiligten festgehalten werden kann, und daß die Beteiligten eine gemeinsam ermittelte Grundlage für ihre Stellungnahme haben.

Zu [2]) Das Gericht hätte die Beigeladene auch als Beteiligte vernehmen können. Die gewählte Anhörung bedeutet eine Ergänzung des Vorbringens der Beteiligten und nicht eine Beweisaufnahme, sofern das Gericht sich nicht einen Eindruck von der Glaubwürdigkeit eines Beteiligten verschaffen will, um das Vorbringen ohne Beweisaufnahme zugrunde zu legen. In unserem Beispiel liegen die Bücher vor, die eine gesetzliche Vermutung der sachlichen Richtigkeit für sich haben. Das Gericht kann sich daher mit einer Anhörung der Ehefrau begnügen.

Zu [3]) Ein auf Grund der Verhandlung ergehendes Urteil kann in diesem oder einem sofort festgesetzten, bis zu zwei Wochen späteren Termin verkündet, oder das Urteil kann den Beteiligten zugestellt werden. Eine andere Entscheidung kann entweder verkündet und protokolliert oder nicht verkündet und den Beteiligten zugestellt werden. Die Wahl der Zustellung statt der Verkündung läßt dem Gericht eine längere Überlegungsfrist, weil Irrtümer und andere Meinungen noch bis zur Herausgabe der Entscheidung aus dem Bereich des Gerichts berücksichtigt werden können. Das vollständige Urteil muß binnen zwei Wochen der Geschäftsstelle übergeben werden. Ist dies nicht möglich, muß das Urteil zunächst ohne Tatbestand, Entscheidungsgründe und Rechtsmittelbelehrung unterschrieben auf der Geschäftsstelle niedergelegt und die fehlenden Teile später gesondert unterschrieben der Geschäftsstelle übergeben werden. Jedoch kann die Revision auf eine Verletzung dieser Bestimmung nicht gestützt werden. Die Verletzung kann das Urteil nicht beeinträchti-

[2]) u. [3]) Erklärung der Fußnoten s. o.

gen. Es ist hier anders als im Strafverfahren, wo die tatsächlichen Feststellungen ihren Niederschlag oft allein im Urteil finden und daher eine Verzögerung um ein halbes Jahr oder länger die Zuverlässigkeit der Wiedergabe beeinträchtigen kann.

Beratung

Der Senat findet das Recht in geheimer Beratung und Abstimmung. Die Teilnehmer sind auch verpflichtet, über den Verlauf der Beratung und Abstimmung zu schweigen. Eine Beratung vor den Beteiligten oder jedermann nimmt dem Meinungsaustausch die Unbefangenheit und Sammlung, die für eine gute Entscheidung unerläßlich sind. Jede Art Ablenkung muß vermieden werden. Rechtshistorisch und rechtspolitisch steht die Verhinderung einer Beeinflussung der Richter von außen im Vordergrund, sei sie von Dritten versucht oder durch Rücksichten oder Befürchtungen entstanden, denen der Richter bewußt oder unbewußt Raum gibt. Die Anwesenheit ist daher nicht nur „Gerichtsfremden" verboten, sondern auch anderen Angehörigen des Gerichts, insbesondere also dem dienstaufsichtführenden Präsidenten oder Vertreter des dienstaufsichtführenden Ministers. Der Vorsitzende leitet die Beratung, stellt die Fragen, über die entschieden werden muß, und sammelt die Stimmen. Über Meinungsverschiedenheiten, auch in diesen Beziehungen, entscheidet der Senat. Die Beratung verläuft nach Gewohnheiten und Temperament der beteiligten Richter zwar unterschiedlich, und das Gesetz regelt nur die Reihenfolge der Stimmabgabe mit dem Ziel, eine Beeinflussung der Stimmabgabe durch die vermutete Autorität der Berufsrichter gegenüber den Laienrichtern, der dienstälteren Richter gegenüber jüngeren Richtern und des Vorsitzenden gegenüber den anderen Richtern zu vermeiden. Da jedoch die Meinung des einzelnen Richters durch die Aussprache bekannt ist, hat die Vorschrift nur zur Vermeidung eines Streites über die Reihenfolge Sinn. Für die Beratung kommt es weniger auf die äußere Ordnung an. Ihr Ziel, die Fragen und ihren Zusammenhang, die Bedeutung der verschiedenen möglichen Antworten klar werden zu lassen und die Meinungen auszutauschen, kann auf unterschiedliche Weise erreicht werden. Eine straffe Führung durch den Vorsitzenden wird allerdings meist notwendig sein, um die Verbindung mit der geforderten Entscheidung und eine sinnvolle Reihenfolge des Gesprächs zu erhalten.

Das Finanzgericht ist nicht an Beweisregeln gebunden. Die Vorschriften der ZPO über den Urkundenbeweis gelten nicht. Das Gericht gewinnt seine Überzeugung aus dem gesamten Verfahren. Während der eigenen Entscheidung in bestimmten Fällen Grenzen gesetzt sind, wie z.B. bei einer Klage gegen Ermessensentscheidungen, hat es den Sachverhalt stets frei und neu festzustellen. Feststellungen der Finanzbehörde haben keine rechtliche, allenfalls eine psychologische Bedeutung, etwa wenn die Finanzbehörde mit guten Gründen vertretbare Folgerungen für einen nicht unmittelbar nachgewiesenen Vorgang gezogen oder Wahrscheinlichkeitserwägungen angestellt hat, denen zwar eine andere, ebenso wahrscheinlich Annahme, nicht aber etwas Einleuchtenderes entgegengesetzt werden kann. Jedoch ist es falsch, wenn hieraus ein Beurteilungsspielraum in Beziehung auf den Sachverhalt und gewissermaßen eine Bindung des Gerichts an eine vertretbare Würdigung der Finanzbehörde aufgebaut wird. Das Gericht darf und muß selbst für erwiesen, glaubhaft oder wahrscheinlich halten. Die Finanzgerichtsordnung bestimmt dies noch ausdrücklich für die Schätzung der Besteuerungsgrundlagen. Da auch die Schätzung eine tatsächliche Grundlage der Rechtsfindung ist, sagt das Gesetz nur etwas, was sich von selbt versteht. Eine Bindung des Gerichts an tatsächliche Feststellungen der Behörde wäre mit dem Grundgesetz unvereinbar.

In unserem Beispiel beschließt der Senat das folgende Urteil:

Im Namen des Volkes

In dem Rechtsstreit
hat das Finanzgericht Berlin, II. Senat, auf Grund der mündlichen Verhandlung vom 1. April 1970 in der Besetzung mit

dem Senatspräsidenten *Hecht*
als Vorsitzenden,
den Finanzgerichtsräten
Lachs und *Stör*,
sowie den ehrenamtlichen Finanzrichtern
Prokurist *Beutel*
und Bäckermeister *Schneider*

für Recht erkannt:

Der Einkommensteuerbescheid 1967 und die Einspruchsentscheidung des Finanzamts Spandau vom 10. August 1969 werden dahin geändert, daß die Einkommensteuer auf 5375 DM festgesetzt wird.
Die Kosten des Verfahrens tragen der Kläger zu $^1/_3$ und der Beklagte zu $^2/_3$.
Der Streitwert beträgt 4064 DM.
Die Zuziehung eines Bevollmächtigten im Vorverfahren war notwendig.

Tatbestand

Der Kläger ist verheiratet und hat drei Kinder. Er wohnte mit seiner Familie bis zum 25. August 1967 in Münster und zog anschließend nach Berlin. Er hat ein Einzelhandelsgeschäft für Feinkostwaren in Berlin, in dem seine Ehefrau mitarbeitet. Er ermittelt seinen Gewinn durch Vermögensvergleich. Am 2. Januar 1967 veräußerte er einen am 2. Januar 1963 für 6000 DM erworbenen Kraftwagen für 2000 DM. Der Kläger hatte den Wagen nicht als Betriebsvermögen geführt, aber die Betriebskosten einschließlich der Absetzung für Abnutzung (AfA) von der Anschaffung an mit 70% den Betriebsausgaben zugerechnet. Der Kläger behandelte den Verkaufserlös nicht als Betriebseinnahme. Als Betriebsausgabe setzte der Kläger in diesem Jahr u.a. 6000 DM Arbeitslohn seiner Ehefrau und 3000 Kosten einer mit seiner Ehefrau unternommenen dreiwöchigen Reise nach dem Vorderen Orient ab. Veranstalter der Reise war der Verband der Feinkosthändler Berlin. Die Reise führte über Griechenland, die Türkei und die arabischen Staaten des nahen Ostens bis Ägypten. Auf der Reise wurden Vorträge und Besichtigungen zur Unterrichtung der Teilnehmer in den Verkaufsmethoden des Lebensmitteleinzelhandels der besuchten Länder sowie Besichtigungen von Museen und Ausgrabungsstätten geboten. In jeder Woche hatten die Teilnehmer zwei Tage zur freien Verfügung.

Der Beklagte veranlagte den Kläger zusammen mit seiner Ehefrau zur Einkommensteuer 1967 und stellte die Einkommensteuerschuld mit 8502 DM fest. Er erhöhte die Einnahmen des Klägers aus Gewerbebetrieb um den Erlös aus der Veräußerung des Kraftwagens und minderte die Betriebsausgaben um die Reisekosten. Dagegen erkannte er den Arbeitslohn der Ehefrau als Betriebsausgabe an und zog bei ihren Einkünften aus nichtselbständiger Arbeit einen Reisekostenanteil von 500 DM als Werbungskosten ab. Der Beklagte berücksichtigte nur zwei Kinderfreibeträge, weil die Eheleute trotz Aufforderung nicht nachgewiesen hatten, daß das dritte Kind im Veranlagungszeitraum vier Monate gelebt hatte, und versagte die Berlin-Präferenz mit der Begründung, daß die Eheleute einen zweiten Wohnsitz in der Schweiz gehabt hätten.

Den Einspruch des Klägers wies der Beklagte als unbegründet zurück.
Hiergegen richtet sich die Klage.

Der Kläger ist der Ansicht, daß der Kraftwagen zu seinem Privatvermögen gehört habe und daß, selbst wenn der Wagen Teil des Betriebsvermögens gewesen sei, der Beklagte die Behandlung als Privatvermögen bei den vorangegangenen Veranlagungen gegen sich gelten lassen müsse. Auf jeden Fall aber dürfe nur der Überschuß des Erlöses über den Buchwert, den der Wagen bei Behandlung als Betriebsvermögen gehabt hätte, versteuert werden. Die Reise sei für die Erhaltung der Wettbewerbsfähigkeit seines Geschäfts notwendig und daher betrieblich bedingt gewesen. Er behauptet, sein drittes Kind sei am 31. August 1967 geboren. Das Haus im Tessin hätten sie lediglich im Urlaub benutzt.

Der Kläger beantragt,

den Einkommensteuerbescheid 1967 und die Einspruchsentscheidung des Beklagten aufzuheben und die Einkommensteuer neu festzusetzen.

Der Beklagte beantragt,

die Klage abzuweisen.

Er weist darauf hin, daß der Kläger und seine Familie sich im Streitjahr vom 15. März bis 10. April und vom 1. September bis 15. Oktober in dem Haus im Tessin aufgehalten haben. Der Kläger hat dem nicht widersprochen.

Das Gericht hat die Ehefrau des Klägers zu dem Rechtsstreit beigeladen.

Der Kläger hat eine beglaubigte Fotokopie der Geburtsurkunde des Standesamtes Berlin-Spandau für sein drittes Kind Eduardo sowie zu der Frage der Lohnzahlung an seine Ehefrau das Lohnbuch, das Kassenbuch und das amerikanische Journal für das Jahr 1967 vorgelegt. Über das Arbeitsverhältnis der Ehefrau des Klägers hat das Gericht die Beigeladene gehört. Auf die Geburtsurkunde und die Niederschrift über die mündliche Verhandlung am 1. April 1970 wird Bezug genommen.

Dem Gericht haben die Einkommen- und Gewerbesteuerakten des Klägers — Steuer-Nr. 3/567 des Beklagten — vorgelegen.

Entscheidungsgründe

Die Klage ist zum Teil begründet.

1. Der Erlös aus der Veräußerung des Kraftwagens gehört zu den gewerblichen Einnahmen des Klägers. Der Gegenwert für Wirtschaftsgüter des Betriebsvermögens wird wiederum Betriebsvermögen. Übersteigt der Gegenwert den Buchwert des weggegebenen Wirtschaftsgutes, so erhöht sich das Betriebsvermögen, und seine Vermehrung gegenüber dem Bestand am Anfang des Veranlagungszeitraumes unterliegt als Einkünfte aus Gewerbebetrieb der Einkommensteuer (§ 2 Abs. 3 Nr. 2 und Abs. 4 Nr. 1, § 4 Abs. 1 Einkommensteuergesetz — EStG —). Der Kraftwagen war Teil des Betriebsvermögens, weil er weit überwiegend für den Betrieb benutzt wurde. Daher konnte der Kläger auch nicht wählen, ob er den Wagen dem Betriebsvermögen oder seinem Privatvermögen zurechnete. Ob das Betriebsvermögen sich allerdings durch die Veräußerung vermindert oder vermehrt hat, hängt von einem Vergleich des Buchwertes mit dem Erlös ab. Der Buchwert des Wagens am Tage der Veräußerung, dem 2. Januar 1967, betrug 1200 DM. Denn der am 2. Januar 1963 angeschaffte Wagen hatte eine voraussichtliche Nutzungsdauer von fünf Jahren. Von dieser Dauer sind die Beteiligten bei der Berechnung der Betriebsausgaben in den vorangegangenen Jahren ausgegangen. Sie stimmt auch mit den Erfahrungen des Senats über die Verhältnisse im Bezirk des Gerichts überein. Danach wird bei einer jährlichen Fahrstrecke von 20000 bis 25000 km mit einer durchschnittlichen Nutzungsdauer von fünf Jahren gerechnet. Demzufolge verminderte sich der Anschaffungswert jährlich um 1200 DM, also in vier Jahren um 4800 DM. Durch den Verkaufserlös von 2000 DM erhöhte sich das Betriebsvermögen somit um 800 DM.

Entgegen der Meinung des Klägers wirkt es sich auf die Besteuerung nicht aus, ob der Kläger die Mittel für die Anschaffung eines Wagens für sein Privatvermögen aus dem Betriebsvermögen entnimmt, oder ob er einen Wagen für das Betriebsvermögen mit betrieblichen Mitteln anschafft. Denn bei der Ermittlung des Gewinns durch Vermögensvergleich bleiben Entnahmen ebenso wie Einlagen außer Betracht.

Der Kläger kann sich auch nicht darauf berufen, daß das Finanzamt in den Jahren 1963 bis 1966 die Hinzurechnung des Wagens zu dem Betriebsvermögen nicht verlangt hat. Die Tat- und Rechtslage ist für jede Veranlagung sowohl zu Gunsten wie auch zu Ungunsten des Steuerpflichtigen neu zu prüfen. Frühere Fehler können nicht nur, sondern müssen nach dem Grundsatz der gleichmäßigen und gerechten Besteuerung beseitigt werden. Eine Ausnahme gilt lediglich dann, wenn eine bestimmte steuerrechtliche Beurteilung zwischen den Beteiligten erörtert worden ist und der Beklagte eine ausdrückliche Entscheidung getroffen hat, auf die sich der Steuerpflichtige mit seiner Planung eingerichtet hat. Dieser Tatbestand liegt hier nicht vor.

2. Die Reisekosten können nicht als Betriebsausgaben anerkannt werden. Nach § 12 Nr. 1 EStG dürfen Aufwendungen, die die Lebensführung des Steuerpflichtigen berühren, nur von den Einkommen abgezogen werden, wenn sie eindeutig und leicht abgrenzbar zu dem betrieblichen Bereich gehören. Die Reise kann jedoch nicht als ein eindeutig weit überwiegend betrieblicher

Vorgang angesehen werden. Sie diente wohl auch dem betrieblichen Interesse des Klägers. Zugleich aber war sie eine Bildungsreise. Denn der Kläger und seine Ehefrau besuchten Städte, Landschaften und Orte, die historisch, kulturell, völkerkundlich und auch einfach geographisch von großem Interesse sind. Die Reise war von vornherein so geplant, daß die Teilnehmer diese Interessen befriedigen konnten, sowohl durch die Wahl des Reiseweges und die organisierten Besichtigungen als auch durch die Zeit, die den Teilnehmern zur freien Verfügung blieb. Das private Interesse an der Reise fiel nicht weniger schwer ins Gewicht als das betriebliche. Das betriebliche und das private Interesse und die auf beide Bereiche entfallenden Kosten lassen sich auch nicht leicht und eindeutig trennen, so daß der Anteil der betrieblich bedingten Kosten geschätzt werden könnte.

3. Das Gericht mußte ferner prüfen, ob der Lohn der Ehefrau des Klägers berechtigterweise als Betriebsausgabe behandelt worden ist. Das Gericht darf zwar die Einkommensteuerschuld des Klägers nicht erhöhen. Es muß aber Besteuerungsgrundlagen, die der Beklagte zu Gunsten des Klägers falsch festgestellt hat, als Rechnungsposten den Besteuerungsgrundlagen gegenüberstellen, die zu Ungunsten des Klägers falsch berechnet worden sind (BFH BStBl. II 1968, 344).

Die Prüfung ergab, daß die Lohnzahlung an die Ehefrau des Klägers nicht abgesetzt werden kann. Denn ein Arbeitsvertrag zwischen Eheleuten wird steuerrechtlich nur berücksichtigt, wenn er wie zwischen Fremden durchgeführt wird, also nicht in einer Weise verwirklicht wird, die eine vorwiegend steuerlich motivierte Vereinbarung vermuten läßt. Der Kläger hat seiner Ehefrau den Lohn nicht zu ihrer freien Verfügung gezahlt. Denn sie konnte nicht ohne seine Zustimmung über die Lohnforderung bestimmen und der Grund hierfür lag, wie die Beigeladene erklärt hat, in dem Interesse des Betriebs, dem nicht zur Unzeit Mittel entzogen werden sollten.

Infolgedessen hatte die Ehefrau auch keine Einkünfte aus nichtselbständiger Arbeit, so daß auch keine Werbungskosten der Ehefrau berücksichtigt werden können. Die Werbungskosten hätten im übrigen nicht anerkannt werden können, weil auch die Teilnahme der Ehefrau an der Reise wie dargelegt nicht eindeutig überwiegend der Erhaltung und Vermehrung ihrer Einkünfte diente.

4. Dagegen beansprucht der Kläger mit Recht den Freibetrag für sein drittes Kind Eduardo. Die Voraussetzungen des § 32 Abs. 2 Nr. 1 EStG sind erfüllt. Durch die Geburtsurkunde ist erwiesen, daß das Kind am 31. August 1967 geboren ist und daher im Veranlagungszeitraum vier Monate gelebt hat.

5. Dem Kläger steht ferner die sogenannte Berlin-Präferenz nach § 21 Abs. 1 Nr. 1 BHG zu. Denn er und seine Ehefrau hatten im Jahre 1967 seit mindestens vier Monaten vor dem Ende des Veranlagungszeitraums ihren ausschließlichen Wohnsitz in Berlin. Sie sind am 25. August nach Berlin gezogen, und der Aufenthalt im Tessin reichte nicht aus, um einen Wohnsitz im Sinne der Steuergesetze zu begründen. Nach § 13 des Steueranpassungsgesetzes — StAnpG — hat einen Wohnsitz, wer eine Wohnung unter Umständen innehat, die darauf schließen lassen, daß er die Wohnung behalten und benutzen wird. Die Wohnung im Tessin war jedoch keine Bleibe für den Kläger und seine Ehefrau. Denn weder benutzten sie die Wohnung ständig, noch kehrten sie regelmäßig in sie zurück (vgl. BFH, BStBl. II 1968, 439). Das Haus war für sie eine Ferienwohnung, die sie in unregelmäßigen Abständen und nicht für einen Zeitraum aufsuchten, der über einen, wenn auch längeren Urlaub, hinausging.

Die Steuerschuld des Klägers berechnet sich nunmehr wie folgt: *)

Gewinn aus Gewerbebetrieb:	35 000 DM
+ Reisekosten	3 000 DM
+ Erlös für den Kraftwagen	800 DM
+ Arbeitslohn der Ehefrau	6 000 DM
	44 800 DM.
Hiervon gehen ab	
Sonderausgaben	3 800 DM
Einkommen	41 000 DM,
davon ab	
Kinderfreibeträge	4 680 DM
zu versteuerndes Einkommen:	36 320 DM.

*) Die Berechnung ist vereinfacht.

Demnach beträgt die Steuerschuld nach der	
Splittingtabelle	7678 DM,
hiervon gehen ab nach § 21 Abs. 1 BGH 30% =	2303 DM
	5375 DM.

Mit Rücksicht auf die jedenfalls zum Teil nicht einfachen Streitfragen hat das Gericht die Vertretung des Klägers[1]) im Vorverfahren für notwendig erklärt (§ 139 Abs. 2 Satz 3 FGO). Der Streitwert[2]) entspricht dem Unterschied der vom Beklagten festgesetzten und der vom Kläger für richtig gehaltenen Steuerschuld (§ 140 Abs. 3 FGO). Die Kosten sind nach § 136 Abs. 1 Satz 1 FGO den Beteiligten in dem Verhältnis auferlegt worden, in dem sie unterlegen sind.

Rechtsmittelbelehrung

I. Revision

Gegen dieses Urteil steht den Beteiligten nach § 115 Abs. 1 Finanzgerichtsordnung — FGO — die Revision an den Bundesfinanzhof zu,

a) wenn der Wert des Streitgegenstandes der Revision eintausend Deutsche Mark übersteigt oder
b) wenn ein wesentlicher Verfahrensmangel der in § 116 FGO bezeichneten Art gerügt wird
c) oder wenn das Finanzgericht die Revision zugelassen hat.

Die Revision ist bei dem Finanzgericht Berlin, 1 Berlin 12, Hardenbergstraße 21, innerhalb eines Monats nach Zustellung des vollständigen Urteils oder nach Zustellung des Beschlusses über die Zulassung der Revision schriftlich einzulegen und spätestens innerhalb eines weiteren Monats zu begründen. Die Frist für die Revisionsbegründung kann auf einen vor ihrem Ablauf gestellten Antrag durch den Vorsitzenden des zuständigen Senats des Bundesfinanzhofes verlängert werden (§ 120 FGO).

Die Revision kann nur darauf gestützt werden, daß das angefochtene Urteil auf der Verletzung von Bundesrecht beruhe (§ 118 Abs. 1 FGO). Die Revision muß das angefochtene Urteil angeben. Die Revisionsbegründung oder die Revision muß einen bestimmten Antrag enthalten, die verletzte Rechtsnorm und, soweit Verfahrensmängel gerügt werden, die Tatsachen bezeichnen, die den Mangel ergeben (§ 120 Abs. 2 FGO). Im übrigen wird auf §§ 115 bis 127 FGO verwiesen.

II. Beschwerde gegen Nichtzulassung der Revision

Steht den Beteiligten die Revision gegen dieses Urteil nicht zu, weil der Wert des Streitgegenstandes der Revision eintausend Deutsche Mark nicht übersteigt, ein wesentlicher Verfahrensmangel der in § 116 FGO bezeichneten Art nicht gerügt wird und das Finanzgericht die Revision nicht zugelassen hat, kann die Nichtzulassung der Revision selbständig durch Beschwerde innerhalb eines Monats nach Zustellung des Urteils angefochten werden. Die Beschwerde ist bei dem Finanzgericht Berlin, 1 Berlin 12, Hardenbergstraße 21, einzulegen. In der Beschwerdeschrift muß die grundsätzliche Bedeutung der Rechtssache dargelegt oder die Entscheidung des Bundesfinanzhofes, von der das Urteil abweicht, oder der Verfahrensmangel bezeichnet werden (§ 115 Abs. 3 FGO).

III. Beschwerde gegen die Streitwertfestsetzung

Gegen eine Streitwertfestsetzung kann Beschwerde eingelegt werden. Die Beschwerde ist bei dem Finanzgericht Berlin, 1 Berlin 12, Hardenbergstraße 21, schriftlich oder zur Niederschrift des Urkundsbeamten der Geschäftsstelle innerhalb von zwei Wochen nach Bekanntgabe der Entscheidung einzulegen (§ 129 Abs. 1 FGO). Die Beschwerdefrist ist auch gewahrt, wenn die Beschwerde innerhalb der Frist bei dem Bundesfinanzhof eingeht (§ 129 Abs. 2 FGO)."

Erklärung der Fußnoten

Zu [1]) Der Streitwert ist gleich dem Unterschied zwischen dem vom Beklagten festgesetzten Betrag der Steuerschuld und dem Betrag, der sich ergibt, wenn der Kläger in allen Punkten recht hat. Die Berechnungen des Finanzamtes und des Klägers sehen nebeneinandergestellt folgendermaßen aus:

[1]) u. [2]) Erklärung der Fußnoten s. S. 127 u. 128.

Finanzamt		Kläger	
Einkünfte aus Gewerbebetrieb	40000 DM	Einkünfte aus Gewerbebetrieb	35000 DM
Einkünfte der Ehefrau	5500 DM	Einkünfte der Ehefrau	5500 DM
	45500 DM		40500 DM
Sonderausgaben	3800 DM	Sonderausgaben	3800 DM
	41700 DM		36700 DM
Kinderfreibeträge	2880 DM	Kinderfreibeträge	4680 DM
	38820 DM		32020 DM
Steuerschuld nach Splitting	8502 DM.	Steuerschuld nach Splitting	6340 DM
		Berlin-Präferenz	1902 DM
			4438 DM.
Demnach Streitwert	8502 DM		
./.	4438 DM		
	4064 DM.		

Durch das Urteil ist die Steuerschuld auf 5374 DM festgesetzt worden, so daß der Kläger mit 2753 DM gewonnen und mit 1311 DM verloren hat. Das Verhältnis ist grob gerechnet $1/3 : 2/3$ so daß der Kläger $1/3$ und der Beklagte $2/3$ der Kosten trägt.

Kostenerstattung

Zu [2]) Soweit die Finanzbehörde unterliegt, muß sie auch die außergerichtlichen Kosten des Klägers, also insbesondere die Kosten eines Prozeßbevollmächtigten erstatten. Auf eine Erstattung der Aufwendungen der Finanzbehörde, falls der Kläger unterliegt, hat der Gesetzgeber verzichtet. Die Kosten des „Staatsapparates“ werden zu einem geringen Bruchteil durch die Gebühren und Auslagen abgegolten, die im Vorverfahren — eine Gebühr — und im Gerichtsverfahren — bis zu drei Gebühren für die Instanz — erhoben werden.

Fraglich kann sein, ob auch die außergerichtlichen Kosten zu erstatten sind, die dem Kläger im Einspruchs- oder Beschwerdeverfahren entstanden sind. Nach den vor der Finanzgerichtsordnung geltenden Verfahrensvorschriften der AO war eine Erstattung ausgeschlossen. Die Finanzgerichtsordnung gewährt einen Erstattungsanspruch, wenn auf das Vorverfahren ein gerichtliches Verfahren folgt, in dem der Klage ganz oder zum Teil stattgegeben wird. Erreicht der Kläger schon im Vorverfahren sein Ziel, so muß er daher seine außergerichtlichen Kosten im Vorverfahren selbst tragen. Das ist überraschend. Für das Vorverfahren im allgemeinen Verwaltungsprozeß gilt das gleiche, und für diese Bestimmung hat das Bundesverfassungsgericht den Vorwurf der Verfassungswidrigkeit zurückgewiesen, weil der unterliegende Kläger auch keine Aufwendungen der Behörde zu erstatten brauche. Dies ist im Vorverfahren der AO anders: Der Einspruchs- oder Beschwerdeführer muß eine Gebühr und bestimmte Auslagen der Finanzbehörde zahlen. Hier in liegt ein Verstoß gegen den Gleichheitsgrundsatz. Da es jedoch an einer gesetzlichen Vorschrift fehlt und der Richter die gleiche Behandlung nicht wie der Gesetzgeber herbeiführen kann, kann das Gericht nur die Verfassungswidrigkeit feststellen lassen, nicht aber die Erstattung anordnen.

Ebenso wie im Zivilprozeß kann ein Rechtsanwalt, der in eigener Sache klagt, Gebühren verlangen, als ob er einen Rechtsanwalt mit seiner Vertretung beauftragt hätte. Dies ist in sinngemäßer Anwendung der ZPO entschieden worden und muß auch für den Steuerberater und Steuerbevollmächtigten und auch für das Vorverfahren gelten, obwohl die ZPO hierüber naturgemäß schweigt. Denn der Grund des Gesetzes, daß der Gegner keinen Vorteil daraus ziehen soll, daß ein Angehöriger der rechts- (und steuer-)beratenden Berufe seinen Beruf für sich selbst ausübt, hat auch für diese Fälle Geltung.

Die Revision ist für beide Beteiligte in unserem Beispiel schon deshalb möglich, weil die Zulassungssumme überschritten ist. Die Revisionssumme entspricht der Beschwer des einzelnen Beteiligten. Sie beträgt also für den Kläger 1311 DM und für den Beklagten 2753 DM. Es ist allerdings beabsichtigt, zur Entlastung des BFH die Revisionssumme stark zu erhöhen, wie dies ja auch für den Bundesgerichtshof geschehen ist. Diese sogenannte Streitwertrevision ist oft kritisiert worden, weil sie dem Kläger mit dem größeren wirtschaftlichen Interesse ohne weiteres den Weg zum Revisionsgericht eröffnet. Eine Beschränkung auf die Zulassungsrevision oder auf eine an bestimmte Rechtsfragen gebundene Revision, wie sie schon jetzt für bestimmte Verfahrensfehler eingeführt ist, würde das Revisionsgericht von der Breite der Anschauung und Erfahrung ausschließen, die für eine gute Rechtsfindung eines Gerichts notwendig ist, das für die Einheitlichkeit der Rechtsprechung verantwortlich, aber von dem Alltag der Rechtsstreitigkeiten entfernt ist. Ein anderer Maßstab ist bisher nicht gefunden. Die bewußte Auswahl durch Zulassung kann nicht dasselbe leisten, weil die Überlegungen bei der Auswahl unvermeidlicherweise nicht alles berücksichtigen können und leicht mehr rückwärts als vorwärts gerichtet sind.

Die Förderung einer einheitlichen Rechtsprechung ist der ausschließliche Zweck der Zulassungsrevision, soweit das Gesetz sie davon abhängig macht, daß die Entscheidung des Finanzgerichts von einer Entscheidung des BFH abweicht oder die Rechtssache grundsätzliche Bedeutung hat. Eine Mittelstellung nimmt die Revision ein, die auf einen Verfahrensfehler gestützt wird. Die sogenannte Verfahrensrevision kann ohne Zulassung und Streitwertgrenze eingelegt werden, wenn das Verfahren des Finanzgerichts an bestimmten schweren Mängeln leidet, die mit einer Ausnahme den Nichtigkeitsgründen der Wiederaufnahmeklage nach der ZPO entsprechen. Der Verfahrensmangel ist freilich Zulässigkeitsvoraussetzung. Ist er nicht gegeben, so wird die Revision ohne Prüfung, ob das angefochtene Urteil im übrigen zutrifft, verworfen. Im Falle eines sonstigen Verfahrensmangels ist die Revision zuzulassen, sofern das Urteil auf dem Mangel beruhen kann. Diese Möglichkeit, daß das Urteil bei richtigem Verfahren anders ausgefallen wäre, ist für die zulassungsfreie Verfahrensrevision nicht Voraussetzung. Der Zusammenhang zwischen Verfahrensfehler und Verfahrensergebnis wird unwiderlegbar vermutet. Die gleiche Vermutung findet sich in den anderen Verfahrensgesetzen. Dort wie auch in der FGO gehört sie ihrem Wesen nach zu der Prüfung, ob die Revision begründet ist. In die Vorschriften über die Zulässigkeit der Revision ist sie nur als Anwendungsfall der Zulassungsrevision eingefügt worden. Der Verzicht auf die Zulassung der Revision in diesen Fällen vereinfacht das Verfahren.

Das Gesetz nimmt einen Verfahrensmangel, für den es den Zusammenhang zwischen Fehler und Urteil vermutet, von der zulassungsfreien Revision aus. Die Versagung des rechtlichen Gehörs kann erst nach Zulassung der Revision geltend gemacht werden.

Mit Hilfe der Verfahrensrevision kann eine einheitliche Rechtsanwendung im Bereich des Verfahrensrechts in großem Umfange erreicht werden. Mit ihr kann zugleich der einzelne erreichen, daß über die Steuerschuld jedenfalls auf Grund eines Verfahrens entschieden wird, das dem Gesetz, wie es von dem obersten Gericht verstanden wird, entspricht. Das Gesetz berücksichtigt das Gebot des „fair trial" mehr als den Inhalt des Urteils. Hierbei mag die Meinung mitspielen, daß mit der richtigen Anwendung des, regelmäßig in Entscheidungen der Gerichte und in der Literatur erläuterten Gesetzes auf einen fehlerfrei ermittelten Sachverhalt eher gerechnet werden kann als mit einem mangelfreien Verfahren.

Die Voraussetzungen der Revision gegen ein Urteil der Finanzgerichte lassen sich etwa folgendermaßen zusammenfassen: Die Revision ist möglich, wenn

I. 1. die Beschwer über 1000 DM beträgt oder
   2. das Verfahren des Finanzgerichts an bestimmten schweren Mängeln leidet (unvorschriftsmäßige Besetzung des Gerichts, mangelnde Vertretung eines Beteiligten, mangelnde Öffentlichkeit des Verfahrens, keine Urteilsgründe).

II. die Revision zugelassen wird, weil
   1. die Rechtssache grundsätzliche Bedeutung hat oder
   2. das Urteil von einer Entscheidung des BFH abweicht oder
   3. das Urteil auf einem Verfahrensfehler beruhen kann.

Über die Zulassung der Revision entscheidet zunächst das Finanzgericht im Urteil, und zwar von Amts wegen. Die Zulassung muß ausdrücklich ausgesprochen werden, die Ablehnung der Zulassung dagegen nicht. Anregungen und Anträge der Beteiligten sind unerheblich, können aber durch ihre Begründung die Entscheidung des Finanzgerichts beeinflussen.

Grundsätzliche Bedeutung hat eine Rechtssache, wenn die Entscheidung der Rechtsfrage die Rechtseinheit erhalten oder die Entwicklung des Rechts fördern kann. Die Auswirkung für eine Vielzahl ähnlicher Fälle gibt der Rechtsfrage allein noch keine grundsätzliche Bedeutung. Die Rechtsfrage selbst muß ungeklärt sein und von allgemeiner Bedeutung. Das kann auch noch zutreffen, wenn schon eine Entscheidung des Revisionsgerichts ergangen ist, aber neue ernstzunehmende Einwände erhoben werden. Andererseits kann ohne ersichtliche Auswirkung auf andere Fälle das Interesse an der Einheitlichkeit oder der Entwicklung der Rechtsanwendung ausreichen. Die Abweichung von einer Entscheidung des BFH muß die Abweichung einer tragenden rechtlichen Erwägung des Finanzgerichts von einem tragenden Entscheidungsgrund des BFH sein. Beide Entscheidungen müssen darauf geprüft werden, ob ihr Ergebnis im Rahmen der vorliegenden Begründung ohne die abweichende Überlegung anders ausgefallen wäre. Die abweichende Entscheidung des BFH braucht noch nicht zur Zeit der Entscheidung des Finanzgerichts ergangen zu sein. Sie muß aber vorliegen, wenn die Frist für die Nichtzulassungsbeschwerde abläuft, weil die abweichende Entscheidung in der Beschwerde bezeichnet werden muß. Ebensowenig wie bei einem Verfahrensfehler des Finanzgerichts kommt es darauf an, ein bewußtes oder schuldhaft unbewußtes Abweichen zu berichtigen. Es soll die einheitliche und richtige Rechtsanwendung gesichert werden. Wegen eines eigenen Verfahrensfehlers wird das Finanzgericht kaum jemals die Revision zulassen, weil es von dem Erlaß eines Urteils absehen wird, wenn es den Verfahrensfehler feststellt. Dieser Zulassungsgrund ist daher praktisch der Beschwerde vorbehalten.

Die Beschwerde gegen die Versagung der Revisionszulassung muß innerhalb der Zweiwochenfrist für die Einlegung der Beschwerde auch begründet werden. In der Begründung muß die grundsätzliche Bedeutung der Rechtssache oder die Entscheidung des BFH, von der das Finanzgericht abgewichen ist, oder der Verfahrensmangel angegeben werden. In letzterem Fall muß der Beschwerdeführer erklären, in welchem Verhalten oder Unterlassen des Finanzgerichts er einen Verfahrensverstoß sieht und inwiefern ein anderes Verfahren zu einem anderen Urteil hätte führen können. Z. B. ist, wenn eine Verletzung der Aufklärungspflicht gerügt wird, anzugeben, was und auf welche Weise das Finanzgericht noch hätte ermitteln sollen. Das Finanzgericht kann der Nichtzulassungsbeschwerde abhelfen und die Revision zulassen. Mit der Zustellung des Zulassungsbeschlusses des Finanzgerichts oder des BFH beginnt die Revisionsfrist von einem Monat.

Von der Höhe des Betrages her hätte der Beklagte mehr Veranlassung, Revision einzulegen als der Kläger. Für die folgenden Jahare bindet das Urteil des Finanzgerichts zwar nicht, doch pflegen sich die Beteiligten an das Urteil zu halten, solange nicht eine Veränderung des Sachverhalts, der Rechtsprechung oder des Gesetzes ihrem Standpunkt möglicherweise Recht gibt. Darum beeinflussen in Steuersachen die wahrscheinlichen Auswirkungen in den kommenden Steuerfestsetzungen die Entscheidung über die Einlegung eines Rechtsmittels. In unserem Beispiel haben der Erlös aus dem Autoverkauf, die Reisekosten und der Kinderfreibetrag nur Bedeutung für das Streitjahr, während die Behandlung des Arbeitslohnes und die Beurteilung des Wohnsitzes in jedem Jahr neu streitig werden können. Die Finanzbehörde kann an der Frage des Wohnsitzes auch deshalb interessiert sein, weil die Antwort für ähnliche Fälle Bedeutung hat. Der Kläger kann allerdings die Art und Weise der Zahlung des Arbeitslohnes ändern und dadurch die Voraussetzung für seine Anerkennung schaffen. Für ihn handelt es sich daher im wesentlichen um die Steuerschuld für das eine Jahr.

In unserem Beispiel legen beide Beteiligte Revision ein.

„Finanzamt Spandau Berlin, den ....

In dem Rechtsstreit

lege ich gegen das Urteil des Finanzgerichts Berlin vom 1. April 1970

Revision

ein.

Begründung

1. Das Finanzgericht ist bei der Berechnung des Gewinns aus dem Verkauf des Kraftwagens von einer unzutreffenden Rechtsansicht ausgegangen. Da der Wagen in den Vorjahren nicht als Betriebsvermögen geführt worden war, bestand für ihn bei der Veräußerung auch kein Buchwert. Der Buchwert kann nicht nachträglich eingesetzt werden, weil seine Grundlage, die stufenweise Minderung des Anschaffungswertes in den Bilanzen der Vorjahre, nicht mehr nachgeholt werden kann. Denn die auf den Vorjahresbilanzen beruhenden Steuerveranlagungen sind bestandskräftig.

2. Bei der Feststellung des Geburtstages des dritten Kindes hätte sich das Finanzgericht nicht mit der vorgelegten Fotokopie der Geburtsurkunde begnügen dürfen. Erstens handelt es sich nur um eine unbeglaubigte Fotokopie und zweitens hätte das Finanzgericht die Richtigkeit des beurkundeten Zeitpunktes durch Vernehmung der Hebamme oder des Arztes oder mindestens durch eine Auskunft der Klinik prüfen müssen. Die Geburtsurkunde beruht nicht auf eigenem Augenschein des Standesbeamten, sondern auf den Angaben des Klägers, der die Geburt angezeigt hat.

3. Das Finanzgericht hat den Wohnsitzbegriff des § 13 StAnpG verkannt. Wenn der Kläger mit seiner Familie im Jahre 1967 insgesamt zehn Wochen in seinem Haus im Tessin gewohnt hat, so ist das ein wesentlich längerer Zeitraum als in dem vom BFH durch das Urteil vom 6. März 1968 entschiedenen Fall (BStBl. II 1968, 439). Dieser Zeitraum kann nicht mehr als üblicher Urlaub beurteilt werden. Der übliche Urlaub dauert vier bis sechs Wochen im Jahr. Für die Entscheidung ist es außerdem von Bedeutung, von welcher Beschaffenheit das Haus im Tessin ist und wie der Kläger es eingerichtet hat. Diese Umstände spielten in dem angeführten Urteil des BFH für die Ablehnung des Wohnsitzes ebenfalls eine Rolle. Das Finanzgericht hätte daher diese Umstände noch ermitteln müssen.

Ich beantrage,

das Urteil des Finanzgerichts aufzuheben und die Sache an das Finanzgericht zurückzuverweisen."

An das
Finanzgericht Berlin

Franz Waldgärtner

„*Franz Waldgärtner* Berlin, den ....

In dem Rechtsstreit

lege ich

Revision

ein.

Begründung

Das Finanzgericht hat zu Unrecht eine Nutzungsdauer von fünf Jahren für den Kraftwagen angenommen. Tatsächlich betrug die Nutzungsdauer sechs Jahre, so daß am Tage der Veräußerung der Buchwert 2000 DM betrug, mithin ein Veräußerungsgewinn nicht erzielt worden ist.

Ferner hat das Finanzgericht den Charakter der Reise verkannt. Die freien Tage waren eine zwangsläufige Folge des Klimas und der intensiven Unterrichtung an anderen Tagen. Ohne Ruhetage hätte das berufliche Programm nicht durchgeführt werden können. Durch die Besichtigungen sollten die Verkaufsmethoden in alter und neuer Zeit anschaulich gemacht werden. So wiesen die Reiseleiter in den Museen besonders auf die Gerätschaften der Einzelhändler früherer Zeiten hin, wie z.B. Waagen und kleine Meßgeräte, Vorratsbehälter, Rechenhilfsmittel u.ä.

Bei der Würdigung des Arbeitsverhältnisses hat das Finanzgericht übersehen, daß der Kläger auch nicht ohne Zustimmung seiner Ehefrau über das als Darlehen verbuchte Geld verfügen konnte, es sich also nicht um Betriebsmittel, sondern um privates Vermögen handelte, das gewissermaßen familiengebunden war. Diese Besonderheit im Vergleich mit einem Arbeitsverhältnis zwischen dem Kläger und einem fremden Arbeitnehmer beruht auf der Ehe. Die steuerliche Würdigung zu Ungunsten des Klägers verstößt gegen Art. 6 des Grundgesetzes, der die Ehe und Familie unter den besonderen Schutz des Staates stellt.

Auf die Revision des Beklagten erwidere ich, daß ich bereit bin, unter Eid auszusagen, daß mein drittes Kind an dem in der Geburtsurkunde vermerkten Tag geboren ist. Das Original der Geburtsurkunde lege ich hiermit vor. Der längere Urlaub war durch meine häufigen Krankheiten in diesem Jahr bedingt. Unser Arzt, auf dessen Zeugnis ich mich berufe, hatte den Urlaub empfohlen. Wie der ebenfalls beigefügten Bauzeichnung entnommen werden kann, handelt es sich um ein Steinhaus mit einem Wohnzimmer und drei Schlafzimmern, Küche, Duschbad und Terasse. Für einen längeren Aufenthalt, insbesondere im Winter, ist das Haus für fünf Personen nicht geeignet.

Ich bitte daher, die Revision des Beklagten zurückzuweisen und auf meine Revision das Urteil des Finanzgerichts aufzuheben und dem Klageantrag zu entsprechen.“

An das

Finanzgericht Berlin

Der Beklagte antwortet:

„In dem Rechtsstreit

beantrage ich,

die Revision des Klägers als unzulässig zu verwerfen,
hilfsweise, sie zurückzuweisen.

Begründung

1. Der Kläger hat die Revisionsfrist versäumt. Seine Revision ist daher wegen Verspätung zu verwerfen.
2. In der Sache weise ich darauf hin, daß der Kläger in der Revision keine neuen Tatsachen und Beweismittel vorbringen darf. Im übrigen bestreite ich seine Darstellung. Die vom Finanzgericht angenommene Nutzungsdauer von fünf Jahren für den Kraftwagen entspricht der hiesigen Übung. Größe und Art des Hauses mag der Kläger nach Zurückverweisung der Sache im Verfahren vor dem Finanzgericht nachweisen. Seine Auffassung von den Voraussetzungen der steuerlichen Anerkennung eines Arbeitsverhältnisses zwischen Eheleuten steht im Widerspruch zu der ständigen Rechtsprechung des BFH.“

Der BFH sieht von einer mündlichen Verhandlung ab und erläßt einen Vorbescheid:

„In dem Rechtsstreit

....

hat der I. Senat des Bundesfinanzhofs
unter Mitwirkung
des Senatspräsidenten *Landmann*
als Vorsitzenden
und der Bundesrichter
Müller, Dr. *Schulze*, *Lehmann* und Dr. *Meyer*
in der Sitzung vom 1. April 1970
folgende Vorbescheid erlassen:

Die Revisionen des Klägers und des Beklagten
gegen das Urteil des Finanzgerichts
vom
werden zurückgewiesen.

Die Kosten des Revisionsverfahrens tragen der Kläger zu $^1/_3$ und der Beklagte zu $^2/_3$. Dieser Vorbescheid wirkt als Urteil, wenn nicht ein Beteiligter binnen eines Monats nach Zustellung mündliche Verhandlung beantragt.

Gründe

Bei der Zusammenveranlagung des Klägers und seiner Ehefrau zur Einkommensteuer 1967 erhöhte der Beklagte die Einkünfte des Klägers aus Gewerbebetrieb um den Erlös aus dem Verkauf eines Kraftwagens in Höhe von 2000 DM und um die Kosten einer Reise des Klägers und seiner Ehefrau in Höhe von 3000 DM. Ferner lehnte der Beklagte einen Freibetrag für das dritte, im Jahre 1967 geborene Kind des Klägers ab und versagte die Steuerermäßigung von 30% nach § 21 Abs. 1 des Berlinhilfegesetzes (BHG).

Der Einspruch des Klägers hatte keinen Erfolg. Auf die Klage änderte das Finanzgericht den Steuerbescheid. Es berücksichtigte den Erlös aus dem Verkauf des Kraftwagens nur zum Teil und gewährte dem Kläger sowohl den Freibetrag für das dritte Kind als auch die Berlin-Präferenz. Andererseits hielt es den vom Beklagten nicht beanstandeten Abzug eines Arbeitslohnes für die Ehefrau des Klägers in Höhe von 6000 DM nicht für gerechtfertigt und berücksichtigte diesen Betrag nicht als Betriebsausgabe des Klägers und Einkommen der Ehefrau aus nichtselbständiger Arbeit. Die vom Beklagten anerkannten Werbungskosten der Ehefrau ließ es außer Ansatz.

Gegen das Urteil haben der Kläger und der Beklagte Revision eingelegt.

Der Senat hält es für angemessen, durch Vorbescheid zu entscheiden.

I. Beide Revisionen sind zulässig. Der Kläger hat zwar erst nach Ablauf der Revisionsfrist die Revision eingelegt. Sein Rechtsmittel ist jedoch als unselbständige Anschlußrevision zulässig. Die Anschlußrevision ist auch rechtzeitig, obwohl sie nach Ablauf der Revisionsbegründungsfrist eingegangen ist. Denn die Anschlußrevision kann bis zum Schluß der mündlichen Verhandlung vor dem Revisionsgericht, im Falle eines Vorbescheides oder einer schriftlichen Entscheidung bis zur Herausgabe der Entscheidung, eingelegt werden. Die Vorschrift des § 556 Abs. 1 ZPO, die die Anschlußrevision nur innerhalb der Revisionsbegründungsfrist zuläßt, gilt nicht im finanzgerichtlichen Verfahren. Denn anders als im Revisionsverfahren der ZPO, wo die Revision bei dem Revisionsgericht einzulegen ist, muß die Revision im finanzgerichtlichen Verfahren bei dem Finanzgericht eingelegt und begründet werden. Das hat zur Folge, daß der Revisionsgegner vielfach erst nach Ablauf der Revisionsbegründungsfrist von der Revision erfährt, also bei Anwendung des § 556 Abs. 1 ZPO gehindert wäre, rechtzeitig Anschlußrevision einzulegen (BFH, BStBl. II 1968, 207).

II. Beide Revisionen sind unbegründet. Das Urteil des Finanzgerichts kann nicht auf einer Verletzung des Verfahrensrechts beruhen und steht im Einklang mit dem anzuwendenden Recht.

1. Zutreffend ist das Finanzgericht davon ausgegangen, daß der im Streitjahr veräußerte Kraftwagen zu dem Betriebsvermögen gehörte und der Veräußerungserlös daher den Einkünften aus Gewerbebetrieb zuzurechnen ist. Der Kraftwagen war notwendiges Betriebsvermögen. Notwendiges Betriebsvermögen bilden alle Wirtschaftsgüter, die dem Betrieb zu dienen bestimmt sind und ihm tatsächlich dienen; bei zugleich betrieblicher und privater Nutzung entscheidet die überwiegende Nutzung (BFH, BSTBl. III 1964, 454).

Der Kläger nutzte den Kraftwagen nach der von den Beteiligten nicht angegriffenen Feststellung des Finanzgerichts seit der Anschaffung zu 70% in seinem Betrieb. Einen Anteil der laufenden Kosten einschließlich der AfA in dieser Höhe hatte der Kläger auch in den vorangegangenen Veranlagungszeiträumen als Betriebsausgabe abgesetzt, und der Beklagte hatte ihn entsprechend veranlagt.

Das Finanzgericht hat ohne Rechtsirrtum nicht den vollen Veräußerungserlös, sondern einen Erlös zugrunde gelegt, der um den Betrag vermindert ist, mit dem der Kläger den Kraftwagen bei richtiger Bilanzierung zur Zeit der Veräußerung hätte ausweisen müssen. Hierin liegt nicht, wie der Beklagte meint, eine unzulässige rückwirkende Bilanzberichtigung für bestandskräftige Veranlagungen. Die Berichtigung von Bilanzansätzen früherer Jahre ist zwar nach der Rechtsprechung des BFH nicht zulässig, wenn die auf Grund der Bilanzen festgesetzten Steueransprüche bestandskräftig sind und die Berichtigung auch den Steueranspruch verändern würde (BStBl. III 1966, 142). Der Ansatz des Kraftwagens hätte jedoch die Steuerfestsetzung der vorangegangenen Veranlagungszeiträume nicht beeinflußt. Denn das Fehlen eines Aktivpostens für den Kraftwagen ist ausgeglichen durch die Verminderung des Passivpostens „Kapital" durch die Entnahme in Höhe der Anschaffungskosten des Kraftwagens. Die Absetzung für Abnutzung hat so, wie der Kläger verfahren ist, den Gewinn auf dem Weg über die Betriebsausgaben in derselben Höhe verringert wie die jährliche Minderung eines Buchwertes des Kraftwagens, bei dem der Privatanteil als Entnahme das Kapitalkonto belastet hätte. Die Veräußerung des Kraftwagens kann daher gleichgültig, wie der Kraftwagen buchmäßig behandelt worden ist, die Einkünfte aus Gewerbebetrieb nur in Höhe des Unterschiedes zwischen den durch die Abschaffung verringerten Anschaffungskosten und dem Verkaufserlös erhöhen oder vermindern.

Die vom Finanzgericht zugrunde gelegte Nutzungsdauer bindet als tatsächliche Feststellung den Bundesfinanzhof im Revisionsverfahren, da sie ohne Verletzung des Verfahrensrechts festgestellt worden ist.

Der Hinweis des Klägers auf eine längere Nutzungsdauer kann, auch wenn er als Verfahrensrüge aufgefaßt werden kann, keinen Verstoß gegen Vorschriften des Verfahrensrechts aufzeigen. Das Finanzgericht stützt sich darauf, daß die Beteiligten die AfA während der Nutzung durch den Kläger übereinstimmend auf Grund einer voraussichtlichen Nutzungsdauer von fünf Jahren berechnet haben und daß die Nutzungsdauer für Kraftwagen dieser Art und Verwendung im Bezirk des Fianzgerichts den gerichtlichen Erfahrungen entspricht. Im Verfahren vor dem Finanzgericht haben sich die Beteiligten zu der Nutzungsdauer auch nicht geäußert. Da die Sachlage keinen Anlaß zu Zweifeln an der bisher zugrunde gelegten Nutzungsdauer bot, hatte das Finanzgericht keinen Anlaß, auf Grund der Pflicht des Vorsitzenden, auf Ergänzung des tatsächlichen Vorbringens und Abgabe der notwendigen Erklärungen hinzuwirken, den Beteiligten eine Stellungnahme aufzugeben. Auch die Pflicht, den Sachverhalt von Amts wegen zu erforschen, hat das Finanzgericht nicht verletzt. Ermittlungen wären nur notwendig gewesen, wenn ihre Notwendigkeit sich dem Gericht hätte aufdrängen müssen. Das war unter den gegebenen Umständen nicht der Fall.

2. Zu einer Prüfung des Arbeitsverhältnisses zwischen dem Kläger und seiner Ehefrau war das Finanzgericht verpflichtet, wie es unter Berufung auf die Entscheidung des Großen Senats des Bundesfinanzhofes vom 17. Juli 1967 (BStBl. II 1968, S. 344) dargelegt hat.

Mit seiner Annahme, daß das Arbeitsverhältnis steuerlich außer Betracht bleiben müsse, befindet sich das Finanzgericht im Einklang mit der ständigen Rechtsprechung des BFH. Ein Arbeitsverhältnis unter Ehegatten kann steuerrechtlich anerkannt werden, wenn der Inhalt und die Durchführung des Vertrages im wesentlichen nicht anders sind, als sie zwischen einander Fremden vereinbart und gehandhabt zu werden pflegen (BFH, BStBl. II 1969, 102). Dazu gehört die freie Verfügung des Arbeitnehmers über den Arbeitslohn. An dieser fehlt es. Nach den nicht angegriffenen tatsächlichen Feststellungen des Finanzgerichts erhielt die Ehefrau des Klägers den Lohn nicht ausgezahlt, sondern der Lohn wurde als Darlehensverbindlichkeit des Klägers verbucht und zwar verzinst, aber über das Guthaben konnten nur beide Ehegatten zusammen verfügen.

Es ist nichg richtig, daß, wie der Kläger meint, der staatliche Schutz der Ehe und Familie — Art. 6 Abs. 1 GG — zwangsläufig eine steuerrechtliche Berücksichtigung auch eines in dieser Weise gestalteten Arbeitsverhältnisses zwischen Ehegatten einschließt. Es ist zunächst Sache des Gesetzgebers, in welcher Weise er den Bestand der Ehe und der Familie schützt. Der Gesetzgeber ist zwar zugleich auf Grund des Gebtos der Gleichbehandlung nach Art. 3 GG gehindert, Verheiratete allein wegen ihrer Ehe in der Besteuerung gegenüber Ledigen zu benachteiligen, und das gleiche Verbot gilt für die Rechtsprechung — Art. 20 Abs. 1 GG —. Die vom Kläger beanstandete steuerrechtliche Beurteilung der Arbeitsverhältnisse zwischen Ehegatten geht jedoch nicht auf eine gesetzliche Regelung gerade dieser Fallgruppe zurück, sondern ist eine Anwendung der Bestimmung des § 4 Abs. 4 des Einkommensteuergesetzes (EStG) durch die Gerichte. Nach dieser Vorschrift sind Betriebsausgaben alle durch den Betrieb veranlaßten Aufwendungen. Wird ein Arbeitsverhältnis wesentlich durch andere als betriebliche Rücksichten bestimmt, so können die Aufwendungen dafür nicht dem Betrieb zugerechnet werden. Sie gehören, wenn die Besonderheiten des Arbeitsverhältnisses durch die Ehe zwischen den Vertragsparteien bedingt oder möglich geworden sind, zu der privaten Lebensführung des Steuerpflichtigen. Damit werden Verheiratete nicht anders, sondern ebenso behandelt wie Ledige. Eine Anerkennung solcher Arbeitsverhältnisse wäre eine Steuervergünstigung. Das Gericht darf aber nicht ohne gesetzliche Grundlage und sogar abweichend vom Gesetz eine Steuervergünstigung für Verheiratete durch Richterspruch einführen. Vielmehr ist es Sache des Gesetzgebers, ob er die steuerliche Belastung Verheirateter über den Ausgleich derjenigen wirtschaftlichen Belastungen hinaus mildert, die der Ehe eigentümlich sind. Die Verfassungsmäßigkeit der Rechtsprechung der Finanzgerichte hat das Bundesverfassungsgericht bestätigt (HFR 1970, 128).

3. Auch die Kosten der Reise des Klägers nach dem Vorderen Orient hat das Finanzgericht rechtlich unbedenklich nicht als Betriebsausgaben berücksichtigt. Nach der ständigen Rechtsprechung des BFH bilden die Kosten einer Studienreise nur dann Betriebsausgaben oder Werbungskosten, wenn der Steuerpflichtige eine Tagung oder einen Kongreß mit festem Programm besucht oder wenn die Umstände der Reise eindeutig die betriebliche Veranlassung ergeben (BFH, BStBl. III 1967, 773, 774, 776; II 1968, 680; 1969, 523). Eine Besichtigungsreise mit häufigem und für den betrieblichen Zweck nicht erforderlichen Ortswechsel, während der die Teilnehmer wiederholt Gelegenheit zu touristisch interessanten Ausflügen und Besichtigungen erhalten und solche Ausflüge auch unternehmen, kann nicht mehr im wesentlichen dem betrieblichen Bereich zugerechnet werden. Der Hinweis des Klägers auf auch betrieblich interessante Funde in den Museen ist, abgesehen davon, daß es sich um neues tatsächliches Vorbringen handelt, das in der Revision nicht berücksichtigt werden kann, ungeeignet, eine Beziehung zu dem betrieblichen Bereich herzustellen.

4. Ohne Rechtsverstoß hat das Finanzgericht die Voraussetzungen für den Freibetrag für das dritte Kind des Klägers bejaht. Die Angriffe des Beklagten gegen das Verfahren des Finanzgerichts gehen fehl.

Wenn das Finanzgericht zu dem Ergebnis gelangt ist, durch die beglaubigte Fotokopie der Geburtsurkunde sei der Tag der Geburt erwiesen, so ist das Revisionsgericht daran gebunden. Denn die tatsächliche Würdigung ist dem Finanzgericht in eigener Verantwortung vorbehalten. Sie kann in der Revision mit Erfolg nur beanstandet werden, wenn das Finanzgericht zu seinem Ergebnis unter Verletzung des Verfahrensrechts gelangt ist oder gegen allgemeine Erfahrungssätze oder Denkgesetze verstoßen oder wenn es Feststellungen getroffen hat, die sich mit offenkundigen Tatsachen oder mit dem klaren Inhalt der Akten nicht vereinbaren lassen. Es kann dahinstehen, ob das Finanzgericht diese Grenzen überschreitet, wenn es einen Beweis allein durch eine unbeglaubigte Fotokopie für erbracht hält. Möglicherweise ist es ein allgemeiner Erfahrungssatz, daß eine Fotokopie, deren Übereinstimmung mit dem Original nicht beglaubigt ist, keinen zuverlässigen Schluß auf die Echtheit des Originals zuläßt. Dem Finanzgericht hat, wie in der Verhandlungsniederschrift und in dem Urteilstatbestand festgehalten ist, nicht eine unbeglaubigte, wie der Beklagte annimmt, sondern eine beglaubigte Fotokopie vorgelegen. Anhaltspunkte für eine Unrichtigkeit der Verhandlungsniederschrift fehlen, und der Beklagte hat keine Beweismittel für die Widerlegung der Niederschrift genannt. Der Vertreter des Beklagten hat auch den behaupteten Mangel der Beglaubigung bei der Einsicht in die Fotokopie nicht gerügt. Das Revisionsgericht hat daher keinen Anlaß, im Wege des Freibeweises die Richtigkeit der Niederschrift nachzuprüfen.

Das Finanzgericht hat seine Aufklärungspflicht nicht vernachlässigt, indem es sich mit der standesamtlichen Urkunde begnügte. Die Meinung des Beklagten, daß der Standesbeamte nicht die Geburt in einem bestimmten Zeitpunkt, sondern die Abgabe einer Erklärung über die Geburt zu der angegebenen Zeit beurkunde und nur dieser Inhalt an der unmittelbaren Beweiskraft der Urkunde teilhabe, trifft zwar zu. Bei der Würdigung der Geburtsurkunde konnte das Finanzgericht aber von der Lebenserfahrung ausgehen, daß die in einer Geburtsurkunde bezeugte Geburt und ihr Zeitpunkt in der Regel der Wirklichkeit entsprechen. Solange in dieser Richtung keine Zweifel bestanden, mußte sich dem Finanzgericht die Notwendigkeit weiterer Ermittlungen, insbesondere durch die vom Beklagten genannten Beweismittel einer Vernehmung des Arztes und der Hebamme oder einer Auskunft des Krankenhauses nicht aufdrängen. Nur unter dieser Voraussetzung hätte das Finanzgericht seiner Aufklärungspflicht nicht genügt.

Auf die von dem Kläger in der Revision vorgelegte Geburtsurkunde kommt es demnach nicht an. Das Revisionsgericht hätte die Urkunde als neues Beweismittel auch nicht berücksichtigen dürfen.

5. Mit der Annahme, daß der Kläger in dem Streitjahr im Tessin keinen zweiten Wohnsitz begründet hat, hat sich das Finanzgericht innerhalb der vom BFH in dem Urteil vom 6. März 1968 (BStBl. II 1968, 439) angewandten Rechtsgrundsätze gehalten. Der Kläger hat zwar, worauf der Beklagte mit Recht hinweist, sein Haus länger benutzt als der Steuerpflichtige in dem vom BFH entschiedenen Fall. Aber auch der Kläger wohnte in dem Haus lediglich während seines Urlaubs und dieser Zeitraum überschreitet noch nicht die Grenze, jenseits der ein zweiter Wohnsitz begründet wird. Das Finanzgericht hat sich insoweit auch nicht in Widerspruch zu der Lebenserfahrung gesetzt. Bauart und Einrichtung des Hauses könnten zu keinem anderen Ergebnis führen, da nach § 13 StAnpG die Art und Weise der Benutzung und ihre Zielrichtung maßgebend sind. Eine winterfeste Bauweise und eine Einrichtung, die das Wohnen auf unbegrenzte Zeit gestattet, mögen in Grenzfällen den Ausschlag geben können. Ein Grenzfall ist jedoch angesichts der Beschränkung der Benutzung auf den Urlaub nicht gegeben.

Infolgedessen kommt es auf das Vorbringen des Klägers in der Revision zu diesem Punkt nicht an. Der Kläger kann ohnehin neue Tatsachen und Beweismittel zum Streitgegenstand grundsätzlich nicht in das Revisionsverfahren einführen.

Die Revisionen der Beteiligten sind somit in vollem Umfange zurückzuweisen.

Die Kostenentscheidung beruht auf § 135 Abs. 2 FGO."

Auch vor dem BFH besteht bisher kein Vertretungszwang. Gesetzesentwürfe über die Vertretung vor den Finanzgerichten sind bisher daran gescheitert, daß sich die Interessen der Rechtsanwälte und der Angehörigen der steuerberatenden Berufe nicht in Einklang bringen ließen. Der Kläger kann daher selbst Revision einlegen und vor dem BFH auftreten.

Mit der Entscheidung des BFH ist das Verfahren abgeschlossen. Ein Beteiligter kann nur noch Verfassungsbeschwerde einlegen. Der zuständige Senat des BFH kann auch vor der eigenen Entscheidung über die Revision eine Rechtsfrage dem Großen Senat des BFH zur Beantwortung vorlegen. Die Einrichtung des Großen Senats soll Abweichungen innerhalb des BFH verhindern und die Möglichkeit einer mit größerer Autorität ausgestatteten Entscheidung über eine grundsätzliche Rechtsfrage im Interesse der Fortbildung oder der einheitlichen Auslegung des Rechts schaffen.

Neben der Revision sieht die Finanzgerichtsordnung als gewissermaßen kleines Rechtsmittel die Beschwerde gegen Entscheidungen der Finanzgerichte vor, die nicht Urteile (auch in der Form des Vorbescheides) sind. Nicht angefochten werden können mit der Beschwerde Entscheidungen, die das Verfahren betreffen wie z.B.

Auflagen- und Beweisbeschlüsse, Fristbestimmungen, Vertagungen u.ä; nur gegen die Aussetzung des Verfahrens oder ihre Ablehnung ist die Beschwerde möglich. Der Stillstand des Verfahrens und die Frage einer Abhängigkeit des finanzgerichtlichen Verfahrens von einem anderen Verfahren wiegen so schwer, daß eine Nachprüfung durch die zweite Instanz offenstehen soll.

Häufige Fälle der Beschwerde sind die Nichtzulassung der Revision und die *Aussetzung der Vollziehung*. In unserem Beispiel wollte das Finanzamt die — nach Abzug der bereits geleisteten Vorauszahlungen — verbliebene Einkommensteuerschuld beitreiben. Das ist möglich, weil die Klage im finanzgerichtlichen Verfahren ebensowenig wie der Rechtsbehelf im Vorverfahren aufschiebende Wirkung hat.

Steuerbescheide sind anders als die allgemeinen Verwaltungsakte trotz Rechtsbehelfs, Klage und Rechtsmittel im Interesse des Staates an der regelmäßigen Zahlung der Steuern vollziehbar. Der Steuerpflichtige bedarf nicht des gewissermaßen automatischen Schutzes durch den Suspensiveffekt, weil der Staat als sicherer Schuldner gilt. Die Finanzbehörde kann die Vollziehung von Amts wegen aussetzen. Der Steuerpflichtige kann die Aussetzung auch bei der Finanzbehörde oder bei dem Finanzgericht beantragen, und diese müssen unter bestimmten Voraussetzungen aussetzen. Der Kläger schreibt nach Erhebung der Klage (der Antrag ist auch vorher zulässig) an das Finanzgericht:

„In dem Rechtsstreit

....

beantrage ich, die Vollziehung des Einkommensteuerbescheides ohne Sicherheitsleistung auszusetzen. Zur Begründung beziehe ich mich auf meine Klageschrift."

Das Finanzgericht — der Vorsitzende oder der Berichterstatter — stellt dem Beklagten den Antrag zur Stellungnahme zu und bittet, bis zur Entscheidung des Gerichts von einer Beitreibung abzusehen. Anderenfalls müßte das Gericht schon vor Anhörung des Beklagten nur auf Grund einer Prüfung der Schlüssigkeit der Antrags- oder Klagebegründung zunächst aussetzen.

Der Beklagte erwidert zugleich mit der Stellungnahme auf die Klage:

„In dem Rechtsstreit

....

beantrage ich,

den Aussetzungsantrag zurückzuweisen.

Die zugleich übersandte Klageerwiderung zeigt, daß die Einwendungen des Klägers gegen den angefochtenen Bescheid der tatsächlichen Grundlage entbehren oder auf eine unzutreffende Rechtsmeinung zurückgehen."

Das Finanzgericht prüft nunmehr den Steuerbescheid und das Vorbringen der Beteiligten summarisch. Eine Beweisaufnahme oder Auflagen an die Beteiligten gehören in der Regel in das Hauptverfahren, das nicht im Aussetzungsverfahren vorweggenommen werden soll. Hier soll das Gericht lediglich entscheiden, ob mit der Vollziehung bis zum Abschluß des Verfahrens gewartet werden soll. Es ist eine Entscheidung, hinter der die Überlegung steht, welchem Beteiligten zugemutet werden muß, auf das Geld bis zum Ende des nicht selten langen Gerichtsverfahrens zu warten. Die Möglichkeiten des Gerichts reichen von der Aufhebung bereits geschehener Vollstreckungsmaßnahmen bis zur Aussetzung nur in Höhe eines Teils der streitigen Steuerschuld gegen Sicherheitsleistung des Klägers. Welche Möglichkeit das Gericht wählt, richtet sich danach, in welchem Maße das Gericht an der Rechtmäßigkeit des Bescheides zweifelt oder ob das Gericht den Bescheid sogar für rechtswidrig hält und ob eine spätere Verwirklichung des Steueranspruchs durch die Aussetzung gefährdet wird. Statt der ernstlichen Zweifel an der Rechtmäßigkeit kann auch eine unbillige Härte der Vollziehung die Aussetzung rechtfertigen. Das Interesse des Steuerpflichtigen ist jedoch abzuwägen gegen das öffentliche Interesse an der Vollziehung, das im Einzelfall überwiegen kann, etwa wenn eine Aussetzung jede ernsthafte Aussicht auf eine Erfüllung des Steueranspruchs zunichte machen würde und der Steuerpflichtige außerstande ist, Sicherheit zu leisten. Aber auch wenn das öffentliche Interesse gegenüber der unbilligen Härte zurücktritt, kann die Aussetzung eines bedenkenfrei rechtmäßigen Steuerbescheides nicht angeordnet werden. Die Aussetzung im Hinblick auf ein gerichtliches Verfahren ist kein Mittel, um die Folgen einer Steuerfestsetzung zu mildern. Dafür sind die Vorschriften der §§ 127 und 131 AO über die Stundung und über den Erlaß von Steuern aus Billigkeitsgründen vorgesehen. Auch wenn die sofortige Vollziehung eine unbillige Härte wäre, muß die Klage eine gewisse Erfolgsaussicht haben. Nur brauchen die Zweifel an dem Steuerbescheid nicht so schwer zu wiegen, wie wenn die Aussetzung lediglich mit Bedenken gegen die Rechtmäßigkeit des Bescheides begründet wird. Andererseits ist nach Auffassung des BFH ein gewichtiges öffentliches Interesse über den Wortlaut des Gesetzes hinaus auch gegenüber ernstlichen Zweifeln an der Rechtmäßigkeit zu berücksichtigen, weil die gesamte Regelung der Vollziehbarkeit und der Aussetzung auf eine Interessenabwägung gegründet ist. Somit greifen die Gesichtspunkte für und gegen eine Aussetzung letzlich bei der Entscheidung alle ineinander.

Die Sicherheitsleistung hat ihren Platz dort, wo die spätere Zahlung oder Beitreibung aus konkreten Gründen ungewiß ist. Auch für ihre Anordnung kann die Beurteilung der Erfolgsaussicht der Klage eine Rolle spielen.

Das Finanzgericht erläßt entweder durch den Vorsitzenden oder den Senat in der Besetzung mit drei Berufsrichtern folgenden Beschluß:

„In dem Rechtsstreit

....

hat das Finanzgericht Berlin, II. Senat, in der Sitzung am 1. Dezember 1969 unter Mitwirkung von

....

beschlossen:

Die Vollziehung des Einkommensteuerbescheides des Finanzamts Spandau für das Jahr 1967 vom 10. April 1969 wird insoweit ausgesetzt als die festgesetzte Steuerschuld den Betrag von 5716 DM übersteigt. Im übrigen wird der Antrag zurückgewiesen.
Die Kosten des Verfahrens trägt der Kläger zu $^1/_3$ und der Beklagte zu $^2/_3$.
Der Streitwert beträgt 400 DM.

Gründe

Auf den Antrag des Klägers wird die Vollziehung des angefochtenen Bescheides nach § 69 Abs. 3 Satz 1 in Verbindung mit § 69 Abs. 2 Satz 2 FGO ausgesetzt, soweit der Beklagte dem Kläger die Ermäßigung der Einkommensteuer nach § 21 Abs. 1 BHG versagt und bei den Einnahmen aus Gewerbebetrieb einen höheren Veräußerungserlös aus der Veräußerung des Kraftwagens als 1000 DM angesetzt hat. In diesen beiden Punkten bestehen ernsthafte Zweifel an der Rechtmäßigkeit des Steuerbescheides. Der Kraftwagen war zwar dem Betriebsvermögen zuzurechnen, weil er weit überwiegend betrieblich genutzt wurde, bei der Behandlung des Erlöses als betriebliche Einnahme kann jedoch der Buchwert nicht außer Betracht bleiben, den der Kraftwagen bei richtiger Bilanzierung zur Zeit der Veräußerung gehabt hätte. Den Buchwert schätzt der Senat auf 1000 DM, so daß ein Veräußerungsgewinn von 1000 DM entstanden ist. Der Aufenthalt in dem Haus des Klägers im Tessin war allem Anschein nach ein gewöhnlicher Urlaubsaufenthalt, so daß ein zweiter Wohnsitz im Sinne des § 13 StAnpG nicht begründet worden ist.

Im übrigen wiegen die möglichen Bedenken gegen den angegriffenen Bescheid nicht so schwer, daß eine Aussetzung gerechtfertigt wäre. Die Reise des Klägers hat nach dem bisherigen Vortrag der Beteiligten nicht den Zuschnitt einer straff organisierten Studienreise, sondern setzte sich aus betrieblichen und allgemein kulturell interessanten Unternehmungen zusammen, so daß die Kosten mangels einer eindeutigen Zurechnung zu dem Betrieb des Klägers keine Betriebsausgaben sind.

Desgleichen kann der Freibetrag für das dritte Kind nicht berücksichtigt werden, weil der Kläger, obwohl der Beklagte ihn im Einspruchsverfahren dazu aufgefordert hat, bis heute keine Geburtsurkunde vorgelegt hat.

Die Kostenentscheidung entspricht dem Verhältnis, in dem die Beteiligten unterlegen sind. Der Streitwert ist auf 10% des Streitwertes der Klage festgesetzt worden.

Rechtsmittelbelehrung wie Beiladungsbeschluß (S. 112).

Wenn der Vorsitzende allein ausgesetzt hat, kann — nur — binnen zwei Wochen die Entscheidung des Gerichts beantragt werden.

Der Kläger legt Beschwerde ein, ohne sie zu begründen. Eine Begründung ist auch nicht erforderlich. Der BFH hat den angefochtenen Beschluß in vollem Umfange nachzuprüfen und ist im Beschwerdeverfahren auch Tatsacheninstanz. Der Beschwerdeführer kann neue Tatsachen und Beweismittel einführen, und der BFH ist verpflichtet, gegebenenfalls selbst zu ermitteln und Beweise zu erheben.

Der BFH erläßt in der Besetrzung mit drei Richtern folgendenden Beschluß:

„In dem Rechtsstreit
wegen

....

hat der I. Senat des Bundesfinanzhofs unter Mitwirkung

....

in der Sitzung vom 1. Februar 1970 beschlossen:

Die Beschwerde wird zurückgewiesen.

Die Kosten des Beschwerdeverfahrens trägt der Kläger.

Gründe

Bei dem Finanzgericht Berlin ist eine Klage gegen den Einkommensteuerbescheid des Beklagten für das Jahr 1967 anhängig. Der Kläger wendet sich dagegen, daß der Beklagte die Einkünfte des Klägers aus Gewerbebetrieb um den Erlös aus dem Verkauf eines Kraftwagens erhöht und die Kosten einer Studienreise nicht als Betriebsausgaben anerkennt sowie einen Freibetrag für das dritte Kind des Klägers und die Einkommensteuerermäßigung nach § 21 Abs. 1 BHG versagt hat.

Der Kläger hat bei dem Finanzgericht die Aussetzung der Vollziehung beantragt. Der Beklagte hat der Aussetzung widersprochen.

Das Finanzgericht hat die Vollziehung ausgesetzt, soweit die festgesetzte Steuerschuld den Betrag von 5716 DM übersteigt. Das Finanzgericht hält die Rechtmäßigkeit des angefochtenen Bescheides für ernstlich zweifelhaft, soweit der Beklagte mehr als den halben Erlös aus der Veräußerung des Kraftwagens als Einnahmen behandelt und die Berlin-Präferenz abgelehnt hat. Den weitergehendenAntrag hat das Finanzgericht zurückgewiesen, weil die übrigen Einwendungen des Klägers nach dem Stand des Verfahrens keine gewichtigen Bedenken begründen könnten.

Mit der Beschwerde verfolgt der Kläger seinen Antrag weiter, die Vollziehung in vollem Umfang auszusetzen.

Die Beschwerde ist im Ergebnis nicht begründet.

Der Senat stimmt dem Finanzgericht darin zu, daß voraussichtlich nicht der volle Erlös aus dem Verkauf des Kraftwagens, sondern nur der den Buchwert übersteigende Betrag zu berücksichtigen ist. Denn die Anschaffungskosten des Kraftwqgens als eines Wirtschaftsgutes des Betriebsvermögens hätten jährlich um die AfA gemindert werden müssen. Die Verminderung kann auch heute noch in Rechnung gestellt werden, weil der Kläger jedes Jahr einen der betrieblichen Nutzung entsprechenden Teil der AfA als Betriebsausgabe abgesetzt hat. Der Buchwert im Zeitpunkt der Veräußerung kann unbedenklich so, wie es das Finanzgericht getan hat, vorbehaltlich weiterer Feststellungen über die Nutzungsdauer auf 1000 DM geschätzt werden.

Entgegen der Beurteilung durch das Finanzgericht ist der Senat der Auffassung, daß das bisherige Vorbringen der Beteiligten eine Anerkennung der Reisekosten als Betriebsausgaben nicht ausschließt. Vielmehr liegt trotz des Reiseweges die Möglichkeit nahe, daß die Organisation der Studienreise die Reise als im wesentlichen betrieblich veranlaßt nachweist. Hierfür sprechen die Veranstaltung durch den Berufsverband des Klägers und die Beschränkung der Teilnehmer auf Mitglieder und ihre Angestellten. Ernsthafte Zweifel an der Rechtmäßigkeit des Bescheides sind insoweit nicht von der Hand zu weisen.

Andererseits vermag der Senat auch nicht der Ansicht des Finanzgerichts zu folgen, daß die Begründung eines zweiten Wohnsitzes im Tessin nicht anzunehmen sei. Das Urteil des BFH vom 6. März 1968 (BStBl. II 1968, 439) hat sich neben anderen Gesichtspunkten davon leiten lassen, daß der Steuerpflichtige sich nur kurz und unregelmäßig in dem Haus aufgehalten hatte und daß Größe und Ausstattung des Hauses bescheiden waren. Im vorliegenden Fall spricht die jedesmal recht bedeutende Dauer des Aufenthalts zweimal im Jahr für einen zweiten Wohnsitz. Über Größe, Bauart und Einrichtung des Hauses liegen zwar noch keine Feststellung vor. Der lange Aufenthalt der Familie des Klägers, die aus fünf Personen bestand, legt aber die Annahme nahe, daß das Haus fester gebaut, größer und besser eingerichtet ist als ein von vornherein zum Ferienhaus bestimmter Bau. Auch ist die bisherige Auslegung des § 13 StAnpG in solchen Fällen dem Kläger eher ungünstig, und auf Grund der nur summarischen Prüfung im Aussetzungsverfahren kann die Frage, ob und mit welchem Inhalt die Auslegung entwickelt werden sollte, nicht mit der Sicherheit beantwortet werden, die für eine Entscheidung zu Gunsten des Klägers notwendig wäre.

Hiernach ist eine Aussetzung zwar geboten, soweit die Steuerschuld auf die Erhöhung der Einkünfte um zusammen 4000 DM entfällt. Da jedoch die 30% Ermäßigung der Einkommensteuer nach § 21 Abs. 1 BHG nicht in die Aussetzung einzubeziehen ist, wäre im Ergebnis nur wegen eines Betrages auszusetzen, der unter dem vom Finanzgericht ausgesetzten Teil der Steuerschuld liegt. Somit verbleibt es bei der Entscheidung des Finanzgerichts. Denn der BFH kann im Beschwerdeverfahren die angefochtene Entscheidung nicht zuungunsten des Rechtsmittelführers ändern (§ 113, § 96 Abs. 1 Satz 2 FGO). Aus diesem Grunde hat der Senat davon abgesehen, dem Kläger die Vorlegung einer Geburtsurkunde aufzugeben. Denn auch die Berücksichtigung des Freibetrages für ein drittes Kind hätte keine weitergehende Aussetzung gerechtfertigt.

Die Kostenentscheidung beruht auf § 135 Abs. 2 FGO.

Die Aussetzung der Vollziehung kann nach der eindeutigen Fassung des Gesetzes nur für Verwaltungsakte angeordnet werden, die mit der Klage angefochten worden sind oder demnächst angefochten werden. Der Rechtsschutz versagt daher dort, wo sich die Klage nicht gegen den Verwaltungsakt richtet, dessen Vollziehung droht, wo aber ein rechtlicher Zusammenhang zwischen beiden Verwaltungsakten besteht. Ein häufiger Fall ist die Vollziehung des Steuerbescheides, während der Steuerschuldner einen Erlaß der Steuer durch Klage zu erreichen sucht. Für solche Fälle ist die einstweilige Anordnung gedacht, die das Finanzgericht erlassen kann, wenn durch eine Veränderung des bestehenden Zustandes die Verwirklichung eines Rechts vereitelt oder wesentlich erschwert werden kann oder wenn ein vorläufiger Zustand in bezug auf ein streitiges Rechtsverhältnis zur Abwendung wesentlicher Nachteile, drohender Gewalt oder aus anderen Gründen geregelt werden sollte.

5. Kapitel

Beim Rechtsanwalt

Maschinenlieferungsvertrag mit Nachbesserungsklausel
Mündliche Nebenabreden

Mandatseingang   Hürth, den 18. Oktober 1969

Herrn Rechtsanwalt *Voß*
Köln

Ich bitte Sie, meine Vertretung in der beiliegenden Klagesache zu übernehmen und die Klage abweisen zu lassen, da die Zentrifuge nicht zu brauchen ist. Manchmal kommt die Milch genau so heraus, wie sie hineingegossen worden ist. Dann wieder treten Verstopfungen und andere Störungen ein. Ich habe deshalb schon nach 4 Tagen der Fabrik den Apparat zur Verfügung gestellt. Darauf wurde ich aufgefordert, die Maschine zur Untersuchung und Reparatur in die Fabrik zu bringen. Das tat ich und ließ durch meinen Schaffer *Vogt* bestellen, daß ich die Abnahme endgültig verweigere, falls die Zentrifuge nicht in einer Woche tadellos hergestellt wird. Nach 6 Tagen erhielt ich sie zurück. Es ging etwa 10 Tage ganz gut. Dann kamen wieder die alten Störungen. Durchschnittlich bei jedem dritten oder vierten Male arbeitet die Maschine nicht glatt. Der Molkereidirektor *Dankwirth* in Hermülheim hat mir gesagt, daß die Maschine falsch konstruiert ist und zu enge Bohrungen hat. Reparaturen haben deshalb keinen Zweck.

Als ich die Maschine beim Kläger bestellte, sagte ich zu ihm: „Auf Lieferungsbedingungen lasse ich mich nicht ein. Einer meiner Nachbarn" (ich meinte den Bauern *Hartwig* von hier, für den Sie den Prozeß gegen *Scheilbitz* wegen der Drillmaschine verloren haben) „hat mit einer Firma deshalb Differenzen gehabt. Am besten ist es, Sie liefern mir die Zentrifuge zunächst auf 2 Wochen zur Probe." Der Kläger erwiderte: „Das geht leider nicht. Denn Sie wollen eine Größe haben, die nicht vorrätig ist. Ich muß die Maschine extra für Sie anfertigen lassen. Sie können den Bestellschein ruhig unterschreiben. Ich will nur, wie alle Maschinenfabrikanten, mich davor schützen, von der Kundschaft wegen jeder Kleinigkeit schikaniert zu werden. Wenn eine Maschine einen erheblichen Mangel hat, so nehme ich sie natürlich anstandslos zurück, darauf können Sie sich verlassen. Außerdem gebe ich Garantie auf ein volles Jahr statt der gesetzlichen Frist von 6 Monaten." Wir sprachen dann über Leistungsfähigkeit, Preis usw., und ich unterzeichnete zum Schluß den Bestellschein.

Ich bitte Sie, das Verhalten des Klägers gebührend zu beleuchten. Ich berufe mich für das schlechte Funktionieren der Maschine auf meine Frau, Schaffer *Vogt* und die Angestellte *Fengler* als Zeugen. Meine bisherigen Kosten und Schäden betragen 122 DM.

(folgt Spezifikation unter Angabe von Beweismitteln)

Am 9. Oktober habe ich die Zentrifuge dem Kläger definitiv zur Verfügung gestellt und daraufhin die Klage erhalten. Ich muß Ihnen die Information schriftlich geben, weil ich wegen eines verstauchten Fußes das Zimmer hüte und weil der Termin schon am 27. Oktober ansteht. Teilen Sie mir mit, was ich als Vorschuß zu zahlen habe und schicken Sie mir bald Abschrift Ihrer Klagebeantwortung.

Walter Diebitsch
Gutspächter."

Die Klage ist eine amtsgerichtliche Formularklage auf 550 DM Restkaufpreis nebst Zinsen. Der Bestellschein lautet:

„An die Spezialfabrik für landwirtschaftliche und Molkereimaschinen *Willy Donath*
Köln.

Hierdurch bestelle ich Unterzeichneter eine Milchzentrifuge mit Tellereinsatz, Modell ‚Alm', für Hand- und elektrischen Betrieb eingerichtet, Milchgefäß 9½ Liter, nebst eisernem Untersatz.
Lieferung: sofort nach Fertigstellung.
Preis: 650 DM.
Der Preis ist zahlbar: 100 DM sofort, Rest innerhalb 10 Tagen seit Abnahme.
Erfüllungsort für beide Teile: Köln.
Garantie: Die Fabrik leistet für Mängel, die nachweislich zur Zeit des Gefahrübergangs vorhanden waren, ein Jahr lang in der Weise Garantie, daß die Maschine, wenn sie nicht ordnungsmäßig funktionieren sollte, kostenlos in Ordnung gebracht wird und schadhafte Teile ausgewechselt werden. Die Kosten des Hin- und Rücktransports zur Fabrik zwecks Instandsetzung bzw. Auswechselung hat der Besteller zu tragen. Ist das schlechte Arbeiten der Maschine die Folge unsachgemäßer Behandlung, so werden für die Reparatur die Selbstkosten (mit den üblichen Aufschlägen für Generalunkosten) berechnet. Ansprüche des Bestellers auf Schadensersatz, Preisminderung oder Rücknahme der Maschine sind unbedingt ausgeschlossen.

Mündliche Abmachungen haben gegenüber diesen Bedingungen keine Gültigkeit.

Köln, den 30. Juni 1969

(Vor- und Zuname) *Walter Diebitsch*
(Stand und Beruf) Gutspächter
(Wohnort) Hürth."

Der Termin wird im Terminkalender vermerkt und die Sache dem Referendar zur Bearbeitung übergeben.

Prüfung. Der Referendar erklärt den Prozeß für so gut wie aussichtslos: Da die Zentrifuge vom Kläger aus von ihm zu beschaffenden Stoffen nach den Wünschen des Mandanten besonders hergestellt wurde, ist sie keine vertretbare Sache (§ 91 BGB). Es liegt also ein Werklieferungsvertrag im Sinne des § 651 Abs. 1 S. 2 zweiter Satzteil vor. Nach dem Gesetz (§§ 634, 635, 639, 478, 479 BGB) könnten Diebitsch — die Richtigkeit der von ihm angeführten sachlichen Bemängelungen unterstellt — Rechte auf Wandelung, Minderung oder Schadensersatz wegen Nichterfüllung sowie die entsprechenden Einreden und Aufrechnungsbefugnisse zustehen; denn er hat durch Vogt zur Mängelbeseitigung eine Frist von einer Woche mit der Erklärung bestimmt, daß nach Ablauf der Frist die Beseitigung abgelehnt werden würde; die Maschine wurde aber nicht in Ordnung gebracht. Doch kann die gesetzliche Regelung durch Vertrag abgeändert werden. Das ist hier durch die Garantieklausel des Bestellscheins geschehen. Nun werden zwar formularmäßige Bedingungen, wie überhaupt Typenverträge, soweit bei ihrer Auslegung Zweifel bleiben, grundsätzlich gegen die sie allgemein benutzende Partei ausgelegt, da es deren Sache ist, sich klar auszudrücken (RGZ 117, 107; 120, 20; BGHZ 5, 115; 47, 216; vgl. ferner Schmidt-Salzer, S. 197—212; Staudinger-Weber, Einl. Bem. 321—324 vor § 241). Der Donathsche Bestellschein sagt aber mit absoluter Deutlichkeit, daß Schadensersatz, Minderungs- und Wandelungsrecht „unbedingt" ausgeschlossen sind und der Besteller auf die kostenlose Instandsetzung beschränkt ist.

— Typenmaschinen, die massenhaft hergestellt und im Verkehr nur nach Zahl bezeichnet werden, wie Fahrräder, Schreibmaschinen, Kraftwagen gewisser Marken, sind „vertretbar". Der Vertrag über Lieferung einer vom Lieferanten herzustellenden vertretbaren Sache wird in § 651 Abs. 1 S. 1 erster Satzteil schlechthin als Kauf behandelt, weil es für den anderen Teil gleich ist, ob er eine solche Maschine auf besondere Anfertigung oder vom Lager erhält. Der Unterschied zwischen den Vertragsformen des Kaufes und des in unserem Falle gegebenen Werklieferungsvertrags zeigt sich bei der Gewährleistung. Ein Käufer kann nämlich Schadensersatz wegen Nichterfüllung nur bei Zusicherung oder im Falle der Arglist fordern (§ 463 BGB), während beim (Werk- und) Werklieferungsvertrag schon einfaches Verschulden des Unternehmens genügt (§ 635). Andrerseits hat der Besteller des Werk- und Werklieferungsvertrags der Regel nach zunächst bloß das Recht auf Nachbesserung (§ 633 Abs. 2 S. 1) und erlangt Wandelungs-, Minderungs- oder Schadensersatzansprüche grundsätzlich erst durch Ablauf der von ihm zu stellenden Frist (§ 634 Abs. 1, 2).

Da gerade Maschinen regelmäßig unter Zugrundelegung von Formularbedingungen gehandelt werden, kommt es für die praktische Behandlung weniger auf die Natur des Vertragsverhältnisses als vielmehr darauf an, inwieweit die besonderen Bedingungen den gesetzlichen Gewährleistungsansprüchen entgegenstehen. In dieser Beziehung sucht die Rechtsprechung fast immer, dem Erwerber der Maschine zu helfen.

a) Bei Nachbesserungsklauseln hat die Rechtsprechung folgende Grundsätze herausgearbeitet:

Erstens: Bei Lieferung, insbesondere von fabrikneuen Sachen können Gewährleistungsansprüche nur ausgeschlossen werden, wenn dem Käufer oder Besteller stattdessen ein Nachbesserungsrecht eingeräumt wird (RGZ 87, 335; 96, 266; BGH NJW 60, 667).

Zweitens: Die Gewährleistungsansprüche des Käufers oder Bestellers leben aber wieder auf, wenn sich das Nachbesserungsrecht aus irgendeinem Grunde nicht realisieren läßt; die Nachbesserung ist z.B. nicht möglich, sie wird abgelehnt, nicht sachgerecht oder verzögerlich durchgeführt (BGHZ 22, 90, 100; BGH NJW 54, 1033; anders OLG Celle BB 66, 1038). Anders ist es aber bei Werklieferungsverträgen über eine nicht vertretbare Sache, weil hier der Besteller ohnehin zunächst nur Nachbesserung verlangen kann (§ 633 Abs. 2 S. 1 BGB). Einer Klausel in allgemeinen Vertragsbedingungen des Werkunternehmers, wonach der Besteller „unter Ausschluß weitergehender Ansprüche" auf den Nachbesserungsanspruch beschränkt wird, kommt daher eine praktische (haftungsbeschränkende) Bedeutung nur dann zu, wenn man sie dahin auslegt, daß sie auch bei fehlgeschlagener Nachbesserung Ansprüche des Bestellers aus den §§ 634, 635 BGB ausschließen soll. Allerdings kann es unter besondern Umständen geboten sein, dem Unternehmer die Berufung auf eine derartige Klausel zu versagen. Das wird nur dann der Fall sein, wenn dem Besteller andere ausreichende Ansprüche nicht zur Verfügung stehen und die Klausel ihn mangels Nachbesserung praktisch rechtlos machen würde. Als dem Besteller bei Mißlingen einer Nachbesserung möglicherweise zustehende Ansprüche kommen Schadensersatzansprüche wegen schuldhafter Verletzung der Nachbesserungspflicht durch den Unternehmer in Betracht (BGH LM Nr. 4 § 635 BGB).

Drittens: Der Nachbesserungsanspruch des Bestellers nach § 633 Abs. 2 BGB selbst kann durch allgemeine Geschäftsbedingungen nicht abbedungen werden (BGH LM Nr. 37 zu § 242 [C d] BGB).

Viertens: Hat beim Werklieferungsvertrag über eine nicht vertretbare Sache der Lieferer in seinen allgemeinen Lieferungsbedingungen, unter Ausschluß aller sonstigen Gewährleistungsansprüche des Bestellers, diesen auf ein Nachbesserungsrecht beschränkt und außerdem bei Verletzung der Nachbesserungspflicht Schadensersatzansprüche des Bestellers ausgeschlossen und ihm für solchen Fall lediglich ein Rücktrittsrecht eingeräumt, so verstößt der Lieferer gegen Treu und Glauben, wenn er sich gegenüber dem Nachbesserungsverlangen des Bestellers auf eine weitere Klausel der allgemeinen Lieferungsbedingungen beruft, wonach er nicht nachzubessern braucht, solange der Besteller seine Vertrags-, insbesondere Zahlungspflicht nicht erfüllt hat (BGHZ 48, 264).

Fünftens: Wie oft die Nachlieferung versucht werden muß, läßt sich generell nicht sagen. Es kommt darauf an, wie oft das dem Käufer oder Besteller zugemutet werden kann, da ihm ja der Gebrauch der Sache solange entzogen wird (BGH NJW 60, 667; OLGe Celle und Stuttgart BB 63, 1115).

Sechstens: Wird an Stelle der gesetzlichen Gewährleistungsansprüche auf Wandelung oder Minderung ein Nachbesserungsrecht ausdrücklich ausbedungen, so umfaßt ein zusätzlich vereinbarter Ausschluß mittelbarer oder unmittelbarer Schadensersatzansprüche nicht ohne weiteres auch die Schadensfolgen, die sich aus einer schuldhaften Verletzung der Nachbesserungspflicht ergeben (BGH NJW 54, 1033; BGHZ 22, 99; Staudinger-Weber, aaO Anm. 421).

b) Oft wird in Kauf-, Werk- und Werklieferungsverträgen eine „Garantie“ vereinbart, wie es auch hier geschehen ist. Eine besondere Gewähr für die Güte der Lieferung, wie man denken könnte, liegt darin in der Regel gerade nicht. Verkäufer und Lieferer verpflichten sich vielmehr nur zur Beseitigung bestimmter Mängel oder zur Nachlieferung eines fehlerfreien Stückes. Man spricht hier von einer unselbständigen Garantie, weil nur vertragsgemäße Lieferung der Ware versprochen wird (Gegensatz: selbständige Garantie; der garantierte Erfolg ist ein weiterer als die bloße Vertragsmäßigkeit der Ware; hier ist mangels Vereinbarung die Verjährungsfrist 30 Jahre, § 195 BGB). Die unselbständige Garantie ist meistens an eine Frist gekoppelt. In diesem Falle kann sie sich auf die gesetzliche sechsmonatige Verjährungsfrist für Gewährleistungsansprüche (§ 477 Abs. 1 S. 1; § 638 Abs. 1 S. 1 BGB) wie folgt auswirken: Beträgt die vereinbarte Garantiefrist mehr als 6 Monate, so wird dadurch in der Regel der Beginn der sechsmonatigen Verjährungsfrist hinausgeschoben zu dem Zeitpunkt, in welcher der den Anspruch auf Gewährleistung begründenden Mangel entdeckt wird (RGZ 128, 213; BGH BB 62, 234). Überschreitet die Garantiefrist hingegen die Verjährungsfrist nicht, so wird die Verjährungsfrist nicht verkürzt, was nach § 225 BGB zulässig wäre. Beide Fristen laufen vielmehr nebeneinander, weil eine über die Verjährungsfrist nicht hinausgehende Garantiefrist mangels besonderer Anhaltspunkte für einen gegenteiligen Parteiwillen auf die Verjährung keinen Einfluß hat (BGH BB 61, 228). Da sich die Nachbesserungen oft verzögern und dadurch der Ablauf der Verjährung droht, schützt das Gesetz in § 639 Abs. 2 BGB den Käufer oder Besteller vor dieser Gefahr: Überprüft der Unternehmer/Verkäufer die Sache im Einverständnis mit dem Besteller/Käufer auf die gerügten Mängel oder versucht er, sie zu beseitigen, so ist die Verjährung solange gehemmt (§ 205 BGB), bis der Unternehmer/Verkäufer das Ergebnis der Prüfung dem Besteller/Käufer mitteilt oder ihm gegenüber den Mangel für beseitigt erklärt oder die Fortsetzung der Beseitigung verweigert. Das gilt auch dann, wenn diese Nachbesserung in Wahrheit unmöglich ist (BGHZ 48, 108). Denn auch in diesem Falle soll verhindert werden, daß der Besteller/Käufer zur Vermeidung der Verjährung klageweise vorgeht und so das Einvernehmen und die Nachbesserungsbereitschaft zerstört. § 639 Abs. 2 BGB bezieht sich zwar seinem Wortlaut nach nur auf den Unternehmer. Diese Vorschrift gilt aber entsprechend auf das Verhältnis zwischen Verkäufer und Käufer, wenn der Käufer sich nach der Übergabe der Kaufsache damit einverstanden erklärt, daß der Verkäufer Arbeiten an der Kaufsache zur Beseitigung eines Mangels vornimmt (RGZ 96, 267; 128, 213), und demgemäß erst recht, wenn es sich um einen Werkvertrag über die Lieferung einer vertretbaren Sache handelt (BGH LMNr. 1 zu § 638 BGB). Denn in allen Fällen ist die Interessenlage gleich.

c) Hat schließlich der Unternehmer oder Verkäufer die Verpflichtung zur Nachbesserung etwaiger Fehler als Nebenpflicht übernommen, so gilt nicht die kurze gesetzliche Verjährungsfrist von 6 Monaten, sondern die Dreißigjahrefrist des § 195 BGB (RGZ 144, 162). —

Wenn Diebitsch sich darauf berufen will, daß durch die der Unterzeichnung des Scheines vorangegangenen Vereinbarungen seine gesetzlichen Gewährleistungsrechte für den jetzt eingetretenen Fall aufrecht erhalten seien, so steht dem die Vermutung der Vollständigkeit und Richtigkeit der Urkunde entgegen. Ob zur Entkräftung der Vermutung der vom Mandanten behauptete Sachverhalt genügt, halte ich für zweifelhaft. Vielleicht wird das Gericht sagen: Diebitsch habe nach seiner eigenen Darstellung zwar zu Beginn der Verhandlung Bedenken gegen die gedruckten Bedingungen geäußert, schließlich aber vorbehaltlos unterzeichnet, weil er sich durch die beruhigenden Erklärungen des Klägers und durch seinen Hinweis auf die gegenüber dem Gesetz verlängerte Garantiefrist dazu bestimmen ließ, die Lieferungsbedingungen in vollem Umfang zum Vertragsinhalt zu machen.

— Ist über einen an sich nicht formbedürftigen Vertrag eine Urkunde errichtet, so wird dadurch in erster Reihe die Beweislast beeinflußt: wer etwas von der Urkunde Abweichendes geltend macht, muß seine Behauptung beweisen. Darüber hinaus hat das Vorhandensein der Urkunde auch materiell-rechtliche Wirkung. Bekanntlich wird bei jedem wichtigeren Vertragsschluß zunächst viel hin- und hergeredet, die Parteien bringen alle möglichen Punkte zur Sprache, machen Vorschläge und Gegenvorschläge. Wird dann zum Schluß der Vertrag schriftlich fixiert, so kann man nach den Erfahrungen des Lebens im allgemeinen davon ausgehen, daß sich die Kontrahenten zuletzt auf den Inhalt der Urkunde, und nur auf diesen, geeinigt haben und daß die bei den vorhergegangenen Verhandlungen geäußerten Wünsche, soweit der schriftliche Vertrag ihnen widerspricht oder sie übergeht, fallen gelassen sind. Hierauf beruht die sog. tatsächliche „Vermutung der Vollständigkeit und Richtigkeit". Bevor der Beweis des anders verabredeten als beurkundeten Vertrags erhoben werden kann, hat die Partei nach § 292 ZPO die Vermutung durch den Nachweis besonderer Umstände zuwiderlegen, aus denen hervorgeht, daß das mündlich Besprochene trotz Nichtaufnahme in den Vertragstext gelten sollte. Ein solcher besonderer Umstand ist es z.B., wenn bei der Unterzeichnung gesagt wurde: „Unterschreiben Sie ruhig, es bleibt bei dem, was wir mündlich besprochen haben, der schriftliche Vertrag ist bloße Formsache." Oder das Schriftstück nimmt auf die Unterredung Bezug. Oder die Parteien sind darüber einig, daß die Urkunde nur die Hauptpunkte enthält und die mündlich besprochenen Einzelheiten daneben gelten sollen. Oder sie halten die Verbindlichkeit der mündlichen Abmachung für selbstverständlich (Vgl. RGZ 52, 23; 68, 15; 88, 370; Erman-Westermann, Anm. 7 vor § 125 BGB).

Günstiger ist die Rechtsstellung der widersprechenden Partei, wenn die mündlichen Erklärungen der Urkunde nicht widersprechen, sondern sie vielmehr erläutern. Der Auslegungsbeweis geht der Vermutung der Vollständigkeit und Richtigkeit vor. Die Heranziehung mündlicher Äußerungen zum Zwecke der Auslegung setzt jedoch voraus, daß die behauptete Auslegung mit der schriftlichen Fassung noch vereinbar ist und in ihr einen Anhalt findet. —

Weiterhin war zu prüfen, ob Diebitsch befugt ist, den noch unbezahlten Werklohn so lange zurückzuhalten, bis der Kläger die Zentrifuge in brauchbaren Zustand gebracht hat (§§ 320, 322, 633 Abs. 2 S. 1). Sein Zurückbehaltungsrecht wird durch die Nachbesserungsklausel im Bestellschein nicht ausgeschlossen. Wohl aber hat es Diebitsch dadurch verloren, daß er die Maschine, wie er schreibt, dem Kläger „definitiv" zur Verfügung stellte. Wer sich endgültig vom Vertrage lossagt, ist auf Gewährleistungsansprüche (§§ 634f.) beschränkt, die Einrede des Zurückbehaltungsrechts soll nur die Durchführung der beiderseitigen Leistungen, also die Erfüllung des Vertrages, sichern (siehe RGZ 58, 176; 69, 383). Freilich könnte Diebitsch ein Zurückbehaltungsrecht wegen seines aus einer wirksam vollzogenen Wandlung entstandenen Anspruchs auf Rückgewähr der an Donath geleisteten Anzahlung geltend machen, weil die §§ 320, 322 für diesen Fall entsprechend gelten (§ 634 Abs. 4, §§ 467, 348 S. 2 BGB). Aber das steht auf einem anderen Blatt.

Der Rechtsanwalt: Was schlagen Sie vor?

Referendar: Ich will das Mandat ablehnen und Diebitsch empfehlen, die Klageforderung sofort zu bezahlen, damit ihm keine überflüssigen Kosten entstehen.

Rechtsanwalt: Zu Ihrer Empfehlung, also zur Sache, muß ich Ihnen erwidern: Obwohl ich gegen Ihre Darlegung, rein juristisch genommen, nichts Wesentliches einzuwenden habe, bin ich dennoch mit dem Ergebnis nicht einverstanden. Sie betrachten die Sache, wie Neulinge in der anwaltlichen Tätigkeit es gern tun, unter der gerichtlichen Perspektive. Sie sagen: als objektiver Richter würde ich zur Verurteilung gelangen, folglich ist der Prozeß für Diebitsch aussichtslos. Die Aufgabe des Anwalts verlangt aber eine abweichende Einstellung. Sie werden hier sehen, daß die Dinge vielfach ganz anders laufen, als wir geglaubt haben. Ein guter Teil der Prozesse, zu denen der Anwalt auf Grund gewissenhaftester Prüfung geraten hat, geht verloren, und Sachen, die man als schwach betrachtet hat, werden gewonnen. Und zwar nicht bloß, weil Zeugen überraschende Bekundungen machen, weil der Mandant uns Teile des Tatbestandes — ungünstige und günstige — bei der Information vorenthalten hat, die er für unerheblich hielt, oder weil neue rechtliche Gesichtspunkte auftauchten: sondern oft genug auch, weil das Gericht die Tat- und Rechtsfragen nicht so würdigt, wie wir es erwarteten. Stünde die Anwaltschaft allgemein auf Ihrem Standpunkt, nur vermeintlich „sichere" Sachen zu übernehmen und alles abzulehnen, was der sogenannten „ständigen Rechtsprechung" zuwiderläuft, so wären die Entscheidungen, auf denen die Weiterentwicklung des Rechts beruht, niemals ergangen. Vielleicht behalten Sie mit Ihrer Prognose des Rechtsstreits Donath gegen Diebitsch recht. Man kann aber die Rechtsfragen, auf die es ankommt — ob die Ausschließung des Wandelungsrechts sich überhaupt auf Konstruktionsfehler bezieht, ob der Beweis des anders verabredeten als beurkundeten Vertrages schlüssig angetreten ist, und ob der Besteller, indem er die Sache endgültig zur Verfügung stellt, seines Zurückbehaltungsrechts auch dann verlustig geht, wenn er in concreto keine Gewährleistungsansprüche hat — sehr wohl zu Gunsten unseres Mandanten entscheiden. Ein formalistischer Richter wird sich an den Wortlaut der Nachbesserungsklausel halten und verurteilen, ein Gericht mit starkem Billigkeitsgefühl, das dem kleinen Manne helfen will, die Einwendungen zulassen. Der Prozeß ist für Diebitsch nicht aussichtslos, sondern er ist zweifelhaft.

Zu ihrem weiteren Vorschlag, das Mandat einfach abzulehnen, eine Frage: Halten Sie es für zulässig, daß ein Rechtsanwalt ohne weiteres ein Mandat ablehnt, obwohl der Anwalt ein Organ der Rechtspflege ist?

Referendar: Ja; § 1 der Bundesrechtsanwaltsordnung, der den Rechtsanwalt als Organ der Rechtspflege bezeichnet, enthält weder ein unmittelbares noch ein mittelbares, an den Rechtsanwalt gerichtetes Gebot, Mandate anzunehmen. Der Rechtsanwalt übt einen freien Beruf aus (§ 2 BRAO). Aus § 44 BRAO ergibt sich zweifelsfrei, daß der Rechtsanwalt keine Pflicht zur Übernahme eines Mandats hat. Wenn diese Vorschrift anordnet, daß der Rechtsanwalt, der den Auftrag nicht annehmen will, die Ablehnung „unverzüglich" erklären muß, so setzt sie die Zulässigkeit einer Mandatsablehnung voraus.

Rechtsanwalt: Sie haben im Grundsatz ganz recht. Das Mandat begründet ein Vertrauensverhältnis zwischen Rechtsanwalt und Auftraggeber. Zum Vertrauen gehören zwei. Ohne dieses Vertrauen kann der Rechtsanwalt seiner Aufgabe nicht so gerecht werden, wie es der Mandant von ihm erwartet und erwarten kann. Will also der Rechtsanwalt zu dem Auftraggeber ein Vertrauensverhältnis nicht begründen, so kann er ohne jede Begründung das Mandat ablehnen; er muß es nur ohne schuldhaftes Zögern tun, vgl. § 121 BGB (siehe Kalsbach, BRAO, Richtlinien § 23 Anm. 1 nach § 43 BRAO). Andernfalls macht er sich schadensersatzpflichtig (§ 44 S. 2 BRAO). Diese auch standesrechtlich wichtige Frage der Ausübung des Anwaltsberufs wird übrigens in dem selben Sinne von den „Grundsätzen des anwaltlichen Standesrechts", festgestellt von der Bundesrechtsanwaltskammer am 2./3. Mai 1963 (von dieser Kammer im Sonderdruck veröffentlicht), behandelt. § 25 Abs. 2 dieser „Grundsätze" sagt ausdrücklich, was § 44 S. 1 BRAO voraussetzt:

„Der Rechtsanwalt ist in der Annahme eines Auftrags frei, es sei denn, das Gesetz ... verbiete oder gebiete ... die Annahme." Nach § 177 Abs. 2 Nr. 3 BRAO ist es eine der dieser Kammer obliegenden Aufgaben, „die allgemeine Auffassung über Fragen der Ausübung des Anwaltsberufs in Richtlinien festzustellen." Die Richtlinien, wie sie früher hießen, oder Grundsätze haben keinen Gesetzescharakter. Sie bilden aber eine wichtige Erkenntnisquelle für das, was man „allgemeine Standesauffassung" der Rechtsanwälte nennen kann. Die Grundsätze spiegeln die communis opinio der Anwaltschaft wieder (vgl. Kalsbach, aaO, § 43 Anm. 1). Die Grundsätze sind daher für die Beantwortung der Frage heranzuziehen, ob der Rechtsanwalt im Einzelfall seinen Beruf gewissenhaft ausgeübt und ob er sich innerhalb und außerhalb seines Berufs der Achtung und des Vertrauens, welche seine Stellung erfordert, würdig erwiesen hat (§ 43 BRAO).

Wenn ich vorhin sagte, daß Ihre dem § 44 S. 1 BRAO entnommene Antwort im Grundsatz richtig sei, so muß ich dem noch folgendes zufügen: Es gibt Ausnahmen von diesem Grundsatz. § 45 BRAO verbietet dem Rechtsanwalt die Tätigkeit in bestimmten, vom Gesetz aufgezählten Fällen: so darf er z.B. widerstreitende Interessen nicht auf beiden Seiten vertreten (Parteiverrat, § 45 Nr. 2 BRAO; vgl. § 356 StGB). Die §§ 48 und 49 BRAO gebieten ihm, tätig zu werden. So muß der Rechtsanwalt in gerichtlichen Verfahren die Vertretung einer Partei übernehmen, wenn er einer Partei als Armenanwalt (z.B. nach § 115 Abs. 1 Nr. 3, § 116 Abs. 1, § 116a ZPO, § 11a ArbGG) oder als Notanwalt (§ 78a ZPO) beigeordnet wird. Nach § 49 BRAO muß der Rechtsanwalt in Strafsachen eine Verteidigung übernehmen, wenn er zum Offizialverteidiger bestellt wird (§§ 141, 142 StPO). In allen diesen Fällen wird das Mandat im Interesse einer geordneten Rechtspflege kraft richterlicher Beiordnung und nicht durch das Bestehen eines Vertrauensverhältnisses begründet. Kommt solch ein Vertrauensverhältnis zwischen dem beigeordneten Rechtsanwalt und dem „Mandanten" nicht zustande, lehnt ihn z.B. die Partei oder der Angeschuldigte ab oder informiert er ihn nicht, so kann der Rechtsanwalt aus diesem wichtigen Grunde beantragen, die Beiordnung aufzuheben (§ 48 Abs. 2, § 49 Abs. 2 BRAO). Im Strafprozeß kann der Angeschuldigte überdies durch die Wahl eines Verteidigers die dann erforderliche Rücknahme der Bestellung des Offizialverteidigers erzwingen (§ 143 StPO).

Doch zurück zu unserem Fall. Gehen wir davon aus, daß der Prozeß für Diebitsch nicht aussichtslos ist.

Referendar: In welcher Form soll ihm das mitgeteilt werden?

Rechtsanwalt: Bei der Beratung und Belehrung unserer Klienten müssen wir die unter ihnen bestehenden großen Verschiedenheiten beachten. Ein Geschäftsmann, der mit dem Gericht öfter zu tun hat und sich nicht viel daraus macht, einmal eine Sache zu verlieren, verlangt eine andere Behandlung als ein Rentner oder eine ängstliche alte Dame, für die selbst ein gewonnener Prozeß wegen der mit seiner Führung verbundenen Aufregungen schädlich wirkt. Bankiers und Großkaufleute möchten über alle Feinheiten der Rechtslage aufgeklärt sein, unerfahrene Parteien würden längere juristische Darlegungen nur verwirren. Diebitsch weiß, daß der Nachbar auf Grund einer Nachbesserungsklausel seinen Prozeß verloren hat, will aber die Sache trotzdem durchführen, weil er hofft, daß Donaths mündliche Erklärungen der Klausel vorgehen. Ich reiche also die Klagebeantwortung alsbald ein, mache aber den Mandanten kurz auf die Gefahrenpunkte aufmerksam, damit er Veranlassung nehmen kann, seinen Entschluß zu ändern.

In der Klagebeantwortung beantragt der Anwalt:

„die Klage abzuweisen,

hilfsweise:

den Beklagten zur Zahlung nur Zug um Zug gegen Instandsetzung der dem Beklagten vom Kläger gelieferten Milchzentrifuge mit Tellereinsatz, Modell ‚Alm', zu verurteilen,

im Falle einer ohne Sicherheitsleistung vorläufig vollstreckbaren Verurteilung:

dem Beklagten die Abwendung der Zwangsvollstreckung durch Sicherheitsleistung vorzubehalten.

Begründung.

1. Die Zentrifuge ist vollkommen unbrauchbar. Manchmal kommt die Milch genau so heraus wie sie hineingegossen worden ist, dann wieder treten Verstopfungen und andere Störungen ein. Der Beklagte hat deshalb schon 4 Tage nach Empfang den Apparat dem Kläger zur Verfügung gestellt. Darauf wurde er aufgefordert, die Maschine zur Untersuchung und Reparatur in die Fabrik zu bringen. Das tat er und ließ dabei durch seinen Schaffer *Vogt* bestellen, daß er die Abnahme endgültig verweigere, falls die Zentrifuge nicht in einer Woche tadellos hergestellt werde. Nach 6 Tagen erhielt er sie zurück, und sie funktionierte etwa 10 Tage lang in leidlicher Weise. Dann setzten wieder die alten Störungen ein. Durchschnittlich bei jedem dritten oder vierten Male arbeitet die Zentrifuge nicht glatt.

Beweis: 1. die Ehefrau des Beklagten,
2. Schaffer *Vogt*,
3. Angestellte *Fengler*,
sämtlich beim Beklagten in Hürth.

Die Mängel beruhen darauf, daß die Zentrifuge falsch konstruiert ist und die Bohrungen zu eng sind.

Beweis: Gutachten eines gerichtlichen Sachverständigen. Als solcher wird Molkereidirektor *Dankwirth* in Hermülheim vorgeschlagen.

Am 9. Oktober 1969 hat deshalb der Beklagte, wie der Kläger nicht bestreiten wird, die Maschine dem Kläger endgültig zur Verfügung gestellt.

2. Nach § 634 Abs. 1 S. 3 BGB ist der Beklagte zur Wandelung des geschlossenen Vertrages berechtigt. Der Kläger kann sich nicht darauf berufen, daß die auf dem Bestellschein abgedruckten allgemeinen Lieferungsbedingungen die Wandelung ausschließen und dem Besteller nur das Recht kostenloser Instandsetzung gewähren. Aus Inhalt und Zweck der Garantieklausel folgt, daß ihre Geltung sich auf solche Mängel beschränkt, deren Beseitigung durch Nachbesserung überhaupt möglich ist. Den Besteller auf Nachbesserung zu verweisen, wenn sie, wie im vorliegenden Falle, technisch unausführbar ist, wäre im höchsten Grade unbillig. Läßt sich das Nachbesserungsrecht nicht realisieren, so leben die Gewährleistungsansprüche des Beklagten und damit auch das Recht zur Wandlung wieder auf. Außerdem hat der Beklagte dem Kläger gemäß § 326 BGB eine Nachfrist zur ordnungsmäßigen Instandsetzung gestellt, die nicht eingehalten worden ist. Es kommt dazu, daß nach feststehender Rechtsprechung formularmäßige Verträge im Zweifelsfall zum Nachteil der Partei auszulegen sind, welche sie einseitig aufgestellt hat. Überdies hat der Kläger, als der Beklagte Bedenken trug, einen Bestellschein mit so weitgehenden Einschränkungen zu unterzeichnen, erklärt: der Beklagte könne unbesorgt unterschreiben, der Kläger wolle sich durch die Lieferungs-

bedingungen nur davor schützen, von der Kundschaft wegen Kleinigkeiten schikaniert zu werden; falls dagegen die Maschine einen ernstlichen Mangel habe, nehme er sie natürlich trotz des Bestellscheins anstandslos zurück.

Beweis: Parteivernehmung des Klägers; die Benennung von Zeugen bleibt vorbehalten. Es ist also auch aus diesem Grunde klar, daß bei den hier gegebenen erheblichen Konstruktionsfehlern dem Besteller alle gesetzlichen Befugnisse zustehen müssen."

Die beiden rechtlichen Gesichtspunkte der restriktiven Auslegung von Nachbesserungsklauseln entsprechend ihrem Zweck sowie der Auslegung zweifelhafter schriftlicher Abmachungen auf Grund mündlicher Erklärungen sind im Schriftsatz mit Absicht nicht auseinander gehalten, weil sie sich gegenseitig stützen. Daß der Anwalt die Rechtsfragen nicht als zweifelhaft hinstellt, versteht sich von selbst. Wer Bedenken gegen die eigene Ansicht äußert, wird niemals das Gericht überzeugen.

„3. Zum Mindesten steht dem Beklagten bis zur vollständigen Instandsetzung der Zentrifuge ein Zurückbehaltungsrecht (§§ 320, 322, 633^{II} S. 1 BGB) zu.

Ergänzungen dieses Schriftsatzes werden vorbehalten. Der Beklagte war infolge eines Unfalls verhindert, persönlich zum Anwalt zu kommen und hat deshalb die Information bloß auf brieflichem Wege erteilen können.

Für den Beklagten:
Voß
Rechtsanwalt."

Die Verfügung zur Klagebeantwortung lautet:

„Eilt!

1. Gebührenregister Nr. 470.69.
2. Telefonische Nachricht Herrn Rechtsanwalt *Schwarz*, daß ich den Beklagten vertrete.
3. Termin notieren.
4. Abschrift des Schriftsatzes dem Landgericht.
5. Beglaubigte und einfache Abschrift Herrn RA. *Schwarz* zustellen.
6. An Mandanten: In Sachen *Donath* gegen Sie bestätige ich Eingang und Übernahme des Mandats. Ich habe eine Klagebeantwortung gefertigt, von der ich Abschrift beifüge. Ich mache Sie darauf aufmerksam, daß es trotz der zu 2 angeführten Tatsachen ungewiß bleibt, ob das Gericht gegenüber der Garantieklausel des Bestellscheins auf die mündlichen Erklärungen eingehen wird. In jedem Falle müssen Sie alle von Ihnen aufgestellten Behauptungen voll beweisen. Sie wollen mir umgehend schreiben, ob und welche Personen bei der Bestellung zugegen waren, damit ich sie im Termin als Zeugen benennen kann. Sonst würde als Beweismittel nur die Parteivernehmung des Klägers übrig bleiben.

   Wenn Sie es mit den Bedürfnissen Ihres Betriebes irgendwie vereinbaren können, rate ich Ihnen dringend, bis zur Entscheidung der Sache die Zentrifuge in keiner Weise zu benutzen, damit Sie nicht Ihr Recht auf Rücknahme (Wandelung) verlieren.

   Ferner bitte ich Sie, das anliegende Vollmachtsformular zu unterzeichnen und einzusenden, sowie mir einen Gebühren- und Auslagenvorschuß von 90,— DM zu überweisen.
7. Am 24. Oktober (Vollmacht, Information, Vorschuß)."

Die telefonische Mitteilung an RA Schwarz soll verhindern, daß der Anwalt der Klägerin Versäumnisurteil nimmt, falls sich die Zustellung des Schriftsatzes an ihn aus irgendwelchen Gründen verzögert (siehe § 15 der „Grundsätze": Es ist unzulässig, gegen eine von einem Kollegen desselben Landgerichtsbezirks vertretene Partei ein Versäumnisurteil zu erwirken, wenn dies nicht vorher angedroht worden ist"). Von den beiden zuzustellenden Schriftsatzexemplaren ist die einfache zur Weitergabe an die Partei des RA Schwarz bestimmt.

Die Warnung, die Zentrifuge bis auf weiteres möglichst nicht zu benutzen, hat ihren guten Grund. Zwar läßt das BGB den Verlust des Wandlungsrechts neben dem Fall des § 351 nur eintreten, wenn der Wandlungsberechtigte (oder sein Abkäufer) die empfangene Sache durch Verarbeitung oder Umbildung in eine Sache anderer Art umgestaltet hat (§ 467 S. 1 Halbs. 1 i.V.m. § 352 BGB; Ausnahme: § 467 S. 1 Halbs. 2: Wandlung ist nicht ausgeschlossen, wenn der Mangel sich erst bei der Umgestaltung der Sache gezeigt hat). Die dauernde Benutzung der fehlerhaften Sache nach Erklärung der Wandlung kann aber als Verzicht auf die Wandlung angesehen werden oder nach Treu und Glauben mit dem Wandlungsbegehren unvereinbar sein (vgl. BGH NJW 58, 1773; 60, 2331). Daher können rechtsunkundige Käufer durch eine nicht unbedingt notwendige Fortsetzung des Gebrauchs im Laufe des Prozesses leicht um ihr Wandelungsrecht kommen.

Eine schriftliche Vollmacht läßt sich der Anwalt grundsätzlich in allen Sachen geben, auch wenn er sie — wie in gewöhnlichen Landgerichtsprozessen — zunächst nicht braucht. Sie kann jederzeit zufolge Rüge des Gegners, für Zwangsvollstreckung, Arrest und einstweilige Verfügung erforderlich werden. Außerdem schützt der Besitz der Vollmacht den Anwalt vor dem Einwand, daß die Partei ihn nicht mit Führung der Sache betraut habe.

Nach § 17 Bundesrechtsanwaltsgebührenordnung vom 26. Juli 1957 (BGBl I 907) kann der Rechtsanwalt von seinem Auftraggeber für die entstandenen und die voraussichtlich entstehenden Gebühren und Auslagen einen angemessenen Vorschuß fordern. In streitigen Prozessen werden in der Regel zwei Gebühren (Prozeß- und Verhandlungsgebühr, s. § 31 BRAGebO) zuzüglich Umsatzsteuer (Mehrwertsteuer) und voraussichtliche Portoauslagen, nach oben abgerundet, erhoben.

Der Referendar: Fällt die Beweislast, nachdem die ZPO den Parteieid abgeschafft und durch die Parteivernehmung ersetzt hat, noch so sehr ins Gewicht, daß es notwendig war, den Auftraggeber besonders auf sie hinzuweisen?

Der Rechtsanwalt: In erster Reihe habe ich an Wirkungen der Beweislast gedacht, die mit Parteieid oder Parteivernehmung nichts zu tun haben (vgl. Band Zivilprozeß, 1. Kap., Parteivernehmung) und die in unserer Sache sehr leicht praktisch werden können. Nehmen Sie z.B. an, daß mehrere Sachverständige gehört werden, von denen der eine die Zentrifuge für irreparabel erklärt, während der zweite meint, sie könne auf ziemlich einfache Weisd in brauchbaren Zustand versetzt werden. Oder ein Sachverständiger ist überzeugt, daß die Mängel der Maschine bereits zur Zeit des Gefahrenübergangs vorhanden waren, der andere hält sie für Folgen unsachgemäßer Behandlung im Betriebe des Klägers. Dann würde Diebitsch, wenn kein stichhaltiger Grund vorliegt, dem einen Gutachten den Vorzug vor dem anderen zu geben, den Prozeß lediglich deshalb verlieren, weil er die Beweislast trägt. — Wegen der Äußerungen beim Vertragsschluß wird es wohl zur Parteivernehmung kommen, denn es sieht nicht so aus, als ob der Kläger die Behauptungen unseres Mandanten zugeben würde, und Dietbisch hat in seiner Information keine Zeugen benannt, die zugegegen gewesen sind. Auch die Parteivernehmung ist keineswegs ganz von der Beweislastverteilung losgelöst. Das Gesetz unterscheidet zwei Fälle, von denen der eine dem zugeschobenen, der andere dem richterlichen Eide des früheren Verfahrens entspricht. Der erste (§ 445 ZPO) setzt den Antrag einer Partei voraus, welche „den ihr obliegenden Beweis mit anderen Beweismitteln nicht vollständig geführt oder andere Beweismittel nicht vorgebracht“ hat. Darin liegt die Notwendigkeit, daß gerade die beweisbelastete Partei die Vernehmung des Gegners beantragt, und gleichzeitig die Subsidiarität des Beweismittels (vgl. Band Zivilprozeß 1. Kap.). In der Vorschrift des § 447 ZPO, nach welcher das Gericht auch die beweisbelastete Partei vernehmen kann, „wenn eine Partei es beantragt und die andere damit einverstanden ist“, erkennen wir unschwer die einstige Zurückschiebung des Eides wieder. Die zweite Art der Parteivernehmung beruht auf dem Gedanken der Offizialmaxime, sie findet „auch ohne Antrag einer Partei und ohne Rücksicht auf die Beweislast“ statt, falls das Ergebnis der Verhandlungen und einer etwaigen Beweisaufnahme nicht ausreicht, um die Überzeugung des Gerichts von der Wahrheit oder Unwahrheit einer zu erweisenden Tatsache zu begründen (§ 448 ZPO). Ebenso wie einst beim richterlichen Eide muß also für die streitige Behauptung schon eine gewisse Wahrscheinlichkeit, jedoch noch kein voller Beweis erbracht sein. Die Auswahl der nach § 448 ZPO zu vernehmenden Partei wird unter dem gleichen Gesichtspunkt zu erfolgen haben, der früher für Auferlegung eines richterlichen Eides maßgebend war, daß es nämlich die Partei sein muß, durch deren Bekundung oder Eid das Gericht am ehesten die Überzeugung vom wahren Sachverhalt gewinnen kann: also wer an sich glaubwürdiger ist, oder wessen Angaben sich im Prozeß als zuverlässig erwiesen haben. Entsteht die Frage, ob eine vernommene Partei (welche zunächst uneidlich auszusagen hat) beeidigt werden soll, so wird hierüber — sowohl im Falle des § 445 wie des § 448 ZPO — immer von Amts wegen, ohne Rücksicht auf gestellte Anträge und auf die Beweislast, entschieden (§ 452 ZPO), ähnlich wie bei der Beeidigung von Zeugen nach § 391 ZPO.

Prüfungsgespräch

Prüfer: „Ein Mann ein Wort! Gilt dieser Satz im Bürgerlichen Recht?"

1. Prüfling: „Ja, es gilt der Grundsatz der Formfreiheit. Denn im BGB, genauer gesagt in seinem Allgemeinen Teil unter dem Abschnitt ‚Rechtsgeschäfte', fehlt eine (allgemeine) Vorschrift, die für Rechtsgeschäfte einen Formzwang anordnet. In dem erwähnten Abschnitt finden sich nur Vorschriften über die Art der Schriftform und über die Folgen der Nichteinhaltung vorgeschriebener Formen. Soweit das Gesetz oder die Parteien Schriftform vorschreiben, handelt es sich um Ausnahmen von diesem Grundsatz."

Prüfer: „Das ist richtig. Können Sie einen Grund dafür angeben?"

2. Prüfling: „Eine allgemeine Formvorschrift, die also — absolut oder jedenfalls grundsätzlich — jedes Rechtsgeschäft formbedürftig sein ließe, würde den Rechtsverkehr unverhältnismäßig belasten und erschweren. Infolgedessen würden die Formen zwangsläufig unbeachtet bleiben. Das führte zu Ungerechtigkeiten: Der Gewissenhafte und Redliche hielte sich auch an seine formlose Erklärung gebunden. Der Unredliche hingegen würde sich ohne Hemmung auf die Formnichtigkeit des Geschäfts berufen. Ein allgemeiner Formzwang würde also eher Rechtsunsicherheit als Rechtssicherheit stiften."

Prüfer: „Einverstanden. Nun gibt es aber nicht wenige Fälle, in denen das Gesetz die Beachtung einer Form vorschreibt. Warum?"

3. Prüfling: „Das Gesetz hat dabei zwei Hauptzwecke im Auge: Erstens sollen die Beteiligten, vor allem soll der Schuldner, vor Übereilung geschützt werden: Wer z.B. zu schenken verspricht, soll sich das in Ruhe überlegen, ehe er dieses Versprechen erfüllt. Dasselbe gilt z.B. für den, der sich von seinem Grundstück trennen will und eine dahingehende Verpflichtung eingeht. Deshalb bedarf das Schenkungsversprechen und bedarf ein Vertrag, der die Verpflichtung zur Grundstücksübereignung enthält, der notariellen Beurkundung, § 313 S. 1, § 518 Abs. 1 BGB. Schreiten Schenker und Verpflichteter freilich zur Tat und erfüllen sie Versprechen und Verpflichtung, so bedarf es der Warnung nicht mehr; das Geschäft ist gültig (§ 313 S. 2, § 518 Abs. 2 BGB). Zweitens dient der Formzwang in vielen Fällen der Rechtssicherheit, insbesondere der Beweissicherung: Das gesprochene Wort ist flüchtig. Geschriebenes zeigt und beweist den Geschäftsinhalt, grenzt diesen von den mündlichen Vorverhandlungen ab und zwingt unter Umständen, z.B. bei der notariellen und gerichtlichen Beurkundung, zu juristischer Beratung und Kontrolle, vgl. §§ 26, 20, 24 der Bundesnotarordnung; § 3 Abs. 1, § 43 der Bundesrechtsanwaltsordnung."

Prüfer: „Ja! Schlagen Sie einmal den § 566 BGB auf. Hat diese Vorschrift für den Mieter oder Vermieter einer Wohnung die von Ihnen erwähnte Warn- oder Sicherungsfunktion?"

4. Prüfling: „Für die Vertragsparteien nicht; § 566 S. 1, der nach § 580 BGB auch für Mieträume gilt, hat zwar eine Sicherungsfunktion: Sie soll aber in erster Linie einem Dritten zugute kommen, nämlich dem Erwerber des Grundstücks. Man muß § 566 BGB zusammen mit § 571 BGB lesen und verstehen: Der Erwerber tritt mit der Veräußerung kraft Gesetzes an die Stelle des Vermieters in das Mietverhältnis, so wie es besteht, ein. Der künftige Erwerber soll sich über den Umfang seiner späteren Verpflichtungen gegen den Mieter vor dem Erwerb zuverlässig unterrichten können. Nur dann kann der Kaufinteressent entscheiden, ob er das Grundstück erwerben oder nicht erwerben soll."

Prüfer: „Gut. Nun ein Fall: V und K schließen einen Kaufvertrag, wie vereinbart, schriftlich. Im Vertrag findet sich die Klausel: „Änderungen des Vertrages müssen schriftlich geschehen." Nach Abschluß des Vertrages vereinbaren V und K mündlich, daß der Kaufpreis statt 1000 DM nur 800 DM betragen solle. V verlangt von K gleichwohl 1000 DM, weil er die zweite Abrede für unwirksam hält Mit Recht?"

5. Prüfling: „Die Schriftformklausel ist eindeutig. Die Parteien haben gegen sie verstoßen, als sie die spätere mündliche Abrede trafen; diese ist nach § 125 S. 2 BGB nichtig."

1. Prüfling: „Ich habe Bedenken: Zunächst müßte man wissen, welche Bedeutung die Parteien ihrer Abrede beigemessen haben, der Kaufvertrag solle schriftlich geschlossen werden. In welchem Umfange die Parteien ihre Formfreiheit selbst beschränken, darin sind sie „souverän". Das ergibt sich deutlich aus dem Gesetz, wenn es darin heißt, daß die Vorschrift des § 126 BGB „im Zweifel" auch für die rechtsgeschäftlich bestimmte Schriftform gelte, s. § 127 S. 1 BGB, und daß bei der Wahrung der Form „ein anderer Wille" zu beachten ist, § 127 S. 2 BGB. Sie können mithin der vereinbarten Form nur deklaratorische Bedeutung zumessen. Dann hängt die Gültigkeit des Kaufvertrages nicht von der Wahrung der Form ab. Soll hingegen die Form Voraussetzung für die Wirksamkeit des Kaufvertrages sein, so ist der Kaufvertrag erst mit der Erfüllung der Schriftform zustande gekommen. Wie nun hier die Vereinbarung der Parteien auszulegen ist, § 133 BGB, dafür gibt der Sachverhalt wenig her. Immerhin spricht für eine konstitutive Bedeutung der Formabrede die Klausel, daß der Vertrag nur schriftlich geändert werden dürfe. Solch eine zusätzliche Abrede wäre ziemlich sinnlos, wenn die Schriftform des Kaufvertrags nur der Beweissicherung diente. Dann müßte man nämlich weiter folgern, daß die Klausel ebenfalls eine Schriftform vorschriebe, die ihrerseits nur Beweisfunktion haben solle. Ich möchte deshalb davon ausgehen, daß die Abrede, den Kaufvertrag schriftlich zu schließen, nach dem erklärten Willen der Partei Gültigkeitsvoraussetzung sein sollte."

Prüfer: „Wir wollen Ihnen einmal folgen." — Lies aber BGHZ 49, 365: Schriftformvorbehalt zur Änderung eines OHG-Vertrags habe in der Regel nur klarstellende Bedeutung; Seine Verletzung führe nicht zur Nichtigkeit. Mit Recht dagegen Hueck in einer Anmerkung dazu Betrieb 68, 1207. — „Weiter!"

1. Prüfling: „Ein zweites Bedenken (gegen die Antwort des 5. Prüflings) sehe ich in der Frage, ob die Parteien etwa mit der späteren Abrede zugleich die erwähnte Klausel aufgehoben haben. Denn den Parteien steht es jederzeit frei, die vereinbarte Selbstbeschränkung aufzuheben. Die Frage ist nur, ob man die Aufhebung der Schriftformklausel selbst als eine Vertragsänderung ansieht. Haftet man am buchstäblichen

Sinne der Klausel, so muß man die Frage bejahen mit folgender Konsequenz: Die Aufhebung der Klausel bedarf der Schriftform."

Prüfer: „Dankeschön; Sie haben die Frage richtig gestellt. Was meinen Sie dazu?"

2. Prüfling: „§ 133 verbietet gerade, am Buchstaben zu haften. Die Klausel hat doch folgenden Sinn: Die Vertragsparteien wollten sich damit, sei es zu Beweiszwecken, sei es zur sichtbaren Fixierung des Vereinbarten, wegen der Form selbst binden sowie vor Vertragsänderungen schützen. Diese Bindung sollte aber nicht die „Souveränität" der Parteien für alle Zukunft beseitigen, die Schriftformklausel ohne weiteres, d. h. auch durch spätere mündliche Vereinbarungen, außer Kraft zu setzen. Der Änderungsschutz sollte sich also nicht auf die Schriftformklausel selbst beziehen."

Prüfer: „Danke, angenommen, das wäre richtig, was folgt daraus?"

3. Prüfling: „Konsequenz dieser Auffassung wäre, daß jede spätere mündliche Änderung des ursprünglichen Vertrags trotz der Schriftformklausel wirksam wäre, gleichgültig, ob die Parteien damit gleichzeitig die Aufhebung der Schriftformklausel gewollt oder nicht gewollt haben. Diese Konsequenz kann nicht richtig sein. Man fragt sich, welchen Sinn die Schriftformklausel dann überhaupt haben sollte. Außerdem würde bei dieser Auslegung der Zweck der Schriftformklausel, immer Klarheit über den Inhalt eines Vertrages zu haben, oft nicht erreicht werden. Den Vertragsparteien steht es übrigens frei, falls sie nunmehr mündliche Änderungen ihres Vertrags gültig sein lassen wollen, eben diesen Willen schriftlich niederzulegen. Besondere Mühe oder Kosten sind damit nicht verbunden."

4. Prüfling: „Auch ich möchte diese Konsequenz nicht billigen; sie macht in der Tat die Schriftformklausel sinnlos. Nur meine ich, daß man die Konsequenz so nicht ziehen kann. Die in der Schriftformklausel zum Ausdruck gekommene Selbstbindung der Parteien findet ihre Grenze erst dort, wo die Parteien ihre Souveränität wirklich ausüben; und das tun sie erst dann, wenn sie deutlich und zweifelsfrei zum Ausdruck bringen, ihre spätere, mündlich getroffene Abrede solle ungeachtet der Schriftformklausel gelten. Mit anderen Worten: Die Parteien müssen bei der späteren Abrede den Willen zur Aufhebung der Schriftformklausel gehabt und zweifelsfrei geäußert haben. Ist das nicht der Fall, so ist die spätere mündliche Abrede wegen ihrer Formlosigkeit nach § 125 S. 2 BGB nichtig. Haben also z. B. die Parteien bei ihrer späteren formlosen Abrede an die Schriftformklausel gar nicht gedacht, so haben sie sie nicht außer Kraft gesetzt. Die spätere Vereinbarung ist unwirksam."

5. Prüfling: „Das ist auch meine Meinung. Verstößt freilich die Berufung auf die Formungültigkeit der späteren mündlichen Vertragsänderung gegen Treu und Glauben, so müßte man wohl mit der Arglisteinrede helfen (venire contra factum proprium)."

Prüfer: „Eine gute Überlegung! Doch in welche Schwierigkeiten gerät man mit ihr?"

5. Prüfling: Das Problem ist es herauszufinden, unter welchen Voraussetzungen die Berufung auf den Mangel der Schriftform rechtsmißbräuchlich ist. Diese Frage nach der Abgrenzung könnte man auf zweierlei Weise lösen: Man könnte auch hier, wo es um den Mangel der durch Rechtsgeschäft bestimmten Form geht, die Arglisteinrede ebenso wie beim Mangel der *gesetzlich* vorgeschriebenen Schriftform nur in besonderen Ausnahmefällen geben. Die bloße Berufung auf den Formmangel wäre demnach für sich allein noch nicht arglistig. Man könnte zum anderen den Unterschied zwischen gesetzlich angeordneter und selbst gewählter Formbindung betonen und den jeweiligen Zweck dieser zwei Arten von Formvorschriften entscheidend sein lassen. Gesetzliche Formvorschriften haben oft eine Warnfunktion, die durch die Arglisteinrede vereitelt wird. Deshalb muß man mit dieser Einrede vorsichtig umgehen; sie darf nur in Ausnahmefällen durchgreifen. Eine rechtsgeschäftlich vereinbarte Schriftform wird in der Regel diese Warnfunktion nicht haben; sie kann infolgedessen auch nicht durch das Verbot des Rechtsmißbrauchs vereitelt oder ausgehöhlt werden. Diese Überlegung könnte es rechtfertigen, die Arglisteinrede unter weniger strengen Voraussetzungen zu geben, z.B. schon dann, wenn die Parteien bei mündlicher Vertragsänderung die Schriftformklausel vergessen haben und die eine Partei sich sodann auf diesen Formmangel beruft."

Prüfer: „Das läßt sich durchaus hören; doch vermag ich einen so entscheidenden Unterschied in dem jeweiligen Zweck der gesetzlichen und der rechtsgeschäftlichen Schriftform nicht zu erkennen. Beide Formarten haben in der Regel Warn- und Sicherungs(beweis)funktion."

Lies — auch zu den Schriftformklauseln in Allgemeinen Geschäftsbedingungen —:

BAG AP Nr. 1 zu § 127 BGB mit kritischer Anm. von Erman; BGH NJW 62, 1908; BGH NJW 65, 293; BGH NJW 68, 32; BGH NJW 68, 39 m. Anm. Reinicke; Schmidt-Salzer NJW 68, 1257 mit weiteren Nachweisen; Eisner NJW 69, 118; vgl. auch noch BGH NJW 68, 1378 (= BGHZ 49, 364), m. Anm. Tiefenbacher in BB 68, 608, und Hueck in Betr. 68, 1207!

Verschlechterung der Vermögenslage des Käufers

Prokurist Pommer von der Textil-Großhandlung M. Hering & Co.: Unser Reisender Timm hat im September an das Kaufhaus Manthey Nachfolger Eugen Wallroth in Düren Ware für 655 DM verkauft, zahlbar 6 Wochen nach Datum der Rechnung. Der erste Teil des Schlusses im Betrage von 410 DM, den wir auf Lager hatten, wurde am 27. September geliefert. Die übrigen Artikel mußten neu hergestellt oder zugerichtet werden, sind aber jetzt versandbereit. Nachträglich habe ich noch eine Spezialauskunft*) über Wallroth eingeholt, weil es unser erstes Geschäft mit ihm war. Die Auskunft ist heute vor einer Woche, am 14. Oktober eingegangen und leider sehr ungünstig ausgefallen:

„Der Angefragte hat sein Geschäft von dem Vorbesitzer *Manthey* ohne erhebliche eigene Mittel erworben und die Anzahlung auf den Kaufpreis aus dem Vermögen seiner Ehefrau geleistet. An der Laden- und Kontoreinrichtung soll ein Eigentumsvorbehalt des Verkäufers *Manthey* bestehen, dessen Restkaufgeldforderung auf 8 bis 10000 DM geschätzt wird. *Wallroth* ist ein tüchtiger Fachmann und hat den Umsatz des Geschäfts, das als das erste am Platze gilt, sehr gesteigert. Neuerdings soll er du ch Glücksspiel und Börsenspekulationen mehrere Tausend Mark verloren haben. Er hat Differenzen mit der Allgemeinen Ortskrankenkasse sowie mit verschiedenen Lieferanten und ist häufig auf dem Gericht zu sehen. Bei Krediten über 100 DM ist Sicherheit anzuraten."

Herr Hering fürchtet nun, sein Geld zu verlieren. Nach seiner Meinung ist durch die Verschlechterung der Vermögensverhältnisse des Käufers der ganze Kaufpreis sofort fällig geworden. Er will wegen der 410 DM einen Arrest ausbringen und die Restlieferung von 245 DM nur unter Nachnahme schicken. Am liebsten möchte er die gelieferten Waren zurückholen.

*) Die Auskunfteien haben über die meisten Firmen in ihren „Archiven" Angaben liegen, auf Grund deren bei Anfrage Auskunft erteilt wird: sog. „Archivauskunft". Die „Spezialauskunft" wird auf Grund besonderer Erkundigungen durch die Vertrauensleute der Auskunftei gegen erhöhte Gebühren gegeben.

Der Rechtsanwalt: Haben Sie sich an den gelieferten Waren das Eigentum vorbehalten? Glauben Sie, daß der Käufer auf einen nachträglichen Eigentumsvorbehalt eingehen würde?

Pommer: In unseren Lieferungsbedingungen steht der erweiterte Eigentumsvorbehalt vorgedruckt. Wallroth hat ihn jedoch in der Kommissionskopie durchgestrichen mit der Begründung, daß er sich bei seinen bisherigen Lieferanten auf nichts derartiges eingelassen habe. Da Timm viel daran lag, mit Wallroth ins Geschäft zu kommen, hat er sich dabei beruhigt.

— „Kommissionskopie" („Kommissionsnote", „Orderkopie") ist eine bisweilen vom Reisenden (Handlungsgehilfen) unterzeichnete Abschrift derjenigen Nachricht, welche der Reisende seinem Hause über die von ihm aufgenommene Bestellung („Kommission" oder „Order") zugehen läßt. Die Kommissionskopie wird dem Kunden unmittelbar nach mündlichem Abschluß vom Reisenden ausgehändigt. Anders als beim Bestätigungsschreiben, besteht für den Käufer keine rechtliche Verpflichtung, die Kopie durchzulesen und dem mit der mündlichen Vereinbarung nicht übereinstimmenden Inhalt zu widersprechen; denn solche Kopien sind verkehrsüblich nur dazu bestimmt, den Inhalt des Abschlusses, besonders Menge und Preis der gekauften Waren, wiederzugeben, nicht aber neue Bestimmungen in das Vertragsverhältnis hineinzubringen. Durch vorbehaltslose Entgegennahme gibt der Käufer daher nicht zu erkennen, daß er ändernde Bestimmungen billige, selbst wenn er von ihnen Kenntnis genommen haben sollte (weitergehend KG JW 26, 1676: widerspruchslose Annahme einer Kommissionskopie durch Kaufmann sei Genehmigung ihres Inhalts! Dies wird man nur billigen können, falls insoweit ein Handelsbrauch besteht). Anders kann es freilich liegen, wenn die Kommissionskopie dem Käufer später zugesandt wird. Hat der Käufer die Kommissionskopie mit unterzeichnet, so wird man aufklären müssen, ob er damit deren inhaltliche Richtigkeit oder nur ihren Empfang bestätigen wollte. Im ersten Falle hat die Kopie Bedeutung eines Bestellscheins, der vor dem Vertragsabschluß erteilt wird (Schlegelberger-Hefermehl, § 346 Anm. 131).

Erweiterter Eigentumsvorbehalt: Es haben sich folgende Formen herausgebildet:

1. Der verlängerte Eigentumsvorbehalt: Es wird ein einfacher Eigentumsvorbehalt vereinbart und zusätzlich, daß bei Erlöschen des Eigentumsvorbehalts (durch Weiterveräußerung, Verbindung) die daraus entstehende Forderung oder Sache tritt. Ist die abgetretene (künftige) Forderung nicht individualisierbar, von anderen also nicht unterscheidbar, so ist der verlängerte Eigentumsvorbehalt unwirksam (§ 398 BGB; BGHZ 7, 365; zur Auslegung bei allgemeinen Geschäftsbedingungen siehe BGHZ 26, 178, 183; NJW 68, 885 — sehr lehrreich — und 1516, 1520 mit weiterführenden, z.T. kritischen Anmerkungen von Wehrhahn ebenda, Esser, JZ 68, 529; Scherner, BB 68, 1267). Kollidieren verlängerter Eigentumsvorbehalt und Globalzession, also die Interessen des Warenkreditgebers und die des Geldkreditgebers, so ist die Lösung dieser Kollision schwierig:

a) Priorität der Abtretung entscheidet (so BGHZ 30, 152; NJW 68, 1516, und die wohl überwiegende Ansicht des Schrifttums).

b) Anders aber ist es, wenn die Globalzession sittenwidrig ist, weil sie künftige, vom verlängerten Eigentumsvorbehalt ergriffene Forderung ebenfalls erfaßt (BGH aaO).

c) Man kann die Kollision auch so lösen, indem man alle als Sicherheit tauglichen Forderungen im Verhältnis der Warenkreditgeber untereinander und dieser im Verhältnis zu den Geldkreditgebern „vertikal" aufteilt (siehe Flume, NJW 59, 913; Erman, BB 59, 1109; Esser, JZ 68, 281).

d) Der Eigentumsvorbehalt hat Vorrang, weil der Warenkreditgeber der Kaufpreisforderung „näher" stehe als der Geldkreditgeber; dieser nehme notwendig teil an einem Vertragsbruch des Verkäufer-Zedenten (Flume, NJW 50, 841, 847).

2. „Weitergeleiteter Eigentumsvorbehalt": Hier vereinbaren Verkäufer und Käufer, daß die Sache nur mit dem Eigentumsvorbehalt weiterübereignet wird, und zwar durch Übertragung des Anwartschaftsrechts (§§ 929ff., nicht § 413 BGB!) oder durch bedingte Übereignung mit Einwilligung des Vorbehaltseigentümers (§ 185 Abs. 1 BGB).

3. Kontokorrentvorbehalt (= Saldohaftungsvorbehalt — „erweiterter" oder „erstreckter" Eigentumsvorbehalt): Es wird vereinbart, daß der Eigentumsvorbehalt so lange bestehen bleibt, bis der Käufer alle oder einen bestimmten Teil der Forderungen aus der Geschäftsverbindlichkeit getilgt hat. Dieser Vorbehalt hat vor allem in allgemeinen Geschäftsbedingungen sein weites Feld (BGHZ 42, 53, 58).

4. Konzernvorbehalt: Man kann ihn als einen extensiven Kontokorrentvorbehalt begreifen: Nicht nur alle Geschäftsverbindlichkeiten der Vertragsparteien, sondern außerdem Verbindlichkeiten anderer Gläubiger, mit denen der Vorbehaltseigentümer oft zu einem Konzern gehört, müssen beglichen werden, damit der Eigentumsvorbehalt erlischt. —

Hering meint offenbar den verlängerten Eigentumsvorbehalt.

— Vom erweiterten Eigentumsvorbehalt zu unterscheiden ist der nachträgliche Eigentumsvorbehalt. Hier ist im Kaufvertrag kein Eigentumsvorbehalt ausgemacht. Geschieht dies danach, so wird man unterscheiden müssen: Ist der Eigentumsübergang noch nicht vollzogen, so können die Parteien bis dahin einen Eigentumsvorbehalt, den Kaufvertrag abändernd, vereinbaren (§§ 305, 455 BGB; BGHZ 42, 58). Willensübereinstimmung ist also erforderlich. Von ihr kann man nicht sprechen, wenn der Verkäufer dem Käufer bei der Übergabe der Kaufsache einen Lieferschein (oder eine Rechnung) übergibt, auf dem ein — bisher nicht vereinbarter — Eigentumsvorbehalt vermerkt ist, selbst wenn der Käufer den Vermerk tatsächlich zur Kenntnis nimmt. Freilich verhindert dieser spätere, einseitige Vorbehalt den bedingungslosen Übergang des Eigentums auf den Käufer. Insofern wird, etwas irreführend, gesagt, „der Eigentumsvorbehalt sei wirksam" (BGH NJW 53, 217 mit Anmerkung Raiser ebenda; offengelassen in BGHZ 42, 58). Ist hingegen das Eigentum bereits auf den Käufer vertragsgemäß unbedingt übergegangen, so soll nach derselben Entscheidung die dann getroffene bloße Vereinbarung, daß der Käufer in Zukunft als Vorbehaltskäufer besitzen solle, zwischen ihm und dem Verkäufer, der ja den Kaufvertrag erfüllt hat, kein Besitzmittlungsverhältnis (§ 868 BGB) schaffen. Hat indessen der Käufer noch nicht gezahlt, so ist der Kaufvertrag noch nicht erloschen, und er kann mit dem durch den Eigentumsvorbehalt geänderten Inhalt sehr wohl ein Besitzmittlungsverhältnis abgeben. Der Verkäufer erwirbt also entweder ein um die Anwartschaft gekürztes Eigentum zurück (so Raiser, aaO) oder jedenfalls ein auflösend bedingtes Sicherungseigentum (§ 133, jedenfalls § 140 BGB; RG HRR 29, 105 = WarnRspr. 28, 245; RGRK-Kuhn, § 455 Anm. 15 — Anm. 14 ist dadurch überholt —).

Eine neuartige Durchsetzung aller Stufen des Eigentumsvorbehalts wird durch die sogenannte „Scheck-Wechsel-Deckung" erreicht: Der Vorbehaltskäufer übersendet am Fälligkeitstage zum Ausgleich der Kaufpreisforderung einen Scheck und zugleich einen von ihm akzeptierten Blankowechsel an den Vorbehaltsverkäufer mit der Bitte, sich als Aussteller in den Wechsel einzutragen und ihn zurückzuschicken. Der Vorbehaltskäufer diskontiert den Wechsel und beschafft sich so das Guthaben zur Deckung des Schecks, den der Vorbehaltsverkäufer nunmehr einlöst. Unter Umständen diskontiert der Vorbehaltskäufer den Wechsel erst nach Abwicklung des

Warengeschäfts, um sich Mittel zu beschaffen. Das Problem ist, wann der Eigentumsvorbehalt erlischt. Es ist also zu fragen, ob ein erweiterter, insbesondere ein Kontokorrentvorbehalt, so zu verstehen ist, daß der Vorbehalt erst mit der Einlösung des Wechsels durch den Vorbehaltskäufer erlöschen soll. Dann nämlich kann der Vorbehaltsverkäufer noch bis dahin auf ein Aussonderungsrecht im zwischenzeitlichen Konkurse des Vorbehaltskäufers hoffen. Die Einlösung des Schecks brächte zwar die Kaufpreisforderung (§ 362 Abs. 1 BGB), nicht aber den Eigentumsvorbehalt zum Erlöschen. Doch wird man eine entsprechende ausdrückliche Erweiterung des Eigentumsvorbehalts, insbesondere in allgemeinen Geschäftsbedingungen, verlangen müssen, weil durch ihn hier — atypisch — Finanzkredite sichergestellt werden (vgl. Matzel, NJW 68, 1867).

Wirkungen des Eigentumsvorbehalts: Der Vorbehaltsverkäufer kann bei Zwangsvollstreckung in die (auch neu gewonnene) Sache oder Forderung (nicht bei Vollstreckung in das Anwartschaftsrecht!) intervenieren (§ 771 ZPO; § 805 ZPO gilt also nicht — z.T. streitig —). Im Konkurs des Vorbehaltskäufers haben die verschiedenen Formen des Eigentumsvorbehalts große Bedeutung: Der einfache Eigentumsvorbehalt gibt dem Verkäufer ein Aussonderungsrecht (§ 46 KO). Für den erweiterten Eigentumsvorbehalt ist das sehr zweifelhaft. Er soll nicht (mehr) das Eigentum des Verkäufers erhalten, sondern Ansprüche sichern. Damit nähert sich der Eigentumsvorbehalt der Sicherungsübereignung, die nur ein Absonderungsrecht gibt. Das erlaubt und gebietet es, den Vorbehaltseigentümer genauso zu behandeln (Jaeger-Lent, 8. Aufl., § 43 Anm. 37i; Böhle-Stamschräder, KO, 9. Aufl., § 43 Anm. 3a, b). Wird über das Vermögen des Vorbehaltskäufers das Vergleichsverfahren eröffnet, ist der Vorbehaltsverkäufer, wenn der Kaufpreis noch nicht gezahlt ist, kein Vergleichsgläubiger (§ 36 Abs. 1 VerglO). Er kann aussondern (§ 26 VerglO i.V.m. § 46 KO). Denn es wäre unbillig, wenn bei einem gegenseitigen Vertrag der eine Teil noch nach Eröffnung des Vergleichsverfahrens sollte leisten müssen, ohne Anspruch auf entsprechende Gegenleistung zu haben. Es ist aber die Ausnahme des § 36 Abs. 2 VerglO zu beachten (teilbare Leistung ist bereits teilweise erbracht). § 36 Abs. 1 VerglO wird unabwendbar, wenn der Käufer bei einem erweiterten Eigentumsvorbehalt den Kaufpreis für die Sache bezahlt hat. Denn dann hat eine Partei den Vertrag vollständig erfüllt.

Das gilt insbesondere für die Form des Kontokorrent- oder Konzernvorbehalts, bei dem der Vorbehalt noch weiter wirkt (Böhle-Stamschräder, VerglO 6. Aufl., § 36 Anm. 3 mit Nachweisen; anders LG Stuttgart, MDR 58, 100). Da der Vorbehaltsverkäufer beim (Verarbeitungs-)Vorbehalt an der vom Vorbehaltskäufer gewonnenen neuen Sache und bei der Vorausabtretung der Forderung aus der Weiterveräußerung der Sache (verlängerter Eigentumsvorbehalt) nur ein Absonderungsrecht hat (siehe oben und § 27 Abs. 2 Fall 1 VerglO), ist er nach § 27 Abs. 1 VerglO Vergleichsgläubiger.

Nimmt der Vorbehaltsverkäufer aufgrund des ursprünglichen oder nachträglichen Eigentumsvorbehalts im Einverständnis mit dem Käufer die Kaufsache in seine Verwahrung, so ist er damit nicht notwendig vom Vertrage zurückgetreten. § 5 des Abzahlungsgesetzes gilt nur für das Abzahlungsgeschäft. Nicht bei jedem Kauf unter Eigentumsvorbehalt wird ratenweise Tilgung des Kaufpreises vereinbart. —

Der Rechtsanwalt: Sie gehen davon aus, daß Wallroths Vermögenslage sich seit dem Verkauf verschlechtert habe. Indessen könnte es auch sein, daß die in der Auskunft geschilderten Verhältnisse bereits zur Zeit des Abschlusses bestanden. Dann würde es sich nicht um nachträglichen Vermögensverfall handeln, sondern Sie hätten sich über die Kreditwürdigkeit Ihres Gegenkontrahenten im Irrtum befunden. Ein solcher Irrtum berechtigt zur Anfechtung nach § 119 Abs. 2 BGB. Denn Kreditwürdigkeit und Zahlungsfähigkeit, überhaupt die Vermögensverhältnisse bei Kreditgeschäften, können je nach Lage des Einzelfalles und insbesondere nach Inhalt und Umfang des angefochtenen Geschäfts wesentliche Eigenschaften einer Person sein (anders in der Regel beim Barkauf, RGZ 105, 206). Die Anfechtung muß freilch „unverzüglich" nach Entdeckung des Irrtums, d. i. ohne schuldhaftes Zögern (§ 121 Abs. 1 S. 1) ausgesprochen werden. Die erste Frage würde also sein, ob Sie nicht seit Einholung der Auskunft die Ihnen zuzubilligende Überlegungsfrist schon überschritten haben. Nun zu den Wirkungen der Anfechtung. Es kommt keine isolierte Anfechtung des dem Käufer eingeräumten Zahlungsziels in Frage. Wir können nicht beweisen, daß Wallroth die Waren auch gegen sofortige Kasse gekauft hätte. Folglich beseitigt die Anfechtung, wenn sie überhaupt begründet ist, den ganzen Kaufvertrag (§ 139 BGB), und Wallroth schuldet Ihnen nicht den vertraglichen Kaufpreis, vielmehr gehen Ihre Ansprüche auf sofortige Herausgabe der gelieferten und Ersatz des Wertes der fehlenden Waren nach den Vorschriften über die ungerechtfertigte Bereicherung (§§ 812, 818 Abs. 2 BGB). Sollte sich nachweisen lassen, daß Wallroth sich einer arglistigen Täuschung Ihres Reisenden Timm schuldig gemacht hat, so beträgt die Anfechtungsfrist ein volles Jahr (§§ 123, 124 BGB), und Wallroth haftet Ihnen aus seiner unerlaubten Handlung (§ 823 II BGB i. V. m. § 263 StGB, §§ 826, 819, 818 Abs. 4 §§ 292, 989 ff. BGB) auf das volle Interesse, nicht bloß auf die Bereicherung. Ob aber die Anfechtung des obligatorischen Kaufvertrages zugleich den Übergang des Eigentums an den bereits gelieferten Waren auf Wallroth rückgängig macht, ist — sowohl bei Irrtums- wie bei Arglistanfechtung — zweifelhaft und in der Regel nicht anzunehmen. Resultat der Anfechtung: Sie haben Forderungen, die zwar sofort fällig, der Höhe nach jedoch weit schwerer zu begründen sind, als wenn Sie beim Vertrage stehen bleiben, und dabei steht nicht einmal fest, daß die gelieferten Waren in Ihr Eigentum zurückfallen und Sie in einem etwa ausbrechenden Konkurse gesichert sind. — Gehen wir jetzt von der zweiten Möglichkeit aus, daß Wallroth bei Abschluß des Geschäfts noch gut war. Die nachträgliche Verschlechterung der Vermögenslage des Gegenkontrahenten bei einem Kreditgeschäft regelt § 321 dahin, daß der andere Teil seine Leistung verweigern darf, bis die ihm zukommende Gegenleistung bewirkt oder Sicherheit für sie gestellt wird. Soweit Sie bereits erfüllt haben, also in Höhe der 410 Mark, nützt Ihnen das Leistungsweigerungsrecht nichts. Wegen der 245 DM schützt es Sie vor der Gefahr, selbst ohne ausreichende Sicherheit leisten zu müssen, wenn Wallroth die ausstehenden Waren fordert. Ob und wie Sie aber gegen ihn mit Hilfe des § 321 BGB auf Zahlung der 245 DM oder auf Abnahme der Restlieferung gegen Zahlung oder Sicherstellung klagen oder ihn in Verzug setzen und zu einem Schadensersatzanspruch gemäß § 326 BGB gelangen können, ist eine umstrittene Frage. Das Recht, die Restlieferung mit einer Nachnahme zu belegen, haben Sie keinesfalls.

Denn bei der Nachnahme muß der Empfänger die Sendung einlösen, ohne ihre Beschaffenheit geprüft zu haben. Wenn dagegen Lieferung und Zahlung Zug um Zug vorzunehmen sind (§§ 320, 322 BGB), so braucht der Käufer erst zu zahlen, nachdem ihm Gelegenheit zur Untersuchung geboten war. In Fällen der zweiten Art pflegt der Verkäufer einen am Wohnort des Käufers ansässigen Spediteur einzuschalten, der die Anweisung erhält, dem Käufer die Ware anzudienen, Besichtigung und Probeziehung zu gestatten, die Aushändigung jedoch von der Bezahlung des Kaufpreises abhängig zu machen

Zur Tragweite des § 321 BGB: Diese Vorschrift ist ein Anwendungsfall des Gedankens von der Veränderung der Vertragsgrundlage. Nach ihrem Wortlaut hat der an sich vorleistungspflichtige Verkäufer bloß ein Leistungsverweigerungsrecht, während im übrigen der Inhalt des Schuldverhältnisses unverändert bleibt. Verklagt also der Käufer den an sich vorleistungspflichtigen Verkäufer, so kann dieser auf seine Einrede nur auf Leistung Zug um Zug verurteilt werden (§ 322 Abs. 1 BGB). Mehr besagt aber diese Vorschrift nicht: Der Vorleistungspflichtige erhält nicht etwa einen Anspruch gegen den anderen Teil auf Leistung Zug um Zug oder auf Sicherheit (RGZ 53, 64). Der Vorleistungspflichtige muß vielmehr auf die ihm zustehende Gegenleistung warten, bis sein Anspruch fällig ist. Das berücksichtigt BGH NJW 68, 103, nicht, wenn er fragt, ob der Verzug des — vorleistungspflichtigen — Verkäufers etwa dadurch nachträglich entfallen ist, daß der Verkäufer gemäß § 321 BGB das Recht erworben und geltend gemacht hat, „seine Leistung von der sofortigen Gegenleistung des Käufers abhängig" zu machen. Dem Ergebnis des BGH ist freilich zuzustimmen: Ist ein Schuldner, der vorzuleisten hat, in Verzug gekommen, so kann der Verzug geheilt werden, wenn die Voraussetzungen des § 321 BGB eintreten und der Schuldner nunmehr seine Leistung gegen Bewirkung der Gegenleistung anbietet. Erhebt der Vorleistungspflichtige die Einrede nach § 321 BGB, so tritt ein mißlicher Schwebezustand ein. Es bleibt während dessen ungewiß. ob sich der andere Teil zur Leistung Zug um Zug oder zur Sicherheitsleistung verstehen wird; der Vorleistungspflichtige aber bleibt an den Vertrag gebunden und zur Erfüllungsbereitschaft verpflichtet (RGZ 53, 65). Eine Beseitigung dieses Schwebezustandes soll mit Hilfe des § 326 BGB nicht zuerreichen sein, da der andere Teil mangels einer Verpflichtung zur Zug-um-Zug-Leistung nicht im Verzug sei. Doch wird dem Vorleistungspflichtigen heute überwiegend ein Rücktrittsrecht nach § 242 BGB zuerkannt, wenn der Gegner bis oder nach Fälligkeit seiner Vorleistung die Erfüllung Zug um Zug oder Sicherheitsleistung verweigert, vgl. BGHZ 11, 85. Verweigert der andere Teil endgültig die Gegenleistung, so wird dem Vorleistungspflichtigen ein Recht zum Rücktritt oder Schadensersatz unter dem Gesichtspunkt der positiven Vertragsverletzung zuerkannt (Erman-Groepper § 321 Anm. 3b).

Vermögensverschlechterung wird in der Regel Vermögensminderung sein. Doch erforderlich ist das nicht, wie sich schon aus dem Wortlaut ergibt. In den Fällen des § 321 BGB liegt die Leistung dessen, der Anspruch auf die Vorleistung hat, in der Zukunft. Es kann daher nicht darauf ankommen, ob die Mittel für die Leistung beim Vertragsschluß schon vorhanden waren oder ein entsprechender Anspruch auf sie besteht. Eine Krediterschütterung reicht schon zur Verschlechterung der Vermögensverhältnisse aus. So gehört z.B. eine begründete Aussicht auf Kreditgewährung zu den Vermögensverhältnissen; die Ablehnung des Kreditgesuchs kann eine wesentliche Verschlechterung sein. Auch Vollstreckungsmaßnahmen wegen Schulden, die bereits bei Vertragsschluß bestanden haben, können eine Verschlechterung bedeuten (BGH NJW 64, 99)

Vermögensverschlechterung im Wechselrecht: Hätte Wallroth der Firma Hering sein Akzept gegeben, so würden alle Schwierigkeiten behoben sein. Dem Inhaber des Papiers steht nämlich schon vor Verfall der (früher sogenannte) „Sicherheitsregreß" zu, sofern über das Vermögen des Bezogenen — gleichviel ob er den Wechsel angenommen hat oder nicht — Konkurs oder Vergleichsverfahren eröffnet wird, oder er seine Zahlungen einstellt, oder eine fruchtlose Zwangsvollstreckung gegen ihn vorgenommen wird. Der Regreß geht auf sofortige Zahlung der Wechselsumme mit Nebenforderungen, jedoch unter Abzug des Zwischenzinses bis zum eigentlichen Fälligkeitstermin (Art. 43 Abs. 2 Nr. 2, Art. 48 Abs. 1 Nr. 1, Abs. 2 WG). —

Pommer: Und der Arrest?

Rechtsanwalt: Daß die Fälligkeit Ihrer Forderung noch aussteht, würde für den Arrest nicht stören (arg. § 916 Abs. 2 ZPO). Fraglich ist dagegen, ob der Arrestgrund für ausreichend befunden werden oder das Gericht wenigstens eine Sicherheitsleistung von Ihrer Seite als Surrogat für volle Glaubhaftmachung annehmen wird (vgl. § 921 Abs. 2 S. 2 ZPO). Sie wollen mir entgegenhalten: wenn Wallroths übrige Gläubiger der Firma Hering mit Pfändung zuvorkommen, gehen wir leer aus, folglich liegt die Gefahr vor, daß die Vollstreckung meines Anspruchs ohne Erlaß des Arrestes vereitelt wird. Die in § 917 Abs. 1 vorausgesetzte Gefahr der Vollstreckungsvereitelung muß aber in einer Verringerung der zugriffsfähigen Aktiva bestehen, während die drohende Konkurrenz anderer Gläubiger nicht als Arrestgrund anerkannt wird (RGZ 67, 26). Denn der Arrest will ihm nicht einen Vorrang vor anderen Gläubigern einräumen. Für eine Absicht Wallroths, Bestandteile seines Vermögens zu verschieben, ergibt die Auskunft nichts. Und dann noch eins: wird der Arrest — mit oder ohne Sicherheit — angeordnet und erweist er sich später als ungerechtfertigt, so ist Ihre Firma Wallroth für den entstandenen Schaden ersatzpflichtig (§ 945 ZPO).

Pommer: Sind wenigstens die Pfändungen anderer Gläubiger, die uns zuvorkommen, anfechtbar?

Rechtsanwalt: Nur wenn Konkurs oder Vergleichsverfahren eröffnet ist und nur zu Gunsten der Masse, die zur gemeinschaftlichen Befriedigung aller Konkursgläubiger bestimmt ist (§ 3 I KO).

Vgl. §§ 29, 30 Nr. 2 KO. Für das Vergleichsverfahren sind die §§ 28, 87, 104 VerglO maßgebend.

— Anfechtung von Pfändungen außerhalb des Konkurses: Außerhalb von Konkurs und Vergleichsverfahren gibt es keine par conditio creditorum. Mithin kann der Umstand, daß einzelne Gläubiger durch Vollstreckungsmaßregeln gesichert und vor den übrigen bevorzugt sind, hier keinen Arrestgrund bilden. Zudem beschränkt § 1 AnfG die Anfechtbarkeit auf Rechtshandlungen „eines Schuldners". Dabei ist es freilich gleichgültig, ob der Schuldner diese Rechtshandlung freiwillig oder unter Zwang (vgl. § 6 AnfG) vorgenommen hat. Nach § 29 KO können hingegen „Rechtshandlungen, ... die vorgenommen sind", schlechthin angefochten werden; der Schuldner braucht also nicht aktiv Handelnder zu sein. Daraus folgt: Pfändungen sowie sonstige Maßnahmen der Zwangsvollstreckung und Arrestvollziehung sind außerhalb des Konkurses nur anfechtbar, wenn sie gewissermaßen als Rechtshandlungen „des Schuldners" erscheinen, weil sie durch Kollusion des Schuldners mit dem pfändenden Gläubiger zustande gebracht wurden. Beispiele: Die Forderung, wegen der vollstreckt wurde, war im Einverständnis mit dem Schuldner fingiert; der Schuldner hat dem Gläubiger den Wink gegeben, Zahlungsbefehl gegen ihn zu beantragen, gegen den er keinen Widerspruch erhoben hat, während die Klagen anderer Gläubiger von ihm durch unbegründete Einwendungen hingehalten wurden; er hat den Gläubiger selbst auf geeignete Vollstreckungsobjekte aufmerksam gemacht. Vgl. RGZ 47, 223; 69, 163. —

Pommer: Was raten Sie mir zu tun?

Rechtsanwalt: Schicken Sie Timm nach Düren und lassen Sie ihn in erster Reihe feststellen, ob ein wirklicher Arrestgrund vorliegt und glaubhaft gemacht werden kann. Glaubt Timm etwas Positives ausfindig gemacht zu haben, so soll er mich anrufen. In zweiter Reihe soll Timm versuchen, Wallroth zur Unterzeichnung eines nachträglichen Eigentumsvorbehalts zu bestimmen, wobei wir uns allerdings klar darüber sein wollen, daß die Rückübereignung der gelieferten Waren unter Umständen anfechtbar ist, falls es in nächster Zeit zum Konkurse kommt. Kann Ihre Forderung weder durch Arrest noch durch nachträglichen Eigentumsvorbehalt gesichert werden, so stehen zwei Wege offen: Entweder wir erheben beim hiesigen

Amtsgericht, das nach Ihren Lieferungsbedingungen als Gerichtsstand des Erfüllungsortes zuständig ist, sofort Klage auf Zahlung der 410 DM zum 8. November mit der Begründung, daß angesichts des Vermögensverfalls des Beklagten die Gefahr vorliegt, er werde sich der rechtzeitigen Erfüllung seiner Zahlungspflicht entziehen (§ 259 ZPO). Der Termin wird noch vor dem 8. November angesetzt werden. Sie haben dann am Fälligkeitstag einen Schuldtitel in der Hand und können vollstrecken; das Risiko ist bloß, daß Wallroth anerkennt und beantragt, Ihnen die Prozeßkosten aufzulegen, weil ein Anlaß zur Klage auf künftige Leistung nicht bestanden, und weil er die Schuld nach Fälligkeit sofort anerkannt habe (§ 93 ZPO). Oder aber — und das würde ich tun, falls man nach Timms Erkundigungen die Situation so beurteilen muß, daß Wallroth tatsächlich zahlungsunfähig ist — es wird beim Amtsgericht Düren Konkurs beantragt, damit Ihnen wenigstens kein Dritter mit einer Pfändung zuvorkommt, und damit die vorhandene Masse unter sämtliche vorhandene Gläubiger gleichmäßig aufgeteilt wird. Zum Konkursantrag sind Sie schon vor Eintritt der Fälligkeit Ihrer Forderung berechtigt (§ 103 II, § 3 I, § 65 KO). Haben Sie Glück, so zahlt Wallroth Ihre Forderung voll aus, um die Eröffnung des Konkurses abzuwenden. Den Konkursantrag sowie den Entwurf der Erklärung über den nachträglichen Eigentumsvorbehalt werde ich aufsetzen und Timm mitgeben. Wegen der Restlieferung von 245 DM warten Sie vorläufig ab.

Ein Teil der hier behandelten Fragen könnte im Examen zu dem folgenden

Prüfungsgespräch

führen:

Prüfer: „Können Sie sich vorstellen, daß man Zwangsvollstreckungsakte, z.B. eine Pfändung, anfechten kann?“

1. Prüfling: „Ja, ich denke an Einwendungen und Erinnerungen gegen die Art und Weise der Zwangsvollstreckung oder das vom Gerichtsvollzieher bei ihr zu beobachtende Verfahren. Das Vollstreckungsgericht kann und muß gegebenenfalls eine Zwangsvollstreckungsmaßnahme, z.B. eine Pfändung, für unzulässig erklären mit der Folge, daß die getroffene Zwangsvollstreckungsmaßnahme aufzuheben ist. Vor dieser Entscheidung ist eine einstweilige Einstellung der Zwangsvollstreckung möglich. Das alles ergibt sich aus § 766 Abs. 1, § 732 Abs. 2, § 775 Nr. 1 und Nr. 2, § 776 ZPO.“

Prüfer: „Ja! Auf diese Frage können Sie so antworten. Sie haben an einen Rechtsbehelf gegen eine Zwangsvollstreckungsmaßnahme gedacht. Ich habe eine Anfechtung im Auge, die kein prozessualer Rechtsbehelf ist.“

2. Prüfling: „Die bürgerlichrechtliche Anfechtung, z.B. die wegen Irrtums oder arglistiger Täuschung nach den §§ 119, 123 BGB, kann ebenfalls nicht gemeint sein; denn die bezieht sich nur auf Willenserklärungen als auf den notwendigen Bestandteil eines Rechtsgeschäfts. Zwangsvollstreckungsmaßnahmen sind hingegen staatliche Hoheitsakte, also gerade keine Willenserklärungen.“

Prüfer: „Ganz richtig! Meine Frage bleibt also unbeantwortet.“

3. Prüfling: „Ich denke an die Konkursanfechtungen, genauer: An die Anfechtung innerhalb des Konkursverfahrens. Anfechtbar sind nach § 29 KO „Rechtshandlungen, die vor der Eröffnung des Konkursverfahrens vorgenommen sind.“ Die Frage ist also, ob eine Zwangsvollstreckung, z.B. eine Pfändung, eine Rechtshandlung ist.“

Prüfer: „Danke, die Frage ist richtiggestellt.“

4. Prüfling: „Ich möchte die Frage verneinen. Sinn der Anfechtung ist doch der, zu verhindern, daß der spätere Gemeinschuldner Vermögensgegenstände seinen Gläubigern in Benachteiligungsabsicht entzieht. Das wird ganz deutlich, wenn man sich § 30 Nr. 1 und §§ 31, 32 KO ansieht. Danach sind die „von dem Gemeinschuldner eingegangenen Rechtsgeschäfte", „Rechtshandlungen, die der Gemeinschuldner... vorgenommen hat", „entgeltliche Verträge des Gemeinschuldners" und „vom Gemeinschuldner vorgenommene unentgeltliche Verfügungen anfechtbar. Mit Rechtshandlungen in § 29 KO sind also Zwangsvollstreckungsakte z.B. eines Gläubigers des späteren Gemeinschuldners nicht gemeint."

5. Prüfling: „Das widerspricht dem Sinn und dem Wortlaut der Anfechtungsvorschriften: Der beherrschende Grundsatz des Konkursverfahrens ist, die Konkursgläubiger gleichmäßig aus der Konkursmasse zu befriedigen, also keinen Konkursgläubiger vor dem anderen zu bevorzugen, vgl. §§ 1, 3, 14 KO. Die bevorzugte Behandlung der Aussonderungsberechtigten, Absonderungsberechtigten und der Massegläubiger (vgl. §§ 4, 43, 47ff., §§ 57ff. KO) bestätigen diesen Grundsatz nur. Infolgedessen ist es gleichgültig, ob der Schuldner durch ein Rechtsgeschäft oder ein Gläubiger des Gemeinschuldners durch eine Zwangsvollstreckungsmaßnahme, z.B. durch eine Pfändung, die künftige Konkursmasse auf Kosten der anderen Konkursgläubiger verkleinert hat. Die allein darin liegende Benachteiligung der Gesamtheit der Konkursgläubiger soll und muß vermieden werden. Das Gesetz sagt das übrigens in § 29 KO zweifelsfrei: Darin ist von Rechtshandlungen die Rede, die „vorgenommen sind". Das Subjekt der Handlungen, etwa der Gemeinschuldner, wird mit Recht im Gesetz nicht genannt. Zwangsvollstreckungsakte sind öffentlich-rechtliche Handlungen, also Rechtshandlungen. Im übrigen darf man in § 30 Nr. 1 nicht den zweiten Halbsatz übersehen. Er bestätigt das von mit Gesagte: „Rechtshandlungen, die einem Konkursgläubiger Sicherung oder Befriedigung gewähren", sind vor allem Zwangsvollstreckungsakte. Dasselbe gilt übrigens für § 30 Nr. 2, der die inkongruente Deckung z.B. durch Zwangsvollstreckungsakte betrifft."

Prüfer: „Gut! So ist es richtig."

(Zum 4. Prüfling): „Haben Ihre Überlegungen gar keine Geltung?"

4. Prüfling: „Zwar nicht, wie ich zugeben muß, für die Anfechtung innerhalb des Konkursverfahrens. Aber für die Anfechtung außerhalb des Konkursverfahrens. Sie ist im Anfechtungsgesetz, genauer, im Gesetz, betreffend die Anfechtung von Rechtshandlungen eines Schuldners außerhalb des Konkursverfahrens, von 1879 geregelt. Wie schon die Bezeichnung des Gesetzes und auch sein § 1 zeigen, der ebenfalls von „Rechtshandlungen eines Schuldners" spricht, werden Zwangsvollstreckungsakte von der Anfechtung nach dem Anfechtungsgesetz nicht erfaßt. Der Grund hierfür ist einfach der: Eine gleichmäßige Befriedigung aller Gläubiger gibt es nicht. Infolgedessen muß der Gläubiger, der gerade Befriedigung vom Schuldner verlangt und durch die anfechtbare Rechtshandlung benachteiligt worden ist, den Schutz des Anfechtungsgesetzes in Anspruch nehmen. Das geschieht, indem er die ihn benachteiligende Rechtshandlung anficht. Anfechtungsberechtigt ist mithin der einzelne Gläubiger, während es bei der Anfechtung im Konkurs der Konkurs-Verwalter ist, siehe § 2 AnfG, § 36 KO".

Prüfer: „Lesen Sie bitte einmal § 6 des Anfechtungsgesetzes vor und sagen Sie, ob die soeben gegebene Antwort richtig ist."

1. Prüfling: „§ 6 lautet: 'Die Anfechtung wird nicht dadurch ausgeschlossen, daß für die anzufechtende Rechtshandlung ein vollstreckbarer Schuldtitel erlangt oder daß dieselbe durch Zwangsvollstreckung oder durch Vollziehung des Arrestes erwirkt worden ist'. Nur auf den ersten Blick scheint es, als werde damit die Anfechtung auch von Zwangsvollstreckungsmaßnahmen eröffnet. So ist es aber nicht. Ich darf die Vorschrift an zwei Beispielen erläutern:

Beispiel 1: Der Schuldner S verkauft in der Absicht der Gläubigerbenachteiligung sein Kraftfahrzeug an Z, dem die böse Absicht des S bekannt ist. Da S den Vertrag nicht erfüllt, verklagt ihn Z und erlangt ein rechtskräftiges Urteil auf Übereignung des Fahrzeugs. Im Wege der Zwangsvollstreckung wird der Wagen vom Gerichtsvollzieher bei S abgeholt (§§ 883, 894, 897 ZPO). In diesem Falle ist die anzufechtende Rechtshandlung des Schuldners, nämlich die Übereignung des Kraftfahrzeugs, durch Zwangsvollstreckung erwirkt worden, siehe § 6 Fall 2 AnfG. Es soll also gleichgültig sein, ob der Schuldner freiwillig oder unfreiwillig (aufgrund einer Zwangsvollstreckungsmaßnahme) die anfechtbare Rechtshandlung vornimmt.

Beispiel 2: Der Schuldner S kauft von Z ein unbrauchbares, fast nur noch Schrott bildendes Oldsmobile von 1905, dessen Wert mit 750,— DM anzusetzen ist, für 5.000,— DM, und zwar ebenfalls in der dem Z bekannten Absicht der Gläubigerbenachteiligung. Anfechtbar ist hier die Verpflichtung des S, eine fast wertlose Sache weit über Wert zu bezahlen (§ 433 Abs. 2 BGB); denn dadurch wird die Schuldenmasse vermehrt, was ebenso wie eine Verringerung der Aktivmasse die Gläubiger benachteiligt. Wenn nun S den Kaufpreis schuldig bleibt und Z gegen ihn einen vollstreckbaren Schuldtitel auf Zahlung erlangt, so ist der erste Fall des § 6 AbfG gegeben. Die an sich nach § 3 Abs. 1 Nr. 1 AnfG anfechtbare Rechtshandlung des S soll nicht etwa deshalb unanfechtbar sein, weil der Gläubiger Z für seinen anfechtbar erworbenen Kaufpreisanspruch einen Titel erlangt hat. In beiden Beispielen zeigt sich, daß eine gerichtliche Maßnahme, insbesondere ein Vollstreckungsakt, nicht als solche anfechtbar sind, sondern immer nur Rechtshandlungen, die nach den dem § 6 AnfG vorausgehenden Bestimmungen anfechtbar sind.

Prüfer: „In Ordnung. Kommt ein Gläubiger also mit der Anfechtung außerhalb des Konkursverfahrens überhaupt nicht an eine Zwangsvollstreckungsmaßnahme heran?"

2. Prüfling: „Doch, wenn auch nur mittelbar: Ich denke dabei an Fälle, in denen die Zwangsvollstreckungsmaßnahme gewissermaßen als Rechtshandlung des Schuldners erscheint. In Wahrheit ist es aber so, daß die Zwangsvollstreckung erst durch eine anfechtbare Rechtshandlung des Schuldners ermöglicht wird oder sie von ihm sonstwie anfechtbar gefördert wird."

Prüfer: „Ja, könnten Sie hierfür ein Beispiel bilden?"

3. Prüfling: „S könnte z.B. gegen eine Zwangsvollstreckung erfolgreich mit der Zwangsvollstreckungsgegenklage nach § 767 ZPO vorgehen. Er unterläßt es aber. Oder: Der Schuldner läßt gegen sich ein Versäumnisurteil ergehen oder gar auf sein Anerkenntnis ein Anerkenntnisurteil, obwohl ein Anspruch gar nicht besteht, damit der Gläubiger durch die Zwangsvollstreckung Vorteile vor anderen Gläubigern habe. Oder: Der Schuldner benachrichtigt den Gläubiger von der bevorstehenden Pfändung eines anderen Gläubigers und fordert ihn auf, dem anderen zuvorzukommen. Oder: Der Schuldner verheimlicht Pfandgegenstände, um sie gerade für den Zugriff des begünstigten Gläubigers bereitzuhalten. In allen diesen Fällen vollendet sich der Benachteiligungsakt erst in der Vollstreckung; das Handeln des Schuldners und der Zwangszugriff des vollstreckenden Gläubigers bilden als Gesamtvorgang die anfechtbare Handlung. Die Folge ist, daß ein Anspruch auf Rückgewähr entsteht. Die Existenz des Urteils und die Zwangsvollstreckung ändern diese Rückgewähr nicht, wie § 6 zeigt."

Prüfer: „Sehr schön. Sie sprechen von Rückgewähr. Was heißt das?"

4. **Prüfling:** „Nach § 7 Abs. 1 AnfG und § 37 Abs. 1 KO, die inhaltlich übereinstimmen, muß dasjenige, was durch die anfechtbare Handlung aus dem Vermögen des Gemeinschuldners herausgekommen ist, als noch zu demselben gehörig (so § 7 Abs. 1 AnfG) und „zur Konkursmasse" (so § 37 Abs. 1 KO) zurückgewährt werden. Die Anfechtung hat also nicht etwa die Wirkung, wie § 142 BGB sie für die Anfechtung von Willenserklärungen anordnet. Es tritt also nicht etwa Nichtigkeit der Rechtshandlung ein. Die Anfechtung wirkt also nicht dinglich. Sie ist kein Gestaltungsrecht. Wird vom Gläubiger oder vom Konkursverwalter angefochten, so wird die angefochtene Rechtshandlung nicht etwa dem Gläubiger oder den Konkursgläubigern gegenüber unwirksam. § 1 des Anfechtungsgesetzes und § 29 der Konkursordnung sind insoweit irreführend, wenn darin davon die Rede ist, daß die Rechtshandlungen „als den Konkursgläubigern gegenüber" oder „dem Gläubiger gegenüber unwirksam angefochten werden". Ebenso irreführend ist der für einen schuldrechtlichen Anspruch ungewöhnliche Ausdruck „Anfechtungsrecht" in § 36 KO. Die Anfechtung, genauer gesagt die Anfechtbarkeit, hat vielmehr nur schuldrechtliche Wirkung. Sie erzeugt einen persönlichen Anspruch auf Rückgewähr. Der Anspruch entsteht, wenn der Anfechtungstatbestand gegeben ist und der Konkurs eröffnet wird. Einer Anfechtungserklärung bedarf es also gar nicht. Infolgedessen knüpft das Gesetz in § 41 KO die Jahresfrist nicht an die Anfechtung, sondern läßt die Frist mit der Konkurseröffnung beginnen. Anfechtung ist nichts anderes als das Geltendmachen der Anfechtbarkeit. Dies kann durch Klage, Widerklage, Einrede oder Gegeneinrede im Prozeß geschehen."

Prüfer: „Das ist alles richtig. Aber warum hat die Anfechtung diese Wirkung?"

5. **Prüfling:** „Der entscheidende Grund hierfür liegt in folgendem: Der konkursrechtlichen Anfechtung sind auch Zwangsvollstreckungsakte unterworfen. Die Annahme, es könnten staatliche Hoheitsakte durch eine private Willenserklärung des Konkursverwalters unwirksam gemacht werden, ist mit dem gesamten Aufbau des Vollstreckungsrechts unvereinbar. Staatsakte sind nur in seltenen Ausnahmefällen — die Anfechtungstatbestände geben solche Ausnahmen nicht ab — nichtig (wirkungslos), so insbesondere im Falle einer Scheinvollstreckung, bei der z.B. ein falsches oder gar kein Vollstreckungsorgan tätig wird, oder wo eine wesentliche Voraussetzung, z.B. der Vollstreckungstitel, fehlt. In allen anderen Fällen ist auch der mangelhafte (= rechtswidrige) Vollstreckungsakt wirksam, bis er durch ordnungsmäßigen Rechtsbehelf beseitigt ist. Es wäre seltsam, könnte eine ordnungsmäßige Zwangsvollstreckung durch eine private Willenserklärung aus der Welt geschaffen werden, ein grob fehlerhafter Vollstreckungsakt hingegen nur durch gerichtliche Entscheidung, z.B. nach den §§ 732, 766, 767, 771 ZPO. Muß man aber der Anfechtbarkeit von Zwangsvollstreckungsmaßnahmen schuldrechtliche Wirkung beimessen, so kann es bei der Anfechtbarkeit von Rechtsgeschäften nicht anders sein. Schließlich muß das für die Anfechtbarkeit innerhalb und außerhalb des Konkurses gleichermaßen gelten. Denn beide Anfechtungsmöglichkeiten ergänzen einander. Sie beruhen auf demselben rechtspolitischen Grundgedanken, durch anfechtbare Handlungen benachteiligte Gläubiger — hier eines einzelnen, dort der Gesamtheit der Gläubiger — zu schützen."

Prüfer: „Gut. Wie trägt das Gesetz den Interessen der Gläubiger und eines zahlungsunfähig gewordenen Schuldners Rechnung, der den Konkurs abwenden möchte?"

1. **Prüfling:** „Der Schuldner, und zwar nur dieser, kann die Eröffnung des Vergleichsverfahrens bei dem für die Konkurseröffnung zuständigen Gerichts, beim

Vergleichsgericht, beantragen. Dieses Verfahren, geregelt in der Vergleichsordnung, dient der Abwendung des Konkurses. Die damit verbundene Aufrechterhaltung des Schuldnerbetriebes liegt oft nicht nur in dessen Interesse, sondern auch in dem der Gläubiger. Die Vergleichsordnung kennt keine der Konkursanfechtung entsprechende „Vergleichsanfechtung", wie man sie nennen könnte. Einem „zu befürchtenden Ausverkauf der späteren Vergleichsmasse" tritt das Gesetz hier auf andere Weise entgegen, nämlich durch eine Sperrfrist. Dadurch wird die Wirkung der Eröffnung des Vergleichsverfahrens gewissermaßen vorverlegt: Gläubiger, die durch eine Zwangsvollstreckungsmaßnahme, z.B. durch eine Pfändung, eine Sicherung, zum Beispiel ein Pfändungspfandrecht, innerhalb dieser Sperrfrist — sie beträgt 30 Tage — erlangt haben, „bleiben Vergleichsgläubiger". Das heißt, sie nehmen unabhängig von den Beschränkungen, die sich aus ihren durch die Zwangsvollstreckungsmaßnahme etwa erlangten Absonderungsrechten ergeben, am Vergleichsverfahren teil."

Prüfer: „Ja. Bedeutet dies, daß die durch die Zwangsvollstreckungsmaßnahme erlangte Sicherung unwirksam ist?"

2. Prüfling: „Zunächst nicht. § 28 S. 1 VerglO versagt der Zwangsvollstreckungsmaßnahme vorläufig die Anerkennung. Dasselbe gilt übrigens nach Satz 2 dieser Vorschrift für eine durch die Zwangsvollstreckung bewirkte Befriedigung des Gläubigers. Vorläufig heißt: Für die Dauer des Vergleichsverfahrens wird der Gläubiger so behandelt, als habe er eine Sicherung oder Befriedigung durch Zwangsvollstreckung nicht erlangt. Im Falle einer Zwangssicherung hat § 28 VerglO für die Dauer des Vergleichsverfahrens nur die Bedeutung einer gesetzlichen Einstellung des Vollstreckungsverfahrens."

Prüfer: „Einverstanden?"

3. Prüfling: „Ja. Diese Überlegungen ergeben sich unmittelbar aus § 28 VerglO, aber auch aus § 87 und § 104 dieses Gesetzes. Die erwähnte vorläufige Wirkung wird zur endgültigen, daß heißt, eine Zwangssicherung wird endgültig unwirksam, wenn es zum Vergleich kommt und dieser vom Vergleichsgericht bestätigt wird. Das im Wege der Zwangsvollstreckung zur Befriedigung bereits Erlangte muß der Gläubiger als ungerechtfertigte Bereicherung an den Schuldner herausgeben. Das gleiche gilt, wenn es zum Anschlußkonkurs kommt, mit dem Zeitpunkt seiner Eröffnung, siehe § 104 VerglO."

Prüfer: „In Ordnung!"

Lies: Schönke-Baur, Zwangsvollstreckungs- Konkurs- und Vergleichsrecht, 7. Aufl., § 51 G I, II, IV; Jaeger-Lent, Konkursordnung, 8. Aufl., Vorbemerkungen zu §§ 29—42 (Grundsätzliches zur Anfechtung im Konkurse) = Band 1 Seite 399—407; Einleitung III (Grundsätze des materiellen Konkursrechts) = Seite XLIX—LV; Stein-Jonas-Münzberg, ZPO, 19. Aufl., Anm. IX vor § 704; Baumbach-Lauterbach, ZPO, 29. Aufl., § 704, Grundzüge 8! —

Rechte des Käufers bei Ankunft schwimmenden Gutes mit Mängeln. Beweissicherung. Streitverkündung

Information. Am 24. Oktober 1969 schreibt die Öl- und Fettwarenhandlung Leopold Möller-Köln dem Anwalt:

> „Wir kauften am 6. d. M. von *Harder & Co.* in Hamburg einen Posten von 100 Faß zu 250 kg prima norwegischen Fischtran in guten haltbaren Fässern zum Preise von 58 DM je 100 kg, Kasse gegen Dokumente. Wir haben den Kaufpreis von 14540 DM am 10. Oktober an *Harder & Co.* gezahlt und das Konnossement"

korrekt: den „Ladeschein" (§§ 444f. HGB, §§ 26, 72 BSchG genau: Gesetz, betreffend die privatrechtlichen Verhältnisse der Binnenschiffahrt vom 15. 6. 1895 (RGBl. S. 301). Nur im Seerecht heißt das Papier „Konnossement“ (§ 642 HGB),

„sowie die Transportversicherungspolice der ‚Friesischen Transportversicherungs AG‘ in Lübeck über 14500 DM, beide mit Blankoindossament versehen, ausgehändigt erhalten. Die Ware ist am 20. Oktober mit Kahn, Brigitte‘ der ‚Pommerania‘, Flußschiffahrts-Reederei GmbH. in Hamburg, Schiffer *Kröger*, in Köln Stadthafen eingetroffen.“

„Schiffer“ ist der Schiffsführer (Kapitän, magister navis), während der Eigentümer des Schiffes als solcher (exercitor navis) „Schiffseigner“, im Seerecht „Reeder“ genannt wird. Der Schiffer hat gesetzliche Vollmacht, bestimmte Rechtsgeschäfte namens des Eigentümers vorzunehmen, und öffentlich-rechtliche Obliegenheiten, u.a. zur Führung des Schiffstagebuchs (nur nach § 519 HGB) und zur Herbeiführung einer „Verklarung“: Wird das Schiff oder die Ladung von einem Unfall betroffen, so ist der Schiffer berechtigt und auf Verlangen des Schiffseigners oder eines Ladungsbeteiligten verpflichtet, vor dem Amtsgericht eine Beweisaufnahme über Unfall und Schaden zu beantragen (§ 11 BSchG; nach den §§ 522, 523 HGB muß der Schiffer über Unfälle „eine Verklarung ablegen“, indem er einen Bericht — Verklarungsbericht — über den Unfall beim zuständigen Gericht oder Konsul der Bundesrepublik „einreicht“, s. § 2 der VO zur Vereinfachung des Verfahrens über Verklarungen vom 16. 8. 1944 — RGBl. I S. 183 — i.V.m. § 36 des Konsulargesetzes). Es handelt sich also um eine besondere Art des Beweissicherungsverfahrens.

Umfassende polizeiliche Befugnisse des Kapitäns ergeben sich aus § 106 des Seemannsgesetzes, der eine polizeiliche Generalklausel (entsprechend § 14 PVG) enthält.

„Da sich bald herausstellte, daß die Fässer großenteils schadhaft und ausgelaufen, der Tran verschmutzt, zersetzt und verdorben war, so haben wir die Sendung nicht abgenommen, vielmehr zur Wahrung unserer Rechte die Ware durch die vereidigten Sachverständigen *Bongartz* und *Born* besichtigen lassen“

— es handelt sich um eine Begutachtung ohne förmliches Verfahren, zu welcher kein Zwang bestand, weil Möller, bisher wenigstens, nicht abgenommen hat. Dagegen ist im Frachtgeschäft die Feststellung durch „amtlich bestellte“ Sachverständige (einer genügt!) zur Erhaltung der Rechte gegen den Frachtführer notwendig, falls der Addressat das Gut annehmen will. Die Besichtigung muß a) bei sofort erkennbaren Mängeln vor der Annahme erfolgen, b) bei heimlichen Mängeln sofort nach der Entdeckung und binnen einer Woche seit Annahme beantragt werden. Man kann entweder das Beweissicherungsverfahren nach der ZPO (unten S. 172) oder das Verfahren nach § 164 FGG wählen, sich aber auch außergerichtlich an den Sachverständigen wenden. Ist Vorsatz oder grobe Fahrlässigkeit nachweisbar, so haftet der Frachtführer ohne Beobachtung dieser Formalien (§ 438 HGB, § 61 Abs. 4 BSchG). Dabei hat er nicht nur das Verschulden seiner Erfüllungsgehilfen, § 278 BGB („Personen, deren er sich bei der Ausführung der Beförderung bedient“), sondern weitergehend das Verschulden „seiner Leute“ zu vertreten (§§ 431, 432 HGB, § 26 BSchG).

„und den Schadensfall telegraphisch und brieflich der Reederei, der Verkäuferin *Harder & Co.*“

— §§ 377/8 HGB. Gewichtsmanko gehört an sich nicht zu den Sachmängeln, müßte vielmehr eigentlich Rechte wegen teilweiser Nichterfüllung aus §§ 320f., 440 BGB (30jährige Verjährung!) begründen. Da aber § 378 HGB die Rügepflicht des § 377 auf die Fälle der Minderleistung und der Lieferung einer anderen als der bedungenen Ware ausdehnt, so zieht man trotz des insoweit nicht eindeutigen Wortlauts daraus die Konsequenz, daß dem Käufer in diesem Falle ausschließlich die Gewährleistungsansprüche der §§ 459f. BGB (kurze Verjährung nach § 477!) zustehen. Denn der

Sinn des § 378 HGB ist es gerade, die in ihm geregelten, dem § 377 HGB sachlich gleichliegenden Fälle auch in bezug auf die Gewährleistungsvorschriften gleich zu behandeln (RGZ 86, 90). —

„sowie der ‚Friesischen' angezeigt."

— s. § 33 Abs. 1 VVG. Bestimmen die Versicherungsbedingungen, daß der Anspruch des Versicherungsnehmers bei Unterlassung der Anzeige vom Eintritt des Versicherungsfalls verwirkt (d. h. der Versicherer von der Verpflichtung zur Leistung frei) sein solle, so hat das keine Geltung, wenn dem Versicherungsnehmer weder Vorsatz noch grobe Fahrlässigkeit zur Last fällt oder der Versicherer schon auf andere Weise vom Versicherungsfall Kenntnis erlangt hat (§ 6 Abs. 3, § 33 Abs. 2 VVG). —

„Den von den Sachverständigen ermittelten Minderwert des gelöschten sowie den Wert des fehlenden Trans zuzüglich 430 DM anteiliger Fracht und der Zinsen seit dem 10. Oktober d. J. haben wir unter Beifügung des Sachverständigenattestes den Genannten zur Bezahlung aufgegeben. Da sie sich nämlich weigern, den Schaden anzuerkennen, bitten wir um Ihren Rat, was wir in der Angelegenheit tun sollen. Wir wollen einen Prozeß nur gegen denjenigen führen, der uns bestimmt haftet, und zwar möglichst beim hiesigen Gericht.

Die Ware lagert noch im Stadthafen. Wir würden sie gern abnehmen, falls uns daraus kein Präjudiz entsteht.

Abschrift der Feststellung der Sachverständigen sowie der Korrespondenz fügen wir bei.

Leopold Möller."

Der Rechtsanwalt läßt sich von Möller noch Schlußbrief, Ladeschein, Versicherungsbedingungen und die in diesen Urkunden in Bezug genommenen Geschäftsbedingungen geben. Denn die Schriftstücke können möglicher Weise eine der bei Großhandelskäufen, Schiffstransporten und Versicherungen so häufigen Abänderungen der gesetzlichen Regelung enthalten: einen besonderen Gerichtsstand, eine Schiedsgerichtsklausel, eine Einschränkung der Haftung, Beweislastregelung, Abkürzung der Verjährung u. dgl. Tatsächlich findet sich im Ladeschein eine wichtige Klausel über die Voraussetzungen der Haftung des Frachtführers (unten S. 169 zu 2)

Das Sachverständigenattest schließt mit der Feststellung ab:

„daß der Kölner Großhandelspreis des Trans in mangelfreiem, mustergetreuen Zustand z. Z. der Ankunft der Sendung 61,00 DM je 100 kg betrug. Der Wert des gelöschten minderwertigen Trans war:

bei Posten *A* 35,— DM,
bei Posten *B* 25,— DM,
bei Posten *C* 15,— DM

je 100 kg. Hieraus ergibt sich ein Gesamt-Minderwert des gelöschten Trans von 3370 DM.

Der Wert des fehlenden Trans ist 3140 DM.

Die ausgelaufenen Fässer waren vollkommen zertrümmert.

Minderwertig war nicht bloß der ausgelaufene Tran, sondern auch ein Teil des Trans in den nicht ausgelaufenen Fässern.

Vermerkt wird, daß nach Mitteilung des Schiffers *Kröger* der Kahn ‚Brigitte' beim Verlassen des Hamburger Hafens mit einem belgischen Dampfer zusammengestoßen sein soll.

Köln, den 22. Oktober 1969

Hugo Bongartz. *Lucian Born.*"

Materiellrechtliche Prüfung. Es kommen drei gesonderte Arten von Ansprüchen in Betracht:

1. Gewährleistungsansprüche aus dem Kaufvertrag (Harder & Co.).

Die Verkäuferin haftet dafür, daß der Tran mustergetreu, die Fässer gut und haltbar waren (§ 459 BGB). Diese Gewährleistung bezieht sich auf den Zeitpunkt des Gefahrübergangs, es kommt also darauf an, ob Waren und Fässer der „Pommerania" in ordnungsmäßigem Zustand übergeben worden sind, während spätere Verschlechterungen die Verkäuferin nichts mehr angehen (§ 447). Da die Eigenschaften des Kaufmusters als zugesichert gelten (§ 494), kann Möller zwischen Wandelung, Minderung und Schadensersatz wegen Nichterfüllung wählen:

a) Die Wandelung geht auf „Rückgängigmachung" des Kaufs (§ 462 BGB). Harder & Co. als Verkäuferin muß also den gezahlten Kaufpreis von 58 DM je 100 kg an Möller erstatten; ferner 5% Zinsen (zweiseitiges Handelsgeschäft, §§ 352, 343 HGB) seit dem Empfang des Geldes (§ 467 S. 1, § 346 S. 1, § 347 S. 3 BGB). Auch die Frachtkosten als Teil der Transportkosten muß die Verkäuferin ersetzen. Denn es handelt sich um notwendige Verwendungen, die der Käufer auf die Sache gemacht hat (§ 347 S. 2, § 994 Abs. 2 — nicht Abs. 1 —, § 683 BGB; vgl. Staudinger-Ostler, § 467 Anm. 34 mit weiteren Nachweisen). Freilich ist der Anspruch auf Frachtkostenersatz aus den Bestimmungen des Wandelungsrechts nicht immer einwandfrei herzuleiten, besonders bei Kosten, die durch Versendung an auswärtige Kunden des Käufers entstehen (vgl. den Fall RGZ 52, 18). Im Streitfalle ist die Rechtslage einfacher, weil es sich hier um den Transport vom Erfüllungsort des Verkäufers (Hamburg) nach der Niederlassung des Käufers (Köln) handelt. Vielfach läßt sich die Erstattung der Frachtkosten aus den Gesichtspunkten des Schadensersatzes wegen Nichterfüllung (§ 463, vgl. unten zu c) oder der positiven Vertragsverletzung rechtfertigen.

b) Bei der „Minderung" wird nach § 472 Abs. 1 BGB der vereinbarte Kaufpreis im selben Verhältnis herabgesetzt, in welchem der Wert der mangelfreien Ware zum Wert der mangelhaften steht. Maßgebend ist der Wert zur Zeit des Vertragsschlusses. Das Gericht darf also im Prozeß die Minderung nicht frei schätzen; § 287 ZPO ist ausgeschlossen. Das Gesetz will die Eigenart vertraglicher Preisbildung nicht antasten.

Beispiel: Falls vom Kaufabschluß bis zur Ablieferung keine Veränderung der Werte bzw. Preise eingetreten war, sind die von den Sachverständigen auf 35 DM bewerteten Tranmengen in folgender Weise zu mindern:

$$58 : x = 61 : 35.$$

$$x = \frac{58 \text{ mal } 35}{61} \quad \text{(oder ungefähr 33,28 DM),}$$

woraus sich eine Minderungssumme von 24,72 DM je 100 kg — gegenüber einem „objektiven" Minderwert von 26 DM — ergibt. Der nach der Methode der Sachverständigen berechnete „Minderwert" stellt in Wahrheit den abstrakten Schaden des Käufers dar. Entspricht der Kaufpreis genau dem Wert der mangelfreien Ware, so sind Minderungssumme und objektiver Minderwert identisch; war er niedriger als dieser Wert, so bleibt auch die Minderungssumme hinter dem Minderwert zurück; übersteigt er den Wert, so ist die Minderungssumme höher als der Minderwert.

c) Mit dem „Schadensersatzanspruch wegen Nichterfüllung" verlangt der Käufer so gestellt zu werden, wie wenn der Verkäufer vertragsmäßig geliefert hätte. Hierfür sind zwei grundsätzlich verschiedene Wege gegeben. Entweder lehnt Möller die Ware überhaupt ab und fordert sein Interesse, oder er nimmt ab und fordert daneben den von den Sachverständigen ermittelten Minderwert. Hat er durch die vertragswidrige Lieferung besondere Schäden gehabt — z. B., weil die Ware bereits mit Gewinn weiter verkauft war und er numehr seinem Abkäufer nicht liefern kann —, so sind ihm diese gleichfalls zu vergüten. Dagegen ist Harder & Co. nicht verpflichtet, wenn Möller die Ware behält, neben dem Minderwert noch die anteilige Fracht zu vergüten: denn wäre vertragsmäßig geliefert worden, so hätte Möller die Frachtkosten ebenfalls zu tragen und hätte die Ware auch bloß einen Wert von 61 DM je 100 kg gehabt.

2. Schadensersatzanspruch aus dem Frachtvertrag (Pommerania).

Obgleich nicht Möller sondern Harder den Frachtvertrag mit der „Pommerania" abgeschlossen hatte, kann er trotzdem aus eigenem Recht die Ansprüche aus dem Frachtvertrag auf Aushändigung des Gutes gegen Zahlung der Fracht sowie auf Schadensersatz geltend machen, weil er sich im Besitz des von Harder an ihn indossierten Ladescheins befindet (§§ 363, 447 HGB, § 26 BSchG). Wäre kein Ladeschein ausgestellt worden, so würde Möller hierzu ebenfalls als Adressat legitimiert sein, nachdem das Gut an dem Bestimmungsort Köln angelangt ist (§ 435 HGB, § 26 BSchG). Der Frachtvertrag wirkt insoweit zu Gunsten des Adressaten als Dritten.

Nach §§ 429 HGB, 58 BSchG haftet der Frachtführer für jeden auf dem Transport eingetretenen Verlust oder jede Beschädigung, sofern er nicht beweist, daß der Verlust oder die Beschädigung durch Umstände herbeigeführt wurde, welche durch die Sorgfalt eines ordentlichen Frachtführers nicht abgewandt werden konnten. Vergütet wird grundsätzlich bloß der „gemeine Handelswert" derartiger Güter am Ablieferungsort z. Z. der normalen Ablieferung (§ 430 Abs. 1 HGB). Nur wenn der Frachtführer oder seine Leute den Schaden durch grobe Fahrlässigkeit herbeigeführt haben, ist der volle Schaden (also auch entgangener Gewinn, Vertragsstrafen u. dergl.!) zu ersetzen (§ 430 Abs. 3, § 431 HGB, § 26 BSchG). Alle diese Grundsätze sind jedoch dispositiver Natur, und die Transportbedingungen im Ladeschein der „Pommerania" beschränken die Haftung der Frachtführerin auf den Fall des Vorsatzes oder groben Verschuldens des Reedereipersonals. Damit dürften die Grenzen solch einer Beschränkung eingehalten sein (vgl. § 276 Abs. 2, § 278 S. 2, §§ 138, 242 BGB). Anders wäre es z. B., wenn in den Transportbedingungen außerdem noch der Absenderin/Verkäuferin die Beweislast für die Verursachung und für das Verschulden aufgebürdet worden wäre (etwa mit der Klausel: „Der Frachtführer haftet nur, wenn ihm oder seinen Arbeitnehmern [Leuten] ein ursächliches Verschulden nachgewiesen wird"). Dies bedeutete eine Umkehrung der gesetzlichen Beweislast. Nach § 429 Abs. 1 HGB, § 58 BschG, der übrigens den §§ 282, 285 BGB entspricht, muß der Absender/Verkäufer und damit der Empfänger/Käufer (s. § 435 HGB) den Schaden und dessen adäquate Verursachung durch Verlust, Beschädigung und Säumnis beweisen, während der Frachtführer die oben erwähnte Beweislast trägt. Zwar wäre eine vertragliche Regelung der Beweislast nicht von vornherein ausgeschlossen. Im Gesetz (etwa in § 429 Abs. 1 HGB, § 58 BschG) getroffene Beweislastregeln sind auch — oder nur — materielles Recht und daher abweichenden Parteivereinbarungen zugänglich (vgl. BGHZ 41, 151; Rosenberg, Beweislast, S. 86ff; Blomeyer § 70 IV 3). Allgemeine Geschäftsbedingungen haben die Tendenz, dem „unterworfenen" Vertragspartner die Beweislast auch für Umstände aufzubürden, die seiner Einflußsphäre entzogen sind und sogar in dem Verantwortungsbereich der Vertragspartei liegen, welche die Bedingungen aufgestellt hat. Ein klassisches Beispiel der Verwirklichung dieser Tendenz wäre die oben angeführte Klausel. Sie wäre für den Absender oder Empfänger der Ware unzumutbar, ungerecht, mit Treu und Glauben nicht vereinbar und daher nichtig (so BGH MDR 69, 557, BGHZ 41, 151). So liegt der Fall hier aber nicht, wie der Rechtsanwalt festgestellt hat. Bei seinen Überlegungen stößt er noch auf § 59 Abs. 1 BschG. Danach soll der Frachtführer bei bestimmten Frachtgütern (lebenden Tieren sowie Gütern von eigentümlicher, natürlicher Beschaffenheit) oder bei bestimmten Verfrachtungsarten (auf Deck, bei nicht gehöriger Verpackung) nicht haften für den Schaden, der aus einer mit solchen Umständen verbundenen natürlichen Gefahr entstanden ist. Der Wortlaut („nicht haften") ist freilich irreführend, wie Abs. 2 der Vorschrift zeigt. Es wird vielmehr, wenn ein Schaden eingetreten ist, der nach den Umständen des Falles aus einer der bezeichneten Gefahren entstehen konnte, bis zum Beweis des Gegenteils vermutet, daß der Schaden aus der betreffenden Gefahr entstanden ist (§ 59 Abs. 2 BschG). Es ist nicht ausgeschlossen und liegt sogar nahe anzunehmen, daß § 59 Abs. 1 Nr. 4 BschG hier gilt („in Ansehung der Güter, die vermöge ihrer eigentümlichen natürlichen Beschaffenheit der besonderen Gefahr ausgesetzt sind, Beschädigung, namentlich Bruch, inneren Verderb, außergewöhnliche Leckage ...") zu erleiden. Das Reichsgericht (RGZ 56, 402) hat die Gefahr außergewöhnlicher Leckage, das heißt, das Ausfließen einer Flüssigkeit gerade für alle in Fässern (oder sonstigen Behältern) beförderte Flüssigkeiten angenommen. Dies würde eine erhebliche Verschlechterung der Beweislage im Prozeß für Möller bedeuten. Die „Pommerania" könnte diese Einschränkung der Haftung zwar nicht geltend machen, wenn sie grobe Fahrlässigkeit träfe, doch wäre es etwa wegen der Art des Gutes Sache Möllers, der „Pommerania" ihr Verschulden oder das ihrer Leute nachzuweisen (so § 59 Abs. 3 BeschG).

—Ähnlich ist es übrigens im Eisenbahnfrachtrecht. Mit Rücksicht auf dieMonopolstellung der Eisenbahn sind der Vereinbarungsfreiheit enge Grenzen gezogen. Die Eisenbahn haftet nach dem Gesetz (§ 454 HGB) für den Schaden, der durch Verlust oder Beschädigung des Gutes in der Zeit von der Annahme zur Beförderung bis zur Ablieferung entsteht. Diese Haftung tritt nicht ein, wenn der Schaden durch ein Verschulden oder eine nicht von der Eisenbahn verschuldete Anweisung des Verfügungsberechtigten, durch höhere Gewalt, durch Mängel der Verpackung oder durch besondere Mängel des Gutes, namentlich durch inneren Verderb, Schwinden, gewöhnlichen Rinnverlust verursacht ist. Die Eisenbahn haftet für ihre Bediensteten und andere Personen, deren sie sich bei der Ausführung der von ihr übernommenen Beförderung bedient (§ 456 HGB). § 458 HGB ermächtigt aber den Bundesverkehrsminister, die Haftpflicht der Eisenbahn abweichend zu regeln; nur darf dadurch die Haftung der Eisenbahn für Verschulden nicht ausgeschlossen werden (§ 458 Abs. 2 S. 2 HGB). Dies ist in der Eisenbahnverkehrsordnung (EVO) geschehen (§§ 82—96 EVO). Die Fassung der EVO nach dem Stande vom 1. 7. 1962 ist im Zuge der Rechtsbereinigung festgestellt im Bundesgesetzblatt Teil III 934-1 (F. 45 S. 4); eine Neufassung wird vorbereitet. In § 83 EVO findet man z.B. die im § 59 BschG getroffene Regelung im wesentlichen wieder. —

Wiederum kommt es auf die Beschaffenheit des Gutes im Zeitpunkt der Übergabe an die „Pommerania" an, allerdings im umgekehrten Sinne wie gegenüber Harder & Co. Denn soweit Ware oder Verpackung schon beim Gefahrübergang mangelhaft waren, also ein Gewährleistungsanspruch aus dem Kauf begründet ist, liegt kein Transportschaden vor; und soweit während der Reise eine Beschädigung eintrat, sind Gewährleistungsansprüche gegen die Verkäuferin undenkbar. Außerdem besteht durchaus die Möglichkeit, daß Möller sich weder an seine Verkäuferin noch an den Frachtführer halten kann: falls nämlich das Gut erst auf dem Transport, aber infolge von Umständen beschädigt wurde, für welche die „Pommerania" nach § 59 BSchG oder nach ihren Beförderungsbedingungen nicht einsteht (leichte Fahrlässigkeit ihrer Leute oder Zufall).

3. Versicherungsanspruch (Friesische Transport-Versicherungs-AG.).

Die Legitimation Möllers zur Geltendmachung des Versicherungsanspruchs beruht auf dem Indossament und der Aushändigung der an Order gestellten Transportversicherungspolice (§ 363 HGB). Die „Friesische“ hat für Schäden oder Verluste während der Beförderung von Hamburg nach Köln einzustehen, nicht für ordnungsmäßige Beschaffenheit bei der Verladung. Ob Schaden und Verlust von der „Pommerania“ verschuldet und zu vertreten sind oder nicht, macht keinen Unterschied. Vergütet wird aber nicht der entstandene Schaden schlechthin, sondern: bei Totalverlust höchstens (§ 50 VVG) die Versicherungssumme, bei Teilverlust und -beschädigung ein Betrag, der dem Verhältnis der Versicherungssumme zum wahren Werte entspricht (§ 56 VVG). Das ist darum wichtig, weil die Sendung bloß mit 14500 DM versichert war, während die Rechnung von Harder & Co. auf 14540 DM lautet und unter Zugrundelegung des von den Sachverständigen festgestellten Wertes von 61 DM je 100 kg das Interesse der Käuferin an der unbeschädigten Ankunft des Gutes sich sogar auf etwa 15300 DM belief, so daß eine, wenn auch nicht beträchtliche, „Unterversicherung“ vorliegt.

— Unter-, Über-, Doppelversicherung: Die Seltenheit des Eintritts von Totalverlusten verleitet manche Versicherungsnehmer dazu, zur Vermeidung hoher Prämien die (Feuer-, Hagel-, Transportgefahr- usw.)-Versicherungssumme knapp zu bemessen. Das ist falsche Sparsamkeit, denn bei der Unterversicherung erfolgt die Entschädigung nur pro rata (§ 56 VVG), in unserem Fall im Verhältnis von etwa 58 zu 61.

Das Gegenstück zur „Unterversicherung“ bilden die „Überversicherung“ und die ihr verwandte „Doppelversicherung“. Sie dürfen niemals zu einer Bereicherung des Versicherungsnehmers führen. Werden Über- oder Doppelversicherung in betrügerischer Absicht genommen, so sind sie nichtig. Andernfalls erhält der Versicherungsnehmer im Höchstfalle den einmaligen Betrag seines Schadens, und es findet eine förmliche Herabsetzung bzw. Repartierung der Versicherungssummen und -prämien statt (§§ 51, 59, 60 VVG). —

Raterteilung. Um Möllers Anfrage nach den Prozeßaussichten mit einiger Sicherheit zu beantworten, müßte man vor allem wissen, seit wann sich die Sendung in mangelhaftem Zustand befindet und auf welche Ursache die Mängel zurückzuführen sind. Diese Punkte sind indes noch völlig ungeklärt. Es kann sein, daß der Tran von ordnungsmäßiger Beschaffenheit, die Fässer gut und haltbar waren, daß aber durch den von Kröger erwähnten Zusammenstoß die Fässer undicht geworden sind, infolgedessen der Tran auslief, dann im Schiffsraum verunreinigt wurde und unter der Einwirkung der dort herrschenden Hitze in Zersetzung übergegangen ist, wobei es von Bedeutung sein wird, ob der Schiffszusammenstoß von der Besatzung der „Brigitte“ grob fahrlässig verschuldet war oder nicht. Weiterhin besteht die Möglichkeit, daß das Auslaufen der Fässer als Folge falscher Stauung eintrat. Schließlich legt die von den Sachverständigen erwähnte schlechte Qualität des Trans in einem Teil der nicht ausgelaufenen Fässer sowie die völlige Zertrümmerung der Fässer die Vermutung nahe, daß schon bei Übergabe an die Reederei weder der Tran von vertragsmäßiger Güte noch die Fässer haltbar gewesen sind. Möller läuft, gleichviel gegen welchen der drei Beteiligten er klagt, Gefahr, mit seiner Klage abgewiesen und mit den Kosten eines sehr teuren Prozesses belastet zu werden. Der Anwalt sucht deshalb nach prozessualen Behelfen, um die Lage seines Klienten zu verbessern. Verfügung:

„1. Gebührenregister Nr. 481.69.

2. An Mandantin: In der Angelegenheit *Harder & Co.* = Pommerania-Friesische bestätige ich den Eingang Ihres Schreibens vom 24. d. M. Wen Sie auf Ersatz des entstandenen Schadens in Anspruch nehmen können, läßt sich zur Zeit noch nicht beurteilen:

(wird näher dargelegt)

Um ohne allzu große Kosten weiter zu kommen, schlage ich Ihnen vor, zunächst beim hiesigen Amtsgericht gegen alle 3 in Betracht kommenden Parteien ein Beweissicherungsverfahren einzuleiten. Erschöpfende Aufklärung über Ursache und Zeitpunkt der Schäden dürfen Sie allerdings von der Beweissicherung nicht erwarten, denn sie beschränkt sich nach § 485 ZPO auf die Feststellung des gegenwärtigen Zustandes der Ware und der Fässer, auf die daraus zu ziehenden Schlußfolgerungen und auf solche Beweismittel, deren baldiger Verlust oder deren Benutzung erschwert zu werden droht („zu besorgen ist"). Mit Zustimmung der Gegner, die zu erlangen ich versuchen will, kann die Beweissicherung auch auf andere Beweise ausgedehnt werden. Eine gerichtliche Entscheidung über die Sie interessierenden Fragen ergeht im Beweissicherungsverfahren nicht, es werden vielmehr lediglich die Beweise erhoben und ihre Verwertung für den künftigen Prozeß sichergestellt."

Es handelt sich hier um das sog. „selbständige" Beweissicherungsverfahren außerhalb eines anhängigen Rechtsstreits. Durchgeführt wird es von dem Amtsgericht, in dessen Bezirk die zu vernehmenden Zeugen und Sachverständigen sich aufhalten oder der in Augenschein zu nehmende Gegenstand sich befindet (§ 486 Abs. 2, 3 ZPO). Schwebt bereits ein Prozeß, so bildet die Beweissicherung (den Fall der Dringlichkeit, § 486 Abs. 2, ausgenommen) einen Teil des Hauptprozesses: „unselbständiges Beweissicherungsverfahren" (§ 486 Abs. 1). Über die Voraussetzungen, unter denen die Ergebnisse der Beweissicherung im Prozesse verwertbar sind.

„Falls Sie einverstanden sind, bitte ich um umgehende Unterzeichnung und Übersendung der beiliegenden Vollmacht und um Benennung der Zeugen und Sachverständigen, deren Benennung Sie wünschen. Am liebsten wäre mir eine persönliche Rücksprache.

Nach Abschluß des Beweissicherungsverfahrens können Sie die Ware abnehmen und weiter verkaufen, es sei denn, daß Sie entscheidendes Gewicht darauf legen, den Prozeß in Köln zu führen. Für die Klage gegen *Harder & Co.* auf Rückgängigmachung des Kaufs würde nämlich das Gericht in Köln zuständig sein, und es wäre mit Ihrem Wandelungsverlangen unvereinbar, wenn Sie die Ware abnehmen."

Der Wandelungsprozeß ist Klage auf Rückgängigmachung (§ 462 BGB), d.h. auf „Aufhebung" des Kaufvertrages. Die Klage fällt unter das forum solutionis des § 29 ZPO, wobei nicht der Erfüllungsort der ursprünglichen Vertragsansprüche auf Lieferung und Zahlung, sondern der besondere Erfüllungsort des in concreto „streitigen" Anspruchs, des Wandelungsanspruchs, maßgebend ist. Nun würde nach dem subsidiären Rechtssatz des § 269 Abs. 1 und 2 BGB die Wandelungsverpflichtung des Verkäufers dort zu erfüllen sein, wo er zur Zeit der Entstehung des Schuldverhältnisses seine gewerbliche Niederlassung hatte, während der Käufer am Ort seiner Niederlassung erfüllen müßte. Das kann indessen nur gelten, wenn der Käufer noch nicht erfüllt hat; dann ist nach allgemeinen Regeln Erfüllungsort für den Anspruch auf die Befreiung von der Kaufpreisschuld der Wohnsitz (oder die Niederlassung) des Käufers. Entsprechendes muß gelten, wenn der Käufer die Kaufsache bereits zurückgegeben hat; dann ist Erfüllungsort für den Anspruch des Käufers auf die Rückzahlung des Kaufpreises der Wohnsitz (Niederlassung) des Verkäufers (Staudinger-Ostler § 465 Anm. 28; anders RG JW 1900, 553: Verkäufer müsse der Kaufsache nachgehen und das Kaufgeld dorthin bringen, wohin Kaufsache nach dem Vertrage geschafft worden ist, selbst wenn Sache untergegangen sei). Erfüllungsort ist also nicht mehr der Ort, wo die Ware vor der Rücksendung war. In den meisten Fällen jedoch treffen beide Vertragspartner noch Pflichten aus der Rückabwicklung des Kaufs. Nun sind die aus der Wandelung sich ergebenden beiderseitigen Verpflichtungen auf Herausgabe der Ware, Erstattung des Kaufpreises usw. wie Verpflichtungen aus einem gegenseitigen Vertrage Zug um Zug zu erfüllen (§§ 467 S. 1, 348 BGB). Die Zug-um-Zug-Leistung kann begrifflich nur an einem einzigen Orte vor sich gehen. Man sieht deshalb nach der „Natur des Schuldverhältnisses" (§ 269 Abs. 1 BGB) als Erfüllungsort der Wandelung den Ort an, wo die zurückzugewährende Ware sich auf Grund des Vertrages befindet (RGZ 57, 12). Das ist im vorliegenden Falle Köln. — Für die Minderungsklage, den Schadensersatz des Käufers wegen Nichterfüllung, die Ansprüche an Frachtführer und Versicherer läßt sich in Köln kein Gerichtsstand des Erfüllungsorts konstruieren. Auch der besondere Gerichtsstand der Agentur (§ 48 VVG) liegt nicht in Köln, so daß eine Klage gegen die Versicherung nicht in Köln erhoben werden könnte.

Für die Beweislast (deren überragende Bedeutung für unsere Sache die Betrachtung S. 171/2 lehrt) besteht zwischen der Wandelung und den übrigen Ansprüchen kein Unterschied. Grundsätzlich hat im Streitfalle der Schuldner (scil. der Lieferungspflicht, also der Verkäufer) die Erfüllung zu beweisen. Das ändert sich nach § 363 BGB, sobald der Gläubiger (Käufer) die ihm zur Erfüllung des Kaufvertrags angebotene Ware als Erfüllung angenommen hat, und zwar sowohl für die Einrede des nicht ordnungsmäßig erfüllten Vertrages wie für die Gewährleistungsrechte, so daß der Käufer, vom Standpunkt der Beweislast gesehen, besser tut, die Ware überhaupt nicht abzunehmen. Indessen hilft dem Käufer das nichts, wenn er verpflichtet ist, den Kaufpreis vorzuleisten. Dann kehrt sich die Beweislast abermals um. Das ist z.B. so, wenn unter der Klausel „Kasse gegen Verladedokumente“, „Kasse gegen Konossement“, „Kasse gegen Frachtbriefduplikat“, „Kasse gegen Faktura“, „Kasse gegen Lieferschein“ oder „gegen Freistellungsschein“ (der Zug um Zug gegen Zahlung des Kaufpreises dem Lagerhaus übersandt wird, also einem Lieferschein gleichsteht) verkauft worden war. Durch derartige Klauseln verliert der Käufer seine Mängelrechte nicht endgültig, doch muß er ihre Voraussetzungen selbst dann beweisen, wenn er die Annahme der Ware abgelehnt hatte (RGZ 47, 129, 132; 106, 294, 299; BGH LM Nr. 5 zu § 346 [Ed] HGB; BGH NJW 65, 1270). Der innere Grund dafür ist der: Diese Klauseln sollen den Verkäufer sichern, der die Ware nicht eher aus der Hand zu geben braucht, als er den Kaufpreis erhalten hat. Hier hat der Käufer bewußt die Gefahr auf sich genommen, daß er den vereinbarten Kaufpreis ohne Rücksicht auf die Beschaffenheit der Ware vorzuleisten hat. Er ist darauf angewiesen, seinerseits Ansprüche gegen den Verkäufer zu verfolgen (BGH NJW 65, 1270).

> „Sobald die Ergebnisse des Beweissicherungsverfahrens vorliegen, werde ich Ihnen meine Ansicht darüber, welche Klage die günstigsten Aussichten bietet, mitteilen. Bei der Unsicherheit der Rechtslage wird es in jedem Falle richtig sein, denjenigen Beteiligten, die Sie zunächst nicht verklagen wollen, den Streit zu verkünden.“

Ist der Fall der Streitverkündung gegeben? Die gesetzlichen Bestimmungen setzen einen Anspruch auf „Gewährleistung“ oder „Schadloshaltung“ voraus, der vom Ausgang des Prozesses, in welchem der Streit verkündet werden soll, „abhängt“ (§ 72 Abs. 1 ZPO, § 209 Abs. 2 Nr. 4 BGB). Das trifft z.B. zu: wenn durch Fehler eines Grundbuchbeamten, eines Rechtsanwalts usw. der Verlust eines Prozesses herbeigeführt wird, für den Regreß: für die Inanspruchnahme der Haftpflichtversicherung durch den im Erstprozeß beklagten Versicherungsnehmer; auf Gewährleistungsansprüche des auf Wandelung belangten Zwischenhändlers gegen seine Lieferanten. Die Kauf-, Fracht- und Versicherungsansprüche der Firma Möller stehen zueinander in keinem derartigen Verhältnis. Die Praxis erkennt aber einen „Schadloshaltungsanspruch“ schon dann als gegeben an, wenn beim Unterliegen des Klägers im Erstprozeß eine andere Person selbständig auf Ersatz des gleichen Schadens in Anspruch genommen werden kann. Das gilt über den Wortlaut des § 72 ZPO hinaus für Ansprüche gegen Dritte, die alternativ statt des zuerst Verklagten als Verursacher desselben Schadens in Betracht kommen. Der Kläger soll nicht gezwungen werden, beide möglichen Verursacher zu verklagen und gegen einen mit Sicherheit zu verlieren (Blomeyer § 113 I 1). Die Streitverkündung hat die Aufgabe, die Zahl der Prozesse zu verringern und widersprechende Entscheidungen über die selben Fragen unmöglich zu machen. Darum ist ihre Anwendung nach Möglichkeit zu erleichtern (RGZ 77, 360, 365; BGH 8, 72, 78; 36, 212, 215).

„Dadurch wird die Verjährung gegenüber allen unterbrochen."

Die Streitverkündung unterbricht die Verjährung zunächst nur vorläufig. Die Unterbrechung dauert fort, bis der Prozeß, in welchem der Streit verkündet wurde, rechtskräftig entschieden oder anderweit erledigt worden ist (§ 215 Abs. 1 Halbsatz 1 BGB). Die Wirkung wird nur endgültig, wenn innerhalb von 6 Monaten nach Beendigung des Prozesses gegen den Streitverkündungsempfänger Klage erhoben wird; anderenfalls gilt die Unterbrechung als nicht erfolgt (§ 215 Abs. 2 S. 1 BGB). Die Streitverkündung unterbricht die Verjährung, und das wird zum Teil verkannt, ohne Rücksicht darauf, ob der Erstprozeß für den Streitverkündenden tatsächlich ungünstig ausgeht. Auch wenn der Streitverkünder obgesiegt hat, tritt die Unterbrechung ein. Denn wenn § 209 BGB von einer Streitverkündung in einem Prozeß spricht, von dessen Ausgang der Anspruch „abhängt", so führt diese Vorschrift keine anderen Voraussetzungen für die Streitverkündung ein als § 72 ZPO. Nach dieser Vorschrift ist aber Voraussetzung für die Streitverkündung nur, daß der Streitverkünder glaubt, bei ungünstigem Ausgang des Rechtsstreits sich beim Streitverkündungsempfänger erholen zu können, oder daß er Ansprüche eines Dritten befürchtet. Es kommt also nur auf den Glauben oder die Besorgnis des Streitverkünders zur Zeit der Streitverkündung an (BGHZ 36, 214).

Der Antrag auf Beweissicherung ist in den allgemeinen Vorschriften über die Verjährung als Unterbrechungshandlung nicht aufgeführt (vgl. § 209 BGB). Nur in besonders erwähnten Fällen hat dieser Antrag Unterbrechungswirkung (§ 477 Abs. 2 S. 1, § 480 Abs. 1 S. 2 BGB: Gewährleistungsansprüche; vgl. ferner § 490 BGB: Gewährleistung bei Viehkauf; § 493 BGB: Kaufähnliche Verträge; § 639 BGB: Ansprüche des Bestellers beim Werkvertrag). Für die vorliegende Sache könnte also § 477 Abs. 2 S. 1 BGB von Bedeutung sein.

„Außerdem müssen die streitverkündeten Parteien die im ersten Prozeß ergehende Entscheidung als richtig anerkennen, so daß, falls Sie mit der ersten Klage abgewiesen werden sollten, wenigstens Ihr Regreß an die anderen Beteiligten durch die Streitverkündung gesichert sein würde."

Nach §§ 68, 74 ZPO wird der Streitverkündungsempfänger, gleichviel, ob er auf die Streitverkündung hin dem Hauptprozesse als Nebenintervenient beigetreten ist oder nicht, im Verhältnis zu seiner Hauptpartei mit der Behauptung, daß der Erstprozeß unrichtig entschieden sei oder die Hauptpartei ihn mangelhaft geführt habe (exceptio malae sententiae bzw. male gesti processus) nur ausnahmsweise gehört. Es handelt sich dabei nicht um die Erstreckung der Rechtskraftwirkung im technischen Sinne:

a) Soweit nämlich nach §§ 325f. ZPO ausnahmsweise eine Ausdehnung der Rechtskraft auf dritte Personen eintritt, wird eine absolute Bindung des späteren Richters geschaffen, während § 68 Halbsatz 2, § 74 ZPO den Einwand offen lassen, daß die Streitverkündung zu spät erfolgt oder daß dem Streitverkündungsempfänger durch die Lage des Rechtsstreits zu dem Zeitpunkt, in welchem sein Beitritt möglich gewesen wäre, oder durch Erklärungen und Handlungen des Streitverkünders (Zugeständnis von Behauptungen des Gegners, Unterlassung der Benennung von Zeugen, Verzicht auf Rechtsmittel, Zurücknahme von Rechtsmitteln usw.) die Möglichkeit genommen worden sei, Angriffs- oder Verteidigungsmittel geltend zu machen durch die eine günstigere Entscheidung des Vorprozesses herbeigeführt worden wäre.

b) Die Rechtskraft des Urteils beschränkt sich auf die Formel, und die Gründe nehmen an ihren Wirkungen nicht teil (§ 322 ZPO: „Urteile sind der Rechtskraft nur insoweit fähig, als über den durch die Klage oder Widerklage erhobenen Anspruch entschieden ist"). Die Interventionswirkung der Streitverkündung bezieht sich hingegen auch auf tatsächliche Feststellungen des ersten Urteils und auf die darin über Rechtsfragen getroffenen Entscheidungen. Der Richter des zwischen dem Streitverkünders und dem Streitverkündungsempfängers schwebenden Hauptprozesses ist daher an die Beurteilung der gesamten tatsächlichen und rechtlichen Umstände, auf denen das erste Urteil beruht, gebunden. Daraus folgt übrigens, daß Hilfsgründe des ersten Urteils, die es ja nicht tragen, an der Bindung nicht teilnehmen (h.M.; RGZ 45, 353; 97, 297; 123, 95; 130, 297; BGHZ 8, 72; 36, 215). Durch die von Amts wegen zu beachtende Bindung an die Entscheidungselemente des Erstprozeßurteils erhält die Streitverkündung erst ihren praktischen Wert. Angenommen z.B., die Möllersche Wandelungsklage wird mit der Begründung abgewiesen, die Ware sei bei der Verladung tadellos gewesen und der Schaden erst unterwegs eingetreten. Wäre § 322 Abs. 1 ZPO maßgebend, so würde damit bloß festgestellt sein, daß Möller keinen Wandelungsanspruch gegen Harder & Co. hat, und wenn er nachher gegen die „Friesische" klagte, so könnte der Richter des zweiten Prozesses auf Grund neuer Beweise oder anderer Beweiswürdigung zu der Ansicht gelangen, der Tran habe schon z.Z. der Verladung Mängel gehabt, woraus wiederum die Abweisung Möllers folgen würde. So aber wäre das Gericht daran gebunden, daß sich die Ware bei Übergabe an die Reederei in einwandfreiem Zustand befunden hat. Trotz alledem bleiben (nicht bloß wegen der Einschränkung oben zu a) immer noch Möglichkeiten offen, daß der Streitverkünder auch den zweiten Prozeß verliert, vgl. dazu die angeführten Entscheidungen.

Damit die streitverkündende Partei die Vorteile der Streitverkündung nicht verliert, darf sie nicht zu lange damit warten (Gefahr der Zurückweisung verspäteter Angriffs- und Verteidigungsmittel, Unmöglichkeit neuen tatsächlichen Vorbringens nach Erlaß eines revisiblen Urteils). Ferner darf sie den Erstprozeß nicht durch Vergleich beendigen; ein Vergleich über die Höhe des Anspruchs hindert freilich die Interventionswirkung des Grundurteils (§ 304 ZPO) nicht (RGZ 123, 95). Daß sie ihn kontradiktorisch durchführt und den ganzen Instanzenzug erschöpft, ist nicht notwendig. Der Beklagte kann z.B. die ihm zugestellte Klage mit Streitverkündung dem Dritten weitergeben und sich sodann verurteilen lassen. Selbstverständlich steht dann dem Streitverkündungsempfänger das Recht zu, als Nebenintervenient des Beklagten Einspruch einzulegen (§ 66 Abs. 2, § 74 Abs. 1 ZPO). Macht er keinen Gebrauch davon, so wirkt das rechtskräftig gewordene Versäumnisurteil nach Maßgabe der §§ 68, 74 ZPO gegen ihn.

c) Der Rechtsanwalt hat auch geprüft, ob Möller etwa mit der Verkäuferin (Fa. Harder & Co.) einen Schiedsvertrag geschlossen hat, durch den alle Rechtsstreitigkeiten aus dem Kauf einem Schiedsgericht übertragen worden sind. Wäre das der Fall, so müßte überlegt werden, ob es möglich und sinnvoll wäre, zuerst die Verkäuferin im Schiedsgerichtverfahren in Anspruch zu nehmen und in diesem Verfahren der „Pommerania" und der „Friesischen Transport Versicherungs-AG" den Streit zu verkünden. Möglich wäre das zwar schon, aber aller Voraussicht nach würde die erstrebte Interventionswirkung nicht eintreten. Der Schiedsvertrag gälte nur zwischen den Vertragsparteien. Er wirkte gegen die „Pommerania" und die Versicherung als Dritte nur, wenn diese mit der Einbeziehung in das Vertragsverhältnis einverstanden wären. Dieses Einverständnis könnten sie zum Beispiel durch einen Beitritt in den Rechtsstreit ausdrücklich oder schlüssig erklären. Davor würden die „Pommerania" und die Versicherung sich aber sicherlich hüten, um im Folgeprozeß nicht an die Entscheidung des Schiedsgericht gebunden zu sein (vgl. BGH VersR 65, 45 mit Anm. Habscheid ZZP 66 Bd. 79, 121). Eine Schiedsabrede haben die Parteien des Kaufvertrags aber nicht getroffen.

Abschluß der Verfügung:

„3. Notiz: Die Verjährung läuft ab:
a) gegen *Harder & Co.* am 20. April 1970,
b) gegen ‚Pommerania' am 20. Oktober 1970,
c) gegen ‚Friesische' am 31. Dezember 1971.

4. nach 5 Tagen (Mandantin erinnern).

5. Vorzulegen:
zu 3a am 1. April 1970,
zu 3b am 1. Oktober 1970,
zu 3c am 10. Dezember 1971."

Dem Auftraggeber die Wahrung seiner Rechte zu ermöglichen und ihn gegen Verjährungs- und Ausschlußfristen zu schützen, ist die vornehmste Aufgabe des Anwalts. Die hier in Betracht kommenden Verjährungsfristen betragen, abgesehen von einer Unterbrechung, gegenüber Harder & Co. 6 Monate seit Ablieferung (§ 477 BGB), gegenüber der „Pommerania" 1 Jahr nach Ablieferung (§§ 414, 439 HGB, § 26 BSchG), gegenüber der „Friesischen" 2 Jahre seit Jahresende (§ 12 VVG). Man möchte meinen, es sei noch lange nicht Zeit, an Verjährung zu denken. Die Erfahrung lehrt jedoch, daß Sachen, bei deren Übernahme der Anwalt glauben konnte, daß es alsbald zur Klage kommen würde, häufig genug wegen schwebender Vergleichsverhandlungen oder aus anderen Gründen liegen bleiben, und daß dann der Ablauf der Verjährungsfrist übersehen wird. Daher empfiehlt es sich, die Frage schon bei der ersten Bearbeitung zu prüfen und die Vorlegung der Akten kurze Zeit vor Fristablauf notieren zu lassen.

Beweissicherung. Das selbständige Beweissicherungsverfahren ist kein „Rechtsstreit" und kann daher nicht die Grundlage einer Streitverkündung bilden. § 493 ZPO erlaubt es aber — bei Nichterscheinen des Gegners unter bestimmten Voraussetzungen (Abs. 2) — „jeder Partei", die Beweisverhandlung in dem künftigen Prozeß zu benutzen. Damit Möller die Berufung auf die Ergebnisse dieses Verfahrens im künftigen Prozeß gesichert wird, müssen also Harder & Co., die „Pommerania" und die „Friesische" als Antragsgegner (§§ 491, 493 ZOP) bezeichnet werden.

Beantragt wird die Einnahme des Augenscheins von Schiff und Ladung, die Vernehmung von Bongartz und Born als sachverständige Zeugen über die bei ihrer Besichtigung am 22. Oktober gemachten Wahrnehmungen; die Anhörung der gerichtlichen Sachverständigen für Öle und Fettwaren, Fässer, Schiffahrtsangelegenheiten und Handelschemie über den Zustand von Ware und Verpackung, die Art und Weise der Stauung und die Schlußfolgerungen, die sich daraus für Ursachen und Zeitpunkt des Verderbs und Verlustes ergeben. Schließlich wird die Vernehmung von Kapitän Kröger und zwei Mann seiner Besatzung als Zeugen über den genauen Hergang des Zusammenstoßes bei der Ausfahrt aus Hamburg beantragt; dieser Teil der Beweisaufnahme ist im Beweissicherungsverfahren bloß deshalb möglich, weil die Gegner zugestimmt haben (§ 485 S. 2 ZPO).

Ob die Antragsgegner sich an der Beweisaufnahme beteiligen wollen, bleibt ihnen überlassen. Für die spätere Verwertung im Prozeß ist dieser Punkt — Beobachtung des § 493 ZPO unterstellt — unerheblich. Durch das Beweissicherungsverfahren können erhebliche Kosten, vor allem wegen der Sachverständigen, entstehen. Der Antrag, dem Antragsgegner die Kosten des Verfahrens aufzuerlegen, wäre, im

Beweissicherungsverfahren gestellt, verfehlt. Die Kosten — auch der selbständigen — Beweissicherung gehören zu den Kosten des Rechtsstreits. Es gilt § 91 ZPO. Die Beweissicherung muß also zur zweckentsprechenden Rechtsverfolgung notwendig gewesen sein. Kommt es nicht zum Prozeß, so ist eine besondere Klage auf Erstattung der Kosten nötig. Im Beweissicherungsverfahren kann jedenfalls über die Kosten nicht entschieden werden (RGZ 66, 198; BGHZ 20, 4, 15). Freilich wird das Gericht im Beweissicherungsverfahren im Regelfall erst tätig, wenn der Antragsteller einen die vielleicht hohen Auslagen deckenden Kostenvorschuß gezahlt hat (§§ 114, 95 Abs. 1 S. 1, § 40 Abs. 1 Nr. 1 GKG). Seine außergerichtlichen Kosten hat jeder am Verfahren Beteiligte zunächst selbst zu tragen.

Streitverkündung. Auf Grund der im Beweissicherungsverfahren gemachten Aussagen entschließt sich Möller zur Wandelungsklage gegen Harder & Co. Nach Zustellung der Klage geschieht die Streitverkündung an Reederei und Versicherungsgesellschaft in nachstehender Form:

„An das Landgericht   Köln, den 28. November 1969
II. Kammer für Handelssachen
hier
22 O 454.69.

Streitverkündung

der Klägerin in Sachen
der Öl- und Fettwarenhandlung *Leopold Möller* in Köln, Friesenwall 25, Klägerin,
gegen die Firma *Harder & Co.* in Hamburg, Helgoländerstr. 37, Beklagte,
gesetzlich vertreten durch den Haufmann *Heinz Harder*

an 1. die „Pommerania", Flußschiffahrts-Reederei GmbH. in Hamburg, Blücherstraße 9, gesetzlich vertreten durch ihre Geschäftsführer *Jens Jensen* und *Hans Hansen*,

2. die „Friesische Transportverischerungs-Aktiengesellschaft" in Lübeck, An der Marienkirche 14, gesetzlich vertreten durch ihren Vorstand, *Anton Alt* und *Bruno Bart*.

Die Klägerin hat gegen die Beklagte die in Abschrift anliegende Klage vom 24. November 1969 erhoben. Für den Fall des ihr ungünstigen Ausgangs des Rechtsstreits beabsichtigt sie, die Streitverkündungsempfänger auf Ersatz in Anspruch zu nehmen, der ihr durch die Mangelhaftigkeit und den Verlust des Tranes entstanden ist. Die „Pommerania" haftet der Klägerin als legitimierten Inhaberin des an Order gestellten, durch Blankoindossament auf die Klägerin übertragenen Ladescheins Nr. 1302 vom 8. Oktober 1969 für die ordnungsmäßige Ausführung des Transports von Hamburg nach Köln, und die „Friesische Transportversicherungs-AG." hat die Sendung durch den ebenfalls an Order gestellten und durch Blankoindossament auf die Klägerin übertragenen Versicherungsschein Nr. F 23980 vom 9. Oktober 1969 mit 14500 DM gegen Transportgefahr versichert. Namens der Klägerin verkünde ich daher:

1. der „Pommerania" Flußschiffahrts-Reederei GmbH. in Hamburg, vertreten durch ihre Geschäftsführer,

2. der „Friesischen Transportversicherungs-AG." in Lübeck, vertreten durch ihren Vorstand,

den Streit und fordere sie auf, dem Rechtsstreit als Nebenintervenienten der Klägerin beizutreten. Erster Verhandlungstermin steht vor dem Landgericht, II. Kammer für Handelssachen, in Köln am 11. Dezember 1969 vormittags 10 Uhr, Saal 3 an.

Für die Klägerin
Voß, RA."

Der Streitverkündungsschriftsatz muß den „Grund der Streitverkündung" und die „Lage des Rechtsstreits" angeben (§ 73 Abs. 1 ZPO). Das erste Erfordernis wird in der Praxis bisweilen übersehen. Dafür sind die meisten Streitverkündungen in der Wiedergabe der Lage des Rechtsstreits weit ausführlicher als notwendig. Man braucht nicht, wie es vielfach geschieht, sämtliche Schriftsätze, Beweisbeschlüsse und Beweisprotokolle des Prozesses abschriftlich mitzuteilen. Es genügt durchaus, wenn gesagt wird, in welchem Stadium sich der Rechtsstreit befindet (also in welcher Instanz, ob vor oder nach Beweisaufnahme, wann Termin ansteht usw.). Im Zweifelsfall soll man natürlich lieber zu viel als zu wenig hineinschreiben!

Die übliche Aufforderung am Schlusse, dem Streitverkünder als Nebenintervenient beizutreten, hat mehr rhetorischen Charakter, denn dem Streitverkünder ist nicht am Beitritt, sondern einzig und allein an den Wirkungen der §§ 68, 74 ZPO gelegen.

Die sorgfältige Ausarbeitung der Streitverkündung ist umso wichtiger, als eine Nachprüfung der Streitverkündung, ihrer Zulässigkeit und formellen Ordnungsmäßigkeit erst zu einem Zeitpunkt stattfindet, an welchem etwaige Mängel (durch Nachholung der Form oder nach § 295 ZPO) nicht mehr geheilt werden können. Gericht und Gegner des Erstprozesses nehmen von der Streitverkündung lediglich Kenntnis. Es gibt keine Entscheidung über „Zulassung“ oder „Nichtzulassung“ der Streitverkündung. Tritt der Streitverkündungsempfänger dem Verfahren als Nebenintervenient bei (§ 74 Abs. 1 ZPO) und erkennt dessen „rechtliches Interesse“ (§ 66 ZPO) der Gegner der Hauptpartei nicht an, so kommt es zu einem Zwischenstreit und Zwischenurteil (§ 71 ZPO) — nicht über die Streitverkündung als solche, sondern über die Zulässigkeit der Nebenintervention. Erst wenn sich im Nachprozeß der Streitverkünder auf die Unterbrechung der Verjährung oder auf die Bindung des Gerichts an die Vorentscheidung beruft, wird geprüft, ob die Streitverkündung zulässig und ordnungsmäßig gewesen ist, denn davon hängt ihre Wirkung ab. — Übrigens tritt nicht selten der Streitverkündungsempfänger dem Gegner seines Streitverkünders, und nicht diesem bei, weil er auch an dessen Obsiegen ein rechtliches Interesse hat und tatsächlich den Sieg des Gegners wünscht. Beispiel: Es wird über die Auslegung eines notariellen Vertrages gestritten, und eine der Parteien verkündet dem Notar wegen angeblich ungenügender Rechtsbelehrung den Streit; der Notar würde, falls diese Partei den Prozeß gewinnt, dem Gegner wegen nicht ausreichender Rechtsbelehrung haftbar sein, und tritt deshalb dem Gegner bei. Dies ist zwar nicht ein Fall des § 74 Abs. 1 ZPO, aber zulässig. Der Streitverkündungsempfänger ist dann nach Abs. 2 dieser Vorschrift zu behandeln, also wie ein Streitverkündungsempfänger, der den Beitritt abgelehnt oder sich auf die Streitverkündung nicht erklärt hat (RGZ 130,298f.).

Die Streitverkündung gibt der Anwalt der Geschäftsstelle des Landgerichts zur Zustellung an die beiden Streitverkündungsempfänger. Auch Streitverkündungen werden im Offizialbetrieb zugestellt (§§ 73, 261b ZPO). Mit der Offizialzustellung ist der Vorteil der rückdatierten Zustellungsfolgen (S. 186) verbunden. Die Streitverkündung wird erst mit dieser Zustellung wirksam (§ 73 S. 3 ZPO). Die beigefügte Abschrift der Streitverkündung wird von der Geschäftsstelle der Beklagten („Gegner des Streitverkünders“) formlos mitgeteilt (§ 73 S. 2 ZPO).

Zum Umfang der Wirkung einer Streitverkündung könnte es in der zweiten juristischen Staatsprüfung zu folgendem

Prüfungsgespräch

kommen:

Prüfer: „S schuldet dem G aus Kauf 20000 DM. V verpflichtet sich gegenüber S, diesen von dieser Schuld freizustellen. Für diese Freistellungsverpflichtung verbürgt sich G. G klagt einen Teilbetrag von 15000 DM gegen S ein. In diesem Prozeß verkündet S dem B den Streit; B tritt nicht bei. Das Landgericht gibt der Klage statt. S legt Berufung ein. Vor dem Oberlandesgericht vergleichen sich G und S dahin, daß S seine Berufung zurücknimmt und G einen Teil der Prozeßkosten übernimmt. Sie sind Rechtsanwalt. S bittet Sie um Rat, ob, wie und mit welchen Erfolgsaussichten er gegen B vorgehen könne. Was würden Sie als Rechtsanwalt antworten? — Der Sachverhalt ist nicht ganz einfach zu erfassen. Ehe Sie nachdenken und nachlesen, tragen Sie ihn für sich selbst laut vor und vergleichen Sie, ob Sie nichts vergessen haben. —

1. **Prüfling:** „Ich würde S zunächst fragen, warum er ein Vorgehen nur gegen B und nicht gegen V in Erwägung ziehe und was es mit der Freistellung V-S auf sich habe."

Prüfer: „Ja, der von S geschilderte Sachverhalt ist in dieser Hinsicht lückenhaft. Die Sache wird klar, wenn S auf Ihre Fragen folgendes antwortet: V sei sein Schwiegervater, in dessen Betrieb er arbeite. Als Gegenleistung und um ihm wirtschaftlich zu helfen, habe V die Freistellungsverpflichtung übernommen. Er, S, habe sich mit seinem Schwiegervater zerstritten und wolle ihn mit dieser Sache weder im guten noch im bösen behelligen. Überdies leugne V jegliche Verpflichtung zur Freistellung mit der Begründung, das Urteil im Vorprozeß sei falsch; die Klage hätte in vollem Umfang abgewiesen werden müssen, weil der Kaufvertrag G-S, folge man einer neuen Entscheidung des BGH, wegen Sittenwidrigkeit der zugrunde liegenden Allgemeinen Geschäftsbedingungen nichtig sei."

2. **Prüfling:** „Das Vorgehen gegen B könnte sich je nach der Art der Bürgschaft verschieden gestalten: Nur wenn B sich selbstschuldnerisch verbürgt hätte oder einer der weiteren Ausnahmefälle des § 773 BGB vorläge, wäre sogleich eine Klage auch oder gar nur gegen den Bürgen B ins Auge zu fassen (vgl. §§ 771, 773 BGB). Ich würde also den S weiter fragen, ob die Einrede der Vorausklage aus einem der in § 773 BGB aufgezählten Gründe ausgeschlossen ist."

Prüfer: „Würden Sie auch so verfahren?"

3. **Prüfling:** „Ich würde die Frage mit Rücksicht auf die §§ 349, 351, 343, 344 HGB so stellen, ob der Bürge Vollkaufmann ist und ob er die Bürgschaft im Betrieb seines Handelsgewerbes eingegangen ist. Denn nach § 349 S. 1 HGB steht dem Bürgen, wenn für ihn die Bürgschaft ein Handelsgeschäft ist, die Einrede der Vorausklage nicht zu. Nach § 344 Abs. 1 HGB gilt, falls B Kaufmann ist, eine Vermutung für ein Handelsgeschäft."

Prüfer: „In Ordnung. Nehmen wir an, S würde Ihre Frage bejahen."

4. **Prüfling:** „Dann bestehen jedenfalls insoweit keine Bedenken, B ohne Rücksicht darauf, ob S bei V Befriedigung gesucht hat, zu verklagen."

Prüfer: „Richtig. Und weiter?"

4. **Prüfling:** „S hat im Vorprozeß einen Fehler gemacht. Er hätte auch dem V den Streit verkünden müssen. Die Streitverkündung allein an B war gegenstandslos. Ich will damit sagen, daß eine Nebeninterventionswirkung, wie sie das Gesetz in den §§ 74, 68 ZPO anordnet, gar nicht eingetreten ist. B könnte sich, von S verklagt, trotz der genannten Vorschriften ebenso wie der Hauptschuldner V darauf berufen, daß der Vorprozeß G-S unrichtig entschieden worden sei. Er könnte z. B. vortragen, der Kaufvertrag sei nichtig, und G habe eine Forderung gegen S gar nicht zugestanden. Der Grund hierfür ist der: B als Bürge haftet kraft der Akzessorietät der Bürgschaft nur im Rahmen der Hauptschuld. Er kann deshalb alle Einwendungen geltend machen, die dem Hauptschuldner, hier also dem V, zustünden. Das könnte er nur dann nicht, wenn S auch dem V den Streit verkündet hätte. Das aber ist nicht geschehen."

Prüfer: „Ist das auch Ihre Meinung?"

5. **Prüfling:** „Nein. Der Sinn des § 768 Abs. 1 S. 1 BGB ist der, daß der Bürge außer den Einreden aus eigenem Recht Einreden aus dem Recht des Hauptschuldners erheben kann. Damit ist aber nicht gesagt, daß der Bürge nicht seinerseits in der Gel-

tendmachung von Einreden beschränkt werden könnte. Das gilt sowohl für Einreden aus eigenem Recht als auch für Einreden aus dem Recht des Hauptschuldners. Der Bürge kann z. B. auf solche Einreden verzichten oder sie aus sonstigen materiellrechtlichen Gründen verlieren, auch wenn der Hauptschuldner sie behalten hat. Es ist kein Grund ersichtlich, warum das für die Nebeninterventionswirkung nicht gelten sollte. Auch sie bewirkt einen Verlust von Einreden und Einwendungen."

1. Prüfling: „Mich stört zwar an dieser Lösung, daß S als Gläubiger des Anspruchs auf Freistellung einander widerstreitende Urteile erwirken könnte: Es könnte passieren, daß über seine Klage gegen den Hauptschuldner V anders als über seine Klage gegen den Bürgen B entschieden wird. Diese Konsequenz wird man aber hinnehmen müssen. Man könnte ihr entgehen, wenn die Forderung des S gegen V und B nur einheitlich festgestellt werden könnte, Hauptschuldner und Bürge also im Verhältnis zum Gläubiger notwendige Streitgenossen wären. Das sind sie indessen trotz des für die Bürgschaft geltenden Grundsatzes der Akzessorietät nicht. Ein Urteil gegen den Hauptschuldner wirkte nicht rechtskräftig gegen den Bürgen. Der Bürge kann nämlich auch eigene Einreden und Einwendungen geltend machen und so eine einheitliche Feststellung des streitigen Rechtsverhältnisses verhindern."

Prüfer: „Gut, wie würden Sie das zusammenfassen?"

2. Prüfling: „Etwa so: Hat im Vorprozeß der Gläubiger nur dem Hauptschuldner oder nur dem Bürgen den Streit verkündet, so ist im Regreßprozeß (Folgeprozeß) nur der Hauptschuldner oder nur der Bürge in seinen Einwendungen durch das Urteil beschränkt. Im vorliegenden Fall ist das B."

Prüfer: „Ja! Nun ist doch B im Vorprozeß untätig geblieben. Ändert das etwas an dem Ergebnis?"

3. Prüfling: „Nein! Andernfalls wäre die Streitverkündung sinnlos. Der Streitverkündungsempfänger brauchte sich bloß passiv zu verhalten, um der Nebeninterventionswirkung zu entgehen. § 74 Abs. 3 ZPO ordnet übrigens durch seine Bezugnahme auf die beiden vorhergehenden Absätze für diesen Fall diese Wirkung ausdrücklich an."

Prüfer: „Ja. Sind damit die Überlegungen des Rechtsanwalts zu Ende?"

4. Prüfling: „Nein! Er hätte als erstes den Hinweis des S auf die vergleichsweise Erledigung des Rechtsstreits berücksichtigen müssen. Voraussetzung für eine Nebeninterventionswirkung ist eine rechtskräftige Sachentscheidung in dem Prozeß G-S. Denn das Gesetz spricht von einem Rechtsstreit, der „unrichtig entschieden" und „mangelhaft geführt" worden sei. Daran fehlt es hier. Der Prozeß ist durch den Vergleich beendet worden, den G und S vor dem Berufungsgericht geschlossen haben. Einem Prozeßvergleich kommt eine Interventionswirkung nicht zu. S läuft also Gefahr, im Prozeß gegen B zu unterliegen, falls B mit seiner Behauptung durchdringt, der Kaufvertrag G-S sei nichtig gewesen, eine Hauptschuld sei also gar nicht entstanden."

Prüfer: „Einverstanden?"

5. Prüfling: „Nein! Richtig wäre diese Überlegung nur, wenn durch den Vergleich das Urteil in der Vorinstanz außer Kraft gesetzt worden wäre. Das ist durchaus möglich und kann insoweit geschehen, als die in dem Vergleich enthaltene Regelung an die Stelle des Urteils tritt. Hier trifft es nur zu für einen Teil der Prozeßkosten, die das Urteil gem. § 91 ZPO dem S auferlegt haben wird. In der Hauptsache hingegen haben G und S das angefochtene Urteil in seinem Inhalt durch den Prozeßvergleich nicht berührt, genauer gesagt, es rechtskräftig werden lassen. Vergleichsinhalt war neben der Kostenregelung nur die Rücknahme der Berufung. Der Rechtsstreit G-S ist mithin durch das rechtskräftige Urteil des Landgerichts, nicht durch den Prozeßvergleich beendet worden."

Prüfer: „Ja, so ist es richtig. Kann der Rechtsanwalt nun dem S raten, die Interventionswirkung gegen B auszunutzen?"

1. Prüfling: „Ein Punkt ist noch zu beachten: G hatte im Vorprozeß gegen S nur einen Teilbetrag von 15 000 DM eingeklagt. Wenn S von B Freistellung nur in dieser Höhe verlangen will, so kann er sich, wie wir festgestellt haben, auf die Interventionswirkung berufen. Nun könnte es aber sein, daß der Restanspruch G-S fällig ist und erfüllt werden muß. Dann wäre auch insoweit der Anspruch des S gegen V auf Freistellung fällig und zu erfüllen und damit auch die Bürgschaftsverpflichtung des B (§ 767 Abs. 1 S. 1 BGB). In diesem Falle könnte S mithin ein Interesse daran haben, B auf Freistellung in voller Höhe zu verklagen. Die Frage ist nun ..."

Prüfer: „Danke, Sie sehen das Problem. Wenn nun S voll befreit werden will, ist also was fraglich?"

2. Prüfling: „Problematisch ist, ob die Nebeninterventionswirkung auch für den Teil der Regreßforderung des S anzunehmen ist, der sich auf den im Vorprozeß nicht eingeklagten Restanspruch von 5000 DM bezieht. Von der Beantwortung dieser Frage hängen nämlich die Erfolgsaussichten des Prozesses gegen B ab. Verneinte man eine Interventionswirkung insoweit, so könnte B u. U. mit Erfolg seine Einwendungen gegen das Bestehen der Hauptschuld des V durchsetzen, indem er vorträgt und beweist, daß G gegen S einen Restanspruch gar nicht habe, den V also eine Freistellungsverpflichtung insoweit nicht treffe. Bejahte man hingegen eine so weitgehende Interventionswirkung, so wären dem B diese Einwendungen abgeschnitten und die Erfolgsaussichten des Prozesses bedeutend besser."

Prüfer: „Ja, was meinen Sie zu diesem Problem?"

3. Prüfling: „Ausgangspunkt für die Lösung dieser Frage muß der Inhalt der Nebeninterventionswirkung sein. Sie beschränkt sich nicht, wie die Rechtskraft, auf die im rechtskräftigen Urteil ausgesprochene Rechtsfolge. Würde z.B. G von S den Restanspruch einklagen, so wäre S nicht gehindert vorzubringen, der Kaufpreisanspruch bestehe gar nicht, obwohl im Erstprozeß das Gericht in den Entscheidungsgründen das Bestehen eines solchen Anspruches festgestellt hätte (§ 322 ZPO). Die Interventionswirkung geht dagegen viel weiter: Sie bindet den Richter des Regreßprozesses auch an die Beurteilung von präjudiziellen Rechtsverhältnissen und an die tatsächlichen Feststellungen des Vorprozeßurteils. Daraus muß man den Schluß ziehen, daß, wenn im Vorprozeß gegen den Schuldner nur eine Teilforderung eingeklagt worden ist, die Interventionswirkung den Streitverkündungsempfänger im Folgeprozeß gleichwohl auch insoweit beschränkt, als die Regreßforderung die im Vorprozeß eingeklagte Forderung übersteigt."

Prüfer: „Einverstanden?"

4. Prüfling: „Ja. Gründe der praktischen Handhabung des § 68 ZPO sprechen ebenfalls für diese Lösung. Begrenzte man, wie eine Gegenmeinung es tut, den Umfang der Interventionswirkung entsprechend dem Umfang des Streitgegenstandes des Vorprozesses, so könnten sich schwierige Abgrenzungsprobleme ergeben. Anders als im vorliegenden Fall können sich nämlich Streitgegenstand des Vorprozesses und Streitgegenstand des Regreßprozesses nicht decken. Überdies wäre es nicht prozeßökonomisch, im Regreßprozeß praktisch den ganzen Vorprozeß zu erneuern, obwohl dort nur ein Teil der Forderung, und zwar der kleinere Teil, nicht eingeklagt worden ist."

Prüfer: „Sie folgen der herrschenden Meinung. Seien Sie sich darüber klar, daß Ihre Argumentation wohl dann nicht mehr überzeugt, wenn im Vorprozeß der größere Teil der Forderung nicht eingeklagt worden ist.“

— Lies: BGH NJW 69, 1480; RG JW 35, 3539, jeweils m. Nachw.; a. A. Wieczorek, § 68 A Ia 3; KG JW 18, 56. —.

Tierhalterhaftung. Verjährung

Der Handelsvertreter Jäger trägt seinem Rechtsanwalt in Köln vor: Ende 1966 hatte ich in Trier geschäftlich zu tun. Als ich mich von einem meiner Kunden, Glasermeister Gundolf, vor der Ladentür verabschiedete, wurde ich von einem durchgehenden Reitpferd umgerannt. Das Tier schleuderte mich gegen einen Stein, ich erhielt mehrere Hufschläge und trug verschiedene Wunden am Kopf davon, auch wurde mit die linke Ohrmuschel zur Hälfte abgerissen. Der Vorfall ist von der Polizei zu Protokoll genommen worden. Ich stellte Strafantrag wegen fahrlässiger Körperverletzung gegen den Besitzer des Pferdes, Bergwerksdirektor Brendgen aus Trier. Es kam zu einem Strafverfahren, in welchem ich als Nebenkläger auftrat und eine Buße verlangte. Das Gericht sprach aber Brendgen frei, weil es annahm, daß das Pferd ohne seine Schuld durchgegangen sei.

Vgl. §§ 230, 231, 232 StGB, § 374 Abs. 1 Nr. 3, § 395 StPO.

—Buße und Schadensersatz: Daß *Jäger* keine Buße zugesprochen erhalten hat, war vielleicht sein Glück. Denn nach § 231 Abs. 2 StGB schließt zuerkannte Buße jeden zivilrechtlichen Entschädigungsanspruch aus. Freilich muß das Strafurteil bei Lebzeiten des Angeklagten rechtskräftig und damit vollstreckbar geworden sein (arg. § 449 StPO, vgl. auch § 30 StGB). Wird die Zuerkennung einer Buße, gleichviel aus welchen Gründen, abgelehnt, so ist das für die zivilrechtlichen Schadensersatzansprüche des Verletzten in keiner Weise präjudiziell.

Nicht zu verwechseln mit dem Antrag auf Zuerkennung einer Buße ist das in den §§ 403—406d StPO geregelte Verfahren auf Zuerkennung einer Entschädigung. Der Zweck dieses — durch die 3. Vereinfachungsverordnung vom 29. Mai 1943 eingeführten — sog. Adhäsionsverfahrens geht dahin, bei klar liegenden zivilrechtlichen Schadenersatzansprüchen einen besonderen Zivilprozeß zu vermeiden. Der Strafrichter sieht deshalb von einer Entscheidung über den Antrag ab, wenn seine Prüfung des Strafverfahren verzögern würde, § 405 S. 2 StPO. Der Anspruch muß vermögensrechtlich sein und zur Zuständigkeit der ordentlichen Gerichte gehören; arbeitsgerichtliche Zuständigkeit genügt nicht, weil das Arbeitsgericht nicht als Gericht der ordentlichen streitigen Gerichtsbarkeit nach den §§ 12ff. GVG bestellt ist (BGHSt. 3, 210). Der Anspruch darf die Zuständigkeit des Amtsgerichts nicht überschreiten und noch nicht anderweit gerichtlich geltend gemacht sein, § 403 Abs. 1 StPO. Soweit dem Antrag stattgegeben wird, steht die Entscheidung einem zivilrechtlichen Endurteil gleich. Eine sachliche Abweisung ist nicht zulässig. Gibt das Gericht demAntrag ganz oder teilweise nicht statt, so kann insoweit der Verletzte seinen Anspruch im Zivilprozeß geltend machen, §§ 405, 406 StPO. Deshalb steht dem Antragsteller, auch soweit das Gericht von einer Entscheidung absieht, ein Rechtsmittel nicht zu. Soweit das Gericht dem Antrag stattgibt, kann der Angeklagte die Entscheidung auch ohne den strafrechtlichen Teil des Urteils mit dem sonst zulässigen Rechtsmittel anfechten (§ 406a Abs. 2 S. 1 StPO). Wegen der Vollstreckbarkeit einer zusprechenden Entscheidung s. § 406b StPO. Im einzelnen s. Jeschek JZ 58, 591. —

Nach Abschluß des Strafverfahrens hat mir Brendgen meine Heilungskosten vergütet und außerdem noch 50 Mark gezahlt. Ich merkte dann längere Zeit von der

Sache nichts. Seit dem Sommer d. J. hat sich mein Gehör, das bis dahin immer ganz vorzüglich gewesen war, plötzlich zusehends verschlechtert, ich habe stechende Schmerzen im Kopf, und Ohrenarzt Dr. Tauber, den ich konsultierte, befürchtet, daß ich auf dem linken Ohr das Gehör gänzlich einbüßen werde, weil bei dem Unfall der Hörnerv verletzt worden ist. Ich habe Brendgen im September das Taubersche Attest übersandt und zum Schadensersatz aufgefordert. Er erwiderte, daß er die Angelegenheit seiner Haftpflichtversicherung, der „Frankfurter Haftpflicht- und Rückversicherungs-AG.“, weitergegeben habe. Jetzt teilt er mir mit, die Gesellschaft lehne alle Ansprüche ab. Ich werde also klagen müssen.

Der Rechtsanwalt: Haben Sie bei Empfang des Geldes eine Ausgleichsquittung unterschrieben?

Jäger: Nur eine gewöhnliche Kassenquittung über den Empfang von etwas über 300 DM.

Rechtsanwalt: Hat Brendgen mündlich oder schriftlich anerkannt, Ihnen zum Schadensersatz verpflichtet zu sein?

Jäger: Nein. Er hat mir geschrieben, daß er weder rechtlich noch moralisch zu einer Leistung verpflichtet sei, daß ich ihm aber die Aufstellung meiner Unkosten übersenden solle. Das tat ich, und er sandte mir durch seinen Chauffeur die Summe und noch 50 Mark darüber.

Rechtsanwalt: Zu welchen Zwecken hat Brendgen das Pferd gehalten? Hat man den Anlaß festgestellt, aus dem es durchgegangen ist? Kann gegen Sie der Vorwurf mitwirkenden Verschuldens erhoben werden? Sind Zeugen des Vorfalls vorhanden?

Jäger: Es handelt sich um ein Reitpferd, das Brendgen zu seinem Vergnügen gehalten hat. Er ist Sportsmann, macht alle Reitkonkurrenzen mit und hat meist sehr feurige und wilde Tiere. Weshalb das Pferd scheute und durchging, hat sich nicht recht aufklären lassen. Entweder wurde es unruhig, weil aus einer Nebenstraße plötzlich ein Auto mit großer Schnelligkeit einbog, oder Brendgen hat am Zügel gerissen, vielleicht lag auch gar kein Grund vor. Jedenfalls jagte es auf einmal davon und auf den Bürgersteig, auf dem ich stand. Gundolf wird bestätigen, daß es für mich unmöglich war, rechtzeitig zur Seite zu springen. Im Strafverfahren sind noch verschiedene Passanten als Zeugen vernommen worden, deren Namen die Akten ergeben müssen.

Rechtsanwalt: Dann liegt die Sache günstig für Sie. Wer ein Tier bloß zu seinem Vergnügen hält, ist für den Tierschaden haftbar, mag ihn selbst ein Verschulden treffen oder nicht treffen.

—Die Tierhalterhaftung gestaltet sich verschieden, je nachdem ein „Luxustier“ oder ein „Exkulpationstier“ den Schaden angerichtet hat. „Exkulpationstiere“, bei denen sich der Halter nach § 833 S. 2 BGB entlasten kann, müssen 1. Haustiere sein und müssen ferner 2. entweder dem Berufe oder der Erwerbstätigkeit oder dem Unterhalt (Milchkuh!) des Tierhalters zu dienen bestimmt sein. *Brendgens* Pferd ist zwar Haustier, aber Luxustier, so daß Satz 2 keine Anwendung findet.

§ 833 S. 1 spricht von einer „durch“ das Tier begangenen Tötung, Körperverletzung oder Sachbeschädigung. An dem darnach erforderlichen Kausalzusammenhang würde es gefehlt haben, wenn die Bewegung des Pferdes die rein mechanische Reaktion auf eine besonders starke und ungewöhnliche Reizung (z. B. auf einen in der Nähe niederfahrenden Blitz) gewesen wäre, so daß kein freies (der tierischen Natur entsprechendes) und willkürliches Verhalten des Tieres mehr vorgelegen hätte. Solch ein freies und willkürliches Verhalten — und keine rein mechanische Reaktion — liegt hingegen noch vor, wenn Sinne oder Körper des Tieres durch ein äußeres Ereignis gereizt werden. Man denke an das Scheuen eines Tieres infolge des Herannahens oder Geräuschs eines Kraftfahrzeugs. —

Rechtsanwalt: Es fragt sich, ob der Anspruch etwa verjährt ist. An welchem Datum ereignete sich der Unfall?

Jäger: Am 30. Oktober 1966. Ich erinnere mich ganz genau, wie Gundolf davon sprach, daß übermorgen sein Geburtstag sei.

Rechtsanwalt: Das war also genau vor 3 Jahren. Wir schreiben heute den 30. Oktober 1969. Der Anspruch aus § 833 BGB verjährt in 3 Jahren, nachdem der Verletzte von der Entstehung des Schadens und der Person des Ersatzpflichtigen Kenntnis erlangt hat (§ 852 BGB). Es kommt mithin darauf an, noch heute (§ 187 Abs. 1, § 188 Abs. 2 BGB) die Verjährung zu unterbrechen. Zwar könnte man sagen, daß es gegen Treu und Glauben verstoßen würde, wenn Brendgen sich auf Verjährung berufen wollte, nachdem er durch sein Schreiben, er habe die Sache der Haftpflichtversicherung unterbreitet, Sie veranlaßt hat, vorläufig von gerichtlichen Schritten abzusehen und den Bescheid der Gesellschaft abzuwarten, der ja einen Prozeß hätte entbehrlich machen können. Außerdem haben Sie die Verletzung zunächst für harmlos gehalten und sind erst durch Dr. Tauber im letzten Sommer darüber belehrt worden, daß eine ernsthafte Schädigung Ihres Gehörs und Ihrer Nerven vorliegt, so daß die Dreijahresfrist wohl erst von diesem Zeitpunkt an läuft. Doch ist alles das zweifelhaft, und es wäre unverantwortlich, wenn Sie die Sache weiter verzögern und dadurch dem Gegner nahelegen würden, die Verjährungseinrede (§ 222 Abs. 1 BGB) zu erheben.

Replik der Arglist gegenüber der Verjährungseinrede: Bekanntlich unterschied das römische Recht die exceptio doli specialis oder praeteriti von der exceptio doli generalis oder praesentis. Die erste setzte voraus, daß der Kläger in der Vergangenheit (speziell: beim Abschluß des klagebegründenden Vertrags) arglistig gegen den Beklagten gehandelt hatte. Die zweite wurde schon gewährt, wenn das Verhalten des Klägers im Prozeß mit seinem eigenen früheren Verhalten unvereinbar war, mochte dieses frühere Verhalten selbst auch nicht arglistig gewesen sein. Entsprechend konnte nach der älteren Rechtsprechung zum BGB der Gläubiger die Verjährungseinrede mit der Replik der Arglist nur bei dolus praeteritus aus dem Felde schlagen, wenn der Schuldner den Gläubiger offensichtlich dolos über das Ende der Verjährung hingehalten, sich also in der Vergangenheit arglistig betragen hatte. Die neuere Rechtsprechung gibt die Replik der Arglist auch bei dolus praesens: der Schuldner braucht die Absicht, den Gläubiger von rechtzeitiger Unterbrechung der Verjährung abzuhalten, damals nicht gehabt zu haben, sondern es genügt, wenn auf Grund der früheren Erklärungen des Schuldners der Gläubiger verständigerweise damit rechnen durfte, daß sein Anspruch anerkannt und daß es nicht zum Prozeß kommen werde. Beispiel: der Schuldner (oder seine Versicherungsgesellschaft) hat mit dem Geschädigten über die Herbeiführung einer gütlichen Einigung korrespondiert, Untersuchung durch Vertrauensärzte vorgeschlagen, und man hat sich nachher — nachdem inzwischen die Verjährung abgelaufen war! — über die Höhe des Schadensersatzes nicht verständigen können. Oder bei einer größeren Zahl parallel liegender Streitfälle wird vereinbart, daß zunächst einer der Gläubiger einen „Probeprozeß" durchführen solle; nachdem er diesen gewonnen hat, wendet der Beklagte in den folgenden Prozessen Verjährung ein. Oder der Dienstherr unterrichtet und belehrt seine Arbeitnehmer nicht über die ihnen zustehenden Ansprüche, beruft sich dann aber darauf, daß die Arbeitnehmer diese Ansprüche nicht rechtzeitig geltend gemacht hätten (BAG NJW 57, 558). Bei solchem Sachverhalt ist die Geltendmachung der Verjährung mit dem an sich nicht arglistigen früheren Verhalten des Schuldners nach Treu und Glauben (§ 242 BGB) nicht zu vereinen (RGZ 144, 378; 145, 239; BGHZ 9, 1; BVerGE 23, 166: Die Einrede der Verjährung kann unzulässige Rechtsausübung sein, wenn rechtswidrige Maßnahmen des Schuldners — Falschberechnung der Hinterbliebenenversorgung durch Postbehörde — dazu geführt hat, daß der verjährte Anspruch dem Gläubiger nicht bekannt geworden ist).

Wie lange hält die Wirkung des die Replik der Arglist begründenden Tatbestandes vor? Natürlich wird die Verjährungseinrede nicht etwa für alle Zeiten ausgeschlossen. Es beginnt auch nicht (wie bei der Unterbrechung, § 217 BGB) die Verjährung von neuem zu laufen. Ebensowenig findet eine Hemmung (§ 205 BGB) statt. Vielmehr muß der Gläubiger, nachdem die Umstände weggefallen sind, die bei ihm das Absehen von der gerichtlichen Geltendmachung eines Anspruchs verständlich machen, binnen einer kurzen, nach Wochen, höchstens nach wenigen Monaten zu bemessenen Frist klagen. Diese Frist ist nach den Umständen des Einzelfalles und nach den Anforderungen eines anständigen Geschäftsverkehrs zu bemessen. Haben sich z.B. die Verhandlungen über die Regulierung eines Schadensersatzanspruchs bis über das Ende der Verjährungsfrist hinausgezogen, so muß der Berechtigte den Anspruch innerhalb kurzer Frist nach Scheitern der Verhandlungen gerichtlich geltend machen. Wartet ein durch einen Rechtsanwalt beratener Kaufmann 3 Monate, so wird er in der Regel der Verjährungseinrede nicht mit Erfolg den Einwand unzulässiger Rechtsausübung entgegensetzen können (BGH NJW 59, 96; vgl. ferner RGZ 128, 211, 214: 2 Monate und 19 Tage verspätet; BGH NJW 55, 1834: 7 Monate verspätet; BGHZ 9, 1, 5: weniger als 10 Tage rechtzeitig). Vorsicht ist also immer geboten.

Die praktische Verlängerung der Verjährungsfrist durch die Arglistreplik ist deshalb so groß, weil das Gesetz eine vertragliche Verlängerung der Verjährungsfrist — abgesehen von einzelnen besonderen Rechtsverhältnissen, wie Kauf-Gewährleistungsansprüchen, § 477 Abs. 1 S. 2 BGB — nicht zuläßt (§ 225 S. 1 BGB), und weil der Begriff der die Verjährung unterbrechenden Anerkennung (§ 208 BGB) ziemlich eng ist. Immerhin ist, wie die gesetzlichen Beispiele der Zins- und Abschlagszahlung zeigen, Anerkennung durch positive schlüssige Handlung möglich. Aber nicht einmal die ist erforderlich, wie die in § 208 BGB enthaltenen Worte „oder in anderer Weise" zeigen. Es genügt jedes tatsächliche Verhalten dem Gläubiger gegenüber, aus dem sich das Bewußtsein des Schuldners von dem Bestehen des Anspruchs klar und unzweideutig ergibt. Es bedarf also keiner Willenserklärung, geschweige denn eines rechtsgeschäftlichen Anerkenntnisses (§ 781 BGB), sondern nur einer Wissenserklärung. Dieses Wissen kann der Schuldner auch durch bloßes Stillschweigen oder Untätigbleiben zum Ausdruck bringen, sofern nur die Umstände des Einzelfalls über die Bedeutung dieses Verhaltens keine Zweifel lassen (BGH NJW 65, 1430). Aus der Weitergabe der *Jägerschen* Ansprüche durch *Brendgen* bloß an die Versicherungsgesellschaft würde sich eine die Verjährung unterbrechende Anerkennung nicht herleiten lassen. Liegt eine Unterbrechung durch Anerkennung vor, so wirkt sie für den ganzen Betrag der Forderung, den der Richter später feststellt, mag auch der Schuldner an so weitgehende Ansprüche nicht gedacht haben (RGZ 135,9). Der Schuldner muß aber die Forderung wenigstens dem Grunde nach anerkannt haben. Die von *Brendgen* unter ausdrücklicher Verwahrung gegen die Annahme einer Ersatzpflicht geleistete Zahlung stellt daher — jedenfalls über den nicht gezahlten Betrag hinaus — keine Anerkennung dar (OLGKöln VRS 67, 463).

Haben hingegen die Parteien vereinbart, daß die Forderung vorübergehend nicht geltend gemacht werden darf (pactum de non petendo), so ist so lange die Verjährung gehemmt (§ 202 Abs. 1 BGB); auf die Art der Einrede kommt es dann nicht an. In § 14 Abs. 2 StVG, § 39 Abs. 2 Luftverkehrsgesetz, § 6 Abs. 2 SHaftpflG, § 32 Abs. 2 Atomgesetz (nicht im ReichshaftpflichtG, welches Körperschäden regelt!) sieht das Gesetz, abweichend vom BGB, bereits in dem bloßen Schweben von Verhandlungen zwischen dem Ersatzpflichtigen und dem Ersatzberechtigten einen Fall der Verjährungshemmung. Da es sich um Ausnahmevorschriften handelt, ist davon auszugehen, daß in Fällen dieser Art die Hemmung sonst nicht ohne weiteres eintritt. Es müssen also Umstände hinzukommen, aus denen man auf ein unter Umständen stillschweigend geschlossenes pactum de non petendo schließen kann (München OLGZ 67, 154; vgl. ferner BGH LM Nr. 3, 5 zu § 202 BGB: Einverständliches Warten auf Vorentscheidung oder Ergebnis von Ermittlungen der einen Partei oder auf Inanspruchnahme eines Dritten wegen desselben Schadens). Nach dem Vortrag Jaegers kommt solch ein Fall nicht in Frage.

Kenntnis vom Schaden: Ungewißheit über Umfang und Höhe des Schadens schließen den Beginn der Verjährungsfrist nicht aus. Denn der gesamte aus einer unerlaubten Handlung entspringende Schaden stellt eine Einheit dar, ist also nicht als die Summe einzelner und selbständiger, nicht zusammenhängender Schäden zu betrachten. Deshalb sind z. B. Verschlimmerungen und überhaupt alle Folgezustände, die im Zeitpunkt der Erlangung allgemeinen Wissens um den Schaden als möglich vorauszusehen waren, mit solcher allgemeinen Kenntnis dem Verletzten i. S. des § 853 BGB „bekannt". Ist die Unfallfolge hingegen ihrer Art nach noch neu und damit nicht vorhersehbar — z. B. aus einer äußeren Verletzung entwickelt sich Diabetes, ein dauerndes Nervenleiden oder eine Deformation des verletzten Gliedes —, so gleicht das einer selbständigen Unfallfolge, und es läuft vom Hervortreten dieser Schäden an eine neue Verjährungsfrist (RGZ 119, 204, 208; RG JW 37, 1307 Nr. 5; BGH NJW 59, 380).

Die Verjährung wird unterbrochen durch Erhebung der Klage (§ 209 Abs. 1 BGB). Erhoben wird die Klage grundsätzlich (§ 500 Abs. 2 S. 1 ZPO: Klageerhebung durch mündlichen Vortrag ist praktisch bedeutungslos!) erst durch Zustellung an den Gegner (§ 253 Abs. 1 ZPO). Die Zustellung geschieht in der Regel von Amts wegen (§ 261 Abs. 1 ZPO), erfordert aber meist geraume Zeit, da der Vorsitzende zunächst den Verhandlungstermin bestimmt und dies erst nach Zahlung der erforderten Prozeßgebühr tun soll (§ 111 Abs. 1 S. 1 GKG). Deshalb tritt nach § 261b Abs. 3 ZPO (in Übereinstimmung mit dem für das amtsgerichtliche Verfahren geltenden § 496 Abs. 3 ZPO, vgl. auch § 207 Abs. 1 ZPO) die Unterbrechung der Verjährung bereits mit der Einreichung oder Anbringung des Klageantrags ein, sofern die Zustellung „demnächst" erfolgt. Voraussetzung für die Rückwirkung ist aber, daß die Klageschrift noch heute bei dem Trierer Gericht eingeht. Das halte ich kaum mehr für möglich, selbst wenn ich sofort telefonisch einen Trierer Kollegen zu beauftragen versuche. Denn es ist jetzt bereits 18,30 Uhr. Ich halte es für das beste, noch heute die Klage bei dem hiesigen Landgericht in Köln einzureichen. Der Einwurf der Klage in den Nachtbriefkasten beim Landgericht genügt. So können wir die Frist wahren und sind damit über alle Verjährungsschwierigkeiten hinaus. Allerdings hat das Verfahren seine Schattenseite. Wenn nämlich Brendgen — was wahrscheinlich ist — Unzuständigkeit einwendet, so werden Ihnen trotz Obsiegens in der Hauptsache die durch das Verfahren bei dem unzuständigen Gericht Köln entstandenen Mehrkosten auferlegt (§ 276 Abs. 3 S. 2 ZPO). Wollen Sie dieses Risiko in Kauf nehmen?

Rückdatierung der Zustellungswirkung: Die oben genannten, für die Rückdatierung maßgeblichen Vorschriften sagen, daß „demnächst" zugestellt worden sein muß. „Demnächst" heißt in angemessener, selbst längerer, vom Gläubiger nicht schuldhaft verzögerter Frist (BGH NJW 63, 315; BGHZ 25, 76). Damit wird dem Richter ein weites Ermessen eingeräumt. Weder ist für den zwischen Einreichung und Zustellung liegenden Zeitraum eine feste Höchstfrist vorgesehen, noch braucht „unverzüglich" (vgl. § 121 Abs. 1 S. 1 BGB) nach der Einreichung zugestellt zu werden. Es schadet z. B. nicht, wenn — ohne Verschulden des Klägers — die zunächst dem Gericht angegebene Anschrift des Beklagten sich als unrichtig erweist oder die vorschußweise Zahlung der Prozeßgebühr sich verzögert; es kann sich ein Armenrechtsverfahren mit umfangreichen Ermittlungen einschieben und dergl. (RGZ 105, 422). Fordert freilich das Gericht den Kostenvorschuß an, so muß der Gläubiger darauf achten, daß er den Vorschuß unverzüglich einzahlt (BGH NJW 60, 1952: 2 Wochen!). Die Rückdatierung beschränkt sich aber auf die Wahrung von Verjährungs- und anderen Fristen. In allen übrigen Punkten (z. B. Prozeßzinsen und verschärfte Haftung für rechtshängige Sachen, §§ 291, 292 BGB) bleibt es bei dem Grundsatz, daß die Rechtshängigkeit erst mit der tatsächlichen Zustellung der Klage eintritt.

Analoge Vorschrift für das Mahnverfahren: § 693 Abs. 2 ZPO. Hier wird die Zustellung des Zahlungsbefehls auf den Eingang des Mahngesuchs zurückbezogen, falls der Zahlungsbefehl „demnächst" zugestellt ist; vgl. hierzu BGH NJW 60, 1952. In Sachen *Jäger* gegen *Brendgen* kommt kein Mahnverfahren in Betracht, denn die Klage kann sich nur teilweise auf Verurteilung zu bestimmten Geldsummen (§ 688 Abs. 1 S. 1 ZPO), im übrigen auf Feststellung der Ersatzpflicht des Beklagten für die Folgen des Unfalls richten. Auch abgesehen hiervon, ist unter dem Gesichtspunkt der Fristwahrung der Klage allgemein der Vorzug vor dem Mahnverfahren zu geben, weil Klagen immer, ohne Prüfung ihrer Schlüssigkeit, dem Beklagten zugestellt werden müssen. Im Mahnverfahren kann dagegen das Gesuch abgelehnt werden (§ 691 ZPO). Wenn aber kein Zahlungsbefehl erlassen wird, so kommt es nicht zur Zustellung und damit nicht zur Unterbrechung der Verjährung.

Teilklagen, welche sparsame Gläubiger bisweilen zur Kostenverbilligung wünschen, haben Unterbrechungswirkung nur für den eingeklagten Teilbetrag, denn nur der ist gerichtlich geltend gemacht. Wird die Teilklage nachträglich erweitert, so ist die Verjährung für den Restanspruch erst mit dem in § 281 ZPO bezeichneten Zeitpunkt unterbrochen. Nicht selten kündigt der Rechtsanwalt im vorbereitenden Schriftsatz einen erweiternden Klageantrag nur an, verliest ihn aber in der mündlichen Verhandlung nicht. Ist dieser Schriftsatz im Parteibetrieb zugestellt worden und rügt der Beklagte in der mündlichen Verhandlung den Mangel der Amtszustellung nicht, so soll nach BGH LM Nr. 9 zu § 209 BGB die Verjährung unterbrochen sein, und zwar sogar rückwirkend (§ 295 ZPO) zu dem Zeitpunkt, in dem der Schriftsatz dem Beklagten bekannt gemacht worden ist. Die begrenzte Wirkung der Unterbrechung bei Teilklagen kann auch für den Rechtsanwalt zur Fußangel werden. Das Reichsgericht (RGZ 115, 185) will den Anwalt, der den Gläubiger im Prozeß wegen der Teilklage vertritt, verpflichten, die Partei auf die bevorstehende Verjährung des Restanspruchs aufmerksam zu machen, selbst wenn er, nachdem in erster Instanz der Beklagte auf die Teilklage verurteilt war, lediglich als Berufungsanwalt tätig wird. Das erscheint schon darum unbillig, weil der Gläubiger in solchen Fällen gerade die Kosten des vollen Objekts gescheut hat und man dem Anwalt, der seine Gebühren lediglich vom Teilobjekt erhält, nicht zumuten kann, den Restanspruch in verantwortlicher Weise mit zu prüfen. Vgl. v. *Hodenberg* JW 27, 515 Nr. 4, 1459; Leßer, JW 27, 1301. —

Nichtbestreiten der Zuständigkeit des Landgerichts Köln: *Brendgen* kann *Jäger* auf das angerufene unzuständige Landgericht Köln festlegen. Die ausschließliche Zuständigkeit eines anderen Gerichts kommt nicht in Betracht, und die Verweisung nach § 276 ZPO setzt voraus, daß an sich Abweisung wegen Unzuständigkeit auszusprechen wäre. In dem hier unterstellten Fall wird aber Köln gemäß § 39 ZPO durch widerspruchslose Verhandlung *Brendgens* zur Hauptsache zuständig. — Wird dagegen ein Amtsgericht nachträglich durch Klageerweiterung oder Widerklageerhebung unzuständig, so hat jede der beiden Parteien die Möglichkeit, die Verweisung an das Landgericht zu erzwingen (§ 506 ZPO).

Mehrkosten: Zu ihnen gehören auch die Kosten des Kölner Anwalts, durch den *Brendgen* beim Landgericht Köln in der mündlichen Verhandlung die Unzuständigkeit rügen läßt. Die Ersparung der mündlichen Verhandlung beim unzuständigen Gericht wird nur in §§ 697 Abs. 2 S. 1, 700 S. 3 ZPO vorgesehen (sachliche Unzuständigkeit des Amtsgerichts nach vorausgegangenem Mahnverfahren). —

Jäger: Wird die Verjährungsfrist durch Klage bei einem unzuständigen Gericht gewahrt?

Rechtsanwalt: Unbedenklich.

Das ist aus § 212 Abs. 1 BGB zu schließen. Darin wird die Unterbrechung durch Klageerhebung als nicht geschehen fingiert, wenn die Klage durch ein nicht in der Sache selbst entscheidendes Urteil (Prozeßurteil) rechtskräftig abgewiesen wird. Abweisung wegen Unzuständigkeit geschieht durch Prozeßurteil. Die Klage, beim unzuständigen Gericht eingereicht, muß also (zunächst) unterbrochen haben. Ergeht kein Prozeßurteil, sondern wird auf Antrag des Klägers nach § 276 ZPO verwiesen, so bildeten das Verfahren beim Landgericht Köln und das anschließende Verfahren beim Landgericht Trier einen einheitlichen Rechtstreit. Sogar wenn ungeschickterweise kein Antrag aus § 276 gestellt und demgemäß die Klage durch Prozeßurteil abgewiesen wird, kann der Kläger die Unterbrechungswirkung seiner Klage noch immer dadurch retten, daß er binnen 6 Monaten seit rechtskräftiger Beendigung des ersten Prozesses beim zuständigen oder unzuständigen (!) Gericht von neuem klagt (§ 212 Abs. 2 BGB) oder gar nur in einer der Klageerhebung gleichstehenden Weise (§ 209 Abs. 2 BGB) den Anspruch geltend macht (BGHZ 21, 204), z.B. die Zustellung eines Zahlungsbefehls erwirkt. —

Jäger: Gut, dann bin ich mit der Klageerhebung beim Landgericht Köln einverstanden. Wäre es nicht möglich, die Klage bald auch gegen die Haftpflichtversicherung zu richten? Wie mir ein Freund aus Trier schreibt, soll *Brendgen* neuerdings in finanzielle Schwierigkeiten geraten sein. Ich möchte deshalb die Zahlung gern direkt von der Gesellschaft erhalten. Könnte man nicht ferner durch einen geschickt abgefaßten Brief *Brendgen* dazu bestimmen, daß er im Prozeß anerkennt, da es ja doch nicht auf seine Kosten geht?

Rechtsanwalt: Ihre erste Frage ist durchaus berechtigt. Hätte *Brendgen* Sie mit seinem Kraftfahrzeug angefahren, so könnte man die Versicherungsgesellschaft unmittelbar in Anspruch nehmen. Doch gilt diese Regelung nur für diesen Ausnahmefall kraft eines besonderen Gesetzes (Gesetz über die Pflichtversicherung der Kraftfahrzeughalter — Pflichtversicherungsgesetz — vom 5. 4. 1965, vgl. §§ 1, 3 Nr. 1). Danach kann der Verletzte (Dritte) im Rahmen der Leistungspflicht des Versicherers aus dem Versicherungsverhältnis und unter Umständen selbst dann, wenn eine Leistungspflicht im Verhältnis des Versicherungsnehmers zum Versicherer nicht besteht, seinen Anspruch auf Ersatz des Schadens auch gegen den Versicherer geltend machen. Versicherer und Schädiger (Versicherungsnehmer) haften dem Dritten als Gesamtschuldner (§ 3, insbesondere Nr. 1 und 2 PflichtversicherungsG). Diese Abweichung von den allgemeinen Bestimmungen des Haftpflichtversicherungsrechts gilt in Ihrem Falle indessen nicht. Nach diesen allgemeinen Vorschriften haben Sie vielmehr nur einen Anspruch gegen den Schädiger *Brendgen*. Nur *Brendgen* hat einen Anspruch gegen die Versicherungsgesellschaft. Sie müssen also immer gegen *Brendgen* vorgehen. Sollte *Brendgen* in Vermögensverfall geraten, so pfänden Sie seine Versicherungsansprüche und lassen Sie sich zur Einziehung überweisen, sobald Sie einen Vollstreckungstitel erlangt haben werden. In seinem Konkurs haben

Sie an den Versicherungsansprüchen sogar ein Absonderungsrecht. — Von einem Anerkenntnis Ihrer Schadensersatzansprüche durch *Brendgen* würden Sie, falls er vermögenslos ist, keinen Vorteil haben. Denn auf Grund des Haftpflichtversicherungsvertrags braucht der Versicherer dem Versicherungsnehmer nur für rechtmäßig bestehende Schadensersatzansprüche einzustehen. *Brendgens* Anerkenntnis stellt im Verhältnis zur Versicherungsgesellschaft nicht die Rechtmäßigkeit Ihrer Ansprüche fest. Ihr gegenüber müßte also die Sache in jedem Falle kontradiktorisch durchgeführt werden. Im übrigen wird sich *Brendgen* hüten, ohne Zustimmung der Versicherung ein Anerkenntnis abzugeben: nach den üblichen Versicherungsbedingungen verliert er durch solches Anerkenntnis alle Regreßansprüche an die Gesellschaft! Nur wenn nach den Umständen der Versicherungsnehmer ein abgegebenes Anerkenntnis nicht ohne offenbare Unbilligkeit verweigern konnte, wird die Versicherungsgesellschaft nicht frei (§ 154 Abs. 2 VVG; vgl. hierzu BGH NJW 66, 657; 68, 836). Darauf kann man in Ihrem Falle aber nicht bauen.

Die Haftpflichtversicherung ist kein Vertrag zu Gunsten des gegenüber dem Versicherungsnehmer schadensberechtigten Dritten (§ 328 BGB). *Brendgens* Anspruch aus § 149 VVG geht, solange er *Jäger* nicht entschädigt hat, auf Befreiung von den Ansprüchen *Jägers*, vgl. § 257 S. 1 BGBG; im Falle des § 156 Abs. 2 VVG auf Zahlung an den Geschädigten. Befreiungsansprüche sind grundsätzlich unabtretbar und unpfändbar (§ 399 Fall 1 BGB, § 851 Abs. 1 ZPO). Zu Gunsten desjenigen jedoch, von dessen Ansprüchen die Befreiung erfolgen soll, sind Abtretung und Pfändung statthaft; denn vor der Änderung des Leistungsinhalts wird man in diesem Falle nicht sprechen können. Der Befreiungsanspruch verwandelt sich dann automatisch in einen Zahlungsanspruch (RGZ 81, 250; BGHZ 12, 136, 141). Über das Absonderungsrecht des Gläubigers im Konkurse des Versicherungsnehmers vgl. § 157 VVG und RGZ 93, 209. Die Haftpflichtversicherung umfaßt auch die Kosten des Entschädigungsprozesses (§ 150 VVG).

Haftpflichtversicherung und Versicherung für fremde Rechnung: Nimmt ein Hotelbesitzer, Garderobeunternehmen, Spediteur, Haus-, Kraftwagen-, oder Reitpferdbesitzer Haftpflichtversicherung für die aus seinem Betrieb gegenüber Dritten entspringende Verantwortlichkeit, so braucht, wie wir an unserem Falle sehen, der Versicherer Schäden nicht zu ersetzen, für welche der Versicherungsnehmer dem Dritten nicht haftet (z.B. weil sie nicht von ihm verschuldet sind, weil konkurrierendes Verschulden des Verletzten vorliegt u. dergl.). Hat der Unternehmer dagegen das sämtliche Gepäck oder die sämtlichen Garderobestücke seiner Kunden gegen Diebstahl oder sämtliche Fahrgäste gegen Unfall versichert, so ist die Ersatzpflicht des Versicherers unabhängig davon, ob den Versicherungsnehmer gegenüber dem Geschädigten eine Ersatzpflicht trifft oder nicht. Diese Form der Versicherung, im Geschäftsleben „General"- oder „Sammelpolice" genannt, stellt einen Anwendungsfall der sog. „Versicherung für fremde Rechnung" (§§ 74f. VVG) dar, bei welcher der Dritte „Versicherter" ist und als solcher eigene Rechte gegen den Versicherer hat (§ 75 Abs. 1 S. 1 VVG). — Wieder etwas anderes ist es, wenn die Unternehmer ihren Kunden lediglich den Abschluß von Einzelversicherungen gegen Gepäckverlust usw. vermitteln. —

Außer Vollmacht und Vorschuß läßt sich der Anwalt, wenn er besonders vorsichtig ist, von *Jäger* noch eine schriftliche Erklärung geben, daß er über die mit Einreichung der Klage beim unzulässigen Landgericht Köln verbundenen Nachteile belehrt sei, diese Klage aber gleichwohl wünsche.

Soll die Klageschrift bereits auf die Verjährungsfrage eingehen? Die Vorwegnahme der Replik führt zweifellos zur Beschleunigung des Prozesses. Aber eine Klage, die sich selbst zu rechtfertigen für nötig hält, wirkt schwächlich, macht dem

Beklagten Mut, sich auf den Prozeß einzulassen, und zeigt ihm manchmal erst die Möglichkeit der Verteidigung. Viele Anwälte verwerfen deshalb die Aufnahme der Replik in die Klage grundsätzlich und begnügen sich mit einer kurzen, mehr formularmäßigen oder schematischen Darstellung des Sachverhalts. Eine Ausnahme ist mindestens dann geboten, wenn dem Prozeß ein Schriftwechsel, etwa mit einem Juristen, vorausgegangen war und daher mit ziemlicher Sicherheit feststeht, welche Einwendungen der Beklagte geltend machen und wie er sie substantiieren wird. In der Jägerschen Sache schlägt der Anwalt einen Mittelweg ein, indem er — ohne den Gesichtspunkt der Verjährung auch nur andeutungsweise zu berühren — in die Klageschrift die Tatsachen aufnimmt, welche die Repliken der Arglist und das Entstehen eines selbständigen Schadens begründen. Nachdem der äußere Hergang des Unfalls geschildert und auf Gundolfs Zeugnis sowie auf die Strafakten und die dort gehörten Zeugen Bezug genommen ist, fährt die Klage fort:

„Zunächst schien es, als ob die Verletzung nur äußerlicher Natur sei. Seit Sommer 1969 hat sich jedoch das früher ganz vorzügliche Gehör des Klägers plötzlich zusehends verschlechtert. Er hat stechende Schmerzen im Kopf. Es ist damit zu rechnen, daß er das linksseitige Gehör gänzlich einbüßen wird, weil der Hörnerv bei dem Unfall verletzt wurde. Alles das ist auf den Unfall zurückzuführen.

Beweis: sachverständiges Zeugnis und Gutachten des Ohrenarztes *Dr. Tauber* in Kiel. Im September 1969 gab der Kläger dem Beklagten von den neu hervorgetretenen schweren Folgen Kenntnis und forderte Ersatz. Der Beklagte erwiderte zunächst, daß er die Sache seiner Haftpflichtversicherung, der „Frankfurter Haftpflicht- und Rückversicherungs-AG." weitergegeben habe, so daß der Kläger in der Erwartung, die Angelegenheit würde durch freiwillige Anerkennung und Zahlung seitens dieser Gesellschaft erledigt werden, weiteren Bescheid abwartete. Am 29. Oktober 1969 erhielt aber der Kläger den Brief des Beklagten vom 27. Oktober 1969, daß die Gesellschaft sowie er selbst jede Ersatzpflicht ablehnten.

Beweis: der vorzulegende Schriftwechsel."

(Es folgen Darlegungen über die Höhe des bereits zahlenmäßig feststehenden Schadens und der Nachweis, daß der Schaden noch nicht ganz abgeschlossen und zahlenmäßig bestimmbar ist)."

Außergerichtlicher Vergleich. Besserungsschein

Der Kaufmann Karl Münzer in Brühl hat mit seinen Gläubigern folgenden außergerichtlichen Vergleich geschlossen:

„Brühl, den 17. April 1969

In der heutigen Gläubigerversammlung der Firma „Schuhpalast *Münzer*, Inhaber *Karl Münzer*" wurde folgendes verhandelt:

Die Firma ist infolge unvorhergesehener geschäftlicher Verluste zahlungsunfähig geworden und bietet ihren Gläubigern den Abschluß eines außergerichtlichen Vergleichs auf nachstehender Basis an:

1. Die Warengläubiger erhalten 45% ihrer festgestellten und in den Büchern gutgebrachten Forderungen in drei gleichen Raten am 15. Mai, 15. Juli und 15. Oktober 1969.
2. Sie erhalten ferner Besserungsscheine über weitere 10% der Forderungen.
3. Miete, Gehalt, Steuern und sonstige bevorrechtigte Forderungen werden voll bezahlt.
4. Es wird ein Gläubigerausschuß, bestehend aus . . . . , gewählt, der dafür Sorge zu tragen hat, daß Zahlungen an Gläubiger, die nicht bevorrechtigt sind, bis auf weiteres nicht geleistet werden dürfen, und der sich mit den heute nicht vertretenen Firmen schnellstens in Verbindung setzen wird. Der Vergleich gilt als perfekt, sobald Gläubiger mit zusammen 30000 DM von insgesamt 37000 DM Passiven dem Vergleich beigetreten sind. Dies ist vom Gläubigerausschuß den sämtlichen Unterzeichnern sofort mitzuteilen.
5. Bis zur Zahlung der ersten Akkordrate von 15% steht dem Gläubigerausschuß das Recht zu, sich im Interesse der Gläubiger jederzeit vom Stande der Bücher, der Kasse und der Geschäfte zu überzeugen.

Die Unterzeichneten nehmen diesen Vorschlag an.

Schuhpalast *Münzer*, Inhaber *Karl Münzer*.
Rummler & Co.

(und 18 Unterschriften von anderen Gläubigern und Gläubigervertretern)."

Der Besserungsschein *Rummler & Co* lautet:

„Besserungsschein

Auf Grund des außergerichtlichen Vergleichs vom 17. April 1969 verpflichte ich mich hierdurch, der Firma

Rummler & Co., Köln

10% ihrer Forderung gleich 270,00 DM (i. W.) bis zum 15. Mai 1972 zu zahlen, falls es mir durch Besserung meiner Vermögensverhältnisse möglich sein wird, diesen Betrag ohne Schädigung meiner Existenz aufzubringen.

Brühl, den 6. Mai 1969.
Schuhpalast *Münzer*, Inhaber *Karl Münzer*."

Hierzu schreiben Rummler & Co. dem Anwalt:

„Wir haben unsere drei Vergleichsraten mit zusammen 1215 DM erhalten, müssen aber befürchten, daß der Besserungsschein wertlos sein wird, weil *Münzer*, wie wir erst jetzt erfahren, unserer Konkurrenzfirma *Hugo Schwarzbach*-Pirmasens auf ihre, beinahe 6000 DM betragende, Forderung 65% fest — ohne Besserungsschein! — versprochen hat und nunmehr nicht weiß, wie er diese Zusage erfüllen soll. 50% sind an *Schwarzbach* bereits ausgezahlt worden. Ich bitte um Auskunft, ob *Münzer* die restlichen 15% an *Schwarzbach* zahlen muß, und ob wir und die übrigen Gläubiger, denen die Begünstigung *Schwarzbachs* bei Abschluß des Vergleichs unbekannt war, den Vergleich anfechten und ebenfalls 65% oder gar 100% unserer Forderungen verlangen können. *Schwarzbach* hat den Vergleich nicht mit unterschrieben.

Ferner bitte ich um Auskunft über den juristischen Wert des Besserungsscheins.

Im August 1968 hatte der Vater des Schuldners, Rentner *Julius Münzer* in Frankenstein, für unsere Forderung bis zum Höchstbetrag von 2000 DM, Zinsen und Kosten mit eingerechnet, die selbstschuldnerische Bürgschaft übernommen. Wir wollen *Münzer senior* für den uns bei seinem Sohne entstandenen Ausfall in Anspruch nehmen. Müssen wir dabei die Summe des Besserungsscheins in Abzug bringen?

Rummler & Co."

Der Rechtsanwalt erwidert:

„An *Rummler & Co.*, hier.

In der *Münzer*schen Vergleichssache beantworte ich die an mich gestellten Fragen wie folgt:

I. *Schwarzbach* kann den Rest der ihm zugesagten 65% gegen *Münzer junior* einklagen, da beim außergerichtlichen Akkord — anders als bei einem gerichtlichen Zwangsvergleich — Sonderabreden zu Gunsten einzelner Gläubiger wirksam sind."

Für den Zwangsvergleich des Vergleichsverfahrens gilt wie für den Zwangsvergleich des Konkursverfahrens (§§ 173 ff. KO) der Grundsatz der Gleichbehandlung (§ 8 Abs. 1 VerglO, § 181 S. 1 KO). Während § 181 S. 1 KO eine uneingeschränkte Gleichbehandlung aller nicht bevorrechtigten Konkursgläubiger verlangt und eine ungleiche Bestimmung der Rechte nur mit ausdrücklicher Einwilligung der zurückgesetzten Gläubiger erlaubt (S. 2), läßt § 8 Abs. 2 VerglO eine ungleiche Behandlung der vom Vergleich betroffenen Gläubiger weitergehend, allerdings auch nur unter ganz engen Voraussetzungen zu. Hält der Schuldner (oder halten andere Personen) sich nicht daran, so ist das einen Gläubiger bevorzugende „Abkommen" nichtig (§ 8 Abs. 3 VerglO; vgl. für den Zwangsvergleich nach der KO: § 181 S. 3, § 243 KO, § 134 BGB). Für außergerichtliche Vergleiche, die ein notleidender Schuldner mit seinen Gläubigern vereinbart, besteht kein gesetzliches Gebot der Gleichbehandlung. Aus den Bestimmungen der Vergleichsordnung und der Konkursordnung muß man daher den Gegenschluß ziehen, daß für den außergerichtlichen

Vergleich das Gleichbehandlungsgebot nicht gilt. Denn solch ein Gebot ist als Gegengewicht nur gerechtfertigt, wo, wie nach § 182 KO, § 8 VerglO, widersprechende Gläubiger majorisiert werden können (RGZ 6, 227; 153, 395). Gerade das ist beim außergerichtlichen Vergleich nicht möglich. Deshalb läßt sich auch aus dem Grundsatz von Treu und Glauben ein Gebot der Gleichbehandlung beim außergerichtlichen Vergleich nicht herleiten. Bei einer verheimlichten Begünstigungsabrede können freilich besondere Umstände des Einzelfalls zur Nichtigkeit (138 Abs. 1 BGB), Anfechtbarkeit (§ 123 BGB) oder zur Schadensersatzpflicht (§§ 823, 826 BGB) führen. Häufig wird man allerdings annehmen können, daß die Gläubiger nur unter der ausdrücklichen oder stillschweigenden Bedingung gleichmäßiger Behandlung ihre Forderungen stunden oder z. T. erlassen. Das wird immer dann der Fall sein, wenn der Schuldner in seinem Rundschreiben oder mündlich in einer Gläubigerversammlung die gleichmäßige Befriedigung aller Gläubiger zur Grundlage seines Vergleichsanerbietens macht (er verspricht z. B. „Befriedigung nach konkursmäßigen Grundsätzen“ oder läßt sich nur für bestimmte Kleinforderungen freie Hand). Wenn der einzelne Gläubiger auf Grund dessen annehmen muß, alle Gläubiger würden gleichmäßig befriedigt, so muß der Vergleich nach Treu und Glauben mit Rücksicht auf die Verkehrssitte (§§ 133, 157 BGB) dahin ausgelegt werden, daß der Gläubiger zum Rücktritt berechtigt sein soll, wenn sich die gerechtfertigte Erwartung der Gleichbehandlung nicht bewahrheitet. Der dispositive § 356 BGB steht dann nicht entgegen; beim außergerichtlichen Vergleich mit einer Vielheit von Gläubigern muß als Vertragswille angenommen werden, daß jeder einzelne unabhängig von dem Willen des anderen Gläubigers zurücktreten kann (RGZ 153, 395; Jaeger-Weber, § 181 Anm. 15, 16; Künne, Außergerichtliche Vergleichsordnung, Richtlinie (R) 49 = S. 353ff.; R 50 = S. 356f.).

Der Privatvergleich bildet, anders als der gerichtlich bestätigte Vergleich (§ 85 Abs. 1 VerglO), keinen vollstreckbaren Schuldtitel. Daraus folgt für Schwarzbach (wie für alle übrigen Beteiligten) die Notwendigkeit, im Falle der Nichterfüllung zu klagen.

„II. Daß Sie mit einer Anfechtung des Vergleichs wegen der Ihnen verborgen gebliebenen Sonderbegünstigung *Schwarzbachs* durchdringen werden, glaube ich nicht. Die Gerichte verlangen in derartigen Fällen einen eindeutigen Nachweis dafür, daß der anfechtende Gläubiger dem Vergleich bei Kenntnis der Sonderabrede nicht zugestimmt haben würde. Es erwecken zwar einzelne Stellen des *Münzer*schen Vergleichs den Anschein, als ob die gleichmäßige Befriedigung aller Warengläubiger beabsichtigt sei, denn in §§ 1, 2 ist gesagt, daß „die Warengläubiger“ 45% und den Besserungsschein erhalten, und in § 3 wird dem die volle Auszahlung von Mieten, Gehältern usw. gegenübergestellt. Auf der andern Seite soll der Vergleich als geschlossen gelten, sobald Gläubiger mit Forderungen von zusammen 30000 DM bei einer Gesamtsumme von 37000 DM ihre Zustimmung erklärt haben (§ 4 Satz 2). Man rechnete also mit der Möglichkeit, daß mehrere Gläubiger mit Forderungen von insgesamt 7000 DM oder gar nur ein Gläubiger mit einer Forderung in dieser Höhe, darunter natürlich auch Warengläubiger, außerhalb des Vergleiches bleiben würden. Mit ihnen mußte *Karl Münzer* sich irgendwie einigen. Folglich kann die Zustimmung — oder, was dasselbe bedeutet: die gleichmäßige Befriedigung — sämtlicher Warengläubiger nicht Bedingung für das Zustandekommen des Vergleichs gewesen sein. Daß *Schwarzbach* dem allgemeinen Vergleich beigetreten sei, ist Ihnen nicht vorgespiegelt worden. Aus denselben Gründen steht Ihnen ein Recht, von dem Vergleich zurückzutreten, nicht zu.“

Wer das Geschäftsleben kennt, weiß, daß bei außergerichtlichen Vergleichen, eben weil hier der Zwang der Minderheit durch die Mehrheit fehlt, ohne Sonderversprechen kaum durchzukommen ist. Daß insbesondere die Kleingläubiger volle oder jedenfalls eine höhere Befriedigung als die übrigen Beteiligten erhalten, kann beim Privatvergleich beinahe als Regel gelten. Daher die strenge Prüfung der Kausalität der Täuschung (§ 123 Abs. 1 BGB).

„III. Der Besserungsschein gibt Ihnen das Recht, von *Münzer junior* weitere 270 DM zu fordern, falls sich seine Verhältnisse bis zum 15. Mai 1972 so gebessert haben, daß er zur Zahlung ohne Schädigung seiner Existenz imstande ist. Tritt die Besserung erst später ein, so können Sie aus dem Schein keine Ansprüche herleiten. Eigentlich soll *Münzer* Ihnen unaufgefordert Mitteilung machen, wenn er das Versprechen des Besserungsscheins ganz oder zum Teil erfüllen kann. Er soll ferner, ebenfalls unaufgefordert, Ihnen die der Besserung seiner wirtschaftlichen Lage entsprechenden Zahlungen leisten. Rührt er sich nicht und glauben Sie, daß die Bedingungen des Besserungsscheins eingetreten sind, so können Sie ihn verklagen, und im Prozeß hat *Münzer* die Beweislast, d. h. er muß seine wirtschaftlichen Verhältnisse offenlegen und nachweisen, daß ihm die Zahlung nicht zuzumuten ist. Gelingt ihm der Nachweis, so wird Ihre Klage abgewiesen."

Vgl. RGZ 40, 195; 94, 290. Nach der Wortfassung des Scheines würde zwar der Gläubiger die Besserung substantiiert zu behaupten und zu beweisen haben. Die Rechtsprechung kehrt aber die Behauptungs- und Beweislast um aus der Erwägung, daß den Gläubigern keine Möglichkeiten, sich über die Verhältnisse des Schuldners zuverlässig zu informieren, zur Verfügung stehen. Die Verpflichtung des Schuldners, den Gläubiger über die Besserung zu unterrichten und ihm Zahlungen zu machen, wird aus Treu und Glauben hergeleitet, um den problematischen Wert des Besserungscheins etwas zu erhöhen. Übrigens gibt es auch Besserungsscheine, welche die Besserung auf einen festen Stichtag (also nicht auf einen Endtermin) abstellen oder durch Festlegung eines Anfangstermins dem Schuldner eine Art Schonfrist gewähren („falls es mir durch Besserung meiner Verhältnisse nach dem .... möglich sein wird usw.") oder schließlich Anfangs- und Endtermin miteinander kombinieren. Wenn hier, wie in der Praxis und meistens auch im Schrifttum und Rechtsprechung, von einem „Besserungsschein" die Rede ist, so ist dies nicht ganz korrekt. Richtig muß es „Besserungsklausel" heißen. Der Besserungsschein ist ein abstraktes Schuldanerkenntnis (§ 781 BGB). Von einem Kaufmann abgegeben, ist es ein Verpflichtungs schein, der durch Indossament übertragen werden kann (§ 363 Abs. 1 S. 2 HGB). Einwendungen, wie Verjährung oder Bereicherung, werden ausgeschlossen. Besserungsscheine in diesem Sinne sind selten. Wenn von ihnen die Rede ist, handelt es sich, wie auch im vorliegenden Fall, um eine Besserungsklausel. Sie ist Bestandteil des abgeschlossenen Vergleichs. Mit ihr verspricht der Schuldner, auf die natürliche (unvollkommene) Verbindlichkeit gebliebene Restschuld an alle Gläubiger noch weitere Beträge zu zahlen. Darin steckt eine aufschiebend bedingte Umwandlung der natürlichen Verbindlichkeit in einen einklagbaren Anspruch. — Wirtschaftlich sinnvoll sind die Besserungsklauseln nicht. Sie schweben wie ein Damoklesschwert über dem Schuldner, beeinträchtigen seine Investitionen und halten den Gläubiger im Ungewissen über die Fähigkeit des Schuldners, seine Verpflichtungen einzuhalten. Die Besserungsklauseln werden meistens nicht ausgenutzt, die meisten ausgenutzten werden nicht eingelöst (vgl. hierzu eingehend Künne, Außergerichtliche Vergleichsordnung, R 52 Anm. 1 und 2 = S. 374—376 m. weiteren Nachweisen)..

„IV. Ansprüche gegen den Bürgen *Julius Münzer senior* stehen Ihnen nicht mehr in Höhe der ursprünglichen 2000 DM zu, wie es nach einem gerichtlichen Zwangsvergleich der Fall sein würde, sondern lediglich im Rahmen des abgeschlossenen Vergleichs. Nun sind die festen Vergleichsraten von zusammen 45% bezahlt, und auf die weiteren 10% haftet Ihnen der Schuldner nur unter den im Besserungsschein angegebenen Bedingungen. Sollten die Voraussetzungen für die Zahlungspflicht des Schuldners eintreten, so würde Ihnen auch der Bürge dafür haften.

Ich rate Ihnen, vorläufig nichts zu unternehmen, dagegen nach Abschluß des Weihnachtsgeschäfts 1971, vielleicht bereits im Frühjahr 1971, an *Münzer junior* heranzutreten."

Daß außergerichtliche Vergleiche dem Bürgen des Schuldners zugute kommen, folgt aus der Akzessorietät der Bürgschaft (§ 767 Abs. 1 S. 1 BGB). Daß es beim

Zwangsvergleich nach der Vergleichsordnung und der Konkursordnung anders ist, die Bürgen also im Umfange der ursprünglichen, durch den Erlaß insoweit unvollkommen gewordenen Verbindlichkeit haften, beruht auf den gleichlautenden Ausnahmevorschriften des § 82 Abs. 1 S. 1 VerglO und des § 193 S. 2 KO (§ 82 Abs. 1 S. 2 VerglO ändert daran nichts, sondern besagt nur, daß die Forderung des Gläubigers und die in § 33 VerglO genannten Rückgriffsansprüche zusammen eine Quote erhalten, die nach der Forderung des Gläubigers bemessen wird). Als Ausnahmevorschriften sind sie eng auszulegen und demzufolge auf den außergerichtlichen Vergleich nicht entsprechend anzuwenden (RGZ 92, 121; 134, 130; BGHZ 6, 393; Künne a.a.O. R. 20 Anm. 3 = S. 272). Dieses Ergebnis wird den Gläubigern, die dem außergerichtlichen Vergleich zustimmen, nicht immer recht sein. Sie können diese Folge vermeiden, in dem sie vor ihrer Zustimmung bei einem außergerichtlichen Vergleich mit dem Bürgen vereinbaren, daß die Weiterhaftung für die Ursprungsforderung bestehen bleibt.

In der Sprechstunde

(am 3. November 1969)

Drohung mit Strafanzeige. Fleischwarenfabrikant Hochmuth aus Berlin-Dahlem legt die folgenden Schriftstücke vor und bittet um Rat:

„Ich, der Studienrat *Franz Leicht* aus Berlin-Lankwitz, verpflichte mich sowohl namens meines minderjährigen Sohnes *Herwarth Leicht* als auch persönlich, an Herrn *Friedrich Hochmuth-Dahlem* 420 DM (i. W.) als Ersatz für die Herrn *Hochmuth* von meinem Sohn unterschlagenen Geldbeträge zu zahlen. Über die Summe gebe ich Herrn *Hochmuth* 3 von mir akzeptierte Wechsel über je 140 DM, fällig am 1. August 1969, 1. November 1969 und 1. Februar 1970. Auf Nachprüfung der genauen Höhe der Unterschlagungen verzichte ich, während Herr *Hochmuth* alle ihm etwa über 420 DM hinaus zustehenden Ansprüche fallen läßt. *Herwarth Leicht* verläßt seine Stellung sofort und erhält ein Zeugnis, daß er von 1. April 1969 bis zum heutigen Tage als kaufmännischer Lehrling tätig war und begonnen habe, sich mit den Aufgaben des kaufmännischen Büros vertraut zu machen, jedoch ein abschließendes Urteil über die während dieser Zeit erworbenen Kenntnisse und Fähigkeiten sowie über seinen Charakter wegen der Kürze der Ausbildungszeit sich nicht treffen lasse.

Berlin 62 (Schöneberg), den 11. Mai 1969

Franz Leicht *Knobloch*
Prokurist
für Herrn *Hochmuth*"

„Lankwitz, den 30. Oktober 1969

Herrn *Friedrich Hochmuth*
Berlin 33 (Dahlem)

Auf Ihr Schreiben vom 28. d. M. wegen pünktlicher Einlösung des November-Wechsels erwidere ich, daß ich die mir am 11. Mai im Schöneberger Ratskeller abgepreßte Erklärung nicht anerkenne und mir vorbehalte, von den bereits gezahlten 140 DM den Betrag von 60 DM zurückzufordern, da mein Sohn, wie er glaubhaft versichert, höchstens 70 bis 80 DM nicht abgeliefert hat. Ich verlange sofortige Herausgabe der beiden Akzepte per 1. November und 1. Februar. Zeigen Sie meinen Sohn an, so werde ich mit einer Erpressungsanzeige antworten.

Hochachtungsvoll

Franz Leicht."

Der Rechtsanwalt: Haben Sie die Wechsel weitergegeben?

Hochmuth: Nein.

Rechtsanwalt: Wie ist es zur Unterzeichnung der Urkunde vom 11. Mai gekommen? Hat man Leicht mit Strafanzeige gedroht? Haben Sie die Höhe der unterschlagenen Summen genau festgestellt?

Hochmuth: Ich weiß nur, was mir mein Prokurist Knobloch berichtet hat. Darnach hat Leicht, als ihm Herr Knobloch mitteilte, daß der Sohn große Unterschlagungen begangen habe, von selbst gefragt, ob ich Strafanzeige erstatten würde. Herr Knobloch antwortete: „Wie ich Herrn Hochmuth kenne, läßt er sich so etwas nicht gefallen. Ich rate Ihnen, bezahlen Sie sofort den ganzen Schaden, damit die Sache nicht erst gerichtlich ausgetragen wird.“ Leicht erhob Einwendungen, und nach längerem Hin- und Herreden einigte man sich auf 420 DM statt der ursprünglich von meinem Prokuristen geforderten 600 DM. Wie ich nachträglich durch Bücherrevisor Riese feststellen ließ, übersteigt aber der Fehlbetrag sogar 650 DM. Drohungen geäußert zu haben, bestreitet Knobloch ganz entschieden. Leicht hat dem Prokuristen erzählt, daß ihn der Junge schon früher viel Geld gekostet und Sorgen gemacht habe. Er deutet an, daß er selbst von seinem Sohn bestohlen oder betrogen worden sei, worauf Knobloch sofort sagte: „Machen Sie erst kein Theater, sondern bezahlen Sie. Wie konnten Sie uns verschweigen, daß der Junge unehrlich ist?“ Das sah Leicht wohl ein. Ich war übrigens bisher der Meinung, daß für Minderjährige der Vater immer haftet; ist das nicht richtig?

Rechtsanwalt: Ob Sie sich ohne den Revers vom 11. Mai an Leicht Vater würden halten können, scheint mit fraglich. Allerdings haftet der Vater für Schäden, die das minderjährige Kind einem Dritten widerrechtlich zufügt. Er wird jedoch frei durch den Nachweis, daß er entweder seiner Aufsichtspflicht genügt hat oder daß — was hier jedenfalls zutreffen würde — der Schaden auch bei Erfüllung der Aufsichtspflicht eingetreten wäre (§ 832 Abs. 1 BGB). Rechnete der Vater, als er die von dem Sohn gegen ihn selbst begangenen Unredlichkeiten Ihnen verschwieg, mit der Möglichkeit, daß der Sohn sich gegen Sie in ähnlicher Weise vergehen würde, so wäre das wohl ein unsittliches Verhalten, das ihn nach § 826 BGB ersatzpflichtig machen würde. Aber aus dem Umstand, daß Ihr Lehrling beim Vater Dummejungenstreiche begangen hatte, brauchte dieser noch nicht die Folgerung zu ziehen, daß auch Unredlichkeiten zum Schaden des Lehrherrn zu besorgen seien. Eine besondere Garantie des Vaters im Lehrvertrag haben Sie sich, wie ich annehme, nicht geben lassen.

— § 832 BGB ist kein Fall der Gefährdungshaftung. Es wird vielmehr das Verschulden des Aufsichtspflichtigen für die Verletzung beider Pflichten und der ursächliche Zusammenhang zwischen dieser Verletzung und dem Schaden vermutet. — Ohne gesetzliche und vertragliche (Abs. 2) Aufsichtspflicht kann eine schuldhafte Verletzung von Pflichten gegenüber der Allgemeinheit zu einer Haftung nach § 823 Abs. 1 BGB führen. In RGZ 70, 48, 50, ist der Haushaltsvorstand der Allgemeinheit gegenüber als verpflichtet angesehen worden, bei der Regelung über den Familienkreis hinaus auf die Allgemeinheit wirkende Angelegenheiten des häuslichen Lebens tunlichst auf fremde Interessen und Rechtsgüter Rücksicht zu nehmen, insbesondere auf die Sicherheit von Leib und Leben der mit den Familienangehörigen in Berührung kommenden Dritten. Deshalb wird die Rechtspflicht des Ehemanns bejaht, im Interesse Dritter für eine Unterbringung und Überwachung seiner geistesgestörten und gemeingefährlichen Ehefrau zu sorgen, obwohl eine allgemeine Aufsichtspflicht gegenüber der Ehefrau nicht besteht. Der Vater kann wegen des Schadens, den sein geisteskranker, volljähriger und nicht entmündigter Sohn einem Dritten zufügt, unter Umständen dafür verantwortlich sein. Selbst ohne das Bestehen familienrechtlicher Beziehungen können aus der Tatsache einer Haus- und Familiengemeinschaft Rechtspflichten erwachsen, für eine hilfsbedürftige Angehörige dieser Gemeinschaft zu sorgen (RGSt 69, 321, 323; 74, 309, 311). Deshalb hat z.B. ein Stiefvater als Haushaltungsvorstand und aufgrund seiner Stellung in der Familie die Pflicht, Dritte vor Gefährdungen durch den Stiefsohn zu schützen (BGH LM Nr. 3

zu § 832 BGB). Zur allgemeinen Aufsichtspflicht der Heimleitung offener Anstalten s. ferner OLG München NJW 66, 404. —

Indes mag das alles dahingestellt bleiben. Hat Ihr Prokurist Sie richtig informiert, so wird Leicht mit einer Anfechtung wegen Drohung (§ 123 Abs. 1 BGB) nicht durchdringen. Er hat erstens gar nicht unter dem Einfluß eines auf ihn ausgeübten Zwanges gestanden; denn sonst würde er nicht die Summe von 600 auf 420 DM herabgedrückt haben. Zweitens hat Knobloch an eine kraft Gesetzes bestehende Ersatzpflicht des Vaters geglaubt. Drittens wird schließlich die Drohung mit einer Strafanzeige zur Durchsetzung berechtigter Ansprüche grundsätzlich nicht als widerrechtlich angesehen.

— Drohung: Durch sie muß der Drohende ein künftiges Übel in Aussicht stellen, auf dessen Eintritt er Einfluß zu haben vorgibt (BGHZ 2, 287, 295). Wer bloß auf Umstände hinweist, die ein künftiges Übel befürchten lassen oder die bereits geschehen sind, droht ebensowenig wie derjenige, der eine bestehende Zwangslage nur ausnutzt (BGH a.a.O. und 6, 348). Wie schwer das angedrohte Übel sein muß, sagt das Gesetz nicht. Doch muß es geeignet sein, den Bedrohten in eine wenn auch nur psychische Zwangslage zu versetzen; anderenfalls kann die Erklärung „des Bedrohten" nicht Folge der „Drohung" sein.

Widerrechtlich muß nicht die Drohung als solche, sondern muß das Gesamtverhalten des Drohenden, die Einwirkung auf den Willen durch Drohung zu dem erstrebten Zweck, sein (vgl. § 240 Abs. 2 StGB). Das ist der Fall, wenn bereits für sich allein das angewandte Mittel oder der angestrebte Zweck (Erfolg) rechtswidrig ist. Sind Mittel und Zweck rechtmäßig, so kann die Verknüpfung von Mittel und Zweck gegen das Anstandsgefühl aller billig und gerecht Denkenden verstoßen (verwerflich sein) und so das Verhalten des Drohenden rechtswidrig machen (BGHZ 25, 217, 220ff.). Das ist entgegen einer früheren Rechtsprechung des Reichsgerichts nicht notwendig schon immer dann der Fall, wenn der Drohende keinen Rechtsanspruch auf die Erklärung des Bedrohten hat. Nach der neueren Rechtsprechung (RGZ 102, 311, 314; 166, 40, 44ff.; BGHZ 2, 295; 25, 219ff.) ist diese Tatsache nur ein gewichtiges Indiz, Rechtmäßigkeit des Verhaltens also gleichwohl möglich. Danach ist in erster Linie zu prüfen, ob der Drohende an der Erreichung des von ihm erstrebten Erfolgs ein berechtigtes Interesse hat und ob die Drohung ein angemessenes Mittel darstellt. Das wird man z. B. annehmen müssen, wenn nur die Sittenordnung dem „Schuldner" die Erfüllung nahelegt. Diese Grundsätze gelten insbesondere für die Drohung mit einer berechtigten Strafanzeige. Sie sollen auch dann gelten, wenn es sich um das Verhalten des Gläubigers zu einem Dritten handelt (BGHZ 25, 221: An Ehefrau gerichtete Drohungen, von Ehemann begangene Wechselreiterei anzuzeigen, falls Ehefrau für die Schuld des Mannes nicht bürge, sei rechtmäßig, weil Frau mittelbar Vorteile aus der Tat des Mannes gezogen habe). Nicht anders soll es sogar selbst dann sein, wenn der Gläubiger die Strafanzeige nur für berechtigt hält. Durch die Hineintragung des subjektiven Moments wird der ursprüngliche Ausgangspunkt des § 123 BGB — Schutz der Freiheit des rechtsgeschäftlichen Willens — verlassen. —

Das Abkommen vom 11. Mai 1969 ist ein echter Vergleich im Sinne des § 779 BGB („gegenseitiges Nachgeben"), weil Knobloch die Schadenssumme ermäßigt hat. Auch die wohlwollende Fassung des vereinbarten Zeugnisses (vgl. § 80 Abs. 1 HGB: Beschränkung des Inhalts auf Art und Dauer der Lehrzeit wäre-anders als nach § 630 BGB, § 73 HGB — unzulässig) spricht für den Vergleichscharakter. Die Anfechtung eines Vergleichs wegen Drohung ist keineswegs ausgeschlossen, aber naturgemäß weit schwerer zu begründen als diejenige einer einseitigen Verpflichtungserklärung, denn die Tatsache, daß auch der Gläubiger nachgegeben hat, spricht gegen eine Beeinträchtigung der Willensfreiheit des Schuldners (bzw. des Dritten, der für den Schuldner eingetreten war).

Hochmuth: Ist die Anfechtung nicht schon darum hinfällig, weil es sich um Wechsel handelt und weil ich selbst von der ganzen Sache nichts gewußt, also auch nicht gedroht habe?

Rechtsanwalt: Erklärungen, die unter dem widerrechtlichen Drucke einer Drohung abgegeben wurden, sind anfechtbar, gleichviel, ob die Drohung vom Gläubiger selbst oder von einem unbeteiligten Dritten ausgeübt wurde. Hätte Knobloch die Wechsel widerrechtlich durch Drohung erlangt, so würde Leicht sie von Ihnen zurückfordern können und hätte gegenüber Ihrer Wechselklage den Einwand der ungerechtfertigten Bereicherung (§ 821 BGB).

Anfechtung wegen der Handlung eines Dritten: § 123 Abs. 2 BGB. Die Anfechtung wegen arglistiger Täuschung durch einen Dritten setzt voraus, daß der Erklärungsgegner das arglistige Verhalten des Dritten kannte oder kennen mußte. Da aber *Knobloch* als Vertreter *Hochmuths* tätig war, müßte *Hochmuth* im Falle der Arglist das Verhalten des *Knobloch* unbedingt gegen sich gelten lassen: denn ein Vertreter (§ 164 BGB) ist niemals „Dritter" (BGHZ 20, 39).

Hochmuth: Besteht für Knobloch eine Gefahr, wenn Leicht ihn wegen Erpressung anzeigt?

Rechtsanwalt: Darüber können Sie unbesorgt sein. Knobloch nahm an, daß Vater und Sohn Ihnen in Höhe von mindestens 420 DM ersatzpflichtig seien. Mithin war er sich nicht bewußt, einen rechtswidrigen Vermögensvorteil zu erstreben, wie es zum Tatbestande der Erpressung (§ 253 StGB) gehört.

Hochmuth: Sollen Knobloch oder ich den Briefschreiber wegen Beleidigung verklagen?

Rechtsanwalt: Das würde keinen Erfolg haben. Der Vorwurf der Erpressung war objektiv unbegründet. Leicht hat aber die Ausdrücke „Erpressung" und „abgepreßt" in Wahrung berechtigter Interessen (§ 193 StGB) gebraucht. Lassen Sie mir die Schriftstücke nebst Vollmacht da, und bringen Sie auch die Wechsel. Ich werde Leicht noch einmal über die Rechtslage belehren und, wenn er nicht gutwillig zahlt, zunächst den November-Wechsel einklagen.

Mündlicher Mietvertrag über ein Jahr. Modistin Orlowska: Ich beabsichtige mein bisheriges Geschäftslokal aufzugeben, und bin mit dem Hausbesitzer Blum, der geeignete Räume abzugeben hat, in Verhandlung getreten. Wir wurden einig, daß ich in seinem Hause Ohlauerstraße 15 einen Laden mit Werkstattraum für jährlich 6000 DM auf fünf Jahre vom 1. April 1970 ab miete. Den notwendigen Umbau hat Blum übernommen. Das war am 29. September 1969. Ich kündigte darauf mein bisheriges Lokal mit der vertraglich vereinbarten Frist von 6 Monaten zum 31. März 1970. Zur Unterzeichnung eines schriftlichen Vertrages ist es bisher nicht gekommen, weil ich den ganzen Oktober hindurch sehr viel zu tun hatte und Blum zeitweilig verreist war. Heute erhalte ich von ihm folgenden Einschreibebrief:

„Wie mir von juristischer Seite gesagt wird, müssen Mietverträge, die länger als ein Jahr gelten, nach § 566 BGB schriftlich abgefaßt sein. Ich übersende Ihnen daher beifolgend den schriftlichen Vertrag in zwei Exemplaren und bemerke, daß ich anders als zu diesen Bedingungen nicht abschließe und die Vermietung an Sie für hinfällig erkläre, falls nicht ein Exemplar mit Ihrer Unterschrift in unveränderter Fassung bis zum 8. d. M. in meinem Besitz ist. Es sind eine Reihe von Bewerbern vorhanden, die höhere Miete bieten und alle Umbaukosten übernehmen.

Hochachtungsvoll
August Blum."

Der Vertrag stimmt mit unseren mündlichen Abmachungen überein, bis auf einen handschriftlichen Zusatz, in dem es heißt, daß alle Umbauten für die Zwecke meines Geschäfts von mir selbst zu bezahlen sind. Muß ich mir das gefallen lassen?

Der Rechtsanwalt: Erzählen Sie, wie sich die Verhandlung abgespielt hat. War dabei noch irgend ein Punkt offen geblieben? War von einem noch abzuschließenden schriftlichen Vertrag die Rede? Warum ist er nicht alsbald aufgesetzt und unterzeichnet worden?

Orlowska: Wir haben über die Höhe der Miete, die Dauer des Vertrags, die Kündigungsfrist, die Umbauten, und daß der Vermieter sie tragen sollte, gesprochen und Vorauszahlung der Miete vereinbart. Darauf wollte Blum einen schriftlichen Vertrag machen. Ich erklärte, daß ich den Hausbesitzervertrag nicht unterschreibe und daß alles nach dem Gesetz gehen soll. Es war noch ein Fabrikant Lohse aus Celle dabei, ein Verwandter oder Geschäftsfreund von Blum, der ihm sehr zuredete, auf den schriftlichen Vertrag zu verzichten. Schließlich sagte Blum: „Gut, dann lassen wir es dabei. Der Laden ist vom 1. April ab zu den besprochenen Bedingungen vermietet und ich nehme den ausgehängten Zettel weg."

Rechtsanwalt: Darnach ist der Vertrag so, wie Sie ihn mündlich besprochen hatten, perfekt geworden, läuft jedoch nur auf ein Jahr. Sie können also verlangen, daß Ihnen das Lokal am 1. April 1970 übergeben wird, aber beiden Teilen steht die Kündigung zum 1. April 1971 zu.

— Die Anwendung des § 566 BGB setzt voraus, daß nach den in § 154 BGB aufgestellten allgemeinen Grundsätzen überhaupt ein Vertrag zustande gekommen ist. Den Ausschlag für das Zustandekommen gibt hier Blums Äußerung vom Abnehmen des Zettels. —

Orlowska: Und wenn zum 1. April 1971 nicht gekündigt wird?

Rechtsanwalt: Dann können Sie und auch Blum zum 1. Juli, 1. Oktober 1971 usw. kündigen.

— Denn der Vertrag gilt nach § 566 S. 2 BGB als „auf unbestimmte Zeit geschlossen" (vgl. dazu § 565 Abs. 1 BGB) mit der einzigen Modifikation, daß die Kündigung für einen früheren Termin als den Schluß des ersten Jahres unzulässig ist. Zweck der in Abs. 1 dieser Bestimmung zwingend vorgeschriebenen Schriftform ist es, einem späteren Grundstückserwerber im Hinblick auf § 571 BGB zu ermöglichen, sich vollständig über die auf ihn übergehenden Vermieterrechte und Pflichten zu unterrichten (BGHZ 40, 261). Deshalb gilt § 566 BGB auch dann, wenn der Vermieter vertraglich für länger als ein Jahr auf seine Kündigungsbefugnis verzichtet oder wenn der Mietvertrag für die Lebenszeit einer Partei geschlossen worden ist. In diesen Fällen wird die Dauer des Mietvertrages auf mehr als ein Jahr erstreckt (BGH NJW 58, 2062; 60, 475). Die Formvorschrift gilt auch für spätere Veränderungen, insbesondere Verlängerungen des ursprünglichen Vertrages (BGH WM 63, 172; ZMR 67, 178; OLG Düsseldorf JR 68, 145). Überhaupt wird offenbar die Bedeutung des § 566 BGB, wie die verhältnismäßig reichhaltige Rechtsprechung zeigt, im täglichen Leben nicht selten verkannt. So scheint es nicht wenige Verlängerungsverträge zu geben, die sich auf die Verlängerung beschränken und „im übrigen" auf den schon vorhandenen Vertrag Bezug nehmen, ohne aber mit der Haupturkunde so fest verbunden worden zu sein, daß sie nur mit einer teilweisen Substanzverletzung gelöst werden können. In diesen Fällen soll die Verlängerungsvereinbarung nicht der Schriftform entsprechen (BGHZ 40, 255, 262ff.; BGH. NJW 68, 1229). Ein vorsichtiger Anwalt wird deshalb auf das Erfordernis der festen Verbindung achten und hinweisen oder aber in den Verlängerungsvertrag, der auf den früheren Vertrag Bezug nimmt, die wesentlichen Bestandteile (esentialia negotii) des Miet/Pachtvertrags (genaue Bezeichnung des Mietgegenstands, Mietzins, Mietparteien — s. BGH WM 64, 1216 sub B II) nochmals aufnehmen. Denn jedenfalls dann wird die feste Verbindung von Haupt- und Verlängerungsvertrag entbehrlich (BGHZ 42, 333, 338); der Beweis- und Warnfunktion und damit dem § 571 BGB wird durch die neue Urkunde Genüge getan (vgl. ferner BGH NJW 69, 1063). Es ist indessen nicht einzusehen, warum in dem Verlängerungsvertrag sämtliche wesentlichen Bestandteile aufgenommen werden müssen, wenn sich aus dem Hauptvertrag und aus dem auf ihn Bezug nehmenden Verlängerungsvertrag zweifelsfrei ergibt, welches Mietobjekt gemeint ist. Denn in solch einem Fall kann sich der Erwerber eines Grundstücks über den Inhalt des — geänderten — Mietvertrags an Hand des Hauptvertrages und des Nachtrags unschwer unterrichten. Dem trägt der Bundesgerichtshof, seine bisherige Rechtsprechung wohl doch einschränkend, neustens Rechnung (LM Nr. 7 zu § 126 BGB). Danach ist der Form des § 566 BGB — ohne feste Verbindung des Nachtrags mit dem Hauptvertrag — genügt, wenn z.B. schriftlich vereinbart wird. „Nachtrag zum Mietvertrag vom (folgt das Datum des Mietvertrages) zwischen V........ als Vermieter und M....... als Mieter: Nr. 3 des vorbezeichneten Mietvertrages, der im übrigen unverändert bestehen bleiben soll, wird wie folgt geändert: Das Mietverhältnis wird um weitere........ Jahre verlängert". Hier sind also weitere wesentliche Bestandteile des Mietvertrages, wie z.B. der Mietzins, die Bezeichnung des Mietobjektes, nicht in den Nachtrag aufgenommen worden. Entspricht eine Verlängerungsvereinbarung nach diesen Grundsätzen nicht der Schriftform, so hat das im allgemeinen nicht zur Folge, daß der ursprüngliche Vertrag nunmehr gleichfalls der vorgeschriebenen Schriftform entbehrt (BGH NJW 68, 1229). —

Orlowska: Hätte ich gewußt, daß ich damit rechnen muß, nach einem Jahre wieder umziehen zu müssen, so würde ich den Vertrag nicht geschlossen haben. Blum hätte es sicherlich erst recht nicht getan, denn er wird ja noch mehr geschädigt, wenn er den Laden nach meinen Wünschen umzubauen hat und ich schon nach Jahresfrist kündigen kann. Ist es möglich, daß ein Vertragsverhältnis besteht, das beide Teile gar nicht wollen?

Rechtsanwalt: Das Gesetz bestimmt ausdrücklich, daß in einem solchen Falle der Vertrag mit zeitlich beschränkter Bindung gilt.

— Die Sondervorschrift des § 566 S. 2 geht § 125 BGB und dem Grundsatz des § 139 BGB — nach welchen aus der Unverbindlichkeit der vereinbarten Geltungsdauer die Unwirksamkeit des ganzen Vertrages folgen würde — vor (RGZ 86, 30; BGH LM Nr. 29 zu § 139 BGB). Ist der Miet/Pachtvertrag nur Teil eines Gesamtvertrags, z.B. mit einem Kaufvertrag verbunden, so bleibt es freilich bei der Regel des § 139 BGB (BGH a.a.O.). —

Orlowska: Kann ich Blum nicht darauf verklagen, daß er einen dem Gesetz entsprechenden Vertrag mit 5 jähriger Dauer unterschreibt?

Rechtsanwalt: Sie wollen die mündliche Abmachung als Vorvertrag für einen schriftlich zu errichtenden und 5 Jahre lang unkündbaren Mietvertrag aufrecht erhalten? Aber Sie hatten die nachträgliche Abfassung eines schriftlichen Vertrages nicht besprochen. Deshalb steht Ihnen solch ein Anspruch nicht zu.

Vorverträge sind Verträge, durch die sich jemand zum späteren Abschluß eines Vertrages verpflichtet. Aus dem Umstand, daß für den Hauptvertrag eine bestimmte Form vorgeschrieben ist, folgt nicht ohne weiteres, daß diese Form auch bei Abschluß eines Vorvertrages beobachtet werden muß. Vorschriften, welche die Einhaltung einer Form verlangen, sind Ausnahmen vom Prinzip der Formfreiheit und daher eng auszulegen. Inhalt und Zweck der Formvorschriften sind maßgebend dafür, ob sie auch für den Vorvertrag gelten. Würde das mit der Einführung des Formzwanges verfolgte Ziel — übereilte und formlose Bindung der Beteiligten zu verhindern — durch den formlosen Vorvertrag umgangen werden, so muß auch der Vorvertrag dem Formzwang unterliegen. Deshalb kann z.B. der Vorvertrag zum Abschluß eines Grundstückskaufs, einer GmbH-Anteilsübertragung, einer Bürgschaftsverpflichtung (§§ 313, 766 BGB, § 15 GmbHG) nur in notarieller bzw. schriftlicher Form wirksam begründet werden. — Gerade für § 566 BGB macht man aber eine Ausnahme, weil die Schriftform für langfristige Mietverträge lediglich im Hinblick auf den Grundstückserwerber eingeführt wurde, der nach § 571 BGB in die bestehenden Mietverhältnisse eintritt und davor geschützt sein soll, daß ein schriftlich nicht festgelegter Vertrag für längere Zeit ihm gegenüber Geltung hat. Ist also mündlich vereinbart, daß ein Grundstück oder Raum auf mehr als ein Jahr vermietet und daß hierüber ein schriftlicher Vertrag aufgesetzt werden soll, und ist die Abrede — entgegen der Dispositivvorschrift des § 154 Abs .2 BGB — trotz des Fehlens der Beurkundung als perfekt anzusehen (vgl. BGH BB 66, 1081), so kann jeder Teil, ohne sich den Mangel der Schriftform entgegenhalten lassen zu müssen, auf Grund des Vorvertrages die Errichtung der Vertragsurkunde verlangen, den Vorvertrag auch einwandsweise dem Anspruch des Gegners auf Vertragsaufhebung nach Jahresfrist entgegensetzen. Wird daraufhin der schriftliche (Haupt)-Vertrag unterzeichnet, so ist die Miete nunmehr, sogar gegenüber einem künftigen Grundstückserwerber, für die volle vereinbarte Zeit bindend geworden (RG) 86, 30; 104, 131; BGH JR 1954, 101; a.A. Weimar MDR 61, 289, der für Vorvertrag zu langfristigem Grundstücksmietvertrag § 566 BGB entsprechend anwenden will). —

Orlowska: Wie komme ich aus der verfahrenen Situation heraus? Habe ich Schadensersatzansprüche an Blum, weil ich im Vertrauen auf seine Redlichkeit meinen jetzigen, verhältnismäßig billigen Laden gekündigt habe?

Rechtsanwalt: Gelingt es uns, Blum klarzumachen, daß der Vertrag mit dem mündlich besprochenen Inhalt, also Umbau auf seine Kosten, gültig ist, aber nach einem Jahr gekündigt werden kann, so wird er zu einer vernünftigen Einigung bereit sein. Ich will ihm schreiben, darauf hinweisen, daß Sie für die Abmachung einen Zeugen haben, und für den Fall endgültiger Weigerung Feststellungsklage androhen. Schadensersatzansprüche können Sie gegen Blum daraus, daß er sich auf den Formmangel beruft, nicht herleiten, die gesetzlichen Vorschriften waren ihm wahrscheinlich ebenso unbekannt wie Ihnen.

— Zur Frage, wann einer Berufung des Vermieters auf die Formvorschrift des § 566 BGB der Einwand der unzulässigen Rechtsausübung entgegensteht, s. BGH WM 63, 172; MDR 68, 42. —

Vermieterpfandrecht. Hausbesitzer Busch: Am 1. Oktober ist bei mir ein Geschäftsführer Rüdiger eingezogen und hat beim Einzug die erste Monatsmiete bezahlt. Gestern hat er statt 600 nur 250 DM bezahlt. Ich habe ihn energisch zur Zahlung des Restes aufgefordert und angedroht, mein Vermieterpfandrecht geltend zu machen; es hat sich herausgestellt, daß beinahe die ganze Wohnungseinrichtung beim Möbelhaus Schoppe auf Abzahlung gekauft und erst zu einem Drittel bezahlt ist. Vor dem Mieten habe ich Rüdiger im Beisein meiner Hausmeisterin gefragt, ob alles sein Eigentum wäre, und er hat die Frage bejaht. Kann ich mich an die Schoppeschen Sachen halten?

Rechtsanwalt: Nur die dem Mieter wirklich gehörenden Sachen unterliegen dem Vermieterpfandrecht. Ihr guter Glaube hilft Ihnen nichts.

— a) Darüber läßt sich nicht streiten. Auf § 1257 BGB, der die entsprechende Anwendung der für das Vertragspfandrecht gegebenen Bestimmungen auf gesetzliche Pfandrechte vorschreibt, kann sich der Vermieter nicht berufen. Das Gesetz spricht nämlich von einem kraft Gesetzes „entstandenen“ Pfandrecht, setzt also die Entstehung voraus. Beim Vermieterpfandrecht handelt es sich — wie z. B. beim Verpächterpfandrecht (§§ 585, 581 Abs. 2 BGB), beim Gastwirtspfandrecht (§ 704 BGB) und wie beim Pfandrecht des § 674 HGB — um ein besitzloses gesetzliches Pfandrecht. Es entsteht, ohne daß der Vermieter vom Mieter die Sache übergeben oder sonstwie durch einen Übergabeersatz Besitz daran erhält (vgl. §§ 559, 704, 581 Abs. 2 BGB). Der gutgläubige Erwerb des Vermieterpfandrechts würde daher dem Publizitätsprinzip zuwiderlaufen, mit dem der Schutz des guten Glaubens engstens verbunden ist. Läßt sich der Vermieter vom neu einziehenden Mieter versichern, daß alle eingebrachten Sachen sein freies und unbeschränktes Eigentum seien und weder im vorbehaltenen Eigentum von Abzahlungskäufern stehen noch der Ehefrau, sonstigen Verwandten oder dritten Personen auf Grund einer Sicherungsübereignung gehören, und sind diese Angaben unrichtig, so hat der Vermieter an den fremden Sachen kein Pfandrecht erlangt. Freilich hat sich der Mieter eines Betrugs (§ 263 StGB) und unter Umständen einer sittenwidrigen Schädigung schuldig und damit schadensersatzpflichtig (§ 823 Abs. 2, § 826 BGB) gemacht. Hierauf beruht es, daß vorsichtige Vermieter die Mitunterzeichnung des Vertrags durch die Ehefrau des Mieters verlangen, um sich auch an den der Frau gehörenden Sachen das Vermieterpfandrecht zu sichern (vgl. Einleitung vor § 1, § 14, § 16 des Deutschen Einheitsmietvertrages).

b) Streiten läßt sich hingegen sehr darüber, ob ein an den Besitz gebundenes gesetzliches Pfandrecht gutgläubig erworben werden kann, und hierüber wird auch heftig gestritten. Denn hier wird, gestattet man den gutgläubigen Erwerb, das Publizitätsprinzip gerade nicht durchbrochen. Das Gesetz erlaubt gerade auch deshalb in § 366 Abs. 3 HGB für bestimmte Fälle dem Kommissionär, dem Spediteur, dem Lagerhalter und dem Frachtführer den gutgläubigen Erwerb eines Pfandrechts an Sachen, die unmittelbar oder mittelbar durch Traditionspapiere (Konnossement, Ladeschein, Lagerschein) in ihrem Besitz gelangt sind (vgl. §§ 397, 410, 421, 440 HGB). Insbesondere nach diesem gesetzlichen Vorbild spricht sich die überwiegende Meinung in Rechtsprechung und Schrifttum (vgl. die Nachweise in BGHZ 27, 317, 323; BGHZ 34, 153ff., und bei Palandt-Degenhart, § 1257 Anm. 2a) für den gutgläubigen Erwerb besitzgebundener gesetzlicher Pfandrechte aus. Besitzgebundene Pfandrechte sind insbesondere das des Werkunternehmers (§ 647 BGB; vgl. ferner: § 590 BGB für den Pächter, § 233 BGB für den Hinterlegungsberechtigten, §§ 751, 754, 755 HGB, die ein Pfandrecht für Bergungs- und Schiffskosten an den geborgenen Gegenständen geben, §§ 725, 731 für sonstige Seeschiffsgläubiger; §§ 89, 97, 102f. BinnSchG für die entsprechenden Binnenschiffsgläubiger). Praktisch bedeutsam ist das vor allem für das Unternehmerpfandrecht und hier besonders für das Kraftfahrzeugreparaturgewerbe. Der Bundsgerichtshof (BGHZ 34, 122, 153) läßt allerdings entgegen einem sicherlich weit verbreiteten praktischen Bedürfnis den gutgläubigen Erwerb auch besitzgebundener Pfandrechte nicht zu. Seine Begründung hierfür (der eindeutige Wortlaut des § 1257 BGB verbiete dies, § 366 Abs. 3 HGB sei eine Sonderregelung des Handelsrechts und lasse deshalb einen Schluß auf die im Bürgerlichen Gesetzbuch geregelten Pfandrechte nicht zu, eine Analogie verbiete sich überdies aus der wesensverschiedenen Regelung in § 366 Abs. 3 HGB und in den bürgerlich-rechtlichen Vorschriften über die Entstehung gesetzlicher Pfandrechte, § 1207 BGB sei auch nicht entsprechend anwendbar, weil die Übereinstimmung der Besitzlage nur rein äußerlich sei), befriedigt dieses praktische Bedürfnis nicht.

c) Dieser Nachteil wird indessen wenigstens zum Teil aufgewogen durch die neuere Rechtsprechung des Bundesgerichtshofs zur Erstreckung des Vermieterpfandrechts auf die Eigentumsanwartschaft des Mieters. Danach wird das Vermieterpfandrecht am Anwartschaftsrecht des Vorbehaltskäufers mit der Befriedigung des Vorbehaltsverkäufers zum Pfandrecht an der Sache. Die Begründung hierfür ist streitig;

§ 1287 BGB dürfte entsprechend anwendbar sein. Die erwähnte Rechtsfolge tritt sogar dann ein, wenn der Vorbehaltsverkäufer mit Mitteln befriedigt wird, die ein Dritter zur Verfügung stellt, und die Sache dem Dritten vorher zur Sicherung übereignet worden war (BGHZ 35, 85: Grundpfandrecht erstreckt sich auch auf das Anwartschaftsrecht am Zubehör, das Grundstückseigentümer unter Eigentumsvorbehalt erworben hat; BGH NJW 65, 1474). —

Mithin könnte Busch, wenn der bei Schoppe geschuldete Kaufpreisrest im Verhältnis zu seiner eigenen Mietforderung geringfügig wäre, sich dadurch helfen, daß er für Rüdigers Rechnung an Schoppe zahlt. Nach § 267 darf Schoppe das Geld von Busch auch dann annehmen, wenn Rüdiger widerspricht; ist Rüdiger einverstanden, so muß er es sogar annehmen. Häufig sind aber Abzahlungsgeschäft und Schuldner in dem Bestreben, dem Schuldner den Besitz der Sachen zu erhalten, einig und widersprechen übereinstimmend dem Zahlungsangebot des Gläubigers. Dann muß der Gläubiger — was freilich nur auf Grund vollstreckbaren Titels möglich ist — die Rechte des Schuldners aus dem Abzahlungskauf auf Verschaffung des Eigentums pfänden und sich überweisen lassen, damit seine Zahlung nicht mehr zurückgewiesen werden kann. — In der gleichen Lage wie der Vermieter hinsichtlich des gesetzlichen Pfandrechts befinden sich häufig Gläubiger, die auf Grund eines persönlichen Schuldtitels beim Schuldner gepfändet haben, wenn der Vorbehaltsverkäufer interveniert (vgl. BGH NJW 1954, 1325; Staudinger-Berg § 929 Anm. 28 d). —

Busch: Außerdem habe ich erfahren, daß Rüdiger aus seiner früheren Wohnung in der Piastenstraße unter Hinterlassung von über 150 DM Mietsrückständen heimlich gerückt ist, und daß die dortige Hauswirtin, Frau Frank, gegen ihn Klage auf Rückschaffung der Sachen, soweit sie Rüdiger selbst gehören, in die alte Wohnung erhoben hat. Ich habe doch mit meiner Forderung den Vorrang vor Frau Frank?

Rechtsansalt: Das ältere Pfandrecht geht im Grundsatz (vgl. § 1209 BGB) immer dem jüngeren vor, und das Pfandrecht der Frau Frank ist das ältere. Wäre die Wegschaffung der eingebrachten Sachen vom Frankschen Grundstück mit Wissen und ohne Widerspruch der Frau Frank geschehen, oder hätte Frau Frank es unterlassen, innerhalb der gesetzlichen Frist (ein Monat seit Erlangung der Kenntnis von der Entfernung der Sachen) das Gericht zwecks Rückschaffung anzurufen, so würde ihr Pfandrecht nach §§ 560/1 BGB untergegangen sein. Sie sagen aber selbst, daß Rüdiger „gerückt" war und daß Frau Frank schon geklagt hat. Es wird also nichts zu machen sein. Der Umstand, daß sie bei Rüdigers Einzug vom Bestehen eines älteren Vermieterpfandrechts nichts gewußt haben, hilft Ihnen nicht.

Busch: Dann werde ich wohl an Rüdiger mein Geld verlieren. Was soll ich anfangen? Am liebsten würde ich den Kerl wegen Betrugs der Staatsanwaltschaft übergeben.

Rechtsanwalt: Auf diese Weise werden Sie bestimmt nichts von ihm bekommen. Kündigen Sie ihm aber an, daß Sie ihn unnachsichtlich wegen Betrugs anzeigen, falls er den Mietrest nicht begleicht, und daß Sie Strafantrag wegen Pfandkehr nach § 289 StGB stellen werden, wenn er heimlich ausziehen sollte.

— Diese Strafvorschrift schützt auch die Inhaber besitzloser Pfandrechte. „Wegnahme" ist also nicht als Gewahrsamsbruch (§ 242 StGB) aufzufassen (so aber Schönke-Schröder § 289 Anm. 8); es genügt, wenn die Sache dem tatsächlichen Machtbereich eines anderen so entzogen wird, daß diesem die Ausübung der in § 289 StGB genannten Rechte, z. B. des Vermieterpfandrechts, unmöglich gemacht wird (RGSt. 38, 174). —

Mündliche Hypothekenverpfändung. Bürgermeister Wiesinger aus Buschvorwerk. Ende September habe ich der Witwe Gundermann 2500 DM auf sechs Monate geliehen. Zur Sicherheit hat sie mir diesen Hypothekenbrief verpfändet und übergeben. Etwas Schriftliches ist nicht abgemacht worden. Nun haben mir Bekannte erzählt, daß die Verpfändung des Hypothekenbriefs ungültig sei, weil nichts im Grundbuch eingetragen ist, und daß ich mein Geld verlieren werde.

Der Rechtsanwalt (nachdem er festgestellt hat, daß Frau Gundermann durch den Brief als Hypothekengläubigerin ausgewiesen wird): Ist die Hypothek an sich sicher?

Wiesinger: Unbedenklich.

Rechtsanwalt: Befindet sich Frau Gundermann in geordneten Verhältnissen?

Wiesinger: Jawohl, sie leiht selbst Geld gegen Zinsen aus.

Rechtsanwalt: Korrekterweise hätten Sie sich die Hypothek in schriftlicher Form unter Übergabe des Briefes verpfänden lassen müssen; Sie würden dann ein dingliches Pfandrecht an der Hypothek und damit am Brief erworben haben. Eintragung ins Grundbuch war nicht erforderlich. Auf Grund der bloßen Übergabe des Briefes steht Ihnen nur ein persönliches Zurückbehaltungsrecht am Brief zu. Das bedeutet: falls Frau Gundermann den Brief von Ihnen herausverlangt, können Sie die Aushändigung von der Rückzahlung der geliehenen 2500 DM nebst Zinsen abhängig machen; dagegen sind Sie nicht befugt, Ihre Befriedigung aus der Hypothek zu suchen. Eine ernstliche Gefahr für Ihr Geld besteht nicht. Solange Frau Gundermann nicht etwa in Konkurs gerät, gewährt Ihnen das Zurückbehaltungsrecht praktisch ausreichenden Schutz.

— Mißglückte Hypothekenverpfändung: Daß an einem Hypothekenbrief kein dingliches Recht begründet werden kann, das nicht zugleich an der Hypothek als solcher besteht, folgt aus § 952 BGB. Durch einen den §§ 1274, 1154 BGB nicht entsprechenden Verpfändungsakt entsteht also kein Pfandrecht am Brief. Ein dingliches Zurückbehaltungsrecht am Brief ist schon deshalb unmöglich, weil es (abgesehen vom kaufmännischen Zurückbehaltungsrecht, s. §§ 369—372 HGB, § 49 Abs. 1 Nr. 4 KO) kein dingliches Zurückbehaltungsrecht gibt, und weil dingliche Rechte, die das Gesetz nicht vorsieht, durch die Beteiligten nicht geschaffen werden können. Wie aus § 986 Abs. 2 BGB hervorgeht, schützt das obligatorische Zurückbehaltungsrecht am Brief Wiesinger auch gegen das Herausgabeverlangen eines Zessionars, der die Hypothek von Frau Gundermann durch cessio vindicationis (§ 1154 Abs. 1 S. 1, § 1117 Abs. 1 S. 2, 931) erworben hat, ebenso gegen Pfändungsgläubiger, welchen der Herausgabeanspruch der Frau Gundermann an Wiesinger gepfändet und überwiesen wird. Nur gegenüber dem Konkursverwalter versagt es, arg. § 49 Abs. 1 Nr. 4 KO.

Eine analoge Rechtslage ergibt sich, wenn Rechte aus einem Sparkassenbuch, einer Versicherungspolice oder einem sonstigen Legitimationspapier verpfändet werden sollen und die Beteiligten aus Rechtsunkenntnis lediglich „das Buch“ durch Übergabe ohne die in § 1280 BGB vorgeschriebene Anzeige an den Drittschuldner verpfändet haben (RGZ 51, 83). —

Im übrigen können Sie verlangen, daß Frau Gundermann die ordnungsmäßige Verpfändung der Hypothek nachholt. Weigert sie sich, so verklagen Sie sie und lassen sich auf Grund einstweiliger Verfügung zur vorläufigen Sicherung Ihres Anspruchs auf Hypothekenverpfändung eine Vormerkung im Grundbuch eintragen.

Wenn auch bloß von Verpfändung „des Hypothekenbriefes“ die Rede war, ging der Sinn der von Frau Gundermann übernommenen Verpflichtung nach Treu und Glauben (§§ 133, 157 BGB) dahin, Ihnen ein Pfandrecht an der Hypothek selbst zu verschaffen und alle hierzu erforderlichen Handlungen vorzunehmen. Eine solche Verpflichtung kann nach dem Prinzip der Formfreiheit (§ 125 BGB) formlos eingegangen werden. — Die Vormerkung entsteht erst durch Eintragung im Grundbuch, welche in § 41 Abs. 1 S. 1 GBO von der Vorlegung des Briefes abhängig gemacht wird. Ausnahmen wie beim Widerspruch (§ 41 Abs. 1 S. 2 GBO) — gibt es für Vormerkungen nicht. Wäre der Brief nicht schon in Wiesingers Besitz, so müßte die Vorlegung ans Grundbuchamt ebenfalls im Wege der einstweiligen Verfügung angeordnet und erzwungen werden. —

Wiesinger: Soll ich nicht lieberdie Sache ruhen lassen, solange keine Gefahr besteht?

Rechtsanwalt: Das ist ein falscher Standpunkt. Erwirken Sie die Vormerkung erst, nachdem Frau Gundermanns Verhältnisse zweifelhaft geworden sind, und gerät sie bald nachher in Konkurs, so müssen Sie mit einer Anfechtung der Vormerkung rechnen. Entweder Sie glauben, ohne Sicherung auszukommen, oder aber Sie tun das Erforderliche alsbald.

Da Wiesinger einen Rechtsanspruch auf ordnungsmäßige Verpfändung der Hypothek hat, würde die Vormerkung „kongruente“ Deckung und als solche nur gemäß § 3 Abs. 1 Nr. 1 AnfG, § 30 Nr. 1 KO anfechtbar sein.

Zinszahlung und Kündigung bei einer Briefhypothek. Professor Brachvogel: Im September hat meine Frau von ihrem in Mainz lebenden Bruder eine Hypothek von 10000 DM auf dem Grundstück des dortigen Kaffeehausbesitzers Casper übernommen. Die Abtretung ist notariell beglaubigt und ins Grundbuch eingetragen, außerdem vom Bruder meiner Frau dem Casper schriftlich angezeigt worden. Die Zinsen sind am 1. Februar, 1. Mai, 1. August und 1. November fällig und betragen $5^3/_4$%. Das war mir zu niedrig, und so hat meine Frau die Hypothek am 29. Oktober durch Einschreibebrief zum 1. Februar n. J. gekündigt, gleichzeitig dem Casper mitgeteilt, daß sie bereit ist, das Geld bei Erhöhung der Zinsen auf 7% weiter stehen zu lassen, und um Zahlung der Zinsen gebeten. Heute erhält meine Frau von Casper die Zinsen in Höhe von 143,75 DM zugesandt mit folgendem Postabschnittvermerk:

„Ihre Kündigung muß ich zurückweisen, da Sie weder den Hypothekenbrief noch eine beglaubigte Zession vorgelegt haben. In Zukunft werde ich auch die Zinsen nur gegen Vorlegung der bezeichneten Urkunden an Sie zahlen.

Mainz, den 31. Oktober 1969
Ignaz Casper.“

Der Rechtsanwalt: Haben Sie den Hypothekenbrief mitgebracht?

Brachvogel: Er liegt in meinem Safe, aber hier ist eine Abschrift.

Rechtsanwalt: Nach § 1160 Abs. 2 BGB hat der Eigentümer das Recht, bei jeder Hypothekenkündigung die Vorlegung des Briefes zu verlangen und, falls der Brief nicht vorgelegt wird, die Kündigung unverzüglich (§ 121 BGB) zurückzuweisen. Die vereinbarten Hypothekenbedingungen schließen, wie ich aus der Abschrift sehe, diese Befugnis nicht aus. Casper befindet sich also im Recht.

Brachvogel: Das verstehe ich nicht. Ich habe die Hypothek im Grundbuch auf meine Frau umschreiben lassen, um ihr eine einwandfreie Legitimation gegenüber jedermann zu verschaffen; verstößt es nicht gegen Treu und Glauben, sich in einem solchen Falle auf das Fehlen der Briefvorlegung zu berufen? Kann ich den Brief jetzt noch nachträglich dem Casper vorlegen? Oder muß ich 3 Monate warten und dann die Kündigung mit Briefvorlegung wiederholen?

Rechtsanwalt: Die Gesetzesvorschrift hat ihren guten Sinn. Sie wissen, daß Briefhypotheken außerhalb des Grundbuchs durch Übergabe des Briefes und schriftliche Erklärung abgetreten werden können. Es wäre daher sehr wohl möglich, daß Ihre Frau, obgleich sie im Grundbuch steht, die Hypothek inzwischen an einen Dritten abgetreten hat. Nun gilt bei solchen Hypotheken nicht, wie bei gewöhnlichen Schuldforderungen, der Grundsatz (§ 407 BGB), daß bloß solche Zessionen dem Schuldner gegenüber wirksam sind, von denen er Kenntnis hat. Vielmehr wird dieser Grundsatz bei Verkehrshypotheken durch § 1156 BGB, der die Kehrseite des § 1138 BGB darstellt, „in Ansehung der Hypothek“ ausgeschlossen. Mithin müßte Casper, falls er die Kündigung entgegennimmt, ohne auf Vorlegung des Briefes zu bestehen, theoretisch damit rechnen, daß der wahre Hypothekengläubiger ein anderer ist, der mit der Kündigung nicht einverstanden ist, und es wäre für ihn ein Zustand der Ungewißheit geschaffen. Wäre Ihre Frau nicht im Grundbuch eingetragen, so müßte sie auf Caspers Verlangen außer dem Hypothekenbrief noch die Ableitung ihres Rechts vom letzten eingetragenen Hypothekar durch eine Kette öffentlicher oder öffentlich beglaubigter Urkunden nachweisen (§§ 1155, 1160 Abs. 1 zweiter Satzteil), während so die Vorlegungspflicht sich bloß auf den Brief bezieht. — Eine Nachholung ist heute, am 3. November, nicht mehr möglich, nachdem Casper Ihre Kündigung „unverzüglich“ zurückgewiesen hat; die Kündigung ist unwirksam (§ 1160 Abs. 2 BGB). Das Unglück ist aber nicht allzu groß. Ihre Hypothekenbedingungen gestatten nämlich, wie ich aus der Abschrift ersehe, die Kündigung „jederzeit mit Frist von 3 Monaten“. Das heißt: die Kündigung ist nicht auf bestimmte Quartalstermine beschränkt, sondern zu jedem beliebigen Datum mit Frist von drei Monaten zulässig. Sie können sie schon morgen wiederholen. Kündigen Sie aber so rechtzeitig, daß, falls wieder Einwendungen erhoben werden sollten, noch genügend Zeit zu ihrer Beseitigung bleibt.

— Kündigungszustellung durch Gerichtsvollzieher: § 132 Abs. 1 BGB. Sie hat den besonderen Vorteil, daß die Zustellungsurkunde einen urkundlichen Nachweis der ordnungsmäßigen Kündigung liefert, während der Postschein, den der Absender eines Einschreibebriefes erhält, weder die Aushändigung des Briefes an den Adressaten noch seinen Inhalt, sondern lediglich die Aufgabe irgend eines Briefes zur Post beweist. Das wird wichtig, falls die Hypothek im Urkundenprozesse eingeklagt werden soll. Vgl. § 592 S. 1 ZPO: „die sämtlichen zur Begründung des Anspruchs erforderlichen Tatsachen“. —

Brachvogel: Was habe ich zu tun, um Casper zur Zahlung der nächsten Zinsraten zu zwingen?

Rechtsanwalt: Bei den Zinsen ist die Rechtslage anders. Es braucht nicht der Hypothekenbrief (bzw. die Kette der vom letzten eingetragenen zum gegenwärtigen Gläubiger führenden Urkunden) vorgelegt zu werden, denn die §§ 1159, 1160 Abs. 3 BGB schließen gegenüber fällig gewordenen Zinsen das Vorlegungsrecht des Eigentümers aus. Ein Hinweis auf diese gesetzlichen Bestimmungen wird voraussichtlich genügen, um Casper zur Zahlung zu bestimmen.

— Besonderheiten der Zinshypothek: 1. Mit der Fälligkeit einer jeden Zinsrate löst sich die — nunmehr „rückständig“ gewordene — Zinshypothek vom Stammrecht ab und wird rechtlich gleichsam mobilisiert: a) Die Übertragung, Verpfändung, Pfändung geschieht nicht mehr durch Grundbuchumschreibung bzw. Briefübergabe, sondern nach den für gewöhnliche Forderungen geltenden Vorschriften (§ 1159 Abs. 1 BGB; § 830 Abs. 3 ZPO). b) Der gutgläubige Erwerber wird (auch bei Zinsen einer Verkehrshypothek) nicht geschützt (§ 1159 Abs. 2 BGB). c) Dagegen genießt der Hypothekenschuldner gegenüber ihm unbekannten Verfügungen über die Zinshypothek den Schutz der §§ 406—408. d) Folgeweise besteht kein Bedürfnis, ihm das Recht auf Vorlegung des Briefes und der in § 1155 bezeichneten Urkunden einzuräumen (§ 1160 Abs. 3 BGB). e) Bezahlt der Eigentümer die Zinsrate oder tritt einer der übrigen Tatbestände ein, in denen sich die (Stamm-) Hypothek zur Eigentümerhypothek oder -grundschuld verwandelt, so erlischt die Zinshypothek (§ 1178 BGB).

2. Soweit die Forderung auf Zinsen gerichtet ist, die nicht später als in dem Kalendervierteljahr, in welchem der Eigentümer von der Übertragung Kenntnis erlangt, oder in dem folgenden Vierteljahr fällig werden, gelten zwar für die Formen

von Verfügungen die immobiliarrechtlichen Bestimmungen des § 1154 BGB. Doch gelten für die Übertragung dieser künftig fällig werdenden Zinsansprüche die Sondervorschriften des § 1158. Danach finden zugunsten des gutgläubigen Hypothekenschuldners die Vorschriften der §§ 406—408 BGB Anwendung; der Gläubiger kann sich gegenüber den Einwendungen, welche dem Eigentümer nach den §§ 404, 406—408, 1157 BGB zustehen, nicht auf die Vorschrift des § 892 BGB berufen. Das ist ein Vorteil für den Eigentümer: Er kann ohne Gefahr die Zinsen für das laufende Halbjahr im voraus zahlen, solange er die Übertragung nicht kennt. Es ist also Sache des Gläubigers, ihn rechtzeitig von der Übertragung zu benachrichtigen.

3. In späteren Vierteljahren fällig werdende Zinsen werden auch bezüglich des guten Glaubens wie das Hypothekenkapital behandelt. —

Pfändung wegen verjährter Unterhaltsforderungen. Kaufmann Baum aus Hoffnungsthal: ich bin Vormund über das voreheliche Kind namens Aribert meiner Frau. Der Vater, Tischler Edwin Lachmund, wurde durch Urteil des Amtsgerichts Köln vom 9. September 1962 verurteilt, dem Kinde von der Geburt, d. i. seit 26. November 1961, bis zur Vollendung des 18. Lebensjahres vierteljährlich 87 DM Unterhalt zu zahlen, und zwar die fälligen Beträge sofort, die künftig fällig werdenden am 26. Februar, 26. Mai, 26. August und 26. November eines jeden Jahres. Bald nach der Verurteilung verschwand Lachmund von hier und war lange Zeit nicht auffindbar. Jetzt habe ich ihn endlich in Würzburg ermittelt, wo er einen wohlhabenden Onkel beerbt hat. Ich habe Anfang Oktober das Urteil nach Würzburg geschickt und Silbersachen sowie eine Briefmarkensammlung im Werte von zusammen 7000 DM pfänden lassen. Heute, am 15. Oktober 1971, ging von Lachmund ein Brief ein, in welchem er der Pfändung wegen angeblicher Verjährung widerspricht und „zur Vermeidung von Weiterungen“ Freigabe der Pfandstücke bis zum 5. November verlangt. Bitte erklären Sie mir die Rechtslage. Auf dem Urteil — es liegt in Würzburg beim Gerichtsvollzieher — steht das Zeugnis der Rechtskraft. Kann ein rechtskräftig zuerkannter Anspruch überhaupt verjähren?

Der Rechtsanwalt: Unterhaltsansprüche unterliegen grundsätzlich einer 4jährigen Verjährungsfrist, die mit Schluß des Jahres der Entstehung zu laufen beginnt (§§ 197, 201 S. 1 BGB). Es verjähren also die 1961 fällig gewordenen Unterhaltsraten Ende 1965, die Raten des Jahres 1962 Ende 1966 usw. Ergeht ein Urteil, so hat es auf die Verjährung keinen Einfluß, so lange es nicht rechtskräftig wird. Mit der Rechtskraft tritt dann an Stelle der an sich maßgebenden kürzeren die 30jährige Frist (§ 218 Abs. 1 S. 1 BGB), Davon macht aber Abs. 2 dieser Vorschrift eine Ausnahme: Für wiederkehrende Leistungen, zu denen die Unterhaltsförderungen gehören, gilt die Urteilsverjährung nur insoweit, als die Leistungen bei Erlaß des Urteils bereits fällig waren, während es hinsichtlich der zu diesem Zeitpunkt noch nicht fälligen Beträge bei der 4jährigen Frist bewendet. Am 9. September 1962 war der Unterhalt bis einschließlich 25. November 1962 fällig. Eine Unterbrechung der Verjährung ist, wie ich annehme, erst durch die Zwangsvollstreckung vom Oktober d. J. erfolgt (§ 209 Abs. 2 Nr. 5 BGB). Mithin würden die Unterhaltsraten vom 26. November 1962 bis einschließlich 26. November 1966 verjährt sein, unverjährt dagegen die Alimente des ersten Lebensjahrs (26. November 1961 bis 25. November 1962), ferner die Raten vom 26. Februar 1967 bis einschließlich 26. August 1971, und selbstverständlich die am 26. November 1971 und später fällig werdenden Raten. Sehen wir von letzteren ab, so behalten Sie 5742 DM unverjährte Forderungen gegen 4016 DM verjährte.

— a) Hemmung der Verjährung: Nach § 204 S. 2 BGB ist die Verjährung von Ansprüchen, insbesondere von Unterhaltsansprüchen, zwischen Eltern und Kindern während der Minderjährigkeit der Kinder gehemmt. Nach altem Recht war das uneheliche Kind nur mit seiner Mutter und deren Verwandten verwandt (§§ 1705, 1591, 1589 Abs. 1 S. 1 BGB a.F.; mit seinem Vater galt es als nicht verwandt (§ 1589 Abs. 2 BGB a.F.). Die Verjährung von Unterhaltsansprüchen des unehelichen Kindes gegen seinen Vater war daher mangels eines Elternverhältnisses nach § 204 BGB nicht gehemmt; nur für Ansprüche gegen die Mutter und für Ansprüche ehelicher Kinder gegen die Eltern galt diese Vorchrift. Das am 1. Juli 1970 in Kraft getretene Gesetz über die rechtliche Stellung der nichtehelichen Kinder vom 19. Oktober 1969 (BGBl. I S. 1243) — NEG — hat diese Ungleichheit beseitigt. § 1589 Abs. 2 BGB ist gestrichen worden. § 204 BGB gilt seit dem auch für den Unterhaltsanspruch des nichtehelichen Kindes gegen seinen Vater. Baum wird natürlich wissen wollen, ob dem Aribert diese Vorschrift für die noch nicht verjährten Unterhaltsansprüche zugute kommt. Dann brauchte er wenigstens, von der durch die Pfändung bewirkten Unterbrechung der Verjährung (§ 208 Abs. 2 Nr. 5, § 217 BGB) einmal abgesehen, gegen die drohende, womöglich am 31. Dezember 1971 eintretende Verjährung der vom 26. Februar bis Ende 1967 fällig gewordenen Raten nichts zu unternehmen. Die Antwort ist in den Übergangsvorschriften des nichtehelichen Gesetzes zu suchen. Nach Art. 12 § 3 Abs. 1 S. 1 und 2 NEG ist ein Mann als Vater im Sinne dieses Gesetzes anzusehen, wenn er in einer rechtskräftigen Entscheidung, die vor dem Inkrafttreten dieses Gesetzes erlassen worden ist, zur Erfüllung eines Anspruchs nach § 1708 BGB (a.F.) verurteilt worden ist. Diese Voraussetzungen liegen hier vor. Infolgedessen ist § 1589 Abs. 2 nicht mehr anwendbar und damit § 204 anzuwenden. Wegen dieser Rückstände ist die Verjährung also gehemmt, solange Aribert minderjährig ist. Allerdings ist für die Zwangsvollstreckung wegen dieser Unterhaltsrückstände die weitere Übergangsvorschrift des Art. 12 § 22 NEG zu berücksichtigen. Danach bleibt bei der Zwangsvollstreckung für den Rang des Anspruchs des Aribert auf Unterhaltsbeträge, die vor dem Inkrafttreten des NEG fällig geworden sind, im Verhältnis zu Unterhaltsansprüchen anderer Abkömmlinge, der Ehefrau und der früheren Ehefrau des Vaters (Schuldners) § 850d Abs. 2 der Zivilprozeßordnung in der bisher geltenden Fassung maßgebend.

b) Zum Umfang des Unterhalts vgl. für das alte Recht § 1708 BGB a.F. Danach war der Vater des unehelichen Kindes verpflichtet, dem Kinde bis zur Vollendung des 18. Lebensjahres den der Lebensstellung der Mutter entsprechenden Unterhalt zu gewähren (Satz 1). Vom Gesetz- oder Verordnungsgeber geregelte Unterhaltssätze gab es nicht. Es blieb der Rechtsprechung überlassen, Grundsätze für den Mindestunterhalt zu entwickeln. So haben die Gerichte z.B. versucht, den Unterhalt nach dem „Warenkorb“ zu bemessen (vgl. hierzu Becker DR 62, 613; die Erläuterungsbücher zu § 1708 BGB a.F.; § 323 ZPO (Abänderungsklage) und die Rechtprechung hierzu).

Diese Rechtslage ist durch das Nichtehelichengesetz überholt. Dieses Gesetz regelt auch das Unterhaltsrecht der Nichtehelichen neu. In das 4. Buch des BGB ist im Dritten Titel (Unterhaltspflicht) vor § 1601 die Überschrift „I. Allgemeine Vorschriften“ eingefügt worden. Diese Allgemeinen Vorschriften gelten nach dem neuen § 1615a, der unter der ebenfalls neu eingefügten Überschrift „II. Besondere Vorschriften für das nichteheliche Kind und seine Mutter“ steht, auch für die Unterhaltspflicht gegenüber nichtehelichen Kindern, soweit sich nicht aus den Sondervorschriften der §§ 1615b bis 1615o ein anderes ergibt. Ein anderes (als § 1602 Abs. 2 und § 1610 — angemessener Unterhalt —) bestimmt vor allem § 1615c: Bei der Bemessung des Unterhalts ist, solange das nichteheliche Kind noch keine selbständige Lebensstellung erlangt hat, die Lebensstellung beider Eltern zu berücksichtigen. § 1615f normiert den so genannten Regelunterhalt. Das ist der zum Unterhalt eines Kindes, das sich in der Pflege seiner Mutter befindet, bei einfacher Lebenshaltung im

Regelfall erforderliche Betrag (Regelbedarf), vermindert um die nach § 1615 g anzurechnenden Beträge (z. B. Kindergeld). Der Regelbedarf, der also mit dem Regelunterhalt nicht identisch sein muß, wird von der Bundesregierung durch Rechtsverordnung festgesetzt. Er kann nach dem Alter des Kindes und nach den örtlichen Unterschieden in den Lebenshaltungskosten abgestuft werden (§ 1615 f. Abs. 2). Die Bundesregierung bedient sich dabei eines Gutachtens, welches ihr alle 2 Jahre zur Höhe des Regelbedarfs vom Statistischen Bundesamt zu erstatten ist (Art. 12 § 24 NEG). Der Regelunterhalt ist vom Vater dem Kinde bis zur Vollendung des 18. Lebensjahres „mindestens" zu zahlen, d. h., der Vater hat ihn abweichend von den §§ 1602, 1603 BGB vorrangig vor der Mutter und ohne Berücksichtigung seines Einkommens und seiner sonstigen Verpflichtungen zu leisten. Nur ausnahmsweise kann der Vater aus Billigkeitsgründen verlangen, daß der Regelunterhalt herabgesetzt wird (§ 1615 h). Dies kann er durch Einwendungen gegen die Unterhaltsklage (§ 767 Abs. 2 ZPO), im Wege der Änderungsklage (§ 323 ZPO) oder durch die besondere Herabsetzungsklage nach § 643 a ZPO erreichen. —

Der Rechtsanwalt: Zwei Punkte sind noch zu klären. Sie sagten eingangs, Sie seien Vormund über das voreheliche Kind Aribert Ihrer Ehefrau. Schon aus den mit geschilderten zeitlichen Angaben, das Unterhaltsurteil ist 1962 ergangen, entnehme ich, daß Ihre Ehefrau nicht mehr minderjährig ist. Infolgedessen hat Ihre Ehefrau am 1. Juli 1970, dem Tage des Inkrafttretens des Nichtehelichengesetzes, die elterliche Gewalt über das Kind erhalten (§ 1705 BGB). Damit hat gleichzeitig Ihre Vormundschaft ihr Ende gefunden; denn die für die Begründung der Vormundschaft bestimmte Voraussetzung, nämlich das Fehlen elterlicher Gewalt über das Kind, ist weggefallen (§§ 1882, 1773 BGB). Das wäre nur dann nicht so, wenn Ihre Ehefrau zur Zeit noch minderjährig wäre, weil dann ihre elterliche Gewalt ruhte (§ 1705 Satz 2 i. V. m. § 1673 Abs. 1, 2, §§ 2, 106 BGB).

Baum: Dann ist womöglich mein Vollstreckungsauftrag gar nicht wirksam.

Rechtsanwalt: Doch! Da brauchen Sie sich keine Sorgen zu machen. Zwar hat Ihre Ehefrau wie die Mutter eines ehelichen Kindes die grundsätzlich unbeschränkte elterliche Gewalt über Aribert. Da die Mütter nichtehelicher Kinder erfahrungsgemäß den mit der Ausübung der elterlichen Gewalt verbundenen Schwierigkeiten nicht gewachsen sind, hat der Gesetzgeber hierfür Vorsorge getroffen. Sie sind als bisheriger Vormund kraft Gesetzes am 1. Juli 1970 Pfleger geworden. Das ergibt sich aus einer Übergangsvorschrift des Nichtehelichengesetzes (Art. 12 § 7 Satz 1). Damit werden Ihre bisherigen Erfahrungen als Vormund für das Kind weiter genutzt. Außerdem wird damit eine Pflegerbestellung, die sonst nach dem Gesetz erforderlich wäre (§ 1706 Satz 1), überflüssig. Ihr Aufgabengebiet als Pfleger ergibt sich aus § 1706 Nr. 1—3 BGB. Insbesondere nach Nr. 2 dieser Vorschrift obliegt es Ihnen, Unterhaltsansprüche geltend zu machen, wozu auch die Vollstreckung titulierter Unterhaltsforderungen gehört.

Baum: Das alles ist mir neu; aber dann bin ich ja beruhigt.

Rechtsanwalt: Ja, in diesem Punkt können Sie das sein. Sie haben aber schon etwas falsch gemacht oder, besser gesagt, etwas nicht getan, was Sie schnellstens wenigstens für die Zukunft nachholen müssen: In dem rechtskräftigen Urteil, das vor dem Inkrafttreten des Nichtehelichengesetzes erlassen worden ist, und aus dem Sie vollstrecken, ist, wie ich sehe, auf Zahlung einer recht geringen Geldrente erkannt worden (§ 1708 Abs. 1, § 1710 BGB). Das neue Gesetz hat die unterhaltsrechtliche Stellung des nichtehelichen Kindes erheblich verbessert. Insbesondere ist der Mindestunterhalt, den der Vater dem Kinde zahlen muß, erhöht worden. Das Gesetz spricht hier von einem Regelunterhalt, der sich nach dem sogenannten Regelbedarf des Kindes bemißt. Dieser Regelunterhalt ist, berücksichtigt man allein schon das um neun Jahre fortgeschrittene Alter des Kindes, ganz sicher höher als 87 DM monatlich.

Baum: Das glaube ich schon; aber ich bildete mir immer ein, daß diese Bestimmungen nur für Ansprüche von nichtehelichen Kindern gelten, die nach dem Inkrafttreten des Nichtehelichengesetzes geboren worden sind.

Rechtsanwalt: Das ist ein Irrtum. Für Fälle Ihrer Art hat das Nichtehelichengesetz ebenfalls eine Übergangsvorschrift (Art. 12 § 14) geschaffen. Danach muß das Kölner Urteil von 1962 in einem besonderen gerichtlichen Beschlußverfahren auf Antrag des Kindes, das Sie als Pfleger vertreten, für die Zeit nach der Antragstellung in ein Urteil auf „Leistung des Regelunterhalts" (§ 642 Abs. 1 ZPO) geändert und gleichzeitig der Betrag des Regelunterhalts (vom Rechtspfleger, § 20 Nr. 10 RpflG) festgesetzt werden. — Dies gilt entsprechend für Schuldtitel des § 794 Abs. 1 Nr. 1 und Nr. 5 ZPO und des § 49 Abs. 2 des Jugendwohlfahrtsgesetzes, sofern diese Titel vor dem Inkrafttreten des Nichtehelichengesetzes errichtet worden sind.

Dieser Antrag ist nur zulässig, wenn vorher eine gütliche Einigung mit dem Vater des Kindes erfolglos versucht worden ist. Ich schlage daher vor, diese Sache sofort in Angriff zu nehmen und dem Vater des Kindes entsprechend zu schreiben, am besten zugleich mit der von Ihnen abzugebenden teilweisen Freigabeerklärung. Denn an unserer anfangs aufgestellten Berechnung ändert sich ja nichts. Erreichen wir eine Festsetzung des Regelunterhalts und sind Sie damit nicht zufrieden, so bleibt es Ihnen immer noch vorbehalten, im Wege einer Klage eine abweichende Entscheidung über den Unterhalt zu verlangen. Dies gestattet eine weitere Übergangsvorschrift des Nichtehelichengesetzes ausdrücklich (Art. 12 § 16 i.V.m. § 643a Abs. 2 Satz 1, 3, Abs. 4 Satz 1 ZPO).

Baum: Ich werde über diesen Punkt der Neufestsetzung des Unterhalts sofort mit meiner Frau sprechen und Ihnen alsbald Bescheid geben, wie Sie verfahren sollen. — Eines finde ich allerdings merkwürdig. Die ältesten Rückstände werden besser behandelt, als diejenigen der folgenden Jahre. Sonst ist es, wie ich aus einem Vortrag für Vormünder gelernt habe, umgekehrt.

Rechtsanwalt: Was Sie über die Bevorzugung der späteren Alimente sagen, bezieht sich auf die vollstreckungsrechtlichen Privilegien dieser Ansprüche. Es werden nämlich Urteile, welche die Verpflichtung zur Entrichtung von Alimenten aussprechen, für die Zeit nach Erhebung der Klage und das vorausgehende letzte Vierteljahr immer für vorläufig vollstreckbar erklärt. (Lies § 708 Nr. 6 ZPO.) In ähnlichem Umfange ist die Lohn- und Gehaltspfändung erleichtert. Nach dem Gesetz (§ 850d Abs. 1 Satz 1 ZPO) ist das Arbeitseinkommen wegen der gesetzlichen Unterhaltsansprüche der Ehegatten und Verwandten den in § 850c ZPO enthaltenen Pfändungsbeschränkungen unterworfen. Zu den Verwandten gehören jetzt auch die nichtehelichen Kinder, was sich aus § 1589 Abs. 1 BGB ergibt. Der frühere, das Gegenteil fingierende Abs. 2 ist weggefallen (vgl. ferner Art. 12 §§ 1, 3 NEG). Dieses Vollstreckungsprivileg gilt nur für laufende Unterhaltsansprüche und für die Unterhaltsrückstände, die innerhalb des letzten Jahres vor dem Antrag auf Erlaß des Pfändungsbeschlusses fällig geworden sind (§ 850d Abs. 1 S. 4 ZPO). Der Sinn dieser Regelungen ist der: Die Unterhaltsberechtigten sollen angespornt und gezwungen werden, ihre Forderungen recht schnell geltend zu machen. Bei der Verjährung sind andere Gesichtspunkte maßgebend. Jedenfalls ist das Ergebnis angesichts der klaren gesetzlichen Bestimmungen absolut sicher.

Baum: Wenn es sich mit der Verjährung so verhält, wie Sie sagen, so hätte es der Gerichtsvollzieher vielleicht ablehnen müssen, wegen der 4016 DM zu pfänden. Tatsächlich hat er aber gepfändet. Dadurch hat das unterhaltsberechtigte Kind ein

Pfändungspfandrecht erworben, und der Mangel der Verjährung sollte wohl geheilt sein. Meinetwegen mag sich Lachmund über den Gerichtsvollzieher beschweren.

Rechtsanwalt: Der Gerichtsvollzieher konnte gar nicht anders handeln. Erstens hat er nicht das materielle Recht, sondern nur den Schuldtitel und die übrigen formalen Grundlagen der Zwangsvollstreckung zu prüfen. Sodann wird die Verjährung niemals von Amts wegen, sondern immer nur auf Einrede des Schuldners beachtet (§ 222 Abs. 1 BGB). Außerdem sieht man es dem Anspruch nicht an, ob er verjährt ist: es wäre ja denkbar, daß Sie die Verjährung hinsichtlich der vom 26. November 1962 bis 26. November 1966 fälligen Beträge rechtzeitig durch Zwangsvollstreckungshandlungen unterbrochen hätten, daß die Frist durch Anerkennung des Schuldners unterbrochen worden wäre od. dergl. — Lachmund ist berechtigt, die nach Erlaß des Urteils eingetretene Verjährung eines Teiles der Forderung als neue Einwendung gemäß § 767 ZPO durch Vollstreckungsgegenklage beim hiesigen Amtsgericht geltend zu machen. Erklärt das Gericht die Zwangsvollstreckung der verjährten Posten für unzulässig, so wird damit der Schuldtitel beseitigt. Provisorisch kann der Schuldner beim Prozeßgericht Köln oder beim Vollstreckungsgericht Würzburg die einstweilige Einstellung der Vollstreckung nach § 769 ZPO herbeiführen, und das wird er sicherlich tun, falls Sie bis zum 5. November nicht freigegeben haben. Und selbst wenn am 10. versteigert und der Erlös an Sie abgeführt wird, würde das nichts nützen. denn das Kind Ihrer Ehefrau wäre alsdann den Rückforderungsansprüchen Lachmunds ausgesetzt.

Condictio verjährter Leistungen? Das Gesetz (§ 222 Abs. 1 BGB) gibt dem Schuldner nur ein Leistungsverweigerungsrecht. Die Schuld bleibt erfüllbar. Deshalb ist die Rückforderung des zur Befriedigung eines verjährten Anspruchs Geleistete ausgeschlossen, auch wenn die Leistung in Unkenntnis der Verjährung bewirkt worden ist (vgl. § 813 Abs. 1 Satz 2 BGB, der § 222 Abs. 2 ausdrücklich unberührt läßt). Dasselbe gilt für ein vertragsmäßiges Anerkenntnis (s. §§ 781, 812 Abs. 2 BGB) und eine Sicherheitsleistung (§§ 232ff. BGB) des Verpflichteten (§ 222 Abs. 2 BGB). Unter Leistung ist eine freiwillige, nicht also eine durch Zwangsvollstreckungsmaßnahmen bewirkte Leistung zu verstehen; anderenfalls hätte das Gesetz dies z.B. als dritte Möglichkeit in § 222 Abs. 2 Satz 2 BGB angeordnet. Von einer Freiwilligkeit wird man daher selbst dann nicht mehr sprechen können, wenn der Schuldner zur Abwendung einer bevorstehenden Zwangsvollstreckung an den Gerichtsvollzieher gezahlt hat; dann kann er diese Zahlung kondizieren (Lippmann DJZ 06, 1256; Staudinger-Coing § 222 Anm. 6; streitig). Deshalb kann man ein Recht des Gläubigers, hier also z.B. des unehelichen Kindes, das nach Eintritt der Verjährung durch Zwangsvollstreckung erlangte Pfandrecht gegen den Willen des Schuldners zu realisieren, aus § 223 Abs. 1 BGB nicht herleiten. Anders wäre es im Falle des Aribert nicht einmal dann, wenn das Pfändungspfandrecht vor Ablauf der Verjährungsfrist entstanden wäre. Das ergibt sich aus der auch sonst interessanten Vorschrift des § 223 Abs. 1 und Abs. 3 BGB. Nach Abs. 1 hindert die Verjährung eines Anspruchs, für den eine Hypothek oder ein Pfandrecht (z.B. auch ein Pfändungspfandrecht) besteht, den Berechtigten zwar grundsätzlich nicht, die Befriedigung aus dem Pfandgegenstand zu suchen. Absatz 3 macht aber davon eine Ausnahme für die Verjährung von Ansprüchen auf Rückstände von Zinsen und, was hier von Bedeutung ist, anderen (nicht unbedingt regelmäßig) wiederkehrende Leistungen. Darunter sind vor allem Unterhaltsrenten zu verstehen (vgl. § 197 BGB). Baum kann sich also damit trösten, daß er bei früheren erfolgreichen Zwangsvollstreckungsmaßnahmen gleichwohl den Ablauf der Verjährungsfrist hätte berücksichtigen müssen.

Ebenso wie bei Pfandrechten wird der Berechtigte im Falle der Übertragung eines Rechts zur Sicherung eines Anspruchs gegen die Verjährung geschützt: Aufgrund der

Verjährung des Anspruchs kann die Rückübertragung nicht gefordert werden (§ 223 Abs. 2 BGB). Diese Bestimmung ist, ihrem Sinn und Zweck entsprechend, auch beim Sicherungseigentum und jedenfalls analog beim Vorbehaltseigentum anzuwenden (A. Blomeyer JZ 59, 15; BGHZ 34, 191), selbst beim Abzahlungskauf. Ist der Kaufpreisanspruch des Verkäufers (= Sicherungs- oder Vorbehaltseigentümers) verjährt, so bleibt sein Anspruch auf Herausgabe der Sache gleichwohl bestehen (LG München I NJW 65, 2353 m. Anm. Hahn NJW 66, 1131; str., a. A. Möllers NJW 67, 2145).

Baum: Ich muß befürchten, daß Lachmund, nachdem er durch die Zwangsvollstreckung gewarnt ist, sein Vermögen in Zukunft jedem Zugriff entziehen wird. Kann ich nicht die 4016 DM, die ich wegen Verjährung freigeben muß, auf die Beträge vom 26. November 1971 ab verrechnen?

Rechtsanwalt: Leider geht das nicht an. Das unterhaltsberechtigte Kind könnte mit einer einredebehafteten Forderung zwar ausnahmsweise gegen eine Forderung des unterhaltsverpflichteten Vaters unter den Voraussetzungen des § 390 S. 2 BGB aufrechnen, wenn das Kind seinerseits Schuldner einer Forderung des Vaters wäre. So liegt der Fall hier aber nicht. Der Vater ist nicht Gläubiger des Kindes. Hinzu kommt folgendes: Die Zwangsvollstreckung wegen kalendermäßig bestimmter Ansprüche darf erst nach Ablauf des Kalendertags beginnen (§ 751 Abs. 1 ZPO), also für die 87 DM vom 26. November 1971 am 27. November 1971, für die 87 DM vom 26. Februar 1972 am 27. Februar 1972 usw. Sie müssen jedesmal von neuem Pfändungsauftrag erteilen. Sollte sich eine Verschiebungsabsicht des Schuldners glaubhaft machen lassen, so würde wegen der noch nicht fälligen Beträge eine Arrestpfändung in Frage kommen. Jedenfalls geben Sie in Höhe von 4016 DM sofort frei.

Bauhandwerkervormerkung

Antrag auf Erlaß einer einstweiligen Verfügung.

„Köln, den 5. November 1969

An das Amtsgericht
hier

Antrag

des Installationsmeisters *Konrad König* in Köln, Weißenburgstraße 16, Antragstellers,
Prozeßbevollmächtigter: RA. Dr. *Walter Voß*, Köln, Wörthstr. 5,
gegen den Maurerpolier und Hausbesitzer *Johann Sobralla* in Köln, Gabelsbergerstraße 9, Antragsgegner,

auf Erlaß einer einstweiligen Verfügung.

In der Anlage überreiche ich:

1. den Bauvertrag vom 13. August 1969,
2. eidesstattliche Versicherung des Werkmeisters *Martin Dingler* vom 4. November 1969,
3. meine Prozeßvollmacht

und beantrage auf Grund der §§ 648, 883, 885 BGB, 935, 940, 942 ZPO:

durch einstweilige Verfügung die Eintragung einer Vormerkung zur Sicherung des dem Antragsteller zustehenden Anspruchs auf Einräumung einer Sicherungshypothek im Betrage von 1600 DM (i. W.) nebst 6% Zinsen seit 1. Februar 1970 für geleistete Bauarbeiten auf dem Grundstück des Antragsgegners Köln Band XXIII Blatt Nr. 907 — Hubenstraße 145 — anzuordnen.

Die beiden ersten Raten mit zusammen 800 DM hat der Antragsgegner mit Verspätung gezahlt. Ich bitte um Beschleunigung, da der Antragsgegner von einem anderen Gläubiger zum Offenbarungseid geladen und daher mit seinem baldigen wirtschaftlichen Zusammenbruch zu rechnen ist. Von einem Eintragungsersuchen an das Grundbuchamt gemäß § 941 ZPO bitte ich abzusehen. Ich werde die Eintragung der Vormerkung auf Grund der einstweiligen Verfügung selbst herbeiführen.

Für den Antragsteller:
Voß, RA."

„Bauvertrag.

Hierdurch überträgt Herr *Johann Sobralla* dem Installationsmeister *Konrad König* die Ausführung der sämtlichen Be- und Entwässerungsanlagen und -arbeiten seines Neubaus Hubenstraße 145 einschließlich Lieferung aller Materialien zum vereinbarten Festpreis von 2850 DM (i.W.). Maßgebend ist die beiliegende, von den Vertragsparteien unterschriebene Bauzeichnung. Die Ausführung hat in folgender Weise zu geschehen:

....

Die Zahlung erfolgt:
mit 400 DM am 15. September 1969,
mit 400 DM am 15. Oktober 1969,
mit 600 DM am 15. November 1969,
mit 1450 DM 10 Tage nach der endgültigen hypothekarischen Beleihung des Neubaugrundstücks, spätestens am 15. April 1970.

Vom 1. Februar 1970 ab sind die noch nicht bezahlten Teile der Vergütung mit 6% zu verzinsen

Köln, den 13. August 1969
Johann Sobralla. *Konrad König.*"

„Eidesstattliche Versicherung.

Hierdurch versichere ich Folgendes an Eides Statt:

Ich bin bei dem Installationsmeister *Konrad König* als Werkmeister tätig und leite die Ausführung der Be- und Entwässerungsarbeiten und -anlagen auf dem *Sobralla*schen Neubau Hubenstraße 145. Für diese Arbeiten ist ein Gesamtpreis von 2850 DM vereinbart. Bisher ist ein Teil im Werte von mindestens 2400 DM (i. W.) fertiggestellt, nämlich:

....

Köln, den 4. November 1969
Martin Dingler."

An den — von ihm hergestellten oder ausgebesserten — Sachen des Bestellers (gutgläubiger Erwerb nach den §§ 1157, 1107 BGB an bestellerfremden Sachen ist nach BGHZ 34, 122; 153; Münzel NJW 61, 1233; Henke, AcP 62 — Bd. 161 —, 1 nicht möglich; a. A. OLG Celle NJW 53, 1470 und die wohl hL) hat der Unternehmer des Werkvertrages ein gesetzliches Pfandrecht, freilich nur, wenn die Sachen bei der Herstellung oder zum Zwecke der Ausbesserung in seinen Besitz gelangt sind (§ 647 BGB). Ein entsprechendes gesetzliches Grundpfandrecht wird dem Bauhandwerk hingegen nicht gegeben, weil das eine Ausnahme vom Publizitätsprinzip und vom öffentlichen Glauben des Grundbuchs bedeuten würde. Er hat gegen den Besteller lediglich einen persönlichen Anspruch auf Einräumung einer Sicherungshypothek am Baugrundstück des Bestellers (§ 648 BGB), zu dessen Sicherung er jederzeit eine Vormerkung (§ 883 BGB) im Wege einstweiliger Verfügung (§ 885 Abs. 1 S. 1 BGB) erwirken kann. Hierbei braucht nur der „Arrestanspruch" nicht aber die Gefährdung des zu sichernden Anspruchs glaubhaft gemacht zu werden (§ 885 Abs. 1 S. 2). Voraussetzungen des Anspruchs auf Sicherungshypothek sind nach § 648: der Abschluß eines Bauvertrages über Herstellung eines Bauwerks oder Teiles eines Bauwerks (z. B. der Maurer-, Zimmer-, Glaser-, Installationsarbeiten) mit dem Grundstückseigentümer, und die Leistung eines dem geforderten Betrag entsprechenden Teiles der Arbeiten. Die Fälligkeit der Forderung ist ebenso gleichgültig wie beim gesetzlichen Pfandrecht des § 647 oder anderen gesetzlichen Pfandrechten. Der Unternehmer kann die Sicherungshypothek also auch verlangen, wenn und soweit er dem Besteller den Werklohn gestundet hat. Dagegen kommt es auf die tatsächliche Lieferung an, weil erst durch sie der wirtschaftliche Wert des Grundstücks erhöht wird. Daß von den nach Dinglers eidesstaatlicher Versicherung geleisteten 2400 DM die gezahlten 800 DM abzuziehen sind, versteht sich von selbst.

Könnte auch der Architekt des Neubaus für seine Gebührenforderung die Einräumung einer Sicherungshypothek an dem Baugrundstück und daher die Eintragung einer Vormerkung verlangen? Diese Frage spielt in den Hochzeiten der Baukonjunktur eine erhebliche Rolle. § 648 BGB war zwar ursprünglich auf Bauunternehmer und Bauhandwerk zugeschnitten. Die Frage wurde deshalb in der früheren Rechtsprechung verneint (man sprach deshalb von „Bauhandwerkerhypothek"). Der Wert des Grundstücks erfährt aber nicht nur durch die beim Bauen zugeführten realen Sachwerte und durch die körperliche Arbeit der Handwerker eine Steigerung, sondern ebenso durch die geistige Leistung des Architekten. Auch seine Leistung verkörpert sich in dem Bauwerk und kann für dessen Wert sogar ausschlaggebend sein. „Unternehmer eines Bauwerks" ist deshalb auch der Architekt, der sämtliche Architektenleistungen von der Planung bis zur örtlichen Bauaufsicht nebst statischer Berechnung übernommen hat. Er wirkt — das ist das Entscheidende — auf Grund eines Werkvertrags an der Errichtung des Bauwerks mit. Durch seine mannigfachen Einzelleistungen (vgl. § 19 GOA) trägt er ebenso wie der Bauhandwerker unmittelbar dazu bei, daß das Bauwerk entsteht und vollendet wird (BGH NJW 69, 419 sub B 1). Man sollte also statt von einer „Bauhandwerkerhypothek" genauer von einer „Bauwerk-sicherungs)hypothek sprechen. — Zuständigkeit des Amtsgerichts: § 942 Abs. 2 ZPO.

Weshalb legt der Anwalt Wert darauf, daß die Eintragung der Vormerkung nicht auf Ersuchen des Prozeßgerichts, sondern auf seinen unmittelbaren Antrag geschehen soll? Wie wir wissen, macht § 929 ZPO für Arreste und einstweilige Verfügungen eine Ausnahme von dem allgemeinen Grundsatz des § 750 ZPO. Die Zustellung darf der Vollziehung nachfolgen, jedoch muß der Arrestbefehl (einstweilige Verfügung) spätestens innerhalb einer Woche nach der Vollziehung nachträglich zugestellt werden, widrigenfalls die Vollziehung wirkungslos wird. Außerdem ist die Vollziehung unzulässig, wenn seit Verkündung des Arrestbefehls bzw. seiner Zustellung an den Gläubiger mehr als ein Monat verstrichen ist, und innerhalb dieser Monatsfrist muß auch die nachträgliche Zustellung des Arrestes an den Schuldner bewirkt sein (§ 929 Abs. 2 ZPO). Als Zeitpunkt der „Vollziehung" gilt, wie immer, der Eingangsvermerk (vgl. § 13 Abs. 1 GBO). Die Sorge für die Wahrung der Fristen belastet den Anwalt mit einer außerordentlich schweren Verantwortlichkeit. Damit König für seine Vormerkung einen möglichst guten Rang erhält, muß die einstweilige Verfügung dem Grundbuchamt vor ihrer Zustellung an den Antragsgegner Sobralla vorgelegt werden. Verläßt sich der Anwalt hierbei auf das Ersuchen des Prozeßgerichts, so kann es (besonders wenn auswärtige Gerichte beteiligt sind) leicht vorkommen, daß er vom Eingang des Ersuchens beim Grundbuchamt erst Kenntnis erlangt, nachdem die Wochenfrist zur Nachholung der Zustellung abgelaufen ist. Die dann nichtige Vollziehungsmaßregel (Vormerkungseintragung) würde zwar nicht im Grundbuch-Offizialverfahren nach § 53 GBO — das Grundbuchamt hat keinen Anlaß, die Nachholung der Zustellung zu kontrollieren, — beseitigt werden. Wohl aber wurde die Vormerkung auf Berichtigungsklage des Grundstückseigentümers oder eines nachstehenden dinglich Berechtigten gelöscht werden (RGZ 81, 288), und die ganze Mühe wäre nutzlos gewesen. Stellt er dagegen selbst den Eintragungsantrag, so behält er die Sache fest in der Hand.

V o r m e r k u n g. Die einstweilige Verfügung wird antragsgemäß am 6. November erlassen und dem Anwalt am 7. zugestellt. Er verfügt:

„1. An das Amtsgericht, Grundbuchamt, Köln:

Zu den Grundakten von Köln Band XXIII Blatt Nr. 907 — Hubenstraße 145 — überreiche ich Ausfertigung des mir heute zugestellten Beschlusses des hiesigen Amtsgerichts vom 6. d. M., 21 G 122.61, und beantrage:

Eintragung der angeordneten Vormerkung.

Ich bitte um baldige Rückgabe des Beschlusses, damit ich die Zustellung nachholen kann. Eine Abschrift, die nach Beglaubigung zu den Grundakten genommen werden soll, füge ich bei.

Für den Antragsteller:

2. mit Quittung."

Die Vormerkung wird in der Abteilung III des Grundbuchs unter nächst offener Nummer in Spalte 1—4, wie folgt eingetragen:

„3 | 1 | 1600. Vormerkung zur Sicherung des Anspruchs auf Einräumung einer Sicherungshypothek von eintausendsechshundert Deutsche Mark nebst 6% Zinsen seit 1. Februar 1970 für gelieferte Bauarbeiten, für den Installationsmeister *Konrad König* in Köln auf Grund der einstweiligen Verfügung des Amtsgerichts Köln vom 6. eingetragen am 9. November 1961."

Die rechte Hälfte der 4. Spalte wird freigelassen, damit in sie die Hypothek eingetragen werden kann (§§ 12, 19 GBVf).

Der Anwalt wartet die schriftliche Eintragungsnachricht (§ 55 GBO) nicht ab, sondern läßt die einstweilige Verfügung abholen, sobald er auf Erkundigung erfahren hat, daß die Eintragung der Vormerkung verfügt worden ist. Die einstweilige Verfügung wird nunmehr schleunigst durch den Gerichtsvollzieher dem Antragsgegner Sobralla zugestellt.

Durchführung der Vormerkung. Nach Eintragung der Vormerkung und rechtzeitiger Zustellung der einstweiligen Verfügung ist König gegen die Gefahren der Rangverschlechterung, der Verfügung über das Baugrundstück,(S. 2 a.a.O., § 48 ZVG), der Zwangsvollstreckung (§ 883 Abs. 2 S. 1 BGB), des Konkurses, des Vergleichsverfahrens (vgl. § 883 Abs. 2 S. 2 BGB, §§ 24, 193 S. 2 KO, § 82 Abs. 2 VerglO) und der beschränkten Erbenhaftung (§§ 884, 1971, 2016 BGB) geschützt. Die Vormerkung gewährt ihm aber keine Möglichkeit, sich wegen seiner Forderung aus dem Grundstück zu befriedigen. Um hierzu zu gelangen, muß er zunächst ihre Umwandlung in eine endgültige Hypothek betreiben. Da eine rechtsgeschäftliche Bewilligung von Sobralla nicht zu erlangen ist, erhebt der Anwalt für König Klage beim Landgericht mit dem Antrag:

„den Beklagten zu verurteilen:

a) an den Kläger 1600 DM (i. W.) nebst 6% Zinsen seit dem 1. Februar 1970 zu zahlen, und zwar 600 DM nebst Zinsen sofort, die weiteren 1000 DM nebst Zinsen 10 Tage nach der endgültigen hypothekarischen Neubeleihung des Neubaugrundstücks Köln Hubenstraße 145, spätestens am 15. April 1970,

b) darein zu willigen, daß die für den Kläger im Grundbuch von Köln Band XXIII Blatt Nr. 907 — Hubenstraße 145 — in Abteilung III unter Nr. 3 eingetragene Vormerkung in eine Sicherungshypothek für eine Werklohnforderung von 1600 DM (i. W.) nebst 6% Zinsen seit dem 1. Februar 1970 umgeschrieben wird."

Der Anspruch auf Hypothekenbestellung aus § 648 BGB ist mit der Werklohnforderung (§ 631 Abs. 1) verbunden worden; mit dieser werden nach § 259 ZPO auch die nach dem Bauvertrag noch nicht fälligen Raten geltend gemacht.

Am 3. Dezember 1969 ergeht vorläufig vollstreckbares (§ 708 Nr. 3 ZPO) Versäumnisurteil. Für den Anspruch auf Hypothekenbestellung ist die vorläufige Vollstreckbarkeit gegenstandslos, denn die Verurteilung gilt lediglich als Bewilligung einer Vormerkung (§ 895 ZPO), und die Vormerkung hat König schon auf Grund der einstweiligen Verfügung erlangt. Nach Eintritt der Rechtskraft wird die Bewilligung der Hypothekeneintragung fingiert (§ 894 ZPO). Der Anwalt reicht das mit Rechtskraftattest versehene Urteil (Vollstreckungsklausel nicht erforderlich, vgl.

aber § 894 Abs. 1 S. 2 ZPO) am 20. Dezember dem Grundbuchamt ein und beantragt die Umschreibung. Er erhält folgende Zwischenverfügung:

„Amtsgericht Köln, den 21. Dezember 1969

In der Grundbuchsache von Köln Band XXIII Blatt Nr. 907.

Ihrem Antrag vom 20. d. M. kann z. Z. nicht stattgegeben werden. Als Eigentümer des Grundstücks ist am 16. Dezember 1969 der Malermeister *Anselm Kunst* aus Köln eingetragen worden. Es muß daher eine Zustimmungserklärung des Herrn *Kunst* in beglaubigter Form beigebracht werden. Hierzu wird Ihnen eine Frist von einem Monat bestimmt, nach deren Ablauf der Antrag kostenpflichtig zurückgewiesen wird.

Pfleger

Justizobersekretär als Rechtspfleger."

Der Anwalt geht sofort zum Grundbuchamt, um Grundbuch und Grundakten einzusehen. Sofern nämlich Kunst im Kaufvertrag die Königsche Werklohnforderung übernommen haben sollte, würde König in der Lage sein, nach Anzeige gemäß § 415 Abs. 1 S. 2 BGB die Schuldübernahme zu genehmigen. Kunst gilt als gut situierter Mann. König würde dann an Stelle des vermögenslosen Sobralla einen zahlungsfähigen persönlichen Schuldner für seine Forderung haben. — Es stellt sich jedoch heraus, daß die Vormerkung nicht zu den von Kunst übernommenen Rechten gehört.

Die Aufforderung des Anwalts, die vom Grundbuchamt geforderte Zustimmungserklärung abzugeben, wird von Kunst ablehnend beantwortet mit der Begründung, daß Sobralla sich ihm zur Löschung der Vormerkung verpflichtet habe. Der Einwand geht fehl, denn gegenüber dem vorgemerkten Anspruch ist die Auflassung an Kunst dinglich unwirksam (§ 883 Abs. 2 S. 1 BGB), und Kunst muß daher der Eintragung der Hypothek zustimmen (§ 888 Abs. 1 BGB), ohne sich auf das zwischen ihm und seinem Verkäufer bestehende Rechtsverhältnis berufen zu können. Der Anwalt erhebt für König gegen Kunst Klage mit dem Antrag:

„den Beklagten zu verurteilen, seine Zustimmung dazu zu geben, daß die für den Kläger auf dem Grundstück Köln Band XXIII Blatt Nr. 907 in Abt. III unter Nr. 3 eingetragene Vormerkung in eine Sicherungshypothek für eine Werklohnforderung von 1600 DM (i. W.) nebst 6% Zinsen seit dem 1. Februar 1970 umgeschrieben wird."

Kunst verhandelt streitig und wendet weiterhin ein: die Anlagen seien nicht in Höhe von 1500 DM ausgeführt, die Vergütung müsse wegen Minderwertigkeit der Arbeiten wesentlich herabgesetzt werden, König habe gegenüber Sobralla auf seinen Anspruch auf Einräumung einer Sicherungshypothek verzichtet. Da Kunst in Ansehung des vorgemerkten Anspruchs aus § 888 BGB nicht Sobrallas Rechtsnachfolger ist (§ 325 ZPO; vgl. RGZ 53, 28; 113, 403; OLG Celle, NJW 58, 385), sind die Einwendungen erheblich. Sie erweisen sich aber im Laufe des Rechtsstreits als unbegründet, und es wird der Klage stattgegeben. Nach Rechtskraft des Urteils gilt die Zustimmungserklärung des Kunst als erfolgt (§ 894 ZPO). Der Anwalt, der inzwischen die Frist der Zwischenverfügung mehrfach hat verlängern lassen, reicht das Urteil zu den Grundakten ein; es wird — zur Eintragung Nr. 3 in der frei gebliebenen rechten Halbspalte 4 — eingetragen:

„Umgeschrieben in eine Sicherungshypothek von sechzehnhundert Deutsche Mark Werklohn nebst 6% Zinsen seit 1. Februar 1970 für den Installationsmeister *Konrad König* in Köln. Eingetragen am 14. Mai 1970."

Daraufhin entschließt sich Kunst endlich zur Zahlung. Sonst würde es zu einem vierten Rechtsstreit – der actio hypothecaria Königs gegen den nur mit dem Grundstück haftenden Kunst auf Duldung der Zwangsvollstreckung wegen der jetzt sämtlich fällig gewordenen Werklohnraten (§§ 1113, 1147 BGB) — gekommen sein.

— Gesetz über die Sicherung der Bauforderungen: Woher kommt es, daß trotz dieser umständlichen, aber juristisch einwandfrei konstruierten Sicherheit die Bauhandwerker in der Praxis so viele Verluste erleiden?

Das Baugeld wird den Handwerkern und Lieferanten gewöhnlich auf Anweisung des Bauherrn vom Geldgeber direkt ausgezahlt. Aber das Baugeld der Spekulationsbauten beträgt nur einen Bruchteil (durchschnittich $^2/_3$—$^3/_4$) der Gesamtbaukosten, und wegen des Restes sind die Baugläubiger auf den persönlichen Kredit des Bauherrn angewiesen. Gelingt es diesem, den Bau fertigzustellen und bald zu vermieten, so erfolgt die endgültige „Beleihung" des Grundstücks, d. h., der Eigentümer nimmt bei einer Hypothekenbank oder einem ähnlichen Institut eine große langfristige erste Hypothek auf. Bei dieser Gelegenheit werden nicht bloß die provisorische Baugeld- und Kaufgeldhypothek abgelöst, sondern meist auch die Bauhandwerker ausgezahlt (vgl. die Fälligkeitsklausel der letzten Rate des Königschen Bauvertrags). Nicht selten brechen aber die Finanzen des Bauherrn schon vor der Fertigstellung und Beleihung zusammen. Der Wert der Vormerkung ist dann problematisch, denn sie hat den Rang hinter der Baugeld- und Kaufgeldhypothek und steht damit an einer Stelle, die bei Zwangsversteigerung kaum ausgeboten wird. Der Hauptvorteil der Vormerkung liegt darin, daß sie beim Verkauf des Grundstücks an einen zahlungsfähigen Käufer abgelöst werden muß, weil der neue Eigentümer, wie wir an Kunsts Beispiel gesehen haben, sein Grundstück nicht gern zur Zwangsversteigerung stellen läßt.

In wirksamer Weise hilft den Bauhandwerkern das Gesetz über die Sicherung der Bauforderungen (BaufordSichG) v. 1. Juni 1909 (RGBl. 449).

I. In §§ 1f. wird dem Bauunternehmer die Verpflichtung auferlegt, die ihm ausgezahlten Baugelder nur zur Befriedigung solcher Gläubiger zu verwenden, welche für das Grundstück, zu dessen Bebauung das Baugeld bestimmt war, Waren geliefert oder Arbeiten geleistet haben. Damit soll verhütet werden, daß der Unternehmer seine Privatschulden oder Verpflichtungen aus früheren Bauten mit dem Baugeld tilgt. Die Vorschrift ist eine lex minus quam perfecta, denn ihre Erfüllung wird lediglich strafrechtlich und nur in dem Falle kontrolliert, daß der Bauunternehmer in Konkurs gerät oder seine Zahlungen einstellt: alsdann hat er sich aus § 5 wegen der bestimmungswidrigen Verwendung des Baugeldes strafbar gemacht (vgl. die ähnliche Konstruktion bei der Buchführungspflicht der Vollkaufleute, §§ 4 Abs. 1, 38f. HGB, 239, 240 KO). Sie stellt aber zugleich ein Schutzgesetz für Bauhandwerker und -lieferanten im Sinne des § 823 Abs. 2 BGB dar. Daraus folgt: sind Baugläubiger, die bei korrekter Verwendung des Baugeldes befriedigt worden wären, ausgefallen, so können sie von dem Dritten, an den mißbräuchlicherweise Teile des Baugeldes ausgezahlt wurden, Verschulden vorausgesetzt, Schadensersatz fordern. Diese Schadensersatzpfiicht besteht auch dann, wenn der Bauunternehmer weder die Zahlungen eingestellt hat noch in Konkurs gefallen ist. Über Zweifelsfragen bei einer Mehrheit von Geschädigten vgl. RG 138, 156.

2. Noch weiter gehen §§ 9f. BaufordSichG. Nicht erst nach, sondern vor Beginn des Baues muß ins Grundbuch der „Bauvermerk" eingetragen werden. Mit der Eintragung des Bauvermerks erwerben die Baugläubiger den Anspruch auf Eintragung einer Hypothek für ihre Bauforderungen (Bauhypothek); der Bauvermerk hat die Wirkung einer Vormerkung zur Sicherung dieses Anspruchs (§ 11 BaufordsichG). Baugläubiger sind die an der Herstellung des Gebäudes auf Grund eines Werk- oder Dienstvertrags Beteiligten sowie derjenigen, welche zur Herstellung des Gebäudes Sachen geliefert haben, sofern die Werk-, Dienst- oder Lieferungsverträge von dem Eigentümer der Baustelle oder für seine Rechnung geschlossen worden sind. Dem Eigentümer der Baustelle steht gleich, wer den Bau mit Zustimmung des Eigentümers als Bauherr ausführt (§ 18, vgl. ferner § 19 des Gesetzes). Die Baugeldhypothek geht

dem Bauvermerk im Range nur insoweit vor, als das Baugeld tatsächlich ins Grundstück verwendet worden ist, die Kaufgeldhypothek nur in Höhe von ¾ des Baustellenwerts, und der Baustellenwert wird von dem unparteiischen „Bauschöffenamt" festgesetzt, so daß ein im Vertrage vereinbarter Phantasiepreis für das Grundstück den Bauhandwerkern unschädlich ist. Es handelt sich also um eine radikale Durchbrechung der Grundsätze von der Verfügungsfreiheit des Eigentümers und von der Rangordnung nach der Reihenfolge der Eintragung. Die §§ 9f. gelten aber nur in den wenigen Bezirken, in denen sie durch besondere Verordnung in Kraft gesetzt sind, und haben deshalb geringe praktische Bedeutung. —

Umschreibung der Vollstreckungsklausel

„Sürth, den 12. November 1969

Herrn RA. *Voß*, Köln

Beiliegenden Hypothekenbrief über 12000 DM bitte ich gegen Frau *Katharina Schallwig*, geb. *Zabel* in Köln, Geibelstraße 185, einzuklagen und zu vollstrecken. *Schallwig*, der Ihnen vom Gericht her kein Unbekannter sein wird, ist ein Vetter von mir. Ende v. J. habe ich mich von ihm bereden lassen, die Hypothek der „Sekuritas" abzulösen, die er mir als eine erstklassige Vermögensanlage schilderte. Die von der „Sekuritas" ausgestellte Abtretungsurkunde lege ich ebenfalls bei. Erst zu spät erfuhr ich, daß die Schuldnerin mit der Zinszahlung in Verzug geraten war, und die Gesellschaft deshalb die sofortige Auszahlung des Kapitals verlangt hatte. Nunmehr sind die am 1. Oktober 1969 fällig gewesenen Zinsen des dritten Vierteljahrs 1969 rückständig. 6 Wochen lang haben mich die Eheleute *Schallwig* mit leeren Versprechungen hingehalten; als ich zuletzt mit der sofortigen Fälligkeit der Hypothek drohte, behaupteten sie, ich hätte ihnen die Zinsen gestundet, obgleich wir die ganze Zeit über gar nicht zusammengekommen sind. Ich fürchte, um mein mühsam erspartes Geld zu kommen, und bitte Sie, das Verfahren so sehr wie möglich zu beschleunigen.

Blankovollmacht anbei.

Franz Illgen, Tischlermeister."

Die mit dem Hypothekenbrief verbundene Schuldurkunde lautet:

„Urkundenrolle Nr. 541 für 1968
Verhandelt Lichterfelde, den 3. Oktober 1968
Vor dem unterzeichneten Notar im Bezirk des Kammergerichts zu Berlin
Justus Siegel

erschien:

die Hausbesitzerin Fräulein *Katharina Zabel* aus Lichterfelde, Posener Straße 28, dem Notar persönlich bekannt, und erklärte:

Ich bekenne, von der „Sekuritas" Lebensversicherungs-Aktiengesellschaft in Hamburg ein Darlehn von 12000 (i. W.) Deutschen Mark gegen die Verpflichtung zu hypothekarischer Sicherstellung erhalten zu haben, für welches die nachstehenden Bedingungen gelten:

I. Das Darlehn ist vom 1. Oktober 1968 ab mit 6% (i. W.) jährlich in Vierteljahrsraten am Ersten eines jeden Kalendervierteljahrs nachträglich zu verzinsen.

II. Wird eine Zinsrate oder das Darlehn nicht binnen 10 Tagen nach Fälligkeit gezahlt, so erhöhen sich die Zinsen um 1% (i. W.) des Kapitals.

III. Das Darlehn ist beiderseits mit Frist von sechs Monaten zum Ersten eines Kalendervierteljahrs kündbar, das erste Mal zum 1. Oktober 1970.

IV. In den nachstehend zu a bis h aufgeführten Fällen ist die Gläubigerin befugt, schon vor dem in § III bezeichneten Zeitpunkt das Darlehn ganz oder teilweise ohne Einhaltung einer Kündigungsfrist zurückzufordern:

a) wenn die Zinsen nicht spätestens am zehnten Tage nach Fälligkeit bezahlt werden,

b) wenn durch Verfügungen über Bestandteile, Erzeugnisse oder Zubehörstücke oder durch sonstige unwirtschaftliche Maßnahmen der Wert des Pfandgrundstücks so sehr verringert wird, daß die Sicherheit der Hypothek gefährdet ist,

c) wenn Mieten des Hypothekengrundstücks abgetreten oder gefändet werden und die Pfändung nicht binnen zwei Wochen aufgehoben wird,

d) wenn die Zwangsversteigerung oder Zwangsverwaltung des verpfändeten Grundstücks angeordnet wird,

e) wenn der Schuldner oder der Eigentümer des Pfandgrundstücks in Konkurs gerät oder seine Zahlungen einstellt,

f) wenn ohne Zustimmung der Gläubigerin ein Nießbrauch am Hypothekengrundstück bestellt wird,

g) wenn die Gebäude, Erzeugnisse und Zubehörstücke des verpfändeten Grundstücks nicht zum höchsten zulässigen Betrag versichert sind oder der Schuldner die Versicherung ablaufen läßt oder ihren Fortbestand durch Verzug mit der Prämienzahlung oder in sonstiger Weise gefährdet, oder wenn der Gläubigerin die von ihr geforderten Nachweise über das Bestehen der Versicherung und die Bezahlung der Prämie nicht innerhalb der gestellten Frist vorgelegt werden,

h) wenn sich ergibt, daß die zu bestellende Hypothek nicht den ersten Rang hat und der Schuldner ihr nicht binnen einem Monat nach Aufforderung den Vorrang vor allen anderen Belastungen verschafft.

Wird das Hypothekengrundstück zu einem Kaufpreis veräußert, der weniger als fünf Drittel des Darlehns beträgt, so ist das Darlehn, soweit es drei Fünftel des Kaufpreises übersteigt, bei der Auflassung zurückzuzahlen.

V. Wird auf Grund der Bestimmungen zu IV die Hypothek vor dem 1. Oktober 1970 fällig, so ist für jedes Jahr der dadurch entstehenden Verkürzung der vereinbarten Darlehnsdauer eine Entschädigung in Höhe von 1% (i.W.) des Hypothekenkapitals zu zahlen.

VI. Alle Zahlungen sind kostenfrei an der Kasse der Gläubigerin oder der von ihr zu bezeichnenden Stelle zu leisten.

VII. Der Geltendmachung der Ansprüche aus der Hypothek oder einer Kündigung oder Mahnung des Gläubigers kann nicht aus dem Grunde widersprochen werden, weil der Hypothekenbrief und die in § 1155 BGB bezeichneten Urkunden nicht vorgelegt sind.

Für das vorbezeichnete Darlehn von 12000 Deutschen Mark nebst Zinsen und allen Nebenleistungen bestelle ich der Gläubigerin an dem mir gehörenden, im Grundbuch von Lichterfelde Band 12 Blatt 351 verzeichneten Grundstück Posener Straße 28 eine Hypothek.

Wegen des Darlehns von 12000 Deutschen Mark nebst Zinsen und Nebenleistungen unterwerfe ich mich der sofortigen Zwangsvollstreckung aus dieser Urkunde in mein gesamtes Vermögen und in Ansehung der Hypothek auch in der Weise, daß die Zwangsvollstreckung in das belastete Grundstück gegen den jeweiligen Eigentümer zulässig sein soll.

Ich willige darein, daß der Gläubigerin jederzeit auf ihren einseitigen Antrag eine vollstreckbare Ausfertigung dieser Verhandlung wegen Hauptforderung, Zinsen und Nebenleistungen ohne den urkundlichen Nachweis der Tatsachen, von denen die Fälligkeit der Forderung oder die Entstehung der Nebenleistungen abhängt, erteilt wird.

Ich bewillige und beantrage die Eintragung der Hypothek und der Unterwerfung unter die Zwangsvollstreckung in das Grundbuch sowie die unmittelbare Aushändigung des zu bildenden Briefes an die Gläubigerin.

(folgt Antrag auf Erteilung von Ausfertigungen und beglaubigten Abschriften),

Hierauf ist das Protokoll vorgelesen, von der Beteiligten genehmigt und eigenhändig, wie folgt, unterschrieben worden:

Katharina Zabel
Justus Siegel

(Kostenrechnung) Notar."

Unter der Abtretungserklärung stehen zwei unbeglaubigte Unterschriften.
Welche Ansprüche hat Illgen und wer haftet ihm?

Durch Nichtbezahlung der Zinsen bis zum 10. Tage nach Fälligkeit haben sich die Zinsen auf 7% erhöht und ist das Kapital fällig geworden (§§ II, IV zu a der Darlehnsbedingungen). Außerdem steht Illgen, der in die volle Rechtsstellung der „Sekuritas" eingetreten ist, nach § V für die bis zum 1. Oktober 1978 fehlende Zeit eine Entschädigung von jährlich 1% der Darlehnssumme zu. Für diese Leistungen haftet Frau Schallwig als persönliche Schuldnerin. Die Eheschließung hat an dieser Haftung nichts geändert. Es bedarf auch keines Duldungstitels gegen den Ehemann Schallwig, vgl. die Neufassung des § 739 ZPO.

Wie verschafft sich Illgen für seinen Ansprüche einen vollstreckbaren Schuldtitel? Hätte sich das damalige Fräulein Zabel nicht der Zwangsvollstreckung in ihr Grundstück und ihr sonstiges Vermögen unterworfen, so würde beim Landgericht Berlin (§§ 24, 25 ZPO: in Köln ist bloß die weniger wichtige, persönliche Klage möglich) gegen die Ehefrau dinglich und persönlich zu klagen sein. Statt der Klage kommt auch das Mahnverfahren beim Amtsgericht Lichterfelde-Berlin in Betracht; ferner die Überleitung an das dortige Landgericht im Falle der Erhebung des Widerspruchs oder des Einspruchs nach Maßgabe der §§ 697, 700 S. 3 ZPO. Ferner könnte man im Urkundenprozeß klagen. Nun liegt aber die vollstreckbare Urkunde vom 3. Oktober 1968 vor, und damit ist der Prozeßweg verschlossen nach dem ungeschriebenen Rechtsgrundsatz, daß jede Klage ein Rechtsschutzbedürfnis voraussetzt und daß es an diesem Rechtsschutzbedürfnis für eine Leistungsklage fehlt, wenn über denselben Anspruch schon eine vollstreckbare Urkunde besteht.

Die Vollstreckungsklausel, die Illgen zu der exekutorischen Urkunde benötigt, ist eine „titelübertragende", weil sie für einen Rechtsnachfolger des ursprünglichen Gläubigers ausgestellt werden soll. Zugleich ist sie — wenn wir von den fälligen Zinsen des 3. Quartals in Höhe von 6% absehen — eine „titelergänzende". Hängt die Vollstreckbarkeit des Titels von einer besonderen Voraussetzung ab (wichtigster Fall: Kündigung und sonstige Voraussetzungen der Fälligkeit bei exekutorischen Urkunden, § 794 Abs. 1 Nr. 5 ZPO), so wird vor Erteilung der Klausel die besondere Voraussetzung geprüft, und der Gläubiger erhält, wenn er sie in beglaubigter Form nachweisen kann, die Klausel zwecks unbedingter Vollstreckung (§ 626 ZPO: „titelergänzende Klausel"). In beiden Fällen hat die Klausel dem Gläubiger die Erhebung einer Klage erspart („titelersetzende Klausel"). Solche „titelersetzenden" Klauseln werden nicht auf einfachen Antrag, sondern nur gegen urkundliche Unterlagen erteilt. Die Hypothekenzession und die Eheschließung durch öffentliche oder beglaubigte Urkunden nachzuweisen, kann nicht schwer halten. Wie aber wird es mit den Voraussetzungen der Zinserhöhung, der sofortigen Fälligkeit der Kapitalschuld und der Entschädigung für vorzeitige Fälligkeit sein? Diese Rechtsfolgen beruhen sämtlich darauf, daß Frau Schallwig mit der am 1. Oktober fällig gewesenen Zinsrate in Verzug gekommen sein soll. Nimmt man an, daß Illgen die Tatsache des Verzugs gemäß § 726 Abs. 1 ZPO durch öffentliche oder öffentlich beglaubigte Urkunden nachzuweisen habe, so ist das augenscheinlich eine probatio diabolica; es würde ihm nichts übrig bleiben, als die in den Fällen der §§ 726 bis 729 ZPO beim Versagen des urkundlichen Nachweises gegebene Klage aus dem Urteil auf Erteilung der Vollstreckungsklausel (§§ 731, 794 Abs. 1 Nr. 5, §§ 795, 797 Abs. 5 ZPO) gegen Frau Schallwig zu erheben. Im Prozeßverfahren sind alle Beweismittel zulässig, und es gilt, wie immer, freie Beweiswürdigung.

Die befürchtete Schwierigkeit besteht aber in Wahrheit nicht. § 726 Abs. 1 ZPO verlangt den Beweis durch Urkunden für den Fall, daß die Vollstreckung des Titels „nach seinem Inhalt von dem durch den Gläubiger zu beweisenden Eintritt einer Tatsache abhängt". Damit soll keineswegs gesagt sein, daß der Gläubiger über jede besondere Voraussetzung des materiellen Anspruchs, seiner Fälligkeit oder Vollstreckbarkeit, die näher bezeichneten Urkunden beizubringen hätte. Vielmehr stellt das Gesetz auf die aus allgemeinen Beweislastregeln sich ergebende Verteilung der Beweislast ab. Hat nach diesen Regeln der Gläubiger zu beweisen, so muß er den urkundlichen Nachweis führen; ist der Schuldner beweisbelastet, so trifft den Gläubiger keine besondere Nachweispflicht. Wenn der Gläubiger Verzugsfolgen geltend macht, muß die Erfüllung stets vom Schuldner dargetan werden. Zur Ausstellung der Klausel genügt daher Illgen's einseitige Behauptung, die Oktoberzinsen seien nicht bezahlt (RGZ 134, 156, 160).

— Erteilung vollstreckbarer Ausfertigungen auf Grund der Bewilligung des Schuldners: Am Schlusse der Unterwerfungsverhandlung hat die Schuldnerin sich ausdrücklich damit einverstanden erklärt, daß der Gläubigerin jederzeit auf ihren einseitigen Antrag und ohne weitere Nachweise vollstreckbare Ausfertigungen über Kapital, Zinsen und sonstige Nebenleistungen erteilt werden. In unserem Falle brauchten wir diese Bewilligung nicht heranzuziehen. Anders ist es, wenn der Gläubiger die Vollstreckungsklausel für das Hypothekenkapital begehrt, indem er behauptet, die ordentliche Kündigung aus § III ausgesprochen zu haben, oder wenn er sofortige Fälligkeit auf Grund von § IV^{b-h} geltend macht. Sowohl die Kündigung wie die Ausnahmetatbestände des § IV^{b-h} sind nach allgemeinen Beweislastgrundsätzen vom Gläubiger zu beweisen. Hier hilft nun die Bewilligung der Schuldnerin. Zwar gehört die Zwangsvollstreckung dem öffentlichen Recht an, und „ius publicum privatorum pactis mutari non potest". Es handelt sich jedoch im Grunde bloß um eine vertragliche Regelung der Beweislast, die zulässig ist. Der Sinn der Erklärung geht dahin; wenn über die Fälligkeit der Schuld oder die Höhe der Nebenleistungen Streit entsteht, so übernehme ich, die Schuldnerin, die Beweislast für die Unrichtigkeit der vom Gläubiger angeführten Fälligkeitsgründe usw. Mithin folgt die Erteilung vollstreckbarer Ausfertigungen ohne sonstigen Nachweis unmittelbar aus § 726 Abs. 1 ZPO (Vgl. Stein-Jonas-Münzberg, § 726 II 2, V).

Daß Schallwig den Einwand der Stundung angekündigt hat, bildet kein Hindernis für die Erteilung der Klausel, solange Illgen die Stundung bestreitet. Es handelt sich um eine nachträgliche Stundung, und eine solche muß stets vom Schuldner bewiesen werden. Der Einwand wird erst in einem späteren Stadium erheblich, vgl. unten S. 223.

Vorlegung des Hypothekenbriefs: § 1160 Abs. 1, 2 BGB gibt dem Schuldner-Eigentümer lediglich eine Einrede, die besonders geltend gemacht werden muß und z. B. dem Erlaß eines Versäumnisurteils nicht entgegensteht. Die Briefvorlegung ist daher zur Erwirkung der Vollstreckungsklausel nicht erforderlich. Überdies schließt § VII der Darlehnsbedingungen das Recht des Eigentümers, die Vorlegung des Hypothekenbriefs usw. zu verlangen, aus.

Zuständigkeit zur Erteilung der Vollstreckungsklausel: Vollstreckbare Ausfertigungen werden nach den dafür bestehenden Vorschriften erteilt (§ 52 BeurkG). Die vollstreckbare Ausfertigung vollstreckbarer notarieller Urkunden (§ 794 Abs. 1 Nr. 5 ZPO) wird infolgedessen gemäß § 797 Abs. 2 S. 1 ZPO von dem Notar erteilt, sofern er die Urkunde verwahrt (s. aber S. 2 dieser Vorschrift). Soll eine weitere vollstreckbare Ausfertigung (§ 733 ZPO) erteilt werden, so entscheidet über den darauf gerichteten Antrag nicht der Notar, sondern der Rechtspfleger des Amtsgerichts, in dessen Bezirk der Notar seinen Amtsitz hat (§ 797 Abs. 3 ZPO, § 20 Nr. 13 RpflG vom 5. November 1969 — BGBl. I S. 2065 —, in Kraft getreten am 1. Januar 1970). Ist die Unterwerfung unter die Zwangsvollstreckung in einem später angenommenen Vertragsangebot wirksam enthalten, so erteilt der Notar, von dem das Angebot beurkundet worden ist, die vollstreckbare Ausfertigung; vorher ist ihm die Annahme gemäß § 726 Abs. 1 ZPO nachzuweisen, es sei denn, daß sie gleichfalls vor ihm erklärt wurde (RGZ 132, 6).

Nicht selten wird die Unterwerfung unter die sofortige Zwangsvollstreckung durch einen Vertreter erklärt. Dann darf die vollstreckbare Ausfertigung der Urkunde gegen den Vertretenen nur erteilt werden, wenn die Bevollmächtigung durch öffentliche oder öffentlich beglaubigte Urkunden nachgewiesen ist. Dies ist ein Gebot der Sicherheit im Rechtsverkehr: Die Tatsache der Bevollmächtigung muß der Gläubiger beweisen, damit feststeht, gegen wen die Zwangsvollstreckung sich richtet. Anderenfalls bestünde die Gefahr, daß jemand namens eines anderen in einer notariellen Urkunde eine Verpflichtung eingeht und dem Gläubiger dazu das Recht der sofortigen Zwangsvollstreckung aus der Urkunde einräumt, ohne dazu bevollmächtigt zu sein (BayObLG MDR 64, 603).

Hat ein Rechtsanwalt den Vollstreckungsauftrag des Gläubigers übernommen, so „soll" er in dieser Angelegenheit als Notar „an einer Beurkundung nicht mitwirken". Der Notar soll also die Vollstreckungsklausel nicht erteilen. Diese Mitwirkung verbietet ihm § 3 des Beurkundungsgesetzes. Durch diese Fassung („soll ... nicht mitwirken ...") kommt zum Ausdruck, daß ein Verstoß gegen dieses Verbot die Wirksamkeit der Beurkundung nicht berührt. Eine dem bisherigen § 16 Abs. 2 BNotO („ein Verstoß gegen Abs. 1 berührt die Gültigkeit der Amtshandlung nicht...") entsprechende Vorschrift ist deshalb in § 3 BeurkG nicht enthalten. Das in dem § 3 BeurkG statuierte „Verbot der Mitwirkung" ist an die Stelle der in § 16 Abs. 1, 4 und Abs. 5 BNotO genannten „Ausschließungsgründe" getreten (vgl. § 57 Abs. 17 Nr. 2 BeurkG). Wird also eine Vollstreckungsklausel unter Verstoß gegen die Vorschriften des § 3 BeurkG vom Notar erteilt, so ist die Klausel zwar wirksam. Der Vollstreckungsschuldner braucht sie aber nicht hinzunehmen. Denn die Erteilung der Vollstreckungsklausel ist nicht nur eine Urkundstätigkeit des Notars, sondern zugleich eine vorbereitende Maßnahme der Zwangsvollstreckung. Der Schuldner kann deshalb diesen formellen Mangel mit dem Rechtsbehelf der Einwendung nach § 797 Abs. 3 i.V.m. § 732 ZPO rügen und die Aufhebung der Vollstreckungsklausel erreichen (vgl. RGZ 145, 199; LG Hildesheim NJW 62, 1257). — Anders als im § 3 führen die in § 6 und § 7 BeurkG nur dort so genannten Ausschließungsgründe, die den § 170 FGG und § 2234 BGB zum Vorbild haben, zur Unwirksamkeit der vom Notar beurkundeten Willenserklärung. Dabei ist der Katalog der Ausschließungsgründe gegenüber dem bisherigen Recht eingeschränkt: Die Beteiligung eines früheren Ehegatten und einer Person, mit welcher der Notar verschwägert oder im zweiten Grade in der Seitenlinie verwandt ist (vgl. den aufgehobenen § 170 Nr. 3, 4 FGG) wird darin nicht mehr aufgeführt. Das entspricht der Tendenz des Beurkundungsgesetzes, im Interesse der Rechtsverwirklichung des Bürgers den Kreis der Unwirksamkeitsgründe eng zu ziehen. —

Schreiben des Anwalts an Illgen:

„In Sachen *Schallwig* nehme ich den mir übertragenen Auftrag gern an. Wie der Hypothekenbrief ergibt, hat sich die Schuldnerin seinerzeit der sofortigen Zwangsvollstreckung aus der von Herrn Notar *Siegel* in Lichterfelde aufgenommenen vollstreckbaren Urkunde unterworfen. Es ist daher möglich, die Zwangsvollstreckung in das Grundstück und in das sonstige Vermögen der Frau *Katharina Schallwig* auf Grund einer vollstreckbaren Ausfertigung der Schuldurkunde ohne Klage vorzunehmen. Zur Erwirkung der Vollstreckungsklausel sind noch folgende urkundliche Unterlagen notwendig:

....

Ich lege Ihnen Briefentwürfe zu Schreiben an die „Sekuritas" und das Standesamt bei, die Sie sofort unterzeichnen und absenden wollen.

In den beigefügten Briefen ersucht Illgen um nachträgliche Beglaubigung der Hypothekenabtretung von Ende 1968 und um eine Heiratsurkunde des Schallwigschen Ehepaares. Alle Schriftstücke sollen ihm zu Händen von RA. Voß übersandt werden. Nachdem sie eingegangen sind, beantragt der Anwalt beim Notar die vollstreckbare Ausfertigung des Schuldtitels. Sie wird antragsgemäß mit folgender Klausel ausgestellt:

„Vorstehende, in das Register unter Nummer 541 für 1968 eingetragene vollstreckbare Ausfertigung wird hiermit für den Tischlermeister *Franz Illgen*in Sürth, Landkreis Köln, vertreten durch den Rechtsanwalt *Voß* in Köln, als Rechtsnachfolger der „Sekuritas" Lebensversicherungs-Aktiengesellschaft in Hamburg ausgefertigt:

gegen die Schuldnerin, jetzt verehelichte Frau *Katharina Schallwig* geborene *Zabel* in Köln, Geibelstraße 185, wegen 12000 (i. W.) Deutsche Mark, nebst 210 (i. W.) DM Zinsen für das dritte Vierteljahr 1969 und 704 (i. W.) DM Entschädigung für vorzeitige Fälligkeit des Kapitals gemäß Ziffer V der Bedingungen, zum Zwecke der Zwangsvollstreckung in das Grundstück Lichterfelde Band XII Blatt Nummer 351 sowie in ihr sonstiges Vermögen.

Die Ausfertigung erfolgt auf Grund a) der beglaubigten Abtretungserklärung vom 17. November 1968, Not.Reg. 642.68 des Notars *Siegel* in Berlin-Lichterfelde, b) der Heiratsurkunde vom 25. August 1968, Nummer 240 für 1968 des Standesamts Köln.

Lichterfelde, den 18. November 1969

Justus Siegel

(Siegel) Notar."

Die Aufzählung der öffentlichen und öffentlich beglaubigten Urkunden, welche die Grundlage der Klausel bilden, in der Klausel ist nicht vorgeschrieben, aber ratsam, weil nach § 730 Abs. 2 i.V.m. §§ 798, 794 Abs. 1 Nr. 5 ZPO diese Urkunden eine Woche vor Beginn der Zwangsvollstreckung (im allgemeinen gleichzeitig mit ihren Beginn, s. § 750 Abs. 2 ZPO) dem Schuldner zugestellt werden müssen (Ausnahme: § 800 Abs. 2 ZPO für die dingliche Vollstreckungsklausel).

Vermerk auf der Urschrift des Titels nach §§ 734, 795 ZPO:

„Vollstreckbare Ausfertigung über 12000 DM, 210 DM Zinsen für das 3. Vierteljahr 1969 und 704 DM Entschädigung für vorzeitige Fälligkeit dem Tischlermeister *Franz Illgen* in Sürth, gegen die Schuldnerin zur Zwangsvollstreckung in Grundstück und sonstiges Vermögen, erteilt auf Grund von a) begl. Abtretungserklärung vom 17. November 1968, b) Heiratsurkunde vom 25. August 1960.

Lichterfelde, den 18. November 1968

Siegel."

Die Erteilung vollstreckbarer Ausfertigungen (gerichtlicher oder) notarieller Urkunden (§ 794 Abs. 1 Nr. 5, § 797 ZPO, § 52 BeurkG) ist grundsätzlich gebührenfrei. Ausnahmsweise wird hier die Hälfte der vollen Gebühr erhoben, wenn der Eintritt einer Tatsache oder einer Rechtsnachfolge zu prüfen ist (§§ 726—729 ZPO) oder es sich um die Erteilung einer weiteren vollstreckbaren Ausfertigung handelt (lies § 133 und § 141 KostO, der für die Kosten der Notare die Vorschriften der Kostenordnung entsprechend gelten läßt). Da hier ein Fall des § 133 erste Alternative KostO vorliegt, erhebt der Notar für die Erteilung der Klausel 5/10 der vollen Gebühr.

Frau Schallwig kann ihre Einwendungen gegen die Klausel beim Amtsgericht des Amtssitzes des Notars anbringen, statt dessen aber auch beim Landgericht ihres allgemeinen Gerichtsstandes Vollstreckungsgegenklage gegen Illgen erheben (§§ 732, 767, 768, 797 Abs. 3, 4 ZPO) und einstweilige Einstellung der Zwangsvollstreckung beantragen (§ 769). Das wird sie insbesondere dann tun, wenn sie sich von dem Stundungseinwand Erfolg verspricht. Über Einwendungen des Schuldners gegen die Erteilung der Vollstreckungsklausel zu notariellen Urkunden wird mithin im Verfahren nach der ZPO entschieden. Illgen stünden also, würde Frau Schlallwig mit ihren Einwendungen gegen die Zulässigkeit der Vollstreckungsklausel (§§ 732, 797, 795 ZPO) deren Aufhebung erreichen, hiergegen die einfache Beschwerde (§ 567 Abs. 1 ZPO) zu; § 793 ZPO wäre nicht anwendbar, weil die Entscheidung über die Erteilung der Vollstreckungsklausel nicht im Zwangsvollstreckungsverfahren ergeht, sondern die Zwangsvollstreckung nur vorbereitet (KG NJW 1961, 2162). Hätte andererseits der Notar es abgelehnt, die vollstreckbare Ausfertigung zu erteilen, so hätte Illgen zwei Wege beschreiten können, um zu der Vollstreckungsklausel zu kommen: Er hätte gegen die Schuldnerin auf Feststellung (bestritten; Stein-Jonas-Münzenberg, § 731 I 3: Gestaltungsklage) dahin klagen können, daß die Vollstreckungsklausel zu erteilen ist; s. § 797 Abs. 5, § 731 ZPO, die insofern mißverständlich sind, weil sie von einer „Klage auf Erteilung der Vollstreckungsklausel" sprechen; der Schuldner kann diese „Leistung" gar nicht erbringen. Das Urteil müßte also lauten: „Die Vollstreckungsklausel zum (folgt der genau bezeichnete Titel, z.B. die notarielle Urkunde) ist für (Kläger) gegen den (Beklagten) zulässig." (schlechter wäre es, weil ein Leistungsurteil vortäuschend, zu formulieren: „Die Vollstreckungsklausel ist zu erteilen"; s. hierzu Stein-Jonas-Münzenberg a.a.O.). Freilich fehlte dieser Klage das Rechtsschutzbedürfnis, wenn Illgen die Vollstreckungsklausel auf leichterem Wege beschaffen könnte. Dieser leichtere — und zweite — Weg ist der durch § 54 BUrkG eröffnete: Lehnt der Notar es ab, die Vollstreckungsklausel zu erteilen, so ist die Beschwerde an die Zivilkammer des Landgerichts gegeben, in dessen Bezirk der Notar seinen Sitz hat. Ist freilich dieser Weg nicht ohne weiteres erkennbar aussichtsreich, so muß man für den ersten Weg ein Rechtsschutzbedürfnis bejahen; andernfalls besteht die Gefahr, daß bei Erfolglosigkeit der Beschwerde es doch zur Klage nach § 731 ZPO kommt (Stein-Jonas-Münzenberg, § 731 I 1, 2). Für das Beschwerdeverfahren gelten nach der ausdrücklichen Regelung des § 54 Abs. 2 Satz 1 BeurkG die Vorschriften des (Reichs)FGG, also dessen §§ 20—30. Damit ist der Streit darüber überholt, ob im Falle der Weigerung des Notars, die Vollstreckungsklausel zu erteilen, dem Gläubiger in Analogie zu den §§ 576, 797 Abs. 3 ZPO die Erinnerung zum Amtsgericht mit anschließender Beschwerde zusteht (so Schneider DNotZ 66, 16; OLG Schleswig, SchlHA 66, 168) oder ob dem Gläubiger nach § 118 BNotO in Analogie zu Art. 51 Abs. 2 PrFGG (Art. 89 HessFGG; Art. 69 NdsFGG; Art. 44 BayNotG) der Rechtsweg zum Landgericht als erster Instanz gegeben ist (so Jansen, DNotZ 66, 267; OLG Celle, DNotZ 67, 459). Das Beurkundungsgesetz (§ 60 Nr. 7, 33 Buchst. a, Nr. 38 Buchst. c, Nr. 57 Buchst. c) hat die genannten landesrechtlichen Vorschriften aufgehoben.

Die vollstreckbare Ausfertigung mit den in ihr bezeichneten zwei Urkunden wird dem Gerichtsvollzieher zur Zustellung an die Eheleute Schallwig übergeben. Frühestens eine Woche nach Zustellung kann mit der Zwangsvollstreckung begonnen werden (§ 798 ZPO).

6. Kapitel

Beim Oberlandesgericht

Das Kapitel führt anhand einer verwickelten Berufungssache in die Arbeit des Oberlandesgerichts und zugleich in die Lehre von der Referier- und Urteilstechnik ein. Es ist sachdienlich und dient der Vertiefung, hierzu die in Band 1—4 enthaltenen Muster mit den beigegebenen methodischen Erläuterungen zu vergleichen.

Wer diese Berufungssache durchgearbeitet hat, wird merken, daß er tatsächlich nur eingeführt wird in das, was man als „Relationstechnik" bezeichnet. Sie als überflüssig, als alten Zopf und eben nur als „Technik" abzutun, ist heute zuweilen modern. Aber im Kopf, an dem der angeblich alte Zopf sitzt, beginnt beim Juristen die Rationalisierung seiner Tätigkeit. Relationstechnik ist nichts anderes als „das zuchtvolle, systematische Durchdenken eines Prozeßstoffs unter höchster Prozeßökonomie" (Bartholomeyczik NJW 59, 762), sprich Rationalisierung. Relationstechnik ist also nicht um ihrer selbst willen da.

Manche werden das freilich nie begreifen. Wer sich auf den sicherlich mühsamen Weg machen will, dies zu erkennen, mag sich in die Lektüre eines der am Schluß des Kapitels angegebenen Anleitungsbücher vertiefen. Es ist besser, eine dieser Anweisungen „verarbeitet" als in mehreren oder gar allen „einmal gelesen" zu haben.

Doch nun an die Arbeit! Es geht um die Sache Zorn gegen Koch und Edlich oHG. Für den, der den Band Zivilprozeßrecht nicht zur Hand hat, muß der Prozeßstoff wiederholt werden:

Der Kaufmann Zorn in Hamburg, als Rechtsnachfolger der Firma Gebr. Böttcher in Kleve, klagt gegen die offene Handelsgesellschaft Koch & Edlich in Köln auf Schadensersatz wegen Nichterfüllung eines von Gebr. Böttcher als Verkäufer mit Koch & Edlich als Käufer abgeschlossenen Sukzessivlieferungsgeschäfts.

Briefwechsel. Dem Prozeß ist ein umfangreicher Briefwechsel vorausgegangen, der zeitlich geordnet[1]) folgendermaßen lautet:

„Köln, den 10. Mai 1969

An *Gebr. Böttcher*, Kleve

Wir möchten mit Ihnen einen größeren Schluß, mindestens 50 Wagen, gesundes helles rheinisches Lupinenmehl, lieferbar in den Monaten Juni—September auf Abruf zum Preise von 11,— DM per 100 kg machen, jedoch ausschließlich Fabrikat *Baumbach*, welches unsere Kundschaft bevorzugt. Wir sehen Ihrer gefl. Offerte entgegen und zeichnen

hochachtungsvoll

Koch & Edlich."

---

[1]) Die Unübersichtlichkeit kaufmännischer Prozesse beruht zum guten Teil darauf, daß die Parteien mit ihren Schriftsätzen nur einzelne Bruchstücke aus der Korrespondenz mitteilen, die sie von ihrem Rechtsstandpunkt für günstig halten. Man muß daher zunächst sämtliche überreichten Briefe chronologisch ordnen, noch besser: den Parteien die Einreichung der vollständigen Korrespondenz aufgeben (§ 272b Abs. 2 Nr. 1 ZPO).

„Kleve, den 11. Mai 1969

Herren *Koch & Edlich*, Köln

In Beantwortung Ihrer gestrigen Anfrage offerieren wir Ihnen freibleibend 50 Wagen gesundes rheinisches Lupinenmehl, lieferbar Juni-September, zum Preise von 11,30 DM für 100 kg und zu bekannten Bedingungen. Unter diesen Preis können wir keinesfalls heruntergehen, weil uns von anderer Seite höhere Angebote vorliegen. Bei umgehender Zusage sind wir bereit, mit Rücksicht auf die bisherige angenehme Geschäftsverbindung Ihnen den Vorzug zu geben. Wir haben mit der Mühle *Baumbach & Co.* größere Abschlüsse und werden Ihnen voraussichtlich dieses Fabrikat liefern, möchten uns jedoch nicht von vornherein darauf festlegen, da es noch andere gute rheinische Sorten gibt.

Hochachtungsvol

Gebr. Böttcher."

„Kleve, den 12. Mai 1969

Herren *Koch & Edlich*, Köln

Nachdem Sie den von uns geforderten Preis telephonisch akzeptiert haben, verkaufen wir Ihnen 50 Wagen gesundes helles rheinisches Lupinenmehl, möglichst Fabrikat *Baumbach*, lieferbar Juni—September 1969 auf Abruf, zum Preise von 11,30 DM für 100 kg, Kasse gegen Frachtbriefduplikat, Frachtparität Kleve[1]), bahnamtliches Gewicht maßgebend. Analyse liegt bei[2]). Wir ersuchen um konforme Gegenbestätigung.

Hochachtungsvoll

Gebr. Böttcher."

„Köln, den 14. Mai 1969

An *Gebr. Böttcher*, Kleve

Wir kauften von Ihnen 50 Wagen gesundes helles rheinisches Lupinenmehl, möglichst Fabrikat *Baumbach*, lieferbar Juni—September 1969 auf Abruf, zum Preise von 11,30 DM für 100 kg. Zahlung gegen Frachtbriefduplikat, Frachtparität Kleve, bahnamtliches Gewicht maßgebend. Wir ersuchen Sie, Anfang kommenden Monats mit der Verladung zu beginnen. Bei der Versendung wollen Sie uns als Absender bezeichnen. Unsere Frachtbriefformulare fügen wir bei[3]). Wir bitten Sie, zunächst je einen Wagen an unsere Adresse nach Herford, Lemgo, Soest und Paderborn zu verladen und zeichnen

hochachtungsvoll

Koch & Edlich."

„Köln, den 17. Juni 1969

An *Gebr. Böttcher*, Kleve

Auf unseren Schluß wollen Sie alsbald 2 Wagen Lupinenmehl an unsere Adresse nach Haltern, je 1 Wagen nach Rheine und Greven verladen. Wir zeichnen

hochachtungsvoll

Koch & Edlich."

---

[1]) Die Ausführung des Geschäfts geht so vor sich, daß Koch & Edlich die einzelnen Wagen weiterverkaufen, Gebr. Böttcher die Ablieferungsorte angeben und die Wagen von der Verkäuferin direkt versenden lassen. Erfolgt die Verladung von Kleve aus, so müssen Koch & Edlich die volle Fracht tragen (§ 448 Abs. 1 BGB). Versenden Gebr. Böttcher von einem anderen Orte aus (z.B. von der Mühle), so tragen auf Grund der Paritätsklausel Koch & Edlich so viel Fracht, als bei Versendung von Kleve aus entstanden sein würde, während eine etwaige Mehrfracht Gebr. Böttcher zu Last fällt.

[2]) Nach § 4 des Futtermittel-G v. 22. Dezember 1926 (RGBl. I 525) muß der Verkäufer bei Engrosgeschäften dem Käufer schriftlich Benennung und Gehalt an wertbestimmenden Bestandteilen angeben.

[3]) Damit Gebr. Böttcher nicht die Kunden von Koch & Edlich und die Kunden nicht die Bezugsquelle erfahren, werden auf dem Frachtbrief Koch & Edlich sowohl als Absender wie als Adressat bezeichnet. Die Abkäufer erhalten von Koch & Edlich die Frachtbriefduplikate und daraufhin von der Bahn die Ware.

„Kleve, den 23. Juli 1969

Herren *Koch & Edlich*, Köln

Auf den Lupinenmehl-Schluß haben Sie erst 8 Wagen abgerufen, während bei gleichmäßigem Abruf schon etwa 20 Wagen hätten abgerufen sein müssen. Wir ersuchen dringend um weitere Dispositionen.

Hochachtungsvoll

Gebr. Böttcher."

„Köln, den 20. August 1969

An *Gebr. Böttcher*, Kleve

Auf unseren Schluß wollen Sie alsbald je einen Wagen Lupinenmehl an unsere Adresse nach Koesfeld, Harzburg, Paderborn und Detmold verladen. Wir zeichnen

hochachtungsvoll

Koch & Edlich."

„Köln, den 29. August 1969

An *Gebr. Böttcher*, Kleve

Hiermit bestätigen wir, Ihnen telephonisch verkauft zu haben:

1 Wagen zu 10000 kg prima Kartoffelflocken zu 8,55 DM für 100 kg, Frachtparität Köln, gegen Kasse.

Wir haben den Wagen auftragsgemäß an *A. Elze*, Osnabrück, verladen. Die Rechnung fügen wir mit der Bitte um gefl. baldige Regulierung des Betrages von 883,20 DM bei und zeichnen

hochachtungsvoll

Koch & Edlich."

„Köln, den 3. September 1969

An *Gebr. Böttcher*, Kleve

Wir erhielten Ihr Telegramm:

Kartoffelflocken Osnabrück dumpfig, refüsieren Wagen, verfüget darüber anderweit und können die Dispositionsstellung nicht als berechtigt anerkennen. Die Ware war bei Verladung, wie wir nachzuweisen leicht in der Lage sind, einwandfrei. Eine etwaige Verschlechterung auf dem Transport würde von Ihnen als Käufer zu tragen sein. Selbst wenn aber die Flocken dumpfig sein sollten, so bleiben sie doch verkäuflich, und müssen Sie daher den Wagen jedenfalls annehmen und unter Abzug des Minderwerts bezahlen. Wir lehnen die Rücknahme ab, bestehen auf Zahlung des Rechnungsbetrags und behalten uns vor, Sie für Stand- und Lagergelder verantwortlich zu machen.

Hochachtungsvoll

Koch & Edlich."

„Telegramm.

Köln, den 7. September 1969. *Gebr. Böttcher*, Kleve. Wagen Paderborn und Harzburg dunkel, dumpfig, sandig und verschimmelt. Erteilet Verladeorder, da Abnahme ablehnen.

Koch & Edlich."

„Kleve, den 9. September 1969

Herren *Koch & Edlich*, Köln

Entsprechend unserer telephonischen Zusage haben wir uns sofort bemüht, die Angelegenheit der beiden beanstandeten Wagen in Ordnung zu bringen. Der Harzburger Wagen ist in der Tat minderwertig. Wir erklären uns bereit, den Wagen zurückzunehmen und werden Ihnen den Betrag von 1178 DM bei der nächsten Lieferung gutbringen. Wir können Ihnen versichern, daß die Mühle, von der das Mehl stammt, sonst stets zu unserer vollsten Zufriedenheit gearbeitet hat, und bedauern diese schlechte Lieferung ungemein.

Dagegen müssen wir die Rücknahme des Paderborner Wagens unbedingt ablehnen. Der Wagen ist am 1. September in Paderborn abgeliefert worden. Bei ordnungsmäßigem Geschäftsgang hätte die Untersuchung und Rüge mindestens am 3. September erfolgen müssen. Der Umstand, daß die Ware durch mehrere Hände gegangen ist und daß es mehrere Tage dauerte, bis die Rüge von dem letzten Abnehmer an Sie gelangte, kann unsere Rechte nicht berühren. Wenn Ihre Abnehmer jedesmal telegraphiert hätten, wie es sonst allgemein üblich ist, so wären Sie in der Lage gewesen, die gesetzliche Rügefrist innezuhalten.

Hochachtungsvoll

Gebr. Böttcher."

„Köln, den 10. September 1969

An *Gebr. Böttcher*, Kleve

Von der Stornierung des Harzburger Wagens nahmen wir Kenntnis. Ihre Rechtsansicht bezüglich des Paderborner Wagens können wir nicht als richtig anerkennen. Doch sind wir Feind von Prozessen und wollen deshalb auf unserem Recht nicht bestehen. Wir erwarten, daß Sie in Zukunft strengstens auf gute Ware halten werden. Unserem Abnehmer haben wir einen erheblichen Preisnachlaß gewähren müssen. Bei Wiederholung derartiger Vorkommnisse würden wir Gefahr laufen, unseren großen Absatz in Paderborn zu verlieren, was auch für unsere Beziehungen zu Ihnen die ernstesten Folgen haben müßte. Wir bitten Sie, hierauf gefl. Rücksicht zu nehmen und zeichnen

hochachtungsvoll

Koch & Edlich."

„Kleve, den 12. September 1969

Herren *Koch & Edlich*, Köln

Hierdurch bestätigen wir unsere heutige Vereinbarung:

Wir nehmen den Wagen Kartoffelflocken in Osnabrück ab und tragen die entstandenen Standgelder. Sie lassen an dem Wagen 50 DM nach. Den Ihnen hiernach zukommenden Betrag werden wir Ihnen sofort überweisen.

Zugleich vereinbarten wir, daß bei allen unseren gegenwärtigen und künftigen Schlüssen im Falle einer Beanstandung die Ware mit Minderwert abzunehmen ist.

Wir möchten noch bemerken, daß unser Wandlungsverlangen keineswegs, wie Sie angenommen haben, schikanös war. Wir sind bei fehlerhafter Lieferung berechtigt, nach unserem Belieben entweder zu wandeln oder zu mindern, wenn keine Vereinbarung über die Abnahme der Ware mit Minderwert getroffen ist.

Hochachtungsvoll

Gebr. Böttcher."

„Köln, den 12. September 1969

An *Gebr. Böttcher*, Kleve

Über den Osnabrücker Wagen Kartoffelflocken verständigten wir uns heute dahin, daß Sie den Wagen mit 50,— DM Minderwert abnehmen und die Standgelder tragen. Gleichzeitig vereinbarten wir zur Vermeidung der Wiederkehr ähnlicher Vorkommnisse, daß bei allen unseren gegenwärtigen und künftigen Schlüssen beanstandete Wagen mit Minderwert abzunehmen sind. Wir ersuchen um baldige Überweisung des uns zukommenden Rechnungsbetrages und zeichnen

hochachtungsvoll

Koch & Edlich."

„Kleve, den 16. September 1969

Herren *Koch & Edlich*, Köln

Wir ersuchen dringend um weitere Abrufe auf den Lupinenmehl-Schluß, der vertraglich bis Ende d.M. abgewickelt sein muß. Wir behalten uns vor, wenn die noch offen stehenden 38 Wagen nicht schleunigst abgerufen werden, Sie in Vorzug zu setzen.

Hochachtungsvoll

Gebr. Böttcher."

„Köln, den 20. September 1969

An *Gebr. Böttcher*, Kleve

Auf unseren Schluß wollen Sie alsbald an unsere Adresse 3 Wagen Lupinenmehl nach Celle, je 2 Wagen nach Gifhorn und Helmstedt, 1 Wagen nach Braunschweig verladen.

Im übrigen bemerken wir, daß Sie kein Recht haben, uns in Verzug zu setzen, da die Abnahmezeit noch gar nicht abgelaufen ist. Wir zeichnen

hochachtungsvoll

Koch & Edlich."

„Kleve, den 24. September 1969

Herren *Koch & Edlich*, Köln

Unter Bezugnahme auf die heutige telephonische Unterredung gewähren wir Ihnen auf den letzten nach Braunschweig gesandten Waggon Nr. 98333 einen Preisnachlaß von 50 DM.

Hochachtungsvoll

Gebr. Böttcher."

„Kleve, den 27. September 1969

Herren *Koch & Edlich*, Köln

Unter Bezugnahme auf die heutige telephonische Unterredung gewähren wir Ihnen au- die nach Celle gesandten Wagen Nr. 15420, 63945 und 108621 einen Preisnachlaß von je 30 DM, zusammen 90 DM.

Hochachtungsvoll

Gebr. Böttcher."

„Einschreiben!

„Kleve, den 7. Oktober 1969

Herren *Koch & Edlich*, Köln

Auf den Lupinenmehl-Schluß vom 12. Mai d.J. haben Sie erst 20 Wagen abgerufen, obgleich die Lieferzeit bereits verstrichen ist. Nachdem Sie auf unsere wiederholten persönlichen und telephonischen Vorstellungen nicht reagieren, bestimmen wir Ihnen hiermit zur Abnahme und Dispositionserteilung für die noch offenen 30 Wagen eine letzte Frist bis zum 15. d.M. Nach Ablauf dieser Frist werden wir das Geschäft streichen und Schadenersatz wegen Nichterfüllung geltend machen.

Hochachtungsvoll

Gebr. *Böttcher*."

„Köln, den 10. Oktober 1969

An *Gebr. Böttcher*, Kleve.

In Beantwortung Ihres Eingeschriebenen vom 7. d.M. teilen wir Ihnen mit, daß es die Schuld Ihrer zum großen Teil schlechten Lieferungen ist, wenn wir für die Ware nicht den erwarteten Absatz finden und deshalb nicht abrufen. Wir werden unser Möglichstes tun, das Restquantum abzunehmen, können uns aber an Ihre Fristsetzung nicht halten. Wir überlassen es Ihnen zu tun, was Sie uns gegenüber für richtig halten und zeichnen

hochachtungsvoll

Koch & Edlich."

„Kleve, den 24. Oktober 1969

Herren *Koch & Edlich*, Köln

Zufolge Ihrer heute telephonisch gegebenen Order haben wir 2 Wagen Lupinenmehl an Ihre Adresse nach Gifhorn verladen. Wir behändigen Ihnen die Frachtbriefduplikate nebst Rechnung und sehen gefl. baldiger Regulierung entgegen.

Hochachtungsvoll

Gebr. Böttcher."

„Rechnung
für *Koch & Edlich*, Köln.

Wagen Nr. 41287, 9870 kg zu 10,90 DM p. 100 kg	1075,83 DM
Wagen Nr. 34270, 9900 kg zu 10,90 DM p. 100 kg	1079,10 DM
Fracht Kleve—Gifhorn	148,— DM
	2302,93 DM

Kleve, den 24. Oktober 1969
Gebr. Böttcher."

„Kleve, den 28. Oktober 1969

Herren *Koch & Edlich*, Köln

Zufolge Ihrer heute telephonisch gegebenen Order haben wir Wagen Nr. 23088 an Ihre Adresse nach Paderborn verladen. Wir behändigen Ihnen Frachtbriefduplikat nebst Rechnung und sehen gefl. baldiger Regulierung entgegen.

Hochachtungsvoll

Gebr. Böttcher."

„Rechnung
für *Koch & Edlinch*, Köln

Wagen Nr. 23088, 10250 kg zu 10,90 DM p. 100 kg	1117,25 DM
Fracht Kleve—Paderborn.	68,50 DM
	1185,75 DM

Kleve, den 28. Oktober 1969
Gebr. Böttcher."

„Köln, den 5. November 1969

An *Gebr. Böttcher*, Kleve

Die beiden nach Gifhorn gelieferten Wagen waren wiederum dumpfig, schimmlig, stark mit Sand vermischt und zur Verfütterung absolut ungeeignet. Die Angelegenheit hat uns, wie uns unser Abnehmer mitteilt, sogar ein Verfahren wegen betrügerischer Verfälschung von Futtermitteln zugezogen, in welchem wir natürlich darlegen werden, daß nur Sie die Schuld trifft. Wir werden zwar versuchen, die Wagen anderweit unterzubringen, doch ist uns der Absatz im dortigen Gebiet durch diesen Vorfall endgültig abgeschnitten. Wir bedauern es, daß Sie unsere früheren Warnungen nicht besser beachtet haben. Wir haben nunmehr endgültig den Schluß annulliert und zeichnen

hochachtungsvoll

Koch & Edlich."

„Kleve, den 15. November 1969

Herren *Koch & Edlich*, Köln

Wir ersuchen uns weitere Dispositionen zu erteilen. Aus dem Schluß vom 12. Mai 1969 stehen noch 27 Wagen offen.

Hochachtungsvoll

Gebr. Böttcher."

„Köln, den 17. November 1969

An *Gebr. Böttcher*, Kleve

Nach der mit Ihrem Herrn *Adolf Böttcher* am 20. Oktober d. J. getroffenen Vereinbarung und nach unserem Schreiben vom 5. November d. J. sind wir zur Abnahme nicht verpflichtet, doch wollen wir Ihnen entgegenkommen. Wir rufen daher unter Vorbehalt aller Rechte auf den Schluß vom 12./14. Mai d. J. einen Wagen Lupinenmehl nach Lehrte ab, ersuchen um gute und promte Lieferung und zeichnen

hochachtungsvoll

Koch & Edlich."

„Kleve, den 19. November 1969

Herren *Koch & Edlich*, Köln

Zufolge Ihres Schreibens vom 17. d.M. haben wir Wagen Nr. 15380 nach Lehrte verladen. Wir behändigen Ihnen Frachtbriefduplikat und Rechnung und sehen gefl. baldiger Regulierung entgegen.

Hochachtungsvoll

Gebr. Böttcher."

„Rechnung
für *Koch & Edlich*, Köln

Wagen Nr. 15380, 9975 kg zu 10,90 DM f. 100 kg	1087,27 DM
Fracht Kleve—Lehrte	77,20 DM
	1164,47 DM

Kleve, den 19. November 1969

Gebr. Böttcher."

„Kleve, den 29. November 1969

Herren *Koch & Edlich*, Köln

Sie haben auf den Lupinenmehl-Schluß im Oktober nur 3 und im November erst einen Wagen abgerufen. Nachdem Sie in der Zeit, als die Ware stieg und jeder Wagen mit Gold aufgewogen wurde, an uns die größten Ansprüche stellten, müssen wir jetzt, wo der Preis weicht, auf Innehaltung Ihrer Abnahmeverpflichtung bestehen.

Hochachtungsvoll

Gebr. Böttcher."

„Köln, den 1. Dezember 1969

An *Gebr. Böttcher*, Kleve

So lange Sie uns nicht *Baumbach*sches Mehl liefern bzw. die *Baumbach*sche Mühle nicht produziert, sind wir vereinbarungsgemäß nicht zur Abnahme verpflichtet. Im übrigen beziehen wir uns auf unseren Brief von 5. November d. J. und zeichnen

hochachtungsvoll

Koch & Edlich."

„Einschreiben!

Kleve, den 8. Dezember 1969

Herren *Koch & Edlich*, Köln

Da unsere freundschaftlichen Aufforderungen von Ihnen nicht beachtet worden sind, so bestimmen wir Ihnen hierdurch zur Abnahme und Dispositionserteilung für die aus dem Schluß vom 12. Mai 1969 noch offenen 26 Wagen Lupinenmehl, die bis Ende September d. J. abzunehmen gewesen wären, eine letzte Frist bis zum 15. d.M. Nach Ablauf dieser Frist werden wir das Geschäft streichen und Schadensersatz wegen Nichterfüllung geltend machen.

Hochachtungsvoll

Gebr. Böttcher."

„Köln, den 10. Dezember 1969

An *Gebr. Böttcher*, Kleve

Sie haben kein Recht, uns Nachfristen zu stellen. Am 20. Oktober haben Sie mit unserem Herrn *Anton Koch* vereinbart, daß unsere Abnahmepflicht so lange ruht, bis die *Baumbach*sche Mühle wieder produziert, während der Preis um 0,40 DM per 100 kg ermäßigt wurde. Bekanntlich ist die *Baumbach*sche Mühle noch nicht in Betrieb, und es war daher reines Entgegenkommen, wenn wir ab und zu einen Wagen abgerufen haben. Sie haben ja auch seitdem stets das

Mehl mit 10,90 DM berechnet. Außerdem sind wir am 5. November d. J. wegen andauernd minderwertiger Lieferung von dem Schluß zurückgetreten und halten diese Erklärung aufrecht. Eine Nachfrist von einer Woche ist unter allen Umständen zu kurz, wir haben mindestens 10 Tage usancemäßig zu beanspruchen. Wir zeichnen

hochachtungsvoll

Koch & Edlich."

„Kleve, den 13. Dezember 1969

Herren *Koch & Edlich*, Köln

Wir empfingen Ihr Wchreiben vom 10. d.M. und halten es für überflüssig, in der Angelegenheit noch ein Wort zu verlieren. Wir wollen nur bemerken, daß die Preisberechnung von 10,90 DM statt 11,30 DM in unseren letzten Rechnungen auf einem Versehen unseres Buchhalters beruht.

Hochachtungsvoll

Gebr. Böttcher."

„Einschreiben!

Kleve, den 19. Dezember 1969

Herren *Koch & Edlich*, Köln

Nachdem Sie in der Ihnen gestellten Frist nicht angenommen und disponiert haben, werden wir am 21. Dezember vormittags 11 Uhr in der Getreidebörse zu Köln die 26 Wagen durch den vereidigten Makler *Schoebel* öffentlich meistbietend versteigern lassen.

Hochachtungsvoll

Gebr. Böttcher."

„Kleve, den 22. Dezember 1969

Herren *Koch & Edlich*, Köln

Bei der durch den vereidigten Makler *Schoebel* vorgenommen öffentlichen meistbietenden Versteigerung am 21. d.M. sind die 26 Wagen mit 8,50 DM für 100 kg abgegeben worden. Unsere Schadensersatzforderung beträgt daher:

Mindererlös für 26 Wagen zu 10000 kg je 2,80 DM per 100 kg	7280,— DM
Kosten des offentlichen Verkaufs	299,40 DM
Zusammen:	7579,40 DM.

Abschrift des Protokolls über die öffentliche Versteigerung anbei.

Hochachtungsvoll

Gebr. Böttcher."

„Abschrift.

Verhandelt Köln, den 21. Dezember 1969

Im Auftrage der Firma *Gebr. Böttcher* in Kleve habe ich heute vormittags 11 Hhr in der Getreidebörse zu Köln.

26 Wagen gesundes helles rheinisches Lupinenmehl, lieferbar auf Abruf, Frachtparität Kleve, bahnamtliches Gewicht maßgebend,

öffentlich meistbietend versteigert.

Der Versteigerungstermin war in der ‚Kölnischen Rundschau' vom 19. Dezember 1969 durch Inserat bekanntgemacht.

Das Meistgebot gab ab:

Ernst Wichmann in Kleve

mit 8,50 DM für 100 kg. Der genannten Firma ist daher der Zuschlag erteilt worden.

Kostenrechnung:	Gebühren	260,— DM
	Inserate	39,40 DM
	zusammen	299,40 DM.

Betrag erhalten.

Gerhard Schoebel,
vereidigter Makler."

„Einschreiben!

Kleve, den 10. Februar 1969

Herren *Koch & Edlich*, Köln

Hierdurch teilen wir Ihnen höflichst mit, daß wir unseren Schadensersatzanspruch von 7579,40 DM nebst Zinsen an Herrn *Ferdinand Zorn* in Hamburg, Berliner Str. 45, abgetreten haben und ersuchen Sie, an Genannten Zahlung zu leisten.

Hochachtungsvoll

Gebr. Böttcher.“

Klage. Unter dem 22. März 1970 hat RA Schwarz für Zorn Klage gegen Koch & Edlich eingereicht mit dem Antrag:

„die Beklagte zu verurteilen, an den Kläger 7579,40 DM (i.W.) nebst 8% Zinsen seit 22. Dezember 1969 zu zahlen, und das Urteil, nötigenfalls gegen Sicherheitsleistung, für vorläufig vollstreckbar zu erklären.

Begründung.

Durch Briefwechsel vom 12./14. Mai 1969 kaufte die Beklagte von der Firma *Gebr. Böttcher* in Kleve:

(folgt Wortlaut des Abschlusses).

Auf den Schluß sind 23 Wagen geliefert und bezahlt worden. Ein weiterer 24. Wagen wurde am 20. August 1969 auf Weisung der Beklagten an ihre Adresse nach Harzburg geliefert, von der Beklagten aber zur Verfügung gestellt, weil das Mehl angeblich dunkel und schimmlig sei. Der Wagen ist auf Grund einer Einigung von *Gebr. Böttcher* ohne Nachlieferung zurückgenommen worden.

Nachdem die vereinbarte Lieferzeit verstrichen war, stellte die Verkäuferin durch Einschreibbrief vom 8. Dezember 1969 eine mit dem 15. Dezember ablaufende angemessene Nachfrist zur Abnahme und Dispositionserteilung über die restlichen 26 Wagen. Als die Beklagte die Frist unbenutzt verstreichen ließ, ließen *Gebr. Böttcher* nach vorheriger Androhung am 21. Dezember 1969 auf der Getreidebörse in Köln die Ware durch den vereidigten Makler *Schoebel* öffentlich meistbietend versteigern. Dabei wurde ein Kaufpreis von 8,50 DM je 100 kg erzielt.

Nach § 326 BGB steht daher der Verkäuferin gegen die Beklagte folgende Schadensersatzforderung zu:

26 Wagen zu 100000 kg, Mindererlös 2,80 DM je 100 kg . . .	7280,— DM
Kosten des öffentlichen Verkaufs	299,40 DM
zusammen	7579,40 DM.

Zur Zahlung der 7579,40 DM ist die Beklagte am 22. Dezember 1969 vergeblich aufgefordert worden.

Die Firma *Gebr. Böttcher* hat ihre Schadensersatzforderung am 10. Februar 1970 dem Kläger abgetreten und hiervon der Beklagten durch Einschreibbrief Kenntnis gegeben.

Beweis: 1. der Briefwechsel,
2. Zeugnis der Inhaber der Firma *Gebr. Böttcher*,
3. Zeugnis des vereidigten Maklers *Schoebel* in Köln.

Für den Kläger:
Schwarz, Rechtsanwalt.“

Klagebeantwortung. Die Beklagte beantragt, „die Klage abzuweisen, für den Fall der Verurteilung ihr zu gestatten, die Zwangsvollstreckung durch Sicherheitsleistung abzuwenden.“

Diesen Antrag begründet er wie folgt:

1. Die Beklagte hatte schon vor dem Schluß vom 12./14. Mai 1969 wiederholt Lupinenmehl von *Gebr. Böttcher* bezogen. Sie war mit den Lieferungen zufrieden gewesen, besonders wenn ihr das Fabrikat der Mühle *Baumbach & Co.* geliefert wurde. Aus diesem Grunde verlangte bei den Verhandlungen über das streitige Geschäft die Beklagte zunächst die Lieferung von ausschließlich *Baumbach*schem Fabrikat. *Gebr. Böttcher* erwiderten, daß sie zwar große Abschlüsse mit *Baumbach* laufen hätten und voraussichtlich der Beklagten nur dieses Fabrikat liefern würden, sich jedoch nicht darauf festlegen wollten, zumal es noch gute andere rheinische Sorten gäbe.

   Schließlich wurde die Bedingung ‚möglichst Fabrikat *Baumbach*' vereinbart.

   In der ersten Zeit lieferten *Gebr. Böttcher* etwa zu $^2/_3$ *Baumbach*sches Mehl, im übrigen andere Fabrikate. Die Lieferungen waren zufriedenstellend. Am 28. August 1969 brannte ein Teil der *Baumbach*schen Mühle ab. *Gebr. Böttcher* lieferten in der Folgezeit Mehl aus anderen Mühlen. Dieses Mehl war, wie unten zu 2 dargelegt, meist minderwertig, was zu fortwährenden Beanstandungen führte.

   Am 20. Oktober 1969 traf der Mitinhaber der Firma *Gebr. Böttcher*, *Adolf Böttcher*, auf dem Getreidemarkt in Köln mit dem Mitgesellschafter der Beklagten, *Anton Koch*, zusammen. Sie sprachen über die Differenzen und einigten sich schließlich dahin, daß die Abnahmepflicht der Beklagten so lange ruhen sollte, bis die *Baumbach*sche Mühle wieder produzieren würde. Dafür wurde der Preis um 0,40 DM per 100 kg ermäßigt. Die *Baumbach*sche Mühle hat die Herstellung von Lupinenmehl bis jetzt nicht wieder aufgenommen.

   Beweis: Mühlenbesitzer *Baumbach*.

   An der Vereinbarung hatten *Gebr. Böttcher* damals insofern Interesse, als sie knapp mit Lupinenmehl versehen waren.

   Gebr. Böttcher haben die Vereinbarung zunächst anerkannt, indem sie in ihren Rechnungen nach dem 20. Oktober statt des ursprünglichen Vertragspreises von 11,30 DM bloß noch 10,90 DM für 100 kg einstellten.

   Beweis: die in Abschrift beigefügten, im Original im Termin vorzulegenden Rechnungen vom 24. u. 28. Oktober 1969.

   Erst auf den Brief der Beklagten vom 10. Dezember 1969 versuchten sie diese Berechnung als ein Versehen ihres Fakturisten hinzustellen.

   Als Zeuge für die Vereinbarung vom 20. Oktober 1969 wird der
   Mitgesellschafter der Beklagten Kaufmann *Anton Koch* in Köln
   benannt. Die Beklagte ist eine offene Handelsgesellschaft mit den Gesellschaftern *Richard* und *Anton Koch* und *Peter Edlich*. *Anton Koch* hat sich seit dem 1. Januar 1969 von der Geschäftsführung zurückgezogen und ist von der Geschäftsführung und Vertretung der Firma ausgeschlossen.

   Beweis: das Handelsregister.

   Infolge der Vereinbarung vom 20. Oktober war die Beklagte bei Stellung der Nachfrist nicht im Verzug.

2. Von insgesamt 24 auf den Schluß gelieferten Wagen waren nicht weniger als 8 minderwertig, nämlich der am 20. August nach Harzburg und am gleichen Tage nach Paderborn verladene Wagen; die am 20. September nach Celle verladenen 3 Wagen und der am selben Tage nach Braunschweig verladene Wagen; schließlich die am 24. Oktober nach Gifhorn verladenen 2 Wagen. Bei allen diesen Wagen war das Mehl dunkel, dumpfig mit Sand vermischt, verschimmelt und zur Fütterung mehr oder weniger ungeeignet.

   Beweis: die Abnehmer der Beklagten, nämlich ....

   Den Harzburger Wagen haben *Gebr. Böttcher* zurückgenommen, auf die 3 Celler Wagen je 30 DM und auf den Braunschweiger Wagen 50 DM als Minderwert vergütet.

Beweis: die in Abschrift beigefügten Briefe vom 9., 24., 27. September 1969.

Der Paderborner Wagen, der am 1. September am Bestimmungsort eintraf, konnte infolge der Nachlässigkeit der Abnehmer der Beklagten erst am 7. September gegenüber *Gebr. Böttcher* gerügt werden. Die Verkäuferin stellte sich deshalb auf den Standpunkt, daß der Wagen wegen verspäteter Rüge abgenommen und bezahlt werden müsse, und die Beklagte hat davon abgesehen, die Frage zur gerichtlichen Entscheidung zu bringen, hat aber in ihrem

abschriftlich beigefügten

Schreiben von 10. September *Gebr. Böttcher* darauf aufmerksam gemacht, daß sie bei Wiederholung schlechter Lieferung Gefahr laufe, ihren Absatz im dortigen Bezirk zu verlieren und daß dies auch für die Beziehungen der Beklagten zu *Gebr. Böttcher* die ernstesten Folgen haben müßte. Trotzdem waren die beiden Gifhorner Wagen wiederum minderwertig, und zwar in solchem Maße, daß nicht bloß der Beklagten jeder weitere Futtermittelabsatz im dortigen Bezirk unmöglich gemacht wurde,

Beweis: die Inhaber der Futtermittel-Zentrale *Palme & Co.*, Gifhorn,

sondern sogar gegen die Beklagte und ihre Abnehmer ein Strafverfahren wegen Betruges eingeleitet wurde.

Auf Grund dieser Vorkommnisse hat daher die Beklagte der Verkäuferin mit dem abschriftlich beigefügten Schreiben vom 5. November 1969 den Rücktritt vom Vertrag wegen positiver Vertragsverletzung erklärt.

3. Die Fristsetzung der Firma *Gebr. Böttcher* vom 8. Dezember 1969 war wirkungslos, weil der Beklagten als Käuferin eines größeren Schlusses über Lupinenmehl usancemäßig eine Nachfrist von mindestens 10 Tagen zustand.

   Beweis: Gutachten der Industrie- und Handelskammer.

4. Den Selbsthilfeverkauf vom 21. Dezember 1969 kann der Kläger seiner Schadensersatzforderung keinesfalls zugrunde legen:

   a) *Gebr. Böttcher* hatten bereits durch den in Abschrift beiliegenden Brief vom 7. Oktober 1969 eine mit dem 15. Oktober ablaufende Nachfrist bestimmt. Mit dem 15. Oktober war daher ihr Vertragsanspruch nach § 326 Abs. 1 S. 2 BGB erloschen. Mithin hätte das Deckungsgeschäft alsbald nach dem 15. Oktober 1969 vorgenommen werden müssen.

   b) Der Verkauf war am Erfüllungsort der Verkäuferin, d.i. Kleve, nicht in Köln vorzunehmen.

   c) *Gebr. Böttcher* hätten ‚gesundes helles rheinisches Lupinenmehl, möglichst Fabrikat *Baumbach*' versteigern lassen müssen, während sie ‚gesundes helles rheinisches Lupinenmehl' schlechthin versteigert haben. Da das *Baumbach*sche Fabrikat sich einer besonderen Beliebtheit erfreut,

      Beweis: Sachverständige,

   so würde das Versteigerungsergebnis wesentlich günstiger ausgefallen sein, wenn der Zusatz ‚möglichst Fabrikat *Baumbach*' gemacht worden wäre.

   Im übrigen werden die Behauptungen der Klage über den Verlauf des Deckungskaufs und die vorausgegangenen Bekanntmachungen und Mitteilungen, als der Beklagten unbekannt, bestritten.

Für die Beklagte:

Weiß, Rechtsanwalt."

Replik. Auf die Klagebeantwortung antwortet der Kläger:

„Zu 1: Am 20. Oktober 1969 hat *Adolf Böttcher* nur davon gesprochen, daß man vielleicht die Erfüllung des Schlusses etwas hinausschieben könne, bis *Baumbach & Co.* wieder Mehl liefern würden. Eine bestimmte Vereinbarung über die Hinausschiebung der Abnahmepflicht oder über eine Preisermäßigung wurde nicht getroffen.

Beweis: *Adolf Böttcher.*

Der Vernehmung des *Anton Koch* als Zeuge wird widersprochen. Er ist Gesellschafter der Beklagten und kann nicht Zeuge sein, wenn er auch jetzt von der Geschäftsführung und Vertretung ausgeschlossen ist.

Es kommt aber auf die von der Beklagten behauptete Vereinbarung nicht an. Am 1. Oktober rechnete man nämlich nur mit einer vorübergehenden Betriebsstörung der *Baumbach*schen Mühle. *Baumbach* hat nun, wie der Beklagte nicht bestreiten wird, die Fabrikation von Lupinenmehl dauernd eingestellt, weil ihm Maschinen durch den Brand zerstört waren, die nicht leicht zu ersetzen waren. Die Mühle ist zur ausschließlichen Produktion von Roggen- und Weizenmehl umgebaut und bereits in Betrieb gesetzt worden.

Beweis: Mühlenbesitzer *Baumbach*.

Der Wille der Vertragschließenden (§ 133 BGB) war nur auf vorübergehende Hinausschiebung der Erfüllung, nicht auf dauernde Aufhebung des Vertrages gerichtet. Er ging nicht dahin, daß die dem Wortlaut nach vereinbarte Sistierung des Schlusses auch zu gelten hätte, wenn die Betriebsstörung der *Baumbach*schen Mühle zu einer dauernden Betriebseinstellung werden würde. Selbst wenn also die Vereinbarung, wie von der Beklagten behauptet, getroffen worden wäre, müßte die Beklagte doch abnehmen, weil die Abmachung nach dem Willen der Parteien auf den Fall der endgültigen Betriebseinstellung nicht zu beziehen ist.

Zu 2: Ein Rücktrittsrecht wegen positiver Vertragsverletzung stand der Beklagten nicht zu. Dem Gericht wird bekannt sein, daß die Preise für Lupinenmehl im Jahre 1969 andauernd geschwankt haben. Das Verhalten der Beklagten bildet ein getreues Spiegelbild der jeweiligen Marktlage. Bald nach dem Abschluß vom 12./14. Mai zogen die Preise an und erreichten im Juli und August mit 12 bis 12,50 DM den Höhepunkt. Während dieser Zeit rief die Beklagte eine Reihe von Wagen ab, und es erfolgte keine einzige Beanstandung. Anfang September setzte die rückläufige Konjunktur ein. Sofort begann die Beklagte mit Reklamationen, und als sie am 5. November den Rücktritt erklärte, war der Preis auf 9 DM gefallen. Mitte November stieg er plötzlich auf etwa 12 DM. Am 17. November rief daher die Beklagte im Widerspruch zu ihrer kurz vorher abgegebenen Rücktrittserklärung, wenn auch unter Vorbehalt ihrer Rechte, einen Wagen nach Lehrte ab. Kurz nach diesem Abruf begann ein neuer Preisrückgang, der bis über die Zeit des vorgenommenen Selbsthilfeverkaufs anhielt.

Beweis: die Briefe der Beklagten vom . . . . ,
für die angegebenen Marktpreise: Gutachten Sachverständiger.

Es kann keinem Zweifel unterliegen, daß die Beklagte nach dem 17. November weiter abgenommen haben würde, wenn die Preise hoch geblieben wären. Sie hat ihre eigene Rücktrittserklärung nicht ernst genommen.

Soweit einzelne Lieferungen nicht vertragsmäßig waren, fehlt es an jedem Verschulden der Zedentin des Klägers. Sie hatte die gelieferte Ware als gesundes helles rheinisches Lupinenmehl von gut renommierten Mühlen egkauft,

Beweis: *Adolf Böttcher*,

und durfte ohne Fahrlässigkeit auf ordnungsmäßige Beschaffenheit rechnen. Die Wagen sind jedesmal von den Lieferanten auf Anweisung von *Gebr. Böttcher* direkt an die durch die Beklagte angegebenen Adressen gesandt worden, ohne daß *Gebr. Böttcher* das Mehl zu Gesicht bekamen.

Beweis: *Adolf Böttcher*.

Mangels Verschuldens liegt aber keine positive Vertragsverletzung vor.

Die beanstandeten Lieferungen nach Paderborn und Gifhorn können auch aus dem Grunde nicht in Betracht kommen, weil die Rügefrist des § 377 HGB nicht innegehalten worden ist. Im übrigen muß der Kläger bestreiten, daß diese Lieferungen oder die Wagen, auf welche *Gebr. Böttcher* Nachlässe bewilligt haben, mangelhaft gewesen seien. Zum mindesten übertreibt die Beklagte die wirklichen Mängel ganz wesentlich.

Zu 3: Daß die angemessene Nachfrist eine Woche beträgt, werden die Industrie- und Handelskammern in Köln und Kleve begutachten.

Indessen kommt es hierauf nicht an. Denn der unbegründete Rücktritt der Beklagten vom 5. November enthielt eine positive Vertragsverletzung, welche den Verkäufer berechtigte, ohne Nachfristsetzung die Rechte des § 326 BGB geltend zu machen.

Zu 4: Die Einwendungen der Beklagten gegen den Selbsthilfeverkauf vom 21. Dezember 1969 sind unbegründet.

a) Die am 7. Oktober gestellte Nachfrist haben die Vertragsparteien übereinstimmend als nicht geschehen behandelt, wie die beigefügten Briefabschriften vom ...... beweisen. Nach der eigenen Behauptung der Beklagten, die sie gegen sich gelten lassen muß, wurde ja sogar am 20. Oktober, also nach Fristablauf, eine ausdrückliche Vereinbarung über die Hinausschiebung der Abnahmefrist getroffen!

b) der Selbsthilfeverkauf wurde in Köln statt in Kleve vorgenommen, weil in Kleve kein Getreide- und Futtermittelmarkt besteht. Die Veranstaltung des Verkaufs an der Kölner Getreidebörse entsprach gerade den Interessen der Beklagten.

c) Da *Baumbach*sches Lupinenmehl nicht mehr hergestellt wird (oben zu 1), so würde ein Zusatz ‚möglichst Fabrikat *Baumbach*' gegenstandslos gewesen sein.

Äußerstenfalls wird geltend gemacht, daß der allgemeine Marktpreis am 21. Dezember keinesfalls höher als 8,50 DM für 100 kg war.

Beweis: Gutachten Sachverständiger.

Für den Kläger:
Schwarz, Rechtsanwalt."

In der Duplik polemisiert die Beklagte gegen die Ausführungen des Gegners:

„Zu 1: ......

Zu 2: Den am 1. September in Paderborn abgelieferten Wagen hatte die Beklagte an die Futtermittel-Zentrale *Palme & Co.* in Gifhorn, diese an den Kaufmann *Arno May*, daselbst, und letzterer an die Futtermittelhandlung *Bitter* in Paderborn weiterverkauft. *Bitter* hat am 3. September gegenüber *May*, *May* am 5. September gegenüber *Palmer & Co.* gerügt. Letztere haben die Bemängelung am 7. September früh durch Telegramm an die Beklagte weitergegeben.

Beweis: die Inhaber der genannten Firmen.

Darauf hat die Beklagte am gleichen Tag das in Abschrift beigefügte Telegramm an *Gebr. Böttcher* gerichtet.

Auch die Beanstandung der beiden Gifhorner Wagen war rechtzeitig. Die Wagen sollten auf Anweisung der Beklagten von *Gebr. Böttcher* am 24. Oktober verladen werden,konnten aber wegen Wagenmangels erst am 29. Oktober von Kleve abgehen und trafen am 31. Oktober früh in Gifhorn ein. Die Ware war von der Beklagten ebenfalls an *Palmer & Co.* und von diesen an die Firma *Hermine Klages* in Gifhorn weiterverkauft worden, welche sich im Besitz des Frachtbriefduplikats befand. *Klages* hat den Wagen am 2. November untersucht und am 3. November gegenüber *Palmer &* Co. gerügt. *Palmer & Co.* haben durch Brief vom 4. die Rüge weitergegeben und die Beklagte hat darauf am 5. November den Verkäufern den Rücktritt erklärt.

Beweis: die Inhaber der genannten Firmen und die vorzulegenden Frachtbriefduplikate.

Zu 3: Der Kläger trägt selbst vor, daß die Preise für Lupinenmehl andauernd geschwankt haben. Will er also die Schadensersatzpflicht der Beklagten, statt auf ihren Verzug, auf den Brief vom 5. November stützen, so muß er den Anspruch in ganz anderer Weise substantieren. Insbesondere durfte er dann nicht bis zum 21. Dezember mit dem Selbsthilfeverkauf warten.

Zu 4: ......

Für die Beklagte:
Weiß, RA."

Die Kammer beschließt nach Verhandlung, Beweis zu erheben, und zwar 1. über die Behauptung der Beklagten, die Paderborner und die zwei Gifhorner Lieferungen seien mangelhaft und zur Verfütterung ungeeignet gewesen, sowie über die Zeitpunkte der Ablieferung, Untersuchung, Beanstandung und deren Weiterleitung, soweit es die zwei Gifhorner Wagen betrifft, 2. über die Behauptung des Klägers, der Versteigerungstermin für den öffentlichen Selbsthilfeverkauf von 26 Wagen

Lupinenmehl am 21. 12. 1969 sei öffentlich bekanntgemacht und der Beklagten mitgeteilt worden; E. Wichmann aus Kleve sei Meistbietender gewesen, durch Vernehmung des vereidigten Maklers Schoebels als Zeugen.

Nunmehr geht folgender Schriftsatz des Klägers ein:

„Ausweislich der hier überreichten gegenseitigen Bestätigungen haben Gebr. Böttcher am 12. September 1969 mit der Beklagten die allgemeine Vereinbarung getroffen, daß beanstandete Sendungen immer mit Minderwert abzunehmen seien. Die Beklagte hat also auf das ihr als Käuferin gesetzlich zustehende Wandlungsrecht verzichtet. Um so weniger darf sie wegen angeblich schlechter Lieferung vom ganzen Abschluß zurücktreten.

Ihr Rücktritt war daher in jedem Falle unbegründet, und es kommt auf die Beweise zu Punkt 1 des Beweisbeschlusses für die Entscheidung des Rechtsstreits nicht an.

Um eine überflüssige Verzögerung des Prozesses zu vermeiden, wird beantragt:

Zunächst nur den Zeugen Schoebel zu vernehmen und alsdann, wenn die Beklagte sich mit der Aufhebung des Beweisbeschlusses zu Punkt 1 nicht einverstanden erklärt, Termin zur Verhandlung über die Aufhebung anzusetzen.

Für den Kläger:

Schwarz, Rechtsanwalt".

Das Gericht ist entsprechend verfahren. Schoebel hat die Klagebehauptungen bestätigt. Das Landgericht hat darauf das folgende Urteil erlassen:

„Die Beklagte wird verurteilt, an den Kläger 7579,40 DM (i. W) nebst 8% Zinsen seit dem 22. Dezember 1969 zu zahlen. Die Beklagte hat die Kosten des Rechtsstreits zu tragen. Das Urteil ist gegen Sicherheitsleistung des Klägers in Höhe von 8500 DM vorläufig vollstreckbar."

Bericht

Geschichtserzählung. In Sachen Zorn gegen Koch & Edlich hat die Beklagte gegen das sie verurteilende Erkenntnis der Kammer für Handelssachen Berufung eingelegt. Nach dem Eingang der Berufungsbegründung und weiterer Schriftsätze fertigt der Referendar Bericht und Gutachten an. Der Referendar beginnt den Bericht mit den Kaufverhandlungen zwischen der Beklagten und Gebr. Böttcher:

„Die Firma *Gebr. Böttcher* in Kleve hat mir der Beklagten wiederholt Mehl und Futtermittel gehandelt. Anfang Mai 1969 fragte die Beklagte bei *Gebr. Böttcher* an usw."

Der Richter bei Besprechung der Arbeit: Sie erwähnen die Abtretung der Schadensersatzforderung von Gebr. Böttcher an den Kläger erst hinter dem Selbsthilfeverkauf und der Zahlungsaufforderung vom 22. Dezember 1969. Warum ordnen Sie so?

Der Referendar: Ich habe mich an die Regel gehalten, daß an den Anfang eines jeden Referats der unstreitige Sachverhalt in historischer Reihenfolge zu stellen ist.

Richter: Diese Regel erkenne ich nicht an. Der Bericht oder Tatbestand soll so aufgebaut sein, daß er dem Leser auf die kürzeste, bequemste und übersichtlichste Art die Kenntnis des Prozeßstoffs vermittelt, auf Grund dessen zu entscheiden ist. Andere Regeln gibt es nicht. Die sogenannte Referierkunst besteht aus einer Reihe von Erfahrungssätzen darüber, wie man die kurze und übersichtliche Darstellung am besten erzielt. Die übliche Voranstellung der „Geschichtserzählung“, d. i. der zeitlich geordneten unstreitigen Tatsachen, beruht lediglich auf einem solchen Erfahrungssatz. Er darf nur insoweit angewendet werden, als das angestrebte Ziel im einzelnen Falle dadurch erreicht wird. Zu einer übersichtlichen Darstellung gehört in erster Reihe Klarheit darüber, in welchen rechtlichen Beziehungen die Parteien stehen. In den meisten Prozessen ergibt sich diese Beziehung ohne weiteres aus dem zu Beginn der Geschichtserzählung mitgeteilten klagebegründenden Vertrag, schadenstiftenden Unfall usw. (dem „Hauptfaktum“ des Prozesses): dann kann es bei dieser Anordnung verbleiben. Aus Ihrem Bericht erfahren wir aber erst auf Seite 7, welche Rolle der Kläger spielt. Wir hören vom Vertragsschluß, von der Abwicklung des Geschäfts, den Differenzen der Parteien, schließlich von Fristsetzung und Selbsthilfeverkauf und fragen uns fortwährend: Wozu wird uns das erzählt? Was hat der Kläger mit der Sache zu schaffen? So wird das Verständnis der Geschichtserzählung erschwert. Sie müssen also entweder die Abtretung an die Spitze stellen und können damit eine einleitende Bemerkung über Natur und Art des Klageanspruchs verbinden, etwa so:

„Dem Kläger ist von der Firma *Gebr. Böttcher* in Kleve ein ihr angeblich gegen die Beklagte zustehender Schadenersatzanspruch wegen Nichterfüllung eines Sukzessivlieferungsgeschäfts abgetreten worden, dem folgender Sachverhalt zu Grunde liegt.“

Oder Sie sehen von der Vorbemerkung ab, lassen es beim historischen Aufbau und teilen die Abtretung erst an der Stelle mit, wo sie zeitlich hingehört, stellen aber im ersten Satz den Kläger als Rechtsnachfolger der Gebr. Böttcher vor, indem Sie die Worte:

„Die Rechtsvorgängerin des Klägers“

einfügen. So hat der Leser sofort Klarheit über die persönlichen Beziehungen.

— Andere Beispiele von „orientierenden Vorbemerkungen“: „die Klägerin nimmt wegen eines Unfalls, den ihr verstorbener Ehemann und Erblasser erlitten hat, die Beklagten in Anspruch“ (Spielmann gegen Buchholz und andere), „der Kläger verlangt Wandelung eines Grundstückskaufvertrags“, „der Kläger interveniert in die vom Beklagten in ... ausgebrachte Pfändung“, „der Kläger verlangt vom beklagten Fiskus Ersatz des ihm durch Verschulden des Zwangsversteigerungsrichters entstandenen Schadens“. In Erbschafts-, Verteilungs-, Prioritäts-, Regreßstreitigkeiten, überhaupt in Prozessen mit einer größeren Anzahl beteiligter Personen, erweist sich fast immer die „Vorstellung“ der Parteien zu Beginn des Berichts als notwendig. So beginnt man z. B. den Bericht eines Erbschaftsprozesses mit einer stammbaumartigen Angabe der Verwandtschaftsverhältnisse und merkt dabei jedesmal an: „Kläger, Ehefrau des Klägers“, „Beklagter zu 1“, „Rechtsvorgänger des Beklagten zu 2“ usw. Ob die Vorbemerkung notwendig und geeignet ist, das Verständnis der nachfolgenden Darstellung zu fördern, muß von Fall zu Fall geprüft werden. So kann sie angebracht sein, wenn der Sachverhalt besonders unübersichtlich ist oder wenn die Beziehungen der Parteien zum Streitgegenstand nicht ohne weiteres ersichtlich sind, wie es hier wegen der Rechtsnachfolge oder z. B. bei der Trennung von Sach- und Prozeßführungsbefugnis der Fall ist (*Berg*, Gutachten und Urteil, 23.—26. Tsd., S. 126, 127). —

Der Referendar entscheidet sich für das zweite:

„Die Firma *Gebr. Böttcher* in Kleve, die Rechtsvorgängerin des Klägers, hat mit der Beklagten wiederholt Mehl und Futtermittel gehandelt. Anfang Mai 1969 fragte die Beklagte bei *Gebr.*

Böttcher an, ob sie eine Menge von mindestens 50 Wagen gesundes helles rheinisches Lupinenmehl zu 11 DM für 100 kg, lieferbar in den Monaten Juni—September auf Abruf, erhalten könne, und zwar ausschließlich Fabrikat *Baumbach*, welches ihre Kundschaft bevorzuge. *Gebr. Böttcher* antworteten, daß sie 50 Wagen zum Preise von 11,30 DM liefern könnten. Mit der Mühle *Baumbach & Co.* hätten sie große Abschlüsse und würden voraussichtlich dieses Fabrikat liefern, möchten sich jedoch nicht auf dieses eine Fabrikat festlegen, zumal es noch andere gute rheinische Sorten gebe. Die Beklagte erklärte sich mit dem verlangten Preise fernmündlich einverstanden und kaufte von *Gebr. Böttcher*:

> 50 Wagen gesundes helles rheinisches Lupinenmehl, möglichst Fabrikat *Baumbach*, lieferbar Juni—September 1969 auf Abruf, zum Preise von 11,30 DM für 100 kg, Kasse gegen Frachtbriefduplikat, Frachtparität Kleve, bahnamtliches Gewicht maßgebend.

Hierüber wurden die gleichlautenden Bestätigungsschreiben vom 12. und 14. Mai 1969 ausgetauscht.

In den folgenden Monaten rief die Beklagte eine Anzahl Wagen ab. Die Wagen wurden von *Gebr. Böttcher* unmittelbar nach den von der Beklagten bezeichneten Bestimmungsorten, an denen die Abkäufer der Beklagten wohnten, verladen. Etwa zwei Drittel der Lieferungen waren *Baumbach*sches Mehl. Beanstandungen kamen bis August nicht vor.

Am 28. August 1969 brannte ein Teil der *Baumbach*schen Mühle ab. Zunächst nahm man an, daß die Mühle wieder für die Erzeugung von Lupinenmehl hergestellt werden würde. Doch ist *Baumbach* nachher zu anderen Fabrikationszweigen übergegangen und hat die Herstellung von Lupinenmehl nicht wieder aufgenommen.

Nach dem Brande haben *Gebr. Böttcher* kein *Baumbach*sches Mehl mehr an die Beklagte geliefert."

Aus dem Briefwechsel hat der Referendar in den Bericht nur aufgenommen, was wirklich wichtig ist und von den Parteien voraussichtlich vorgetragen werden wird, während gleichgültige Daten fortgelassen sind. Daß der Inhalt der Korrespondenz als unstreitig wiedergegeben ist, entspricht den Erfahrungen der Praxis; denn kaufmännischer Schriftwechsel, den eine Partei vorgebracht hat, wird nur in seltenen Fällen vom Gegner bestritten. § 138 Abs. 3 ZPO wird hier oft helfen. Vgl. auch die „Hinweise für die Anfertigung der praktischen Arbeit" (JPA Berlin): „Dem Gutachten und dem Urteilsentwurf ist der Inhalt der letzten mündlichen Verhandlung zugrundezulegen, wie er bei verständiger Würdigung den Akten ... zu entnehmen ist. Willkürliche Unterstellungen sind nicht statthaft."

„Am 29. August 1969 verkaufte die Beklagte an *Gebr. Böttcher* einen Wagen Kartoffelflocken. Der Wagen wurde an *A. Elze* in Osnabrück verladen. Bei der Ankunft am 3. September beanstandeten *Gebr. Böttcher* telegrafisch die Wagenladung als dumpfig und stellten ihn zur Verfügung. Die Beklagte wollte das nicht anerkennen, indem sie hervorhob, daß *Gebr. Böttcher* wegen eines geringfügigen Mangels nicht wandeln sondern höchstens mindern dürften.

Anfang September beanstandete die Beklagte zwei Wagen Lupinenmehl. Die Beanstandung des einen, nach Harzburg gelieferten Wagens erkannten *Gebr. Böttcher* mit Brief vom 9. September als berechtigt an und nahmen den Wagen zurück. Die Beanstandung des anderen Wagens, der am 1. September in Paderborn abgeliefert worden war, wiesen sie als verspätet zurück, weil die Beklagte erst am 7. September gerügt hatte. Die Beklagte antwortete am 10. September:

> (folgt Brief vom 10. September).

Am 12. September vereinbarte die Beklagte mit *Gebr. Böttcher* aus Anlaß des Kartoffelflockengeschäfts, daß bei allen ihren gegenwärtigen und zukünftigen Schlüssen beanstandete Ware mit Minderwert abzunehmen sei."

Der Richter: In diesem Abschnitt haben Sie sich wieder zu streng an die historische Reihenfolge gehalten mit dem Erfolg, daß Lupinenmehl- und Kartoffelflockengeschäft durcheinander gehen und der Leser — der doch nicht wie Sie den Prozeßstoff bereits beherrscht, sondern ihn erst aus Ihrem Referat erfahren will — verwirrt wird. Der Bericht soll mehr als ein bloßer Aktenauszug sein, er verlangt eine Ordnung der Tatsachen nach ihrer inneren Zusammengehörigkeit. Wollen Sie die Vorgeschichte der Minderwertklausel vom 12. September ausführlich wiedergeben, so lassen Sie den Absatz: „am 29. August" bis „mindern dürften" zunächst weg, teilen die weitere Abwicklung des Lupinenmehlschlusses mit („Anfang September" bis Brief vom 10. September) und fahren dann fort:

„Die Beklagte hatte an *Gebr. Böttcher* einen Wagen Kartoffelflocken verkauft. Der Wagen wurde an *A. Elze* in Osnabrück verladen

(usw. bis:)

mindern dürften. Am 12. September vereinbarte die Beklagte mit *Gebr. Böttcher*, daß in allen ihren gegenwärtigen und künftigen Schlüssen . . ."

Es würde aber auch genügen, statt dessen nur zu sagen:

„Am 12. September vereinbarte die Beklagte mit *Gebr. Böttcher* anläßlich einer Streitigkeit aus einem Kartoffelflockengeschäft, bei welchem sie Verkäuferin, *Gebr. Böttcher* Käufer war, daß in allen . . ."

Für noch besser halte ich es, das Zwischenspiel aus der Geschichtserzählung ganz herauszunehmen. Die Bedeutung der Minderwertklausel zeigt sich ja erst, wenn der Kläger auf den Einwand der positiven Vertragsverletzung erwidert. Lassen Sie die Abrede im unstreitigen Tatbestand an der Stelle stehen, wo sie zeitlich hingehört, so hat man sie bis zur Replik schon wieder halb vergessen. Die Allgemeine Gerichtsordnung für die Preußischen Staaten von 1793 gab in § 32 I 10 den guten Rat, dergleichen „Nebenfakta", „die in die Erzählung des Hauptgeschäfts nicht hineingezogen werden können, ohne diese unzusammenhängend, dunkel oder verworren zu machen" besonders aufzunehmen unter Hervorhebung dessen, was bei ihnen streitig und was unstreitig ist. Also bringen Sie die Vereinbarung vom 12. September nebst ihrer Vorgeschichte lieber in der Replik unter.

Der Referendar: Besteht bei dieser Anordnung nicht die Gefahr, daß man die Vereinbarung für etwas Streitiges hält?

Richter: Streitiges und Unstreitiges heben sich durch den Gebrauch der direkten Rede mit genügender Deutlichkeit voneinander ab. Bei der Frage, wie man Sach- und Streitstand voneinander abgrenzt, läßt sich selten sagen, daß die eine Methode richtig und die andere falsch sei; es kommt entscheidend auf die Besonderheiten des einzelnen Falles und auch auf eine Portion Fingerspitzengefühl an (vgl. Berg, Gutachten und Urteil, S. 127f. zu III 3).

Ich rate Ihnen jedenfalls, alles auf Kartoffelflockengeschäft und Minderwertklausel Bezügliche aus der Geschichtserzählung zu streichen. Hinter dem Satz:

„Nach dem Brande haben *Gebr. Böttcher* kein *Baumbach*sches Mehl mehr an die Beklagte geliefert"

fahren Sie also fort:

„Anfang September beanstandete die Beklagte zwei Wagen. Die Beanstandung des einen, nach Harzburg gelieferten Wagens erkannten *Gebr. Böttcher* mit Brief vom 9. September als berechtigt an und nahmen den Wagen zurück. Die Beanstandung des anderen Wagens, der am 1. September in Paderborn abgeliefert worden war, wiesen sie als verspätet zurück, weil die Beklagte erst am 7. September gerügt hatte. Die Beklagte antwortete am 10. September: (folgt die wörtliche Wiedergabe des Schreibens v. 10. September 1969).

Im September beanstandete die Beklagte noch einen Wagen nach Braunschweig und 3 nach Celle gelieferte Wagen. *Gebr. Böttcher* bewilligten auf den Braunschweiger Wagen 50 DM, auf die Celler Wagen je 30 DM Preisnachlaß.

Bis Ende September waren einschließlich des zurückgenommenen Harzburger Wagens 20 Wagen abgerufen und geliefert.

Am 7. Oktober stellten *Gebr. Böttcher* der Beklagten zur Abnahme und Dispositionserklärung für die noch offenen 30 Wagen eine Nachfrist bis zum 15. Oktober unter der Androhung, daß sie nach Fristablauf das Geschäft streichen und Schadensersatz wegen Nichterfüllung geltend machen würden. Die Beklagte erwiderte, daß der langsame Absatz mit den zahlreichen mangelhaften Lieferungen zusammenhinge; sie würde sich bemühen, das Restquantum abzunehmen, könne sich jedoch an die Fristsetzung nicht halten und überlasse es der Verkäuferin zu tun, was sie für richtig halte."

— Die von den Parteien wieder aufgehobene Fristsetzung vom 7. Oktober unterbricht den zur maßgeblichen Fristsetzung vom 8. Dezember und zum Selbsthilfeverkauf strebenden Verlauf der Geschichtserzählung. Es wäre denkbar gewesen, dieses Nebenfaktum erst unter den Einwendungen des Beklagten mitzuteilen. Doch verdient in diesem Fall die chronologische Anordnung den Vorzug; schon der nächste Satz ergibt, daß aus der Fristsetzung keine Konsequenzen gezogen worden sind, womit das Zwischenspiel abgeschlossen ist. —

Der Richter: Sie gehen jetzt zu den Abrufen von Ende Oktober über und übergehen die Vereinbarung, die am 20. Oktober über die Hinausschiebung der Geschäftsabwicklung stattgefunden haben soll.

Der Referendar: Die Vereinbarung ist bestritten, deshalb erwähne ich sie erst bei den Einwendungen des Beklagten.

Richter: Dagegen wäre nichts zu sagen, wenn nicht im unstreitigen Sachverhalt Tatsachen — nämlich die Briefe vom 17. November, 1. und 10. Dezember, sowie die Berechnung des im Oktober/November gelieferten Mehls mit 10,90 DM für 100 kg — folgen würden, welche erst durch die behauptete Vereinbarung vom 20. Oktober die rechte Beleuchtung erhalten. Hierfür gibt wiederum die Preußische Allgemeine Gerichtsordnung ein gutes Rezept, indem sie sagt (§ 7 I 13): „Die Absicht einer Relation ist, dem Kollegio die Behauptungen der Parteien getreu, deutlich, vollständig und in einer natürlichen Ordnung vorzutragen. In dieser Relation muß die species facti, so wie sie in den Akten wirklich liegt und von den Parteien nicht widersprochen ist, vorausgeschickt, es müssen aber in dieselbe keine von einer Partei noch bestrittene Tatsachen aufgenommen oder, wenn dieses des Zusammenhangs wegen nicht gänzlich zu vermeiden ist, allemal dabei, daß ein solcher Umstand noch streitig sei, sorgfältig bemerkt werden." Wir versetzen also die streitige Abrede ruhig in den Zusammenhang der Geschichtserzählung:

„Am 20. Oktober 1969 trafen auf dem Getreidemarkt in Köln *Adolf Böttcher*, Gesellschafter der Firma *Gebr. Böttcher*, und der Mitinhaber der Beklagten *Anton Koch* zusammen. Bei dieser Gelegenheit haben sie, wie die Beklagte behauptet, vereinbart, daß die Abnahmepflicht der Beklagten ruhen solle, bis *Baumbach* wieder Lupinenmehl herstellen würde; es soll gleichzeitig der Preis um 0,40 DM auf 10,90 DM ermäßigt worden sein. Hierfür benennt die Beklagte *Anton Koch*, der unstreitig seit 1. Januar 1960 von der Geschäftsführung und Vertretung der beklagten Gesellschaft ausgeschlossen und seit 1. Oktober 1960 aus ihr ausgeschieden ist, als Zeugen.

Für die in der Folgezeit gelieferten Wagen haben *Gebr. Böttcher* nur noch 10,90 DM für 100 kg in Rechnung gestellt."

So sind die Tatsachen in ihrer natürlichen Ordnung erzählt, und ein Zweifel, was streitig und was unstreitig ist, kann nicht entstehen. Dabei wird zur Abwechslung das Bestrittene nicht durch die sonst übliche indirekte Rede gekennzeichnet. Die indirekte Rede kann man, wenn bloß kürzere streitige Behauptungen wiederzugeben sind, unschwer durch direkte Rede mit einem „nach Behauptung", „nach Darstellung", „angeblich", „soll" od. dergl. ersetzen. Der sprachlich unschöne Wechsel von direkter zu indirekter Rede wird so vermieden (vgl. Berg, Gutachten und Urteil, S. 141 unter I S. 142).

Daß Anton Koch aus der beklagten Gesellschaft ausgeschieden ist, konnte erst in der Berufungsinstanz vorgebracht werden, da der Zeitpunkt seines Ausscheidens nach dem Erlaß des erstinstanzlichen Urteils liegt. Trotzdem empfiehlt es sich, die Tatsache schon hier zu vermerken. Sonst stellt sich der Leser überflüssigerweise auf die Frage ein, ob Koch als nicht vertretungsberechtigter Gesellschafter Zeuge sein kann, um dann später bei den nova der Berufungsinstanz zu erfahren, daß die Frage gegenstandslos geworden ist.

„Ende Oktober rief die Beklagte zwei Wagen nach Gifhorn und einen Wagen nach Paderborn ab. Die Gifhorner Wagen gingen am 29. Oktober von Kleve ab und trafen am 31. früh in Gifhorn ein. Am 5. November schrieb die Beklagte an *Gebr. Böttcher*:

Die beiden nach Gifhorn gelieferten Wagen waren wiederum dumpfig, schimmlig, stark mit Sand vermischt und zur Verfütterung absolut ungeeignet. Die Angelegenheit hat uns, wie uns unser Abnehmer mitteilt, sogar ein Verfahren wegen betrügerischer Verfälschung von Futtermitteln zugezogen, in welchem wir natürlich darlegen werden, daß nur Sie die Schuld trifft. Wir werden zwar versuchen, die Wagen anderweit unterzubringen, doch ist uns der Absatz im dortigen Gebiet durch diesen Vorfall endgültig abgeschnitten. Wir bedauern es, daß Sie unsere früheren Warnungen nicht besser beachtet haben. Wir haben nunmehr endgültig den Schluß annulliert.

Am 15. November verlangten *Gebr. Böttcher* weitere Dispositionen. Die Beklagte erwiderte am 17.:

Nach der mit Ihrem Herrn *Böttcher* am 20. Oktober d. J. getroffenen Vereinbarung und nach unserem Schreiben vom 5. November d. J. sind wir zur Abnahme nicht verpflichtet, doch wollen wir Ihnen entgegenkommen. Wir rufen daher unter Vorbehalt aller Rechte auf den Schluß vom 12./14. Mai d. J. einen Wagen Lupinenmehl nach Lehrte ab, ersuchen um gute und prompte Lieferung usw.

Der Wagen wurde geliefert und anstandslos abgenommen.

Auf eine Erinnerung vom 29. November wegen weiteren Abrufs schrieb die Beklagte am 1. Dezember:

Solange Sie uns nicht *Baumbach*sches Mehl liefern bzw. die *Baumbach*sche Mühle nicht produziert, sind wir vereinbarungsgemäß nicht zur Abnahme verpflichtet. Im übrigen beziehen wir uns auf unseren Brief vom 5. November d. J.

Am 8. Dezember stellten *Gebr. Böttcher* der Beklagten zur Abnahme und Dispositionserteilung für die aus dem Schluß noch offenen 26 Wagen eine Nachfrist bis zum 15. Dezember mit der Androhung, nach Ablauf der Frist das Geschäft zu streichen und Schadensersatz wegen Nichterfüllung zu verlangen. Die Beklagte antwortete am 10.:

Sie haben kein Recht, uns Nachfristen zu stellen. Am 20. Oktober haben Sie mit unserem Herrn *Anton Koch* vereinbart, daß unsere Abnahmepflicht so lange ruht, bis die *Baumbach*sche Mühle wieder produziert, während der Preis um 0,40 DM für 100 kg ermäßigt wurde. Bekanntlich ist die *Baumbach*sche Mühle noch nicht im Betrieb, und es war daher reines Entgegenkommen, wenn wir ab und zu einen Wagen abgerufen haben. Sie haben ja auch seitdem stets das Mehl mit 10,90 DM berechnet. Außerdem sind wir am 5. November d. J. wegen andauernd minderwertiger Lieferung von dem Schlusse zurückgetreten und halten diese Erklärung aufrecht. Eine Nachfrist von einer Woche ist unter allen Umständen zu kurz, wir haben mindestens 10 Tage usancemäßig zu beanspruchen.

In ihrer Antwort vom 13. Dezember erklärten *Gebr. Böttcher* die Preisberechnung von 10,90 DM statt 11,30 DM für ein Versehen ihres Buchhalters.

Am 21. Dezember ließen *Gebr. Böttcher*, nachdem der Termin am 19. Dezember der Beklagten angezeigt und am selben Tage in der ‚Kölnischen Rundschau' bekannt gemacht worden war, durch den vereidigten Makler *Gerhard Schoebel* in der Getreidebörse zu Köln:

26 Wagen gesundes helles rheinisches Lupinenmehl, lieferbar auf Abruf, Frachtparität Kleve, bahnamtliches Gewicht maßgebend,

öffentlich meistbietend versteigern. Meistbietender war *Ernst Wichmann* aus Kleve mit 8,50 DM für 100 kg. Die Gebühren und Auslagen *Schoebels* betragen 299,40 DM. Dies ist, nachdem *Schoebel* als Zeuge vernommen worden ist, unter den Parteien unstreitig geworden."

Der Bericht muß den Prozeßstoff so darstellen, wie ihn das Gericht als Grundlage der zu treffenden Entscheidung verwenden kann, d. h. nach dem voraussichtlichen Stande der letzten mündlichen Verhandlung. Also gehört in die Geschichtserzählung auch, was im Laufe des Prozesses — und sei es selbst der Berufungsinstanz — unstreitig geworden ist, denn nur so können die Tatsachen in der natürlichen Ordnung der Dinge vorgetragen werden. Es wäre ungeschickt gewesen, die Versteigerung und ihr Ergebnis als streitige Behauptung des Klägers anzuführen, in der Prozeßgeschichte den Beweisbeschluß und die Aussage Schöbels mitzuteilen und erst dann zu bemerken, daß die Beklagte die Behauptung nicht mehr bestreite. Die beiläufige Erwähnung des früheren Bestreitens war angebracht, weil man sonst den vom Gericht erlassenen Beweisbeschluß nicht verstehen würde, und weil möglicherweise der Beklagten nach § 96 ZPO die Kosten der überflüssigen Beweisaufnahme aufzuerlegen sind. Besonders häufig kommt es vor, daß eine Partei für ursprünglich bestrittene Behauptungen Urkunden beibringt und nunmehr der Gegner sein Bestreiten aufgibt: dann nimmt man den Inhalt der Urkunden von vornherein in die unstreitige Darstellung auf. Denn das gesamte Verfahren einer Instanz bildet eine Einheit. Freilich ist es oft schwierig und nur mit Hilfe des § 139 ZPO festzustellen, ob eine Partei ihr früheres Vorbringen (Bestreiten) wirklich aufgegeben hat. Man täte z.B. einer Partei Unrecht, auf das Aufgeben ihres Vorbringens zu schließen, nur weil sie es nach gegenteiliger Darstellung des Gegners nicht ausdrücklich aufrechterhält. Sorgfältige Prüfung ist auch am Platze, wenn eine Partei einander widersprechende Behauptungen aufstellt. Es wäre falsch, ohne weiteres nur das letzte Vorbringen als allein maßgebend anzusehen. Das ist nur erlaubt, wenn die Partei ihre frühere Behauptung tatsächlich aufgegeben hat. Nicht selten will die Partei das aber trotz des ersichtlichen Widerspruchs zwischen ihren Behauptungen gar nicht; sie stellt vielmehr ihre Behauptungen in ein Eventualverhältnis. Widerspricht sich eine Partei allerdings deshalb, weil sie es bewußt mit der Wahrheit nicht genau nimmt, also gegen ihre Pflicht aus § 138 Abs. 1 ZPO verstößt, so ist die widersprüchliche Behauptung unbeachtlich, ein Fall, der schon wegen der Schwierigkeit dies festzustellen, selten vorkommen wird (vgl. BGHZ 19, 387). Im Bericht und Tatbestand ist in diesem Ausnahmefall der zu beachtende und der dem widersprechende, letztlich unbeachtliche Vortrag zu beurkunden. Im Gutachten — und in den Entscheidungsgründen — ist zu sagen, warum der widersprüchliche Vortrag vom Gericht unbeachtet bleibt. Gleichermaßen ist, ebenfalls in Ausnahme zu dem Grundsatz der Einheit der Verhandlung, zu verfahren, wenn eine Partei ihre Behauptungen wechselt und sich daraus Zweifel aus ihrer Unglaubwürdigkeit ergeben (vgl. Berg, Gutachten und Urteil, S. 68 unter I, S. 116 bis 117 unter I 1, 2).

„*Gebr. Böttcher* haben am 22. Dezember 1969 die Beklagte zur Zahlung von 7579,40 DM — nämlich 7280,— DM Mindererlös (26 Wagen zu 10000 kg je 2,80 DM per 100 kg) zuzüglich 299,40 DM Kosten des öffentlichen Verkaufs — vergeblich aufgefordert und am 10. Februar 1970 ihren Schadensersatzanspruch an den Kläger abgetreten."

Streitige Parteibehauptungen. Mit der Zession war der erste Hauptteil des Berichts abgeschlossen, und es beginnt das streitige Vorbringen der Parteien. Manche Richter kennzeichnen diesen Einschnitt durch einen Satz: „Diese Tatsachen sind unstreitig." Das ist überflüssig. Schon der Gebrauch der direkten Rede hebt den unstreitigen Sachverhalt von der indirekten Rede des streitigen Vortrags (und ihrer Surrogate, S. 242) scharf ab. Nur Tatsachen, die ausdrücklich zugestanden sind, bedürfen besonderer Kennzeichnung. Der Grund hierfür liegt in den besonderen Wirkungen des gerichtlichen Geständnisses: Er kann wirksam nur widerrufen werden, wenn die widerrufende Partei beweist, daß es der Wahrheit nicht entsprach oder auf einem Irrtum beruhte (§ 290 ZPO; vgl. BGH NJW 62, 1395). Hat hingegen eine

Partei nicht eindeutig und klar oder nicht in einer mündlichen Verhandlung oder zu Protokoll eines beauftragten oder ersuchten Richters zum Ausdruck gebracht, daß sie mit einer ungeprüften Verwertung einer ihr ungünstigen Tatsache einverstanden sei (vgl. § 288 Abs. 1 ZPO; BL Anm. 2 vor § 288), sondern hat sie den Vortrag des Gegners bloß nicht bestritten, so kann von einem gerichtlichen Geständnis (§ 288 ZPO) keine Rede sein. § 138 Abs. 3 ZPO steht dem nur scheinbar entgegen. Wenn es darin heißt: „Tatsachen, die nicht ausdrücklich bestritten werden, sind als zugestanden anzusehen, . . . „so ist das irreführend; für „zugestanden gelten" muß man „unbestritten gelten" lesen. Vom bloßen Nichtbestreiten kann man also, von § 290 ZPO ungehindert, zum Bestreiten übergehen (vgl. BGH JZ 62, 252).

„Der Kläger hat behauptet: Die Beklagte habe sich seit 1. Oktober 1969 mit der Abnahme und Dispositionserteilung andauernd im Verzug befunden."

Da wir uns in der zweiten Instanz befinden, hat der Referendar für die Widergabe der in der ersten Instanz (also in der Vergangenheit) aufgestellten Behauptungen die richtige Zeitform, das Perfekt, gewählt. Wäre die Sache noch in der ersten Instanz anhängig, müßte der Referendar den Vortrag der Parteien im Präsens darstellen, also sagen: „Der Kläger behauptet", „der Kläger beantragt", „der Beklagte wendet ein" usw.

Der Richter: Den Ausdruck „behaupten" dürfen Sie bloß dann verwenden, wenn es sich um Tatsachen handelt. Das gleiche gilt von „bestreiten", „anführen", „Anführung". Wenn der Kläger darlegt, daß die Beklagte im Verzug gewesen sei, so ist das rechtliche Schlußfolgerung aus Tatsachen. Hierfür haben sich die technischen Ausdrücke „ausführen", „Ausführung", „vertritt die/ist der/Auffassung/Meinung/ Ansicht", „meint", „folgert" eingebürgert.

Der Referendar: Ich habe gesagt „behauptet", weil sich an den einleitenden Satz tatsächliche Anführungen unmittelbar anschließen.

Richter: Wenn wir ein aus tatsächlichen Behauptungen und Rechtsausführungen zusammengesetztes Parteivorbringen bezeichnen wollen, so verwenden wir neutrale Wendungen wie „sich berufen", „geltend machen", „erwidern". Also:

„Der Kläger hat geltend gemacht, die Beklagte habe sich seit 1. Oktober 1969 mit der Abnahme und Dispositionserteilung andauernd im Verzug befunden. Bei der Unterredung am 20. Oktober sei zwar davon gesprochen worden, daß man vielleicht die Erfüllung des Schlusses hinausschieben könne, bis *Baumbach & Co.* wieder Mehl liefern würden, doch sei nichts Bestimmtes vereinbart worden (Beweis: *Adolf Böttcher*). Selbst wenn aber die von der Beklagten behauptete Abmachung getroffen wäre, so könne die Beklagte sich darauf nicht berufen, weil man damals nur mit einer vorübergehenden Einstellung, nicht dagegen mit der später tatsächlich eingetretenen vollständigen Aufgabe der Fabrikation von Lupinenmehl durch *Baumbach* gerechnet habe. Die am 8. Dezember 1969 gestellte Nachfrist von einer Woche sei angemessen (Beweis: Auskunft der Industrie- und Handelskammern in Köln und Kleve).

Der Anspruch auf Schadensersatz wegen Nichterfüllung bestehe überdies unabhängig von der Fristsetzung, weil die unbegründete Rücktrittserklärung der Beklagten vom 5. November eine positive Vertragsverletzung enthalte.

Der Höhe nach hat der Kläger den Anspruch sowohl auf das Ergebnis des Deckungsverkaufs wie auf den allgemeinen Marktpreis gestützt, der am 21. Dezember keinesfalls höher als 8,50 DM für 100 kg gewesen sei. Hierfür hat er sich auf ein Sachverständigengutachten berufen."

Nicht: „habe er sich berufen". Ebenso falsch wäre es zu sagen: „er beantrage", „bestreite", „erkläre die Anfechtung", „rechne auf" statt: „er bestreitet", „ficht an", „rechnet auf". Denn es handelt sich um einen objektiv feststehenden, während des Rechtsstreits geschehenen Vorgang und nicht um eine Parteibehauptung. Dafür ist der Indikativ die richtige Zeitform.

„Der Kläger hat beantragt,

die Beklagte zu verurteilen, an ihm 7579,40 DM nebst 8% Zinsen seit dem 22. Dezember 1969 zu zahlen.

Die Beklagte hat beantragt,

die Klage abzuweisen, für den Fall einer ohne Sicherheit des Klägers vollstreckbaren Verurteilung ihr die Abwendung der Zwangsvollstreckung durch Sicherheitsleistung vorzubehalten."

Oft werden die Anträge so wiedergegeben: „Der Kläger beantragt, den Beklagten zu verurteilen, an den Kläger . . . zu zahlen" und: „Der Beklagte beantragt, die Klage abzuweisen, hilfsweise, dem Beklagten . . . zu gewähren". Das ist sprachlich unschön, denn so sprechen Kläger und Beklagter nicht von sich selbst. Nur wenn der Antrag so formuliert wird, was selten geschieht, wie das Gericht wörtlich tenorieren soll und würde, wäre es richtig, von einer Verurteilung zur Zahlung „an den Kläger" zu sprechen. Der Antrag müßte dann lauten: „Der Kläger beantragt zu erkennen: Der Beklagte wird verurteilt, an den Kläger . . . zu zahlen".

Das Sicherheitserbieten des Beklagten hat nur praktische Bedeutung, wenn das Urteil ohne Sicherheitsleistung des Klägers für vorläufig vollstreckbar zu erklären ist. Selbst dann kann der Kläger durch sein Sicherheitserbieten dasjenige des Beklagten übertrumpfen (§ 713 Abs. 2 ZPO). Nun hat hier zwar der Kläger zu diesem „Gegenmittel" nicht gegriffen; es ist mit Rücksicht auf die Höhe der Forderung mit einer Anwendung des § 710 S. 1 ZPO zu rechnen. Gleichwohl wird ein vorsichtiger Beklagter, wie hier, regelmäßig den Antrag nach § 713 Abs. 2 ZPO stellen. Das Gericht könnte der Klage nur in Höhe von 500 DM oder weniger stattgeben oder ein Teilurteil in entsprechender Höhe erlassen. Dann würde es für den Beklagten von empfindlichem Nachteil sein, wenn er nicht befugt wäre, die Vollstreckung durch Sicherheitsleistung abzuwenden.

Sie hat vorgetragen:

Den Anfang September beanstandeten Paderborner Wagen habe sie an die Futtermittelzentrale *Palme & Co.* in Gifhorn, diese an *Arno May* in Gifhorn, *May* an die Futtermittelgroßhandlung *Bitter* in Paderborn weiterverkauft. Bei der Ankunft am 1. September habe sich herausgestellt, daß das Mehl dunkel, dumpfig, mit Sand vermischt, verschimmelt und zur Verfütterung ungeeignet gewesen sei. Am 3. September habe *Bitter* gegenüber *May*, am 5. *May* gegenüber *Palme & Co.* gerügt. Am 7. September früh hätten *Palme & Co.* die Beanstandung durch Telegramm der Beklagten weitergegeben (Beweis: die Inhaber von *Palme & Co.*, *May*, *Bitter*). Folglich sei die von der Beklagten am 7. September der Firma *Gebr. Böttcher* erklärte Beanstandung rechtzeitig gewesen.

Die gleichen Mängel hätten der am 20. August nach Harzburg verladene, von *Gebr. Böttcher* nachher zurückgenommene Wagen, der Braunschweiger Wagen, die 3 Celler Wagen vom 20. September und die am 24. Oktober nach Gifhorn verladenen beiden Wagen aufgewiesen (Beweis: . . .).

Auch die Ladung der Gifhorner Wagen sei rechtzeitig bemängelt worden. Sie seien von der Beklagten an *Palme & Co.* und von dieser Firma an *Klages* in Gifhorn verkauft worden. *Klages* habe den Wagen am 2. November untersucht und am 3. November gegenüber *Palme & Co.* gerügt. Durch Brief vom 4., eingegangen am 5. November, hätten *Palme & Co.* die Rüge weitergegeben (Beweis: . . .).

Dafür, daß infolge dieser schlechten Lieferung ein Strafverfahren gegen die Beklagte eingeleitet worden sei, bezieht sie sich auf die Akten der Staatsanwaltschaft in Paderborn.

Von insgesamt 24 auf den Schluß gelieferten Wagen seien also 8 minderwertig gewesen; folglich sei der im Brief vom 5. November erklärte Rücktritt wegen positiver Vertragsverletzung berechtigt.

Die am 8. Dezember gestellte Nachfrist von einer Woche sei außerdem zu kurz bemessen gewesen. Dem Käufer eines größeren Lupinenmehlschlusses stehe usancemäßig eine Nachfrist von mindestens 10 Tagen zu (Beweis: Gutachten der Industrie- und Handelskammer).

Der Kläger könne den öffentlichen Deckungsverkauf vom 21. Dezember seiner Forderung in keinem Falle zugrundelegen. Einmal hätten *Gebr. Böttcher* ihren Erfüllungsanspruch bereits mit Ablauf der am 7. Oktober gesetzten Frist verloren; sodann hätte der Verkauf in Kleve als dem Erfüllungsort der Verkäuferin und nicht in Köln vorgenommen werden müssen. Falsch sei auch der Verkauf von „gesundem hellen rheinischen Lupinenmehl" schlechthin ohne den Zusatz „möglichst Fabrikat *Baumbach*" gewesen. Das *Baumbach*sche Produkt erfreue sich besonderer Beliebtheit (Beweis: Sachverständige); es sei daher das Verkaufsergebnis durch die Abweichung beeinträchtigt worden.

Wenn der Kläger in der Rücktrittserklärung der Beklagten vom 5. November eine positive Vertragsverletzung sehe, müsse er den Schadensersatz anders als durch Berufung auf den öffentlichen Verkauf vom 21. Dezember substantiieren. Die Preise hätten sich fortwährend geändert, und *Gebr. Böttcher* seien, nicht berechtigt gewesen, wenn sie aus dem Brief vom 5. November Recht herleiten wollten, mit dem Selbsthilfeverkauf so lange zu warten."

Zu Anfang der nunmehr folgenden Replik des Klägers findet die vorhin im unstreitigen Tatbestand gestrichene Vereinbarung vom 12. September ihren Platz:

„Der Kläger hat die Ansicht vertreten, der Beklagten habe kein Rücktrittsrecht aus positiver Vertragsverletzung zugestanden, die Rechte der Beklagten wegen mangelhafter Lieferung seien vielmehr auf eine Preisminderung beschränkt. Zur Begründung hat er sich auf eine Vereinbarung vom 12. September 1955 berufen. Damals hatte die Beklagte sich — wie unstreitig ist — mit *Gebr. Böttcher* anläßlich einer Streitigkeit aus einem Geschäft, bei dem die Beklagte Verkäuferin, *Gebr. Böttcher* Käufer war, dahin geeinigt, daß bei allen ihren gegenwärtigen und künftigen Vertragsschlüssen im Falle einer Beanstandung die Ware mit Minderwert abzunehmen sei.

Der Kläger hat ferner die Mangelhaftigkeit der Paderborner und Gifhorner Wagen bestritten. Abgesehen hiervon kann nach seiner Ansicht die Beklagte diese Lieferungen zur Begründung eines Rücktrittsrechts wegen positiver Vertragsverletzung schon deshalb nicht heranziehen, weil die Lieferungen nicht rechtzeitig gerügt und daher genehmigt worden seien.

Schließlich hat er jegliche Schuld der *Gebr. Böttcher* an etwaigen Mängeln der Lieferung geleugnet, mit der Behauptung, die *Gebr. Böttcher* hätten die der Beklagten gelieferte Ware als gesundes helles rheinisches Lupinenmehl von gut renommierten Mühlen gekauft und, ohne sie zu Gesicht bekommen zu haben, von ihren Lieferanten unmittelbar an die von der Beklagten aufgegebenen Adressen versenden lassen (Beweis: *Adolf Böttcher*).

Der Kläger hat weiter behauptet: Die frühere Fristsetzung der Firma *Gebr. Böttcher* vom 7. Oktober sei von den Vertragsparteien übereinstimmend als nicht geschehen behandelt worden.

Die Beklagte habe ihre Rücktrittserklärung vom 5. November selbst nicht ernst genommen; sie habe sich später in Widerspruch hierzu gesetzt, indem sie den Wagen nach Lehrte abgerufen hätte. Sie habe ihr Verhalten überhaupt ganz nach der wechselnden Konjunktur eingerichtet. Bald nach dem Abschluß hätten nämlich die Preise für Lupinenmehl angezogen und im Juli/August mit 12 bis 12,50 DM ihren Höhepunkt erreicht; während dieser Zeit habe die Beklagte eine Reihe von Wagen abgerufen und keinen einzigen beanstandet. Als Anfang September die rückläufige Konjunktur begonnen habe, hätten die Reklamationen der Beklagten eingesetzt. Am 5. November, dem Tage der Rücktrittserklärung, sei der Preis auf 9 DM gefallen. Mitte November sei er plötzlich wieder auf etwa 12 DM gestiegen. Deshalb habe die Beklagte am 17. November trotz der Rücktritterklärung, wenn auch unter Vorbehalt ihrer Rechte, den Lehrter Wagen abgerufen. Kurz nach diesem Abruf sei dann ein abermaliger Preisrückgang eingetreten, der bis über die Zeit des vorgenommenen Deckungsverkaufs angehalten habe. Der Kläger hat sich für die angegebenen Marktpreise auf Sachverständigengutachten bezogen."

Der Richter: Haben Sie die Anführungen des Klägers über die Entwicklung der Marktpreise nur der Vollständigkeit halber gebracht oder halten Sie sie unter irgend einem rechtlichen Gesichtspunkt für erheblich?

Der Referendar: Daß man wegen des angeblichen Zusammenhangs mit den Schwankungen des Marktpreises die Rücktrittserklärung als wirkungslos ansehen könnte, wie es der Kläger will, glaube ich nicht. Der Kläger hat diese Tatsachen wohl mehr vorgebracht, um das Geschäftsgebaren der Beklagten als unreell zu kennzeichnen.

Nun meint aber die Beklagte, daß Gebr. Böttcher ihren Erfüllungsanspruch bereits durch die Fristsetzung vom 7. Oktober verloren hätten, und der Kläger stützt die Klageforderung hilfsweise auf die im Brief vom 5. November enthaltene Lossagung vom Vertrag als positive Vertragsverletzung. Es wird also zu prüfen sein, ob Gebr. Böttcher mit dem Deckungsverkauf bis zum 21. Dezember warten durften, und hierbei könnten die Preisentwicklung von Interesse sein. Deshalb habe ich die Anführungen ins Referat aufgenommen.

Richter: Wenn Sie es so begründen, will ich nichts dagegen sagen. Parteibehauptungen, die der Referent von seinem persönlichen Rechtsstandpunkt aus als unerheblich betrachtet, gehören an sich in den Bericht; soll doch erst das Gutachten Prüfung und Nachweis erbringen, was erheblich und was unerheblich ist. Behauptungen jedoch, die von keinem denkbaren Standpunkt für die Entscheidung wesentlich sein können, welche die Partei, wie man es früher bezeichnend nannte, bloß colorandi causa vorgetragen hat, sind wegzulassen. Der Tatbestand soll vollständig, er soll aber auch „gedrängt" sein (§ 313 Abs. 1 Nr. 3 ZPO; im einzelnen s. Berg, Gutachten und Urteil S. 119ff).

Der zweite Abschnitt des Berichts, der „Streitstand", ist damit zu Ende. Wir bemerken, daß die Gliederung des streitigen Parteivorbringens sich keineswegs mit der Reihenfolge der Schriftsätze deckt. Bisweilen hat der Kläger eine Replik in der Klage vorweggenommen, wie er umgekehrt zur Klagebegründung Gehöriges manchmal in einem späteren Schriftsatz nachträgt. Für den Aufbau des Referats ist die innere Natur der Vorbringens — als Klagebegründung, Einwendung, Replik usw. — maßgebend.

Wir bemerken ferner, daß von den umfangreichen Rechtsausführungen der Parteien fast nichts Aufnahme gefunden hat. Die Kunst des Referenten besteht darin, die tatsächlichen Behauptungen nach Möglichkeit so zu formulieren, daß man auch ohne juristisch-technische Ausdrücke und Deduktionen sofort fühlt, aus welchem rechtlichen Gesichtspunkt die Behauptung aufgestellt ist. Sind allerdings Rechtsausführungen zum Verständnis einer Behauptung oder eines Antrages unerläßlich, so kommen sie in den Bericht. Erst recht gilt das, wenn Rechtsausführungen Behauptungen enthalten und nicht oder nur auf Kosten der Verständlichkeit von einander zu trennen sind. Schließlich ist so zu verfahren, wenn die Parteien lediglich Rechtsbegriffe des täglichen Lebens gebrauchen. Solche Rechtsbegriffe (z.B. „Kauf", „Eigentum", „Besitz") muß man zugleich als (Tatsachen)behauptungen gelten lassen, vorausgesetzt allerdings, der Gegner ist damit einverstanden. Ist er das nicht, bestreitet er also, daß der Kläger „gekauft" habe oder „Eigentümer" der Sache sei, so trägt der Kläger in Wahrheit nur eine Rechtsansicht vor, wenn er von „Kauf" oder „Eigentum" redet. Der Kläger wird dadurch gezwungen, statt des Rechtsbegriffs Einzeltatsachen vorzutragen (zu substantiieren), aus denen sich die Rechtsfolge (Kaufvertrag, Eigentum) ergibt. Er muß also z.B. Tatsachen vortragen für Angebot und Annahme oder für den Erwerb des Eigentums, falls nicht Eigentumsvermutung begründende Tatsachen genügen (vgl. hierzu näher BGH JZ 63, 32 mit Anm. Scheuerle; Schneider MDR 61, 891ff.).

Es folgt die „Prozeßgeschichte":

„Am 6. Mai 1970 ist beschlossen worden, Beweis zu erheben ..."

Der Richter: Sie erzählen uns vom Beweisbeschluß, vom Antrag des Klägers auf teilweise Nichtausführung, der Anberaumung des Termins und der Wiederaufhebung des Beschlusses zu I 1—4. Aber dieses prozessuale Intermezzo ist erledigt und hat für die Entscheidung der Sache keine Bedeutung mehr. Mithin muß es nach dem Grundsatz, daß absolut Unerhebliches ausgelassen wird, gestrichen werden. Den Rest des

Beweisbeschlusses und seine Ausführung haben Sie bereits bei Mitteilung des Versteigerungsergebnisses abgetan. Sie können also sofort zum Urteil übergehen:

„Das Landgericht hat am 11. Juli 1970 die Beklagte nach Klageantrag verurteilt. Es hat das von der Beklagten geltend gemachte Rücktrittsrecht aus positiver Vertragsverletzung mit Rücksicht auf die Vereinbarung vom 12. September 1969 verneint und die streitige Vereinbarung vom 20. Oktober 1969 für unerheblich erklärt, weil sie sich nach dem Willen der Vertragschließenden nur auf eine vorübergehende, nicht auf die dauernde Einstellung der Lupinenmehlproduktion durch *Baumbach* bezogen habe."

Der Vortrag der Parteien vor dem Berufungsgericht (§ 526 ZPO) umfaßt auch die Entscheidungsgründe des ersten Richters. In Bericht und Tatbestand des Berufungsurteils gehören sie nur insoweit, als es sich um den allgemeinen Gedankengang des Urteils oder um solche Einzelausführungen handelt, ohne die das Parteivorbringen in der Berufungsinstanz nicht verständlich sein würde.

„Die Beklagte hat gegen das nach ihrer Angabe am 29. Juli 1970 zugestellte Urteil am 20. August 1970 Berufung eingelegt und diese am 13. Oktober 1970 begründet."

Das Datum der Urteilszustellung ist dem Gericht noch nicht nachgewiesen und daher keine abschließende Prüfung der Zulässigkeit des Rechtsmittels möglich. Ist sie möglich, so müssen im Bericht die Daten der Urteilszustellung, des Eingangs der Berufungs- und Berufungsbegründungsschrift mitgeteilt werden. Im Gutachten ist dann anfangs anhand dieser Daten die Zulässigkeit des Rechtsmittels zu prüfen. Ebenso ist in Übereinstimmung mit der Praxis im Urteil, also im Tatbestand und in den Entscheidungsgründen, zu verfahren, selbst dann, wenn die Zulässigkeit des Rechtsmittels außer Zweifel steht (anders Berg in Vorauflage Abt 1, Zivilprozeßrecht, S. 184, 185). Denn was für das Rechtsmittelgericht „außer Zweifel" ist, braucht dies noch lange nicht für das Gericht eines weiteren Rechtsmittels zu sein.

Berufungsinstanz.

„Sie beantragt,

unter Abänderung des Urteils vom 11. Juli 1970 die Klage abzuweisen,

hilfsweise,

ihr die Abwendung der Zwangsvollstreckung durch Sicherheitsleistung vorzubehalten und als Sicherheit auch die Bürgschaft einer Großbank zuzulassen.

Zur Begründung macht sie geltend:

Beim Vorliegen sehr erheblicher Fehler der Kaufsache sei der Käufer nach Handelsbrauch trotz der Abrede, daß beanstandete Ware mit Minderwert zu übernehmen sei, berechtigt, zu wandeln oder die Rechte aus positiver Vertragsverletzung geltend zu machen (Beweis: Gutachten der Industrie- und Handelskammern in Köln und Kleve). Daher stehe die Minderwertklausel vom 12. September ihrem Rücktrittsrecht nicht entgegen. *Edmund Palme* in Gifhorn werde bekunden, daß die Beklagte die noch offenen Wagen des Schlusses bei Lieferung guter Ware mit Leichtigkeit hätte absetzen können, daß aber durch die wiederholten schlechten Lieferungen das Vertrauen der Käufer untergraben worden sei, und daß die beiden am 29. Oktober nach Gifhorn verladenen, vollkommen minderwertigen Wagen den Ausschlag gegeben hätten.

Am 8. und selbst am 21. Dezember 1969 (Tag der Fristsetzung bzw. des Deckungsverkaufs) habe man in den beteiligten Kreisen noch nichts davon gewußt, daß *Baumbach & Co.* ihre Mühle für die Fabrikation von Roggen- und Weizenmehl hätten umbauen wollen, vielmehr mit der baldigen Wiederaufnahme der Erzeugung von Lupinenmehl gerechnet (Beweis: Kaufmann *Ernst Wohlfahrt* in Köln).

Ein Schaden sei der Zedentin *Gebr. Böttcher* aus der Nichtabnahme nicht erwachsen, da *Wichmann*, der Meistbietende des öffentlichen Verkaufs vom 21. Dezember 1969, die Ware als vorgeschobene Person für *Gebr. Böttcher* erworben und im Januar 1970 zu mehr als 11,50 DM weiterverkauft habe (Beweis: *Wichmann*).

In jedem Fall sei der Schadensersatz zu hoch berechnet. *Adolf Böttcher* habe bei der öffentlichen Versteigerung den Interessenten ein Muster gezeigt, das von schmutziggelber Farbe und zur Verfütterung kaum mehr geeignet gewesen sei. Infolgedessen hätte niemand über 8,50 DM geboten (Beweis: *Wohlfahrt*). Ferner müsse nach der Abmachung vom 20. Oktober 1969 als Vertragspreis 10,90 DM — nicht 11,30 DM — für 100 kg eingesetzt werden.

Der Kläger beantragt,

die Berufung der Beklagten zurückzuweisen,

hilfsweise,

ihm die Abwendung der Zwangsvollstreckung durch Sicherheitsleistung vorzubehalten und als Sicherheit auch die Bürgschaft einer Großbank zuzulassen.

Er bestreitet jetzt auch die Mangelhaftigkeit des Braunschweiger und der 3 Celler Wagen, auf die am 24. und 27. September 1969 Preisnachlässe gewährt wurden. Er behauptet: Diese Sendungen seien vertragsmäßig, wenn auch nicht von besonders guter Beschaffenheit gewesen (Beweis: die Abkäufer der Beklagten, *Rademacher*-Braunschweig und *Peschel*-Celle). Die Preisminderung sei aus Entgegenkommen bewilligt worden, um die glatte Abwicklung des Geschäfts nicht zu stören.

Der Beklagten sei der bevorstehende Umbau der *Baumbach*schen Mühle am 8. Dezember 1969 bereits bekannt gewesen (Beweis: Parteivernehmung der Gesellschafter der Beklagten).

Wichmann habe das Gebot beim Deckungskauf für seine eigene Rechnung abgegeben. Erst nachträglich sei er an *Gebr. Böttcher* mit der Anfrage herangetreten, ob sie bereit sei, den Weiterverkauf mit ihm à meta zu machen, und es sei dann der Verkauf als gemeinschaftliches Geschäft von beiden durchgeführt worden (Beweis: *Wichmann*).

„à meta" = zur Hälfte. Das à meta-Geschäft fällt als Gelegenheitsgesellschaft unter die §§ 705 ff. BGB.

— Besondere Formen des Berichts: Die Anordnung, nach welcher der vorstehende Bericht gearbeitet ist — unstreitiger Sachverhalt, streitige Parteibehauptungen, Prozeßgesrhichte, etwaige Berufungsinstanz — kann man als das Normalschema des Sachberichts bzw. Tatbestands bezeichnen. Sie ist in der großen Mehrzahl der Fälle allen anderen Methoden vorzuziehen. Für gewisse Arten von Prozessen hat jedoch die Erfahrung abweichende Darstellungsarten als besonders geeignet erwiesen:

1. „Punktensachen", das sind Prozesse, in denen über eine größere Anzahl selbständiger Punkte (z. B. Posten eines Bauvertrags, Abrechnungsposten aus einer kaufmännischen Geschäftsverbindung, Schadenspositionen, Aktiv- und Passivposten einer Erbauseinandersetzung) gestritten wird. Hier wäre es unzweckmäßig, das auf einen bestimmten Streitpunkt Bezügliche teils in der Geschichtserzählung, teils unter den klagebegründenden Behauptungen, in der Erwiderung des Beklagten, der Replik des Klägers, der Prozeßgeschichte usw. anzuführen. Der besseren Übersichtlichkeit wegen gibt man deshalb zunächst einleitend die allgemeine Grundlage des Prozesses sowie die Prozeßgeschichte (ohne Einzelheiten) wieder und disponiert alsdann nach Streitpunkten (z. B. Mehrarbeiten im Erdgeschoß — Linoleumbelag — Deckenanstrich — Erhöhung der Maurerlöhne — Mängel der Treppe usw.), wobei in der Darstellung der einzelnen Punkte jedesmal Unstreitiges, klagbegründende Behauptungen, Entgegnung des Beklagten, Replik, Duplik, Beweisbeschluß und Beweisergebnis unmittelbar aufeinander folgen.

2. Den „Punktensachen" ähnlich sind Prozesse, in denen nicht mehrere streitige Positionen der Klage- und Widerklageforderung, sondern eine größere Zahl von Klagebegründungen, Einwendungen, Repliken vorkommt, zu denen jeweils Kläger und Beklagter mehrfach das Wort nehmen, bei denen aber zwischen den einzelnen Streitfragen ein innerer Zusammenhang besteht, der durch punktenweise Darstellung zerrissen werden würde. Hier hilft man sich am besten mit einer Modifikation des Normaltyps. Man gliedert: Unstreitiges, Behauptungen des Klägers, Replik usw., bezeichnet aber die einzelnen Streitfragen mit fortlaufenden Nummern, die im Laufe des ganzen Berichts beibehalten werden.

3. Ist das „Hauptfaktum", z.B. der klagebegründende Vertrag, streitig, sind die späteren Verhandlungen und Korrespondenzen der Parteien dagegen unbestritten, so wird es gewöhnlich richtig sein, mit den Behauptungen des Klägers über den Vertragsschluß (denen unter Umständen die Gegenbehauptungen des Beklagten sofort anzuschließen sind) anzufangen und nachher erst die unstreitigen Verhandlungen — die ohne Kenntnis der Behauptungen über den Inhalt des Geschäfts nicht verständlich sein würden — folgen zu lassen.

4. Besondere Schwierigkeiten entstehen, wenn die Prozeßgeschichte mit dem materiellen Vorbringen der Parteien eng verflochten ist. Ein im Verlauf des Rechtsstreits eingetretenes Ereignis hat neben dem Wechsel der Parteien zugleich eine Änderung der materiellen Rechtslage zur Folge (Beispiel: Unfallverletzter erhebt noch selbst Klage auf Ersatz des ihm entstandenen Schadens, insbesondere der Rente für Verlust der Erwerbsfähigkeit, stirbt dann, nunmehr tritt die Witwe ein, um teils als Erbin die auf sie übergegangenen Ansprüche des Verunglückten, teils aus eigenem Recht die Rente wegen Wegfalls des Ernährers geltend zu machen). Oder der Kläger hat seine Klagebegründung, der Beklagte seine Verteidigung im Lauf des Prozesses geändert, und es können aus dem Wechsel des Vorbringens Schlüsse auf die Glaubwürdigkeit der Partei oder eines Zeugen gezogen werden; oder er hat Bedeutung für Gerichtsstand oder Feststellungsinteresse. Oder eine prozessuale Handlung ist gleichzeitig als materiell-rechtliche Willenserklärung (Anfechtung, Aufrechnung, Rücktritt, Bestätigung, Einverständnis mit der Wandelung usw.) zu würdigen. — In einfacheren Fällen solcher Art — etwa bei einer Klageänderung, gegen die keine Bedenken bestehen — wird man das Parteivorbringen in normaler Anordnung so wiedergeben, wie es sich zuletzt gestaltet hat, und die früheren Anführungen nur historisch erwähnen. Wenn aber bei dieser Darstellungsform der Stoff unübersichtlich wird, so bleibt nichts anderes übrig, als die Anführungen der Parteien im Zusammenhang mit der Prozeßgeschichte so wiederzugeben, wie sie sich nach und nach entwickelt haben.

5. Für Berufungssachen kommt neben der hier angewandten Trennung nach Instanzen die Methode der Zusammenziehung der Instanzen in Frage, welche für verwickelte Sachen, bei denen sich die Grundlage des Prozesses in der Berufungsinstanz verschoben hat, zu empfehlen ist. Man schickt über den Gegenstand des Rechtsstreits im allgemeinen eine orientierende Vorbemerkung voraus, die, wenn möglich, auch das Hauptfaktum enthält, schließt sogleich das erste Urteil (ohne seine Begründung) und die Berufungsanträge der Parteien an, und bringt erst dann den gesamten übrigen Prozeßstoff, wie wenn es eine erstinstanzliche Sache wäre: also Geschichtserzählung, klagebegründende Behauptungen des Klägers, Erwiderung des Beklagten, Replik, Duplik, Beweisaufnahmen (beider Instanzen), skizzenartige Wiedergabe der Begründung des erstinstanzlichen Urteils.

6. Ist bereits ein Grundurteil (§ 304 ZPO) erlassen, so beschränkt sich der Bericht auf die Höhe des Anspruchs und teilt zum Grunde lediglich die Tatsache und den wesentlichen Inhalt des ergangenen Urteils mit, soweit er für den Streit über die Höhe von Bedeutung ist. Entsprechendes gilt für den Bericht im Nachverfahren eines Urkundenprozesses.

Wie mehrfach bemerkt, hängt es von der Eigenart des Prozeßstoffes ab, welche der vorerwähnten Darstellungsweisen im Einzelfall anzuwenden ist. Den Vorzug verdient im allgemeinen die Anordnung, die möglichst wenig vom Normalschema abweicht. Für Zweifelsfälle gibt es ein folgendes Mittel: man arbeite das Referat nach beiden in Betracht kommenden Methoden aus und lasse einen Unbefangenen, der die Akten nicht kennt, entscheiden, welcher Bericht klarer, lebhafter und ungekünstelter wirkt. Im übrigen kann nur empfohlen werden, den Vortrag gewandter Anwälte und Berichterstatter sorgfältig zu verfolgen und daraus — unter Beachtung der zwischen mündlicher und schriftlicher Darstellungsweise bestehenden Verschiedenheiten — Anregungen für die anschauliche Abfassung des Berichts (Tatbestands) zu entnehmen. —

Gutachten

Gutachten zur formellen Rechtslage (Formalien). Im Gutachten wird der Prozeßstoff rechtlich geprüft und die zu treffende Entscheidung (Urteil, Beweisbeschluß, Auflage, prozeßleitende Verfügung, Aussetzungsbeschluß) gesucht. Daher muß sein Aufbau genau dem Gange der richterlichen Überlegungen entsprechen. Hieraus folgt, daß der erste Hauptteil den prozessualen Fragen zu widmen ist. Ein anderer Aufbau wäre zwar denkbar, folgte man der Ansicht von Rimmelspacher (zur Prüfung von Amts wegen im Zivilprozeß, S. 112, 117, 121, 122, 130, 131) und Grunsky (ZZP 80, 55; s. ferner Lindacher NJW 67, 1389; Schumann in Anm. zu BAG AP Nr. 11 zu § 91 a ZPO; dagegen Berg JR 68, 257; Jus 69, 123 sub I; Stein-Jonas-Schumann-Leipold, § 274 I 1 mit FN 2, allerdings nicht für die sog. Rechtsschutzvoraussetzungen). Nach dieser Ansicht ist ein Urteil in der Sache ohne Rücksicht auf die prozessuale Rechtslage möglich und unter Umständen sogar geboten. Diese Auffassung ist abzulehnen (s. im einzelnen Bd. 1 Zivilprozeßrecht). Es ergibt sich ferner eine Reihenfolge innerhalb der prozessualen Punkte. Zu allererst wird die Zulässigkeit der Berufung oder des Einspruchs geprüft; falls sie verneint wird, ist der Rechtsbehelf zu verwerfen, ohne daß auf die übrigen Fragen — selbst die des Rechtswegs oder der Parteifähigkeit — einzugehen wäre. Über die Reihenfolge im übrigen läßt sich streiten, und es wird darüber auch heftig gestritten (vgl. Berg, Gutachten und Urteil, S. 22ff.; Jus 69, 123 sub. II; Blomeyer, § 39, III jeweils mit weiteren Nachweisen; H.-J. Müller DVBl. 59, 694ff.; Stern Jus 65, 139). Die darauf verwandte Zeit ist für den Richter oft verschwendet. Der Richter darf und soll in der Praxis prozeßökonomisch verfahren. Er wird deshalb bei mehreren zweifelhaften Prozeßvoraussetzungen zunächst die prüfen, die er am leichtesten und schnellsten feststellen kann (Lent-Jauering § 33 V 6). Die Prozeßökonomie findet nur dort eine Grenze, wo eine Prozeßvoraussetzung die andere bedingt. Oft geübt wird folgende Einteilung und Reihenfolge: Zuerst werden die allgemeinen Prozeßvoraussetzungen geprüft, die also für jedes Streitverfahren vorliegen müssen. Zu den allgemeinen Prozeßvoraussetzungen rechnet man üblicherweise die deutsche Gerichtsbarkeit (Exterritorialität! §§ 18—21 GVG), die Ordnungsmäßigkeit der Klageerhebung (§ 253 ZPO), die örtliche und sachliche Zuständigkeit (§§ 12ff. ZPO, §§ 23, 71, 94, 95 GVG), die Partei- und Prozeßfähigkeit (§§ 50ff. ZPO), die gesetzliche Vertretung und die Postulationsfähigkeit (§ 78 ZPO). So dann werden die sogenannten qualifizierten (besonderen) Prozeßvoraussetzungen geprüft; sie müssen für die geplante Verfahrens- oder Klageart zusätzlich vorliegen, damit in der Sache entschieden werden kann. Dazu gehören die Zulässigkeit des Rechtswegs (§ 13 GVG), das Rechtsschutzinteresse (§§ 256, 257, 259 ZPO), die Zulässigkeit der Klageänderung (§§ 264ff. ZPO) und die Zulässigkeit einer bestimmten Prozeßart (Urkunden-Wechselprozeß, §§ 597ff. ZPO, Arrestverfahren, §§ 916ff. ZPO, Wiederaufnahmeklage, §§ 578ff. ZPO). Die qualifizierten Prozeßvoraussetzungen kann man oft nur prüfen, indem man auf den Klagegrund, also auf die Sache selbst, eingeht. Dabei muß man sich davor hüten, mehr auf die Sache einzugehen, als dies gerade für die prozeßrechtliche Untersuchung (z.B. Zulässigkeit des Rechtswegs) geboten ist. Schließlich darf der Beklagte keines der drei Prozeßhindernisse (Einrede des Schiedsvertrags, der mangelnden Kostenerstattung, § 274 Abs. 2 Nr. 3, 5, 6 ZPO) geltend gemacht haben. Im Gutachten sollte man übrigens die drei Prozeßhindernisse, da nur sie echte prozessuale Einreden sind, erst in der Beklagtenstation — vor den sachlichen Einwendungen —

prüfen. Nur wenn solch eine Einrede zur Prozeßabweisung führt, ist es angebracht, sie im ersten Hauptteil — vor der Klägerstation — zu behandeln.

Vielfach nimmt der Referendar das prozeßrechtliche Votum zum Anlaß, die Akten nach formellen Verstößen zu durchstöbern und das Verfahren des Gerichts zu kritisieren, damit er viele Rechtskenntnisse und juristischen Scharfsinn zeigen kann. Aber aus dem praktischen Zweck des Gutachtens ergibt sich, daß nur solche Punkte geprüft werden dürfen, die Konsequenzen für die dem Gericht vorzutragende Entscheidung haben können. Es ist verfehlt, die Stempelpflicht einer zufälligenweise zu den Akten eingereichten Urkunde und die Folgen der Nichtverstempelung zu erörtern, nach vorbehaltloser Verhandlung des Beklagten zur Hauptsache auf die Zuständigkeitsfrage einzugehen (falls nicht § 40 Abs. 2 ZPO vorliegt), die Einzahlung der Prozeßgebühr, die Einhaltung der Einlassungsfrist, die Ladung eines längst vernommenen Zeugen, eine vom Streitverkündeten nicht beachtete Streitverkündung, die Formulierung von Beweisbeschlüssen, Streitwertfestsetzungen, Gerichtskostenrechnungen u. dgl. zu untersuchen. Deshalb findet sich in den von den Prüfungsämtern den häuslichen Aufgaben beigefügten „Hinweisen", „Anweisungen" oder Anschreiben meist der folgende, beachtenswerte Anleitungssatz:

„Das vom Gericht eingehaltene Verfahren ist nur insoweit zu erörtern, als Beanstandungen erhoben werden oder zu erheben sind, die für den Vorschlag Bedeutung haben."

Wie soll sich der Referent verhalten, wenn in den von Amts wegen zu beachtenden Formalien keine Bedenken bestehen und die Entscheidung offensichtlich nur von materiellrechtlichen Fragen abhängt? Nicht alles, was der Bearbeiter erwogen und durchdacht hat, ist in das Gutachten aufzunehmen. Es hat keinen Sinn, mit dem stereotypen Satz zu beginnen, daß „bezüglich der Zulässigkeit des Rechtswegs, der Parteifähigkeit, der Prozeßfähigkeit ... keine Bedenken bestehen", oder gar die gesetzlichen Vorschriften anzuführen und deren Inhalt zu zergliedern mit dem Erfolge, daß man um soviel später zum Kern der Sache gelangt. Das Votum darf sich nur mit den Punkten befassen, über die Zweifel überhaupt möglich sind. Vgl. den weiteren Satz aus den erwähnten „Hinweisen": „Bei den von Amts wegen zu berücksichtigenden Umständen ist das Ergebnis der Prüfung nur mitzuteilen, wenn dazu ein besonderer Anlaß besteht."

In unserem Fall beschränkt sich das Gutachten zur formellen Rechtslage auf die Zulässigkeit der Berufung:

„A. Prozessuales.

Die Zulässigkeit der Berufung ist gemäß §§ 516, 519b ZPO zu prüfen:

1. Die Zustellung des angefochtenen Urteils, von der die Rechtzeitigkeit der Berufung abhängt, wird noch nachzuweisen sein.
2. Die Berufung ist am 20. August, die Berufungsbegründung erst am 13. Oktober eingegangen. Die für den Eingang der Begründung in § 519 Abs. 2 S. 2 ZPO vorgeschriebenen Frist von einem Monat ist gewahrt, da der Lauf dieser Frist durch die Gerichtsferien (15. Juli bis einschl. 15. September, § 199 GVG) gehemmt ist, § 223 Abs. 1 ZPO."

Wäre die Berufungsschrift am 1. Juli eingegangen, so würde die Berufungsbegründungsfrist erst am 3. Oktober enden. Der nach den Ferien verbleibende Rest wird zur Tagesfrist (RGZ 109, 305; BGHZ 5, 275; BL § 223 Anm. 2). § 191 BGB gilt dann nicht. Die Berufungsfrist ist eine Notfrist. Sie beginnt mit der Zustellung des Urteils und wird durch die Gerichtsferien nicht gehemmt, §§ 516, 223 ZPO.

Gutachten zur materiellen Rechtslage. Während der Strafrichter zunächst die Tatsachen feststellt und sie alsdann unter eine Rechtsnorm subsumiert, muß der Zivilrichter, der Verhandlungsmaxime folgend, vom Vorbringen der Parteien ausgehen. Tatsachen interessieren ihn nur, wenn sie von einer Partei behauptet sind, Rechtsfolgen, die sich bei Anwendung des Gesetzes auf den Sachverhalt ergeben, nur, wenn die Partei sie durch ihre Anträge geltend macht. Die Erhebung von Beweisen in Fällen, die ohne Beweisaufnahme entschieden werden können, widerspricht der zivilprozessualen Logik, ein Umstand, den früher beim Eidesbeweis die Form des bedingten Endurteils besonders eindringlich vor Augen führte. (Vgl. § 459 ZPO in der bis zum 31. Dezember 1933 geltenden Fassung: „Über eine Tatsache, ... wird der Eid dahin geleistet, daß die Tatsache wahr oder nicht wahr sei", und § 462 Abs. 1 ZPO a.F.: „In dem bedingten Urteil ist die Eidesnorm und die Folge sowohl der Leistung als der Nichtleistung des Eides so genau, als die Lage der Sache dies gestattet, festzustellen"). Auch Beweise, die bereits erhoben worden sind, darf der schulgerecht vorgehende Zivilrichter erst benutzen, nachdem er zuvor ihre Notwendigkeit und Erheblichkeit geprüft und bejaht hat. Wer anders verfährt, übersieht den zwischen Straf- und Zivilprozeß bestehenden grundlegenden Unterschied.

Das Gutachten zerfällt daher, falls Beweis erhoben ist, regelmäßig in folgende Abschnitte. Zunächst stellen wir — gleichviel, ob eine Beweisaufnahme stattgefunden hat oder nicht – die Frage: ist eine Entscheidung über das vom Kläger geltend gemachte Recht ohne Beweiserhebung möglich? Ob und auf welche Beweise es ankommt, läßt sich erst beurteilen, nachdem der gesamte Prozeßstoff rechtlich durchgeprüft ist. Man berücksichtigt also die Behauptungen der Parteien, anfangend mit der Klage, denen die Einwendungen, Repliken usw. sich anschließen. Jedes Mal wird mit der Feststellung begonnen, um welche Klage bzw. welchen Anspruch (Einwendung, Replik usw.) es sich handel (qualis sit actio? bzw. qualis sit exceptio?). Es folgt die Aufzählung der einzelnen zur rechtlichen Begründung des Anspruchs (Einwendung usw.) erforderlichen Tatsachen und die Untersuchung, ob sie sämtliche behauptet sind, das Vorbringen also „schlüssig" ist (actio bzw. exceptio an sit fundata?). Zuletzt wird geprüft, ob die rechtserheblichen Tatsachen unstreitig, offenkundig (§ 291 ZPO) oder unter Beweis gestellt (= Beweis dafür angetreten, s. § 282 ZPO) sind. In diesem ersten und wichtigen Abschnitt kann sich bereits herausstellen, daß es auf die bestrittenen Tatsachen nicht ankommt. Dann ist ein Urteil vorzuschlagen. Kommt es hingegen auf die bestrittenen Tatsachen an, so folgt der zweite wichtige Abschnitt. In ihm ist zu prüfen, welche erheblichen Parteibehauptungen streitig sind und ob für sie ordnungsmäßiger Beweis angetreten ist. Gewöhnlich führt dieser zweite Abschnitt zu einem Beweisbeschluß. Sind indessen die erheblichen Beweise schon erhoben, so lautet die Frage des Votums: wie ist das Beweisergebnis zu würdigen? Ist der Beweis erbracht? Wenn nein, wen trifft die Beweislast?

Die Gliederung des Gutachtens im einzelnen richtet sich nach Lage des besonderen Falles. Hier hat der Referendar den ersten Hauptabschnitt in die beiden Unterteile: „Grund des Anspruchs" und „Betrag des Anspruchs" zerlegt:

„B. Grund des Anspruchs.

I. Klagebegründung: Der Kläger verlangt als Rechtsnachfolger von *Gebr. Böttcher* auf Grund einer Abtretung Schadensersatz wegen Nichterfüllung des am 12./14. Mai 1969 abgeschlossenen gegenseitigen Vertrages. Er stützt sich sowohl auf Verzug der Beklagten mit Abnahme und Dispositionserteilung und auf unbegründete Lossagung der Beklagten vom Vertrag. Es sind daher:

1. der Verzug,
2. die Lossagung vom Vertrag

als Grundlage des Schadensersatzanspruchs zu erörtern und, falls die Ersatzpflicht grundsätzlich bejaht wird, auf:

3. die Art und Weise der Geltendmachung des Schadens
einzugehen."

Das Schema „qualis sit actio" und die in den Lehrbüchern der Referierkunst gegebenen Musterbeispiele verleiten leicht dazu, im Gutachten die gesetzlichen Tatbestandsmerkmale sämtlicher in Betracht kommenden Gesetzesvorschriften in aller Ausführlichkeit zu untersuchen, auch wenn sie im gegebenen Falle ohne jedes Interesse sind. So werden gewöhnliche Kaufpreis- und Darlehnsklagen oft in einem halben Dutzend Sätze unter Anführung vieler Paragraphen zergliedert, obwohl man sofort sieht, daß der Anspruch schlüssig ist und es nur auf Gegenforderungen oder sonstige Einwendungen des Beklagten ankommt. Ein solcher Referent würde in unserem Falle nicht unterlassen haben, mitzuteilen, daß die Abtretung nach § 398 BGB durch Vertrag geschehe, daß mit Abschluß des Vertrages der neue Gläubiger an Stelle des bisherigen trete, daß die Abtretungserklärung der Firma Gebr. Böttcher vorgetragen und daß die zum Zustandekommen der Zession erforderliche Annahmeerklärung des Klägers zwar nicht näher dargelegt sei, aber nach den Umständen wohl als vorgetragen angenommen werden könne. Wahrscheinlich würde auch eine Untersuchung darüber, ob stillschweigende Annahmeerklärung des Klägers oder der Fall des § 151 vorliege, nicht gefehlt haben. Solches Breittreten selbstverständlicher Dinge macht die Arbeiten steif und hölzern; nebenher verdrießt es den Leser, der schon ungeduldig erwartet, bei Behandlung der wirklichen Probleme des Falls zu sehen, was der Verfasser leisten kann. Das lückenlose Durchkonstruieren des Prozeßstoffes nach der Reihenfolge qualis sit actio? actio an sit fundata? usw. ist nur als ein — allerdings vorzügliches und unerläßliches — Mittel der juristischen Diagnose aufzufassen: es schützt vor der Gefahr, daß der Bearbeiter ein wesentliches Zwischenglied im rechtlichen Aufbau übersieht, oder daß er tatsächliche oder Rechtsfragen erörtert, die unerheblich sind. Hat er aber Klarheit über die Rechtslage gewonnen, so muß er bei der Ausarbeitung die Darstellung so ordnen, wie es der gegebene Fall verlangt, und Unwesentliches fortlassen. Unwesentliches ist überflüssig. Überflüssiges ist Falsches. Im Gutachten über die glatte Kaufklage mit komplizierten Einwendungen sagen wir also nur: „Der Anspruch auf den Kaufpreis ist nach § 443 Abs. 2 BGB schlüssig begründet und unstreitig. Der Beklagte wendet ein . . .", oder gar nur : „Gegenüber dem nach § 433 Abs. 2 BGB schlüssig begründeten und unstreitigen Kaufpreisanspruch wendet der Beklagte ein . . .", womit das Ergebnis der Prüfung von qualis sit actio, actio an sit fundata und actio an sit probata kurz zusammengefaßt ist. Ebenso genügt es in unserem Falle, die Abtretung mit den Worten: „Der Kläger als Rechtsnachfolger der Gebr. Böttcher auf Grund der Abtretung vom . . ." zu erledigen.

Ein anderer Fehler, der infolge Mißverstehens des Schemas „qualis sit actio" häufig begangen wird, ist die eingehende Untersuchung der rechtlichen Natur des der Klage zugrundeliegenden Vertrages. Nach § 305 BGB kann jeder beliebige obligatorische Vertrag als Konsensualvertrag geschlossen werden. Ob der vorliegende Vertrag unter den Typ des Kaufs, des Werkvertrags oder einer anderen Kategorie fällt oder ein im Gesetz nicht geregelter „freier Vertrag" (Innominatkontrakt) ist, kann bisweilen von materieller Bedeutung sein, weil für eine der in Betracht kommenden Vertragsarten Sondervorschriften über 1. Form des Abschlusses, 2. Haftung (besonders Mängelhaftung), 3. Gefahrtragung, 4. Verjährung, 5. Aufhebung bestehen. In zahlreichen Prozessen wird aber aus einem Vertrag von rechtlich schwer zu qualifizierendem Charakter ein Anspruch erhoben, für den es nur auf die Auslegung des konkreten Vertrages, z.B. hier auf die Frage seiner Erfüllung, der Haftung für Dritte u. dgl., ankommt. Hier verliere man keine Zeit mit Abhandlungen über das Wesen des Vertrags, sondern bemerke — natürlich nachdem vorher sorgfältig geprüft ist, ob keiner der Gesichtspunkte zu 1 bis 5 in Frage kommt — kurz, daß der und der Vertrag vorliege, und gehe alsdann sofort in medias res. Vgl. Berg, Gutachten und Urteil, S. 41 zu III. —

Nachahmenswert ist auch die Art, wie der Referent hier (und in späteren Abschnitten) die Disposition der nachfolgenden Erörterungen und die zu besprechenden Rechtsfragen in der Arbeit selbst entwickelt. Ohne äußere Gliederung durch Ziffern und Buchstaben wird ein längeres Gutachten unübersichtlich und schwer verständlich. Einteilungen, deren Bedeutung und Notwendigkeit sofort einleuchtet, kann man ohne erklärende Worte vorbringen. Hätte aber die Arbeit ohne jede Einleitung mit der Disposition: „B. Grund des Anspruchs: I. Klagebegründung: 1. Verzugsanspruch" begonnen, so müßte man zunächst wohl überlegen, warum so gegliedert wird, welches die korrespondierenden Teile sind usw. Die angewandte Methode gibt dem Leser das angenehme Gefühl, stets genau zu wissen, warum der Referent einen bestimmten Punkt bespricht und an welcher Stelle seines Gedankenganges er gerade ist.

„Zu 1. Für den Anspruch aus Verzug ist § 326 BGB maßgebend. Die Beklagte muß danach mit einer ihr obliegenden Leistung, und zwar mit einer Hauptleistung (RGZ 101, 429, 431; 118, 293), im Verzug gewesen sein; *Gebr. Böttcher* müssen eine Nachfrist unter der Androhung gestellt haben, die Vertragserfüllung nach Fristablauf nicht mehr anzunehmen; die Nachfrist muß angemessen gewesen, und sie muß erfolglos verstrichen sein. Zum Verzug gehört nach § 284 BGB: Fälligkeit der Leistung, Mahnung oder Ablauf der kalendermäßig bestimmten Leistungszeit, Nichterfüllung des Schuldners. Das Verschulden ist keine positive Voraussetzung des Verzugs. Es ist vielmehr Sache der Beklagten, darzutun, daß die Leistung infolge eines von ihr nicht zu vertretenden Umstandes unterblieben ist (§ 285 BGB).

Vertragsmäßig waren die Wagen bis 30. September 1969 abzunehmen. Die Leistung der Beklagten war daher bei Stellung der Nachfrist am 8. Dezember 1969 fällig. Zugleich ist der Fall der kalendermäßig bestimmten Leistungszeit gegeben, so daß es zum Verzug keiner besonderen Mahnung bedurfte. Bei einem Sukzessivlieferungsgeschäft des Großhandels, wie es hier vorliegt, ist der ganze Betrieb des Liefergeschäfts *Gebr. Böttcher* auf Ordnung und reibungslose Abwicklung der laufenden Abschlüsse gestellt. Abnahme der Ware und Dispositionserteilung stellen daher Hauptleistungen dar, deren Nichterfüllung die Anwendung des § 326 BGB rechtfertigt. Die Androhung vom 8. Dezember 1969, wonach *Gebr. Böttcher* nach Ablauf der Nachfrist das Geschäft „streichen" und Schadensersatz wegen Nichterfüllung geltend machen wollen, entspricht den gesetzlichen Erfordernissen, weil sie zum Ausdruck bringt, daß die Annahme der Vertragsleistung abgelehnt werden wird. Daß zugleich angekündigt wurde, in welcher Weise die Verkäuferin von der ihr zwischen Rücktritt und Schadensersatz zustehenden Wahl Gebrauch machen wollte, war überflüssig.

Ob die von *Gebr. Böttcher* gesetzte Nachfrist von 7 Tagen angemessen oder zu kurz war, spielt hier keine entscheidende Rolle. Selbst wenn der Beklagten eine Nachfrist von 10 Tagen zustand, so war die Fristsetzung vom 8. Dezember nicht wirkungslos; sie würde vielmehr die — nach Ansicht der Beklagten — angemessene Frist von 10 Tagen in Lauf gesetzt haben. Vgl. RGZ 62, 66; 106, 90. Die Beklagte hat auch innerhalb einer Frist von 10 Tagen weder abgerufen noch Verladeorder gegeben.

Der Anspruch aus § 326 BGB setzt allerdings voraus, daß der Erfüllungsanspruch des Gläubigers überhaupt noch bestanden hat. War dem Gläubiger die ihm obliegende Pflicht zur Lieferung unmöglich geworden, so entfällt sein Anspruch aus dem Kaufvertrag, § 440 Abs. 1 § 323 BGB. Es fragt sich daher, ob durch die dauernde Einstellung der Fabrikation von *Baumbach*schem Lupinenmehl die Erfüllung im Sinne der §§ 323, 275 BGB unmöglich geworden ist. Das ist zu verneinen. Nach dem Vertrag vom 12./14. Mai 1969 hatte die Beklagte keinen Rechtsanspruch darauf, gerade *Baumbach*sches Mehl zu erhalten, wie die Abrede zeigt, daß „... Lupinenmehl, möglichst Fabrikat Baumbach ..." zu liefern sei. Die Beklagte mußte jede gesunde helle rheinische Ware nehmen. Die Leistung aus der Gattung ist demnach möglich geblieben.

Gebr. Böttcher waren daher spätestens am 18. Dezember schadensersatzberechtigt. Auch ist der am 21. Dezember vorgenommene Deckungsverkauf rechtzeitig vorgenommen worden."

Die Unmöglichkeit, Baumbachsches Mehl zu liefern, stand im Dezember für Gebr. Böttcher fest. Die Schlüssigkeitsprüfung muß sich auch mit Tatsachen befassen, die dem Kläger ungünstig sind, sofern sie von ihm vorgetragen oder nicht bestritten werden. Unstreitige Tatsachen gehören zum Vortrag beider Parteien. Das wird in häuslichen Prüfungsarbeiten verhältnismäßig oft übersehen oder jedenfalls nicht durch die entsprechenden Aktenblätter kenntlich gemacht. Vgl. Berg, Gutachten und Urteil, S. 49ff.

„Zu 2. Am 5. November 1969 hatte die Beklagte den, ‚Schluß annulliert', d.h., sich vom Vertrag losgesagt und die Erfüllung verweigert. Sofern die Erfüllungsverweigerung unberechtigt war (s. darüber unten zu II 3), könnte sie eine positive Vertragsverletzung sein. Diese begründete für *Gebr. Böttcher* die Rechte des § 326 BGB ohne Fristsetzung, falls die Weigerung „ernstlich" und „endgültig" gewesen ist. Bei Prüfung dieser Frage ist neben dem Brief vom 5. November das übrige Verhalten der Beklagten in Betracht zu ziehen. Wenn sich ein Vertragsteil zunächst in entschiedener Weise vom Vertrag lossagt, ihm aber später teilweise erfüllt, so liegt keine ernstliche jedenfalls keine endgültige Erfüllungsweigerung im Sinne des vorstehenden Rechtssatzes vor (RGZ 96, 341; 149, 401; BGHZ 2, 312; BGH MDR 61, 314).

Die Eigenart des Falles besteht darin, daß die Beklagte nach der Rücktrittserklärung vom 5. November noch am 17. November den Wagen nach Lehrte abgerufen, dabei gegen ihre Abnahmeverpflichtung protestiert und erklärt hat, den Wagen nur „aus Entgegenkommen" abzurufen. Am Schlusse des Briefes bittet die Beklagte um gute und prompte Lieferung. Die letzten Worte weisen darauf hin, daß die Beklagte gesonnen war, bei gutem Ausfall des abgesonderten Wagens noch mehr abzurufen. Berücksichtigt man die Erfahrungstatsache, daß Kaufleute in derartigen Situationen bisweilen absichtlich unbestimmte Erklärungen abgeben, um für den Fall eines Konjunkturumschwungs nicht gebunden zu sein, so kann sogar vermutet werden, daß es so gekommen sein würde, wenn die Preise gestiegen wären.

Bei der Entscheidung unserer Frage handelt es sich darum, ob die Bestimmung einer Nachfrist gemäß § 326 BGB nach Lage der Sache für die *Gebr. Böttcher* überflüssig und entbehrlich erscheint; denn die Überflüssigkeit der Nachfrist ist der innere Grund, aus welchem der Gläubiger bei ernstlicher und endgültiger Erfüllungsweigerung des Schuldners die Rechte des § 326 BGB ohne Fristsetzung hat. Nach dem Vorstehenden kann die Fristsetzung nicht als überflüssig angesehen werden. Vielmehr war zur Klärung der Verhältnisse die Bestimmung einer Nachfrist, welche die Beklagte zu unzweideutiger Stellungnahme nötigte, angebracht. Mithin ist eine positive Vertragsverletzung zu verneinen. Der Kläger kann den Schadensersatzanspruch daher nur aus § 326 BGB unmittelbar herleiten.

Zu 3. Den Schadensersatz wegen Nichterfüllung verlangt der Kläger, weil durch den Verzug der Beklagten und den Ablauf der Nachfrist die Lieferungspflicht seiner Rechtsvorgängerin *Gebr. Böttcher* weggefallen sei und das Rechtsverhältnis sich in einen einzigen, auf Geldzahlung gerichteten Anspruch aufgelöst habe. Er folgt damit der sog. „Differenz"- oder „Saldotheorie", die dem Zweck des § 326 BGB entspricht, einfache und klare Rechtsverhältnisse zu schaffen und die Kaufparteien auseinander zu bringen.

Ob die Differenztheorie stets anwendbar ist, wenn Schadensersatz wegen Nichterfüllung eines gegenseitigen Vertrags gefordert wird, ist zweifelhaft. Im Vordringen ist eine Mittel meinung. Nach ihr kann der schadenersatzberechtigte Gläubiger nach seiner Wahl entweder den Differenzanspruch geltend machen oder statt dessen seine eigene Leistung anbieten und dann Ersatz des Leistungsinteresses verlangen. (RGZ 50, 255; BGHZ 20, 343; Enneccerus-Lehmann, § 53 IV). Im Großhandel, für den eine schnelle und sichere Erledigung der Geschäfte erforderlich ist, ist dem Gläubiger nicht zuzumuten, seine Leistung noch weiter bereit zu halten, wenn der Schuldner trotz Nachfrist nicht leistet. Der Kläger folgt daher mit Recht der Differenztheorie. Der Anspruch ist schlüssig."

Es lohnt im konkreten Falle nicht und wäre überflüssig und daher falsch, mehr über den alten Streit zwischen „Surrogations"- und „Differenztheorie" zu sagen. Denn die Möglichkeit der Schadensberechnung nach der Differenztheorie ist hier außer Zweifel. Man soll nicht, wie Anfänger es gern tun, allgemeine Streitfragen breittreten, zu denen sich neues kaum mehr sagen läßt, sondern das Gutachten möglichst auf die speziellen Rechtsprobleme des Falles konzentrieren, über die man in Entscheidungen und Kommentaren wenig oder gar nichts findet, und an denen man daher die Fähigkeit zeigen kann, Gründe und Gegengründe durch selbständiges juristisches Denken zu entwickeln. Solche Spezialfragen sind hier z.B.: die „ergänzende Auslegung" der Abrede vom 20. Oktober (vgl. B II 2), der Einfluß der unterlassenen Mängelanzeige und einer Minderwertklausel auf das Rücktrittsrecht des Sukzessivlieferungskäufers wegen positiver Vertragsverletzung (B II 3, III 1), die Zulässigkeit des Mitbietens des Verkäufers oder seines Strohmanns beim öffentlichen meistbietenden Deckungsverkauf und die Berücksichtigung des an der zurückgekauften Ware später von ihm erzielten Verdienstes (C IV).

„II. Einwendungen: Die Beklagte ist der Ansicht, am 8. Dezember 1969 nicht zur Abnahme verpflichtet gewesen zu sein, weil:

1. der Erfüllungsanspruch der *Gebr. Böttcher* bereits mit Ablauf der am 7. Oktober 1969 gestellten Frist weggefallen sei,
2. auf Grund der Vereinbarung vom 20. Oktober 1969 die Abnahmepflicht geruht habe,
3. der Vertrag durch die Rücktrittserklärung vom 5. November 1969 aufgehoben worden sei.

Wenn eine dieser Einwendungen begründet ist, würde es am Verzug der Beklagten fehlen und der Klageanspruch deshalb unbegründet sein.

Zu 1. Mit dem Ablauf der Nachfrist am 15. Oktober war der Erfüllungsanspruch der *Gebr. Böttcher* nach § 326 Abs. 1 S. 2 BGB an sich ausgeschlossen, vorausgesetzt, daß die Frist angemessen war und die übrigen gesetzlichen Voraussetzungen für die Fristsetzung vorlagen. Diese Rechtsfolge hat aber keinen Einfluß auf den nach derselben Vorschrift gegebenen Schadensersatzanspruch der Klägerin. Fraglich könnte nur sein, ob *Gebr. Böttcher* berechtigt waren, mit dem Deckungskauf bis zum 21. Dezember zu warten. Dieser Punkt braucht jedoch nicht geprüft zu werden. *Gebr. Böttcher* konnten zwar nicht einseitig die Wirkungen der Fristsetzung wieder aufheben. Wohl aber waren die Parteien befugt, durch übereinstimmend formlose Willenserklärung den Vertrag wieder in Kraft zu setzen (vgl. RGZ 107, 345, wo der besondere Fall des Grundstückskaufs behandelt ist). Das haben sie getan, indem die Beklagte nach dem 15. Oktober mehrere Wagenladungen vorbehaltlos abrief, *Gebr. Böttcher* sie lieferten. Nach der Darstellung der Beklagten soll sogar am 20. Oktober (also nach Fristablauf!) die Abnahmepflicht der Beklagten ausdrücklich hinausgeschoben und damit im Prinzip bestätigt worden sein. Die Fristsetzung vom 7. Oktober ist daher unerheblich."

Die Fristsetzung vom 7. Oktober hätte als unstreitige Tatsache ebenfalls bereits beim Vortrag der Klägerin berücksichtigt werden können (vgl. oben S. 254). Ihre völlige Bedeutungslosigkeit zeigt sich aber erst im Zusammenhang mit der — bestrittenen — Behauptung der Beklagten, daß am 20. Oktober ihre Abnahmepflicht hinausgeschoben und damit im Endergebnis neu begründet worden sei. Diese Erwägung rechtfertigt die Erörterung an dieser Stelle.

Zu 2. Die Abmachung vom 20. Oktober soll dahin gegangen sein, daß die Abnahmepflicht der Beklagten so lange ruhe, bis *Baumbach* wieder Lupinenmehl herstellen würde, unter gleichzeitiger Ermäßigung des Preises um 0,40 DM für je 100 kg. Nach dem Brande hat man zunächst erwartet, *Baumbach* werde seine Mühle für die Erzeugung von Lupinenmehl wieder in Betrieb setzen, während er tatsächlich diese Fabrikation für immer aufgegeben hatte. Es ist ein Fall eingetreten, den die Parteien bei der behaupteten Vereinbarung nicht ins Auge gefaßt hatten. Daher muß der Vertrag im Wege der Auslegung ergänzt werden, indem man nach den Regeln von Treu und Glauben und unter Anwendung der im Vertrage enthaltenen Richtlinien ermittelt, was im Falle der dauernden Einstellung der *Baumbach*schen Lupinenmehlerzeugung rechtens sein soll und was die Parteien mutmaßlich gewollt und vereinbart haben würden, wenn sie an diesen Fall gedacht hätten (§§ 133, 157 BGB, dazu RGZ 92, 318, 417; BGHZ 9, 273; Enneccerus-Nipperdey § 205 II). Meiner Ansicht nach wollten die Vertragsparteien am 20. Oktober keinesfalls den Schluß dauernd aufheben, worauf es hinauslaufen würde, wenn die Abnahmepflicht der Beklagten bis zu einem niemals eintretenden Zeitpunkte ruhen müßte. Die Vertragschließenden dachten lediglich an eine Hinausschiebung der Vertragsabwicklung auf verhältnismäßig nicht erhebliche Zeit, durch die sie die entstandenen Schwierigkeiten beseitigen zu können hofften. Nachdem sich die Dinge so entwickelt haben, daß nur die Wahl zwischen vollständiger Aufhebung des Vertrages oder sofortiger Erfüllung blieb, war ohne Rücksicht auf den am 20. Oktober besprochenen Aufschub weiter zu erfüllen. Der Brand und die dauernde Einstellung der Lupinenmehlproduktion durch *Baumbach* konnten auch nicht unter dem Gesichtspunkt der Unmöglichkeit rechtlich bedeutsam sein, wie bereits oben zu I 1 ausgeführt wurde. Das Landgericht hat daher mit Recht die behauptete Vereinbarung nach dem Stand des Parteivorbringens erster Instanz für unerheblich erklärt.

In der Berufungsinstanz hat jedoch die Beklagte neu angeführt, daß man am Tage der Fristsetzung vom 8. und des Selbsthilfeverkaufs vom 21. Dezember in den beteiligten Kreisen noch mit baldiger Wiederaufnahme der Lupinenmehlfabrikation *Baumbachs* gerechnet habe. Im Zusammenhang mit dieser Anführung ist das Vorbringen schlüssig. Mag die Vereinbarung vom 20. Oktober gegenstandslos geworden sein, so hinderte sie doch den Eintritt des Verzugs der Beklagten so lange, bis die Vertragsparteien zuverlässig wußten, daß *Baumbach* seine Mühle für andere Zwecke umbaue.

Zu 3. Nach Behauptung der Beklagten hat die Verkäuferin den Vertrag durch eine Reihe minderwertiger Lieferungen verletzt. Das Geschäft der Beklagten mit *Gebr. Böttcher* war ein Sukzessivlieferungskauf, d. i. ein Vertrag, bei dem auf Grund einheitlichen Abschlusses eine feste oder nach dem Bedarf des anderen für eine gewisse Zeit zu bestimmende Warenmenge nach und nach in Raten zu liefern ist; außerdem war es ein beiderseitiges Handelsgeschäft (§ 343 HGB). Beim Sukzessivlieferungsvertrag gibt die Rechtsprechung dem Käufer das Recht, wegen positiver Vertragsverletzung ohne vorherige Fristsetzung vom ganzen Vertrag zurückzutreten oder Schadensersatz wegen Nichterfüllung zu fordern, wenn der Verkäufer mehrmals mangelhaft liefert, so daß die Annahme, es werde in Zukunft nichts anders geliefert werden, gerechtfertigt und darnach die Erreichung des Vertragszwecks gefährdet ist (RGZ 52, 18; 54, 98, 286; 57, 105; 63, 297;). Unter besonderen Verhältnissen genügt schon eine einmalige Vertragsverletzung, falls nämlich wegen des Umfangs, der Schwere oder der geringen Verbesserungsfähigkeit der Mängel die Fehlerhaftigkeit der künftigen Lieferungen aus der einen mangelhaften Lieferung mit Bestimmtheit vorausgesehen werden kann. Liegt ein beiderseitiges Handelsgeschäft vor und ist eine mangelhafte Leistung nicht oder nicht rechtzeitig gerügt worden, so gilt die Ware nach § 377 Abs. 2 HGB als genehmigt. Infolgedessen verliert der Käufer die Rechte aus positiver Forderungsverletzung. Er kann die Mängel der als genehmigt geltenden Lieferungen nur unterstützend zu dem Nachweis verwerten, daß Schlechtlieferungen sich wiederholen werden (RGZ 65, 49, 54/55; BGH LM Nr. 5 zu § 377 HGB).

Fraglich ist, ob der Käufer, wenn schon früher schlecht geliefert und damals ordnungsmäßig gerügt worden war, auch eine verspätet bemängelte Lieferung zum Anlaß des Rücktritts nehmen kann. Dafür spricht die Erwägung, daß das Rücktrittsrecht aus positiver Vertragsverletzung an keine gesetzlich fixierten Voraussetzungen gebunden ist, sondern nach freiem Ermessen des Richters und nach Lage des einzelnen Falles gewährt wird. Da aber nach dem mit der kaufmännischen Rechtsanschauung übereinstimmenden § 377 Abs. 2 HGB die nicht gerügte Ware als „genehmigt gilt", verliert der Käuger alle ihm aus der Mangelhaftigkeit zustehenden Rechte. Als Grundlage des Rücktritts ist daher nur eine Lieferung geeignet, die nicht als genehmigt gilt. Es braucht das nicht gerade die letzte Lieferung zu sein. Rügt der Käufer eine mangelhafte Lieferung, ohne zunächst ihretwegen den Rücktritt zu erklären, wird später wieder schlecht geliefert und verabsäumt der Käufer diesmal die Rüge, so kann er nunmehr auf Grund der ersten Fehllieferung vom ganzen Vertrag zurücktreten, wobei die zweite Lieferung rein tatsächlich als Beleg für die Wiederholungsgefahr herangezogen wird. Allerdings darf dann seit der ersten Lieferung nicht so viel Zeit verstrichen sein, daß der Käufer wider Treu und Glauben handelt, wenn er jetzt noch den Rücktritt daraus herleitet; denn nach allgemeinem Rechtsgrundsatz darf der Berechtigte mit der Geltendmachung außerordentlicher Aufhebungsrechte nicht übermäßig lange warten.

Im einzelnen muß also die Beklagte zur Begründung ihres Rücktrittsrechts darlegen:

a) eine Reihe mangelhafter Lieferungen oder eine einzelne mangelhafte Lieferung, die der besonderen Umstände halber die Vermutung, es werde in Zukunft wieder schlecht geliefert werden, nahelegt. Vertragswidrig sollen gewesen sein: der zurückgenommene Harzburger Wagen; der Paderborner Wagen vom 20. August; die 3 Celler Wagen, auf welche von *Gebr.*

Böttcher Preisnachlässe bewilligt worden sind; der Braunschweiger Wagen, auf den *Gebr. Böttcher* ebenfalls einen Nachlaß bewilligt haben; die beiden am 24. Oktober nach Gifhorn verladenen Wagen, insgesamt 8 Wagen. Das ist mehr als ausreichend.

b) Gefährdung des Vertragszwecks. Sie ergibt sich ohne weiteres aus der behaupteten großen Zahl minderwertiger Lieferungen; außerdem behauptet die Beklagte Verlust ihrer Kundschaft im Paderborner Gebiet und Einleitung eines Betrugsverfahrens gegen ihre Inhaber als Folgen der vertragswidrigen Lieferung.

c) Rechtzeitige Bemängelung mindestens einer Lieferung, die zeitlich nicht so früh liegt, daß es gegen Treu und Glauben verstieß, ihretwegen am 5. November den Rücktritt zu erklären. Der Brief vom 10. September, in dem die Beklagte *Gebr. Böttcher* vor weiteren schlechten Lieferungen unter Hinweis auf die drohenden schweren Folgen warnte, kommt dabei nicht zugunsten der Beklagten in Betracht. Er verpflichtete zwar *Gebr. Böttcher* zu besonderer Sorgfalt, kann es aber nicht rechtfertigen, daß die Beklagte wochenlang wartete, bevor sie eine vertragswidrige Lieferung zum Anlaß nahm, sich vom Vertrage loszusagen. Mithin wird von entscheidender Bedeutung sein, ob die beiden Gifhorner Wagen noch rechtzeitig beanstandet worden sind. Die übrigen Lieferungen, auch Celle und Braunschweig, liegen zu weit zurück.

Zwischen der Ablieferung des Paderborner Wagens vom 20. August und der 2 Gifhorner Wagen am Bestimmungsort und der Bemängelung liegen, wenn man den Angaben der Beklagten folgt, 6—7 Tage (1.—7. September, 31. Oktober bis 5 November). Das ist an sich weit mehr, als zur Untersuchung im ordnungsmäßigen Geschäftsgang (§ 377 Abs. 1 HGB) gehört. *Gebr. Böttcher* mußten jedoch wissen, daß die Ware von der Beklagten weiterverkauft war und durch mehrere Hände wanderte, daß die Beklagte bei der Ablieferung nicht persönlich zugegen sein konnte und von etwaigen Mängeln erst durch Anzeige ihres Käufers Kenntnis erhielt, der wiederum auf die Mängelrüge seines Abkäufers angewiesen war. Mit Rücksicht auf diese besondere Sachlage stand der Beklagten für ihre Rüge gegenüber *Gebr. Böttcher* so viel Zeit zu, als notwendig war, um die Rüge des *Bitter* über *May* und *Palme*, bzw. die Rüge *Klages*' durch *Palme* an sie gelangen zu lassen. Die Rügen würden also gerade noch rechtzeitig gewesen sein (vgl. RGZ 96, 13; 102, 91; BGH NJW 54, 1841; Haberkorn MDR 66, 642).

Die Wirksamkeit des Rücktritts der Beklagten hängt also in erster Reihe davon ab, ob die Gifhorner Wagen rechtzeitig gerügt wurden, ob sie minderwertige Ware enthielten, ob die Beklagte infolgedessen ihre Paderborner Kundschaft verloren hat und wegen Betruges strafrechtlich verfolgt worden ist. Wird alles das festgestellt, so halte ich in Verbindung mit der mangelhaften und rechtzeitig beanstandeten Lieferung nach Harzburg das Rücktrittsrecht für gegeben, ohne daß es noch auf die Qualität der anderen 5 Wagen (Paderborn, Braunschweig, Celle) und die Rüge im Falle Paderborn ankam. Denn *Gebr. Böttcher* waren durch den Brief vom 10. September darauf vorbereitet, daß bei nochmaliger mangelhafter Lieferung die Beklagte sich vom Vertrage lossagen würde (oben zu c)."

Der Richter: Ihre Ansicht läßt sich halten. Mir scheint es aber doch eine Härte gegen die Verkäuferin zu sein, wenn der Käuferin wegen zweier minderwertiger Lieferungen mit zusammen 3 Wagen, die noch dazu über 2 Monate auseinanderliegen, das Rücktrittsrecht zugebilligt wird. Bedenken Sie, daß die 26 (bis zur Abnahme des Lehrter Wagens sogar 27) Waggons, um die es bei dem Rücktritt geht, ein Objekt von fast 30000 DM darstellen! Ebenso wie bei einer Kündigung aus wichtigem Grunde, muß auch bei dem verwandten Rücktrittsrecht des Sukzessivlieferungskäufers zwischen Vertragsverletzung und wirtschaftlichen Folgen des Rücktritts eine gewisse Verhältnismäßigkeit bestehen. Ich verlange für das Rücktrittsrecht, daß auch noch der Paderborner oder der Braunschweiger oder die Celler Wagen vertragswidrig waren, und werde entsprechend votieren.

„III. Replik: Gegenüber dem Rücktrittsrecht der Beklagten aus positiver Vertragsverletzung macht der Kläger geltend:

1. Durch die Minderwertklausel vom 12. September habe die Beklagte nicht bloß auf Wandelung einzelner nicht vertragsmäßiger Raten sondern auch auf die weitergehenden, den ganzen

Vertrag betreffenden Rechte aus positiver Vertragsverletzung verzichtet. Das Landgericht ist dem beigetreten. Die Beklagte behauptet nunmehr, es bestehe ein Handelsbrauch, wonach der Käufer trotz Minderwertklausel bei erheblichen Mängeln die Kaufsache wandeln und wegen positiver Vertragsverletzung zurücktreten könne. Sie beruft sich auf Gutachten der Industrie- und Handelskammern in Köln und Kleve. M. E. kommt es bei einer auf den wahren Willen der Vertragsschließenden und die Gebräuche des kaufmännischen Lebens Rücksicht nehmenden Auslegung (§§ 133, 157 BGB, 346 HGB) nicht auf den Handelsbrauch an. Die Minderwert- wie die ihr verwandte Arbitrageklausel sollen den Verkäufer davor schützen, daß der Käufer in schikanöser Weise die Abnahme einer, vielleicht auf einer entfernten Station stehenden Ware wegen geringfügiger Fehler verweigert, den Verkäufer in Verlegenheit setzt und einen Druck auf ihn ausübt, um unberechtigte Vorteile herauszuschlagen. Deshalb schließt man die Wandelung aus, und darum ist Voraussetzung für die Geltung der Klausel, daß es sich um eine noch halbwegs lieferfähige Ware handelt. Bei sehr erheblichen Mängeln steht dem Käufer die Wandelung zu (Vgl. RGZ 73, 257). Um so mehr muß man ihm den Rücktritt wegen positiver Vertragsverletzung zugestehen. Bei Vereinbarung von Minderwertklauseln denken die Parteien bloß an die Behandlung der einzelnen beanstandeten Lieferung, nicht an den Fall, daß durch fortgesetzt schlechte Lieferungen der Vertragszweck gefährdet werden und ein Rücktritt des Käufers vom ganzen Vertrag in Frage kommen könnte. Schlußfolgerungen von der vertragsmäßigen Ausschließung des Wandelungsrechts auf die positive Vertragsverletzung sind verfehlt."

Der Richter: Relationstechnisch gesehen, enthalten Ihre Ausführungen zwei schwere Fehler: Die Einlassung des Beklagten ist zu einer Replik nur geeignet, soweit sie neue rechtserhebliche Tatsachen enthält, die beim Vortrag des Klägers noch nicht geprüft werden konnten; der Kläger muß dann in der Replik diesen Tatsachen gegenüber neue Tatsachen vorbringen, die einwand- bzw. einredeverneinenden oder -hemmenden Charakter haben. Vgl. Berg, Gutachten und Urteil S. 66f. Die Minderwertklausel vom 12. September ist aber unstreitig. Somit gehört sie zum Vortrag beider Parteien (vgl. oben S. 254) und war bereits beim Vortrag der Beklagten zu berücksichtigen. Die Auslegung der Klausel ist eine reine Rechtsfrage. Auf Rechtsausführungen der Parteien ist dort einzugehen, wo die zugrunde liegenden Behauptungen rechtlich gewürdigt werden. Folgt man der Auslegung des Landgerichts, so entfällt das Rücktrittsrecht der Beklagten schon aus diesem Grunde. Ihre Ausführungen oben zu 3 (S. 257) hätten sich dann erübrigt. Jedoch stimme ich Ihnen dahin zu, daß die Auslegung des Landgerichts aus den von Ihnen angegebenen Gründen nicht richtig ist. Ihre Ausführungen mußten aber jedenfalls zu Beginn der Prüfung der Einlassung des Beklagten zu 3 gebracht werden; eine Replik des Klägers erübrigt sich somit. — Sodann ist unrichtig, daß Sie zu dem Beweisantrag der Beklagten bereits hier Stellung nehmen. Ob Beweis erforderlich und angetreten ist, ist erst in dem 2. großen Abschnitt des Gutachtens, der „Tatsachenfeststellung" zu prüfen. Sie werden dies also später erörtern müssen. Was die Erforderlichkeit des Beweises betrifft, so möchte ich aber, da Sie die Frage einmal angeschnitten haben, schon hier bemerken, daß es zweifelhaft ist, ob man ohne Handelskammergutachten auskommt. In zweifelhaften Fällen erhebt man am besten den Beweis. Das sollte man nicht nur deshalb tun, weil die Abschneidung von Beweisen die Parteien fast noch mehr verbittert als der Verlust des Prozesses. Vom Tatsächlichen kann das Gericht niemals zu viel erfahren. Es ist möglich, daß das Urteil des Senats nach Anhörung der Handelskammer ebenso ausfallen wird, wie es ohne Gutachten ausgefallen wäre: aber sicherlich werden wir unsere Entscheidung besser begründen können, nachdem wir die Auffassung kaufmännischer Kreise von der Tragweite der Minderwertklausel kennen gelernt haben. In revisiblen Sachen spricht noch eine praktische Erwägung dafür, in Zweifelsfällen lieber Beweis zu erheben. Entscheidet nämlich das Oberlandesgericht ohne Beweis und hält der Bundesgerichtshof den Beweis für erheblich, so wird aufgehoben und zurückgewiesen, und die schließlich verlierende Partei hat noch die Kosten der Revisions- und einer weiteren Berufungsinstanz zu zahlen! — Ich werde deshalb votieren, daß in dem zu erlassenden Beweisbeschluß auch die Handelskammergutachten mit aufgenommen werden.

„2. *Gebr. Böttcher* hätten die im Verkehr erforderliche Sorgfalt beobachtet, da die gelieferte Ware bei gut renommierten Firmen als „gesundes, helles, rheinisches Lupinenmehl" gekauft und von den Lieferanten, ohne daß *Gebr. Böttcher* sie zu sehen bekommen hätten, unmittelbar an die von der Beklagten aufgegebenen Adressen verladen worden sei. Die Frage ist nun, ob die Rechte aus positiver Vertragsverletzung schon auf Grund objektiv vertragswidriger Lieferung oder nur bei Verschulden des Verkäufers gegeben sind.

Im allgemeinen wird, ebenso wie beim Verzug (§ 285 BGB), zur positiven Vertragsverletzung ein zu vertretendes Verschulden gerechnet. So leitet die grundlegende Entscheidung des Reichsgerichts (RGZ 52, 18) die Verpflichtung zum Ersatz des dem Gegner durch positive Vertragsverletzung entstandenen Schadens aus § 276 BGB oder dessen analoger Anwendung ab. Freilich hat sich jetzt die Ansicht durchgesetzt, daß diese Vorschrift nur einen Haftungsmaßstab abgebe und die Rechtsfolge in einer Analogie zu den §§ 280, 286 und oder in den §§ 325, 326 oder in § 242 BGB enthalten sei (RGZ 149, 401; 106, 22; BGHZ 11, 80). Was die Sukzessivlieferungsgeschäfte anlangt, so gibt RGZ 57, 105, dem Käufer die Rechte des § 326 BGB, wenn andauernd so mangelhaft geliefert wurde, daß nicht zu erwarten ist, es werde künftig anders geliefert werden, und wenn „darnach durch einen vom Verkäufer zu vertretenden Umstand" die Erreichung des Vertragszwecks gefährdet ist. Ob das Reichsgericht die andauernd schlechte Lieferung immer und ohne Möglichkeit des Entlastungsbeweises als einen vom Verkäufer zu vertretenden Umstand betrachtet hat, oder ob es außer der objektiven Vertragsverletzung auch auf das Verschulden Wert legt, bleibt unklar. Die übrigen oben zu B 11 3 zitierten Entscheidungen berühren die Frage des Verschuldens überhaupt nicht. Das scheinbare Fehlen eines Verschuldens ist damit zu erklären, daß der Verkäufer beim Sukzessivlieferungsvertrag weiß, es werde und müsse sich der Käuger auf gehörige Erfüllung einrichten und sich darauf verlassen, daß er seinen daraufhin eingegangenen Verpflichtungen genügen könne. Die Nichtachtung dieses Umstandes durch den Verkäufer ersetzt das Erfordernis des Verschuldens.

M. E. ist die Frage für die beiden im Falle positiver Vertragsverletzung bestehenden Rechte verschieden zu beantworten. Dem Sukzessivlieferungskäufer auf Grund unverschuldet mangelhafter Lieferungen Schadensersatz wegen Nichterfüllung entsprechend § 326 BGB zu gewähren, wäre eine nicht zu rechtfertigende Durchbrechung der sonstigen Grundsätze des Schuldrechts. Gegenüber dem Schadensersatzanspruch kann sich daher der Verkäufer durch Nachweis des Nichtverschuldens (arg. §§ 282, 285 BGB) entlasten, außer wenn eine zugesicherte Eigenschaft fehlt (§ 463 BGB). In unserem Fall handelt es sich aber nicht um Schadensersatz wegen Nichterfüllung, sondern um das sog. Rücktrittsrecht, welches in Wahrheit ein Kündigungsrecht darstellt, da es den Vertrag bloß für die Zukunft aufhebt und der bereits abgewickelte Teil des Geschäfts nicht rückgängig gemacht wird. Ebenso wie bei der Kündigung aus „wichtigem Grunde" (§§ 626, 723 BGB, § 70 HGB) genügen deshalb auch Umstände, die von keiner Partei verschuldet sind.

Die Rechtslage ist ähnlich der beim Fixgeschäft (§ 361 BGB, § 376 HGB), von dem man schon auf Grund objektiver Nichteinhaltung der Frist zurücktreten kann, während der Schadensersatzanspruch Verzug, also Verschulden, voraussetzt. Für das Fixgeschäft folgt die Gewährung des Rücktrittsrechts ohne Verschulden des Gegners aus der besonderen Bedeutung, die hier die Rechtzeitigkeit der Erfüllung besitzt, und aus dem folgeweise zu vermutenden Parteiwillen. Auch beim Sukzessivlieferungskauf entspricht die Zulassung des Rücktritts ohne Verschulden dem Willen der Vertragschließenden: denn der Verkäufer weiß, daß dem Käufer nur mit gleichmäßig guten Lieferungen gedient sein kann.

Das Vorbringen des Klägers ist daher unerheblich.

3. Die Beklagte habe sich durch Abforderung des Wagens nach Lehrte am 17. November in Widerspruch zu ihrer Rücktrittserklärung vom 5. November gesetzt und ihren Rücktritt nicht ernst gemeint. Hierbei übersieht der Kläger, daß die Beklagte beim Abruf des Lehrter Wagens ausdrücklich auf ihren Brief vom 5. November Bezug genommen, gegen ihre Abnahmeverpflichtung protestiert und erklärt hat, daß sie den Wagen lediglich aus Entgegenkommen abrufe. Aus der Abnahme dieses Wagens darf daher nichts gegen die Beklagte hergeleitet werden."

Der Richter: Die Ausführung zu 3. sind relationstechnisch wieder verfehlt. Auch hier werden keine neuen Tatsachen rechtlich gewürdigt. Vielmehr nehmen Sie Stellung zu einer Rechtsansicht des Klägers. Dieser Abschnitt gehört also gleichfalls zur Einlassung der Beklagten zu Punkt 3 (oben S. 257). Es war auch hier zu prüfen, ob die Beklagte das Rücktrittsrecht schon deshalb nicht geltend machen durfte, weil sie sich sonst in Widerspruch zu ihrem eigenen Verhalten setzte. Sachlich stimme ich aber Ihrer Auffassung zu. Sie sehen allerdings aus meinen Bemerkungen zu Ihrer „Replik", daß eine echte Replik selten vorliegt. Meist werden Sie die Ausführungen entweder in der Klägerstation oder in der Beklagtenstation bringen können.

„C. Betrag des Anspruchs.

Die Klageforderung ist schlüssig. Ohne Beweisaufnahme greift keine der von der Beklagten erhobenen Einwendungen durch. Es ist auf die Höhe des Anspruchs einzugehen."

Hätte die Betrachtung unter B dazu geführt, den Grund des Klageanspruchs endgültig zu verneinen, so wäre es falsch gewesen, die Höhe des Anspruchs überhaupt zu prüfen (außer vielleicht in einem Hilfsgutachten, S. 271). Ungeschulte Referenten neigen dazu, sich in jede interessante Rechtsfrage, auf die sie beim Durcharbeiten des Falles stoßen, zu vertiefen und sie zu erörtern. Nicht selten stellt sich dann im weiteren Verlauf der Arbeit heraus, daß es auf die ganze Frage aus Rechtsgründen nicht ankommt. Die Untersuchung unerheblicher Rechtsfragen ist aber ein ebenso schwerer Fehler, wie die Erhebung oder Würdigung überflüssiger Beweise. Bevor man sich also auf solche — oft noch mit weiteren Fehlern durchsetzte — Untersuchungen einläßt, muß die rechtliche Konstruktion des Falles zu Ende durchdacht und festgestellt sein, daß die Entscheidung des Prozesses durch die Beantwortung der Frage beeinflußt werden kann.

Nunmehr wird das Votum über die Höhe des Anspruchs disponiert:

„Diese hat der Kläger sowohl konkret nach dem öffentlichen Deckungsverkauf vom 21. Dezember 1969 wie abstrakt nach dem Marktpreis berechnet. Für beide Berechnungen ist die Frage von Bedeutung, welche Summe als Vertragspreis bei der Schadensfeststellung eingesetzt werden soll (I). Es folgt die Nachprüfung der konkreten (II) und der abstrakten (III) Berechnung. Der besseren Übersicht halber prüfe ich unter I und II gleichzeitig, ob und wieweit das abweichende Vorbringen der Beklagten erheblich ist. Unter einem besonderen Punkt (IV) folgt schließlich die Untersuchung, ob und inwieweit die von der Beklagten behauptete Tatsache, daß *Wiechmann* vorgeschobene Person für *Gebr. Böttcher* gewesen sei, Einfluß auf den konkreten oder abstrakten Schaden haben kann."

Der Richter: Sie weichen damit von dem schulgerechten Aufbau eines Gutachtens ab. Freilich ist das übliche Schema nicht unumstößlich. Besonders bei sog. Punktensachen (unten S. 261) empfiehlt sich der besseren Übersicht halber oft ein abweichender Aufbau. Ich will daher gegen Ihren Aufbau nichts einwenden, sofern dadurch die Darstellung übersichtlicher wird. Sie müssen sich aber der „Originalität" Ihres Vorgehens bewußt sein. Besonders rechtzufertigen brauchen Sie das nicht. Im übrigen warne ich vor zu originellem Vorgehen.

„I. Bei der Schadensberechnung ist das Landgericht von den vereinbarten 11,30 DM für 100 kg als Vertragspreis ausgegangen. Aber nach Behauptung der Beklagten wurde am 20. Oktober 1969, zugleich mit dem Aufschub der Erfüllung bis zum Wiederaufbau der *Baumbach*schen Mühle die Ermäßigung des Preises um 0,40 DM vereinbart. Die Ermäßigung würde dadurch, daß die Hinausschiebung der Vertragserfüllung gegenstandslos geworden ist (oben zu B II 2), nicht berührt werden. Denn so lange, bis der Umbau der *Baumbach*schen Mühle für Weizen- und Roggenmehlproduktion offenkundig wurde, hat die Vertragserfüllung tatsächlich geruht, und *Gebr. Böttcher* haben den Vorteil gehabt, auf den es ihnen bei der Abrede augenscheinlich ankam. Daher ist die Vereinbarung vom 20. Oktober auch für die Höhe des Anspruchs erheblich.

II. Konkrete Berechnung: Durch den öffentlichen Deckungsverkauf vom 21. Dezember 1969 wird der Klageanspruch in Höhe der Differenz zwischen 11,30 DM — falls die Vereinbarung vom 20. Oktober nachgewiesen wird: 10,90 DM — und 8.50 DM für je 100 kg, sowie wegen 299,40 DM Kosten des öffentlichen Verkaufs schlüssig dargetan. Der Zinsanspruch steht dem Kläger in Höhe von 5% seit dem 22. Dezember 1969, dem Tage der Zahlungsaufforderung, nach §§ 284, 288 Abs. 1 BGB, 352 HGB zu. Die Mehrzinsen ließen sich unter dem Gesichtspunkt des Schadensersatzes wegen Verzuges rechtfertigen (§ 288 Abs. 2 BGB). Angesichts der allgemein bekannten Geld- und Kreditverhältnisse pflegen die Gerichte bei einem Kaufmann einen derartigen Schaden auf Grund der Lebenserfahrung ohne nähere Substantiierung zu bejahen. Diese Praxis ist nicht zu billigen. Sie läuft auf eine Fiktion hinaus. Der Kläger muß daher Einzelheiten darlegen, aus denen sich ergibt, daß er durch Aufnahme von Kredit einen Schaden in Gestalt der Mehrzinsen erlitten hat (so OLG Frankfurt NJW 56, 360; OLG Köln NJW 69, 1388; Palandt-Danckelmann § 288 Anm. 2). Das hat der Kläger nicht getan. Sein Zinsmehranspruch ist unschlüssig.

„Die Beklagte trägt demgegenüber vor:

1. Der Verkauf hätte am Ablieferungsort Kleve und nicht in Köln geschehen müssen. An sich ist das richtig. Aber wie bereits das Landgericht dargestellt hat, bestehen für das Deckungsgeschäft in dem hier vorliegenden Falle keine formellen Vorschriften, und die Beklagte kann von der Wahl des anderen Versteigerungsortes nur Nutzen gehabt haben, da in Köln mehr Kaufinteressenten vorhanden sind als in Kleve.

2. Beim Deckungsverkauf sei ‚gesundes, helles, rheinisches Lupinenmehl' ohne den Zusatz ‚möglichst Fabrikat *Baumbach*' verkauft und dadurch der Preis gedrückt worden. Dem Landgericht ist darin beizutreten, daß der Wegfall dieser Worte angebracht war, wenn *Baumbach*sches Mehl seit dem Brande vom 28. August vom Markt verschwunden und die Absicht *Baumbachs*, seine Mühle für andere Zwecke umzubauen, am Tage des Selbsthilfeverkaufs allgemein bekannt war.

Nachdem aber jetzt behauptet wird, daß diese Tatsache erst später unter den Interessenten verbreitet worden sei (oben zu B II 2), kann die abweichende Fassung der Kaufbedingungen bei der öffentlichen Versteigerung von Bedeutung sein. Denn grundsätzlich mußten diese Bedingungen mit denen des Schlusses vom 12./14. Mai 1969 übereinstimmen, und wenn infolge willkürlicher Abweichungen das Ergebnis der Versteigerung niedriger ausgefallen sein sollte, würden *Gebr. Böttcher* nach § 254 BGB diesen Teil des ihnen entstandenen Schldens selbst zu tragen haben. Darum ist auch erheblich, ob *Baumbach*sches Mehl sich besonderer Beliebtheit erfreute.

3. *Adolf Böttcher* hätte den Kauflustigen bei der Versteigerung ein minderwertiges Muster gezeigt. Wenn auch die Ware nicht „nach Muster" versteigert wird, so ist es doch möglich, daß die Auslegung eines Musters von schlechter Qualität die Höhe des erzielten Erlöses ungünstig beeinflußt hat. Die Behauptung ist daher aus dem gleichen Grunde wie die zu 2 erheblich.

4. Außer in der Qualitätsbezeichnung des versteigerten Mehls (zu 2) weichen die Bedingungen des Selbsthilfeverkaufs von denen des Schlusses noch insofern ab, als die Beklagte ‚lieferbar Juni—September 1969 auf Abruf' und ‚Kasse gegen Frachtbriefduplikat' gekauft hatte, während bei der Versteigerung die Erfüllungszeit ‚lieferbar auf Abruf' schlechthin lautete und bezüglich der Zahlungsweise nichts Besonderes bestimmt war. Eine Untersuchung über die Zulässigkeit der Abweichungen und ihren Einfluß auf das Versteigerungsergebnis erübrigt sich indessen, weil die Beklagte nicht geltend gemacht hat, daß die Versteigerung gerade aus diesem Grunde ungünstiger ausgefallen sei."

Der Richter: Die Ausführungen zu 4 fallen völlig aus dem Rahmen der Ausführungen zu 1—3. Es handelt sich nicht um ein Vorbringen der Beklagten, wie Sie zum Schluß selbst bemerken. Außerdem sprechen Sie nunmehr im Indikativ. Das hätte Sie veranlassen müssen, diese Ausführungen an anderer Stelle zu bringen, nämlich zu Beginn dieses Abschnitts (II) bei Prüfung der Frage, ob die konkrete Schadensberechnung des Klägers schlüssig ist. Denn es handelt sich um eine unstreitige Tatsache, die somit zum Vortrag des Klägers gehört. Die Berücksichtigung der bei dem Deckungsgeschäft gemachten Fehler beruht auf § 254 BGB. Das mitwirkende Verschulden ist nach herrschender Ansicht von Amts wegen zu berücksichtigen, sofern die hierfür erforderlichen Tatsachen sich aus dem eigenen Vortrag des Geschädigten ergeben, s. Enneccerus-Lehmann, § 16 V. Die Frage des mitwirkenden Verschuldens durfte somit nicht offen bleiben. Jedoch bin ich der Auffassung, daß der von Ihnen zu 4 geschilderte Sachverhalt kein mitwirkendes Verschulden im Sinne des § 254 BGB rechtfertigt. Bei der Lieferzeit handelt es sich um eine bloß scheinbare Abweichung, denn am Tage des Selbsthilfeverkaufs war die ursprüngliche Lieferzeit längst abgelaufen, und das Restquantum war auf einmal abzunehmen. Die Weglassung der Klausel „Kasse gegen Frachtbriefduplikat" — bei welcher der Käufer, abweichend von der gesetzlichen Regelung (S. 173), zahlen muß, ohne die Ware gesehen zu haben — bedeutete geradezu eine Erleichterung für den Käufer und konnte daher den durch den Deckungsverkauf ausgewiesenen Schaden höchstens verringern.

„III. Abstrakte Berechnung: Es fragt sich, ob die Behauptung des Klägers, der Marktpreis für gesundes, helles rheinisches Lupinenmehl habe am 21. Dezember 1969 keinesfalls 8,50 DM für 100 kg überstiegen, eine ausreichende Substantiierung des Schadens nach abstrakter Berechnungsweise darstellt.

Die Rechtsprechung läßt dem Gläubiger die Wahl, ob er bei abstrakter Berechnung des Schadensersatzes wegen Nichterfüllung im Falle des Verzuges von dem bei Eintritt des Verzuges maßgebenden Marktpreis ausgehen will (der Schuldner muß ihn so stellen, wie wenn der Vertrag rechtzeitig erfüllt worden wäre), oder vom Preise z. Z. des Ablaufs der Nachfrist (denn dies ist der späteste Zeitpunkt, zu welchem der Gläubiger noch Anspruch auf die Vertragserfüllung besaß, § 326 Abs. 1 S. 2, zweiter Satzteil). Wird der Schadensersatz wegen Nichterfüllung aus positiver Vertragsverletzung des Schuldners, z. B. Erfüllungsverweigerung, hergeleitet, so behält der Gläubiger den Erfüllungsanspruch so lange, bis er dem Schuldner erklärt, daß er sein Verhalten als Grund betrachte, die Erfüllung des Vertrages abzulehnen; nur darf er mit seiner Entscheidung nicht übermäßig lange warten, nicht wider Treu und Glauben die Situation ausnutzen, um auf Kosten des Schuldners zu spekulieren. Da der Kläger keine Rechte aus positiver Vertragsverletzung gegen die Beklagte hat (oben zu B I 2), kommt in unserem Falle nur der Eintritt des Verzuges (1. Oktober 1969) oder das Ende der Nachfrist in Betracht. Die Nachfrist ist mit dem 15., wenn aber die Ansicht der Beklagten über die Länge der angemessenen Frist (oben zu B I 1) zutrifft, mit dem 18. Dezember abgelaufen. Der Kläger kann daher in keinem Falle den 21. Dezember zugrunde legen.

Wahrscheinlich hat der Kläger den 21. Dezember nur versehentlich angegeben und meint in Wahrheit den Ablauf der Nachfrist. Ich rate daher — obwohl zweifelhaft sein kann, ob die Voraussetzungen des § 139 ZPO zutreffen — den Kläger zu befragen. Ändert er seine Behauptung dahin ab, daß der Marktpreis am 15. und 18. Dezember 8,50 DM betragen habe, so ist sie erheblich.

Die in der Klagesumme enthaltenen 299,40 DM Kosten des öffentlichen Verkaufs können als abstrakter Schaden nicht gefordert werden.

IV. Nach der in der Berufungsinstanz neu aufgestellten Behauptung der Beklagten soll *Wichmann*, der Meistbietende des öffentlichen Verkaufs vom 21. Dezember 1969, die Ware als vorgeschobene Person für *Gebr. Böttcher* erworben und im Januar 1970 zu mehr als 11,50 DM weiter verkauft haben. Hieraus folgert die Beklagte, daß der Zedentin des Klägers ein Schaden aus der Nichterfüllung des Vertrags nicht erwachsen sei. Nach der Darstellung des Klägers soll *Wichmann* sein Gebot für eigene Rechnung abgegeben haben und erst nachträglich an *Gebr. Böttcher* mit der Anfrage herangetreten sein, ob sie sich am Weiterverkauf der Ware zur Hälfte beteiligen wollten, dann soll der Verkauf als gemeinschaftliches Geschäft von beiden durchgeführt worden sein. Den hierbei erzielten über dem Vertragspreis liegenden Preis von 11,50 DM stellt der Kläger nicht in Abrede. Bei der Würdigung dieses Vorbringens sind abstrakte und konkrete Berechnungsweise auseinanderzuhalten:

1. Der abstrakte Schaden beruht beim Verkäufer auf der Vermutung, daß er, wenn der Käufer erfüllt hätte, in der Lage gewesen wäre, sich die Ware zum billigeren Marktpreis zu beschaffen und sie zum höheren Vertragspreis an den Käufer abzusetzen (beim Käufer: daß er die Ware vom Verkäufer zum niedrigeren Vertragspreis geliefert erhalten und zum höheren Marktpreis weiterverkauft haben würde). Wird die Vermutung durch den besonderen Sachver-

halt entkräftet, so entfällt die Möglichkeit der abstrakten Berechnung. Unter diesem Gesichtspunkt wurde z. B. dem Militärfiskus, Kommunalverbänden und Behörden als Käufern nicht gelieferter Waren, die sie im Falle der Lieferung zum Selbstkostenpreis an die Mannschaften bzw. die Bürgerschaft abgegeben hätten, in manchen Fällen der abstrakte Schaden versagt (RGZ 90, 423; 99, 49; 100, 112; 101, 217; 105, 287). Was der Verkäufer mit der Ware, die er infolge der Nichterfüllung des Verkäufers behalten hat, später anfängt, interessiert nicht: denn die abstrakte Berechnung sieht ja gerade von der tatsächlichen Gestaltung der Dinge ab (RGZ 89, 282). Verdient also der Verkäufer später beim anderweiten Verkaufe, so beeinträchtigt das seinen abstrakten Schadensersatzanspruch nicht.

2. Für die entsprechende Frage beim konkreten Schaden werden in Rechtsprechung und Literatur drei Meinungen vertreten:

a) Manche wollen das Mitbieten des nichtsäumigen Teils bei dem zur Berechnung des Schadens aus § 326 BGB in Form offentlicher Versteigerung vorgenommenen Deckungsgeschäft in gleicher Weise zulassen, wie das Gesetz dies für das Deckungsgeschäft im Falle des Handelsfixkaufs (§ 376 Abs. 4 S. 1 HGB), für den Selbsthilfeverkauf (§ 373 Abs. 4 HGB), für den Pfandverkauf und für die Versteigerung gepfändeter Mobilien (§ 1239 BGB, § 816 Abs. 4 ZPO) ausdrücklich vorschreibt und wie Börsen- und Schlußscheinbedingungen der Großhandelsverbände es in der Regel gestatten. Erhält der Veranstalter der Versteigerung den Zuschlag, so soll das Deckungsgeschäft für die Schadensberechnung unbedingt maßgebend sein (RG Recht 16 Nr. 646).

b) Die gegenteilige Ansicht erklärt ein Deckungsgeschäft des Verkäufers mit sich selbst außerhalb der gesetzlich besonders anerkannten Fälle für unzulässig mit der Begründung: Erhalte der Verkäufer, der die Ware zur öffentlichen Versteigerung gestellt habe, den Zuschlag, so liege kein Deckungsgeschäft sondern „lediglich der fehlgeschlagene Versuch eines solchen" vor, und der Zuschlag sei für das Verhältnis zum Käufer bedeutungslos (OLG Hamburg Recht 17 Nr. 22; v. Tuhr JW 25, 1278 Nr. 11).

c) Andere erkennen den Deckungsverkauf mit Selbsteintritt des Verkäufers im Prinzip an, schränken jedoch seine Bedeutung ein mit folgender Erwägung: Der Verkäufer könne in einem solchen Falle ‚nicht ohne weiteres' den Unterschied zwischen Vertragspreis und Versteigerungserlös fordern, müsse sich vielmehr den Einwand entgegenhalten lassen, daß er im Besitz der Ware verblieben und daher imstande gewesen sei, sie zum ursprünglichen Vertragspreis an einen Dritten zu veräußern (RGZ 110, 155).

d) Falsch wäre es, die Zulässigkeit und Erheblichkeit des Selbsteintritts von vornherein aus juristisch-konstruktiven Gesichtspunkten zu verneinen. Allerdings faßt das Gesetz die Versteigerung — mit Ausnahme der in Form einer gerichtlichen Verhandlung und eines gerichtlichen Staatsakts gekleideten Immobiliarversteigerung — als Vertrag, und zwar als Kauf auf (arg. §§ 156, 456/7, 461 BGB). Zum Vertrag gehören begrifflich zwei Partner. Es liegt daher das argumentum e contrario nahe, daß, abgesehen von den gesetzlich besonders zugelassenen Fällen, der Zuschlag an den Veranstalter der Versteigerung wirkungslos sein müsse. Nun stellen die Fälle, in denen der Selbsteintritt vom Gesetz (oder den maßgebenden Geschäftsbedingungen) gestattet wird, theoretisch zwar eine Ausnahme, praktisch aber die überwiegende Mehrzahl aller überhaupt vorkommenden Versteigerungen dar. Es fehlt an einem inneren Grunde für die Annahme, daß eine Voraussetzung, die das Gesetz für die wichtigsten Anwendungsfälle ausschaltet, in einem verhältnismäßig seltenen Fall die Bedeutung eines notwendigen Begriffsmerkmals haben soll. Der kaufmännischen Auffassung ist ein solch fundamentaler Gegensatz zwischen den beiden Gruppen öffentlicher Versteigerungen fremd. Es wäre ein unbefriedigendes Ergebnis, wenn der Verkäufer statt der Fristsetzung den Weg des Angebots der Ware mit anschließendem Selbsthilfeverkauf nach § 373 HGB beschreiten müßte (wie v. Tuhr a.a.O. es ihm tatsächlich empfiehlt), um sich die Möglichkeit eines Extragewinns zu verschaffen, der beim Deckungsverkauf gemäß § 326 BGB für unstatthaft erklärt wird. Der Verkehr verlangt bei Versteigerungen lediglich Unparteilichkeit und Uninteressiertheit des Versteigerers und seiner Gehilfen (§§ 456/5 BGB), dagegen spielt die Person des Meistbietenden keine Rolle. Wenn jeder bieten darf, besteht kein Anlaß, gerade den Veranstalter der Versteigerung auszuschließen. Man wird daher aus § 373 Abs. 4 HGB usw. per analogiam folgern müssen, daß auch bei einer lediglich zur Berechnung des konkreten Schadens bewirkten Versteigerung Verkäufer und Käufer als vollwertige Mitbieter anzusehen sind.

Auf der anderen Seite läßt sich nicht verkennen, daß der Verkäufer — falls nicht der Käufer oder ein von ihm beauftragter Geschäftsfreund mitbietet und den Preis treibt — die Ware oftmals weit unter dem wirklichen Wert zugeschlagen erhält, weil die übrigen Angehörigen der Branche trotz der öffentlichen Bekanntmachung sich nicht genügend an der Versteigerung beteiligt haben. Das beruht bisweilen darauf, daß die besonderen Bedingungen hinsichtlich Menge, Lieferzeit und -ort, Zahlungsweise usw., die das Deckungsgeschäft entsprechend dem ursprünglichen Kauf aufweist, unbequem sind. Oder man will nicht gern in einen Schluß eintreten, der schon einmal zu Differenzen geführt hat. Bisweilen ist die allgemeine Passivität darauf zurückzuführen, daß man weiß, der Verkäufer wünsche selbst den Zuschlag zu bekommen, und daß man ihm aus Kollegialität diesen Vorteil gönnt.

Die Rechtsprechung hat stets daran festgehalten, daß meistbietende Deckungsgeschäfte der hier in Rede stehenden Art für die Ermittlung des Schadens nicht bindend sind, sondern nur die Bedeutung eines Elements der Schadensberechnung besitzen (RGZ 53, 14; 57, 107; 110, 155). Besteht also im Einzelfall ein besonderse Mißverhältnis zwischen Zuschlagspreis und wirklichem Wert, so steht nichts im Wege, den Schaden des Verkäufers entsprechend zu kürzen.

aa) Der geschäftliche Verkehr verlangt eine gewisse Erleichterung und Schematisierung des Schadensnachweises. Deshalb wird der Schaden des Verkäufers durch einen öffentlichen Dekkungsverkauf, bei dem er selbst den Zuschlag erhalten hat, prima facie ausgewiesen, und der Käufer hat die besonderen Umstände dazulegen, aus denen sich ergibt, daß ein Schaden nicht vorhanden oder daß er geringer sei.

bb) Nicht der vom Verkäufer beim Weiterverkauf schließlich erzielte Preis, sondern der Wert der ihm zugeschlagenen Ware z. Z. der Versteigerung kommt in Betracht (so auch RGZ 110, 155). Der hierüber hinausgehende Verdienst des Verkäufers verbleibt ihm, ebenso wie das der Fall ist, wenn der Verkäufer die Ware beim Selbsthilfeverkauf nach § 373 HGB zurückgekauft hat.

cc) Der dem Verkäufer entgegengehaltene höhere Wert darf kein theoretisch geschätzter oder errechneter, sondern er muß ohne besondere Schwierigkeiten realisierbar sein. In diesem Sinne legt RGZ 110, 159, Gewicht darauf, daß in dem dort entschiedenen Fall zwischen Vertragsabschluß und Versteigerung die maßgebenden Konventionspreise sich nicht geändert hatten und daß diese Preise auch tatsächlich bei Verkäufen um jene Zeit erzielt worden seien.

dd) Weiter ist zugunsten des Verkäufers zu berücksichtigen, daß im Zurückkaufen der Ware ein Risikomoment enthalten ist. Man kann nicht wissen, ob die Preise sich nach oben oder nach unten entwickeln werden, ob der Käufer, den man später für die Ware findet, zahlungsfähig sein wird usw.

Die ausführliche Behandlung juristischer Streitfragen beginnt am besten mit der Darstellung der in Rechtsprechung und Literatur bisher vertretenen Meinungen und (in knapper Zusammenfassung) ihrer Begründungen. Anschließend legt man die eigene Ansicht dar und widerlegt die Gegenansichten. Oder der Bearbeiter widerlegt zunächst die Argumente der Gegner, um daraus seine eigene Meinung aufzubauen. Sind die Gründe, die er als entscheidend ansieht, bereits von anderen erschöpfend dargelegt, so genügt es, sie als fremden Gedankengang mitzuteilen und nachher zu bemerken, daß man sich anschließe. Fehlsam ist es, sich auf die Wiedergabe der Anschauungen Dritter ohne jede Stellungnahme zu beschränken. Dieser Mangel findet sich oft in häuslichen Arbeiten.

„Die Beklagte kann also mit ihrem Einwand nur gehört werden, wenn sie behauptet, der Wert des versteigerten Lupinenmehls habe am 21. Dezember 1969 8,50 DM erheblich überstiegen. Der hohe Preis, den *Gebr. Böttcher* bzw. *Wichmann* im Januar 1970 erzielt haben, ist als solcher unerheblich. Er beweist auch nichts dafür, daß schon im Dezember 1969 der Wert der Ware so hoch gewesen sei; denn starke und plötzliche Preisschwankungen sind bei Lupinenmehl nichts Ungewöhnliches. Ein Anlaß zur Ausübung des richterlichen Fragerechts besteht nicht."

Damit ist die rechtliche Prüfung des Parteivorbringens abgeschlossen. Erst jetzt läßt sich feststellen, ob der Prozeß ohne Beweisaufnahme entschieden werden kann. Denn wenn auch die Untersuchung des Grundes des Anspruchs ergab, daß die Klage schlüssig und das Vorbringen der Beklagten teilweise erheblich ist, so wäre es doch möglich gewesen, daß die Nachprüfung der Höhe dazu geführt hätte, den ganzen Anspruch wegen Fehler in der Berechnung oder wegen der Unzulässigkeit des Rückkaufs zu verneinen.

„D. Ergebnis.

Auf Grund des Parteivorbringens ist eine Entscheidung ohne Beweisaufnahme nicht möglich, vielmehr kommt es auf eine Anzahl streitiger Tatsachen an, nämlich auf

die Abmachung vom 20. Oktober 1969 (B II 2 und C I): für Grund und Betrag,

das Bekanntsein der dauernden Einstellung der Lupinenmehlfabrikation durch *Baumbach & Co.* (B II 2, C II 2): für Grund und Betrag,

die vertragswidrige Beschaffenheit und rechtzeitige Bemängelung der beiden Gifhorner Wagen sowie die nachteiligen Folgen dieser Lieferung für die Beklagte (B II 3): nur für den Grund,

die besondere Beliebtheit des *Baumbach*schen Mehls (C II 2): nur für den Betrag,

die Auslegung des minderwertigen Musters bei der Versteigerung am 21. Dezember 1969 (C II 3): nur für den Betrag,

unter der Voraussetzung, daß der Kläger seine Behauptungen zu C III nach Ausübung des Fragerechts entsprechend abändert: der Marktpreis vom 15. bzw. 18. Dezember 1969, ebenfalls nur für den Betrag."

Gemäß den Korrekturen des Richters (S. 258—260) treten hinzu:

die vertragswidrige Beschaffenheit der nach Paderborn, Braunschweig und Celle gelieferten Wagen (B II 3): nur für den Grund,

der Handelsbrauch über die Tragweite der Minderwertklausel (B III 1): nur für den Grund.

„Die Abmachung vom 20. Oktober 1969 will die Beklagte durch die unstreitige Tatsache beweisen, daß *Gebr. Böttcher* in ihren Rechnungen seither nur 10,90 DM für 100 kg gefordert haben. Dieser Umstand macht die Behauptung der Beklagten wahrscheinlich, doch kann von vollem Beweis um so weniger die Rede sein, als die Beklagte Ende Oktober 3 Wagen abgerufen hat, ohne sich ihre Rechte aus der angeblichen Vereinbarung vorzubehalten; das ist vielmehr erst bei Abruf des Lehrter Wagens am 17. November geschehen. Über die Vereinbarung vom 20. Oktober ist aber auch direkter Beweis und zwar durch Zeugen von beiden Seiten angeboten. Dieser muß erhoben werden. Gegen die Zeugenvernehmung von *Anton Koch* besteht kein Bedenken, da er aufgehört hat, Gesellschafter der beklagten Firma zu sein."

Ob streitige Parteibehauptungen beweisbedürftig sind, soll man in einem korrekt aufgebauten Votum erst prüfen nachdem festgestellt ist, daß es für die Entscheidung auf sie ankommt. (Berg, Gutachten und Urteil S. 14, 75 ff). Hätte der Referent die Beweiswürdigkeit der Abmachung vom 20. Oktober 1969 alsbald zu B II 2 untersucht, so wäre es möglich gewesen, daß sich bei Prüfung des weiteren Parteivorbringens ein Endurteil ohne Beweis ergab.

„Darüber, daß *Baumbach*s Absicht, die Erzeugung von Lupinenmehl nicht mehr aufzunehmen, am 8. und 21. Dezember 1969 noch nicht bekannt gewesen sei, benennt die Beklagte *Wohlfahrt* als Zeugen. Der Kläger hat Parteivernehmung der Beklagten über ihre Kenntnis am 8. Dezember beantragt, und die Beklagte hat sich mit der Vernehmung ihrer Gesellschafter einverstanden erklärt. Vorläufig will ich nur den Zeugenbeweis erheben und die Entscheidung über die Parteivernehmung davon abhängig machen, ob es nach dem Ergebnis der Zeugenaussage noch eines weiteren Beweises bedarf oder ob vielleicht das Gegenteil des Beweisthemas als bewiesen anzusehen ist (§ 445 Abs. 2 ZPO).

Für die Minderwertigkeit der 2 Gifhorner Wagenladungen, die Rechtzeitigkeit ihrer Bemängelung und die Folgen der mangelhaften Lieferung tritt die Beklagte Zeugen- und Urkundenbeweis an. Er ist zu erheben.

Was die besondere Beliebtheit des *Baumbach*schen Mehls anlangt, so hat die hierfür beweispflichtige Beklagte Sachverständigenbeweis angeboten, der zu erheben ist. Gemäß § 144 ZPO will ich in den Beweissatz die Behauptung aufnehmen, daß das Versteigerungsergebnis bei Verkauf von gesunden, hellem, rheinischen Lupinenmehl ‚möglichst Fabrikat *Baumbach*' voraussichtlich höher gewesen sein würde."

Der Sachverständige ist Gehilfe des Richters. Daher kann Sachverständigenbeweis — zum Unterschied von dem der absoluten Parteidisposition unterstehenden Zeugenbeweis — auch von Amts wegen erhoben werden. Jedoch kann in diesem Falle kein Auslagenvorschuß gemäß §§ 402, 379 ZPO verlangt werden; denn es fehlt an einem „Beweisführer" (RGZ 109, 67).

„Ebenfalls zu erheben ist der von der beweisbelasteten Beklagten angetretene Zeugenbeweis über die Auslegung des minderwertigen Musters bei der Versteigerung.

Bei den Marktpreisen (oben zu C III) sind die Erklärungen des Klägers abzuwarten, den auch die Beweislast trifft."

Mit Bezug auf die vom Richter als beweiserheblich bezeichnete Beschaffenheit der Paderborner, Braunschweiger und Celler Wagen wird in das Gutachten Folgendes eingefügt:

„Für die Vertragswidrigkeit der nach Paderborn, Braunschweig und Celle gelieferten 5 Wagen hat die Beklagte Zeugenbeweis angetreten. Der Kläger will die Ordnungsmäßigkeit des Braunschweiger und der 3 Celler Wagen durch Zeugen beweisen. Nun haben *Gebr. Böttcher* auf diese Wagen seiner Zeit Preisnachlässe bewilligt und damit die Vertragswidrigkeit anerkannt. Man wird das jedoch nicht dahin auslegen dürfen, daß das Anerkenntnis sich auch auf die damals nicht in Rede stehenden Rechtsfolgen der positiven Vertragsverletzung erstreckt habe, und daß es unwiderruflich sei. Vielmehr hat sich dadurch nur die Beweislast — die an sich nach § 363 BGB die Beklagte trifft, weil sie die Sendungen als Erfüllung angenommen hat — umgekehrt. Doch spielt das, da beide Parteien Zeugenbeweis angetreten haben, zunächst keine Rolle; es ist der Beweis beider Parteien zu erheben."

Zum ersten Mal war in diesem Abschnitt von der Beweislast die Rede. Da das Gutachten eine praktische Arbeit sein soll, darf es keine rechtlichen Untersuchungen enthalten, die nicht für die Entscheidung des Falles von Bedeutung sein können. Hieraus und aus der praktischen Bedeutung der Beweislast folgt, daß Beweislastfragen nur an zwei Stellen des Gutachtens gehören: 1. in die Erörterung, ob und welche Beweise über die als erheblich festgestellten streitigen Tatsachen zu erheben sind, 2. in die Beweiswürdigung. Ferner gewinnt die Beweislast jedenfalls mittelbar Bedeutung für die Schlüssigkeitsprüfung: Beweislast und Behauptungslast entsprechen sich grundsätzlich. Um zu wissen, ob Klagebegründung, Einwendung, Replik usw. ausreichend substantiiert und somit schlüssig begründet ist, muß man auf die Behauptungslast und infolgedessen meistens auf die Beweislast zurückgreifen. Man muß sich aber, wie gesagt, darüber klar sein, daß es sich um eine Frage der Behauptungslast handelt. Wer darüber hinaus bei der rechtlichen Prüfung des Prozeßstoffs die Beweislast für streitige Behauptungen untersucht, begeht einen grundsätzlichen Fehler; denn am Schlusse der rechtlichen Prüfung kann sich herausstellen, daß es aus anderen rechtlichen Gesichtspunkten — z. B. weil eine Einwendung oder Replik durchgreift — auf jene Behauptung nicht ankommt. Vgl. Berg, Gutachten und Urteil, S. 15, 85 f.

„E. Vorschlag.

Eine Zurückverweisung der Sache gemäß § 538 Abs. 1 Nr. 3 ZPO kommt nicht in Frage, denn der erste Richter hat weder über den Grund vorab entschieden noch die Klage abgewiesen."

Auch wenn im Falle eines nach Grund und Betrag streitigen Anspruchs in erster Instanz lediglich ein Grundurteil erlassen oder die Klage abgewiesen worden ist, braucht das Berufungsgericht nicht unter allen Umständen zurückzuverweisen. Vielmehr hat es über den Betrag mit zu erkennen, sofern dieser zur Entscheidung reif ist (§ 538 a. a. O.).

„Das Berufungsgericht muß daher den Betrag des Anspruchs mit erledigen. Es ist jedoch in der Lage, wenn es den Klageanspruch dem Grunde nach ebenfalls bejahen will, hierüber ein Grundurteil nach § 304 zu erlassen, gegen das selbständige Revision möglich ist. Dies sowie die

Erwägung, daß die Beweiserhebung über den Grund möglicherweise zur Klageabweisung führen kann und eine Beweiserhebung über den Betrag alsdann überflüssig ist, spricht dafür, die Beweisaufnahme zunächst auf den Grund des Anspruchs zu beschränken.

Andrerseits ist eine umfangreiche Beweisaufnahme über den Grund nicht zu vermeiden, und wenn die wenigen für den Betrag in Frage kommenden Beweise alsbald miterhoben werden — ein Teil der notwendigen Beweise hat ohnehin für Grund und Betrag Bedeutung —, so wird das die Entscheidung des Rechtsstreits kaum wesentlich hinausschieben. Ferner schädigt es die Parteien, wenn man bloß ein Grundurteil erläßt, gegen das Revision eingelegt wird, und wenn erst nach Rechtskraft des Grundurteils die Erhebung der Beweise über die Höhe erfolgen soll. Denn durch die inzwischen eingetretene Verzögerung schwindet die Aussicht, von den Zeugen noch positive und zuverlässige Bekundungen zu erlangen, immer mehr. Für die Erhebung aller Beweise spricht ferner das Interesse des Klägers an schneller Erlangung eines ohne Sicherheit vorläufig vollstreckbaren Schuldtitels (vgl. § 708 Nr. 7 ZPO).

Ich schlage deshalb vor, von einer Vorabentscheidung über den Grund abzusehen und:

1. gemäß § 139 ZPO den Kläger zu fragen, ob seine Behauptung und sein Beweisantritt über den Marktpreis sich auch auf den 15. und 18. Dezember 1969 beziehen,
2. über sämtliche beweiserheblichen streitigen Tatsachen laut nachstehendem Beschlußentwurf Beweis zu erheben.“

Beweisbeschluß. Nachdem die Beschaffenheit der Paderborner, Braunschweiger und Celler Wagen sowie der Handelsbrauch bezüglich der Minderwertklausel nach dem Votum des Richters eingeschaltet sind und der Kläger seine Behauptungen über den Marktpreis auf Befragen berichtigt hat, lautet der vom Referendar vorgeschlagene Beweisbeschluß:

„Beweisbeschluß.

I. Über folgende streitigen Parteibehauptungen soll Beweis erhoben werden:

1. Am 20. Oktober 1969 habe der Gesellschafter der Firma *Gebr. Böttcher*, *Adolf Böttcher*, mit dem damaligen Mitarbeiter der Beklagten *Anton Koch* auf dem Getreidemarkt in Köln vereinbart, daß die Abnahmepflicht der Beklagten so lange ruhen solle, bis *Baumbach & Co*, wieder Lupinenmehl produzieren würden; gleichzeitig sei der Schlußpreis um 0,40 DM für 100 kg ermäßigt worden. — Es sei zwar davon gesprochen worden, daß man die Erfüllung des Schlusses vielleicht hinausschieben könne, bis *Baumbach & Co.* wieder Lupinenmehl liefern würden, man habe aber eine bestimmte Vereinbarung nicht getroffen,

durch Vernehmung a) des Kaufmanns *Anton Koch* in Köln, benannt von der Beklagten, b) des Kaufmanns *Adolf Böttcher* in Kleve, benannt vom Kläger, als Zeugen.

2. In den beteiligten Kreisen habe man am 8. und 21. Dezember 1969 noch nichts davon gewußt, daß *Baumbach & Co.* ihre Mühle für die Fabrikation von Roggen- und Weizenmehl umbauen wollten, man habe vielmehr mit der baldigen Wiederaufnahme der Erzeugung von Lupinenmehl gerechnet,

durch Vernehmung des Kaufmanns *Ernst Wohlfahrt* in Köln als Zeugen, benannt von der Beklagten.

3. Das Mehl des am 1. September 1969 in Paderborn abgelieferten Wagens Lupinenmehl sei dunkel, dumpfig, mit Sand vermischt, verschimmelt und zur Verfütterung ungeeignet gewesen,

durch Vernehmung des Inhabers der Futtermittelgroßhandlung *Bitter* in Paderborn als Zeugen, benannt von der Beklagten.

4. Das Mehl des Ende September 1969 in Braunschweig abgelieferten Wagens Lupinenmehl Nr. 98333 sei dunkel, dumpfig, mit Sand vermischt, verschimmelt und zur Verfütterung ungeeignet gewesen. Es sei vielmehr von ordnungsmäßiger Beschaffenheit gewesen,

durch Vernehmung des Kaufmanns *Rademacher* in Braunschweig als Zeugen, benannt von beiden Parteien.

5. Das Mehl der Ende September 1969 in Celle abgelieferten Wagen Lupinenmehl Nr. 15420, 63945, 108621 sei dunkel, dumpfig, mit Sand vermischt, verschimmelt und zur

Verfütterung ungeeignet gewesen. Es sei vielmehr von ordnungsmäßiger Beschaffenheit gewesen,

durch Vernehmung des Kaufmanns *Peschel* in Celle als Zeugen, benannt von beiden Parteien.

6. Die Wagen Nr. 41287 und 34270 seien am 31. Oktober 1969 in Gifhorn abgeliefert worden. Diese Wagen hätten dunkles, dumpfiges, mit Sand vermischtes, verschimmeltes und zur Verfütterung ungeeignetes Lupinenmehl enthalten. Die Firma *Klages* habe die Wagen am 2. November 1969 untersucht und am 3. November gegenüber ihrer Verkäuferin *Palme & Co.* in Gifhorn bemängelt,

durch Vernehmung des Inhabers der Firma *Hermine Klages* in Gifhorn als Zeugen, benannt von der Beklagten.

7. Die Firma *Palme & Co.* habe die ihr von der Firma *Klages* in Gifhorn zugegangene Beanstandung der daselbst abgelieferten Wagen Lupinenmehl Nr. 41287 und 34270 durch Brief vom 4. November 1969 der Beklagten weitergegeben. Die Beklagte hätte im Herbst 1969 27 Wagen Lupinenmehl bei Lieferung guter Ware mit Leichtigkeit im Paderborner Gebiet absetzen können. Durch wiederholte schlechte Lieferungen sei das Vertrauen der Käufer untergraben worden; die beiden nach Gifhorn verladenen Wagen hätten den Ausschlag gegeben,

durch Vernehmung des Kaufmanns *Edmund Palme*, in Firma *Palme & Co.* in Gifhorn als Zeugen, benannt von der Beklagten.

8. Gegen die Inhaber der Beklagten und ihre Abnehmer sei wegen Lieferung der Wagen Nr. 41287 und 34270 nach Gifhorn im Oktober 1969 ein Strafverfahren wegen Betruges eingeleitet worden,

durch Einforderung der Akten der Staatsanwaltschaft in Paderborn gegen *Palme* und andere.

9. Im Großhandel mit Lupinenmehl bestehe ein Handelsbrauch, nach welchem der Käufer trotz der Vereinbarung, daß beanstandete Ware mit Minderwert zu übernehmen sei, bei sehr erheblichen Mängeln der Kaufsache wandeln und die Rechte aus positiver Vertragsverletzung geltend machen kann?

durch Einholung amtlicher Gutachten der Industrie- und Handelskammern in Köln und Kleve.

10. Lupinenmehl der Mühle *Baumbach & Co.* sei im Dezember 1969 besonders beliebt gewesen. Es sei anzunehmen, daß der Ertrag der öffentlichen Versteigerung vom 21. Dezember 1969 ein höherer gewesen wäre, wenn *Gebr. Böttcher* gesundes, helles rheinisches Lupinenmehl, möglichst Fabrikat *Baumbach*' zum Verkauf gestellt hätten,

durch Vernehmung eines von der Industrie- und Handelskammer in Köln vorzuschlagenden Sachverständigen. Beweisführer: Beklagte.

11. Bei der öffentlichen Versteigerung in der Getreidebörse zu Köln am 21. Dezember 1969 habe der Kaufmann *Adolf Böttcher* den Kauflustigen ein Muster gezeigt, das von schmutzig-gelber Farbe und zur Verfütterung kaum mehr geeignet gewesen sei. Infolgedessen habe niemand über 8,50 DM geboten,

durch Vernehmung des Kaufmanns *Ernst Wohlfahrt* in Köln als Zeugen, benannt von der Beklagten.

12. Wie hoch war am 15. und 18. Dezember 1969 der Marktpreis für gesundes, helles, rheinisches Lupinenmehl, insbesondere bei einem Verkauf zu den Bedingungen des Vertrages vom 12./14. Mai 1969?

durch Vernehmung eines von der Industrie- und Handelskammer in Köln vorzuschlagenden Sachverständigen. Beweisführer: Kläger.

II. Die in Köln wohnhaften Zeugen und Sachverständigen sowie der Zeuge *Böttcher* sollen gemäß § 375 Abs. 1 Nr. 3 ZPO vor dem Prozeßgericht, die übrigen Zeugen im Wege der Rechtshilfe vernommen werden.

III. Die Ladung der Zeugen bzw. der Abgang des Ersuchungsschreibens werden davon abhängig gemacht, daß der Kläger für die zu ..... „(es folgen die vom Kläger benannten Zeugen)" benannten Zeugen und der Beklagte für die zu ..... „(es folgen die vom Beklagten benannten Zeugen)" benannten Zeugen einen Auslagenvorschuß von je 15 DM bis zum ..... bei der Gerichtskasse hinterlegen oder eine Entschädigungsverzichtserklärung des Zeugen beibringen. Die Ladung der Sachverständigen wird davon abhängig gemacht, daß in derselben Frist Kläger und Beklagter einen Vorschuß von je ..... DM hinterlegen.

IV. Termin zur Beweisaufnahme vor dem Prozeßgericht und zur Fortsetzung der mündlichen Verhandlung wird nach Wiedereingang der Akten bestimmt werden. Zu dem Termin sind auch die Gesellschafter der Beklagten, die Kaufleute *Richard Koch* und *Peter Edlich* in Köln, zu laden, deren Parteivernehmung über die Behauptung,

daß die Beklagte am 8. Dezember 1969 Kenntnis davon gehabt habe daß *Baumbach & Co.* ihre Mühle für die Fabrikation von Roggen- und Weizenmehl umbauen wollten,

vorbehalten bleibt."

Ohne die vorsorgliche Ladung der Gesellschafter könnte sich die Notwendigkeit einer Vertagung ergeben, falls das Gericht nach Erhebung der sonstigen Beweise die Parteivernehmung noch für erheblich hält; es würde damit der mit der unmittelbaren Beweisaufnahme vor dem Senat erstrebte Vorteil wieder verloren gehen.

Zum Beweisbeschluß noch ein Wort: Die §§ 357a, 358 ZPO sind lesenswert! Sind Zeugen und Sachverständige zur Stelle oder können sie unverzüglich zur Stelle geschafft werden, so ist ein formller Beweisbeschluß nicht nötig (Ausnahme: Parteivernehmung ist immer durch formellen Beschluß anzuordnen, § 450 ZPO). Können die Beweise nicht sofort erhoben werden, erfordert also die Beweisaufnahme „ein besonderes Verfahren", so ist ein Beweisbeschluß zu erlassen. Nicht über Rechtsbegriffe und auch nicht „über Fragen", wie oft gelehrt und geschrieben wird, sondern über „streitige Tatsachen", d.h. über Behauptungen, ist der Beweis zu erheben (§ 359 Nr. 1 ZPO). Der weitere notwendige Inhalt des Beweisbeschlusses, genaue Bezeichnung der Beweismittel, Bezeichnung der Partei, die sich auf das Beweismittel berufen hat (= Beweisführer, nicht Beweisbelasteter), ist in § 359 Nr. 2 und 3 vorgeschrieben. Die Angabe des Beweisführers bekommt ihren Sinn durch die §§ 379, 402, 399 ZPO. Nach § 399 ZPO kann nur der Beweisführer auf einen Zeugen verzichten (vgl. auch § 436 ZPO für Urkundenbeweis). Nach § 379 Abs. 1 ZPO, der ein Spezialfall des § 114 GKG ist, soll das Gericht die Ladung davon abhängig machen, daß der Beweisführer einen Vorschuß zur Deckung der der Staatskasse erwachsenden Auslagen hinterlegt. Da Zeugen nicht selten auf Erstattung ihrer Entschädigung verzichten, die sie ohnehin nur auf Antrag erhalten (§ 15 Abs. 1 ZuS EntschG), ist der in Nr. 3 des obigen Beweisbeschlusses gemachte Zusatz (Verzichtserklärung) üblich.

Nur wenn beide Parteien denselben Beweis antreten (der Beklagte benennt gegenbeweislich denselben Zeugen), spielt die Beweislast für die Vorschußpflicht eine Rolle; der Beweisbelastete ist vorschußpflichtig. Anderenfalls könnte eine Partei durch Nichtzahlung den Beweis vereiteln. Die Vorschußpflicht und damit die Anwendung des § 379 ZPO entfällt mit der Bewilligung des Armenrechts für den Armen (§ 115 Nr. 1 ZPO) und für dessen Gegner, soweit dieser Beklagter oder Rechtsmittelbeklagter ist (§ 120 ZPO). Wird Beweis von Amts wegen erhoben (z.B. nach § 144 Abs. 1, § 272b Abs. 2 Nr. 4 und 5 ZPO), so gilt § 379 trotz § 144 Abs. 2 ZPO ebenfalls nicht. Denn was von Amts wegen geboten ist, kann nicht von einer Handlung der Parteien „abhängig" gemacht werden (vgl. auch RGZ 109, 67: Bei Beweiserhebung von Amts wegen fehle der Beweisführer).

Die in dem Beweisbeschluß enthaltene Bezeichnung der Partei, welche die Behauptung aufgestellt hat („..... es soll Beweis erhoben werden über die Behauptung des Klägers ......, ... des Beklagten .....") ist zwar nach § 359 ZPO nicht erforderlich, aber in der Praxis, wohl der Klarheit halber, üblich. Die Zeugen dürften dadurch ebensowenig — oder ebensoviel — beeinflußt werden wie durch die notwendige Bezeichnung des Beweisführers.

Besondere Formen des Gutachtens: Es gibt Fälle, für welche die vorstehend befolgte Anordnung, die man als Normaltyp des Gutachtens bezeichnen kann, nicht geeignet ist:

1. In „Punktensachen“ (S. 248) muß man jeden Streitpunkt im Gutachten für sich gesondert behandeln, dabei an die rechtliche Prüfung sofort die Frage, ob die Sache zur Entscheidung ohne Beweis reif ist oder ob es auf streitige Tatsachen ankommt, und, falls Beweis erhoben ist, die Beweiswürdigung anschließen. Fragen, die für alle oder mehrere Punkte von Bedeutung sind (z. B. in Werkvertragsprozessen die Berechnung des Werklohns oder die Zulässigkeit von Gewährleistungsansprüchen), werden nötigenfalls vorweggenommen. Dagegen empfiehlt sich nicht die punktenweise Zusammenziehung von Bericht und Gutachten, Die erforderliche Übersichtlichkeit wird immer erreicht, wenn man sowohl innerhalb des Berichts als auch des Gutachtens die gleiche Einteilung wählt und die gleichen Zahlen und Buchstaben zur Bezeichnung der Einzelpunkte verwendet, aber Bericht und Gutachten, wie gewöhnlich, trennt. Erfahrungsgemäß sind Prüfungsaufgaben selten so beschaffen, daß diese besondere Form erforderlich ist.

2. In manchen Prozessen werden aus einheitlichen Sachverhalt mehrere streitige Ansprüche oder Ansprüche gegen mehrere Beklagte erhoben, die rechtlich verschiedener Beurteilung unterliegen. Sie bilden den Übergang zur Punktensache. Hier kann man die rechtliche Prüfung des Parteivorbringens nach Ansprüchen oder nach Beklagten gliedern. Ob die Frage nach der Beweiserheblichkeit und die Beweiswürdigung jeweils beim einzelnen Anspruch oder erst nach rechtlicher Prüfung des gesamten Prozeßstoffs behandelt werden sollen, hängt von der Lage des einzelnen Falles z. B. von der Zusammengehörigkeit der Beweispunkte ab. Eine Portion Fingerspitzengefühl ist hier vonnöten. Ein Prüfling sollte, bevor er die eine oder andere Form wählt, sich das Gutachten in beiden Formen skizzieren und sodann überlegen, welche Form mehr Übersichtslichkeit und Durchsichtigkeit gibt.

3. Es gibt Fälle, bei denen eine Frage Bedeutung sowohl für die prozessuale wie für die materiell-rechtliche Entscheidung besitzt. Z. B. die Zulässigkeit des Rechtswegs oder ein besonderer Gerichtsstand hängt von der rechtlichen Natur des erhobenen Anspruchs ab. Es handelt sich hier um sog. qualifizierte Prozeßvoraussetzungen, d. h. um Prozeßvoraussetzungen, die in einem unmittelbaren Zusammenhang mit der erhobenen Klage stehen (nicht qualifizierte sondern sog. allgemeine Prozeßvoraussetzungen sind z. B. Partei- und Prozeßfähigkeit). Bei den qualifizierten Prozeßvoraussetzungen muß man oft auf den Klagegrund eingehen, nur um festzustellen, ob die Klage „zulässig“ ist. Die Prüfung zur Sache darf aber lediglich soweit gehen, als es für die Untersuchung der Prozeßvoraussetzung unerläßlich ist. Soweit nicht eine Prozeßabweisung erfolgt, kann man später bei der eigentlichen Sachprüfung auf die früheren Ausführungen zur Sache Bezug nehmen. Im einzelnen vgl. die eingehende Darstellung zu Fragen der Zuständigkeit, des Rechtswegs und des Rechtsschutzinteresses bei Berg, Gutachten und Urteil S. 23—29.

4. Hilfsgutachten: Ein Hilfsgutachten (Eventualvotum) soll gefertigt werden, wenn das Hauptgutachten wichtige und interessante Teile des Prozeßstoffs nicht erörtern kann und damit zu rechnen ist, daß das Gericht einen abweichenden Rechtsstandpunkt einnehmen wird, von dem aus die übergangenen Fragen erheblich sind. Grundsätzlich entscheidet hierbei das Ermessen des Referenten. Für die Anfertigung der praktischen Arbeit in der zweiten juristischen Staatsprüfung geben die „Hinweise“ oder „Weisungen“ der Justizprüfungsämter in der Regel Aufschluß darüber, wann ein Hilfsgutachten zu fertigen ist. Man kann hier zwei Fallgruppen unterscheiden: 1. „Das Gutachten darf sich nicht auf die Erörterungen der prozeßrechtlichen oder sonst der Sachprüfung vorausgehenden Fragen beschränken; führt

deren Beantwortung zur Entscheidung des Rechtsstreits, so ist der sachliche Streit in einem Hilfsgutachten zu erörtern" (so die „Hinweise" des Justizprüfungsamts Berlin). Typisches Beispiel für diese Situation: Abweisung der Klage durch Prozeßurteil. 2. Es ist Beweis erhoben worden; das Hauptgutachten verneint die Notwendigkeit dieser Beweiserhebung. In solch einem Falle besteht im Grunde kein Bedürfnis für ein Hilfsgutachten, denn der Verf. des Hauptgutachtens muß auf die Sache ebenso eingehen wie derjenige, der den Beweis für erheblich ansieht. Er spart nur die Beweiswürdigung. Deshalb lauten z.B. die „Hinweise" des Justizprüfungsamts Berlin für diesen Fall so: „Enthalten die Akten eine Beweisaufnahme, die nach Ansicht des Bearbeiters überflüssig war, so ist sie weder im Gutachten noch in einem Hilfsgutachten zu erörtern". Doch ist ein genauer Blick in die „Hinweise" oder „Weisungen" besonders angebracht. Andere Prüfungsämter verlangen — wohl mit Rücksicht auf die große Bedeutung der Beweiswürdigung für die Praxis — von dem Bearbeiter der Prüfungsaufgabe auch in diesem Falle ein Hilfsgutachten. In den entsprechenden „Hinweisen" oder „Weisungen" findet sich dann der Satz: „Hält der Gutachter eine vom Gericht durchgeführte Beweisaufnahme für entbehrlich, so hat er sie in einem Hilfsgutachten zu würdigen und den Rechtsstreit auf dieser Grundlage zu beurteilen". Damit wird der Prüfling, was mißlich ist, gezwungen, in dem Hilfsgutachten einen seiner Auffassung nach falschen Rechtsstandpunkt, nach welchem es auf die Beweise ankommt, erst einmal zu suchen und dann auch noch zu vertreten. Diesen Standpunkt zu finden, ist sicherlich eine schwierige, eher qualvolle als reizvolle Aufgabe. Freilich hat diese Qual unter Umständen einen großen Vorteil: Die gewissenhafte Nachforschung, warum wohl das Gericht Beweis erhoben hat, führt zur Kritik an der eigenen Auffassung und daher nicht selten zu dem Ergebnis, daß die Ansicht des Hauptgutachtens aufgegeben und darin nunmehr der Standpunkt des Gerichts vertreten wird. Dann fällt natürlich das Hilfsgutachten weg.

Kein Hilfsgutachten kommt hingegen in Frage bei folgender Situation: Ein Prüfling kommt bei der Bearbeitung des Aktenstücks zu der Auffassung, die Sache sei noch aufklärungsbedürftig oder die Beweisaufnahme erschöpfe den Prozeßstoff nicht. Hier geben die erwähnten „Hinweise" oder „Weisungen" folgenden Rat: „Kommt der Bearbeiter zu dieser Ansicht, daß angetretene Beweise zu erheben gewesen wären, so ist für die weitere Bearbeitung zu unterstellen, daß eine Beweisaufnahme angeordnet worden, jedoch erfolglos geblieben ist.

Erscheint die Ausübung des richterlichen Fragerechts geboten, so ist festzustellen, worauf sich die den Parteien vorzulegende Frage zu richten hat, gleichwohl aber die Streitlage von der Annahme aus zu prüfen, daß eine Aufklärung nicht erreicht ist. Nur wenn besondere Umstände die Annahme rechtfertigen, die gestellte Frage werde in bestimmter Weise beantwortet werden, ist das Ergebnis den weiteren Ausführungen zugrunde zu legen. (So die „Hinweise" des Justizprüfungsamts Berlin). In den „Weisungen" der meisten anderen Prüfungsämter findet sich hingegen die Anleitung, der Prüfling solle „für die weitere Bearbeitung unterstellen", daß die fingierte Beweisaufnahme „zu einem bestimmten Ergebnis geführt" habe.

Urteil

Auf Grund der mündlichen Verhandlung ergeht der Beweisbeschluß in der auf S. 268—270 wiedergegebenen Fassung. Er wird ausgeführt. Das Oberlandesgericht weist die Berufung des Beklagten zurück bis auf einen Teilbetrag von 1040 DM, mit welchem der Kläger abgewiesen wird. Der Referendar entwirft das Urteil.

Kopf und Formel (§ 313 Abs. 1 Nr. 1, 2, 5 ZPO) bieten keine Besonderheiten:

„Im Namen des Volkes!

In dem Rechtstreit

der offenen Handelsgesellschaft *Koch & Edlich* in Köln, Brückerstr. 8/10, gesetzlich vertreten durch ihre Gesellschafter, die Kaufleute *Richard Koch* und *Peter Edlich* in Köln, ebenda,

Beklagte und Berufungsklägerin,

Prozeßbevollmächtigter: Rechtsanwalt *Weiß* in Köln, Marienstr. 2,

gegen den Kaufmann *Ferdinand Zorn* in Hamburg, Holsteinerstr. 45,

Kläger und Berufungsbeklagten,

Prozeßbevollmächtigter: Rechtsanwalt *Schwarz* in Köln, Dunkelstr. 3,

hat der 4. Zivilsenat des Oberlandesgerichts in Köln auf die mündliche Verhandlung vom 1. März 1972 durch den Senatspräsidenten Fischer und die Oberlandesgerichtsräte Groß und Klein für Recht erkannt:

Auf die Berufung der Beklagten wird das Urteil der II. Kammer für Handelssachen des Landgerichts in Köln vom 11. Juli 1970 geändert.

Die Beklagte wird verurteilt, an den Kläger 6539,40 DM (i. W.) nebst 8% Zinsen seit dem 22. Dezember 1969 zu zahlen.

Die weitergehende Klage wird abgewiesen.

Im übrigen wird die Berufung zurückgewiesen.

Die Kosten des Rechtsstreits hat die Beklagte zu $^{13}/_{15}$, der Kläger zu $^{2}/_{15}$ zu tragen.

Das Urteil ist vorläufig vollstreckbar. Der Beklagten wird nachgelassen, die Zwangsvollstreckung durch Sicherheitsleistung in Höhe von 10000 DM (i. W.) abzuwenden. Die Sicherheit kann auch durch selbstschuldnerische Bürgschaft einer Großbank geleistet werden.

Der Tatbestand (§ 313 Abs. 1 Nr. 3 ZPO) soll, ebenso wie der Sachbericht der Relation, die Anträge, Parteibehauptungen und Beweise, welche dem Gericht als Material für die Entscheidung dienen, übersichtlich zusammenfassen. Während aber der Sachbericht die Aufgabe hat, das Aktenlesen entbehrlich zu machen, und demgemäß eine Bezugnahme auf Bestandteile der Akten ausgeschlossen ist, gestattet § 313 Abs. 2 S. 1 ZPO — für alle Instanzen (vgl. §§ 543, 557 ZPO) — im Tatbestand die Bezugnahme auf Protokolle, und zwar als Ersatz der Darstellung. Darüber hinaus darf nach ständiger Rechtsprechung (RGZ 16, 19; 102, 328; BAG NJW 57, 1492; BGH LM Nr. 9 zu § 295 ZPO, Nr. 7 zu § 313 Abs. 2 ZPO) die Darstellung des Sach- und Streitstandes ergänzt werden durch Bezugnahme auf Urkunden, Verzeichnisse usw., die sich bei den Akten befinden, und auf Beiakten, obwohl in § 313 Abs. 2 ZPO darüber nichts gesagt ist. Für den Tatbestand in häuslichen Prüfungsarbeiten gilt das allerdings in der Regel nicht. Es ist ratsam, vor der Anfertigung der häuslichen Arbeit die „Hinweise", „Anweisungen" oder das Begleitschreiben genau zu lesen. Darin findet man gewöhnlich folgende Anleitung:

„Der Urteilsentwurf muß der Vorschrift des § 313 Abs. 1 ZPO genügen. Im Tatbestand ist jedoch eine Bezugnahme auf die Schriftsätze und auf die zu Protokoll erfolgten Feststellungen, insbesondere auch auf Beweisverhandlungen, regelmäßig unzulässig, ebenso in Berufungssachen eine Bezugnahme auf das Urteil der ersten Instanz; dies gilt nicht für Verträge, Rechnungen, Schreiben oder sonstige Urkunden umfangreichen Inhalts. Eine nach Ansicht des Bearbeiters überflüssige Beweisaufnahme ist in Tatbestand zu erwähnen; es kann aber auf den Beweisbeschluß und das Beweisaufnahmeprotokoll Bezug genommen werden."

Das beruht einfach darauf, daß der Prüfling Gutachten und Urteil nach dem Stande der letzten mündlichen Verhandlung fertigt. In diese Verlegenheit kommt der praktische Richter nicht; der muß die Sache vor der mündlichen Verhandlung votieren. Für den Prüfling stimmen mithin Sachbericht und Tatbestand überein. Deshalb braucht er einen besonderen Sachbericht neben dem Tatbestand nicht anzufertigen. Der von ihm geforderte, Bezugnahmen meidende Tatbestand soll gleichzeitig als

Sachbericht dienen. Auf den so verstandenen Sachbericht kann man in dei Prüfung nicht verzichten.

Das materielle Recht läßt sich nur finden, wenn man den Sachverhalt festgestellt hat. Die Feststellung des Sachverhalts ist mithin die erste und meist wichtigste Tätigkeit und Aufgabe des Richters. Nicht wenige Prüfungsarbeiten offenbaren, daß dem Prüfling diese Einsicht verschlossen geblieben ist oder jedenfalls bei der Anfertigung der Arbeit ihm nicht vor Augen gestanden hat.

Wie weit darf die Bezugnahme im Tatbestand gehen? Selbstverständlich muß klar bleiben, welche einzelnen Schriftsätze, Protokolle, bei den Akten befindliche Urkunden usw. als vorgetragen bezeichnet und in Bezug genommen sind. Dabei ist der Zusammenhang mit § 313 Abs. 1 Nr. 3 ZPO zu beachten: Auch durch Bezugnahme ist nur darzustellen der Sach- und Streitstand, wie er sich aus dem Vortrag der Parteien zum Schluß der mündlichen Verhandlung oder zum entsprechenden Zeitpunkt (vgl. Thomas-Putzo § 128 III 3d, § 251 a 3) ergibt. Deshalb wäre es falsch, da ja die Parteien ihr Vorbringen während des Prozesses geändert haben können und dies oft tun, summarisch auf die Schriftsätze der Parteien zu verweisen oder sie chronologisch aufzuführen. Ebenso unzulässig (und nichtssagend) ist ein allgemeiner Hinweis auf „die Akten" oder „die Protokolle und die dort aufgeführten Urkunden (außer, wenn eine einzige Verhandlung in der Instanz stattgefunden und jede Partei nur einen Schriftsatz gefertigt hat, so daß kein Zweifel entstehen kann), vgl. RGZ 91, 62; KG JW 29, 1892; Johannsen, SchlHA 47, 236. Wenn Schriftsätze einander widersprechen, ist genau anzugeben, welche Teile aus ihnen vorgetragen sind. Die Art der Bezugnahme muß für die Parteien verständlich sein. Es genügt also nicht, die Gerichtsakten lediglich nach Blattzahlen zu bezeichnen; es sind vielmehr die Daten der in Bezug genommenen Schriftstücke anzuführen (RGZ 94, 164). Die Bezugnahme auf Urkunden geschieht oft in der Weise, daß nur summarisch auf die bei den Akten befindlichen Hüllen verwiesen wird, in denen die Urkunden sind. Fehlt der Hülle eine Inhaltsangabe oder ist diese Angabe unrichtig, so kann unsicher sein, auf welche Urkunden Bezug genommen werden soll. Die Bezugnahme ist dann unzulässig. Werden diese Regeln verletzt, ist also der Tatbestand widerspruchsvoll, unklar oder fehlt er ganz, so kann das Berufungs- oder Revisionsgericht nicht zweifelsfrei erkennen (§ 314 ZPO), welchen tatsächlichen Streitstoff das Gericht seiner Entscheidung zugrunde gelegt hat. Dieser Verfahrensfehler kann Berufung (§ 539 ZPO) und Revision (§§ 549, 550, 559 ZPO) begründen (RGZ 17, 361; 71, 131; BAG a. a. O., AP Nr. 5 zu § 313 ZPO mit Anmerkung Pohle: zugleich sei materielles Recht verletzt, § 554 Abs. 3 Nr. 2a ZPO!). Hält man sich die Wirkung des Tatbestands — „der Tatbestand liefert Beweis für das mündliche Parteivorbringen" (Entkräftung nur durch Sitzungsprotokoll, § 314 ZPO) — und außerdem die Regelung in § 561 ZPO vor Augen — „der Beurteilung des Revisionsgericht unterliegt nur dasjenige Parteivorbringen, das aus dem Tatbestand des Berufungsurteils oder aus den Sitzungsprotokollen ersichtlich ist" (lies dazu noch § 543 ZPO!) — so werden die Klippen deutlich, die man bei einer Bezugnahme nach § 313 Abs. 2 ZPO umschiffen muß.

Äußerste Grenze für die Bezugnahme ist § 313 Abs. 2 S. 2 ZPO. Danach sind in jedem Falle die erhobenen Ansprüche im Tatbestand selbst genügend zu kennzeichnen und die dazu vorgebrachten Angriffs- und Verteidigungsmittel ihrem Wesen nach hervorzuheben.

Für die Bezugnahme im Tatbestand eines Berufungsurteils gilt neben § 313 Abs. 2 die Vorschrift des § 543 ZPO. Das Berufungsgericht darf bei der Darstellung des Tatbestandes auf das vorinstanzliche Urteil Bezug nehmen. Nur Abweichungen sind im Tatbestand des zweitinstanzlichen Urteils festzustellen.

In kürzester Form hätte also unser Tatbestand so gefaßt werden können:

„Der Kläger erhebt gegen die Beklagte eine ihm von der Firma *Gebr. Böttcher* in Kleve abgetretene Schadensersatzforderung von 7579,40 DM nebst 8% Zinsen seit 22. Dezember 1969 wegen Nichterfüllung eines am 12./14. Mai 1969 zwischen *Gebr. Böttcher* als Verkäuferin und der Beklagten als Käuferin abgeschlossenen Kaufvertrags über 50 Wagen Lupinenmehl. Die Beklagte bemängelt die Nachfristsetzung der Firma *Gebr. Böttcher* und den von dieser vorgenommenen öffentlichen meistbietenden Deckungsverkauf. Sie macht geltend, daß sie z. Z. der Fristsetzung nicht zur Abnahme verpflichtet, und daß der Vertrag durch den von ihr am 5. November 1969 wegen andauernd schlechter Lieferungen erklärten Rücktritt aufgelöst gewesen sei. Gegen das in der Urteilsformel bezeichnete Urteil, auf dessen von den Parteien vorgetragenen Tatbestand Bezug genommen wird, hat die Beklagte Berufung eingelegt. Die Parteien haben die im Protokoll vom ..... angegebenen Anträge gestellt und den Inhalt der Schriftsätze vom ..... vorgetragen. Gemäß dem hiermit in Bezug genommenen Beschluß vom ..... ist Beweis erhoben worden; es wird auf die Beweisverhandlungen der ersuchten Amtsgerichte Paderborn vom 20. Juli 1970 usw. verwiesen."

Von der gesetzlichen Erlaubnis zur Bezugnahme sollte man nur maßvollen Gebrauch machen. Tatbestände, die aus lauter Verweisungen bestehen, sind nicht bloß für die Parteien schwer verständlich, sondern sie bereiten auch, falls die Sache in die höhere Instanz kommt, dem Gericht und den Anwälten der oberen Instanz eine Mehrarbeit, welche über die Arbeitsersparnis des Verfassers des ersten Urteils weit hinausgeht. Außerdem dient die Abfassung des Tatbestandes in ungekürzter Form der Selbstkontrolle des Urteilsverfassers: er wird nicht so leicht der Gefahr unterliegen, ein wesentliches Parteivorbringen nicht oder ungenügend zu würdigen und daher das Urteil mangelhaft zu begründen. In guten Urteilen bilden Verweisungen die Ausnahme. Zu empfehlen ist aber (gerade im Interesse der Übersichtlichkeit des Urteils) die Bezugnahme auf Schriftsätze oder Schriftsatzteile, welche weitschweifige oder im gegenwärtigen Stadium des Verfahrens unerhebliche Anführungen enthalten.

Der Referendar verwendet daher als Tatbestand seinen Bericht mit den durch den Fortgang des Verfahrens notwendig gewordenen Änderungen:

„Tatbestand.

Die Firma *Gebr. Böttcher* in Kleve, die Rechtsvorgängerin des Klägers, hat mit der Beklagten wiederholt Mehl und Futtermittel gehandelt. Anfang Mai 1969 fragte die Beklagte bei *Gebr. Böttcher* an, ob sie eine Menge von mindestens 50 Wagen gesundes, helles, rheinisches Lupinenmehl zu 11 DM für 100 kg

(usw. wie S. 237)"

Die Wiedergabe wichtiger Briefstellen geschieht in gleicher Weise wie im Sachbericht. Das Urteil gewinnt an Anschaulichkeit und Verständlichkeit, wenn die maßgebenden Sätze im Wortlaut in direkter Rede mitgeteilt werden.

Hat nach der Abfassung der Relation eine Beweisaufnahme stattgefunden oder wird eine unter Beweis gestellte Tatsache nicht (mehr) bestritten, so werden im Tatbestand die darauf bezüglichen Beweisantritte der Parteien weggelassen. Nur noch die nicht erhobenen Beweise sind zu erwähnen. Eine Ausnahme davon gilt für eine beantragte und durchgeführte Parteivernehmung. Das Rechtsmittelgericht muß prüfen, ob die Parteivernehmung zulässig war. Die Zulässigkeit hängt nach § 445 ZPO u. a. davon ab, von wem sie beantragt worden ist.

Am Schlusse der streitigen Anführungen des Klägers (S. 243) wird statt des 21. Dezember gesetzt:

„Am 15., 18. und 21. Dezember 1969."

Nach dem Satz, der die Begründung des Landgerichtsurteils enthält, fährt der Tatbestand fort:

„Die Beklagte hat Berufung eingelegt, mit der sie beantragt: .... “

Denn inzwischen ist die Wahrung der Formalien zu Protokoll der ersten Verhandlung festgestellt worden. In der Praxis ist es allerdings üblich, Datum des Eingangs der Berufungss- und Berufungsbegründungsschrift im Tatbestand mitzuteilen.

An das neue Parteivorbringen zweiter Instanz schließt sich die Prozeßgeschichte der Berufungsinstanz:

„Gemäß dem hiermit in Bezug genommenen Beschluß vom 10. Januar 1971 hat das Gericht Beweis erhoben über die streitige Vereinbarung vom 20. Oktober 1969, den Zeitpunkt des Bekanntwerdens des Umbaus der *Baumbach*schen Mühle, die Beschaffenheit der beanstandeten Sendungen nach Paderborn, Braunschweig, Celle, Gifhorn, die Rechtzeitigkeit der Bemängelung der Gifhorner Wagenladungen und die von der Beklagten behaupteten Folgen dieser Lieferung, den auf die Minderwertklausel bezüglichen Handelsbrauch, die besondere Beliebtheit der *Baumbach*schen Marke, die Auslegung eines minderwertigen Musters bei der öffentlichen Versteigerung am 21. Dezember 1969 und die Höhe des Marktpreises für Lupinenmehl am 15. und 18. Dezember 1969. Nach Maßgabe des Beschlusses sind die dort bezeichneten Zeugen und Sachverständigen vernommen, die Strafakten der Staatsanwalt Paderborn eingefordert und Handelskammergutachten eingeholt worden. Mit Ausnahme der uneidlich vernommenen Zeugen *Koch* und *Böttcher* sind alle Zeugen und Sachverständigen beeidigt worden. Auf die vorgetragenen Beweisverhandlungen der ersuchten Amtsgerichte Paderborn vom 20. Juli 1971, Braunschweig vom 3. September 1971, Celle vom 10. November 1971, Gifhorn vom 3. Dezember 1972, Kaiserslautern vom 4. Januar 1972, Montevideo vom 1. Februar 1971 und die Sitzungsniederschrift vom 1. März 1972 (Bl. ...) wird verwiesen.“

Die Bezugnahme auf Beweisbeschlüsse und Beweisprotokolle im Tatbestand ist — außer bei ganz geringem Umfang der Beweisaufnahme — allgemein üblich (für Prüfungsarbeiten s. aber oben S. 272/3). Die Wiedergabe des Beweisbeschlusses vom 10. Januar 1971 nicht im Wortlaut, sondern durch kurze, stichwortmäßige Angabe der Beweisthemen würde sogar für ein Referat oder für einen „Prüfungstatbestand“) genügen. Nimmt man Zeugen- oder Sachverständigenaussagen ausnahmsweise ins Urteil auf, so darf das, was diese Personen bekunden, nicht in direkter Rede wie eine feststehende Tatsache mitgeteilt werden, mag der Zeuge auch noch so glaubwürdig sein. Es muß stets ersichtlich bleiben, daß es sich um Angaben handelt, deren Richtigkeit und Zuverlässigkeit in den Gründen noch zu prüfen ist. Die Aussagen sind also in indirekter Rede zu beurkunden. Das gilt auch für die Aussagen zur Person. Es muß also heißen: „Der Zeuge X bekundet, er sei 36 Jahre alt“ (oder: „er sei am ..... geboren“), und: „er sei von Beruf kaufmännischer Angestellter“, und: „er sei mit den Parteien nicht verwandt und nicht verschwägert“. Auch diese Angaben sind Teil der Aussage, die unter Umständen beschworen werden muß und für welche die §§ 153—163 StGB gelten. In der Praxis hat sich allerdings die — inkorrekte — Übung eingebürgert, die Angaben zur Person als feststehende Tatsachen (im Indikativ) mitzuteilen. Die Wiedergabe der Aussage muß nicht nur jede rechtliche Würdigung vermeiden, sondern auch auf das Wesentliche beschränkt („gedrängt“) und, so weit möglich und sachdienlich, nach Beweisthemen und in sich geordnet sein. § 313 Abs. 1 Nr. 3 ZPO gilt auch hier; denn zu den wesentlichen Bestandteilen des „Sachstandes“ gehört auch das Ergebnis einer Beweisaufnahme (RGZ 145, 392). Nicht selten wird der Inhalt einer Aussage unstreitig. Dann findet sich dieser Punkt im unstreitigen Tatbestand; als Aussage ist er nicht mehr zu beurkunden, es sei denn, die Aussage ist für die Glaubwürdigkeit des Zeugen oder für die übrige Aussage bedeutsam oder die übrige Aussage wird sonst unverständlich. Es wäre also falsch, in Form einer Schreib- und Stilübung die gesamte Aussage wortwörtlich in die indirekte Rede umzusetzen. Eine wörtliche Wiedergabe ist nur in den seltenen Fällen angebracht, in denen es auf den Wortlaut ankommt (vgl. Berg, Gutachten und Urteil, S. 136, 137).

Nach § 161 ZPO konnte das Oberlandesgericht von der Aufnahme der im Schlußtermin abgegebenen Aussagen ins Protokoll absehen. Doch ist die vollständige Protokollierung, besonders in revisiblen Sachen, vorzuziehen. Sonst wird die Wiederholung der ganzen unmittelbaren Beweisaufnahme unvermeidlich, wenn vertagt werden muß und die Besetzung des Gerichts sich bis zum neuen Termin ändert, oder wenn es zu einer Aufhebung des Urteils und Zurückverweisung in die Vorinstanz kommt (s. aber BGH NJW 62, 960). Die Praxis vermeidet diesen Nachteil bei Besetzungsänderungen und damit einen Fehler der Urteilsfällung so: Der Berichterstatter zeichnet die nicht protokollierte Aussage, meistens in einem Vermerk, auf und erteilt den Parteien davon eine Abschrift mit dem Hinweis, daß der Inhalt des Vermerks als Gegenstand der späteren mündlichen Verhandlung angesehen und in der Endentscheidung verwertet werden würde. Sind die Parteien mit der urkundenbeweislichen Verwertung der Aufzeichnung einverstanden oder erheben sie jedenfalls gegen ihren Inhalt keine Einwendungen, so soll die andere Richterbank als die der Vernehmung die Aussage verwerten dürfen (RG HRR 40, Nr. 1258; BGH LM Nr. 1 zu § 1421; BGHZ 32, 235). Diese Verfahrensweise ist bedenklich, weil sie im Gesetz nicht vorgesehen ist. Überhaupt hat die Festlegung zu Protokoll den Vorzug größerer Zuverlässigkeit, schon wegen der Verlesung und Genehmigung (§ 162 ZPO). Im Kommissionsbericht zur Reform der Zivilgerichtsbarkeit (S. 246) wird die Streichung des § 161 ZPO vorgeschlagen (ebenso H. Schneider ZZP 77, 116).

Wird von § 161 ZPO Gebrauch gemacht, so muß nach den §§ 286, 313 Abs. 1 Nr. 3 ZPO jedenfalls der wesentliche Inhalt der Aussagen in das Urteil aufgenommen werden, und zwar richtigerweise in den Tatbestand. Die Aufnahme in die Entscheidungsgründe schadet nicht, wenn die Darstellung der Aussagen und ihre Würdigung deutlich geschieden werden. Denn die Unterlagen, aus denen die richterliche Überzeugung von der Wahrheit oder Unwahrheit einer Behauptung geschöpft wird, müssen ersichtlich sein, wenn eine Feststellung darauf gegründet wird. Die Scheidung ist auch wegen § 320 ZPO geboten (RGZ 145, 392; BGHZ 40, 84, NJW 69, 428). Alles das gilt auch für Aussagen, welche eine Partei bei ihrer Vernehmung (§§ 445 ff. ZPO) — im Gegensatz zu ihrer persönlichen Anhörung (§ 141 ZPO) — abgibt (RG JW 36, 45; BGH NJW 51, 110), sowie für die Mitteilung des Ergebnisses eines Augenscheins (BGH LM Nr. 2 zu § 161 ZPO; BAG NJW 57, 1492). — Da ein Verstoß gegen § 161 zugleich ein solcher gegen § 313 Abs. 1 Nr. 3 ZPO ist, liegt nicht nur ein von der Partei zu rügender Verfahrensfehler (§ 554 Abs. 3 Nr. 2b ZPO) vor, sondern zugleich ein von Amts wegen zu beachtender Mangel im Tatbestand (BGHZ 40, 84, 87).

„Aus den Strafakten gegen *Palme* und andere, 3 Js 1028.69 der Staatsanwaltschaft Paderborn, sind die Strafanzeige der Firma *Hermine Klages* vom 3. November 1969, die Zeugenaussage der Frau *Klages* vor dem Amtsgericht Gifhorn vom 24. November 1969 und die Einstellungsverfügung vom 13. Dezember 1969 (Blatt ...) vorgetragen worden."

Eine Angabe, daß aus den Strafakten vorgetragen sei, „was sich auf den vorliegenden Rechtsstreit bezieht", würde zu unbestimmt sein (RGZ 102, 328, 330).

Bei der Verwertung von Akten anderer Prozesse (Zivil-Strafakten, Armenrechtsverfahren, § 118 a ZPO) sind folgende typische Situationen denkbar:

1. Eine Partei trägt den Inhalt anderer Akten, insbesondere dortiger Zeugenprotokolle, vor oder nimmt darauf — substantiiert — nur oder wegen der Einzelheiten Bezug. Die Partei hat damit den Inhalt der Akten (die Aussagen der dortigen Zeugen) zu ihrem Vortrag gemacht; als solcher ist er zu würdigen. In der Regel wird der Gegner dem aus den Akten Vorgetragenen nicht widersprechen, d.h. nicht

bestreiten, daß das Vorgetragene in den beigezogenen Akten tatsächlich steht. Daraus folgt freilich nichts über die sachliche Richtigkeit des unstreitigen Akteninhalts. Das macht aber nicht etwa einen Beweis durch Vorlegung der Akten erforderlich. Denn selbst im Falle des Urkundenbeweises (s. unten 2) steht durch die Urkunde nur fest, was sie enthält, nicht aber, ob richtig ist, was in ihr erklärt ist (RGZ 102, 330).

2. Die Partei geht einen Schritt weiter: Sie bezieht sich zum Beweise ihrer Behauptungen auf den von ihr genau angeführten Inhalt anderer Akten, insbesondere auf Niederschriften über Zeugenaussagen oder auf dort erstattete Sachverständigengutachten (für Privatgutachten streitig, s. Nachweise bei BL Übersicht 5 vor § 402). Bestreitet der Gegner diesen Vortrag der Partei, so muß das Gericht die Akten und damit auch die Zeugenprotokolle und Sachverständigengutachten urkundenbeweislich würdigen. Die Partei, die sich auf den Inhalt der Akten beruft, führt nämlich einen Urkundenbeweis (std. Rspr. RGZ 105, 219, 221; BGHZ 7, 116; BGH ZZP Bd. 67, 302, 307). Sie führt nicht etwa einen Zeugen- oder Sachverständigenbeweis; es fehlt schon an der Benennung des Zeugen und der durch ihn zu beweisenden Tatsachen (§ 373 ZPO). Auf diese Weise ersetzt die Partei den (unmittelbaren) Zeugenbeweis durch den (mittelbaren) Urkundenbeweis. Dazu ist sie ohne weiteres berechtigt, denn die Partei (nicht das Gericht) darf unter den Beweismitteln frei wählen (BL § 286 Anm. 4 A; C), sofern nicht das Gesetz ein anderes vorschreibt (z. B. in den §§ 592, 595 ZPO; Art. 44 WG, Art. 40 SchG.) Ein dem § 250 StPO entsprechendes grundsätzliches Verlesungsverbot kennt die ZPO nicht. Wenn die andere Partei mit der Erhebung dieses Urkundenbeweises nicht einverstanden ist, so genügt es nicht, einseitig zu widersprechen (RG JW 30, 2052 Nr. 14; RGZ 105, 221; BGHZ 7, 116; vgl. ferner StJ-Schumann-Leipold, § 284 B I, III, IV 2). Freilich liegt hier die Ausübung des Fragerechts (§ 139 ZPO) nahe. Die widersprechende Partei muß vielmehr das Gericht zu der Beachtung des prozeßrechtlichen, aus § 286 ZPO herzuleitenden Grundsatzes zwingen, die angetretenen Beweise zu erheben und dabei wegen des verschiedenen Beweiswerts das unmittelbare Beweismittel dem mittelbaren vorzuziehen (BGH LM Nr. 3 zu § 445 ZPO). Das kann sie nur, indem sie — unter Umständen noch in der Berufungsinstanz, s. §§ 283, 529 ZPO — beantragt, die in dem anderen Prozeß vernommenen Zeugen im jetzigen Prozeß zu vernehmen oder den Sachverständigen zu hören oder den Augenschein einzunehmen (BGH a. a. O. sub I 3 b). Das kann natürlich auch die Partei tun, die sich zunächst auf die anderen Akten berufen und so den Urkundenbeweis angetreten oder schon geführt hat. Es wäre falsch, darin den Antrag auf eine wiederholte Vernehmung eines Zeugen zu sehen, über den das Gericht gemäß § 398 ZPO nach freiem Ermessen entscheiden könnte. In Wahrheit wird damit im vorliegenden Verfahren erstmalig ein Zeugenbeweis angetreten (§ 373 ZPO). Von einer wiederholten Vernehmung kann man nur sprechen, wenn der Zeuge in demselben Verfahren erneut vernommen werden soll (RGZ 114, 2; BGHZ 7, 116). Davon kann keine Rede sein wenn der Zeuge in einem anderen Rechtsstreit (z. B. Zivil-, Straf-, Verwaltungsstreitverfahren, auch Armenrechtsverfahren, § 118 a ZPO, s. BGH LM Nr. 4 zu § 355 ZPO) vernommen worden ist. Selbst dann ist es nicht dieselbe Sache, wenn es sich um die Aufnahme einer Zeugenaussage im früheren, nunmehr aufgehobenen Berufungsurteil handelt und das Berufungsgericht nunmehr anders besetzt ist (BGH MDR 64, 33; vgl. ferner BGH LM Nr. 6 und § 355 ZPO: Teilurteil).

Diese Grundsätze gelten auch, wenn das Gericht andere Akten von Amts wegen herbeizieht (z. B. nach § 143, § 272 b Abs. 1 ZPO). Nur muß es die Beiakten zum Gegenstand der mündlichen Verhandlung machen.

Was bedeutet es nun im einzelnen, daß Beiakten urkundenbeweislich zu verwerten sind? Beiakten können alle Arten von Urkunden enthalten, öffentliche und

Privaturkunden, die das Gesetz in den §§ 415—418 ZPO so wegen ihrer unterschiedlichen Beweiskraft unterscheidet.

1. Beispiel: Herbeigezogene Strafakten enthalten einen Brief des A an den B. Ist der Brief echt (§§ 416, 439 ZPO) und äußerlich mangelfrei (419 ZPO), so gibt § 416 eine gesetzliche Beweisregelung: Die in dem Brief enthaltene Erklärung ist von A abgegeben. Ob die Erklärung überhaupt wirksam zustandegekommen und ob sie ihrem Inhalte nach richtig oder falsch ist, ob die Umstände ihrer Abgabe, wie Zeit und Ort, zutreffen, daß alles bezeugt der Brief nicht. Insoweit greift freie Beweiswürdigung ein (§ 286 ZPO). Die Beweiskraft dieser — die Willenserklärung verkörpernden-Urkunde (daher Tatbestandsurkunde, dispositive oder wirkende Urkunde genannt) ist gering.

2. Beispiel: In den Beiakten befindet sich eine von einem Notar beurkundete Auflassung (§ 925 BGB) des A an den B. Ist sie echt (§§ 437ff. ZPO) und ohne äußere Mängel (§ 419 ZPO), so ist die Beweiskraft in § 415 geregelt. Die Urkunde „begründet vollen Beweis des durch die Urkundsperson (hier Notar) beurkundeten Vorgangs". D.h.: Ohne Rücksicht auf seine Überzeugung von der Richtigkeit der Beurkundung muß das Gericht davon ausgehen, daß die Auflassungserklärungen nach Inhalt und (also weitergehend als bei Privaturkunden) Begleitumständen — Zeit und Ort — von A und B abgegeben worden sind. Freilich bleibt der Partei die Möglichkeit, zu beweisen, daß die Auflassungserklärung in Wahrheit nicht oder nach Zeit, Ort oder Inhalt anders abgegeben worden, also „der Vorgang unrichtig beurkundet worden ist" (§ 415 Abs. 2 ZPO). Ob die Auflassung inhaltlich richtig ist, z.B. die Namen des A und B zutreffen und die Erklärenden wirklich A und B sind (Identität), ferner, ob die Auflassung wirksam und nicht etwa nichtig ist, z.B. nach den §§ 138, 124, 142 BGB, das alles wird durch die Urkunde nicht bewiesen. Das unterliegt vielmehr ebenfalls der freien Beweiswürdigung (§ 286 ZPO). — Die in den §§ 415 ZPO genannten Urkunden verkörpern nicht eine Erklärung, sondern enthalten nur ein Zeugnis über Tatsachen (hier über die Abgabe der Auflassungserklärungen von A und B). Man nennt sie daher „berichtende" Urkunden oder „Zeugnisurkunden". Auch Privaturkunden können Zeugnisurkunden sein. Für sie gilt § 415 nicht; bei ihnen wird also der volle Beweis für das Bezeugte nicht erbracht.

3. Beispiel: Herbeigezogene Strafakten enthalten Niederschriften über die polizeiliche, staatsanwaltschaftliche oder richterliche Vernehmung von Zeugen oder Sachverständigen. Auch hier handelt es sich um berichtende (Zeugnis-) Urkunden, und zwar um solche über Vorgänge, die nicht in der Abgabe einer Erklärung bestehen. Das Gesetz (§ 418 Abs. 1 ZPO) spricht von „öffentlichen Urkunden, die einen anderen als den in den §§ 415, 417 bezeichneten Inhalt haben". Weitere Fälle solcher Urkunden sind: Wechselprotesturkunden, Zustellungsurkunden, Protokolle über Vollstreckungshandlungen des Gerichtsvollziehers, Tatbestand des zivilgerichtlichen Urteils (§ 314 ZPO), tatsächliche Feststellung im Strafurteil, die den Zivilrichter übrigens nicht binden, Art. 14 Abs. 2 Nr. 1 EGZPO. Für diese Urkunden wird der „volle Beweis der darin bezeugten Tatsachen" begründet (§ 418 Abs. 1 ZPO). Das bedeutet:

a) Bezeugt die Urkunde eine eigene Wahrnehmung oder Handlung der Behörde oder Urkundsperson, so sind diese Wahrnehmungen oder die Vornahme der Handlungen voll bewiesen (also, daß der Zeuge Z vor der Polizei, vor der Staatsanwaltschaft, vor dem Richter eine Aussage des protokollierten Inhalts an einem bestimmten Tag und Ort gemacht habe oder daß der Sachverständige S ein Gutachten des aufgenommenen Inhalts erstattet habe oder daß der Notar den Wechsel an dem angegebenen Tag und Ort protestiert habe, oder daß der Gerichtsvollzieher am angegebenen Tag und Ort die bezeichnete Urkunde zugestellt oder die in dem Protokoll angegebenen Vollstreckungshandlungen vorgenommen habe, oder daß die Parteien in dem anderen Zivilprozeß das vorgetragen haben oder ein Zeuge das ausgesagt hat, was der Richter im Tatbestand beurkundet, oder daß der Strafrichter in seinem Urteil die Tatsachen A und B als festgestellt, die Tatsache C als nicht festgestellt erachtet). Die Beweiskraft streckt sich hingegen auch hier nicht auf die inhaltliche Richtigkeit der bezeugten Tatsachen. Ob also die vor der Polizei, der Staatsanwaltschaft oder dem Straf- oder Zivilrichter des anderen Prozesses gemachte und protokollierte oder im Tatbestand beurkundete Zeugenaussage richtig ist, unterliegt der freien Beweiswürdigung. Naturgemäß wird diese freie Beweiswürdigung sich der Würdigung einer schriftlichen Aussage (§ 377 Abs. 3 ZPO: hier handelt es sich aber um Zeugenbeweis!) annähern; diese Berichte (Urkunden) nehmen, wie Bruns (§ 37 IV 2c und JZ 57, 492 IV 1 mit FN 24) es anschaulich ausdrückt, „die Farbe des Beweismittels an, das sie überliefern". Doch muß man sich dabei im klaren sein, daß, wenn es sich um Protokolle über Zeugenaussagen oder Sachverständigengutachten handelt, der Beweiswert in der Regel geringer als der eines Zeugenbeweises sein wird. Da es sich um eine urkundenbeweisliche Würdigung handelt, fehlen der persönliche Eindruck des Zeugen, die Möglichkeit für die Parteien, bei der Zeugenvernehmung anwesend zu sein (§§ 357, 176 ZPO) und Fragen zu stellen (§ 397 ZPO), die Möglichkeit einer Gegenüberstellung von Zeugen, mithin Rechte und Möglichkeiten, die beim Zeugenbeweis eine Gewähr für die Ermittlung der Wahrheit bieten.

b) Bezeugt die öffentliche Urkunde eine fremde Wahrnehmung oder Handlung, nicht also die Wahrnehmung der Behörde oder Urkundsperson, so unterliegen diese Wahrnehmungen oder Handlungen grundsätzlich der freien Beweiswürdigung (§ 286 ZPO). § 418 Abs. 1 ZPO gilt also nicht. Das ergibt sich aus Abs. 3 der genannten Vorschrift. Nach derselben Vorschrift ist aber Abs. 1 ausnahmsweise anwendbar, wenn Bundes- oder Landesrecht ausdrücklich vorschreibt, daß die Beweiskraft der Zeugnisurkunde von der eigenen Wahrnehmung der Behörde oder Urkundsperson unabhängig sein soll. Die §§ 60, 66 des Personenstandsgesetzes sind solche Ausnahmefälle: Finden sich in den beigezogenen Akten Personenstandsurkunden (§ 61a PStG: beglaubigte Abschriften, Geburtsschein, Geburts-, Heirats-, Sterbeurkunden, Auszüge aus dem Familienbuch) so beweisen diese Urkunden nicht nur die Tatsache der Erklärung oder Anzeige, sondern die beurkundete Tatsache selbst. Sie beweisen also Eheschließung, Geburt und Tod und die darüber gemachten Angaben, z.B., daß Kuno X ehelich geboren sei und daß sein Vater Wilhelm X die Geburt am Soundsovielten dem Standesbeamten angezeigt habe.

4. Beispiel: Schließlich können in Beiakten von einer „Behörde" (wozu man auch die Gerichte rechnen muß) ausgestellte öffentliche Urkunden zu finden sein, die eine amtliche Anordnung, Verfügung oder Entscheidung enthalten. Die Versagung, Erteilung, der Widerruf oder die Rücknahme einer Erlaubnis durch eine Verwaltungsbehörde, der entscheidende Teil einer gerichtlichen Entscheidung (Beschlußformel, Urteilstenor, auch wenn sie im Sitzungsprotokoll stehen) sind solche Urkunden. Sie „begründen vollen Beweis ihres Inhalts" (§ 317 ZPO). Bewiesen wird nur, daß sie so ergangen sind, nicht etwa, daß sie richtig sind. Enthalten z.B. die herbeigezogenen Strafakten des Amtsgerichts in X eine Entscheidung, durch die Y wegen fahrlässiger Körperverletzung zu einem Monat Gefängnis bestraft wird, so wird nur diese Tatsache und allenfalls noch die weitere Tatsache bewiesen, wann, wo und durch welchen Richter Y verurteilt worden ist. Bei einem Zivilurteil, durch die z.B. Y verurteilt wird, 1000 DM an Z zu zahlen, ist es nicht anders. Ob das Gericht des vorliegenden Rechtsstreits den Inhalt dieser Entscheidung als richtig hinnehmen,

also davon ausgehen muß, Y habe sein Opfer fahrlässig an der Gesundheit beschädigt oder Y schulde dem Z 1000 DM, ist nicht eine Frage der Beweiskraft des Straf-/Zivilurteils, sondern eine Frage der Bindung an den Inhalt dieser Entscheidungen. Art. 14 Abs. 2 Nr. 1 EGZPO, die Vorschriften über die Rechtskraft (§§ 322ff. ZPO) und die Regeln über die Bestandswirkung von Verwaltungsakten geben darauf die Antwort.

3. Schließlich können die Parteien noch einen Schritt weiter gehen und übereinstimmend erklären, sie seien mit der Verwertung der in einem anderen Prozeß vorgenommenen Beweisaufnahme (Zeugenaussagen, Sachverständigengutachten, Augenschein) einverstanden, als habe die Beweisaufnahme in dem gegenwärtigen Rechtsstreit stattgefunden. Dann, und nur dann, kann die Zeugenaussage wenn überhaupt als Zeugenbeweis, das Sachverständigengutachten als Sachverständigenbeweis, der Augenschein als solcher vom Gericht des gegenwärtigen Rechtsstreits gewürdigt werden. Die Rechtsprechung hält dieses Verfahren für zulässig (RGZ 105, 221; RG DR 39, 183; BL § 286 4 B; Bruns JZ 57, 492 sub IV 1, leitet dies aus den §§ 375, 377 Abs. 3, Abs. 4 ZPO her). Die Bedenken gegen diese Verfahrenweise liegen auf der Hand: Die Parteien schieben damit den Grundsatz der Parteiöffentlichkeit und den Grundsatz der Unmittelbarkeit der Beweisaufnahme (§ 355 ZPO) beiseite. Sie machen sich gewissermaßen ihre eigene Prozeßordnung. Die Ausnahmevorschriften der §§ 375, 377 ZPO, welche diese Grundsätze einschränken, werden äußerst weit ausgelegt. Doch die Rechtsprechung honoriert das mit der Anwendung des § 295 Abs. 1 ZPO (BGHZ 23, 207 mit ablehnender Anmerkung von Bruns in NJW 57, 906; BGHZ 40, 179; ebenso jetzt StJ-Schumann-Leipold, § 355 III 2, 3 mit FN 14, und I 2, anders Vorauflage III aE: § 295 Abs. 2!). § 295 Abs. 1 kann man nur anwenden, wenn man der Meinung ist, die Vorschriften über die Parteiöffentlichkeit und über die Unmittelbarkeit der Beweisaufnahme dienten allein dem Interesse der Parteien. Immerhin setzt die Anwendung des § 295 Abs. 1 ZPO voraus, daß das eingeschlagene Verfahren rechtswidrig ist, also vom Gericht nicht eingeschlagen werden dürfte. Denn diese Vorschrift handelt nur von der nachträglichen Heilung eines Verfahrensfehlers durch Rügeverzicht. Schlosser (Einverständliches Parteihandeln im Zivilprozeß, S. 38—42) spricht — sehr weitgehend — dem vorherigen Einverständnis der Parteien sogar legalisierende Wirkung zu.

Führt nun diese Art des vorherigen Einverständnisses der Parteien nicht nur zu einer urkundenbeweislichen Verwertung der herbeigezogenen Akten, sondern zu einer Würdigung der dortigen Beweisaufnahme als Zeugenbeweis, als Sachverständigenbeweis und als Augenscheinsbeweis, so braucht das Gericht — anders als im Beispiel 3 — z.B. einem Antrag auf Vernehmung des Zeugen im vorliegenden Verfahren nicht ohne weiteres stattzugeben. Es kann vielmehr nach § 398 ZPO verfahren (RGZ 105, 221, 222). Eine Partei muß sich also genau überlegen, in welcher Weise sie Akten und insbesondere Beweisaufnahmen aus anderen Verfahren verwertet sehen will.

In Aktenstücken, die im zweiten Examen als Hausaufgabe ausgegeben werden, wird im Interesse der Prüflinge oft von der Beifügung herbeigezogener Akten Abstand genommen und statt dessen der wesentliche Inhalt dieser Beiakten in einem „Vermerk für den Bearbeiter" niedergelegt. Darin heißt es z.B.: „Aus den Akten ... ergibt sich folgendes: ..." Erfahrungsgemäß bereitet es Prüflingen nicht selten Schwierigkeiten, diesen Inhalt der Beiakten richtig zu verwerten. Oft geschieht das im Gutachten erst in der Beweisstation, wobei Zeugenaussagen der anderen Verfahren als Zeugenbeweis gewürdigt werden, obwohl das offensichtlich nicht zulässig ist. Eben deshalb sind die obigen Ausführungen zur Verwertung anderer Akten so ausführlich geworden. Prüflinge, die in diese Situation kommen, sollten sich also merken:

a) Beiakten (und damit der Inhalt der sie ausfüllenden Bearbeitervermerke) dürfen überhaupt nur verwertet werden, wenn sie zum Gegenstand der mündlichen Verhandlung gemacht worden sind (§ 286 ZPO: Inhalt der Verhandlung). Das geschieht entweder durch den Vortrag der Parteien oder aber durch einen dahingehenden Hinweis in der Sitzungsniederschrift oder in dem erwähnten Bearbeitervermerk. Ob der bloße, meist auf laxer Formulierung beruhende Hinweis: „Die ... Akten lagen vor" genügt, ist zweifelhaft, dürfte aber zu bejahen sein.

b) In aller Regel werden die Parteien über den Inhalt der Beiakten, insbesondere über den Inhalt der protokollierten Zeugenaussagen usw., nicht streiten; der oben dargelegte Umfang der Beweiskraft läßt solch einen Streit wohl fast immer sinnlos erscheinen. Gestritten wird dagegen meistens nur darüber, ob der Inhalt sachlich richtig oder unrichtig ist. Infolgedessen wird in den meisten Fällen der Inhalt der Beiakten bereits in der Schlüssigkeitsstation (des Klägers oder Beklagten) als Vortrag der Parteien zu würdigen sein. Soweit freilich über die sachliche Richtigkeit dessen gestritten wird, was sich aus den Beiakten ergibt, können und müssen insbesondere Zeugenprotokolle aus den Beiakten urkundenbeweislich gewürdigt werden, sofern nicht die Parteien diese Aussagen sogar als Zeugenbeweis gelten lassen wollen.

Doch zurück zu unserem Gutachten!

„Nach der Beweisaufnahme hat sich die Beklagte noch auf Gutachten des gerichtlichen Sachverständigen dafür berufen, daß gesundes, helles rheinisches Lupinenmehl 30% bis 32% Kohlenhydrate enthalten müsse, und daß es keinerlei Beimischung von Sand aufweisen dürfte".

Die Veranlassung zu diesem Beweisantritt ergibt sich aus S. 286 zu e). —

Die Entscheidungsgründe dürfen kein bloßer Auszug aus dem Gutachten sein. Das Gutachten ist eine für den inneren Gebrauch des Gerichts bestimmte Ausarbeitung, in der die Entscheidung gesucht wird, während die Urteilsgründe die in der Formel gegebene Entscheidung für die Parteien rechtfertigen. Daraus ergeben sich Abweichungen in Aufbau, Inhalt, Sprache und Stil (vgl. unten S. 283).

Das Gutachten stellt neben seinem praktischen Zweck zugleich eine juristische Denkübung dar. Deshalb wird dort zunächst das Parteivorbringen ohne Rücksicht auf bereits erhobene Beweise rechtlich geprüft. Erst nach der Feststellung, daß und von welchen streitigen Tatsachen die Entscheidung abhängt, wird zur Beweiswürdigung übergegangen. Die Anordnung des Gutachtens ist durch das Schema „qualis sit actio" beeinflußt. Deshalb ist die Klagebegründung immer vor den Einwendungen, und diese sind vor den Repliken zu behandeln. Die Urteilsgründe baut man dagegen nicht „mehrschichtig", sondern „einschichtig" auf. An die Spitze gehört zwar — wie im Gutachten — die Anspruchsgrundlage. Jedoch ist bei dem abstrakten Tatbestandsmerkmal sofort die rechtliche und tatsächliche Brauchbarkeit abschließend zu behandeln. Das Vorbringen des Beklagten wird demnach gleich an den Punkten mitverarbeitet, wo es sachlich zugehört. Die Ergebnisse einer Beweisaufnahme werden sofort mitverwertet. Die Zweiteilung des Gutachtens in Schlüssigkeitsprüfung und Tatsachenfeststellung entfällt. Deshalb ist auch der Ausdruck „schlüssig" in den Entscheidungsgründen nicht brauchbar.

Der Gutachter muß im Interesse der Vollständigkeit auch rechtliche Gesichtspunkte prüfen, auf die keine Partei sich berufen hat und die sich bei näherer Betrachtung als hinfällig erweisen (vgl. z. B. die Untersuchungen zu B I 2 des Gutachtens über die Unmöglichkeit, zu C II 4 über die falsche Angabe von Lieferzeit und Zahlungsweise beim Deckungsverkauf). Die Urteilsgründe müssen an solchen „Sackgassen" des juristischen Gedankengangs vorbeigehen. Die Entscheidung ist gefällt.

Ihre Rechtfertigung ist nur möglich und geboten mit den Gründen, die sie tragen. Hier ist also der kürzeste Weg einzuschlagen. Es scheint schwerzufallen, diese Regel zu beherzigen. In Prüfungsarbeiten sind die entworfenen Entscheidungsgründe nicht selten mehr oder weniger ein Abklatsch des Gutachtens. In zusprechenden Urteilen werden oft — wie im Gutachten — mehrere durchgreifende Anspruchsgrundlagen dargelegt (begründet). Dabei genügt eine Anspruchsgrundlage. Man wählt die am weitesten gehende. Bei gleichwertigen Anspruchsgrundlagen wird der Richter das Urteil auf die am überzeugendsten zu begründende stützen. Freilich kann man gegen diese Regel bewußt verstoßen in der guten Absicht, den Unterliegenden davor zu bewahren, das Urteil anzufechten. Hält das Gericht auf diese Weise der unterliegenden Partei vor Augen, wie wenig Aussicht auf Erfolg ein Rechtsmittel hat, weil auch andere als die tragenden Gründe am Ergebnis nichts ändern, so mag es sogar ein nobile officium sein, diese anderen Gründe darzulegen. Der Richter möchte und soll nicht nur Rechtsfrieden, er möchte und soll alsbaldigen Rechtsfrieden stiften. In nicht wenigen Urteilen, insbesondere der Amts- und Landgerichte, findet sich daher ein Mehr an Gründen, auch in der Form von Hilfserwägungen. Mentalität der Parteien und ihr Verhalten im Prozeß mögen den Richter mit Fingerspitzengefühl dazu drängen, mehr ins Urteil zu schreiben, als es notwendig ist. Der Bearbeiter einer Prüfungsaufgabe bekommt die Parteien des Rechtsstreits nicht zu Gesicht. Ihm bleibt daher die Kenntnis solcher Imponderabilien verschlossen. Schon deshalb wird es in der Regel unangebracht und nicht ratsam sein, in einer Prüfungsarbeit ebenso zu verfahren (a.A. zum Teil Berg, Gutachten und Urteil, S. 152 zu 2a; vgl. auch Mühl JuS 64, 108 re. Sp.).

Die Sprache des Gutachtens ist die einer wissenschaftlichen Arbeit. Das Für und Wider der auftauchenden Fragen wird erörtert, Zweifel und Bedenken werden hervorgehoben, Literatur und Entscheidungen zitiert, juristische Kunstausdrücke verwendet. In den Urteilsgründen formuliert man die Ansichten des Gerichts in knapper, bestimmter, apodiktischer Form, wie es dem Wesen einer staatlichen Entscheidung entspricht. Zitate sind auf ein Minimum zu beschränken, technische Ausdrücke und Fremdwörter, die dem Nichtjuristen Rätsel aufgeben, zu vermeiden. Aber Kürze bedeutet nicht Oberflächlichkeit. Unter keinen Umständen dürfen die Parteien (vor allem darf nicht die unterlegene Partei) den Eindruck haben, als hätte sich das Gericht nicht mit jeder ihrer An- und Ausführungen ernsthaft und sorgfältig auseinandergesetzt.

Aus dem grundsätzlichen Unterschied zwischen Gutachten und Urteil ergibt sich auch ein Unterschied in Stil, Aufbau und Gedankenführung. Der Gutachter sucht die Entscheidung und zeigt die Wege, die dorthin führen. Beim Gutachten gehört deshalb die Frage an die Spitze der Untersuchung oder jedes Teilabschnitts der Untersuchung. Die Frage gibt der folgenden Untersuchung Ziel und Richtung. Die Untersuchung schließt mit dem Ergebnis, d.h., mit der Schlußfolgerung aus der vorhergehenden Untersuchung. Das Ergebnis wird folgerichtig mit „Also“, „Somit“ u.ä. eingeleitet (sog. Also-Stil). Beim Urteil steht das Ergebnis fest. Die Entscheidungsgründe gehen nicht von der Frage, sondern von der Antwort aus. („Die Klage ist begründet“). Die folgenden Ausführungen begründen lediglich das Ergebnis. Sie werden daher mit „Denn“ „weil“ u.ä. eingeleitet (sog. Denn-Stil). Vgl. Berg, Gutachten und Urteil, S. 17, 147 zu III. Das besagt allerdings nicht, daß jeder folgende Satz mit „denn“ oder „weil“ einzuleiten ist. Das würde schwerfällig wirken. Es besagt lediglich, daß der Verfasser die Sätze so ordnen soll, daß sie mit „denn“ usw. eingeleitet werden können, daß sie also der Begründung des vorgehenden Satzes dienen und keine Schlußfolgerungen mehr sind. In besonderen Fällen, namentlich wenn eine Rechtsfrage im Mittelpunkt steht, kann auch in den Entscheidungsgründen ein (gekürzter) Gutachtenstil angebracht sein.

„Entscheidungsgründe.

Die statthafte Berufung (§§ 511, 511 a ZPO) ist frist- und formgerecht eingelegt (§§ 516, 518 ZPO) und begründet worden (§§ 519 ZPO). Sie ist jedoch im wesentlichen erfolglos.

A. Die Klage ist dem Grunde nach begründet.

I. Der Kläger kann als Rechtsnachfolger (§ 398 BGB) der *Gebr. Böttcher* von der Beklagten Schadenersatz wegen Verzugs (§ 326 BGB) verlangen.

Die Beklagte ist mit der Abnahme von 27 Wagen, also mit einer ihr obliegenden Hauptleistung, im Verzug.

Nach dem Vertrage waren die Wagen bis zum 30. September 1969 abzunehmen. Abnahme der Ware und Dispositionserteilung stellen Hauptleistungen dar, weil bei einem Sukzessivlieferungsgeschäft des Großhandels, wie es hier vorliegt, der ganze Betrieb des Liefergeschäfts *Gebr. Böttcher* auf Ordnung und reibungslose Abwicklung der laufenden Abschlüsse eingestellt ist.

Einer besonderen Mahnung bedurfte es nicht, da die Leistungszeit nach dem Kalender bestimmt war (§ 284 Abs. 2 BGB).

Die Androhung vom 8. Dezember 1969, wonach *Gebr. Böttcher* nach Ablauf der Nachfrist das Geschäft „streichen" und Schadenersatz wegen Nichterfüllung geltend machen wollten, entspricht den gesetzlichen Erfordernissen des § 326 BGB, weil sie zum Ausdruck bringt, daß die Annahme der Vertragsleistung abgelehnt werden wird. Ob die von *Gebr. Böttcher* gesetzte Nachfrist von 7 Tagen angemessen oder zu kurz war, spielt hier keine entscheidende Rolle. Selbst wenn die Frist zu kurz gewesen sein sollte, wäre die Fristsetzung vom 8. Dezember nicht wirkungslos; sie würde vielmehr die — nach Ansicht der Beklagten — angemessene Frist von 10 Tagen in Lauf gesetzt haben (vgl. RGZ 62, 66; 106, 89). Innerhalb einer Frist hat der Beklagte die Ware weder abgerufen noch Verladeorder gegeben.

Der Anspruch der *Gebr. Böttcher* auf Erfüllung hat auch, wie § 326 BGB es voraussetzt, weiter bestanden. Er ist nicht etwa entfallen, weil die dem Verkäufer *Gebr. Böttcher* obliegende Lieferung des Mehls unmöglich geworden sei (§ 440 Abs. 1, § 323 BGB). Durch die endgültige Einstellung der Fabrikation von *Baumbach*schen Lupinenmehl ist den *Gebr. Böttcher* die Erfüllung ihrer Lieferungspflicht nicht unmöglich geworden (§§ 323, 275 BGB). Denn nach dem Vertrag vom 12./14. Mai 1969 hatte die Beklagte keinen Rechtsanspruch darauf, gerade *Baumbach*sches Mehl zu erhalten. Sie wollte vielmehr „möglichst" *Baumbach*sches nicht bekommen, mußte also jede gesunde, helle, rheinische Ware nehmen.

Der Erfüllungsanspruch der *Gebr. Böttcher* ist auch nicht durch ihre bereits am 7. Oktober gesetzte und ergebnislos verstrichene Nachfrist beseitigt worden. Denn die Kaufparteien haben in der Folgezeit, besonders bei der Vereinbarung vom 20. Oktober 1969, den Vertrag als fortbestehend behandelt und damit die etwaigen Rechtsfolgen der vorangegangenen Fristsetzung durch Willensübereinstimmung wieder außer Kraft gesetzt (§§ 133, 157, 305 BGH).

II. Die Einwendungen der Beklagten, sie habe sich am 8. Dezember 1969 infolge der Vereinbarung vom 20. Oktober nicht im Verzug befunden, und sie sei am 5. November 1969 mit Recht vom Vertrag zurückgetreten, sind nicht bewiesen.

1. Die Abnahmepflicht der Beklagten entfiel nicht infolge der Vereinbarung vom 20. Oktober 1969.

Auf Grund der im wesentlichen übereinstimmenden Aussagen der Zeugen *Anton Koch* und *Adolf Böttcher* sieht der Senat zwar als erwiesen an, daß die Hinausschiebung der weiteren Lieferungen aus dem Abschluß vom 12./14. Mai 1969 bis zur Wiederaufnahme der Lupinenmehlerzeugung durch *Baumbach* zunächst vereinbart worden ist. *Anton Koch* hat nach seiner Aussage am 20. Oktober 1969 mit *Adolf Böttcher* über die entstandenen Differenzen gesprochen. *Böttcher* hat — wie *Adolf Böttcher* bei seiner Vernehmung nicht in Abrede stellt — erklärt, daß er z. Z. nur mit Schwierigkeiten liefern könne. Darauf hat *Koch* den Vorschlag gemacht, die Annahmepflicht so lange ruhen zu lassen, bis *Baumbach & Co.* wieder Lupinenmehl liefern würden, und dafür den Schlußpreis um 0,40 DM für 100 kg zu ermäßigen. *Böttcher* hat zunächst Einwendungen erhoben, am Ende aber gesagt: „Gut, dann warten wir mit der weiteren Lieferung, bis *Baumbach* wieder produziert, und ermäßigen den Preis um 0,40 DM." *Adolf Böttcher* will sich an die von *Koch* bekundete letzte Äußerung zwar nicht mehr erinnern, erklärt es aber für möglich, etwas Ähnliches gesagt zu haben. Für die Richtigkeit der Aussage *Kochs* spricht auch der unstreitige Umstand, daß *Gebr. Böttcher* in ihre Rechnungen nach dem 20. Oktober nur noch 10,90 DM eingesetzt haben.

Die Vereinbarung vom 20. Oktober 1969 sollte jedoch nur eine Verschiebung der Lieferung um verhältnismäßig geringfügige Zeit, nicht die vollständige Aufhebung des Vertrages für die Zukunft bewirken. Denn man rechnete damals unstreitig in den beteiligten Kreisen damit, daß *Baumbach & Co.* ihre Mühle binnen kurzem wieder zur Erzeugung von Lupinenmehl in Betrieb nehmen würden. Die Vereinbarung ist dadurch, daß *Baumbach & Co.* die Herstellung von Lupinenmehl dauernd aufgaben und die Mühle für Roggen- und Weizenmehlfabrikation umbauen ließen, gegenstandslos geworden (§§ 133, 157 BGB).

Die Beklagte hatte am 8. Dezember 1969 Kenntnis von den Absichten der Firma *Baumbach & Co.* Das ergibt sich aus der Aussage des Zeugen *Wohlfahrt*. Danach war der bevorstehende Umbau der *Baumbach*schen Mühle spätestens Mitte November 1969 unter den Interessenten des rheinischen Getreide- und Futtermittelgeschäfts allgemein bekannt. Bei dieser Sachlage erübrigt sich die hierüber beantragte Parteivernehmung der Beklagten.

2. Auch ein Rücktrittsrecht wegen positiver Vertragsverletzung der Firma *Gebr. Böttcher* stand der Beklagten nicht zu.

Zwar hätte die am 12. September 1969 getroffene Vereinbarung, daß beanstandete Waren mit Minderwert abzunehmen seien, den Rücktritt vom ganzen Vertrage wegen andauernd schlechter Lieferungen nicht gehindert. Aus den übereinstimmenden Auskünften der Industrie- und Handelskammern in Köln und Kleve geht hervor, daß der kaufmännische Verkehr die Minderwertklausel lediglich als Mittel betrachtet, den Verkäufer bei nicht besonders schwerwiegenden Mängeln der Ware vor Schikanen des Käufers zu schützen. Wird der Wert der Ware durch den Fehler um mehr als ein Drittel herabgesetzt, so kann der Käufer trotz der Klausel die mangelhafte Lieferung wandeln, auch wenn er sich dieses Recht nicht besonders vorbehalten hat. Macht der Verkäufer andauernd schlechte Lieferungen und gefährdet er dadurch den Vertragszweck, so besteht erst recht kein Anlaß, dem Käufer das Rücktrittsrecht aus positiver Vertragsverletzung zu versagen.

Das Rücktrittsrecht scheitert aber letzten Endes daran, daß andauernde schlechte Lieferungen nicht festgestellt sind, auch nicht feststeht, ob mit weiteren mangelhaften Lieferungen zu rechnen war, und der sonstige Sachverhalt einen so bedeutsamen Eingriff in die Rechtsstellung der Verkäuferin nicht rechtfertigt.

Voraussetzung des Rücktrittsrechts ist zunächst, daß die Beklagte die entscheidende Lieferung, nämlich die am 24. Oktober nach Gifhorn abgerufenen Wagen, rechtzeitig (§ 377 HGB) gerügt hat. Diese Voraussetzung hat die Beklagte allerdings erfüllt. Sie hat zwar erst im Brief vom 5. November gerügt. Die zwischen dem 24. Oktober und dem 5. November liegende Frist ist an sich weit mehr, als zur Untersuchung im ordnungsmäßigen Geschäftsgang gehört. Die Rüge ist aber gleichwohl rechtzeitig. *Gebr. Böttcher* mußten wissen, daß die Ware von der Beklagten weiterverkauft war und durch mehrere Hände wanderte, ferner, daß die Beklagte bei der Ablieferung nicht persönlich zugegen sein konnte und von etwaigen Mängeln erst durch Anzeige ihres Käufers Kenntnis erhielt, der seinerseits wiederum auf die Mängelrüge seines Abkäufers angewiesen war. Mit Rücksicht auf diese besondere Sachlage stand der Beklagten für ihre Rüge so viel Zeit zu, als notwendig war, um die Rüge des *Bitter* über *May* und *Palme* und die Rüge von *Klages* durch *Palme* an sie gelangen zu lassen (RGZ 96, 102; 102, 91; BGH LM Nr. 2 zu § 377 HGB). Die hierzu von der Beklagten aufgestellten Behauptungen sind durch die Zeugen *Hermine Klages* und *Palme*"

— nicht bloß: „durch die Beweisaufnahme". Das Urteil soll die einzelnen Gründe, die für die richterliche Überzeugung maßgebend gewesen sind, angeben (§ 286 Abs. 1 S. 2 ZPO, —

„bestätigt worden. Die ‚Ablieferung' der beiden Wagen im Sinne des § 377 Abs. 1 HGB hat also erst am 31. Oktober stattgefunden. Am 2. November hat Frau *Klages* untersucht und am 3. November gegenüber ihrer Verkäuferin *Palme & Co.* gerügt. *Palme & Co.* haben durch Brief vom 4., eingegangen am 5. November, die Bemängelung ihrer Verkäuferin, der Beklagten, weitergegeben.

Die Beklagte hat jedoch eine Gefährdung des Vertragszwecks durch schlechte Lieferungen nicht nachgewiesen. In dieser Beziehung hat sich folgendes ergeben:

a) Das Mehl des Anfang September 1969 nach Harzburg gelieferten von *Gebr. Böttcher* zurückgenommenen Wagens war unstreitig dunkel, dumpfig, mit Sand vermischt, verschimmelt und zur Verfütterung ungeeignet.

b) Den am 1. September 1969 in Paderborn abgelieferten Wagen hat *Bitter* zu Unrecht wegen der zu a) aufgeführten Mängel beanstandet. Er hat bei seiner Zeugenvernehmung angegeben, daß die Beanstandung irrtümlich infolge Verwechslung zweier gleichzeitig angekommener Sendungen erfolgt, und daß der von *Gebr. Böttcher* herrührende Wagen von einwandfreier Beschaffenheit gewesen sei. Deshalb habe er nach erfolgter Aufklärung den Wagen ohne jede Preisermäßigung abgenommen und behalten.

c) Auf den Ende September 1969 in Braunschweig abgelieferten Wagen haben *Gebr. Böttcher* der Beklagten einen Preisnachlaß von 50 DM gewährt und damit die vertragswidrige Beschaffenheit dieser Sendung zunächst anerkannt. Das Anerkenntnis bezog sich jedoch lediglich auf die vereinbarte Preisminderung (§§ 465, 472 BGB), nicht auf die damals gar nicht in Rede stehenden Folgen der positiven Vertragsverletzung. Es war vielmehr dem Kläger unbenommen, hinsichtlich der positiven Vertragsverletzung das von seiner Rechtsvorgängerin abgegebene Anerkenntnis durch Nachweis der Ordnungsmäßigkeit der Lieferung zu entkräften. Der Beweis ist ihm gelungen, da der Empfänger *Rademacher* eidlich und glaubwürdig bekundet hat, daß er die Abnahme wegen verspäteter Lieferung verweigert und nur vorsorglich Beimischung von Sand gerügt habe; in Wahrheit seien, wie die spätere genaue Untersuchung gezeigt hätte, die Sandbeimischungen ganz minimal gewesen; die Ware habe den an ‚gesundes, helles, rheinisches Lupinenmehl' zu stellenden Anforderungen genügt.

d) Entsprechendes wie zu c gilt von den 3 nach Celle gelieferten Wagen, auf die von *Gebr. Böttcher* je 30 DM nachgelassen worden sind. Hier steht auf Grund der Aussage des Empfängers *Peschel* fest, daß die Abnahmeverweigerung überhaupt nicht mit Mängeln der Ware sondern ausschließlich mit einer geringfügigen Überschreitung der vereinbarten Lieferzeit motiviert wurde, daß *Peschel* sich der Abnahme wegen rückläufiger Konjunktur gern entziehen wollte, daß er nach Bewilligung von 30 DM Preisermäßigung je Wagen abgenommen und das gelieferte Lupinenmehl als einwandfrei befunden hat.

e) Über die beiden Gifhorner Wagen von Ende Oktober 1969 hat Frau *Klages* bekundet: sie habe von *Palme* & *Co.* 2 Wagen Lupinenmehl laut Muster gekauft. Nach der chemischen Untersuchung habe der Gehalt der gelieferten Ware an Kohlehydraten 27,5% betragen gegen 31,5% des Musters. Deshalb und wegen einer sehr unbedeutenden Sandbeimischung, wie sie nicht selten vorkomme, aber die Lieferungsfähigkeit des Lupinenmehls nicht beeinträchtige, habe sie die Sendung beanstandet. Von Schimmel und Dumpfigkeit sei keine Spur vorhanden gewesen.

Die Beklagte tritt nun Beweis für ihre Behauptung an, daß gesundes, helles, rheinisches Lupinenmehl 30% bis 32% Kohlehydrate haben müsse und keinerlei Sandbeimischung enthalten dürfte. Dieser Beweis brauchte nicht erhoben zu werden:

Unterstellt man zugunsten der Beklagten die Richtigkeit dieser Behauptung, so würden insgesamt zwei Lieferungen — nämlich der Harzburger Wagen von Ende September und die 2 Gifhorner Wagen vom Oktober/November — nicht vertragsmäßig gewesen sein, und zwar wegen ganz verschiedenartiger Fehler. Das könnte vielleicht genügen, um der Beklagten das in Anspruch genommene Rücktrittsrecht zuzubilligen, wenn ihr aus den schlechten Lieferungen besonders schwerwiegende Folgen erwachsen wären. Das trifft jedoch nicht zu. Wie die aus den staatsanwaltschaftlichen Akten vorgetragene Anzeige der Firma *Klages* ergibt, ist die Strafanzeige in der Voraussetzung erstattet worden, das von *Palme & Co.* eingesandte Kaufmuster mit dem hohen Satz von 31,5% Kohlehydraten rühre von der Beklagten her. Bei ihrer Vernehmung im Ermittlungsverfahren hat Frau *Klages* aber erklärt, daß sie niemals den Verdacht einer Täuschungsabsicht gegen die Inhaber der Beklagten geäußert haben würde, wenn ihr bekannt gewesen wäre, daß die Beklagte an *Palme & Co.* lediglich ‚gesundes, helles, rheinisches Lupinenmehl' ohne Prozentgarantie verkauft und daß sie die Ware infolge des direkten Versandes von der Mühle nach Gifhorn gar nicht zu Gesicht bekommen habe. Unter diesen Umständen war die Strafanzeige für die Beklagte ungefährlich, und das Verfahren ist auch bald eingestellt worden. Über die wirtschaftlichen Folgen aber hat sich der Zeuge *Palme* dahin ausgelassen, daß der Zwischenfall mit *Klages* den Absatz des Restquantums im Paderborner Gebiet nicht gehindert haben würde, wenn noch starke Nachfrage vorgelegen hätte, daß aber zur damaligen Zeit eine Abneigung gegen Lupinenmehl überhaupt bestanden habe."

Der Richter: Halten Sie alles das, was Sie in den Gründen bisher ausgeführt haben, für notwendig?

Der Referendar: Die Entscheidung unter 1, daß die Abrede vom 20. Oktober durch Bekanntwerden des Umbaues der Baumbachschen Mühle gegenstandslos geworden war, und der Ausspruch zu 2, daß keine zum Rücktritt wegen positiver Vertragsverletzung berechtigende Gefährdung des Vertragszwecks vorliegt, tragen das Urteil bezüglich des Grundes des Anspruchs. Ob die Abrede wirklich getroffen worden ist, hätte offen bleiben können, wenn es sich nur um den Grund des Anspruchs handelte; dieser Punkt erlangt jedoch auch Bedeutung für die Höhe. Die Ausführungen darüber, daß die Minderwertklausel dem Rücktrittsrecht aus positiver Vertragsverletzung entgegensteht und daß die Gifhorner Sendung rechtzeitig gerügt worden ist, waren allerdings überflüssig; denn das Rücktrittsrecht wird aus anderen Gründen ohnehin verneint. Um die gefällte Entscheidung auf dem kürzesten Wege zu begründen, würde ich diese Fragen dahingestellt gelassen haben, wenn sich nicht der Senat in der Beratung auch hierüber schlüssig gemacht und der Vorsitzende die Ansicht des Senats verkündet hätte. Damit die Überflüssigkeit dieses Teils der Gründe nicht zu sehr hervortritt, habe ich sie möglichst kurz gefaßt und an die Spitze des zweiten Abschnitts gestellt. Hätte ich sie ganz streichen sollen?

Richter: Rein logisch genommen, war die Entscheidung über Minderwertklausel und Rechtzeitigkeit der Mängelrüge in der Tat überflüssig. Aber die Regel vom „kürzesten Wege", an die Sie denken, ist kein starrer Grundsatz. Unbeschadet dieses Grundsatzes wird man z. B., falls ein bestimmter Grund den Ausschlag zugunsten einer Partei gibt, unterstützend solche Gründe anführen, die in gleicher Richtung mit dem primären Grunde wirken und zur Entscheidung reif sind. Aber auch wenn, wie hier, die sekundären Gründe in entgegengesetzter Richtung liegen, kann sich ihre Aufnahme ins Urteil empfehlen. War z. B. Beweis erhoben, so erscheint es meist angebracht, das Beweisergebnis im Urteil zu verwerten. Ferner erwarten die Parteien vom Berufungsurteil eine Stellungnahme zu den Gründen des ersten Richters: deshalb mußte der Senat und mußten Sie sich im schriftlichen Urteil mit der Minderwertklausel, auf der das Urteil des Landgerichts beruht, auseinandersetzen. Für revisible Urteile kommt noch ein praktischer Gesichtspunkt hinzu. Nehmen wir an, daß der Bundesgerichtshof den primären, tragenden Grund eines Berufungsurteils mißbilligt. Dann muß, wenn das Oberlandesgericht alle sekundären Fragen „dahingestellt gelassen" hat, nach § 565 Abs. 1 ZPO zurückverwiesen werden, während der Bundesgerichtshof unter Umständen nach § 565 Abs. 3 Nr. 1 ZPO sofort in der Sache entscheiden und damit den Parteien Zeit und Kosten ersparen kann, sofern die sekundären Gründe bereits vom Oberlandesgericht entschieden sind (ich sehe jetzt davon ab, daß in unserem Falle eine sofortige Entscheidung des Bundesgerichtshofs in der Sache schon deshalb unmöglich sein würde, weil der nachträglich von der Beklagten über die ordnungsmäßige Beschaffenheit von „gesunden, hellem, rheinischem Lupinenmehl", angetretene Beweis, oben S. 282, noch nicht erhoben ist). Sie haben also recht daran getan, die beiden Fragen im Urteil abzuhandeln. Zutreffend haben Sie auch die im Gutachten unter B I 2 erörterte zweite Anspruchsgrundlage (Schadensersatz wegen positiver Vertragsverletzung) zu Beginn der Entscheidungsgründe nicht erwähnt. Diese Anspruchsgrundlage wurde von uns als nicht schlüssig erkannt. Indem sie den Schadensersatzanspruch ausschließlich auf Verzug der Beklagten (§ 326 BGB) gegründet haben, sind nur die tragenden Gründe ins Urteil gekommen (vgl. oben S. 282 f).

„B. Der Höhe nach ist der Klageanspruch nicht in vollem Umfang begründet.

Der Kläger will die Höhe des Schadens sowohl abstrakt durch Vergleichung mit dem bei Ablauf der Nachfrist gültigen Marktpreis als auch konkret auf der Grundlage des von *Gebr. Böttcher* am 21. Dezember 1969 veranstalteten öffentlichen meistbietenden Deckungsverkaufs nachweisen.

Ein einigermaßen feststehender Marktpreis läßt sich nach dem Gutachten des vernommenen Sachverständigen *Overbeck* für die maßgebende Zeit nicht ermitteln. Lupinenmehl wurde damals wenig gehandelt, und die gezahlten Preise schwankten je nach Güte des Fabrikats, Abnahmezeit und sonstigen Bedingungen des einzelnen Abschlusses zwischen 9,20,DM und 10,50 DM für 100 kg. Wenn bei derartig unsicheren Marktverhältnissen von einem abstrakten Schaden überhaupt die Rede sein darf, so würde er nur in Höhe der Differenz zwischen Vertragspreis und 10,50 DM je 100 kg bestehen.

Dagegen hat der öffentliche Deckungsverkauf einen Erlös von bloß 8,50 DM für je 100 kg ergeben. Der konkrete Schaden besteht daher im Unterschied zwischen Vertragspreis und 8,50 DM zuzüglich der Kosten des öffentlichen Verkaufs.

Ob *Wichmann* bei dem Deckungsverkauf von Anfang an als vorgeschobene Person für *Gebr. Böttcher* geboten oder ob er sein Gebot zunächst für alleinige eigene Rechnung abgegeben hat und erst nachträglich an *Gebr. Böttcher* wegen eines à meta-Geschäfts herangetreten ist, kann ebenso dahingestellt bleiben wie die Frage, ob *Wichmann* bzw. *Gebr. Böttcher* die ersteigerten 26 Wagen im Januar 1970 für mehr als 11,50 DM weiterverkauft haben.

Beim öffentlichen meistbietenden Deckungsgeschäft des Handelsfixkaufs (§ 376 HGB), beim kaufmännischen Selbsthilfeverkauf wegen Annahmeverzugs (§ 373 HGB), beim Pfandverkauf (§ 1239 BGB) und bei der Mobiliarversteigerung (§ 816 ZPO) gestattet das Gesetz das Mitbieten der die Versteigerung betreibenden Partei und erkennt den Zuschlag an sie als zulässig und wirksam an. Das gleiche geschieht vielfach in Börsen- und Schlußscheinbedingungen von Großhandelsverbänden, soweit sie sich mit der Berechnung des Schadensersatzes auf Grund öffentlicher Versteigerung befassen. Für den hier gegebenen Fall, daß aus freiem Entschluß der Partei zur Feststellung eines nach § 326 BGB zu ersetzenden Schadens versteigert wird, fehlt es an gesetzlichen Vorschriften und somit auch an einer ausdrücklichen Zulassung des Mitbietens und Selbsteintritt. Es ist jedoch zu berücksichtigen, daß die Form der öffentlichen Versteigerung gerade gewählt wird, um möglichst breite Interessentenkreise zur Beteiligung heranzuziehen und ein günstiges Ergebnis zu gewährleisten. Das Gesetz und der geschäftliche Verkehr legen das entscheidende Gewicht darauf, daß der Deckungsverkauf als öffentliche Versteigerung durch eine unbeteiligte Amtsperson (vgl. §§ 456, 457 BGB) ausgeführt wird, während die Persönlichkeit des Meistbietenden und sein Interesse an der Sache gleichgültig sind (RG Recht 1916 Nr. 646). Der Versteigerungstermin vom 21. Dezember war unstreitig in geeigneten Zeitungen öffentlich bekanntgemacht und der Beklagte besonders mitgeteilt worden. Es stand der Beklagte frei, mitzubieten oder durch Geschäftsfreunde mitbieten zu lassen. Unter diesen Umständen trägt das Gericht keine Bedenken, auch bei Versteigerungen der hier in Betracht kommenden Art entsprechend den angeführten Gesetzesbestimmungen das Mitbieten des Verkäufers und die Erteilung des Zuschlags an ihn als statthaft anzusehen, obgleich Verkäufer und Käufer des Dekkungsgeschäfts dann eine und dieselbe Person sind. Umso weniger ist das Mitbieten durch einen vorgeschobenen Dritten zu beanstanden.

Der Gewinn, den der Verkäufer oder sein Strohmann an der beim öffentlichen Deckungsverkauf zurückgekauften Ware später erzielt, darf von seinem durch das Ergebnis des Deckungsverkaufs ausgewiesenen Schaden nicht in Abzug gebracht werden. Er beruht darauf, daß der Verkäufer durch ein neues Geschäft das Risiko übernommen hat, die Ware wieder zu erwerben, und daß ihm durch Ausnutzung seiner geschäftlichen Beziehungen der lohnende Weiterverkauf geglückt ist (vgl. OLG Hamburg, SeuffArch. 71 S. 219 Nr. 129.) Stünde allerdings der Zuschlagspreis in auffälligem Mißverhältnis zum Wert, den die Ware im Zeitpunkt des öffentlichen Verkaufs besaß, so müßte der Verkäufer sich diesen höheren Wert und nicht bloß den formellen Verkaufspreis bei Berechnung des Schadens anrechnen lassen, vorausgesetzt daß der Wert nicht nur auf dem Papier steht, sondern durch Weiterverkauf ohne Schwierigkeiten zu realisieren ist (vgl. RGZ 110, 155 a. E.). Auch wird dabei dem Verkäufer ein angemessener Betrag für das im Ersteigern der Ware liegende spekulative Risiko und für seine allgemeinen Handlungsunkosten zuzubilligen sein.

Die Beklagte hat ihren Einwand nicht entsprechend den vorstehenden Sätzen substantiiert.

Der im Januar 1960 beim Weiterverkauf erzielte Kaufpreis ist mit dem Wert vom 21. Dezember 1969 nicht identisch, da Lupinenmehl zu den Artikeln gehört, die starken Preisschwankungen unterliegen. Die Bekundungen des Sachverständigen *Overbeck* ergeben sogar, daß von einem leicht realisierbaren Wert des Lupinenmehls an diesem Tage nicht gesprochen werden kann.

Ebenso erweisen sich die weiteren von der Beklagten gegen die Maßgeblichkeit des Dekkungsverkaufs vorgebrachten Einwendungen als unbegründet. Durch Vornahme der Versteigerung in Köln statt in Kleve kann das Ergebnis nicht in ungünstigem Sinne beeinflußt worden sein, denn Köln hat den größeren Markt, und hier sind mehr Kauflustige vorhanden als in Kleve. Nun ist zwar ‚gesundes, helles, rheinisches Lupinenmehl' schlechtin, ohne den Zusatz, möglichst Fabrikat *Baumbach*, zur Versteigerung gestellt worden. Das war aber durchaus sachgemäß. Denn man wußte damals schon allgemein, daß *Baumbach* kein Lupinenmehl mehr herstellen würde. Das minderwertige Muster, durch welches *Gebr. Böttcher* die Kauflustigen abgeschreckt haben sollen, ist nach Aussage des Zeugen *Wohlfahrt* kurz vor Beginn der Versteigerung von *Adolf Böttcher* dem Prokuristen *Scheibler* von der Firma *Blümel* aus Anlaß von Verhandlungen über ein anderes Geschäft vorgelegt worden, ohne daß jemand auf den Gedanken gekommen wäre, dieses Muster als typisch für die aus dem meistbietenden Deckungsverkauf zu liefernde Ware zu betrachten.

Der für die Schadensberechnung maßgebende Vertragspreis beträgt aber nicht 11,30 DM, sondern bloß 10,90 DM für 100 kg. Indem das Landgericht die von der Beklagten behauptete Vereinbarung vom 20. Oktober 1969 für unerheblich erklärte, hat es übersehen, daß diese Vereinbarung — mag sie auch, soweit es sich um Hinausschiebung der Lieferzeit handelt, durch den Umbau der *Baumbach*schen Mühle gegenstandslos geworden sein — jedenfalls insofern ihre Bedeutung behielt, als der Preis um 0,40 DM für 100 kg ermäßigt worden war."

Der Richter: Warum polemisieren Sie so scharf gegen das Landgericht?

Der Referendar: Weil es in diesem Punkt einen logischen Fehler begangen hat, und weil es doch üblich ist, die Urteile der Vorinstanzen zu kritisieren.

Richter: Sie haben allerdings recht damit, daß es bei uns üblich ist, sich mit dem im Verlauf des Prozesses von anderen Gerichten oder den Parteien geäußerten Rechtsansichten in den Gründen kritisch auseinanderzusetzen, dies für „durchaus berechtigt", jenes für „verfehlt" zu erklären, Lob und Tadel zu verteilen. Soweit die Entscheidung des unteren Gerichts von der höheren Instanz gebilligt wird, mag das noch angehen. Aber welchen Eindruck muß es auf die Parteien — für die das Urteil doch in erster Reihe berechnet ist — machen, wenn ein Gericht sich gegen die Ausführungen des anderen wendet und sie bekämpft? Im Gutachten mag das zur Belebung der Darstellung bisweilen angebracht sein. Das Urteil als staatliche Entscheidung, die unter den Parteien Recht schaffen soll, verlangt eine würdige Form und Weglassung aller Polemik. Wir streichen also den letzten Satz und schreiben dafür:

„Denn am 20. Oktober 1969 war zusammen mit der Hinausschiebung der Lieferzeit die Ermäßigung des Preises um 0,40 DM vereinbart worden. Wenn auch die Abrede über die Änderung der Lieferzeit durch den Umbau der *Baumbach*schen Mühle gegenstandslos geworden ist, so blieb doch die Preisermäßigung in Kraft."

Abschluß des Urteils:

„Folglich können dem Kläger nur die 299,40 DM Versteigerungskosten sowie der Unterschied zwischen 10,90 DM und 8,50 DM = 2,40 DM für je 100 kg, d. s. für 26 Wagen zu 10000 kg im ganzen 6240 DM zugesprochen werden. Von den zuerkannten 6539,40 DM stehen dem Kläger seit dem 22. Dezember 1969, an welchem Tage die Beklagte durch Zahlungsaufforderung in Verzug gesetzt wurde, nach §§ 284, 288 Abs. 1 BGB, § 352 HGB 5% als gesetzliche Verzugszinsen zu. Die weiter geforderten 3% Zinsen kann der Kläger unter dem Gesichtspunkt des Schadensersatzes wegen Verzuges nicht verlangen (§ 288 Abs. 2 BGB). Angesichts der allgemein bekannten Geld- und Kreditverhältnisse pflegen zwar manche Gerichte bei einem Kaufmann einen derartigen Schaden auf Grund der Lebenserfahrung ohne nähere Substantiierung zu bejahen. Diese Praxis ist aber nicht zu billigen. Sie läuft auf eine Fiktion hinaus. Der Kläger muß daher Einzelheiten darlegen, aus denen sich ergibt, daß er durch Aufnahme von Kredit einen Schaden in Gestalt der Mehrzinsen erlitten hat (so OLG Frankfurt NJW 56, 360; OLG Köln

NJW 69, 1388; Palandt-Danckelmann § 288 Anm. 2). Das hat der Kläger trotz eines entsprechenden Hinweises (§ 139 ZPO) nicht getan. Sein Zinsmehranspruch ist daher nicht begründet.

In Höhe von 1040 DM nebst Zinsen und wegen der Mehrzinsen war daher die Klage unter Abänderung des ersten Urteils abzuweisen. Im übrigen ist der Klageanspruch begründet und die Berufung zurückzuweisen.

Die Kosten des Rechtsstreits sind nach § 92 ZPO im Verhältnis der Beträge, mit denen die Parteien unterlegen sind, verteilt worden. Gemäß § 708 Nr. 7, § 713 Abs. 2 ZPO war das Urteil von Amts wegen für vorläufig vollstreckbar zu erklären und der Beklagten antragsgemäß nachzulassen, die Vollstreckung durch Sicherheitsleistung einschließlich Bürgschaft einer Großbank abzuwenden.

(Unterschriften.)"

Auch in Nebenpunkten (Zinsen, Kosten, Vollstreckbarkeit) soll das Urteil so gefaßt sein, daß die Parteien der Begründung folgen können. Wenn, wie es oft geschieht, lediglich gesagt wird, daß „die Entscheidung über Zinsen, Kosten und Vollstreckbarkeit aus den §§ .. folge", so sagt das den Parteien nichts.

Anhang:

Wichtige Regeln zur Technik der juristischen (Prüfungs)arbeiten.

I. Allgemeines:

1. Regel: Erfassen Sie das, worüber Sie (dann) urteilen!

Der Sachverhalt muß Ihnen klar vor Augen stehen. Im Prozeß trägt in der Regel jede Partei „ihren Sachverhalt" vor; Sie haben es dann mit zwei Sachverhalten zu tun. Sie müssen in dem Sachverhalt oder in den zwei Sachverhalten leben. Also müssen Sie ihn — und im Assessorenexamen das Aktenstück — lesen und immer wieder lesen, natürlich mit Verstand. Daß man sich das Verstehen mit einer Zeichnung oder einer tableauartigen Darstellung des Sach- und Streitstandes erleichtern kann, wissen Sie und ist Ihnen in Fleisch und Blut übergegangen. Erst wenn Sie den Sachverhalt restlos in sich aufgenommen haben, dürfen Sie rechtliche Überlegungen anstellen (vgl. Berg, Gutachten und Urteil, S. 160, 161).

So oft, wie Sie das bereits gelesen und gehört haben, haben Sie gegen diese schlichte und einfache Regel verstoßen. Der Griff zum Lehrbuch oder zum Kommentar ist bequemer.

Die Folgen dieses Verstoßes sind schwer:

Sie beurteilen einen anderen Sachverhalt. Tut dies ein Arzt, so stirbt der Patient an der falsch verordneten Arznei. Tut es der Richter, so fällt er ein Fehlurteil. Tun Sie es, so „schreiben Sie Ihre Arbeit" ganz oder teilweise „vorbei". Resultat: Mangelhaft!

2. Regel: Haben Sie den Willen, die Prüfung zu bestehen. Seien Sie entschlossen, die Ihnen gegebenen Aufgaben auf jeden Fall zu bewältigen!

Wer „zweispurig führt", ist unsicher und macht sich noch unsicherer. Vor allem: Er gibt nicht sein Bestes. Denn er hat die Vorstellung, er brauche dies jetzt noch nicht zu tun. Die „Hintertür steht noch offen", man kann ja noch „aussteigen". Freilich erlauben die meisten Justizausbildungsgesetze oder Prüfungsordnungen die einmalige Rückgabe einer häuslichen Arbeit ohne Angabe von Gründen. (Auch sollen ärztliche Gefälligkeitsatteste nicht selten sein.) Doch ist diese Möglichkeit als Notbremse gedacht, und als solche sollte sie von jedem Prüflung betrachtet werden. Kein vernünftiger Fahrgast hat, wenn er im Zug fährt, die Hand an der Notbremse. Er weiß nur, daß es sie gibt. 50% der Prüflinge halten mit einer Hand den Griff der Notbremse und ziehen sie auch, mit der anderen Hand versuchen sie, ihre Arbeit zu meistern. Wer so verfährt, verliert Zeit, seine kostbaren Nerven und die Chance, Gutes zu leisten.

Darum: Wer gegen die zweite Regel verstößt, ist, man muß es sagen, einfach töricht.

3. Regel: Lernen Sie es, Ihre Zeit richtig einzuteilen!

Das weiß jeder, werden Sie sagen. Richtig! Aber nicht jeder hält sich daran. Auch das ist erwiesen. Darum muß diese Binsenwahrheit hier stehen. Die Regel müßte eigentlich lauten: Wenn Sie eine Prüfungsarbeit leisten, müssen Sie gelernt haben, Ihre Zeit einzuteilen. Wie man es lernt? Durch ständige Übung, nicht anders. Gelegenheit haben Sie in Hülle und Fülle: Noch nie gab es so viele Übungen, Klausurenkurse, Anleitungsbücher und Fallsammlungen und Musteraufgaben und Musterlösungen und nicht zuletzt Repetitorien für Lernwillige. Man hat, wenn man sich übt, sehr bald heraus, ob man zu denen gehört, „die nie fertig werden". Dann hapert es meistens an der Zeiteinteilung. Diese Einteilung ist ein Programm. Programmieren Sie sich! Wie dieses Programm aussehen könnte, soll unten für die verschiedenen von Ihnen geforderten Prüfungsleistungen (Hausarbeit, Klausuren, Vortrag) skizziert werden.

4. Regel: Schreiben Sie nichts Überflüssiges!

Noch eine Binsenwahrheit! Typische menschliche Eigenschaft scheint es aber zu sein, Binsenwahrheiten zuwider zu handeln. Diesen Eindruck gewinnt man jedenfalls, wenn man zu denen gehört, die sich mit der Durchsicht von Prüfungsarbeiten befassen (um nicht zu sagen plagen) müssen. Wieviel Überflüssiges und damit Falsches findet man in Klausuren und vor allem in häuslichen Arbeiten! Man kann z. B. einen Urteilstatbestand, nämlich „die gedrängte Darstellung des Sach- und Streitstandes auf der Grundlage der mündlichen Vorträge der Parteien unter Hervorhebung der gestellten Anträge", nur dann dem Gesetz (§ 313 Abs. 1 Nr. 3 ZPO) entsprechend fassen, wenn man die zu beurkundenden Tatsachen rechtlich gewürdigt hat. Nur dann weiß man, was rechtlich erheblich und was unerheblich, was wesentlich und was weniger wesentlich oder gar unwesentlich ist. Nur wer sich über die rechtliche Bedeutung jedes Vorbringens klar geworden ist, ist imstande, das Vorbringen der Parteien so zu formulieren und den Prozeßstoff so zu ordnen und zusammenzufassen, wie es zu einem guten Tatbestand gehört. Das alles gilt nicht nur für die praktische häusliche Arbeit, sondern gleichermaßen für die Aufsichtsarbeiten im zweiten Staatsexamen. Wie oft muß man feststellen, daß im Gutachten nicht zuerst das geprüft wird, was jede weitere rechtliche Erörterung überflüssig macht. Wie oft muß man beanstanden, daß der Verfasser eines Gutachtens sich nicht gefragt hat, ob dieser oder jener Absatz oder Satz ihn überhaupt zu seinem Ziele bringt. Wie oft wird eine „Streitfrage" ausgebreitet und sodann gesagt, es komme „indessen darauf" oder „auf eine weitere Vertiefung dieser Frage" nicht an, weil usw.! Hier wird die Bankrotterklärung für den Mangel des Denkvermögens gleich mitgeliefert. Wie schwer fällt es, in harter Anstrengung und mit viel Eifer (im Konzept) Geschriebenes, das sich nach weiterer Überlegung als überflüssig herausstellt, rigoros zu streichen und damit nicht „zu glänzen"! Dabei liegt der Glanz im Weglassen! Wie schwer ist es, Schwerpunkte zu erkennen und zu bilden sowie Nebensächliches nebensächlich sein zu lassen und Wichtiges zu betonen! Dazu wird nur kommen, wer viel nachdenkt — und weniger liest und abschreibt.

Doch nun zu den einzelnen Prüfungsleistungen:

II. Die häusliche Arbeit (Gutachten und Urteilsentwurf):

Haban Sie die zwei Sachverhalte (Vortrag des Klägers, Vortrag des Beklagten) erfaßt, so scheint der Griff zum Kommentar oder zum Lehrbuch fast zwingend, weil Sie glauben, „das Problem" schon gefunden zu haben oder — noch schlimmer —

beim Lesen zu finden. Sie irren. Geben Sie dieser Versuchung nicht nach. Beachten Sie vielmehr die

5. Regel: *Lösen Sie den Fall nur mit dem Gesetz, und zwar schriftlich in Form einer Klausur!*

Das hat einen unschätzbaren Vorteil, dessen Sie sich nicht selbst berauben dürfen: Sie bilden sich eine eigene Meinung. Damit versetzen Sie sich in die Lage, andere Meinungen, die Sie „nach"lesen, kritisch zu betrachten. Diese sogleich geweckte „Kritikfähigkeit" brauchen Sie. Natürlich werden Sie auf diese Weise den Fall nicht endgültig lösen. Aber Sie merken, wo die Rechtsfragen und wo die Zweifel stecken. Schon damit haben Sie zugleich Ihre Arbeit rationalisiert, jedenfalls in den groben Zügen. Wenn Sie nun ein übriges tun und aus jedem Zweifel konkreter nicht zu stellende Fragen (mit Unterfragen) formulieren, wie es Brauer (Zur Technik der Hausarbeit, Die beiden ersten Tage, NJW 55, 661) so einprägsam und lehrreich rät, so haben Sie ein fest umrissenes Leseprogramm. Damit, aber erst damit, dürfen Sie mit dem Lesen in der Bücherei beginnen. Wie Sie dabei wiederum am rationellsten verfahren, sollten Sie bei Brauer (Drei Tage in der Bücherei, NJW 55, 940) in allen Einzelheiten nachlesen.

Nun noch ein Wort zur *Zeiteinteilung*:

1., evtl. noch 2. und 3. Tag (1. Phase)	Sorgfältiges Lesen der Akten, tableauartige Aufzeichnung des Sach- und Streitstandes (was ist unstreitig, was ist streitig, worüber ist — nicht — Beweis erhoben, Beweisergebnisse). Auch die meisten vor Bl. 1 d. A. gehefteten „Hinweise" oder „Weisungen für den Bearbeiter", welche das JPA herausgibt, nicht vergessen zu lesen!
2./3. Tag (2. Phase)	Juristisches Durchdenken des Rechtsfalles. Lösung in Form einer schriftlichen Klausur nur anhand des Gesetzes, allenfalls mit Hilfe eines kleinen Kommentars. Aufstellung des Leseprogramms (s. Brauer a.a.O.).
4.—9./10. Tag (3. Phase)	Durchführung des Leseprogramms, Studium der Spezialfragen.
9./10. Tag	Der Referent muß sich über die rechtliche Beurteilung des Falles im wesentlichen klar sein. Er muß wissen, von welchen Hauptfragen die Entscheidung abhängt. Er muß sich zu jeder dieser Fragen eine Ansicht gebildet haben, die freilich noch nicht endgültig sein muß.
10./11.—22./23. Tag (4. Phase)	Das Konzept wird ausgearbeitet. Reihenfolge: Tatbestand, Gutachten, Entscheidungsgründe. Diese Ausarbeitung wird durchbrochen sein durch erneutes Nachdenken, Überlegen und Nachlesen.
23./24.—27. Tag (5. Phase)	Reinschrift. 3 Tage (etwa 25.—27. Tag) wären hierfür schon zu wenig. Die Frist muß reichlich bemessen sein. Erfahrungsgemäß kommt der Referent gerade in den letzten Tagen, wenn er mit dem Stoff vollständig und am besten vertraut ist, auf neue Gedanken. Man sollte sich zwar in der Regel davor hüten, seine bisher gefundene

Entscheidung umzustoßen oder größere Teile der Arbeit umzuschreiben; aber man muß sich unbedingt Zeit dafür lassen. Das Literaturverzeichnis muß mit der Lesearbeit gewachsen und mit dieser erledigt sein. Wie man das am geschicktesten macht, ist bei Brauer, a.a.O. nachzulesen, aber vor der Anfertigung der Examenshausarbeit!

27./28. Tag (6. Phase) Durchsicht der Reinschrift auf äußere Mängel (Schreib-, Zeichensetzungsfehler usw.). Einbinden. Abgabe der Arbeit, aber nicht in der letzten Stunde des letzten Tages!
Wenn man schon den „Mut" hat, um 23.55 Uhr des Abgabetages das Nachtpostamt zu betreten, so sollte man nicht so schüchtern sein, sich in die Schlange der Wartenden einzureihen. Die Enttäuschung ist sehr groß, wenn der Schalterbeamte um 0.05 Uhr bei der Übergabe den wichtigen Brief pflichtgemäß mit 0.30 Uhr oder 0.05 Uhr stempelt. Die Arbeit ist nicht rechtzeitig abgegeben. Wer vier Wochen Zeit hat, darf sich nicht in die Lage begeben, 5 Minuten zu spät zu kommen.

Und nun ein Beispiel für die oben erwähnten **„Hinweise für die Anfertigung der praktischen Arbeit"** (Justizprüfungsamt Berlin, Fassung März 1968):

„1. Dem Gutachten und dem Urteilsentwurf ist der Inhalt der letzten mündlichen Verhandlung zugrunde zu legen, wie er bei verständiger Würdigung den Akten und den etwa für die Benutzung bei der Prüfung hinzugefügten Vermerken zu entnehmen ist. Willkürliche Unterstellungen sind nicht statthaft. Schreibfehler, Rechnungsfehler und ähnliche offenbare Unrichtigkeiten sind zu berichtigen; die Berichtigung ist nur im Gutachten zu behandeln; im Urteilsentwurf ist von ihr ohne weitere Anmerkungen auszugehen. Wird an einer Stelle der Arbeit auf eine andere verwiesen, so ist die Seitenzahl anzugeben. Im Urteilsentwurf sind Fußnoten in jedem Fall zu unterlassen.

2. Im Gutachten ist der Inhalt der Akten als bekannt vorauszusetzen; auf die Aktenblätter ist im Gutachten und im Tatbestand am Rande hinzuweisen.

Das Gutachten muß zu einem bestimmten Vorschlage führen, der am Anfang in Kurzform zu bringen ist. Direkte Fragen sind zu vermeiden. Bei den von Amts wegen zu berücksichtigenden Umständen ist das Ergebnis der Prüfung nur mitzuteilen, wenn dazu ein besonderer Anlaß besteht. Das vom Gericht eingehaltene Verfahren ist nur insoweit zu erörtern, als Beanstandungen erhoben oder zu erheben sind, die für den Vorschlag Bedeutung haben. Das Gutachten darf sich nicht auf die Erörterung der prozeßrechtlichen oder sonst der Sachprüfung vorausgehenden Fragen beschränken; führt deren Beantwortung zur Entscheidung des Rechtsstreits, so ist der sachliche Streit in einem Hilfsgutachten zu erörtern.

Enthalten die Akten eine Beweisaufnahme, die nach Ansicht des Bearbeiters überflüssig war, so ist sie weder im Gutachten noch in einem Hilfsgutachten zu erörtern. Eine Beweisaufnahme über eine für die Entscheidung erhebliche Frage, die das Gericht unter Verkennung der Beweislast durchgeführt haben sollte, ist stets im Hauptgutachten zu berücksichtigen. Kommt der Bearbeiter zu der Ansicht, daß angetretene Beweise zu erheben gewesen wären, so ist für die weitere Bearbeitung zu unterstellen, daß eine Beweisaufnahme angeordnet worden, jedoch erfolglos geblieben ist.

Erscheint die Ausübung des richterlichen Fragerechts geboten, so ist festzustellen, worauf sich die den Parteien vorzulegende Frage zu richten hat, gleichwohl aber die Streitlage von der Annahme aus zu prüfen, daß eine Aufklärung nicht erreicht ist. Nur wenn besondere Umstände die Annahme rechtfertigen, die gestellte Frage werde in bestimmter Weise beantwortet werden, ist das Ergebnis den weiteren Ausführungen zugrunde zu legen.

3. Der Urteilsentwurf muß der Vorschrift des § 313 Abs. 1 ZPO genügen. Im Tatbestand ist jedoch eine Bezugnahme auf die Schriftsätze und auf die zu Protokoll erfolgten Feststellungen, insbesondere auch auf Beweisverhandlungen, regelmäßig unzulässig, ebenso in Berufungssachen eine Bezugnahme auf das Urteil der ersten Instanz; dies gilt nicht für Verträge, Rechnungen, Schreiben oder sonstige Urkunden umfangreichen Inhalts. Eine nach Ansicht des Bearbeiters überflüssige Beweisaufnahme ist im Tatbestand zu erwähnen; es kann aber auf den Beweisbeschluß und das Beweisaufnahmeprotokoll Bezug genommen werden."

Diese „Hinweise" finden sich meistens vor Blatt 1 des vom Prüflung zu bearbeitenden Aktenstücks. Mit dieser Aufgabe erhält der Referendar folgendes Schreiben, in dem weitere Anleitungen stehen:

„Zur Anfertigung der praktischen häuslichen Arbeit erhalten Sie die Akten Müller ./. Meyer — 7. o. 26/70 LG Berlin —".

Nach § 10 Abs. 2 JAG haben Sie auf Grund eines Aktenstückes ein Gutachten über die zu erlassende Entscheidung abzugeben und die Entscheidung zu entwerfen. Bei der Bearbeitung sind die anliegenden Hinweise zu beachten. Ferner ist zu bemerken:

Der Arbeit ist ein Literaturverzeichnis voranzustellen. In dem Literaturverzeichnis ist die gesamte benutzte Literatur nach Gattungen geordnet aufzuführen: Erläuterungsbücher, Lehrbücher, Einzeldarstellungen und Dissertationen, Zeitschriftenaufsätze einschließlich der Anmerkungen zu Gerichtsentscheidungen. Innerhalb jeder Gattung sind die Werke in alphabetischer Reihenfolge nach dem Namen der Verfasser anzugeben. Dem Namen des Verfassers folgt der vollständige Titel des Werkes, der Band, die Auflage, das Erscheinungsjahr, bei Zeitschriften außerdem die Seitenzahl. Die Bearbeiter von Erläuterungsbüchern sind nicht im Literaturverzeichnis, sondern bei den einzelnen Zitaten in der Arbeit zu nennen. Gerichtsentscheidungen sind nicht im Literaturverzeichnis aufzuführen.

Die Literaturnachweise sind im Gutachten als Fußnoten am Schluß der betreffenden Seite, im Urteil dagegen im Text zu bringen. Es ist stets der Urheber einer zitierten Äußerung anzugeben; dabei braucht der Titel des Werkes nur schlagwortartig genannt zu werden. Bei Erläuterungsbüchern sind der Paragraph und die Anmerkung, bei anderen Werken die Seitenzahl oder das Kapitel, der Abschnitt usw. anzuführen, so daß das Zitat ohne weiteres gefunden werden kann. Die Abkürzung „a. a. O" darf nur verwendet werden, wenn die zitierte Schrift auf derselben oder der vorhergehenden Seite angeführt wird. Wörtliche Zitate sind nur zulässig, falls es auf den genauen Wortlaut der Stelle ankommt; sie sind durch Anführungszeichen oder Einrücken kenntlich zu machen. Es sind die gebräuchlichen Abkürzungen zu verwenden; ein besonderes Abkürzungsverzeichnis erübrigt sich.

Es ist unstatthaft, Schrifttum und Rechtsprechung zu zitieren, die Sie nicht eingesehen haben. Unveröffentlichte Gerichtsentscheidungen dürfen nicht herangezogen werden.

Auf einem besonderen, losen Blatt, haben Sie folgende Versicherung abzugeben und mit Ihrem vollen Namen zu unterschreiben:

„Ich versichere, daß ich die Arbeit ohne fremde Hilfe angefertigt und mich anderer als der von mir angegebenen Hilfsmittel nicht bedient habe."

Es ist nicht gestattet, die Arbeit mit anderen Personen zu besprechen oder sich Literatur nachweisen oder beschaffen zu lassen.

Die Ihnen mitgeteilte Kennziffer ist der Arbeit voranzustellen; weitere Hinweise auf den Verfasser darf sie nicht enthalten.

Die Reinschrift der Arbeit ist in Schreibmaschinenschrift auf undurchsichtigem Papier von Aktengröße (DIN A 4) herzustellen und zu heften; die Seiten sind mit fortlaufenden Zahlen zu versehen. Die Reinschrift muß frei von Schreib- und Zeichenfehlern sein; sie darf nur vom Ihnen persönlich oder nach Ihrem Diktat angefertigt werden.

Das Aktenstück ist sorgfältig zu verwahren; es darf Dritten nicht zugänglich gemacht werden.

Wenn Sie bei der Bearbeitung des Aktenstücks feststellen, daß Ihnen eine in dieser Sache ergangene Entscheidung bekannt oder daß die Entscheidung veröffentlicht ist, so haben Sie die Akten unbearbeitet unter Mitteilung der Fundstelle zurückzugeben.

Die Arbeit ist mit einem Begleitschreiben und dem Aktenstück binnen vier Wochen abzuliefern. Die Frist endet mit dem Ablauf des Wochentages, der nach seiner Benennung dem Wochentag entspricht, an dem Sie die Aufgabe erhalten haben. Ist dieser Tag ein allgemeiner Feiertag im Sinne des Gesetzes über Sonn- und Feiertage vom 28. Oktober 1954 (GVBl. S. 615) oder ein Sonnabend, so endet die Frist mit dem Ablauf des nächsten Werktages. Die Arbeit muß innerhalb der Frist entweder bei der Geschäftsstelle des Justizprüfungsamtes — II. Stock, Zimmer 206 — während der Dienststunden abgegeben oder nachweisbar (Posteinlieferungsschein) bei einem Postamt aufgegeben sein. Eine erst nach Ablauf der Frist eingereichte Arbeit wird als Prüfungsarbeit nicht angesehen; verspätet eingereichte Nachträge (Zusätze, Fehlerberichtigungen usw.) bleiben unberücksichtigt.

Die Frist für die Ablieferung der Arbeit kann nicht verlängert werden, auch nicht im Krankheitsfalle."

Der Verfasser einer Prüfungsarbeit sollte sich diese „Hinweise" zunutze machen. Sie sind nichts anderes als der Niederschlag allgemein bewährter Erfahrungsregeln. Nicht selten muß man feststellen, daß der Prüfling sich die Arbeit unnötig schwer oder auch zu leicht gemacht hat, weil er keinen Blick für diese Hinweise übrig hatte.

Wenn es in Nr. 1 der oben abgedruckten Hinweise heißt, daß dem Gutachten und dem Urteilsentwurf „der Inhalt der letzten mündlichen Verhandlung zugrunde zu legen ist", wird dabei häufig folgendes übersehen: Prüfungsgeeignete Aktenstücke sind nicht immer „taufrisch". Das liegt einfach daran, daß sie oft „klassische Fälle" enthalten. Sie werden deshalb in größeren Abständen mehrmals ausgegeben. Der Bearbeiter muß also seiner Entscheidung die Rechtslage zugrunde legen, die zur Zeit der letzten mündlichen Verhandlung galt. Es ist also auch das zu diesem Zeitpunkt geltende Kostenrecht anzuwenden. Die neueste Kostentabelle kann man dann also für die Berechnung der Sicherheitsleistung nicht heranziehen. Freilich ist die z. Z. der Abfassung der Arbeit vorhandene, das maßgebende Recht betreffende Rechtsprechung und die darauf bezügliche Literatur zu berücksichtigen. Es kann und muß u. U. passieren, daß in dem Entwurf eines Urteils, das „aufgrund der mündlichen Verhandlung vom 5. Mai 1962" ergangen ist, der Bundesgerichtshof mit einer Entscheidung von 1970 (BGH NJW 1970, 225) zitiert wird. Das ist zwar anachronistisch, aber unvermeidbar, eben weil es sich um eine Prüfungsaufgabe handelt, die aus einem Originalaktenstück besteht.

III. Die Klausuren (Aufsichtsarbeiten):

Für sie gilt im besonderen Maße die ganz allgemeine **Regel: Früh übt sich, was ein Meister werden will** (Wilhelm Tell, 3. Akt 1. Szene).

Und das Assesosrexamen soll ja wohl so etwas wie ein Meisterexamen sein. Wenn man die Lehrveranstaltungen und die Literatur überblickt, die zu dieser Übung durch Anleitung und Beispiele den rechten Pfad weisen, so muß man sagen: Noch nie gab es soviel Gelegenheit, selbst zu üben, wie jetzt. Man muß es nur tun! Bedienen Sie sich also selbst: Die nötigen Hinweise auf Literatur finden Sie am Schluß dieses Anhangs.

Nur ein Wort zur Zeiteinteilung sei erlaubt:

Die Klausur ist in noch höherem Maße als die häusliche Prüfungsarbeit ein Problem der Zeiteinteilung. Entscheidend für das Gelingen sind möglichst schnelle juristische Diagnose (d.h., Auffinden der besonderen Rechtsfragen des Falles) nach der Methode qualis sit actio und selbständiges Durchdenken dieser Fragen. Ungeschulte Prüflinge verderben sich alles, indem sie stundenlang in den ausgelegten Handkommentaren blättern und wahllos Anmerkungen zu einem der Paragraphen studieren, die ihnen beim Lesen des Aktenauszuges in den Sinn gekommen sind, oder indem sie mit der Ausarbeitung des Tatbestandes beginnen, ohne ihre Lösung zu wissen. Nach zwei bis drei Stunden haben sie oftmals noch keine Ahnung, worauf es für die Entscheidung des Prozesses ankommt und wie sie entscheiden wollen.

Arbeitsplan für eine fünfstündige Aufsichtsarbeit im Zivilrecht. Beginn 9 Uhr:

9—9.20 Uhr (15—20 Min.) (1. Phase)	Studium des Aktenauszuges. Dabei auf den oft so genannten „Vermerk für den Bearbeiter“ achten! Er steht meist am Schluß des Aktenauszuges. In diesem Vermerk sind nicht selten Hinweise enthalten, die in tatsächlicher oder gar in rechtlicher Hinsicht von Bedeutung sind (z.B. „Klage zugestellt am . . .“ oder „aus den Beiakten ergibt sich folgendes: . . .“).
9.20—10 Uhr (30—40 Min.) (2. Phase)	Juristisches Durchdenken des Rechtsfalles. Finden der Probleme anhand des Gesetzestextes (s.o. bei der Hausarbeit).
10—11 Uhr (30—60 Min.) (3. Phase)	Nachdenken anhand der zur Verfügung gestellten Literatur. Welche Lösungen kommen bei den ermittelten Einzelfragen in Betracht, welche Gründe sprechen für die eine oder andere dieser Lösungen, wie will man entscheiden?
11 Uhr! (4. Phase)	Mehr als $1/3$ der Zeit ist um (Genau: $2/5$). Jetzt muß das vorläufige Resultat feststehen. Der Prüfling muß sich entschließen, mit der Niederschrift (Reinschrift) zu beginnen.
11 Uhr — spätestens 11.30 Uhr (5. Phase)	Zuvor sollte man die Reinschrift durch eine kleine Disposition (15—30 Minuten) vorbereiten, damit der Aufbau klar und logisch wird. Für einen vollständigen Entwurf der Niederschrift (Konzept) reicht die Zeit nicht aus!
11.30 Uhr Halbzeit! (6. Phase)	Spätestens jetzt muß Verfasser mit der Reinschrift beginnen. Reihenfolge: Rubrum — ohne Formel! — Tatbestand (45—60 Minuten), Entscheidungs-

gründe (90—105 Minuten), Tenor (5 Minuten, in schwierigen Fällen muß man sich dafür mehr Zeit lassen). Die Urteilsformel muß man zuletzt ausfüllen, damit keine Durchstreichungen notwendig sind, falls, wie es nicht selten geschieht, der Bearbeiter seine Ansicht noch im Laufe der Niederschrift geändert hat.
Manche ziehen es vor, sogleich nach dem Studium des Aktenauszuges das Rubrum — ohne den Tenor — niederzuschreiben. Das kann man machen. Es beruhigt und vermittelt das Gefühl, schon etwas „geschafft zu haben". Geschmackssache!

Bei Beschlüssen und Entscheidungen auf dem Gebiete der freiwilligen Gerichtsbarkeit und bei Entscheidungen der Staatsanwaltschaft ist die Schwierigkeit, mit der zur Verfügung stehenden Zeit auszukommen, nicht geringer. In den Gründen der Beschlüsse ist der Sachverhalt im wesentlichen wie ein Tatbestand wiederzugeben. Der Anklagesatz (Bezeichnung des Angeschuldigten, der ihm zur Last gelegten Tat, der Zeit und des Ortes ihrer Begehung, der gesetzlichen Merkmale der strafbaren Handlung und der anzuwendenden Strafvorschriften, s. § 200 Abs. 1 Satz 1 StPO) mißlingt mit ziemlicher Sicherheit, sowie man dafür zu wenig Zeit hat. Für den Anklagesatz und das Ermittlungsergebnis muß man wie für den Tatbestand eines Zivilurteils eine Stunde veranschlagen.

IV. Der Vortrag:

Er setzt sich aus Bericht und Gutachten zusammen. Für ihn gelten grundsätzlich die für Referat und Votum entwickelten Regeln. Abweichungen ergeben sich aus dem Erfordernis äußerster Kürze und aus der Eigenart des mündlichen Vortrags. Das gesprochene Wort haftet nicht so fest wie das geschriebene im Gedächtnis, und ein Zurückblättern in den Akten (wie bei der schriftlichen Relation) ist ausgeschlossen. Noch mehr als im schriftlichen Referat sind dabei hier alle nicht unbedingt erforderlichen Daten, Zahlen, Namen usw. wegzulassen, sonst wird die Aufmerksamkeit des Kollegiums unnötig angespannt. Sprachlich sind im Vortrag kurze Sätze zu bevorzugen. Will das Gericht ausgelassene oder bloß kurz angedeutete Einzelheiten wissen, so kann es ja den Vortragenden fragen. Im Aufbau verlangt der mündliche Vortrag straffere, das Votum mehr vorbereitende Zusammenfassung des Stoffes; die Punktenmethode und in Berufungssachen die Methode der Zusammenziehung der Instanzen werden also im Vortrag mehr als im schriftlichen Referat anzuwenden sein. Auch vom Mittel der orientierenden Vorbemerkung wird reichlicher Gebrauch zu machen sein. Zu Beginn des Gutachtens teile man den Vorschlag mit, damit der Hörer weiß, wohin der Weg geht, und sich kritisch einstellen kann. Durch Mitteilung des Vorschlags wird zugleich eine Zäsur in das Ganze gebracht. Das Gutachten ist nach Möglichkeit auf die 2 oder 3 Hauptfragen des Prozesses zu konzentrieren. Diese sind sachlich erschöpfend zu behandeln, Nebendinge dagegen fortzulassen oder nur anzudeuten. Ein Eventualvotum erübrigt sich, weil das Kollegium die Möglichkeit sofortiger Fragestellung hat. Der Referent muß auf die Frage, wie er entscheiden würde, wenn seinem Vorschlag nicht beigetreten wird, immer vorbereitet sein, ebenso auf naheliegende Varianten des Tatbestandes und auf Ergänzungsfragen

(Zum Tatbestand, zur Technik des Vortrags vgl. Brauer-Schneider, § 48, der sehr wertvolle rhetorische Hinweise gibt und durchaus nichts „Ketzerisches" rät).

Zeiteinteilung für einen Vortrag.

1. Tag	
10—11 Uhr	Vorstellung beim Vorsitzenden des Prüfungsausschusses.
11.30 Uhr—14 Uhr (1. Phase)	Sorgfältiges Lesen der Akten. Tableauaitige Aufzeichnung des Sach- und Streitstandes (was ist unstreitig, was ist streitig, worüber ist — nicht — Beweis erhoben? Beweisergebnis).
15—20 Uhr (2. Phase)	Juristisches Durchdenken des Rechtsfalles. Finden der Probleme. Lösen des Falles in Form einer schriftlichen Klausur nur anhand des Gesetzes.
Zusätzlich 1 Stunde	Leseprogramm für den folgenden Tag aufstellen (s.o. bei der häuslichen Arbeit).
2. Tag	
9 Uhr	Beginn der Arbeit in der Bücherei.
9—13 Uhr (3. Phase)	Erledigung des Leseprogramms. Die Probleme der Sache herausschälen und vertiefen.
14—18 Uhr (4. Phase)	Den Tatbestand schriftlich fassen. Vollständigkeit ist sachdienlich. Den so gefaßten Tatbestand sich vortragen und so lange kürzen, bis — im Regelfalle — höchstens vier bis fünf Minuten dafür in Anspruch genommen werden. Dabei aber Auswendiglernen vermeiden! Anhand der Ausarbeitung das Wesentliche des Sachverhalts skizzieren; Daten, Namen und etwa wörtlich wiederzugebende Texte usw. aufschreiben.
19—21 Uhr (5. Phase)	Die rechtliche Würdigung skizzieren, am besten in Form einer fein verästelten Disposition. Eine wörtliche Ausarbeitung ist, wie die Erfahrung tatsächlich lehrt, dem frischen, knappen, freien Vortrag eher schädlich als förderlich (so wörtlich die meisten „Weisungen für den Vortrag" der Justizprüfungsämter). Wer glaubt, gleichwohl nicht auf eine wörtliche Ausarbeitung der rechtlichen Würdigung verzichten zu können, sollte sich daneben eine Skizze machen und nur anhand dieser Skizze seinen Vortrag üben. Er sollte sich auch vornehmen, nur anhand dieser Skizze sodann in der Prüfung den Vortrag zu halten. Und nur für den Notfall (berühmte Blutleere im Gehirn) sollte man die Ausarbeitung in einer geschlossenen Mappe in seine Skizze zu legen. Wer seinen Vortrag abliest, hält ihn nicht frei. Das Ablesen darf nach dem Gesetz vom Prüfungsausschuß nicht gestattet werden.
3. Tag	
8—10 Uhr (6. Phase)	Bericht und Votum anhand der Skizze versuchen frei vorzutragen. Dies mehrmals tun und dabei

	die Zeit stoppen. Die Gewichte anders und besser verteilen, damit die Zeit eingehalten wird.
10—11 Uhr (7. Phase)	Zwischenbilanz: Nachdenken: Sind alle Probleme und Scheinprobleme als solche erkannt? Was ist überflüssig? Stimmt der Aufbau? Ist die Lösung abwegig oder offensichtlich unbillig?
11—14 Uhr (8. Phase)	Auswirkungen der Zwischenbilanz berücksichtigen: Neuen Zweifeln nachgehen (lesen!) und diese Zweifel beseitigen. Das Ergebnis und die Begründung endgültig festlegen.
15—18 Uhr (9. Phase)	Mit dem endgültig festgelegten Vortrag leben. Die Sache mehrmals frei vortragen, zunächst anhand der endgültigen Skizze, sodann anhand eines Merkzettels, den man sich aufgrund der endgültigen Skizze gemacht hat. Nur diese Skizze, besser noch: nur diesen Merkzettel am Tage der Prüfung beim Vortrag benutzen.

Alptraum für Prüfer: Ein Prüfling, der vom ersten Tage der Ausgabe des Vortrags an und die darauf folgenden Tage und Nächte bis zum dritten Tag, 24 Uhr, Anregungsmittel einnimmt, um den Vortrag Tag und Nacht in Frische vorzubereiten, und der sich ab 24 Uhr des dritten Tages mit Beruhigungsmitteln füttert, um 6 Stunden Schlaf zu erzwingen und seine künstlich gesteigerte Aufregung zu dämpfen! Resultat: Dieser Prüfling hält einen Vortrag, wie er ihn in seinem Leben nie so schlecht gehalten hat und wie er ihn in seinem Leben nie so schlecht halten wird. — Diese und noch weitere beherzigenswerte Regeln für die Behandlung einer Vortragssache geben die von den Prüfungsämtern dem Aktenstück beigefügten „Hinweise“ oder „Weisungen für den Vortrag“. So haben z. B. die von dem Justizprüfungsamt Berlin herausgegebenen „Hinweise“ folgenden Wortlaut (Stand 1970):

1. „Hinweise für den Vortrag“ (im Zivil- und Arbeitsgerichtsprozeß)

Der Prüfling soll den Sachverhalt und eine knapp gefaßte Begründung der vorzuschlagenden Entscheidung vortragen. *Der Vortrag ist in freier Rede zu halten.* Seine Dauer darf — von Ausnahmefällen abgesehen — 10 Minuten nicht überschreiten.

Der Vortrag ist vom Standpunkt des Richters zu halten, der auf der *Grundlage der letzten mündlichen Verhandlung* in der Beratung über den Streitgegenstand berichtet, die einschlägigen Rechtsfragen erörtern und eine Entscheidung vorschlägt. Daher braucht der Prüfling nicht das gesamte Parteivorbringen so vollständig vorzutragen, wie das bei einem schriftlichen Aktenbericht notwendig ist, sondern er soll unerhebliche Einzelheiten ausschalten und Rechtsansichten der Parteien nur soweit mitteilen, wie das zum Verständnis des Streites notwendig ist.

Im Gutachten sollen nicht die Überlegungen dargestellt werden, mit denen der Prüfling die zu findende Entscheidung gesucht hat; das Gutachten soll vielmehr die Begründung für eine bereits gefundene Entscheidung bringen. *Es wird daher nach Inhalt und Aufbau eher den Entscheidungsgründen eines Urteil als einem schriftlichen Gutachten gleichen.* Insbesondere genügt eine eingehende Darlegung der rechtlichen Gedankengänge, die nach Ansicht des Vortragenden zur Entscheidung führen; andere Lösungsmöglichkeiten brauchen nur kurz erwähnt zu werden. Es bedarf daher einer Prüfung der Schlüssigkeit der Klage nur dann, wenn sie nach Ansicht des Vortragenden als unschlüssig abgewiesen werden muß; dann kann sich das Gutachten auf eine Untersuchung der Klage-Tatsachen beschränken und sich einer Stellungnahme zu den Einwendungen und Einreden des Beklagten enthalten. Entsprechendes gilt von der Prüfung sogenannter Formalien, wenn nicht der Streit gerade formale Voraussetzungen betrifft.

Vor Würdigung des Ergebnisses einer Beweisaufnahme ist deren Notwendigkeit im Hinblick auf die vorgebrachten Einwendungen zu prüfen. Das Ergebnis braucht bei der Sachdarstellung nicht im einzelnen dargelegt zu werden, vielmehr genügt seine Erörterung im Gutachten.

Mängel im Parteivortrag, die durch Ausübung des richterlichen Fragerechts oder durch Auflagen behoben werden können, sind im Bericht als behoben zu unterstellen.

Die Prüfung hat sich auch auf die Nebenforderungen (§ 4 ZPO), die Entscheidung über die Kosten und die vorläufige Vollstreckbarkeit zu erstrecken."

2. **„Hinweise für den Vortrag im Verwaltungsstreitverfahren"** (Stand 1970)

Der Prüfling soll den Sachverhalt und eine knapp gefaßte Begründung der vorzuschlagenden Entscheidung vortragen. Der Vortrag ist in freier Rede zu halten. Seine Dauer soll in der Regel 10 Minuten nicht überschreiten.

Der Vortrag ist vom Standpunkt des Richters zu halten, der in der Beratung auf der Grundlage der mündlichen Verhandlung oder, soweit keine vorgeschrieben ist, allein aufgrund des Akteninhalts über den Streitgegenstand berichtet, die einschlägigen Rechtsfragen erörtert und eine Entscheidung vorschlägt. Daher braucht der Prüfling den ermittelten Sachverhalt nicht so vollständig vorzutragen, wie das bei einem schriftlichen Aktenbericht notwendig ist, sondern er soll unerhebliche Einzelheiten ausschalten und Rechtsansichten der Parteien nur soweit mitteilen, wie das zum Verständnis des Streites geboten ist.

Im Gutachten sollen nicht die Überlegungen dargestellt werden, mit denen der Prüfling die zu findende Entscheidung gesucht hat; das Gutachten soll vielmehr die Begründung für eine bereits gefundene Entscheidung bringen. Es wird daher nach Inhalt und Aufbau eher den Entscheidungsgründen eines Urteils als einem schriftlichen Gutachten gleichen. Insbesondere genügt eine eingehende Darlegung der rechtlichen Gedankengänge, die nach Ansicht des Vortragenden zur Entscheidung führen; andere Lösungsmöglichkeiten brauchen nur kurz erwähnt zu werden. Auf prozessuale Fragen braucht nur dann näher eingegangen zu werden, wenn hier Zweifel bestehen.

Das Ergebnis einer Beweisaufnahme braucht bei der Sachdarstellung nicht im einzelnen dargelegt zu werden, vielmehr genügt seine Erörterung im Gutachten. Hält der Prüfling eine Beweisaufnahme für überflüssig, so braucht er sie nicht zu würdigen.

Werden weitere Ermittlungen für erforderlich gehalten, so ist zu unterstellen, daß sie vorgenommen worden sind und zu keinem Erfolg geführt haben.

Die Prüfung hat sich auf die Entscheidung über die Kosten und die vorläufige Vollstreckbarkeit zu erstrecken, gegebenenfalls auch auf etwaige Nebenforderungen.

Zum Schluß ist die Entscheidungsformel vorzutragen."

3. **„Hinweis für den Vortrag in Straf- und Bußgeldsachen“** (Stand 1970)

Der Vortrag ist in freier Rede zu halten. Seine Dauer sollte im Regelfall zehn Minuten nicht überschreiten. Maßgebend ist die Rechtslage zur Zeit des letzten aktenkundigen Datums; jedoch ist auch die danach veröffentlichte Rechtsprechung und Literatur zu berücksichtigen.

I. Der Vortrag über ein Ermittlungsverfahren ist vom Standpunkt des Staatsanwalts zu halten, der seinem Vorgesetzten über die sich aus den Akten ergebende Sach- und Rechtslage berichtet und eine Entschließung vorschlägt. Der Sachbericht muß alles Wesentliche enthalten, aber auch auf das wirklich Wesentliche beschränkt bleiben. Gleiches gilt für die rechtliche Erörterung, die daher nach Inhalt und Aufbau eher den Rechtsausführungen eines Urteils als denen eines Gutachtens entsprechen soll. Ob eine Beweiswürdigung, falls sie erforderlich ist, im Rahmen des Sachberichts oder der rechtlichen Erörterung anzustellen ist, kann nach Zweckmäßigkeitsgesichtspunkten entschieden werden. Werden weitere Ermittlungen für erforderlich gehalten, so ist zu unterstellen, daß sie zu keinem Erfolg führen würden. Der Entschließungsvorschlag ist knapp zu halten; insbesondere ist es, wenn Anklageerhebung vorgeschlagen wird, nicht geboten, den Anklagesatz zu formulieren.

II. Der Vortrag über einen Antrag auf gerichtliche Entscheidung im Klageerzwingungsverfahren und der Vortrag über eine Revision sind vom Standpunkt des Richters zu halten, der in der Beratung über die Sach- und Rechtslage berihctet und eine Entscheidung vorschlägt. Die zum Vortrag über ein Ermittlungsverfahren gegebenen Hinweise gelten auch hier, soweit nicht die besondere Art des Verfahrens Abweichungen gebietet. Die von Amts wegen zu prüfenden Verfahrensvoraussetzungen bedürfen nur in Zweifelsfällen einer Erörterung. Am Ende des Vortrages ist der Entscheidungsvorschlag vollständig zu formulieren.

III. Beim Vortrag über eine Revision ist insbesondere zu beachten:

1. Der Umfang eines Aktenstücks sollte nicht irreführen: Infolge der gesetzlichen Schranken, die einer revisionsrechtlichen Nachprüfung gesetzt sind, wird der Referendar selten mehr zur Grundlage seines Vortrags zu nehmen haben als die Schriftsätze der Revision, das angefochtene Urteil und das Sitzungsprotokoll der letzten Tatsacheninstanz, letzteres aber auch nur, soweit Verfahrensrügen erhoben sind, deren Beurteilung vom Inhalt des Protokolls abhängt. Der übrige Akteninhalt ist revisionsrechtlich ohnehin nur zur Feststellung der von Amts wegen zu prüfenden Verfahrensvoraussetzungen von Bedeutung (s. aber zu 4) und im übrigen nur noch, wenn und soweit eine Verfahrensrüge den Rückgriff auf den Akteninhalt gebietet.

2. Sind mit der Revision mehrere Rügen geltend gemacht worden, so kann der Referendar im Sachbericht von einer Wiedergabe der Rügen und ihrer Begründung absehen und sich mit einer zusammenfassenden Kennzeichnung der Revisionsangriffe begnügen (z. B. „Die Revision rügt Verletzung formellen und materiellen Rechts“). Die für die einzelne Rüge angeführte Begründung kann bei der rechtlichen Würdigung der jeweiligen Rüge wiedergegeben werden. Ist mit mehreren Rügen auch die Sachrüge erhoben worden, so braucht der Referendar die sachlich-rechtlichen Feststellungen und Ausführungen des angefochtenen Urteils ebenfalls erst bei der rechtlichen Erörterung (der Sachrüge) wiederzugeben.

3. Trotz erhobener Sachrüge kann eine Wiedergabe der angeführten Begründung und (oder) des von der Sachrüge betroffenen Urteilsinhalts ganz oder teilweise unnötig sein. So kann sich der Referendar bei einer ersichtlich eindeutigen Rechtslage durchaus mit Sätzen begnügen wie: „Die Ausführungen der Revision zur Sachrüge bestehen (— im übrigen —) nur aus unzulässigen Angriffen gegen die tatrichter-

lichen Feststellungen. Auch darüber hinaus ergibt die sachlich-rechtliche Überprüfung des Urteils keinen Rechtsfehler.

4. Der Referendar wird daran zu denken haben, daß die Problematik des Falles mitunter auch bei den von Amts wegen zu prüfenden, von der Revision nicht behandelten Verfahrensvoraussetzungen oder bei der Sachrüge in einem Punkt liegen kann, den die Revision gerade nicht angesprochen hat.

IV. Der Vortrag über eine Rechtsbeschwerde im Bußgeldverfahren entspricht im wesentlichen dem Vortrag über eine Revision.

Und nun die oben versprochene Literatur:

Ahrndsen, Dietmar Sommerer, Manfred	Die Assessorklausur aus dem Steuerrecht, JuS 65, 21, 60, 92
Alsberg, Max	Der Beweisantrag im Strafprozeß, bearbeitet von Karl-Heinz Nüse, 2. Aufl. 1956
Arndt, Herbert	Das Urteil, Grundriß für die juristische Ausbildung 2. Aufl. 1962
Atzler, Paul	Die praktische Arbeit in der Assessorprüfung Bd. I 26. Aufl. 1966; Bd. II 26. Aufl. 1966; Bd. III 14. Aufl. 1965
Baumgärtel, Gottfried	Der Zivilprozeßrechtsfall, methodische Anleitung und Fälle mit Lösung für den Studenten, 1965
Baumgärtel, Gottfried	Der Zivilprozeßrechtsfall — eine methodische Einführung, JuS 65, 395 JuS 66, 187 JuS 67, 262
Baumgärtel, Gottfried Mes, Peter	Einführung in das Zivilprozeßrecht mit Examinatorium, Sonderheft 5 der Juristischen Arbeitsblätter, 1969
Berg, Hans	Gutachten und Urteil, 23.—26. Tsd. Schaeffers Rechtsfälle, 1967
Berg, Hans	Die Hausarbeit im Referendarexamen, 4.—6. Tsd., Schaeffers Rechtsfälle, 1965
Berg, Hans	Die Klausurarbeit im Referendarexamen, 8.—10. Tsd., Schaeffers Rechtsfälle, 1964
Berg, Hans	Übungen im Bürgerlichen Recht, eine Anleitung zum Lösen von Rechtsfällen an Hand von praktischen Beispielen, 10. Aufl. 1969
Brauer, Helmuth	Der Zivilrechtsfall in Prüfung und Praxis, Ein Lehr- und Schulungsbuch für junge Juristen, bearbeitet von Egon Schneider 5. Aufl. 1970
Brauer, Helmuth	Zur Technik der Hausarbeit, die beiden ersten Tage, NJW 55, 661; Drei Tage in der Bücherei, NJW 55, 940
Bull, Hans Joachim	Abhandlungen zum Zivilprozeß, 1961
Bull, Hans Joachim	Prozeßhilfen, 2. Aufl. 1960
Deubner, Karl G.	Die Assessorklausur aus der freiwilligen Gerichtsbarkeit, JuS 61, 34, 397 JuS 63, 116, 150, 191

Diederichsen	Die BGB-Klausur, eine Anleitung zur Lösung zivilrechtlicher Fälle, JuS 1968, 169, bis JuS 1969, 76
Engisch, Karl	Einführung in das juristische Denken, Urban-Bücherei (Taschenbuch) 1956
Furtner, Georg	Das Urteil im Zivilprozeß, 2. Aufl. 1967
Gage, Sarstedt	s. Sarstedt
Geerds, Friedrich	Über das strafrechtliche Gutachten, JuS 61, 360, 394 JuS 62, 24, 142
Haase, Richard	Besondere Klagearten im Zivilprozeß, JuS 67, 405, 457, 561
Hirsch, Ernst E.	In David-Hirsch, Praktische Fälle aus dem Zivil- und Zivilprozeßrecht mit Lösungen, 3. Aufl. 1959
Klein, Karl Heinz	Die öffentlichrechtliche Assessorarbeit, Die öffentlichrechtliche Hausarbeit, JuS 62, 189, bis JuS 63, 438 Die öffentlichrechtliche Aufsichtsarbeit, JuS 62, 349, JuS 63, 480
Kohlhaas, Max	Die praktische Strafrechtsarbeit, JuS 66, 280, 440
von Lübtow, Ulrich	Richtlinien für die Anfertigung von Übungs- und Prüfungsarbeiten im Bürgerlichen Recht usw., 1961
Mühl, Otto	Die Lehre von Gutachten und Urteil, JuS 63, 351, bis JuS 64, 445
Nüse, Karl-Heinz	s. Alsberg
Reiners, Ludwig	Stilkunst, ein Lehrbuch deutscher Prosa, 1955 (auch als Taschenbuch, DTV, erhältlich)
Ridder, Helmut Schmidt, Walter	Über Klausuren im allgemeinen und eine öffentlichrechtliche Referendarklausur im besonderen, JuS 66, 237
Sarstedt, Werner	Die Revision in Strafsachen 4. Aufl. 1962
Sattelmacher, Paul	Bericht, Gutachten und Urteil, bearbeitet von Paul Lüttig und Gerhard Beyer, 25. Aufl. 1968
Schneider, Egon	Die zivilrechtliche Hausarbeit in den Universitätsübungen und im Referendarexamen, 1957
Schneider, Egon	Die zivilrechtliche Assessorklausel, Klausurenlehre, 1967
Schneider, Egon	Die Beweiswürdigung in Prüfung und Praxis, 1960
Schneider, Egon	Rechtswissenschaft — eine Einführung in das Studium, 1963
Schneider, Egon	Kleines Formbuch gerichtlicher Entscheidungen, 1963
Schneider, Egon	Die Kostenentscheidung im Zivilurteil einschließlich der Entscheidung über die vorläufige Vollstreckbarkeit, Grundlagen und Fallsammlung, 1962
Schneider, Egon	Strafrechtliche Klausuren und Hausarbeiten in den Übungen und im Referendarexamen, 3. Aufl. 1968
Schneider, Egon	Typische Fehler in der Relation, Ein Hilfsbuch für die Abfassung von Gutachten und Urteil, 1963

Schneider, Egon	Zivilrechtliche Klausuren ind Hausarbeiten in den Übungen und im Referendarexamen, 3. Aufl. 1968
Schneider, Egon	Zivilistische Einführung in die juristische Praxis 1969, s. Brauer-Schneider
Schumacher, Karl	Technik der Rechtsfindung, Ein Leitfaden, 1958
Schwerdtfeger, Günther	Zur Bedeutung der höchstrichterlichen Rechtsprechung für die Fallbearbeitung, JuS 67, 312
Schwerdtfeger, Günther	Die öffentlichrechtliche Klausur, Eine Anleitung zur Lösung öffentlichrechtlicher Fälle, JuS 69, 472, bis JuS 70, 119
Stern, Klaus	Verwaltungsprosessuale Grundprobleme in der öffentlichrechtlichen Arbeit. JuS 65, 139, 306
Stölzel, Adolf	Schulung für die zivilistische Praxis, Erster Teil, 9. Aufl. 1913 Zweiter Teil, 5. Aufl. 1914
Ule, Carl Hermann	Anleitung zum Lösen öffentlichrechtlicher Fälle, JuS 61, 190, 226, 294
Wolf, Ernst	Anleitung zum Lösen zivilrechtlicher Fälle, JuS 1961, 28, bis JuS 1962, 101
Westermann, Harry	BGB-Allgemeiner Teil, in der Reihe „Schwerpunkte", Eine systematische Darstellung der wichtigsten Rechtsgebiete anhand von Fällen
Wustmann, Gustav	Sprachdummheiten, 13. Aufl. 1955

Eine Fundgrube für Fragen der Methodik bieten ferner folgende Zeitschriften:

Juristische Schulung (Jus)	s. im Inhaltsverzeichnis unter „I. Verzeichnis der Beiträge" in dem Abschnitt „Methodik der Fallbearbeitung"
Juristische Arbeitsblätter für Ausbildung und Examen (JA)	s. im Inhaltsverzeichnis im zivilrechtlichen, strafrechtlichen und öffentlichrechtlichen Register, und zwar jeweils im Sachgruppenregister unter dem Abschnitt „Die schriftliche Arbeit"

Verzeichnis der Formulare, Muster, Anträge, Verfügungen, Entscheidungen, Klauseln usw. zum 5. und 6. Kapitel

(Die Zahlen bedeuten die Seiten)

Fundstellenverzeichnis der Entscheidungen der Bundesgerichte

(Auswahl der wesentlichsten und am leichtesten zugänglichen Fundstellen)

I. Bundesverfassungsgericht (BVerfG)

Datum	Aktenzeichen	BVerfGE	RdA	NJW	Betrieb	BB	MDR
18. 11. 1954	1 BvR 629/52	4, 96	55, 39	—	—	—	55, 24
24. 7. 1963	1 BvL 11/61, 30/57	17, 1	—	63, 1723	—	—	—
14. 4. 1964	2 BvR 69/62	17, 319	64, 438	—	—	—	—
6. 5. 1964	1 BvR 79/62	18, 18	64, 240, 362 (Reuss); 65, 9 (Reichel)	64, 1267	64, 700	64, 594, 1311 (Kunze)	64, 569
30. 11. 1965	2 BvR 54/62	19, 303	66, 120	66, 491	66, 229	66, 206	—
19. 10. 1966	1 BvL 24/65	20, 312	66, 480	66, 2305	66, 1772	66, 1267	67, 24

II. Bundesgerichtshof (BGH)

Datum	Aktenzeichen	BGHZ	NJW	MDR	BB	JZ	LM Nr. zu §	Sonstige
11. 12. 1950	III ZR 94/50	—	51, 110	—	—	—	2 § 1 Hapfpfl.G	
14. 6. 1951	IV ZR 42/50	2, 287	51, 643	—	—	—	1 § 1747 BGB	
19. 6. 1951	I ZR 118/50	2, 310, 312	51, 918	51, 666	51, 683	—	2 § 325 BGB	
30. 10. 1951	II ZR 76/51	—	52, 224	—	—	—	A 2 § 242 BGB	RdA 52, 37
8. 11. 1951	IV ZR 55/51	—	—	—	—	—	1 § 1421 BGB	
12. 2. 1952	I ZR 96/51	5, 111, 115	52, 657	—	52, 329, 330	—	—	
11. 3. 1952	IV ZR 4/52	5, 275	52, 665	—	—	—	17 § 233 ZPO	
26. 6. 1952	III ZR 305/51	6, 348	52, 1094	—	—	—	3 § 63 Ges. Est. 131 GG	
3. 7. 1952	IV ZR 108/51	6, 385, 393	52, 1049	52, 672	—	—	1 § 767 Abs. 1 BGB	
14. 7. 1952	IV ZR 25/52	7, 116	52, 1171	52, 676	—	52, 628	4 § 286 (A) ZPO	
2. 10. 1952	IV ZR 2/52	—	53, 217	—	—	53, 122	2 § 930 BGB	
25. 10. 1952	I ZR 48/52	7, 365	53, 21	53, 90	52, 932	53, 112	2 § 398 BGB	
13. 11. 1952	III ZR 72/52	8, 72	53, 420	—	—	—	1 § 72 ZPO	
20. 11. 1952	VI ZR 2/52	—	—	—	—	53, 184	2 § 161 ZPO	
22. 1. 1953	I ZR 34/53	12, 136	54, 795	—	54, 301	—	1 § 32 ADSp.	

Datum	Aktenzeichen	BGHZ	NJW	MDR	BB	JZ	LM Nr. zu §	Sonstige
3. 2. 1953	I ZR 61/52	9,1	53, 541	53, 353	53, 186	—	1 § 56 ADSp.	
22. 4. 1953	II ZR 143/52	9, 273	53, 937	53, 411	—	53, 512	2 § 157 (D) BGB	
7. 10. 1953	VI ZR 20/53	—	—	—	—	—	1 § 566 BGB	JR 54, 101
12. 10. 1953	VI ZR 122/54	—	55, 1834	—	—	—	—	
13. 11. 1953	I ZR 140/52	11, 80	54, 229	54, 158	54, 8	54, 238	2 § 326 (H) BGB	
16. 12. 1953	VI ZR 169/52	—	—	—	—	54, 259	3 § 832 BGB	
18. 2. 1954	IV ZR 126/53	—	—	—	—	—	9 § 295 ZPO	
14. 4. 1954	VI ZR 26/53	—	54, 1033	—	—	54, 447	—	
24. 5. 1954	IV ZR 184/53	—	54, 1325	—	—	—	2 § 857 ZPO	
17. 9. 1954	I ZR 62/53	—	54, 1841	55, 31	54, 954	—	2 § 377 BGB	
28. 10. 1955	I ZR 191/53	—	—	—	56, 58	—	37 § 242 (Gd) BGB	
21. 12. 1955	VI ZR 246/54	19, 319	56, 1195	—	—	—	1 § 638 BGB	
25. 1. 1956	V ZR 190/54	19, 387	56, 631	—	—	—	1 § 138 ZPO	
30. 1. 1956	II ZR 168/54	20, 4	56, 785	—	56, 254	—	4 § 91 ZPO	
8. 2. 1956	IV ZR 282/55	20, 36, 39	56, 705	56, 660	—	—	13 § 123 BGB	
9. 6. 1956	V ZR 95/55	20, 338, 343	56, 1233	—	—	—	2 § 326 (Ea) BGB	
27. 6. 1956	—	—	56, 1480	—	—	—	—	
3. 7. 1956	VI ZR 99/55	21, 199, 204	56, 1518	57, 86	56, 732	—	1 § 86a RAGebO	
29. 10. 1956	II ZR 79/55	22, 90, 99	57, 17	57, 347	56, 1121	—	1 Allg. Geschäftsbedingungen	
30. 1. 1957	V ZR 186/55	23, 207	57, 906	—	—	—	1 § 355 ZPO	
29. 6. 1957	IV ZR 88/57	25, 66, 76	57, 1517	—	—	58, 57	13 § 295 ZPO	
23. 9. 1957	VII ZR 403/56	25, 217	57, 1796	—	58, 497	58, 568	15 § 123 BGB	
16. 12. 1957	VII ZR 402/56	26, 178	58, 417	58, 230	58, 172	—	6 § 398 BGB	
30. 1. 1958	VII ZR 33/57	—	58, 543	58, 229	—	—	22 § 322 ZPO	AP 1 § 390 BGB RdA 59, 119
20. 2. 1958	III ZR 175/56	—	—	58, 490	—	—	3 § 202 BGB	
23. 5. 1958	VIII ZR 200/57	27, 317	58, 1345	58, 685	58, 719	58, 697	8 § 631 BGB	
11. 7. 1958	VIII ZR 158/57	—	58, 1773	58, 766	58, 821	—	2 § 467 BGB	
30. 9. 1958	VIII ZR 134/57	—	58, 2062	59, 36	58, 1152	58, 742	1 § 567 BGB	
14. 10. 1958	VI ZR 183/57	—	59, 96	—	58, 1221	—	6 § 222 BGB	
24. 10. 1958	VI ZR 215/57	—	—	—	—	—	3 § 445 ZPO	
3. 2. 1959	VIII ZR 14/58	—	—	59, 386	59, 281	—	5 § 377 HGB	
30. 4. 1959	VII ZR 19/58	30, 149, 152	59, 1533	59, 749	59, 759	59, 600	9 § 398 BGB	
18. 6. 1959	VII ZR 181/58	—	59, 1490	59, 750	59, 754	—	4 § 635 BGB	
20. 10. 1959	VI ZR 166/58	—	60, 380	60, 128	59, 1227	—	13 § 852 BGB	
8. 12. 1959	VIII ZR 164/58		60, 475	60, 221	60, 71	60, 125	5 § 566 BGB	

Datum	Aktenzeichen	BGHZ	NJW	MDR	BB	JZ	LM Nr. zu §	Sonstige
17. 12. 1959	VIII ZR 167/58	—	60, 667	—	60, 227		7 § 157 (Ga) BGB	
11. 1. 1960	VIII ZR 86/60	—	—	61, 314	61, 266	—	2 § 326 (Dc) BGB	
19. 2. 1960	VI ZR 55/59	—	60, 862	60, 486	60, 424	—	4 § 355 ZPO	
31. 3. 1960	III ZR 159/58	—	—	60, 650	60, 498	—	5 § 202 BGB	
27. 4. 1960	IV ZR 100/59	32, 233, 235	60, 1252	60, 574	—	60, 492	5 § 355 ZPO	
11. 7. 1960	III ZR 104/59	—	60, 1947	60, 1001	—	—	9 § 209 BGB	
14. 7. 1960	VIII ZR 174/59	—	60, 1952	60, 1007	60, 881, 954	—	1 § 693 ZPO	
29. 9. 1960	VIII ZR 135/59	—	60, 2331	61, 50	60, 1181, 1222	—	4 § 351 BGB	
21. 11. 1960	VII ZR 235/59	—	—	61, 312	—	—	6 § 355 ZPO	Vers. R 61, 52
21. 12. 1960	VIII ZR 89/59	34, 122	61, 499	61, 227	61, 861, 150	61, 540	2 § 647 BGB	
21. 12. 1960	VIII ZR 146/59	34, 153	61, 502	61, 226	61, 8, 149	61, 291	3 § 647 BGB	
21. 12. 1960	VIII ZR 9/60	—	61, 730	61, 315	61, 228	—	4 § 477 BGB	
24. 1. 1961	VIII ZR 98/59	34, 191	61, 1011	61, 497	61, 429	61, 571	11 § 455 BGB	
6. 11. 1961	VII ZR 120/60	—	—	—	—	62, 252	—	
15. 12. 1961	V ZR 65/60	—	62, 628	62, 387	62, 234	—	1 § 322 BGB	
18. 12. 1961	III ZR 181/60	36, 212	62, 387	62, 200	62, 613	62, 415	11 § 209 BGB	
15. 3. 1962	III ZR 206/60	—	62, 960	62, 465	—	62, 608	8 § 161 ZPO	
14. 5. 1962	VII ZR 46/61	37, 154	62, 1395	62, 730	62, 782	63, 258	1 § 290 ZPO	
16. 5. 1962	VIII ZR 79/61	—	62, 1394	62, 732	—	63, 32	12 § 282 ZPO	
20. 6. 1962	V ZR 157/60	—	62, 1908	62, 974	62, 903	—	3 § 505 BGB	
28. 11. 1962	VIII ZR 142/61	—	—	—	—	—	—	WM 63, 172
31. 1. 1963	III ZR 142/61	—	63, 315	63, 388	63, 576	—	9 § 261 b ZPO	
26. 6. 1963	VIII ZR 40/62	—	—	—	—	—	5 § 346 (Ed) HGB	BGH WarnRspr. 1963 Nr. 127
6. 3. 1963	VIII ZR 89/62			63, 584	63, 573		29 § 139 BGB	
26. 6. 1963	IV ZR 273/62	40, 84	63, 2070	63, 919			10 § 161 ZPO	
26. 9. 1963	II ZR 138/61	—	—	64, 33	63, 1277	—	2 § 398 ZPO	
16. 10. 1963	IV ZR 17/63	40, 179	64, 103	64, 36	—	—	7 § 355 ZPO	
23. 10. 1963	V ZR 63/61	—	64, 99	64, 41	63, 1354	—	2 § 321 BGB	
13. 11. 1963	V ZR 8/62	40, 255	64, 395	64, 131	64, 8	64, 129	10 § 566 BGB	
12. 2. 1964	II ZR 98/62	41, 151	64, 1123	64, 483	64, 411	65, 26	17 zu Allg. Geschäftsbedingungen	
4. 3. 1964	VIII ZR 143/62	—	—	64, 748	64, 449	—	7 § 313 Abs. 2 ZPO	
15. 6. 1964	VIII ZR 305/62	42, 53	64, 1788	65, 37	64, 865	64, 721	17 § 455 BGB	
30. 6. 1964	V ZR 7/63	42, 333	64, 1851	64, 996	64, 945	64, 682	12 § 566 BGB	
28. 9. 1964	VIII ZR 101/63	—	—	—	—	—	—	WM 64, 1216

Datum	Aktenzeichen	BGHZ	NJW	MDR	BB	JZ	LM Nr. zu §	Sonstige
26. 11. 1964	VII ZR 111/63	—	65, 293	65, 198	65, 62	—	20 § 125 BGB	
4. 12. 1964	—	—	—	—	—	—	—	DVBL 65, 198
6. 4. 1965	V ZR 272/62	—	65, 1430	65, 649	65, 601	65, 452	3 § 208 BGB	
12. 4. 1965	VIII ZR 67/63	—	65, 1270	65, 654	65, 564	—	1 § 326 (K) BGB	
31. 5. 1965	VIII ZR 302/63	—	65, 1475	65, 736	65, 765	65, 497	3 § 559 BGB	
9. 12. 1965	II ZR 173/63	—	66, 657	66, 221	66, 58	—	2 § 154 VVG	
15. 6. 1966	VIII ZR 48/64	—	—	—	66, 1081	—	—	
26. 10. 1966	VIII ZR 173/65	—	—	—	—	—	—	ZMR 67, 178
20. 2. 1967	III ZR 134/65	47, 207, 216	67, 1022	67, 569	67, 517	—	7 § 6 AbzG	
15. 6. 1967	VII ZR 46/66	48, 108	67, 2005	67, 831	67, 904	—	6 § 639 BGB	
5. 7. 1967	VIII ZR 124/65	—	—	68, 42	—	—	15 § 566 BGB	
18. 9. 1967	VII ZR 52/65	48, 264	68, 44	68, 41	67, 1221	67, 763	119 § 242 (Gd) BGB	
11. 10. 1967	VIII ZR 76/65	—	68, 32	68, 144	67, 1309	—	5 § 127 BGB	
11. 10. 1967	VIII ZR 143/65	—	68, 103	68, 144	67, 1355	—	3 § 321 BGB	
27. 10. 1967	V ZR 153/64	48, 396	68, 39	68, 136	67, 1355	68, 67	3 § 8 313	
1. 2. 1968	II ZR 79/65	—	68, 836	68, 390	68, 273	—	3 § 154 VVG	
5. 2. 1968	II ZR 85/67	49, 364	68, 1378	—	68, 607	—	—	Betr. 68, 931
14. 2. 1968	VIII ZR 220/65	—	68, 885	68, 488	68, 398	—	20 § 455 BGB	
27. 3. 1968	VIII ZR 71/66	50, 39	68, 1229	68, 657	68, 523	68, 381	16 § 566 BGB	
24. 4. 1968	VIII ZR 94/66	—	68, 1516	68, 658	68, 563	68, 527	14 § 138 (Gb) BGB	
27. 11. 1968	IV ZR 675/68	—	69, 428	69, 207	—	—	11 § 161 ZPO	
5. 12. 1968	VII ZR 127, 128/66	51, 190	69, 419	69, 212	69, 110	—	2/3 § 648 BGB	
13. 3. 1969	II ZR 58/67	—	—	69, 557	—	—	30 zu Allg. Geschäftsbedingungen	
21. 5. 1969	VIII ZR 141/67	—	69,1480	69, 753	—	—	3 § 68 ZPO	
18. 6. 1969	VIII ZR 88/67	—	—	69, 1002	69, 975	—	7 § 126 BGB	

III. Bundesverwaltungsgericht (BVerwG)

Datum	Aktenzeichen	BVerwGE	DVBZ	DÖV	MDR	NJW
8. 11. 54	V C 61/54	1, 222	55, 122	55, 117	—	—
10. 12. 54	II C 31/54	1, 263	55, 259	55, 341	55, 312	55, 645
12. 4. 57	IV C 52/56	5, 37	—	—	—	—
6. 6. 58	VII CB 187/57	7, 82	—	58, 784	—	—

Datum	Aktenzeichen	BVerwGE	DVBZ	DÖV	MDR	NJW
28. 10. 1958	III B 19/58/III C 24/58	7, 293	—	—	—	—
15. 4. 1959	V C 162/56	8, 234	—	60, 236	59, 869	59, 2033
24. 4. 1959	VI C 91/57	8, 261	59, 626	—	—	60, 258
7. 12. 1960	VI C 65/57	11, 283	61, 334	—	—	—
19. 12. 1961	GS 5/60	13, 245	62, 453	—	—	—
19. 12. 1961	II C 9/61	13, 248	62, 304	—	—	—
8. 6. 1962	VII C 78/61	14, 235	62, 566	62, 702	—	62, 1960
28. 11. 1963	I C 74/61	17, 192	64, 147	—	—	64, 512
1. 10. 1963	IV C 9/63	18, 1	64, 401	—	—	64, 1151
25. 3. 1964	VI C 150/62	18, 168	64, 759	64, 675	64, 701	—
6. 5. 1964	VIII C 394/63	18, 283	64, 921	—	—	64, 3030
2. 6. 1965	V C 63/64	21, 208	—	66, 278	—	—
15. 12. 1966	VIII C 30/66	25, 357	67, 857	—	—	—
12. 1. 1967	III C 58/65	26, 23	—	67, 463	67, 519	67, 996
2. 9. 1960 (Beschl.)	V C O 102/60	—	60, 935	61, 275	—	—
22. 7. 1965	IV B 41/65	—	—	—	—	65, 1977
26. 1. 1966	VI C 112/63	23, 166	—	—	—	—
4. 11. 1968 (Beschl.)	GS 1 u. 2/67	31, 5	69, 251	—	—	69, 249

IV. Bundesarbeitsgericht (BAG)

Datum	Aktenzeichen	Arbeitsrechtliche Praxis (AP) Nr. zu §	BAG	RdA	BB	Betrieb	NJW	WA	MDR	JZ
7. 7. 1954	1 ABR 2/54	1 § 13 BetrVG (Bührig)	1,46	54, 358	54, 745; 55, 162 (Hess)	54, 744; 55, 289 (Popp)	54, 1420	54, 167		60, 713
15. 9. 1954	1 AZR 258/54	1 § 66 BetrVG (A. Hueck)	1,69	54, 400; 62, 382 (Bötticher)	54, 871; 54, 970 (Bötticher)	54, 803; 55, 70 (Hildeg. Krüger); 56, 1108 (Nikisch); 58, 543 (Schröder)	54, 1702; 55, 1053 (Hildeg. Krüger)	54, 173	56, 257 (Zeuner)	54, 759 (Herschel

Datum	Aktenzeichen	Arbeitsrechtliche Praxis (AP) Nr. zu §	BAG	RdA	BB	Betrieb	NJW	WA	MDR	JZ
7. 10. 1954	2 AZR 6/54	5 § 1 KSchG (A. Hueck)	1,99	54, 479	54, 1029; 54, 1031	55, 51	54, 1904	54, 189		
20. 10. 1954	1 AZR 193/54	6 § 1 KSchG (A. Hueck)	1,117	54, 479	54, 999	54, 978	54, 1949	54, 189		
3. 12. 1954	1 AZR 381/54	7 § 11 ArbGG 1953 (Dietz)	1, 196	55, 80; 55, 444 (Habscheid)	55, 68	54, 1072; 55, 76	55, 477 (Brangsch u. Bettermann	55, 38		
3. 12. 1954	1 ABR 23/54	3 § 76 BetrVG	1,182	55, 79; 58, 412 (Ordemann)	55, 65; 55, 228 (Froehlich u. Wagner); 58, 378 (Kunze u. Spieker)	54, 1072; 55, 75; 55, 1164 (Kauffmann)	—	55, 38		
21. 12. 1954	2 HZR 5/53	2 § 611 BGB Lohnanspruch	1,241	55, 159	55, 869 (Siebert)	55, 314	—	55, 81		
24. 1. 1955	2 AZR 479/54	4 § 11 KSchG (A. Hueck)	1, 279	55, 159; 56, 263 (Hoffmann)	55, 131, 319, 285	55, 314; 55, 123	55, 1049 (Krüger) 55, 1088	55, 55		60, 713 (Wenzel)
27. 1. 1955	2 AZR 418/54	5 § 11 KSchG (A. Hueck)	1,272	55, 159; 56, 263 (Hoffmann)	55, 131	—	55, 1049 (Krüger) 55, 1086	55, 55, 79, 87		
28. 1. 1955	GS 1/54	1 Art. 9 GG Arbeitskampf	1, 291	55, 198; 56, 13 (Siebert); 56, 201 (A. Hueck); 56, 325 (Nikisch); 58, 449 (Hampel)	55, 454 (Molitor); 55, 605 (Heimann); 55, 704 (Hoeniger); 55, 799 (Hinterdobler) 56, 598 (Hessel); 57, 1281	55, 455; 55, 725 (Meissinger); 55, 945 (Meissinger); 56, 377 (A. Hueck); 56, 1085 (Meissinger); 57, 845 (Kauffmann);	55, 882; 55, 972 (Meissinger)	55, 49, 90		55, 440 (Nikisch) 62, 425 (Zeuner)

Datum	Aktenzeichen	Arbeitsrechtliche Praxis (AP) Nr. zu §	BAG	RdA	BB	Betrieb	NJW	WA	MDR	JZ
					(Brandner)	58, 52 (Müller); 58, 869 (Diekhoff)				
4. 5. 1955	1 AZR 493/54	2 Art. 9 GG Arbeitskampf	2,75	—	55, 1028 (Hessel); 55, 732	55, 779; 55, 460	55, 1373	55, 138;		
4. 8. 1955	2 AZR 88/54	3 § 626 BGB (Schnorr v. Carolsfeld)	—	55, 439	—	55, 899	—	55, 154		
15. 9. 1955	2 AZR 475/54	1 § 60 ArbGG 1953 (Pohle) 7 § 11 KSchG (A. Hueck)	2, 194	55, 480; 56, 263 (Hoffmann)	—	55, 1167	56, 39	56, 7, 15		
3. 11. 1955	2 AZR 39/54	4 § 626 BGB (A. Hueck)	2, 214	56, 39	56, 44	55, 1068; 55, 1226; 58, 543 (Schröder)	56, 240	56, 21		
3. 11. 1955	2 AZR 86/54	5 § 626 BGB (A. Hueck)	2, 207	56, 38	56, 43; 56, 79	55, 1227; 55, 1068	56, 239			
9. 12. 1955	1 AZR 531/54	2 § 7 KSchG (A. Hueck)	—	56, 119	56, 143	56, 114; 56, 1108 (Nikisch)	—	56, 40, 52, 60		
15. 12. 1955	2 AZR 228/54	1 § 67 HGB (A. Hueck)	2, 245	56, 159	55, 1152; 56, 241	55, 1226; 56, 235	56, 807	56, 19		56, 292
15. 12. 1955	2 AZR 239/54	6 § 626 BGB (A. Hueck)	—	—	—	—	—	—	—	—
12. 4. 1956	2 AZR 247/54	11 § 626 BGB (Bötticher)	—	56, 399	56, 596	56, 600	—	56, 114		
26. 4. 1956	GS 1/56	5 § 9 MuSchG (A. Hueck)	3, 66	56, 359	56, 435; 56, 788	56, 426	56, 1454	56, 81, 138		
3. 5. 1956	2 AZR 388/54	9 § 626 BGB (Molitor)	3, 13	56, 318	56, 562	56, 599	56, 1047	56, 99		
7. 5. 1956	2 AZR 259/55	2 § 63 HGB (A. Hueck)	3, 37	56, 316	56, 623	56, 623	56, 1215	56, 106		
11. 9. 1956	3 AZR 163/54	8 § 3 KSchG (Herschel)	3, 107	56, 439	—	56, 992	56, 1772	56, 175		

Datum	Aktenzeichen	Arbeitsrechtliche Praxis (AP) Nr. zu §	BAG	RdA	BB	Betrieb	NJW	WA	MDR	JZ
30. 11. 1956	1 AZR 260/55	26 § 1 KSchG (Schnorr von Carolsfeld)	—	57, 310	—	—	—			
10. 12. 1956	2 AZR 288/54	21 § 1 KSchG (A. Hueck)	—	57, 118	—	—	—			
14. 12. 1956	3 AZR 301/54						57, 558			
22. 12. 1956	3 AZR 91/56	13 § 626 BGB (Pohle)	3, 193	57, 79	57, 113	57, 95, 57, 96	57, 478	57, 38		
3. 1. 1957	2 AZR 281/56	4 § 14 SchwBeschG (Gotzen)	3, 203	57, 310	57, 149	57, 120	57, 648	57, 48		
8. 2. 1957	1 AZR 338/55	2 § 615 BGB Betriebsrisiko (A. Hueck)	3, 346	57, 158	57, 183; 57, 366	57, 165; 57, 310; 57, 718 (Müller); 57, 845 (Kauffmann) 58, 572 (Natzel)	57, 687	57, 34, 74	57, 333	57, 389
28. 3. 1957	2 AZR 307/55	25 § 1 KSchG (A. Hueck)	—	57, 310	—	—	—			
29. 3. 1957	1 AZR 208/55	4 § 4 TVG Tarifkonkurrenz (Gumpert)	4, 37	57, 310	57, 544; 57, 548	57, 482; 57, 632 (Schröder)	57, 1006	57, 89	57, 592 (Schelp)	
3. 4. 1957	1 AZR 289/55	46 § 2 ArbGG 1953 (Franke)	4, 46	58, 438	57, 545	57, 511	57, 1006	57, 103	57, 592 (Schelp)	57, 641
7. 5. 1957	3 AZR 482/56	9 § 14 SchwBeschG (Gotzen)	4, 101	—	57, 636	57, 636	—	58, 151		
24. 5. 1957	1 ABR 8/56	7 § 92 ArbGG 1953 (Pohle)	—	57, 478	57, 785	57, 750; 57, 1021 (Natzel)	—			
19. 6. 1957	4 AZR 499/55	2 § 81 ArbGG 1953	—	—	—	—	57, 1492			
21. 6. 1957	1 ABR 1/56	2 § 81 ArbGG 1953 (Pohle)	4, 268	58,76	—	57, 972	—		58, 16 (Schelp)	
10. 7. 1957	GS 1/57	5 § 64 ArbGG 1953 (Nikisch)	4, 207	58, 76	57, 712	57, 687; 60, 980	57, 1652	57, 128		57, 642

Datum	Aktenzeichen	Arbeitsrechtliche Praxis (AP) Nr. zu §	BAG	RdA	BB	Betrieb	NJW	WA	MDR	JZ
25. 7. 1957	1 AZR 194/56	3 § 615 BGB Betriebsrisiko (A. Hueck)	—	57, 437	57, 965;	57, 922; 58, 572 (Natzel)	—	57, 164	58, 16 (Schelp)	57, 762
11. 10. 1957	1 AZR 227/56	1 § 73 ArbGG 1953 (Pohle u. Wertenbruch)	4, 346	58, 158	57, 1183	57, 1272; 60, 1009	58, 117	58, 22		58, 253 235 (Bettermann)
15. 11. 1957	1 AZR 189/57	2 § 125 BGB	5, 58	58, 58	58, 156	57, 1232; 58, 139	58, 397			
5. 12. 1957	1 AZR 594/56	2 § 123 BGB (A. Hueck)	5, 159	58, 198; 58, 338 (Farthmann)	58, 232; 58, 1061 (Wägenbaur)	58, 227; 58, 282	58, 516		58, 372 60, 353 (Schwenk)	58, 511 (Steindorff)
15. 1. 1958	4 AZR 90/55	5 § 313 ZPO	—	—	—	—	—			
23. 1. 1958	2 AZR 71/56	11 § 13 KSchG (A. Hueck)	5, 354	58, 479	58, 739	58, 803	58, 1557	58, 134	58, 716	
24. 1. 1958	1 AZR 132/57	4 § 615 BGB Betriebsrisiko (A. Hueck)	—	58, 199	58, 340	58, 572 (Natzel)	—			
2. 5. 1958	2 AZR 607/57	20 § 626 BGB (Herschel)	5, 256	58, 358	58, 595	58, 660	58, 1013		58, 550	
30. 5. 1958	2 AZR 451/55	5 § 63 HGB (A. Hueck)	5, 307	58, 360	58, 666	58, 715	58, 1204	58, 105		59, 32
31. 10. 1958	1 AZR 632/57	2 § 1 TVG Friedenspflicht	6, 321	58, 455; 59, 79; 61, 387 (Dietz) 465 (Volmer)	58, 1132; 59, 115; 59, 416 (Hessel); 59, 736 (Wiese); 59, 1310 (Hessel)	59, 87; 59, 143; 59, 542 (Bulla); 59, 651 (Gift)	59, 356; 59, 865 (Larenz); 59, 908	58, 177; 59, 25	59, 246	59, 425 (Dietz)
6. 11. 1958	2 AZR 354/55	1 § 15 KSchG (Molitor)	7,4	59, 320	60, 216 (Molitor)	60, 1274 (Nikisch)	59, 1197		59, 524	60, 425 (Herschel)
14. 11. 1958	1 ABR 4/58	6 § 81 Arb GG 1953 (Pohle)	—	59, 318			—			
13. 12. 1958	2 AZR 557/55	2 § 15 KSchG (Molitor)	—	59, 320	59, 415; 60, 216 (Molitor)	60, 1274 (Nikisch)	—	59, 79		60, 425 (Herschel)

Datum	Aktenzeichen	Arbeitsrechtliche Praxis (AP) Nr. zu §	BAG	RdA	BB	Betrieb	NJW	WA	MDR	JZ
26. 6. 1959	2 AZR 25/57	1 § 259 ZPO (Baumgärtel)	—	60, 38	59, 815	59, 892	—			
1. 8. 1959	2 AZR 56/57	1 § 392 BGB (Vollkommer)	—	60, 77	59, 919	59, 1006	—			
8. 10. 1959	2 AZR 501/56	1 § 620 BGB Schuldrechtliche Kündigungsbeschränkung (A. Hueck)	8, 132	60,160	59, 1249	59, 1374, 1375; 60, 1037 (Müller)	60, 67	60, 1		
23. 10. 1959	2 AZR 181/56	5 § 15 KSchG	8, 172	60, 78	60, 133, 216 (Molitor)	59, 1447; 60, 1274 (Nikisch)	60, 117	60, 12	60, 81	60, 425 (Herschel)
15. 1. 1960	1 ABR 8/59	4 § 96 ArbGG 1953 (Baumgärtel)	—	60, 240	—	—	—			
25. 1. 1960	2 AZR 519/57	7 § 12 ArbGG 1953 (Baumgärtel)	8, 350	60, 240	60, 249	60, 980	60, 884 (Hillach)		60, 350	
4. 2. 1960	3 AZR 25/58	5 § 1 KSchG Betriebsbedingte Kündigung	9, 36	61, 42	60, 904	60, 984	60, 2070		60, 877	
22. 4. 1960	1 ABR 14/59	1 § 2 ArbGG 1953 Betriebsverfassungsstreit (Bötticher)	—	61, 129	60, 862	60, 1188	—	60, 143		
23. 6. 1960	2 AZR 164/59	23 § 1 ArbKrankhG (Neumann-Duesberg)	9,283	61, 135	60, 862	60, 784, 955	60, 2022	60, 137		62, 168
26. 8. 1960	1 AZR 202/59	20 § 63 HGB (A. Hueck)	10, 7	61, 92	60, 985; 61, 176	60, 1041; 61, 170	61, 479	60, 148; 61, 41		62, 169
12. 10. 1960	GS 1/59	16 § 620 BGB Befristeter Arbeitsvertrag	10, 65	61, 93	60, 1133; 61, 368	60, 1218; 61, 409	61, 798	60, 172; 61, 65	61, 449	62, 169
27. 1. 1961	1 AZR 311/59	26 § 11 ArbGG 1953 (Auffahrt)	—	61, 179	—	—	—			
3. 3. 1961	1 AZR 76/60	27 § 63 HGB (Hefermehl)	11, 19	61, 219	61, 530	61, 609	61, 1133	61, 90	61, 541	62, 169
1. 12. 1961	1 ABR 15/60	1 § 77 BetrVG (Kötter)	—	62, 47	62, 220	62, 306	—	62, 70		63, 54

Datum	Aktenzeichen	Arbeitsrechtliche Praxis (AP) Nr. zu §	BAG	RdA	BB	Betrieb	NJW	WA	MDR	JZ
—	—	1 § 202 BGB	12, 97	—	—	—	62, 1077			
8. 12. 1961	1 ABR 8/60	7 § 23 BetrVG (Neumann-Duesberg)	12, 107	62, 88	62, 220	62, 306	62, 654	62, 54		
5. 4. 1962	2 AZR 182/61	28 § 63 HGB (A. Hueck)	—	62, 288	62, 839 (Gumpert)	62, 971	—	62, 128		
7. 12. 1962	1 AZR 134/61	14 § 615 BGB Betriebsrisiko	—	63, 79	62, 1434; 63, 472	63, 591	—		63, 532	
30. 5. 1963	5 AZR 282/62	15 § 615 BGB Betriebsrisiko (Nikisch)	—	63, 353	63, 731, 977	63, 836	—	63, 190		
4. 6. 1963	5 AZR 16/63	1 § 127 BGB		63, 353	63, 977	—	—			
20. 12. 1963	1 AZR	11 § 91a ZPO	—	64, 195	—	—	—			
25. 6. 1964	2 AZR 382/63	14 § 1 KSchG Betriebsbedingte Kündigung (Herschel)	16, 134	64, 399	64, 1046	64, 958	64, 1921	64, 105, 133	64, 960	65, 331
25. 6. 1964	2 AZR 421/63	38 § 1 ArbKrankhG	—	64, 359	64, 806, 1044	64, 958, 1268	—			
26. 6. 1964	2 AZR 373/63	14 § 1 KSchG Betriebsbedingte Kündigung (Herschel)	16, 149	64, 399	64, 1214	64, 1487	64, 2369	64, 146	65, 78	65, 331
9. 7. 1964	5 AZR 463/63	2 § 13 BUrlG (Nikisch)	16, 155	64, 399	64, 1083	64, 1340	64, 2033		64, 960	
3. 2. 1965	4 AZR 385/63	12 § 5 TVG (A. Hueck)	17, 59	65, 313	65, 708	65, 220, 858	65, 1624	65, 89		
6. 5. 1965	2 AZR 409/64	29 § 63 HGB (A. Hueck)	—	65, 317	65, 910	65, 708, 1141	65, 1876			
24. 5. 1965	3 AZR 287/64	10 § 850h ZPO (Pohle)	17, 172	65, 357	65, 1027	65, 1406	—		65, 944	
29. 7. 1965	5 AZR 380/64	1 § 7 BUrlG (G. Hueck)	17, 263	65, 400	65, 1149	65, 1184, 1524	65, 2174	65, 148	65, 1025	
17. 2. 1966	5 AZR 447/65	2 § 5 BUrlG (Zöllner)	18, 153	66, 198	66, 452	66, 346, 627	66, 996		66, 540	

Datum	Aktenzeichen	Arbeitsrechtliche Praxis (AP) Nr. zu §	BAG	RdA	BB	Betrieb	NJW	WA	MDR	JZ
22. 2. 1966	5 AZR 431/65	3 § 5 BUrlG (Zöllner)	18, 167	66, 198	66, 535	66, 708	66, 1380		66, 623	
10. 3. 1966	5 AZR 498/65	2 § 59 KO (Weber)	—	66, 198	66, 580	66, 788				
2. 6. 1966	2 AZR 325/65	30 § 63 HGB (Trieschmann)	—	66, 395	66, 1025	66, 985, 1360	66, 1884			
16. 6. 1966	5 AZR 521/65	4 § 5 BUrlG (Isele)	18, 345	66, 395	66, 742, 983	66, 985, 1358	66, 2081		66, 959	
11. 10. 1966	2 AZR 464/65	41 § 1 ArbKrankhG (Herschel)	—	66, 480	66, 1394	66, 1653, 1933	—			
28. 6. 1967	4 AZR 183/66	36 § 4 TVG Ausschlußfristen (Sieg)	—	67, 397	67, 1042	67, 1548, 1769; 68, 352 (Erdmann)	—			
10. 8. 1967	3 AZR 221/66	37 § 4 TVG Ausschlußfristen (Herschel)	20, 30	67, 400	67, 1334	67, 1989	—		68, 84	
12. 9. 1967	1 AZR 367/66	27 § 133c GewO (Nikisch)	20, 90	67, 478	68, 84	67, 1681; 68, 91	68, 270		68, 271	
15. 11. 1967	4 AZR 99/67	3 § 390 BGB (Baumgärtel, Mes)	20, 156	68, 119	68, 292	68, 358	68, 813 1252 (Hoffmann)		68, 446	
29. 11. 1967	GS 1/67	13 Art. 9 GG	20, 175	68, 40	68, 993	68, 1539	68, 1903		68, 957	
18. 1. 1968	2 AZR 45/67	28 § 66 BetrVG (Wiedemann)	—	68, 199	68, 589	68, 179 1030, 1031	68, 1648			
12. 3. 1968	1 AZR 413/67	1 § 1 KSchG Krankheit (A. Hueck)	20, 345	68, 240	68, 833	68, 1273	68, 1693		68, 792	
3. 9. 1968	1 AZR 113/68	39 Art. 9 GG Arbeitskampf (Nipperdey, Säcker)	—	68, 501	68, 1079	68, 2176; 69, 838 (Söllner)	—			
18. 9. 1969	5 AZR 547/68	6 § 7 BUrlG Abgeltung (Meisel)	—	—	70, 81	70, 67	70, 349			

V. Bundessozialgericht (BSG)

Datum	Aktenzeichen	BSGE	NJW	DOK	Soz. Sich.	SGB	ZfS	KOV	BG	Breithaupt
21. 12. 1955	3 RK 21/55	2,135	—	1956, 300	1956, 26	—	—	—	—	—
23. 8. 1956	3 RJ 293/55	3, 209	—	—	—	1958, 52	1957, 156	1958, 54,75	—	—
20. 12. 1956	3 RJ 88/54	4, 200	1957, 764	—	—	—	—	—	—	1957, 568
24. 10. 1957	10 RV 945/55	6, 70	1958, 39	—	—	1958, 195	1958, 19	1958, 55	—	—
21. 11. 1957	GS 1/57	6, 120	1958, 845	—	—	—	—	—	1958, 251	1958, 698
3. 7. 1958	11 RV 112/58	7,288	—	—	—	—	—	—	—	—
18. 8. 1958	6 RKa 12/58	8, 84	—	—	—	—	—	—	—	—
21. 1. 1960	8 RV 549/58	11, 236	1960, 1125	—	—	—	—	1960, 168	—	1960, 623
30. 6. 1960	GS 1/59	12, 230	1961, 46	—	—	1960, 400	—	—	—	—
22. 2. 1961	7 RKg 6/59	14, 44	1961, 1886	—	—	—	—	—	—	1961, 1104
29. 5. 1962	6 RKa 24/59	17, 79	1963, 410	1962, 528	—	—	1962, 348	—	—	1963, 10
30. 10. 1962	2 RU 225/59	18, 84	—	—	—	1963, 334	—	—	—	1963, 737
13. 2. 1964	3 RK 94/59	20, 154	1964, 1824	—	1964, 307	—	1964, 307	—	—	1964, 293
18. 2. 1964	11/1 RA 90/61	20, 199	—	—	—	—	—	—	—	1964, 902
30. 6. 1965	2 RU 175/63	23, 139	—	—	—	—	—	—	1965, 511	—
14. 12. 1965	2 RU 113/63	24, 162	—	—	1966, 145	—	—	—	—	1966, 580
22. 6. 1966	3 RK 64/62	25, 66	—	1966, 367	—	—	—	—	—	1967, 365

Gesetzesregister

(Die kursiven Ziffern sind die Gesetzesbestimmungen, die geraden Ziffern die Seitenzahlen.)

EGZPO

ZwangsversteigerungsG

Sachverzeichnis

(Die Zahlen bedeuten die Seiten; die in Klammern teilweise angegebenen Abkürzungen beziehen sich auf die einzelnen Kapitel, soweit ein Stichwort in mehreren Kapiteln vorkommt: ArbG = Arbeitsgericht, FinG = Finanzgericht, OLG = Oberlandesgericht, RA = Rechtsanwalt, SozG = Sozialgericht, VerwG = Verwaltungsgericht.)

T

Kolibri 360 GmbH
Ferdinand-Jühlke-Straße 7
99095 Erfurt, Deutschland
produktsicherheit@kolibri360.de